T5-AGA-529

Silke-Petra Bergjan

Der fürsorgende Gott

Arbeiten zur Kirchengeschichte

Begründet von
Karl Holl† und Hans Lietzmann†

herausgegeben von
Christoph Markschies und Gerhard Müller

Band 81

Walter de Gruyter · Berlin · New York
2002

Silke-Petra Bergjan

Der fürsorgende Gott

Der Begriff der ΠΡΟΝΟΙΑ Gottes in der
apologetischen Literatur der Alten Kirche

Walter de Gruyter · Berlin · New York

2002

BT
135
. B47
2002

♾ Gedruckt auf säurefreiem Papier, das die
US-ANSI-Norm über Haltbarkeit erfüllt.

Die Deutsche Bibliothek — CIP-Einheitsaufnahme

Bergjan, Silke-Petra:
Der fürsorgende Gott : der Begriff der ΠΡΟΝΟΙΑ Gottes in der
apologetischen Literatur der Alten Kirche / Silke-Petra Bergjan. —
Berlin ; New York : de Gruyter, 2002
   (Arbeiten zur Kirchengeschichte ; Bd. 81)
   Zugl.: Berlin, Humboldt-Univ., Habil.-Schr., 1999
   ISBN 3-11-017062-0

© Copyright 2002 by Walter de Gruyter GmbH & Co. KG, D-10785 Berlin

Dieses Werk einschließlich aller seiner Teile ist urheberrechtlich geschützt. Jede Verwertung
außerhalb der engen Grenzen des Urheberrechtsgesetzes ist ohne Zustimmung des Verlages
unzulässig und strafbar. Das gilt insbesondere für Vervielfältigungen, Übersetzungen, Mikrover-
filmungen und die Einspeicherung und Verarbeitung in elektronischen Systemen.
Printed in Germany
Umschlaggestaltung: Christopher Schneider, Berlin

In Erinnerung an meine Mutter

Antje Gesine Bergjan, geb. Freymuth

Vorwort

Die vorliegende Arbeit wurde im Sommersemester 1999 von der theologischen Fakultät der Humboldt-Universität zu Berlin als Habilitationsschrift angenommen. Der Text liegt hiermit in leicht gekürzter Version vor. Überlegungen zur Geschichte und Methode begriffsgeschichtlicher Arbeit sind in einem Anhang zusammengefaßt.

Im Rückblick auf die Arbeit und die Jahre in Berlin habe ich zu danken Herrn Prof. Dr. Cilliers Breytenbach, der mich fragte, nach Berlin zu kommen, und mir so die Arbeit an dem Thema ermöglichte. Besonders danke ich Herrn Prof. Dr. Ulrich Wickert für zahlreiche Gespäche und für sein herzliches Entgegenkommen. Mein Dank gilt Herrn Prof. Dr. Kurt-Victor Selge, der als Dekan mein Habilitationsverfahren leitete. Für seine Unterstützung danke ich herzlich Herrn Prof. Dr. Gerhard May. Für die Gutachten danke ich Prof. Dr. U. Wickert, Prof. Dr. G. May und Prof. Dr. H. Ohme.

Die wissenschaftliche Arbeit ist nicht ohne eine Bibliothek möglich, und daher möchte ich den Bibliothekaren und Bibliothekarinnen der Bibliothek der theologischen Fakultät an der Waisenstraße danken. Allen voran danke ich Herrn Dr. Eckhard Plümacher für sein lebhaftes Interesse am Fortschritt der Arbeit.

Bei der Drucklegung der Arbeit haben mir in Zürich mit Korrekturlesen und anderen Tätigkeiten geholfen Frau Alexandra Seger, Frau lic.theol. Sandra Wenger, Frau lic.phil. Elisabeth Seifert, Herr Silvio Bär und Herr Michael Siegmund BD. Ihnen sei herzlich gedankt.

Im Abstand verändert sich die Perspektive auf das Arbeiten in Berlin und wird vor allem zur Erinnerung. Ich denke an einige Menschen und Freunde, die mir in Berlin begegnet sind, und möchte Dr. theol. Heike Krötke nennen, die das Einreichen dieser Arbeit bei der Fakultät noch erlebt hat.

Entstanden wäre diese Arbeit nicht ohne viel Pronoia von Seiten meiner Mutter. Ich danke ihr von Herzen und möchte ihr das Buch in liebevoller Erinnerung widmen.

Zürich, März 2002

Inhaltsverzeichnis

Einleitung

Wer über das Wirken Gottes in der Welt sprechen will, dem fehlen die Worte, und der Begriff, der hier zur Verfügung steht und der aus der griechischen Antike stammt, nämlich „Vorsehung", hilft wenig weiter, weil das Wort fremd geworden ist. Wendungen wie „Gottes Wirken in der Geschichte" ersetzen häufig das unklare Wort, aber sie geben im Unterschied zum Terminus „Vorsehung" keine Anhaltspunkte, an welche Art von Wirken zu denken ist. Belege über Mißverständnisse, die mit der Wortbedeutung zusammenhängen, gibt es bereits in der lateinischen Antike. Calcidius schreibt um 400 n.Chr. in seinem Timaeus-Kommentar:

> „Diesen Willen Gottes als die weise Erhaltung aller Dinge nennt man *prouidentia*. Das Wort wird nicht deswegen verwendet, wie die meisten annehmen, weil (Gott) im Sehen und Erkennen des zukünftigen Fortgangs der Dinge vorauseilt, sondern weil es dem göttlichen Geist eigen ist zu erkennen, was die dem Geist eigene Tätigkeit ist. Der Geist Gottes ist ewig: also ist der Geist Gottes der ewige Denkakt."[1]

Mit Calcidius ist ein Vorverständnis zu korrigieren, das in der abendländischen Geschichte vielfach anzutreffen ist und das insbesondere durch das deutsche Wort „Vorsehung" weitergetragen wurde. Die folgende Arbeit über den Begriff der göttlichen Pronoia in der Alten Kirche beschäftigt sich nicht mit der göttlichen Einflußnahme hinein in die unbekannte Zukunft, einem Plan für das Kommende oder dem göttlichen Vorauswissen. Diese Gedanken haben mit der Begrifflichkeit des griechischen Wortes πρόνοια wenig zu tun. Wenn ein griechischer Historiker eine Begebenheit damit beschrieb, daß er auf die göttliche Pronoia hinwies, bedeutete dies nicht, daß dieses oder jenes genau so hatte eintreffen sollen, sondern daß er in diesem Ereignis einen Sinn entdecken konnte, den er in der Ordnung der Dinge oder in der ihnen inhärenten Gerechtigkeit sah.

Das Wort Pronoia wird verwendet, wenn Gottes ordnendes Walten in der Welt bezeichnet werden soll, und die Bedeutung kann die administrativen Züge eines Verwalters annehmen. Pronoia bezeichnet die Verpflichtung, die einer eingeht, der ein Haus baut, und die darin besteht, das Haus instand zu halten. Pronoia bedeutet, daß derjenige, der etwas geschaffen hat, für das von ihm Geschaffene auch zu sorgen hat, und meint insbesondere die Fürsorge des Vaters und Herrschers für Kinder bzw. Untertanen. Das Wort Pronoia war der Terminus technicus, um das

---

[1] Tim. 176,S.205.3-8: *Hanc igitur dei uoluntatem, tamquam sapientiam tutelam rerum omnium, prouidentiam homines uocant, non, ut plerique aestimant, ideo dictam, quia praecurrit in uidendo atque intellegendo prouentus futuros, sed quia proprium diuinae mentis intellegere, qui est propius mentis actus. Et est mens dei aeterna: est igitur mens dei intellegendi aeternus actus.*

Verhältnis des Schöpfers zu der einmal geschaffenen Welt zu beschreiben. Schließlich gehört das Wort Pronoia in den intellektuell-pragmatischen Bereich und bezeichnet das überlegt vorsichtige Handeln und die Absicht, die jemand mit seinem Tun verbindet. Auch diese Bedeutung kommt in den theologischen Texten zum Tragen, allerdings ohne, daß aus der Pronoia Gottes das ewige Denken Gottes wird.

Calcidius berührt diese Bedeutungen des Wortes nur am Rande. Die Einbindung des Begriffs Pronoia in die Nus-Theologie der späten Platoniker hat eine weitere Bedeutung hervorgebracht. Pronoia, definiert als die Wirkung, die dem Nus vorausgeht,[2] ist eine platonische Weiterführung, die in die Wortbedeutung eingreift. Sie markiert auf der sprachlichen Ebene eine Zäsur, in der sich die Wege von Theologen und Philosophen bereits getrennt haben. Damit sind die Gründe für den sprachgeschichtlichen Zugang zum Thema genannt, aber auch für die Eingrenzung des Zeitraums bis ins frühe 4. Jahrhundert und bis hin zu Euseb von Caesarea.

In der Zeit vom 2. bis zum frühen 4. Jahrhundert äußern sich Theologen zum Begriff Pronoia vorwiegend in apologetischen Texten. Es begegnen unterschiedliche Ansätze, die auf Anfragen an den Begriff reagieren. Diese Antworten gehören in einen Zusammenhang, den die innerchristliche Kontroverse alleine nicht erklärt. Der Begriff Pronoia gehörte seit hellenistischer Zeit zu denjenigen Topoi, mit deren Hilfe die rivalisierenden philosophischen Schulen ihre Gegensätze ausformulierten. Die eingeübte Schulpolemik wird auch in der frühen Kaiserzeit weitergeführt, die Situation in der Kaiserzeit aber ist durch veränderte Koalitionen gekennzeichnet, durch einen platonisch-stoischen Assimilationsprozeß[3] auf der einen Seite und durch die platonisch-aristotelische Synthese auf der anderen Seite. Dies führte dazu, daß die verschiedenen Schulen am Ende des 2. Jahrhunderts Antworten auf sehr ähnliche Fragen suchten. Zu ihnen gehörten auch die Christen. Die Autoren apologetischer Schriften beziehen sich auf eine Diskussion um den Begriff Pronoia, von der im folgenden, ausgehend von den christlichen Texten, ein Bild entworfen werden soll.

Der Frage nach dem Begriff Pronoia wurde bereits in der Antike erhebliche Bedeutung zugeschrieben. Die etwa bei Philon belegte Überzeugung, daß nicht Gottes Wesen, sondern allein Gottes Wirken erkennbar ist, stellt Reflexionen über den Begriff Pronoia ins Zentrum der spätantiken Gotteslehre. Diese Bedeutung ist

---

[2] Proklos, elem.theol. 120,S.106.7: ἡ δὲ πρόνοια, ὡς τοὔνομα ἐμφαίνει, ἐνέργεια ἐστι πρὸ νοῦ. Vgl. 134.

[3] Dieser Prozeß ist Thema der Arbeit von G. REYDAMS-SHILLS, Demiurg and providence. Stoic and Platonist readings of Plato's Timaeus (Monothéismes et philosophie), Turnhout 1999.

daran ablesbar, daß das Wort Pronoia in Buchtiteln begegnet. Von Chrysipp ist die Nachricht überliefert, daß er Bücher Περὶ Προνοίας geschrieben hat.[4] Von Alexander von Aphrodisias ist eine Abhandlung in der arabischen Überlieferung erhalten, von Plotin und Proklos liegen die griechischen Texte vor.[5] Abgesehen von Chrysipp gehören diese Texte in die Kaiserzeit, in der zeitgleich auch christliche Autoren sich dem Thema widmeten. Die Bedeutung, die diesem Thema in der Spätantike zukam, wird vor allem aber an der rhetorischen Ausbildung deutlich, zu der es auch gehörte, einen philosophischen Gegenstand behandeln zu können. Dieses wurde an den Argumenten für die göttliche Pronoia geübt, wie den exemplarischen Hinweisen auf den Begriff Pronoia bei Quintilian, Aelius Theon und Hermogenes zu entnehmen ist.[6]

Die gegenwärtige Bedeutung des Themas als Forschungsgegenstand liegt auf verschiedenen Ebenen. Erstens: Die Untersuchung eines Themas, das für spätantike Christen ebenso wie für ihre nicht-christlichen Zeitgenossen von Bedeutung war, ermöglicht einen Einblick in die Einbindung der frühen christlichen Theologie in ihr Umfeld, der von den innerchristlichen Kontroversen und Klärungsprozessen unberührt ist, die mit den Konzilien des 4. und 5. Jahrhunderts in engem Zusammenhang stehen. In dem hier untersuchten Zeitraum entwickelt sich das Christentum zu einer im 3. Jahrhundert von außen mehr und mehr wahrgenommenen Größe, wie die Schriften gegen die Christen von Celsus, Porphyrios und Hierokles anzeigen. Diese Entwicklung spiegelt sich in der Diskussion um Gottes Pronoia wider.

Zweitens: Der Begriff Pronoia wurde über die deutsche Aufklärung an die Moderne vermittelt. Während viele dogmatische Fomulierungen nicht mehr den

---

[4] Hinweise meist auf das erste Buch über die Pronoia, zum Teil verbunden mit Zitaten, finden sich Plutarch, stoic.repugn. 1052C, 1053B, SVF 687, 1000 (Gellius), 1169 (Gellius), 1170 (Gellius), 1023 (Philodem), zusammen mit Poseidonios wird die Schrift erwähnt bei: Diogenes Laertios 7,138f., weitere stoische Texte: Seneca, prov.; Epiktet (diss. 1,16; 3,17) Panaitios, fr.33f (Panaetii Rhodii Fragmenta, ed. M. van Straaten, Leiden 1952, S.11; die Fragmente stammen aus Cicero, ep.ad Att. 13,8; 16,11,4).

[5] Neben den Stoikern ist von folgenden Autoren der griechischen Antike überliefert, daß sie Texte Περὶ Προνοίας verfaßt haben. Sie übernehmen den Buchtitel, ohne daß die Ausführungen deshalb noch der Stoa zuzurechnen sind: Claudius Aelian (Suda, α 21,S.4.22f, 287,S.30.28; σ 221,S.340.2f), Alexander Aphrodisias, prov. (arabische Überlieferung); Antiphon (Suda, α 1872,s.168.16); [Chrysostomos], prov.; [Clemens von Alexandrien], Fragmente De providentia; Diodor von Tarsus (Suda, δ 1149,S.103.15); Hierokles (Photios, bibl. 214, 251, Suda, ι 178,S.616.20f); Philon, prov. (2 Bücher armenisch überliefert); Plotin (3,2; 3,3; Porphyrios, Vita Plotini 6.7ff, 24.63ff); Proklos, De decem dubitationibus circa providentiam; ders., De providentia et fato et eo quod in nobis ad Theodorum mechanicum, Sopater, ein Schüler von Jamblich (Suda, σ 845,S.407.5-7); Synesius von Kyrene, Aegyptii sive de providentia (vgl. Photios, bibl. 26); Theodoret, prov.

[6] Quintilian 3,5,6; 5,7,35; 7,2,2; Aelius Theon, Progymnasmata 12; Hermogenes, Progymnasmata 11.

Ausdrucksformen der Zeit entsprachen, fand man im 18.Jahrhundert im Wort „Vorsehung" einen geeigneten Ausdruck der Religion. Dies hat mit der Antike-rezeption im 18. Jahrhundert zu tun, hatte aber die Folge, daß ein antiker Begriff in die Moderne hineinwirkte und bis heute elementare religiöse Grundüberzeugun-gen zusammenfaßt.[7] Allerdings führte die Ideologisierung des Begriffs in der Tradition der Geschichtsphilosophie dazu, daß man sich nach dem 2. Weltkrieg für zwei Generationen zu dem Begriff nicht mehr äußerte und erst in den letzten Jahren das Thema wieder aufnehmen konnte.[8]

Drittens: Ein weiterer Grund, einen spätantiken Begriff wie den der Pronoia Gottes aufzunehmen, liegt in der grundsätzlichen Bedeutung von Begriffen für die Geschichtsschreibung. Ihre Aufgabe besteht nicht nur im Inventarisieren und Sortieren von Belegstellen, sondern in der Verknüpfung und Unterordnung unter Begriffe und Strukturen. Hierfür müssen Begriffe komplex genug sein, um ver-schiedenartige Erfahrungen, Ereignisse und Aussagen in Beziehung zueinander setzen zu können, um sie zu vergleichen und ihre je individuelle Bedeutung auf-zeigen zu können. Sie müssen abstrakt genug sein, um auf verschiedene Erfah-rungen anwendbar zu sein, und drittens die stabile Bezugsgröße zu den sich verän-dernden Erfahrungen darstellen.[9] Unter Begriffen verstehe ich in diesem Zusam-menhang eine komplexe Auswahl von Merkmalen, die durch einen Ausdruck sprachlich erfaßt ist. Die Arbeit an den Begriffen rückt nur dann in den Mittel-punkt des Interesses, wenn man der Sprache, den rhetorischen Figuren und Be-griffen eine konstitutive Rolle in der historischen Arbeit einräumt.

Ein Begriff ist das Thema dieser Arbeit. Da aber komplexe Begriffe zwar häufig verwendet werden, ihre begriffliche Struktur aber nur selten erläutert wird, stellt sich die Frage nach dem Vorgehen. Ausgangspunkt wird die sprachlichen Form des Begriffs bilden, und in einem ersten Teil sollen die Bedeutungen des Wortes Pronoia analysieren werden. Der zweite Teil der Arbeit ist dann der begrifflichen Struktur gewidmet. In der Unterscheidung der beiden Teile wird das Haupt-problem einer begriffsgeschichtlichen Methode sichtbar, die bisher keinen über-zeugenden Ansatz bietet, die Fragen der Begriffsgeschichte oder historische Se-

---

[7] Vgl. z.B. die Fragen der 1997 veröffentlichten Umfrage „Gott in den Niederlanden", FAZ, 11.11.1997, S.6.

[8] Hinzuweisen ist z.B. auf die Arbeiten von G. REYDAMS-SHILLS, a.a.O.; P. FRICK, Divine Providence in Philo of Alexandria (Texts and Studies in Ancient Judaism 77), Tübingen 1999; U. WICKE-REUTER, Göttliche Providenz und menschliche Verantwortung bei Ben Sira und in der Frühen Stoa (BZAW 298), Berlin/ New York 2000; A. von Scheliha, Der Glaube an die göttliche Vorsehung. Eine religionssoziologische, geschichtsphilosophische und theologiegeschichtliche Untersuchung, Stuttgart 1999.

[9] Vgl. P. VEYNE, Ein Inventar der Differenzen. Antrittsvorlesung am Collège de France, in: Die Originalität des Unbekannten. Für eine andere Geschichtsschreibung, Frankfurt 1988, S.7-42.

mantik und der strukturalistischen Semantik zu verbinden. Im ersten Teil werden die Methoden der strukturalistischen Beschreibung von Bedeutung herangezogen, die sich auch in der Lexikographie weitgehend durchgesetzt haben.[10] Das Ziel des zweiten Teils ist es, die verschiedenen Antworten altkirchlicher Autoren in einen Zusammenhang zu stellen, in dem die individuelle Bedeutung der einzelnen Ansätze zum Tragen kommt.

Es sind zwei Perspektiven, in denen der Begriff Pronoia in der Alten Kirche strittig und daher zu erklären war. Auf der einen Seite, und hier setzt das erste Kapitel ein, steht das qualitative Moment im Vordergrund, das in dem Wort Pronoia impliziert ist, wenn von der Fürsorge Gottes oder der guten Ordnung der Welt die Rede ist. Dieses qualitative Moment, das auf die Güte Gottes verweist, steht in Spannung zu Gott, der als Richter verstanden wird. Kann Gott als fürsorgender Herrscher oder Vater zugleich ein strafender Richter sein? Oder muß nicht die Ordnung, die mit Pronoia bezeichnet wird, notwendig auch eine gerechte sein? Grundlegend für die gesamte Alte Kirche ist die Zuordnung von Tun-Ergehens-Zusammenhang und göttlicher Pronoia. Der Tun-Ergehens-Zusammenhang führt in der Alten Kirche nicht hin zu dem Begriff der Heimarmene, sondern zu dem der Pronoia. Und die Frage ist, wie in diesem Zusammenhang der Begriff Pronoia zu verstehen ist. Das erste Kapitel beschäftigt sich also mit der engen Verknüpfung von Pronoia und Gerechtigkeit Gottes. Einzubeziehen sind dabei die Texte der Septuaginta und deren Einflüsse.

Fürsorge und Gerechtigkeit wurden einer verbreiteten Überzeugung nach von Gott insofern erwartet, als Gott nichts verborgen bleibt, da er Beobachter aller Dinge, Ephoros, ist. Hier setzt nun eine zweite Diskussion ein, die stärker von Pronoia als einem ordnenden, gestaltenden Handeln ausgeht. Der ganze gestaltete Kosmos kommt in den Blick und zugleich die Frage nach dem Individuum. Strittig war, ob – wenn das mit Pronoia bezeichnete Wirken Gottes den Gesamtzusammenhang der Welt und den Erhalt der Gattungen und Arten beschreibt – sich dann Pronoia auf den einzelnen beziehen kann, wie dies in der Zuordnung von Gerechtigkeit und Fürsorge Gottes vorausgesetzt wird. Die Frage, die sich von verschiedenen Seiten stellte, war, wie Gottes Pronoia zu denken ist. Die Antworten hatten Folgen für den Gottesbegriff und zogen schließlich die Frage nach sich, wer Pronoia übt – der höchste Gott oder untergeordnete Götter.

Die Erklärungen der Alten Kirche bleiben gebunden an die durch das Wort Pronoia zur Verfügung gestellten Bedeutungsmöglichkeiten. Dies bedeutet nicht,

---

[10] Siehe z.B. Handbuch der Lexikologie, hrsg.v. Ch. Schwarze/ D. Wunderlich, Königstein 1985; Understanding the lexicon. Meaning, sense and world knowledge in lexical semantics, hrsg.v. W. Hüllen/ R. Schulze (Linguistische Arbeiten 210), Tübingen 1988.

daß die Struktur der Wortbedeutung und die begriffliche Struktur identisch sind
oder daß die Analyse der Wortbedeutung bereits zu den Diskussionszusammen-
hängen in der Spätantike führt. Dies liegt an der „Unfähigkeit von Sprache,
irgendetwas außerhalb ihrer eigenen Grenzen darzustellen",[11] und daher sind die
beiden Teile zu unterscheiden.[12]

Mit der Analyse der Wortbedeutung von Pronoia wähle ich einen Ansatz, der
sich in doppelter Weise von der verbreiteten Form unterscheidet, sich auf den altkirchlichen Begriff Pronoia zu beziehen. Ich verstehe den Begriff Pronoia als
eigenständigen Gegenstand der Untersuchung und löse ihn aus dem engen Zusammenhang mit dem Begriff der Heimarmene. Im Unterschied zum Begriff der
Heimarmene wurde der Begriff Pronoia nicht in Kausalzusammenhängen erklärt.
Die Wirkung der Stoa läßt sich zwar daran ablesen, daß eine der Wortbedeutungen, nämlich πρόνοια in der Bedeutung von göttlicher Ordnung, einen stoischen Kontext festhält, und in diesem Zusammenhang soll auch auf den Ort des
Begriffs im stoischen System eingegangen werden.[13] Die sprachlichen Strukturen
geben aber keinen Anhaltspunkt dafür, daß die Heimarmene in den Sinnbeziehungen von Pronoia begegnet. Die stoische Identifikation der Begriffe bedeutet
nicht, daß bedeutungsgleiche Ausdrücke vorliegen, und insbesondere nicht, daß
der Begriff Pronoia nicht eine eigene Geschichte hat. Eine Verhältnisbestimmung
von Heimarmene und Pronoia wurde in dem platonischen Konzept der gestuften
Pronoia versucht, die Bedeutung dieses Konzepts aber für den Platonismus und
seine Wirkung auf die Theologie der Alten Kirche ist überschätzt worden.[14]

Das Wort Pronoia wurde aufgenommen, um eine bestimmte Sinnkonstruktion
zu bezeichnen, die sich nicht erschließt, wenn man Pronoia zusammen mit Heimarmene in den Gegensatz zwischen göttlicher Determination und menschlicher
Freiheit einbindet. Die Bestimmung der Bedeutung von Pronoia im Verhältnis zu

---

[11] M. JAY, Braucht die Geistesgeschichte eine sprachliche Wende?, in: Geschichte denken.
Neubestimmungen und Perspektiven moderner europäischer Geistesgeschichte, hrsg.v. D.
LaCapra/ S.L. Kaplan, Frankfurt 1988, S.89 (87-115) zitiert nach: G. Spiegel, Geschichte,
Historizität und soziale Logik von mittelalterlichen Texten, in: Geschichte schreiben in der
Postmoderne. Beiträge zur aktuellen Diskussion, hrsg.v. Christoph Conrad/ M. Kessel,
Stuttgart 1994, S.161-202.
[12] Es scheint mir der strukturalistischen Semantik, wie sie von J. Lyons vertreten wird, nicht
angemessen, die Sinnbeziehungen durch einen Bereich historischer Referenzen zu ergänzen.
Die post-saussuresche Theorie bestreitet gerade die Vorstellung einer objektiven von der
Sprache unabhängigen Welt. R. REICHARDT (Einleitung, in: Handbuch politisch-sozialer
Grundbegriffe in Frankreich 1680-1820, Heft 1/2, München 1985, S.84f) stellt ein „Begriffs-
feld" her, indem er 1. die paradigmatischen, 2. die syntagmatischen Beziehungen, 3. die
systematischen Gegenbegriffe (funktionale Antonyme), und 4. die historischen Konkretionen
verzeichnet.
[13] I §3.4.
[14] vgl. II §6.

Heimarmene hat zwar Anhaltspunkte in der Spätantike, ist vor allem aber in der deutschen Übersetzung mit „Vorsehung" begründet. Schlägt man im Duden von 1981 nach, wird „Vorsehung" erklärt als „über die Welt herrschende Macht, die nicht beeinflußbar u. nicht zu berechnender Weise das Leben der Menschen bestimmt u. lenkt".[15] Mit dieser Wiedergabe des Wortes wird deutlich, daß die deutsche Sprache keine Äquivalente zur Verfügung stellt, um zwischen Pronoia, Heimarmene und Tyche zu differenzieren und daß das Wort „Vorsehung" an spezifischer Bedeutung eingebüßt hat. Dies hat mit dem Bedeutungswandel und dem veränderten Gebrauch der Präpositionen „vor" und „für" seit dem 18. Jahrhundert zu tun. Seit dem 18. Jahrhundert hat sich nicht der Terminus Vorsehung geändert, allerdings sehr wohl der Gebrauch der Präpositionen „vor" und „für". Dort, wo man im 18. Jahrhundert die Präposition „vor" verwendete, spricht man heute von „für" und umgekehrt. Im 18. Jahrhundert wurde das ältere Wort „Fürsehung" durch „Vorsehung" abgelöst, behielt aber die Bedeutung von "Fürsorge". Diese Bedeutung ist heute in den Worten „vorsehen" und „Vorsehung" nicht mehr präsent. „Vorsehen" entspricht weitgehend dem Verb „voraussehen" und entspricht nach Grimm in der theologischen Verwendung dem lateinischen *predestinare*.[16] Um insbesondere die Verbindung mit der Prädestinationslehre zu meiden, werde ich auf die Übersetzung des griechischen Wortes πρόνοια mit „Vorsehung" verzichten.

Je mehr man den Begriff Pronoia von deterministischen Bezügen löst, wie sie in den Begriffen Heimarmene bzw. Schicksal vorliegen, je deutlicher gewinnt der Begriff ein Profil, das nicht nur durch die stoische Schulposition und die antistoische Polemik gekennzeichnet ist. Die vier Lehrmeinungen zum Begriff Pronoia, die den philosophischen Schulen zugeordnet wurden, waren in der Zeit der Alten Kirche seit langem wiederholt worden.[17] Sie eignen sich aber nur sehr bedingt als Zugang zu der Diskussion im 2. und 3. Jahrhundert. Wenn Alexander von Aphrodisias, obwohl er die Differenzen innerhalb der Stoa sehr genau kennt, sich um die Wende zum 3. Jahrhundert mit stoischen Positionen auseinandersetzt, aber keinen seiner Zeitgenossen namentlich nennt, bleibt die Frage offen, was dies für die zeitgenössische Diskussion bedeutet. In der Zeit der Alten Kirche werden

---

[15] Duden. Das große Wörterbuch der deutschen Sprache, Bd.6, Mannheim/ Wien/ Zürich 1981, Sp.2820.

[16] J. Grimm/ W. Grimm, Deutsches Wörterbuch, Bd.12, Berlin/ Leipzig 1952, Sp.1542f.

[17] Einen Überblick über die antiken philosophischen Positionen versucht M. DRAGONA-MONACHOU zu geben (Divine Providence in the Philosophy of the Empire, in: ANRW II 36,7 [1994], S.4417-4490) gestellt. Für den Platonismus wiederholt Dragona-Monachou allerdings lediglich das, was sich bereits in dem Überblick von J. DILLON (The Middle Platonists. 80 B.C. to A.D. 220, Ithaka 1977) findet.

die konkurrierenden philosophischen Schulen weitgehend in die platonische Synthese absorbiert. Dies gilt für die Stoa, die im 3. Jahrhundert an Bedeutung verliert. Dies gilt insbesondere für den Aristotelismus, über dessen Geschichte in der Zeit nach Alexander von Aphrodisias kaum etwas bekannt ist. In der Form der platonisch-aristotelischen Synthese hatte er allerdings eine erheblich Bedeutung auf die Theologie des 3. Jahrhunderts. Die Assimilationsprozesse führten zunächst zu einer Vervielfältigung der Positionen innerhalb der Schultraditionen. Bezüge auf die zeitgenössische Diskussion, auf gemeinsame Fragen und Abgrenzungen können nur am Detail aufgezeigt werden. Die zeitgenössischen, philosophischen Zeugnisse werden daher bei der Erarbeitung der altkirchlichen Quellen eingeführt.

Teil I

Erläuterungen zum Wort πρόνοια.
Beispiele zur Sprachverwendung in der Zeit bis zum 1. Jh. n.Chr.

Angesichts der Unklarheit, die dem Wort πρόνοια anhaftet, stellt sich in einem ersten Teil die Aufgabe, eine Vorstellung davon zu entwickeln, wie das Wort πρόνοια verwendet wurde, die Rede über πρόνοια zu präzisieren und den Ausgangspunkt für die folgende Untersuchung zu bestimmen. Hierzu ist es notwendig, die Bedeutungen des Wortes πρόνοια zu unterscheiden und seine Bedeutungsstruktur aufzuzeigen. Die folgenden Ausführungen sind also von der Frage nach der Bedeutungsstruktur und nicht nach der Bedeutungsentwicklung bestimmt. Diese Aufgabenstellung erweist sich als sinnvoll, zumal die Bedeutung des griechischen Wortes πρόνοια sehr stabil ist. Es erweist sich damit nicht als notwendig, das Vorkommen des häufig verwendeten Wortes in einem Zeitraum, der sich von den ersten Belegen bei Aischylos[1] bis hin zu Plutarch erstreckt, zu besprechen. Stattdessen werde ich mich auf ausgewählte Beispiele beschränken und anhand dieser Beispiele die Struktur der Wortbedeutung erläutern. Die im folgenden vorgenommene Unterscheidung von drei Bedeutungen des Wortes πρόνοια sollen einleitend in Beziehung gesetzt werden zu antiken Definitionen des Wortes und zur lexikographischen Tradition seit der Mitte des 19. Jahrhunderts.

In die Aufgabe, die Verwendung des Wortes zu beschreiben, soll eine Definition einführen, die unter dem Namen von Andronikos von Rhodos überliefert ist:

PsAndronikos von Rhodos, περὶ παθῶν[2]

---

[1] Ag. 683, Ch. 606.

[2] Es handelt sich um eine Sammlung von Definitionen περὶ ἀρετῶν καὶ κακιῶν, die als zweiter Teil einer Schrift περὶ παθῶν überliefert ist, deren Charakter diskutiert wird. Daß in den Texten ein stoischer Einfluß sichtbar wird, hat sich seit X. KREUTTNER und C. SCHUCHHARDT durchgesetzt. Nach Kreuttner und Schuchhardt gehen die Definitionen auf Chrysipp zurück und stehen zudem in ihrer Textgestalt Chrysipp näher als andere vergleichbare Definitionen. H. v.ARNIM folgt Kreuttner und Schuchhardt, indem er die Definitionen aus περὶ παθῶν, allerdings neben anderen Definitionen, in seine Sammlung aufnimmt (SVF III 266).
A. GLIBERT-THIRRY äußert sich zurückhaltender im Sinne eines allgemeinen „esprit platonico-aristotélico-stoïcien" und weist mit A. GERCKE (Andronikos von Rhodos, in: PRE 1.2 [1894], Sp.2164-67) auf einen eklektischen Autor aus der Kaiserzeit hin.
Wesentlicher Bestandteil der Argumentation ist der Hinweis auf andere Definitionen wie sie bei Stobaios, II S.59.4-64.12, Diogenes Laertios 7,92; 7,110; 7,125, Sextus Empeirikos, adv.math. 9,123.153f, Philon, leg. 1,63; 1,65; 1,67; 1,68; 1,87 und der anonymen Schrift Κατὰ Χρύσιππον vorliegen (siehe SVF III 262ff). Eine Parallele zu der Definition von πρόνοια findet sich in diesen Schriften nicht.

Πρόνοια δὲ ἕξις ὁδοποιεῖσθαι δυναμένη εἰς τὸ μέλλον, ὡς ἂν πράττηται ὡς χρή· [ἢ παρασκευαστικὴ πρὸς μέλλοντά τινα].[3]

Eine der Verwendungen von πρόνοια besteht in der Bezeichnung einer menschlichen Fähigkeit, die man mit PsAndronikos als ἕξις, genauer als eine vernünftige Haltung bestimmen kann. Nachdem PsAndronikos zuvor Tugend als ἕξις definiert hat,[4] zählt er πρόνοια unter die zehn Tugenden, die er dem Begriff φρόνησις unterordnet und damit dem vernünftigen Teil der menschlichen Seele zurechnet.[5] Drei Aspekte sind hervorzuheben: 1. πρόνοια wird als eine vernünftige Fähigkeit bzw. Haltung verstanden. 2. Diese wird beschrieben als planende Fähigkeit, d.h. sie ist auf das Kommende ausgerichtet; sie wird dargestellt durch das Bild des Wegbereitens und läßt sich, so einige Handschriften,[6] paraphrasieren als παρασκευαστική, als die Kunst des Vorbereitens.[7] 3. Die Einbindung von πρόνοια in eine Reihe von zehn Tugenden ist zu beachten. Auf die drei allgemeinen Fähigkeiten εὐβουλία, ἀγχίνοια und πρόνοια folgen sieben spezifische Kunstfertigkeiten: βασιλική, στρατηγική, πολιτική, οἰκονομική, διαλεκτική, ῥητορική und φυσική. Sie spiegeln die Dreiteilung der stoischen Philosophie in Ethik, Logik und Physik,[8] wobei die ethischen Fähigkeiten als ἕξις bzw. ἐμπειρία, das logische und physikalische Wissen als ἐπιστήμη definiert werden.

Im Gegenüber zu der bei PsAndronikos überlieferten Definition soll ein Zitat, das Alexander von Aphrodisias[9] in der Argumentation der 21. Quaestio benutzt,[10]

Einen Überblick über die Diskussion, die Beurteilung der zugrundeliegenden Quellen und die unterschiedlichen Datierungen gibt: A. Glibert-Thirry, Pseudo-Andronicus de Rhodes „ΠΕΡΙ ΠΑΘΩΝ". Édition critique du texte grec et de la traduction latine médiévale (CLCAG.S.2), Leiden 1977, S.5-34.

[3] S.243.40f. Der Text fährt fort: Βασιλικὴ δὲ ἐμπειρία τοῦ ἄρχειν πλήθους ἀνυπευθύνως.
Στρατηγικὴ δὲ ἕξις θεωρητικὴ καὶ πρακτικὴ τῶν [τῷ] στρατοπέδῳ συμφερόντων.
Πολιτικὴ δὲ ἕξις θεωρητικὴ <καὶ πρακτικὴ> τῶν [τῇ] πόλει συμφερόντων.
Οἰκονομικὴ δὲ ἕξις θεωρητικὴ <καὶ πρακτικὴ> τῶν [τῷ] οἴκῳ συμφερόντων.
Διαλεκτικὴ δὲ ἐπιστήμη τοῦ εὖ διαλέγεσθαι.
Ῥητορικὴ δὲ ἐπιστήμη τοῦ εὖ λέγειν.
Φυσικὴ δὲ ἐπιστήμη τῶν περὶ [τὴν] φύσιν.

[4] Ἔστι δὲ ἀρετὴ ἕξις ὁμολογουμένη (S.239.6). Vgl. aber z.B. SVF III 111,512.

[5] PsAndronikos geht von einer Dreiteilung der Seele aus. Im Unterschied dazu siehe beispielsweise SVF II 829,906.

[6] In der Handschriftengruppe α sowie in der lateinischen Überlieferung fehlt diese Wendung.

[7] Diese Formulierung steht PsPlaton, OPOI, 414 A1 nahe: Πρόνοια παρασκευὴ πρὸς μέλλοντά τινα. Diesen Text kommentiert H.G. INGENKAMP, Untersuchung zu den pseudoplatonischen Definitionen (KPS 35), Wiesbaden 1967; siehe außerdem: R. ADAM, Über eine unter Platons Namen überlieferte Sammlung von Definitionen, in: Ph. 80 (1925), S.366ff. Vgl. E. KLOSTERMANN, Überkommene Definitionen im Werk des Origenes, in: ZNW 37 (1938), S.54-61.

[8] Vgl. SVF III 202.

[9] Alexander von Aphrodisias wurde 198 n.Chr. nach Athen berufen. Zur Person des Alexander von Aphrodisias siehe unten S.228f,Anm.32. Die im folgenden zur Orientierung angegebenen Daten entsprechen, wenn nicht anders angegeben, den Angaben in: Der kleine Pauly, 5 Bde., München 1975.

genannt werden. Es zeigt eine weitere Perspektive in der Verwendung des Wortes πρόνοια auf.

Ἐπεὶ τί τὸ καταλειπόμενον ἢ τῆς χιόνος, ἂν ἀφέλῃ τὸ λευκὸν καὶ ψυχρόν; τί δὲ πυρός, ἂν τὸ θερμὸν σβέσῃς, μέλιτος δὲ γλυκὺ καὶ ψυχῆς τὸ κινεῖσθαι καὶ θεοῦ τὸ προνοεῖν;[11]

In diesem Zusammenhang geht es nicht darum, die in diesem Zitat gestellte Frage zu beantworten oder zu überlegen, wie die weiße Farbe bzw. die Kälte zum Schnee gehören, die Wärme zum Feuer, die Süße zum Honig, das Sich-Bewegen zur Seele und die Tätigkeit des προνοεῖν zu Gott, sondern auf diese Reihung hinzuweisen, die einen Bogen vom weißen Schnee zum προνοεῖν Gottes spannt. Die Aussage zielt auf das letzte Glied und stellt einen ebenso selbstverständlichen Zusammenhang, wie er zwischen Schnee und weißer Farbe besteht, zwischen der Tätigkeit des προνοεῖν und Gott her. So selbstverständlich wie der Schnee weiß ist, so konnte der Autor dieser Frage bei den Lesern die Zusammenstellung von Gott mit der Tätigkeit des προνοεῖν als unmittelbar nachvollziehbar voraussetzen. Diese zwei Beispiele weisen auf zwei Verwendungen des Wortes πρόνοια hin, die sich durch die unterschiedlichen Subjekte unterscheiden. In der Gegenüberstellung erscheint πρόνοια einerseits als Bezeichnung einer göttlichen Tätigkeit und andererseits als Bezeichnung einer menschlichen Fähigkeit. Liegen aber in diesen Bezeichnungen unterschiedliche Bedeutungen des Wortes πρόνοια vor?

Die griechischen Wörterbücher sind weitgehend voneinander abhängig und geben folgende Antwort auf die Frage nach der Bedeutung von πρόνοια:

- Das Handwörterbuch von F. Passow (1831⁴)[12] unterscheidet drei Bedeutungen von πρόνοια, die Passow durch die folgenden Übersetzungsäquivalente kennzeichnet: 1. „das Vorsehn, Vorbemerken, Vorherwissen od. -kennen", 2. „Vorsicht, Vorsehung, Ueberlegung, Klugheit, Vorsorge" mit Hinweis auf die Wendungen „ἐκ προνοίας" und „κατὰ τύχην" und 3. die besondere Verwendung in Ἀθηνᾶ πρόνοια[13].

---

[10] Zum Zusammenhang, in dem das Zitat erscheint, siehe: I. BRUNS, Studien zu Alexander von Aphrodisias - III, Lehre von der Vorsehung, in: RMP 45 (1890), S.223-235; R.W. SHARPLES, Alexander of Aphrodisias on divine providence: two problems, in: CQ 32 (1982), S.198-211.

[11] Alexander von Aphrodisias, Quaestiones 2,21,S.69.7-10 (SVF II 1118.). PH. MERLAN (Zwei Untersuchungen zu Alexander von Aphrodisias, in: Ph. 113 [1969], S.85-91) hat vorgeschlagen, daß es sich in dem Ungenannten, der hier bei Alexander Aphrodisias zu Wort kommt, um Attikos handelt. É. DES PLACES hat den Text als Fragment 3bis in seine Sammlung aufgenommen. VON ARNIM aber hat den gleichen Text in seine Sammlung stoischer Fragmente aufgenommen mit einer Anmerkung, in der er auf Poseidonios hinweist (SVF II 1118).

[12] F. PASSOW, Handwörterbuch der griechischen Sprache, Bd.2, Leipzig 1831⁴, S.742.

[13] Auf πρόνοια als Cognomen der Athene, Ἀθηνᾶ Πρόνοια, das jeweils als die dritte Bedeutung angegeben wird, soll hier nicht eingegangen werden. Auf folgende Belege sei hingewiesen: Aischines, Ctes. 110.6, 111.8, Hypereides, fr. 67, Pausanias 10.8.6f. Zur Kultlegende und Verehrung der Ἀθηνᾶ Πρόνοια siehe: V.GEISAU, Art. Pronoia, in: PRE 45 (1957), Sp.746.

- Die ausführlichere Auflage des Handwörterbuchs von F. Passow (1852)[14] folgt dem gleichen Schema. Die erste Bedeutung („das Vorsehn, Vorbemerken, Vorherwissen od. -kennen") ist jetzt aber untergliedert und mit Hinweis auf einen Beleg bei Galen durch b) πρόγνωσις ergänzt. Die zweite Bedeutung („Vorsicht, Vorsehung, Ueberlegung, Klugheit") findet mit dem Hinweis auf die „Vorsorge für eine Person od. Sache" (πρόνοιά τινος), heute zu übersetzen mit Fürsorge, und auf die göttliche Pronoia (προνοίᾳ ὁ κόσμος διοικεῖται) ebenso eine Ergänzung. An dritter Stelle bleibt die Athene Pronoia erwähnt. Sämtliche bei Passow genannten Belege stammen aus dem von Stephanus herausgegebenen Thesaurus Graecae Linguae (1842-47)[15]. Der Unterscheidung von drei Bedeutungen, wie sie von Passow angegeben wurden, ist die griechische Lexikographie weitgehend gefolgt.

- Das Wörterbuch von W. Pape[16] ist in dem Artikel zu πρόνοια von Passow abhängig und unterscheidet sich lediglich dadurch, daß er die „göttliche Vorsehung" als eine vierte Bedeutung abhebt.

- Auch bei Liddell/ Scott/ Jones[17] findet sich diese Gliederung wieder. Sie über setzen die drei Verwendungsweisen von πρόνοια folgendermaßen: 1. „perceiving beforehand, foresight, foreknowledge", 2. „foresight, forethought" und 3. „Athena as goddess of Forethought". Die πρόνοια τοῦ θεοῦ wird nicht als eigene Bedeutung gesondert aufgelistet, sondern erscheint wie bei Passow (1852) unter 2. als zweiter Unterabschnitt.[18]

Sieht man von Pronoia als Epitheton der Athena Pronoia ab, verzeichnen die Lexika zwei Bedeutungen des Wortes πρόνοια, wobei strittig ist, ob die göttliche Pronoia eine weitere Bedeutung darstellt oder nicht. Die Schwierigkeit besteht nun darin, daß für den Leser kaum erkennbar wird, worin sich die erste und die zweite Bedeutung des Wortes unterscheiden. Weder in der deutschen Übersetzung mit „Vorbemerken, Vorherwissen, Vorsehung, Überlegung" noch in der englischen mit „foresight, foreknowledge, forethought" wird die Abgrenzung der Wortbedeutungen nachvollziehbar. In der lexikographischen Tradition sind die ver-

---

[14] F. PASSOW, Handwörterbuch der griechischen Sprache, Bd. 2,1, Leipzig 1852⁵, S.1141.

[15] F. STEPHANUS, Thesaurus Graecae Linguae, Bd.6, Paris 1842-1847, Sp.1787-1799.

[16] W. PAPE, Griechisch-Deutsches Handwörterbuch, Bd.2, Braunschweig 1914³, S.735.

[17] H.G. LIDDELL/ R.SCOTT/ H.S. JONES, A Greek-English Lexicon, Oxford 1968, S.1491, unverändert in der zweiten Auflage: H.G. LIDDELL/ R. SCOTT/ H.S. JONES/ R. McKENZIE, A Greek-English Lexicon, Oxford 1996. Im Supplement von 1996 ist das Wort πρόνοια nicht aufgenommen.

[18] Auf einen Gegensatz zwischen göttlicher Providenz und einer menschlichen Ausübung der Pronoia vereinfacht neuerdings wieder P. FRICK (Divine Providence in Philo of Alexandria [Texts and Studies in Ancient Judaism 77], Tübingen 1999) die Bedeutung des Wortes: „As in Greek thought, the meaning of the term πρόνοια is twofold. When a person is the subject of πρόνοια the meaning of the word is that of 'attention', but when God is the subject, the meaning of term is that of 'providence'" (S.11).

schiedenen Bedeutungen des Wortes πρόνοια nicht klar beschrieben. Die zwei Wortbedeutungen sind in der lexikographischen Tradition nur deshalb entstanden, weil Stephanus seinen Artikel zu Pronoia mit einem Zitat aus Galen[19] begann, in dem dieser schreibt, daß Hippokrates das Wort Pronoia nicht im gewöhnlichen Sinne verwendet. Galen unterscheidet zwei Bedeutungen, um die Sprache des Hippokrates zu erklären.

Es handelt sich um Galens Kommentar zu der Äußerung des Hippokrates: τὸν ἰητρὸν δοκεῖ μοι ἄριστον εἶναι πρόνοιαν ἐπιτηδεύειν.[20] Galen stellt fest, daß Hippokrates das Wort πρόνοια anders als üblich verwendet, und erläutert beide Verwendungsformen: πρόνοια stehe für φροντίς oder ἐπιμέλεια, meine also Fürsorge oder die Sorge für etwas und werde z.B. Hekabe zugeschrieben, die bei ihrer Hinrichtung darauf achtete, würdig zu Boden zu sinken.[21] Für das Verb προνοεῖσθαι nennt Galen drei mögliche Synonyme. φροντίζειν τινός nimmt das bereits erwähnte Nomen φροντίς wieder auf, mit προπαρασκευάζειν ἀεὶ τὸ συμφέρον[22] nimmt Galen einen weiteren Aspekt auf und weist dann drittens darauf hin, daß auch in τὸ 'προνοίᾳ' τὸν κόσμον διοικεῖσθαι derselbe Sachverhalt angesprochen werde. Eine andere Verwendung liege nun vor, so Galen, wenn Hippokrates von πρόνοια im Sinne von πρόγνωσις spreche. In diesem Zusammenhang bedeutet πρόνοια, durch Überlegung eine Sache zu erfassen, bevor sie augenfällig wird, bzw. einen Sachverhalt zu erkennen, bevor er eintritt. προνοεῖν lasse sich, so Galen, hier durch τὸ πρὶν ἔσεσθαι νοεῖν ersetzen. Die ärztliche πρόνοια bei Hippokrates ist zu übersetzen mit Prognose bzw. Diagnose, aber, so Galen, nicht als Fürsorge mißzuverstehen.

Galens Ausführungen geben in der Tat Aufschluß über die Verwendung des Wortes Pronoia im 2. Jahrhundert, sie sind aber nicht in der Weise zu lesen, daß

---

[19] F. STEPHANUS, Thesaurus Graecae Linguae, Bd.6, Paris 1842-1847, Sp. 1787f.

[20] Galen, In Hippocratis prognosticum commentaria tria, 1,4,S.201.4-24: οὐ κατὰ τὸ κοινὸν ἔθος τῶν Ἑλλήνων ὁ Ἱπποκράτης δοκεῖ κεχρῆσθαι τῷ τῆς προνοίας ὀνόματι. τὴν γὰρ φροντίδα καὶ τὴν ἐπιμέλειαν οὕτως ὀνομάζουσιν, ὥσπερ ἀμέλει καὶ ὁ Εὐριπίδης ἐδήλωσεν εἰπών·
ἡ δὲ καὶ θνῄσκουσ' ὅμως πολλὴν πρόνοιαν εἶχεν εὐσχήμως πεσεῖν.
καὶ μὲν δὴ καὶ τὸ 'προνοεῖσθαι' ῥῆμα κατὰ πάσας τὰς ἐγκλίσεις ἄπειρον τῷ πλήθει παρὰ τοῖς Ἕλλησίν ἐστιν ἐπὶ τοῦ φροντίζειν τινός ἢ προπαρασκευάζειν ἀεὶ τὸ συμφέρον λεγόμενον, ἀλλὰ καὶ τὸ 'προνοίᾳ' τὸν κόσμον διοικεῖσθαι, τοῦτο δὴ τὸ πολυθρύλητον πρόβλημα, ταὐτὸν ἐνδείκνυται σημαινόμενον.
ὁ δέ γε Ἱπποκράτης οὐχ οὕτως, ἀλλά γε ἀντὶ τῆς προγνώσεως εἶπε τὴν πρόνοιαν, ἐμοὶ δοκεῖ οὐχ ἁπλῶς, ἀλλ' ἀπό τινος κοινοῦ σημαινομένου κατ' ἀμφοτέρας τὰς προσηγορίας· ἀπὸ γάρ τοι τοῦ νοῆσαι τὰ πράγματα πρὶν ἔσεσθαι τό τε προνοῆσαι ῥῆμα παρ' Ὁμήρῳ καὶ τὸ τῆς προνοίας ὄνομα παρὰ τούτῳ γέγονεν, ἀπ' αὐτοῦ δὲ τούτου καὶ τὸ προγνῶναι καὶ ἡ πρόγνωσις. ὅσα μὲν οὖν αἰσθητά ἐστι φύσει, τῷ λογισμῷ δ' αὐτὰ θηρεύομεν πρὸ τοῦ θεάσασθαι, προνοεῖν ταῦτα δεόντως ἂν εἴποιμεν, ἐνδεικνύμενοι διὰ τοῦ ῥήματος τὸ πρὶν ἔσεσθαι νοεῖν. διὰ τοῦτο καὶ τῶν πραχθέντων τὰ μὲν ἐξαίφνης ἀκούσια καὶ ἀπρονόητα, τὰ δὲ ἐκ τοῦ προβουλεύεσθαι 'μετὰ προνοίας' λέγουσι πεπρᾶχθαι.

[21] Euripides, Hec. 568ff.

[22] Vgl. PsAndronikos 2,40f, PsPlaton 414 A1.

Galen zwei gleichberechtigte Verwendungsweisen des Wortes erwähnt. In der Verwendung von Pronoia im Sinne von „durch Überlegung eine Sache zu erfassen, bevor sie augenfällig wird" handelt es sich nur bedingt um eine von zwei Bedeutungen von Pronoia. Die Gleichsetzung von Pronoia und Prognose bedurfte vielmehr der Erklärung und entsprach nicht dem üblichen Sprachgebrauch. Es werden falsche Akzente gesetzt, wenn die spätantiken Belege zu Pronoia mit dem Vorverständnis gelesen werden, daß dieses Wort primär die Perspektive des Kommenden eröffnet. τὸ πρὶν ἔσεσθαι νοεῖν ist als Übersetzung von Pronoia in den Texten des 2. bis beginnenden 4. Jahrhunderts weitgehend ungeeignet, und Galens Äußerungen legen dieses Vorgehen m.E. auch nicht nahe. Galen stellt die übliche Verwendung und den Sprachgebrauch des Hippokrates gegenüber. Aufmerksamkeit verdient, was Galen hier als die übliche Verwendung beschreibt.

Pronoia bedeutet in den Ausführungen von Galen erstens Fürsorge. Das Euripides-Zitat lenkt den Gedankengang von Pronoia in der Bedeutung von φροντίς bzw. ἐπιμέλεια zu der zweiten Bedeutung, die sehr gut mit προπαρασκευάζειν ἀεὶ τὸ συμφέρον angegeben ist. Hekabe ist kein Beispiel für fürsorgliches Handeln, sondern vielmehr für die Haltung, welche die Situation im voraus mitbedenkt und sich der absehbaren Folgen des eigenen Handeln bewußt ist. Galen hängt drittens die Wendung τὸ 'προνοίᾳ' τὸν κόσμον διοικεῖσθαι an, und entgegen seiner Behauptung bezeichnet Pronoia hier nicht noch einmal dasselbe. Mit den Synonymen φροντίζειν τινός, προπαρασκευάζειν ἀεί und τὸ 'προνοίᾳ' τὸν κόσμον διοικεῖσθαι sind die drei Bedeutungen von Pronoia angegeben. Daß es sich um unterschiedliche Bedeutungen handelt, wird im folgenden zu zeigen sein.

Der Text von Galen hat die lexikographische Tradition wesentlich beeinflußt, er hat allerdings dazu geführt, daß die drei Bedeutungen von πρόνοια zusammengefaßt und in den Lexika nicht mehr als unterschiedliche Bedeutungen sichtbar werden. Gegen diese Tradition soll der Text von Galen in der Weise herangezogen werden, daß mit ihm, allerdings in veränderter Reihenfolge, drei Bedeutungen des Wortes Pronoia unterschieden werden: 1. Pronoia bezeichnet das absichtlich überlegte Handeln, bei dem der Handelnde sich der absehbaren Folgen seines Tuns bewußt ist. Ps-Andronikos und Galen beschreiben diese Bedeutung mit dem Wort παρασκευάζειν, das allerdings selten im Zusammenhang mit Pronoia verwendet wird. 2. Pronoia bedeutet die Fürsorge, insbesondere die elterliche Für sorge. 3. Pronoia begegnet im Zusammenhang mit der Lenkung und Ordnung der Welt. In den Ausführungen über die göttliche Pronoia kommen alle drei Bedeutungen des Wortes Pronoia zum Tragen, nur die dritte setzt das göttliche Subjekt voraus. Die drei Bedeutungen des Wortes Pronoia sollen im folgenden an ausgewählten Beispielen illustriert werden.

§ 1. Die Verwendung von πρόνοια zur Bezeichnung des negativen Vorsatzes oder der positiven Absicht

1. ἐκ προνοίας – die Bezeichung des vorsätzlichen Charakters einer Handlung

In der Wendung ἐκ προνοίας liegt attische, juristische Terminologie vor, die sich ursprünglich in erster Linie auf die Beurteilung von Tötungsdelikten bezog.

Im neunten Buch der Nomoi unterscheidet Platon vier Arten von Verletzung bzw. Tötung, die entweder (erstens) unwillentlich oder (zweitens) aus Zorn heraus oder (drittens) aus Furcht oder aber (viertens) willentlich und vorsätzlich geschehen.[23] Es handelt sich um eine Aufgliederung des Gegensatzes von ἀκούσια/ ἑκούσια, von unwillentlichen und willentlichen bzw. unfreiwilligen und freiwilligen Taten,[24] die dem Täter zunehmend mehr Verantwortung für das Ergebnis seines Tuns zuschreibt.[25] ἐκ προνοίας beschreibt eine willentliche, gewollte Handlung, und der Terminus ist in Verbindung mit ἑκούσια bzw. ἑκουσίως und ἑκών bei Platon mehrfach belegt. Es heißt beispielsweise bei Platon: ... πατρὸς ἢ μητρὸς ἢ ἀδελφῶν ἢ τέκνων ἐκ προνοίας ἑκουσίως ψυχὴν τολμῆσαι ἀποστερεῖν σώματος.[26] Der vorsätzliche Verwandtenmord geschieht ἐκ προνοίας ἑκουσίως. Eine weitere Differenzierung kommt hinzu: Eine vorsätzliche Handlung kann vorliegen, wenn die Tötung eigenhändig ausgeführt wird, aber auch dann, wenn für die Tötung der „intellektuelle Täter" verantwortlich zu machen ist, der mit Planung, Rat und Anstiftung hinter dem Mord steht. Zu vergleichen ist leg. 871a, wo Platon einen Mord, den er ebenfalls als vorsätzlich (ἐκ προνοίας) bezeichnet, mit eigener Hand

---

[23] Leg. 874E 6f: τὰ μὲν ἀκούσια, τὰ δὲ θυμῷ, τὰ δὲ φόβῳ, τὰ δὲ ὁπόσα ἐκ προνοίας ἑκούσια συμβαίνει γιγνόμενα. Vgl. Aristoteles, probl. 951b 27-29: τὸ μὲν γὰρ ἀδικεῖν καὶ δι'ὀργὴν καὶ διὰ φόβον καὶ δι' ἐπιθυμίαν καὶ δι' ἄλλα πολλὰ γίνεται, καὶ οὐ μόνον ἐκ προνοίας ... aber auch die Auflistung in PsAristoteles, rhet.Alex. 1427a 30-b 1: ἀδικίαν δὲ καὶ ἁμάρτημα καὶ ἀτυχίαν ἂν διορίζῃς, τὸ μὲν ἐκ προνοίας κακόν τι ποιεῖν ἀδικίαν τίθει ...

[24] Vgl. leg. 861B 3-5. Diese Untergliederung bildet den Ausgangspunkt für die Festlegung der Strafen, die auf der für Platon grundlegenden Aussage beruht, daß Unrecht nur unfreiwillig geschehen könne, da niemand freiwillig das Schlechte wähle. So z.B. Prot. 345D-E, 358C-E, Gorg. 468 C-E, 509E, Men. 77B-78A, leg. 731C, rep. 413A, 444A-445A, 588B-591B, soph. 228C, Tim. 86D-E, vgl. Hippolyt, ref. 1,19,20; Apuleius, Plat. 2,17,S.99.4-13. Vgl. die Unterscheidung zwischen Schaden und Unrecht (leg. 861E-864B) und die besonderen gesetzlichen Bestimmungen für Mord (leg. 870A-871C), die sich aus der platonischen Grundlegung von dem unfreiwilligen Charakter des Unrechts ergeben.

[25] Zu den platonischen Strafbestimmungen siehe die Monographie von W. KNOCH (Die Strafbestimmungen in Platons Nomoi [KPS 23], Wiesbaden 1960), der sich allerdings nicht zur Terminologie ἀκούσια/ἑκούσια bzw. ἀκουσίως/ἑκουσίως/ἐκ προνοίας äußert.

[26] Leg. 873A 5f.

(αὐτόχειρ) ausführt,[27] und 877c, wo Platon vom Mordversuch zunächst als Verletzung (τραῦμα) ἐκ προνοίας, dann als Verletzung ἐξ ἐπιβουλῆς τοῦ ἀποκτεῖναι spricht. Die Terminologie geht nicht auf Platon zurück.[28]

Die Anklage auf eine vorsätzliche, aber nicht eigenhändig ausgeführte Tötung erhebt zwei Generationen vor Platon in einer Prozeßrede der Rhetor Antiphon.[29] Der Sohn des ermordeten Vaters klagt hier gegen seine Stiefmutter, die eine andere Frau benutzt habe, um seinen Vater zu vergiften.[30] Antiphon stellt mit folgenden Worten den unfreiwillig sterbenden Vater und die willentlich tötende Stiefmutter gegenüber: τοῦ μὲν ἐκ προβουλῆς ἀκουσίως ἀποθανόντος, τῆς δὲ ἑκουσίως ἐκ προνοίας ἀποκτεινάσης.[31] Wieder geht es um den Gegensatz zwischen ἀκουσίως und ἑκουσίως und die Entsprechung zwischen ἐκ προβουλῆς und ἐκ προνοίας. In dieser chiastischen Anordnung beschreiben ἀκουσίως und ἑκουσίως nicht zwei Handlungstypen, sondern die gegensätzliche Perspektive von Opfer und Täterin auf eine Handlung, die durch die Bezeichnungen ἐκ προβουλῆς und ἐκ προνοίας als ein- und dieselbe Handlung angezeigt wird. Nachdem Antiphon den Unterschied zwischen der Anstiftung zum Mord und der eigenhändigen Tötung ausgearbeitet hat, kommt er auf denselben Sachverhalt diesmal mit folgenden Worten zurück: ἡ μὲν γὰρ ἑκουσίως καὶ βουλεύσασα τὸν θάνατον <ἀπέκτεινεν>, ὁ δ' ἀκουσίως καὶ βιαίως ἀπέθανε.[32] Die angesprochene Terminologie ist die gleiche. Die mit ἐκ προνοίας bezeichnete Anklage lautet hier auf vorsätzlichen, aber nicht eigenhändig ausgeführten Mord.

Für die genannten Texte erscheint eine doppelte Unterscheidung als grundlegend: erstens zwischen vorsätzlicher und nicht-vorsätzlicher Handlung und zweitens zwischen eigenhändigem Tun und der planenden Initiierung einer Handlung. Aus Platon leg. 877c und Antiphon, or. 1,26.1f und 1,5.4f ist zu entnehmen, daß der Terminus ἐκ προνοίας als Oberbegriff vorsätzliche (eigenhändige und nicht-eigenhändige) Handlungen bezeichnen konnte, zugleich aber in besonderer Weise mit dem planenden Initiieren einer zu verantwortenden Handlung verbunden ist.[33]

---

[27] Platon formuliert leg. 871E 8- 872A 2: ἐὰν δὲ αὐτόχειρ μὲν μή, βουλεύσῃ δὲ θάνατόν τις ἄλλος ἑτέρῳ καὶ τῇ βουλήσει τε καὶ ἐπιβουλεύσει ἀποκτείνας αἴτιος ὤν ... Siehe zu diesem Sachverhalt: R. MASCHKE, Die Willenslehre im griechischen Recht, Berlin 1926; E. HEITSCH, Antiphon aus Rhamnus (AAWLM.G 1984,3), Mainz 1984, K.II. Zum Begriff der Handlung im attischen Strafrecht, S.12-20.

[28] Siehe unten Anm.33.

[29] Antiphon aus Rhamnus 480-ca.411 v. Chr., „der älteste attische Redner".

[30] Einen ähnlichen Fall schildert Aristoteles, vgl. MM 1188b 15-38.

[31] Antiphon, or. 1, 5,S.77.8f. Nach E. HEITSCH (a.a.O.) handelt es sich in or. 1 nicht um eine Musterrede, sondern um eine Prozeßrede, die auf einen realen Fall zurückgeht.

[32] Antiphon, or. 1, 26,S.96.10-97.1.

[33] Sowohl Platon als auch Antiphon beziehen sich auf eine gesetzliche Regelung. Hinzuweisen ist auf die Inschrift aus Athen aus dem Jahr 409/408, die das damals gültige, auf die Formulierung Drakons zurückgehende, Strafrecht für Tötungsdelikte festhält. Der Text der Inschrift findet

ἐκ προνοίας ist dabei eingebunden in das terminologische Umfeld von ἑκών/ ἑκουσίως/ ἄκων/ ἀκουσίως auf der einen Seite und auf der anderen Seite von βουλεύειν/ βούλησις/ προβουλή/ ἐπιβουλή.

Die unterschiedlichen Bedeutungsmerkmale, die in der Verwendung von ἐκ προνοίας zum Tragen kommen, sind ebenso auch durch die Texte von Aristoteles belegt.[34] Die Unterscheidung zwischen vorsätzlicher und unvorsätzlicher Tötung[35] war für den Ort und die Art des Gerichtsverfahrens ausschlaggebend. In Athen, so berichtet Aristoteles, wurde die Anklage auf vorsätzliche Tötung bzw. vorsätzlichen Mordversuch vom Areopag verhandelt, während Prozesse wegen unvorsätzlicher Tötung auf dem Palladium stattfanden.[36] Aristoteles nennt außerdem

---

sich in: R.S. STROUD, Drakon's law on homicide, Berkeley/ Los Angeles 1968. Stroud rekonstruiert den Text folgendermaßen (S.5.11-13): καὶ ἐὰμ᾽ μὲ᾽κ [π]ρονοί[ας] [κ]τ[ένει τίς τινα, φεύγ]ε[ν· δ]ικάζεν δὲ τὸς βασιλέας αἴτιο[ν] φόν[ο] Ε ....(17) ....Ε [b]ολεύσαντα.τὸς δὲ ἐφέτας διαγν[ῶ]ν[α]ι. Für die Lücke schlägt Stroud vor: ε[ἴτε τὸν αὐτόχερα εἴτ]ε und Heitsch (a.a.O.S.20) ἒ [τὸν χερὶ φονεύσαντα] ἒ.
In dieser Inschrift liegt, folgt man den Konjekturvorschlägen, dieselbe Terminologie vor, die an Hand der Texte von Platon und Antiphon besprochen wurde; allerdings mit dem Unterschied, daß sich die Differenzierung zwischen der eigenhändig und der nicht-eigenhändig ausgeführten Handlung hier auf die nicht-vorsätzlichen Straftaten bezieht, daß hier also der Fall geregelt wird, in dem Rat und Planung unvorsätzlich zur Ursache der Tötung eines Dritten werden. Diese Verwendung setzt eine doppelte Bedeutung von βουλεύειν/ βολεύειν im Rahmen des Strafrechts voraus. βολεύειν/ βουλεύειν kann, aber auch in den Worten von Heitsch (a.a.O.S.18f) „Verursachung durch andere als körperliche Einwirkung" bedeuten und wurde insofern anwendbar auf die unvorsätzliche Tötung. Heitsch sieht in dieser Verwendung von βολεύειν/ βουλεύειν ein spätes Stadium der attischen Rechtsentwicklung, das in seiner Terminologie nicht auf Drakon zurückgehe. Vgl. Stroud, a.a.O.S.44.
Die Annahme, daß der Wortlaut der Inschrift Entwicklungen des Strafrechts zwischen 621/20 (Drakons Festschreibung des Strafrechts) und 409/08 (Athenische Inschrift) spiegelt, ist auch auf die Terminologie μὴ ἐκ προνοίας und ἄκων zu beziehen. Heitsch schreibt hierzu: „Auch hier liegt die Vermutung nahe, daß das modernere μὴ ἐκ προνοίας gelegentlich einer Neuformulierung an die Stelle eines älteren ἄκων getreten ist." (a.a.O.S.16f) Das Verhältnis der Termini ἑκών/ ἄκων und ἐκ προνοίας/ μὴ ἐκ προνοίας zueinander ist hiermit noch nicht geklärt. Die Terminologie ἐκ προνοίας/ μὴ ἐκ προνοίας findet sich in den überlieferten Texten der Antike vergleichsweise selten. Stroud kommentiert: „No attempt is made in the preserved part of the law to define πρόνοια. The law states the penalty and outlines the legal procedure for the trial and for eventual pardon" und macht auf folgende Differenzierung aufmerksam, „... that if a killing is unintentional, it follows that is was without premeditation (ἐκ προνοίας); whereas it does not follow that if a killing is without premedidation, it is unintentional." (S.40)
Zum Drakonischen Strafrecht siehe weiter: M. GAGARIN, Drakon and early Athenian homicide law, New Haven/London 1981.

[34] Zur Gegenüberstellung von Platon und Aristoteles in den hier angeschnittenen Fragen siehe: R. SORABJI, Necessity, cause and blame. Perspectives on Aristotle's theory, London 1980, S.288-295.

[35] ... περί τε τῶν ἐκ προνοίας καὶ περὶ τῶν ἀκουσίων, pol. 1300b 25f.

[36] Ath. 57.3, vgl. pol. 1300b 25f; siehe auch Demosthenes, or. 23.22: ΝΟΜΟΣ ΕΚ ΤΩΝ ΦΟΝΙΚΩΝ ΝΟΜΩΝ ΤΩΝ ΕΞ ΑΡΕΙΟΥ ΠΑΓΟΥ. Δικάζειν δὲ τὴν βουλὴν τὴν ἐν Ἀρείῳ πάγῳ φόνου καὶ τραύματος ἐκ προνοίας καὶ φαρμάκων, ἐάν τις ἀποκτείνῃ δούς. Ebenso: Claudius Aelianus, hist. 5,15,S.78.25-27: "Οτι δικαστήρια ἦν Ἀττικὰ περὶ μὲν τῶν ἐκ προνοίας ἀποκτεινάντων ἐν Ἀρείῳ πάγῳ, περὶ δὲ τῶν ἀκουσίως ἐπὶ Παλλαδίῳ. Siehe hierzu: J.H. LEPSIUS, Das

aber,[37] wiederum mit Berufung auf geltendes Recht, die Unterscheidung zwischen „willentlich", „nicht-willentlich" und „vorsätzlich".[38]

Der in diesem Zusammenhang wichtige Abschnitt EE 1226b 2-1227a 3 erklärt den Begriff προαίρεσις.[39] Aristoteles benutzt in diesem Abschnitt die Mehrdeutigkeit des Wortes βουλεύειν, das entweder die Bedeutung von „wünschen" und „wollen", oder aber von „überlegen" und „beraten" bzw. „sich beraten" annehmen kann. Die Wahl, προαίρεσις, beruht nach Aristoteles auf vorheriger Überlegung, auf dem Abwägen der Mittel, die zu einem vorgegebenen Ziel führen, und setzt voraus, die Ursache einer Sache oder eines Sachverhaltes erkennen zu können und zu wissen, „weswegen" etwas geschieht oder nicht geschieht. Eine Handlung, die auf eine Wahl (προαίρεσις) zurückgeht, ist nach Aristoteles eine Handlung, die ihre Ursache in vorheriger Überlegung und Beratung hat.

Auf diesem Hintergrund formuliert Aristoteles eine Einschränkung, mit der er die Wahl von einem bloßen Wollen abhebt. Jeder, so Aristoteles, wolle das, was er wähle. Aber dieser Satz ist nach Aristoteles nicht umkehrbar. Niemand wähle all das, was er wolle oder wünsche. In Anwendung auf seinen Handlungsbegriff bedeutet dies, daß er zwischen willentlichen Handlungen und überlegten Handlungen unterscheidet. Handlungen, die auf eine überlegte Wahl zurückgehen, sind immer auch willentliche Handlungen, aber umgekehrt beruhen nicht alle willentlichen Handlungen auf überlegter Wahl. An dieser Stelle führt Aristoteles das Wort προνοεῖν (in Nebenordnung zu βουλεύειν/βουλεύεσθαι) ein: ἑκὼν πράττει ἢ ἀπρακτεῖ, πολλὰ δὲ τῶν τοιούτων πράττομεν οὐ βουλευσάμενοι οὐδὲ προνοήσαντες,[40] und faßt zusammen: ἀνάγκη τὸ μὲν προαιρετὸν ἅπαν ἑκούσιον εἶναι, τὸ δ'ἑκούσιον μὴ προαιρετόν.[41] Aristoteles stellt τὸ ἑκούσιον und τὸ προαιρετόν einander gegenüber und grenzt beides voneinander ab. τὸ ἑκούσιον entspricht hierin der ersten Bedeutung von βουλεύειν κτλ. als Wollen und Wünschen, τὸ προαιρετόν der zweiten Bedeutung im Sinne von Überlegen und Beraten. ἐκ προνοίας in der nachfolgenden Untergliederung der Rechtsdelikte steht an der Stelle des Terminus τὸ προαιρετόν, nimmt damit die zweite Bedeutung von βουλεύειν κτλ. auf.

Attische Recht und Rechtsverfahren, Leipzig 1905, S.121-127, 600ff; D. LATTE, Beiträge zum griechischen Strafrecht, in: Zur griechischen Rechtsgeschichte, hrsg.v. E. Berneker (WdF 45), Darmstadt 1968, S.288f (263-314) (= Hermes 66 [1931], S.30-48, 129-158)
[37] Nach R. SORABJI (a.a.O.S.293f) liegt hier eine der Neuerungen von Aristoteles vor.
[38] Probl. 886b 7f: καὶ ἄρα τὰ ἀκούσια τῶν ἑκουσίων καὶ τῶν ἐκ προνοίας διαφέρει. EE 1226b 37-1227a 1: ὅτι καλῶς διορίζονται οἱ τῶν παθημάτων τὰ μὲν ἑκούσια τὰ δ' ἀκούσια τὰ δ' ἐκ προνοίας νομοθετοῦσιν.
[39] Προαίρεσις wird in EE 1226b 16f folgendermaßen definiert: δῆλον ὅτι ἡ προαίρεσις μέν ἐστιν ὄρεξις τῶν ἐφ' αὑτῷ βουλευτική.
[40] EE 1226b32f.
[41] EE 1226b34f.

Dieser Gebrauch der Wendung ἐκ προνοίας war bis in die Kaiserzeit geläufig. Dionysios von Halikarnassos[42] läßt Decius, einen der Volkstribunen, im Senat mit einer Rede auftreten, in der dieser Marcius auffordert, sich wegen seiner Initiative in der anstehenden Getreideverteilung und deren politischen Implikationen vor der Volksversammlung zu verantworten.[43] Decius nennt verschiedene Möglichkeiten der Verteidigung, zu denen auch die Aussage gehört, nicht vorsätzlich und überlegt gehandelt, sondern vielmehr im Zorn agiert zu haben. Dieser Satz erklärt sich auf dem Hintergrund des bisher Gesagten. Die Wendung ἐκ προνοίας gehört in den Zusammenhang von gerichtlichen Verfahren. Sie steht in enger Verbindung mit dem Wort ἐπιβουλή. Die Alternative, statt vorbedacht im Zorn zu handeln, ist fester Bestandteil der Argumentation.[44]

Cassius Dio[45] vergleicht die Bürgerkriegssituationen unter Sulla und Cäsar und stellt als Historiker fest, daß die Mordtaten unter Sulla im juristischen Sinne weniger schwerwiegend seien,[46] da sie – mit der Begründung, daß man diese Art Untaten das erste Mal erlebte – weder geplant noch vorsätzlich verübt wurden.[47] Die Wendung ἐκ προνοίας findet sich wieder im Zusammenhang mit Tötungsdelikten.[48] Sie nimmt wieder das Wort προβουλή auf. Auf den Gegenbegriff ἐκ συντυχίας ist später einzugehen.[49]

Mit Dionysios von Halikarnassos und Cassius Dio liegen zwei Beispiele vor, welche die auf der juristischen Terminologie basierende Verwendung von πρόνοια fortführen. Der Sprachgebrauch, wie er bei Platon und Aristoteles belegt ist, wur-

---

[42] Dionysios von Halikarnassos lehrte 30–9v.Chr. in Rom.

[43] AR 7,45,3: ἴθι ἐκεῖ, Μάρκιε, καὶ ταῦτα, ἃ μέλλεις λέγειν ἐνθάδε, πρὸς ἅπαντας τοὺς πολίτας ἀθρόους ἀπολογοῦ, εἴτε ὡς ἀπὸ τοῦ βελτίστου τὰ κράτιστα συνεβούλευες τούτοις καὶ συνήνεγκεν ἂν τῇ πόλει ταῦτα γενόμενα, εἴτε ὡς οὐκ ἔστι δίκαιον λόγων εὐθύνας ὑπέχειν τοὺς ἀποφαινομένους ἐνθάδε τὰς γνώμας, εἴτε ὡς οὐκ ἐκ προνοίας οὐδὲ ἐπιβουλῆς ἀλλ᾽ ὀργῇ ἐπιτρέψας τὰ μιαρὰ ταῦτα παραινεῖν προήχθης, εἴθ᾽ ὁτιδήποτε ἄλλο ἀπολόγημα ἔχεις.

[44] Siehe: Platon, leg. 874E, Aristoteles, NE 1135b 25f.

[45] Er tritt unter Commodus (180–192) in den Senat ein und zieht sich nach 229 aus dem politischen Leben zurück.

[46] Vgl. Aristoteles, probl. 952a 1f: ἔτι μείζω μὲν ἀδικεῖ ὁ ἐκ προνοίας ἀδικῶν ἢ ὁ μὴ ἐκ προνοίας. Diese Aussage nimmt insbesondere Philon auf. Philon formuliert diese Abstufung in der Beurteilung von Unrecht aus unterschiedlichen Perspektiven. Die Abstufung äußert sich in opif. 128 darin, daß Mose als Richter mit Drohungen (ἀπειλή) auf vorsätzliches Unrecht reagiert und mit Ermahnungen (νουθεσία) auf unvorsätzliches, unbedachtes Unrecht. Sie findet sich in conf. 20, wo Philon schreibt, daß die Übel, die einen zufällig betreffen, leichter zu tragen sind als die, die man vorsätzlich begeht.

[47] 47,4,1,S.212.7-11: ἐπὶ μὲν γὰρ τοῦ Σύλλου οἵ τέ τι δρῶντες τάς τε τόλμας πρόσχημα, ἅτε καὶ πρῶτον τοῦ τοιούτου πειρώμενοι καὶ οὐκ ἐκ προβουλῆς, ἐποιοῦντο, καὶ διὰ τοῦθ᾽ ἧττον τὰ πλείω κακοτρόπως, οἷα οὐκ ἐκ προνοίας ἀλλ᾽ ἐκ συντυχίας, ἔπραττον.

[48] Ebenso Philon, spec. 3,128, vgl. die Auslegung von Ex 21,14 in fug. 77f. Vgl. Josephos, AJ 15,59f, allerdings kennt Josephos die Wendung ἐκ προνοίας nicht, in AJ 15,59f schreibt er statt ἐκ προνοίας κατὰ πρόνοιαν und μετὰ προνοίας, ebenso in BJ 3,370 und in AJ 19,106 προνοίᾳ.

[49] Siehe unten S.21ff.

de in der Folgezeit insgesamt aber nur selten aufgenommen.[50] Dies hat seinen Grund darin, daß der Sprachgebrauch in mehrfacher Hinsicht verändert wurde.

1. Die Wendung ἐκ προνοίας wird als juristischer Terminus technicus verwendet, ihr Bezugspunkt wird aber nicht mehr auf Tötungsdelikte eingegrenzt, sondern auf den weiteren Bereich unterschiedlichster Delikte ausgedehnt.[51]

2. Die Verwendung von ἐκ προνοίας löst sich von der gerichtlichen Rede und der Bezeichnung juristischer Sachverhalte. Infolgedessen steht ἐκ προνοίας für die schlechte Absicht, die zu Handlungen wie beispielsweise zur unlauteren Zurückhaltung von Getreide führt,[52] die aber auch den schlechten Dämonen zugeschrieben werden kann.[53]

3. Die Wendung ἐκ προνοίας verliert ihre negative Konnotation und bezeichnet nicht nur die schlechte Absicht, sondern die Absicht überhaupt und vor allem die gute Absicht. Dionysios von Halikarnassos benutzt die Wendung in dieser Weise. Er faßt die politischen Veränderungen, die in der Zeit der Aufstände notwendig geworden waren, in der Aussage zusammen, daß die Aristokratie Privilegien aufgab bzw. aufgeben mußte, und fügt an: τὰ μὲν ὑπ' ἀνάγκης τε καὶ ἄκουσα, τὰ δ' ἐκ προνοίας τε καὶ σοφίας.[54] Diese Reihe ist insofern aufschlußreich, als sie sich, wie die chiastische Struktur in der Gegenüberstellung der Mittelglieder (ἄκων und ἐκ προνοίας) hervorhebt, in dem gleichen terminologischen und sachlichen Umfeld bewegt wie die bereits genannten Texte, aber durch die Erläuterung καὶ σοφίας einen neuen Akzent in der Verwendung von ἐκ προνοίας setzt. Die einen Privilegien, so Dionysios, werden unter Zwang und unfreiwillig aufgegeben, die anderen ohne Zwang, d.h. freiwillig, darüberhinaus aber überlegt und weise. Die Wendung ἐκ προνοίας verbindet die verschiedenen Elemente und leitet in dieser Reihe über vom unfreiwilligen zum weisen Handeln.

Philon[55] geht im Vergleich zu Dionysios einen erheblichen Schritt weiter, indem er ausdrücklich die juristische, mit ἐκ προνοίας angesprochene Beurteilung von Vergehen auf die Beurteilung guter Handlungen überträgt. Dies bedeutet, daß

---

[50] Eine Ausnahme bildet Philon, der wiederholt auf diese Terminologie zurückgreift. Hinzuweisen ist auf folgende Belege: Abr. 40, somn. 2,137, spec. 3,135, fug. 79, 102, post. 11, außerdem die bereits genannten Belege spec. 3,128, fug. 78, opif. 128, conf. 20.

[51] Als Beispiel und Ausnahme sei noch einmal auf Aristoteles verwiesen. Aristoteles geht auf den Charakter der falschen Anklage ein und erkennt in ihr den Tatbestand einer vorsätzlichen Handlung. Bereits Aristoteles kann somit ἐκ προνοίας zur Beschreibung von anderen Straftaten als Tötungsdelikten verwenden: Probl. 951b 27-30: τὸ μὲν γὰρ ἀδικεῖν καὶ δι' ὀργὴν καὶ διὰ φόβον καὶ δι' ἐπιθυμίαν καὶ δι' ἄλλα πολλὰ γίνεται, καὶ οὐ μόνον ἐκ προνοίας· τὸ δ' ἀδίκως ἐγκαλεῖν ὡς πολὺ ἐκ προνοίας ἐστιν.

[52] Dionysios von Halikarnassos, AR 7,14,3.

[53] Plutarch, stoic.repugn. 1051Cf.

[54] AR 7,65,1,S.102.16f.

[55] Philon, geboren ca. 15/10 v.Chr. nimmt 40 n.Chr. an einer Gesandtschaft zu Caligula teil.

nach Philon die Unterscheidung von vorsätzlichen und nicht-vorsätzlichen bzw. beabsichtigten und unbeabsichtigen Handlungen gute wie schlechte Taten betrifft, so daß beabsichtigt gute Taten in der gleichen Weise zu loben sind, wie beabsichtigt schlechte zu verurteilen, während das Lob den unbeabsichtigten Taten nur eingeschränkt gilt.[56]

4. Die geprägte Wendung ἐκ προνοίας kann an Bedeutung einbüßen, so daß ähnliche Formulierungen für andere Sachverhalte stehen können.[57] Ihre Interpretation ist abhängig von der jeweiligen Verwendung des Wortes πρόνοια.

2. *πρόνοια als Bezeichnung einer menschlichen Handlung in Abgrenzung zum Begriff τύχη*[58]

Menschliches Denken, Planen, Handeln im Gegenüber zu einer übermächtigen Tyche[59] erweisen sich als hilflos unterlegen. Diese Einsicht wurde häufig formuliert und nennt eine von verschiedenen möglichen Gegenüberstellungen von Tyche und menschlichem Handeln. In einem Fragment aus Menanders[60] Komödie Ὑποβολιμαῖος, das Stobaios überliefert,[61] heißt es:

... οὐδὲν γὰρ πλέον ἀνθρώπινος νοῦς ἐστιν, ἀλλ' ὁ τῆς Τύχης, εἴτ' ἐστὶ τοῦτο πνεῦμα θεῖον εἴτε †νοῦς. τοῦτ' ἔστι τὸ κυβερνῶν <ἄπαντα> καὶ στρέφον καὶ σῷζον, ἡ πρόνοια δ' ἡ θνητὴ καπνὸς καὶ φλήναφος ...[62]

Menschlicher Nus nütze nichts, menschliche Pronoia sei Schall und Rauch, denn, so fügt Menander ein, die Tyche lenke alles.[63] Aus den wenigen Fragmenten läßt

---

[56] Post. 11: Καθάπερ γὰρ τὰ ἐκ προνοίας ἀμείνω τῶν ἀκουσίων κατορθώματα, τὸν αὐτὸν τρόπον ἐν τοῖς ἁμαρτήσασι κουφότερα τῶν ἑκουσίων τὰ ἀκουσία. Vgl. imm. 47, Abr. 6.

[57] Vgl. z.B. Josephos, AJ 14,391, BJ 2,457; 7,82; 7,318. Bei Josephos wird an dieser Stelle allerdings sichtbar, daß er Griechisch nicht als seine Muttersprache schreibt.

[58] Zu Begriff und Vorstellungswelt der Tyche siehe M.P. NILSSON, Geschichte der griechischen Religion, Bd.2, Die hellenistische und römische Zeit (Handbuch der Altertumswissenschaften 5,2/2), München 1988[4], S.200-210; U.V. WILAMOWITZ-MÖLLENDORFF, Der Glaube der Hellenen, Bd.2, Berlin 1932, S.298ff; außerdem G. HERZOG-HAUSER, Art. Tyche, in: PRE 7 (1948), Sp.1643-1689.

[59] Zur Abstufung zwischen Tyche und Pronoia siehe den Papyrus (158.1-4, U. Wilcken, Chrestomathie [Grundzüge und Chrestomathie der Papyruskunde. Bd.1/2], Leipzig/ Berlin 1912, S.188), auf den W. SCHUBART (Das Gesetz und der Kaiser in griechischen Urkunden, in: Klio 30 NF 12 [1937], S.65 [54-60]) aufmerksam gemacht hat. Zitiert unten S.297,Anm.172.

[60] Menander, 342/41-293/92 v.Chr.

[61] Ecl. I 6,1a S.83.20-84.4.

[62] Fragment 417 (481K), nach: F.H. Sandbach, Menandri Reliquiae Selectae, Oxford 1972, S.315f. Der Text wird besprochen in: A.W. GOMME/ F.H. SANDBACH, Menander. A commentary, Oxford 1973, S.711f.

[63] Daß der Tyche in Gegenüberstellung zum menschlichen Nus ebenfalls νοῦς zugeschrieben wird, ist ungewöhnlich. Siehe hierzu A.W. GOMME/ F.H. SANDBACH, a.a.O.

sich weder der Kontext dieser Verse noch ein Handlungsablauf dieser Komödie rekonstruieren, der Vergleich legt aber das einigen anderen Stücken Menanders zugrundeliegende und in der Neuen Komödie überhaupt tragende sozialkritische Muster nahe,[64] auf das die allgemeine Aussage der genannten Verse in vielfältiger Weise anwendbar war. In der Komödie Aspis erscheint die Tyche als Prolog-Gottheit,[65] welche die Zuhörer in ihre Pläne einführt und mit diesen Informationen deren Perspektive auf den Handlungsablauf verändert.[66] Im Prolog nimmt Menander vorweg, wie die Tyche sich auf den Handlungsablauf bezieht, und zeichnet, wie auch in anderen Stücken, einen Hintergrund, auf dem solche Verse wie die zitierten verstanden wurden. Welche Situation im Hypobolimaios Anlaß ist zu sagen, daß die Tyche alles lenke, zum Guten wende und rette, ist offen, deutlich wird nur, daß nicht die Akteure auf der Bühne und ihre Bemühungen die Wendung der Ereignisse herbeiführen. Menander klagt über die Ohnmacht der Menschen. Es gilt sich hineinzuschicken in das, was von der Tyche geschickt wird. Ein Aufbegehren gegen die Tyche ist aussichtslos. Gegenübergestellt werden nicht die Tyche und die menschlichen Verhältnisse, oft ist von τὰ τῶν ἀνθρώπων πράγματα die Rede, sondern die Tyche und eine den Menschen zugeschriebene Initiative, die wie die Tyche die menschlichen Dinge beeinflussen kann bzw. nicht kann.

Chairemon[67] stellt Tyche und Einsicht, εὐβουλία, gegenüber.[68] Der Rhetor Demosthenes[69] spricht in der gleichen Gegenüberstellung von Entscheidung, ῥοπή,[70] der Rhetor Alkiphron[71] sehr viel später von γνώμη.[72] In diese Reihe gehört das Wort πρόνοια. Es bezeichnet hier die Fähigkeit des Menschen, einzugreifen, die Situation zu verändern, Dinge zu lenken und zu planen. Diese Fähigkeit wurde mit der rationalen Fähigkeit des Menschen verbunden, wie auch Menanders Nebenordnung von νοῦς und πρόνοια zeigt. Gemeinsam ist den genannten Belegen die Negation in der Gegenüberstellung.[73] Im Unterschied zur Tyche können die

---

[64] So T.B.C. WEBSTER, Studies in Menander, Manchester 1960², S.55ff.

[65] Aspis 97-148.

[66] Ausführlich äußert sich zu dieser Fragestellung N. ZAGAGI, Divine interventions and human agents in Menander, in: Relire Ménandre, hrsg.v. E.Handley/ A.Hurst (Recherches et Rencontres 2), Genf 1990, S.65-70 (63-91); siehe außerdem: R.J. KONET, The role of Tyche in Menander's Aspis, in: Classical Bulletin 52 (1976), S.90-92; W. LUDWIG, Die Plautinische *Cistellaria* und das Verhältnis von Gott und Handlung bei Menander, in: Menandre, hrsg.v. E.W. Handley (EnAC 16), Genf 1970, S.45-96.

[67] Sein Werk Ἀχιλλεὺς Θερσιτοκτόνος wurde vor 350 v.Chr. aufgeführt.

[68] Fragment 2: τύχη τὰ θνητῶν πράγματ', οὐκ εὐβουλία (TrGF 1,S.217), zitiert in Menander, Aspis 411, später beginnt Plutarch mit diesem Satz die kleine Schrift, De fortuna (97C).

[69] 384-322 v.Chr.

[70] 2,22: μεγάλη γὰρ ῥοπή, μᾶλλον δ' ὅλον ἡ τύχη παρὰ πάντ' ἐστὶ τὰ τῶν ἀνθρώπων πράγματα.

[71] 2.Jh.n.Chr.

[72] 3,8,S.67.14: οὐδὲν γὰρ ἐν ἀνθρώποις γνώμη, πάντα δὲ τύχη.

[73] Hinzuweisen ist auf Plutarchs Charakterisierung des Atheisten, der, solange er sich selbst Hilfe

Menschen durch Einsicht eben nicht auf ihre Situation einwirken, zumindest weniger, so daß πρόνοια als blind[74] bzw. unsicher, so Sophokles,[75] gekennzeichnet werden kann.

Sophokles läßt Iokaste sagen: τί δ' ἂν φοβοῖτ' ἄνθρωπος ᾧ τὰ τῆς τύχης κρατεῖ, πρόνοια δ' ἐστὶν οὐδενὸς σαφής;[76] Iokaste hält das über Oidipus, Laios und sie selbst gesprochene Orakel für widerlegt, sie geht dem Orakelspruch in einer Weise aus dem Weg, die sich noch in derselben Szene als Illusion erweisen wird. Zunächst schiebt sie die gegenwärtige Drohung beiseite, kann auf die Tyche verweisen und empfiehlt ein Leben ohne Pronoia, d.h. ohne dem dunklen Orakelspruch nachzugehen und ohne sich mit dem Wissen um die eigene Person auseinanderzusetzen. Es kommt dem Versuch Iokastes, den Konflikt durch Indifferenz zu meiden, entgegen, daß die Sorge des Oidipus für einen Moment unbegründet zu sein scheint, in anderen Worten, daß Pronoia sich in keinem Fall als sicher erweise.[77] In der Aussage Iokastes geht es nicht um das unerwartet glückliche Eintreffen (des Todes von Polybos, des Pflegevaters Oidipus, wie sich herausstellen wird), mit dem man nicht rechnen konnte und das man nicht voraussehen konnte; das Wort πρόνοια ist daher hier auch nicht mit Vorherbemerken/ Vorhersehen zu übersetzen.[78] Weder der Tod Polybos' noch das Nicht-Eintreffen der Orakelsprüche ist das grammatische und sachliche Objekt zu πρόνοια. Es geht nicht darum, daß Oidipus hätte voraussehen können, daß die Orakelsprüche nichts wert sein werden, zumal ihm Iokaste dies gesagt hat, sondern um die Mahnung Iokastes, sich nicht durch die Warnungen beeinträchtigen zu lassen, und andererseits um das Verhalten, das den Sprüchen entspricht und das Sophokles hier mit φόβος beschreibt. Der Zusammenhang zeigt, daß Sophokles das mit πρόνοια bezeichnete

---

verschaffen kann, schweige, sobald er aber selbst vom Unglück betroffen sei, klage, die Verantwortung der Tyche, dem Glück und Zufall zuschiebe und jammernd feststelle, daß nicht Gerechtigkeit und Pronoia, sondern Durcheinander und Willkür herrschen (sup. 167F-168A).

[74] Nikostratos, fr. 18, S.84.4f (PCG 7): τύχη τὰ θνητῶν πράγμαθ', <ἡ> πρόνοια δὲ τυφλόν τι ...

[75] Tragiker 497-406/5 v.Chr.

[76] OT 977f.

[77] Hiermit folge ich C.M. BOWRA, Sophoclean tragedy, Oxford 1944, S.204-208. Bowra macht seine Auslegung des Verses 977f an einem Fragment Demokrits deutlich, in dem es heißt: τύχης εἴδωλον ἐπλάσαντο πρόφασιν ἰδίης ἀβουλίης (Fr.119). Zur Interpretation der Tragödie siehe: K. REINHARDT, Sophokles, Frankfurt 1976[4], S.104-144.

[78] So verstehen PASSOW, a.a.O., und PAPE, a.a.O. diese Stelle, anders LIDDELL/ SCOTT/ JONES, a.a.O. Vgl. aber eine ähnliche Formulierung in: Polybios 9,16,2: Ἱκανὰ γὰρ καὶ τὰ παρὰ δόξαν γινόμενα <μηδὲ δυνάμενα> τυγχάνειν προνοίας ἀκριβοῦς εἰς τὸ πολλὴν ἀπορίαν παρασκευάζειν καὶ πολλάκις ... Polybios stellt den Dingen, die wider Erwarten geschehen, solche gegenüber, die vorhergesehen werden können (προϊδέσθαι) und für die die Menschen verantwortlich zu machen sind. (9,16,4) Mit „vorhergesehen werden" nimmt Polybios das Wort πρόνοια wieder auf. In dieser Verwendung enthält πρόνοια die Bedeutungsmerkmale Vorhersehen, Planen und Verantworten.

Verhalten keineswegs abwertet, sondern dieses für notwendig erachtet, wie auch die mahnenden Verse der Chorführerin zeigen, die Sophokles kommentierend in den Dialog zwischen Elektra und Chrysothemis einfügt.[79] Pronoia bezeichnet hier wiederum die einsichtige, überlegte Haltung und sagt hier nichts anderes aus als νοῦς σοφός (1016)[80] und προμηθία (990). In Oedipus Tyrannus interpretiert Sophokles den Terminus, indem er ihn in den Zusammenhang der Szene einbindet und also mit dem Terminus φόβος verknüpft. In Elektra erscheint Pronoia als die Haltung des Kompromisses, da hier wie im vorangegangenen Streitgespräch, „wieder ... die ‚Unvernunft' (ἀβουλία, V.398) des Unbedingten gegen die ‚Vernunft' (φρονεῖν, V.394) des Kompromisses, das Nicht-Lassen von den ‚Lieben' vor der Macht ‚der Herrschenden' (V.396f)" steht.[81]

Die Tyche als Ausdruck des Irrationalen, des unerwarteten Glücks oder Unglücks reduziert Pronoia als Ausdruck des Rationalen nicht nur auf einen Gegenbegriff, der den Charakter der Tyche noch einmal hervorhebt, die sich in ihrer Unvermitteltheit weder berechnen noch planen läßt.[82] Zu berücksichtigen ist vielmehr, wie die Interpretation der Aussage durch Sophokles und inbesondere die Verwendung des Gedankens bei Polybios[83] zeigen, die andere Seite des Arguments, daß die Gegenüberstellung zur Klärung des Begriffs Pronoia dient. Es geht auf der einen Seite um ein ohnmächtiges Vorhaben im Gegenüber zu der übermächtigen Tyche bzw. um die Kritik dieser Vorstellung, auf der anderen Seite um überlegtes und zu verantwortendes Handeln, das als Alternative und in Abgrenzung zur Tyche gekennzeichnet wird.

Polybios kritisiert ungenannte Historiker,[84] wenn er sich in einem Exkurs über seinen Zeitgenossen Scipio Africanus[85] gegen deren Darstellung eines vom Glück

---

[79] El. 1015f: προνοίας οὐδὲν ἀνθρώποις ἔφυ κέρδος λαβεῖν ἄμεινον οὐδὲ νοῦ σοφοῦ. Dieser Vers wird von Suida zur Erläuterung des Wortes πρόνοια verwendet. Siehe weiter El 990f. Zur Auslegung dieser Verse siehe: R.W. BURTON, The chorus in Sophocles' tragedies, Oxford 1980, S.207-210; zur Interpretation von Elektra: K. REINHARDT, Sophokles, a.a.O.S.145-171.

[80] Ebenso Euripides, Ph. 736.

[81] K. REINHARDT, Sophokles, a.a.O.S.153.

[82] Vgl. PsPlutarch, fat. 572A: διὸ καὶ ἀπρονόητον αἰτίαν καὶ ἄδηλον ἀνθρωπίνῳ λογισμῷ τὴν τύχην ἀπέδοσαν τῶν παλαιῶν ἔνιοι.

[83] Ca. 200-nach 120 v.Chr.

[84] Polybios 10,2,1ff, vgl. 3,47f.

[85] Ca. 185-129 v.Chr. Die Glaubwürdigkeit der Darstellung Scipio Africanus' durch Polybios untersucht K. MEISTER, Historische Kritik bei Polybios (Palingenesia 9), Wiesbaden 1975, S.161-166. Die Gegenüberstellung von Tyche und Pronoia als Argument bei Polybios kommt lediglich in der Frage nach der Religiosität Scipios zur Sprache. Meister kommt zu dem Ergebnis: „Aber er (Polybios) geht in seiner Kritik insofern zu weit, als er ihn zu einem Rationalisten par excellence macht, der sich der Religion nur als Maske bediente, um seine Pläne durchzusetzen." (S.166) Zur Kritik der Historiker durch Polybios siehe außerdem: G.A. LEHMANN, Polybios und die ältere und zeitgenössische griechische Geschichtsschreibung. Einige Bemerkungen, in: Polybe, hrsg.v. E. Gabba (EnAC 20), Genf 1974, S.145-200; F.W. WALBANK,

geförderten jungen Mannes wendet und die persönliche Leistung Scipios betont. Während diese Historiker, so Polybios, das Gelingen seines Tuns den Göttern bzw. der Tyche zuschreiben, versteht er selbst dieses als Ergebnis von Scipios vernünftiger Planung.[86] Seine Kritik besteht darin, daß sie die Ursachen des Geschehens nicht klar erkennen, damit in grundlegender Weise ihre Aufgabe als Historiker verfehlen und deshalb in der Tyche, in Glück und Zufall den Grund der von ihnen geschilderten Zusammenhänge sehen.[87] Infolgedessen entsteht ein auffallender Gegensatz zwischen den Historikern und dem Objekt ihrer Darstellung, d.h. zwischen der Oberflächlichkeit der Historiker, auf Grund derer ihnen die innere Struktur des Geschehens entgeht, und dem Scharfsinn Scipios. Polybios kommt in diesem Textabschnitt[88] immer wieder auf das gewählte Muster zurück,[89] daß nicht Glück, sondern Überlegtheit Scipio zu seinem Tun bewegten, und faßt seine eigene Sicht der Ereignisse in der Gegenüberstellung von Tyche und Pronoia zusammen.[90]

Das Wort πρόνοια führt in den intellektuellen pragmatischen Bereich, den Polybios mit der Verantwortung, wie sie von Feldherren wie Adherbal[91], Scipio und Titus[92] wahrgenommen wird, verbindet. Neben diesem Merkmal des Rationalen tritt im Sprachgebrauch des Polybios ein zweiter Aspekt hervor: Pronoia hat mit Verantwortung zu tun. Das Resultat, das als Ergebnis eines planenden Überlegens verstanden wird, ist zu verantworten und hat einen Urheber. Folgerichtig ordnet Polybios Pronoia bestimmten Personen zu und spricht in Hinblick auf Titus von dessen „eigener Pronoia".[93] Von hier erklärt sich, daß die Verwendung des Wortes πρόνοια bei Polybios in seine Konzeption der Geschichtsschreibung einführt und daß Polybios das Wort im Zusammenhang mit der Frage nach Ursachen und Kausalzusammenhängen gebraucht.

Polemic in Polybius, in: JRS 52 (1962), S.1-12.

[86] 10,5,8; 10,9,2.

[87] Zu dieser Kritik äußert sich Polybios ebenso in 36,17,1-4. Fragt man nach der Bedeutung der Tyche im Geschichtswerk Polybios', ist neben 10,5; 10,9; 36,17 die hiervon deutlich abzuhebende Aussage in 1,4,1-4 zu interpretieren. Siehe hierzu: A. ROVERI, Tyche bei Polybios, in: Polybios, hrsg.v. K. Stiewe/ N. Holzberg (WdF 347), Darmstadt 1982, S.297-326 (Übersetzung von: Tyche in Polibio, in: Convivium 24 (1956), S.275-293). Walbank geht in seinem ausführlichen Kommentar nicht auf die hier besprochene Terminologie ein.

[88] 10,2,1-10,9,3.

[89] 10,3,7, 10,5,8, 10,6,12, 10,7,4, 10,9,2.

[90] 10,9,2: ... οὐκ οἶδ' ὅπως οὐκ εἰς τὸν ἄνδρα καὶ τὴν τούτου πρόνοιαν, εἰς δὲ τοὺς θεοὺς καὶ τὴν τύχην ἀναφέρουσι τὸ γεγονὸς κατόρθωμα. Zum Vergleich ist hinzuweisen auf die Konzeption Plutarchs, wie sie Sert 1.1f., aber auch der Formulierung in De fortuna 99A zu entnehmen ist. Insgesamt aufschlußreich ist die kurze Schrift Plutarchs, De fortuna (97C-100A).

[91] 1,52,1.

[92] 18,12,2

[93] Vgl. 1,52,1: ... ὡς δι' αὑτὸν καὶ διὰ τὴν ἰδίαν πρόνοιαν καὶ τόλμαν κατωρθωκώς.

Es sind nur jene drei Feldherren, deren Erfolge Polybios ihrer eigenen Leistung zuschreibt und daher mit dem Wort πϱόνοια wiedergibt. Für den dritten Feldherrn, Titus, formuliert Polybios allerdings eine Einschränkung. Ihn, so Polybios, habe ein wenig der Zufall (τὸ αὐτόματον) unterstützt, mehr aber habe er selbst durch seine Pronoia bewirkt.[94] Diese Aussage zeigt, daß unterschiedliche Zuordnungen zu Glück, Zufall und Planung möglich waren und daß Glück und Absicht auch als anteilig am Erfolg eines Vorhabens gedacht werden konnten. Vor allem aber weist sie auf einen weiteren Sprachgebrauch hin, bei dem das Wort πϱόνοια verbunden mit Komparativen erscheint. Zur Erläuterung ist noch einmal mit einem älteren Text, nämlich einem Abschnitt von Thukydides und seiner Interpretation durch Dionysios von Halikarnassos, einzusetzen.

Thukydides[95] läßt Perikles in einer kritischen Situation zu den Athenern von Wagemut sprechen,[96] der mehr Festigkeit gewinne, wenn er auf einem Bewußtsein der Überlegenheit beruhe. Dieses Bewußtsein der Überlegenheit sei aber nur dadurch zu gewinnen, daß die Athener weniger auf die Hoffnung, die Stärke in der Not, setzen als vielmehr auf die das Vorfindliche einbeziehende Erkenntnis, deren Pronoia zuverlässiger sei. Dionysios von Halikarnassos bespricht diese Rede. Er kritisiert, daß Thukydides mit dieser Rede seine Ansicht über Perikles an der falschen Stelle vorbringe, also hier keineswegs, wie es seine Aufgabe gewesen wäre, die Situation der Athener nachahme; er stellt kritisch fest, daß es Perikles anders als Thukydides gerade darum gehen mußte, Hoffnung zu wecken; er sieht schließlich Mängel im Stil dieses Satzes (τὰ καλλωπίσματα), der zu Unklarheiten führe, und faßt deshalb den Gedankengang noch einmal zusammen.[97] Er hebt die Gegenüberstellung zwischen der Erkenntnis, die aus der Beobachtung gegenwärtiger Dinge resultiert, und der Hoffnung, deren Stärke die Zukunft sei, hervor. Festzuhalten ist, daß Pronoia, bezieht man den Text von Thukydides ein, hier mit

---

[94] Polybios 18,12,2.
[95] Ca. 460-400 v.Chr.
[96] 2,62,5: καὶ τὴν τόλμαν ἡ ξύνεσις ἐκ τοῦ ὑπέρφρονος ἐχυρωτέραν παρέχεται, ἐλπίδι τε ἀπὸ τῆς ὁμοίας τύχης ἧσσον πιστεύει, ἧς ἐν τῷ ἀπόρῳ ἡ ἰσχύς, γνώμῃ δὲ ἀπὸ τῶν ὑπαρχόντων, ἧς βεβαιοτέρα ἡ πϱόνοια. CLASSEN/ STEUP (S.165f, ebenso die Ausgabe von MARCHANT) nehmen in dem Text eine Umstellung vor, indem sie ἀπὸ τῆς ὁμοίας τύχης auf ἐλπίδι folgen lassen, in den Handschriften findet sich ἀπὸ τ.ὁ.τ. im Anschluß an τόλμαν. Sie folgen hierin Döderleins Vorschlag. Diesem Vorschlag folgt mit gutem Grund nicht O. LUSCHNAT, der Satz beginnt hier: καὶ τὴν τόλμαν ἀπὸ τῆς ὁμοίας τύχης ἡ ξύνεσις ἐκ τοῦ ὑπέρφρονος ἐχυρωτέραν παρέχεται ... Vgl. den Kommentar A.W. GOMME, A historical commentary on Thucydides, The ten years' war, Bd.2, Oxford 1956, S.173. Die Schwierigkeiten dieses Textes wurden bereits in der Antike diskutiert. Dionysios Halikarnassos (siehe unten Anm.97) zitiert den Text ohne die oben genannte Umstellung.
[97] Dionysios von Halikarnassos, Thuc. 46, S.402.24-403.1: βούλεται γὰρ λέγειν, ὅτι δεῖ τῇ γνώμῃ πιστεύειν μᾶλλον, ἣν ἐκ τῶν παρόντων λαμβάνομεν, ἢ ταῖς ἐλπίσιν, ὧν ἐν τῷ μέλλοντι ἐστὶν ἡ ἰσχύς.

einem Wissen um vorfindliche und gegenwärtige Dinge verbunden wird. Während sich aber Dionysios in seiner Interpretation auf den inneren Kern des Satzes beschränkt, spannt Thukydides um diesen Kern den Bogen des Satzes vom Wagemut (τόλμη) zur Pronoia. Es ist nicht zufällig, daß Thukydides diesen beiden Nomina die einander nahestehenden Komparative zuordnet. Es geht um sichereren Mut und um zuverlässigere Pronoia, in anderen Worten, sicherer Wagemut hat mit zuverlässigerer Pronoia zu tun.[98] Thukydides empfiehlt – das Wirken der Tyche wird vorausgesetzt – in einem Vorhaben, das nur mit Wagemut zu gewinnen ist, Pronoia, eine Planung, die genau um die Lage der Dinge und der absehbaren Folgen weiß und ihre Ziele entsprechend steckt.[99] Auch wenn Thukydides in diesem Beleg das Stichwort κατόρθωμα/ κατορθοῦν nicht verwendet, geht es wieder um das Gelingen eines Vorhabens bzw. einer Handlung[100] und um die in unterschiedlichen Situationen wiederholbare Aussage, daß etwas mit planender Überlegung, mit Pronoia, besser gelingt.[101]

Zu unterscheiden sind zwei Aussageformen: Meist verbunden mit einem bereits zurückliegenden Erfolg findet sich die Aussage, daß dieser nicht der Tyche, sondern der Pronoia der Betroffenen zuzuschreiben sei. Hiervon ist die Aussage zu unterscheiden, welche die nahe Zukunft einbezieht und oft eine Aufforderung zum Handeln impliziert, nämlich daß das betreffende Vorhaben mit Pronoia besser gelinge. Obwohl es Teil des Argumentes ist, daß Menschen, nämlich Feldherrn, Politiker und die Menge der Athener handeln und sich entscheiden, werden beide Aussageformen auf das göttliche Subjekt übertragen. Plutarch[102] läßt in einem Gespräch über die Orakel Ammonios sagen, daß er in Anbetracht dessen, was aus dem Delphischen Orakelwesen hervorgegangen sei und was dieses für die griechische Geschichte bedeute, die Auffindung und den Anfang des Orakels Gott und der Pronoia zuschreiben wolle und nicht dem Glück und Zufall.[103]

Die zweite Aussageform verwendet Philon.[104] Er nennt die unterschiedlichen Positionen, welche die Pronoia Gottes bestreiten und daher die Welt durch die

---

[98] Eine vergleichbare Formulierung liegt später auch bei Cassius Dio vor: RH 11,43,15: καὶ γὰρ πως πᾶν τὸ παρὰ λόγον θρασυνόμενον καὶ δεδιέναι ἀλόγως πέφυκεν· ὁ μὲν γὰρ λογισμὸς τήν τε γνώμην τῇ προνοίᾳ βεβαίαν καὶ τὴν ἐλπίδα πιστὴν ἐκ τοῦ ἐχεγγύου αὐτῆς ἔχων ...

[99] Zu der Bedeutung des Kontrastes zwischen γνώμη und τύχη für die Konzeption des Geschichtswerkes von Thukydides siehe: F.M. CORNFORD, Thucydides Mythistoricus, London 1965² (1907), S.82ff, besonders S.98-109.

[100] Vgl. die Formulierung Plutarch, fort. 99A.

[101] Vgl. VI 13,1.6f, wo Thukydides Nikias sagen läßt, ὅτι ἐπιθυμίᾳ μὲν ἐλάχιστα κατορθοῦται, προνοίᾳ δὲ πλεῖστα.

[102] 45-nach 120 n.Chr.

[103] Plutarch, def.orac. 435E: δεινὸν ἡγοῦμαι μὴ θεῷ καὶ προνοίᾳ τὴν εὕρεσιν αὐτοῦ καὶ ἀρχὴν ἀλλὰ τῷ κατὰ τύχην καὶ αὐτομάτως ἀνατίθεσθαι. Vgl. com.not 1059Bff.

[104] Philon, conf. 115: προνοίας δ' οὐ τὸ ὀλιγάκις, ἀλλὰ τῆς μὲν ἀνθρωπίνης πολλάκις, τῆς δὲ θείας ἀδιαστάτως αἰεὶ κατορθοῦν, ἐπεὶ τὸ διαμαρτάνειν ἀλλότριον ἀνωμολόγηται θείας δυνάμεως.

Tyche bewegt sein lassen, und hält ihnen die allgemeine Aussage entgegen, daß die Dinge mit Pronoia besser gelingen, um sie auf die göttliche Pronoia zu beziehen. Es ist bezeichnend, daß Philon hier vom Gelingen (κατορθοῦν) und von menschlicher Pronoia spricht und mit der Steigerung von „nicht selten" zu „oft" und „ununterbrochen immer", a minori ad maius schließend, die göttliche Pronoia einführt. Mit menschlicher Pronoia, so Philon, gelingen die Dinge nicht nur nicht selten, sondern oft, mit göttlicher Pronoia aber gelingen sie immer. Philon sieht die Abgrenzung zu einem zufälligen Getrieben-Sein der Welt weniger in dem überlegten als vielmehr in dem absichtlichen Bewegtwerden und spricht mit dem Wort πρόνοια das Merkmal „Absicht" an, das bereits in der Beschreibung von ἐκ προνοίας erörtert wurde. Philons Sprachgebrauch[105] ist ein Beleg für den Zusammenhang der besprochenen Verwendungsformen, in denen unterschiedliche Merkmale im Vordergrund standen, aber nicht unterschiedliche Bedeutungen des Wortes πρόνοια vorliegen.

Zusammenfassung

1. Hervorgehoben wurde der rationale Aspekt, der in dem Nebeneinander von λογισμός und πρόνοια sichtbar wird.[106] Pronoia bedeutet eine überlegte Haltung, welche das gegenwärtige Handeln bestimmt. Pronoia läßt sich daher nicht mit „voraussehen" übersetzen. Es geht nicht darum, aus gegenwärtigen Sachverhalten kommende Entwicklungen abzuleiten, wie z.B. in der Prognose des Arztes, sondern um ein Tun, das von planender Überlegung und klarer Zielsetzung bestimmt ist, das kommende Entwicklungen im Blick hat, das Folgen im Handlungsvollzug mitbedenkt. Man kann von „Voraussicht" sprechen, wenn klar ist, daß diese sich auf gegenwärtiges Handeln auswirkt.[107] Der Akzent liegt auf der Gegenwart.[108] Pronoia meint das planende Initiieren einer Handlung, für das die Merkmale Über-

---

[105]Philo schöpft die sprachlichen Möglichkeiten aus, die ein Wort wie πρόνοια ihm zur Verfügung stellt. Es läßt sich daher gerade an einem Autor wie Philo die Bandbreite der Bedeutungen ablesen. Eine Bemerkung wie „Philo distinguishes πρόνοια in a two-fold sense, a colloquial and a philosophical one ... The second meaning of πρόνοια is precisely that philosophical technical expression for 'divine providence' " (P. FRICK, Divine Providence in Philo of Alexandria, a.a.O. S.16) trifft den Sachverhalt nicht.

[106]Aristoteles, EE 1226b, Thukydides 8,57,2, Polybios 10,2,13, Dionysios von Halikarnassos 1,4,1; 5,38,1, Plutarch, fort. 99D. Vgl. später die Fragestellung bei Plotin 6,7,1.19-21.

[107]Zur Verdeutlichung sei noch einmal auf das Nebeneinander von πρόνοια und παρασκευή hingewiesen. Vorbereitung als gegenwärtiges Tun, das sich später als sinnvoll erweisen wird und auf spätere Bedürfnisse reagiert, ist ein Handeln, das der hier beschriebenen Bedeutung von Pronoia entspricht. Vgl. Plutarch, Eum. 5,5, PsAndronikos, S.243.41, PsPlaton, OPOI 414A 1. Weiter siehe oben S.9f.

[108]Dies wird besonders deutlich in: Dionysios Halikarnassos, Thuc. 46.

legung und Absicht kennzeichnend sind.[109] Es ist Teil der Bedeutung, daß eine solche Handlung freiwillig geschieht und als solche zu verantworten ist. Ist ein Verbrechen zu verantworten, bezeichnet das aus der juristischen Terminologie stammende Wort Pronoia den vorsätzlichen Charakter der Handlung, bezieht sich die Verantwortung auf ein erfolgreiches Vorhaben, wird Pronoia dem Verantwortlichen als Leistung zugeschrieben, bzw. von ihm erwartet.

2. Planende Überlegung ist in besonderer Weise Aufgabe des Feldherrn,[110] sie sollte allerdings, so die häufig formulierten Erwartungen an einen Feldherrn, ergänzt werden durch seine Kühnheit. Erst Pronoia und Wagemut (πρόνοια καὶ τόλμη) zusammen, d.h. eine Mischung von Gegensätzlichem,[111] machen einen guten Feldherrn aus.[112] Pronoia steht hier für zurückhaltendes Abwägen, auf Sicherheit bedachtes Handeln. Mit Pronoia läßt man sich nicht auf Risiko und Wagnis ein. Auf diesem Hintergrund erklärt es sich, daß sich der Terminus πρόνοια mit der Haltung des Kompromisses verbinden kann. Der Aufruf zu Pronoia, zu Überlegung und Bedachtsamkeit, führt Chrysothemis gerade nicht zum Handeln. Der Haltung der Pronoia fehlt die Eindeutigkeit im Impuls zum Handeln, ihr wird keine Tatkraft nachgesagt. Der Erfolg der Pronoia beruht auf Vorsicht und Wachsamkeit (φυλακή/ εὐλάβεια).[113] Von hier ist es nur ein weiterer Schritt, daß aus Pronoia als der Haltung des vorsichtigen Annäherns an ein gesetztes Ziel die Haltung wird, mit der man etwas Befürchtetes und Ungewolltes zu verhindern sucht, so daß πρόνοια hier mit „Vorsicht" zu übersetzen ist.[114]

3. Der Gegensatz zum absichtlichen Tun besteht im unabsichtlichen, unvorsätzlichen Tun; der Gegensatz zu einer vernünftigen, überlegten Haltung liegt im unvernünftigen Charakter beispielsweise der Tyche. Hinzuweisen ist aber vor allem auf eine weitere Reihe von Antonymen, die zu der hier beschriebenen Be-

---

[109]Vgl. Isokrates, ep. 6,8f.

[110]Vgl. Plotin 3,3,2.

[111]Plutarch spricht diese Mischung explizit an, wenn er die Zusammenarbeit von zwei Feldherren, Marcell und Fabius, darstellt, die in Person die unterschiedlichen Seiten von Pronoia und Mut bzw. Tatkraft vertreten. Marc. 9,2f, ebenso Alc. 18,2, vgl. Ant. 3,9.

[112]So z.B. über Hannibal: Polybios 3,47,7.

[113]Siehe vor allem Cassius Dio 11,43,13: συμβαίνειν γὰρ ὡς [ἐπὶ] πλήθει τοῖς μὲν ἐκ λογισμοῦ τι δεδιόσσον ὀρθοῦσθαι διὰ προφυλακὴν αὐτοῦ, τοῖς δ' ἀπρονοήτως θρασυνομένοις δι' ἀφυλαξίαν (das Fragment ist bei Maximus Confessor überliefert), siehe außerdem Plutarch, Marc. 9,2f.

[114]Aristophanes schildert die Situation, daß Diebe nachts einbrechen, aber nichts zu stehlen finden, weil sich alles für sie unerreichbar hinter Schloß und Riegel befindet, und kommentiert: „er nannte meine Vorsicht Ängstlichkeit." εἶτε ὠνόμασε μου τὴν πρόνοιαν δειλίαν. (Plu. 207). Den gleichen Sprachgebrauch belegt Plutarch, der Caesar den älteren Considuis fragen läßt, warum ihn die Furcht nicht zu Hause halte, und folgende Antwort nennt: "Οτι με ποιεῖ μὴ φοβεῖσθαι τὸ γῆρας· ὁ γὰρ ἔτι λειπόμενος βίος οὐ πολλῆς ὀλίγος ὢν δεῖται προνοίας. (Caes. 14,15). Ähnlich benutzt Josephos den Terminus, wenn er von der Vorsicht bei der Reisevorbereitung spricht, AJ 1,244. Vgl. auch Sap 13,16.

deutung von Pronoia gehört. Pronoia als überlegter Haltung stehen Zorn, Leidenschaft und Affekte (ὀργή, θυμός, πάθος) als Handlungsmotivation gegenüber,[115] d.h. Pronoia wird als eine Haltung verstanden, die sich nicht von Affekten leiten läßt. Sie erklärt die Nebenordnung von πρόνοια und φυλακή und kann im Sinne der Selbstbeherrschung zum Erziehungsziel werden.[116]

---

[115]Dionysios Halikarnassos 5,38,1; vgl. außerdem die oben genannte Einteilung der Handlungsarten, Platon, leg. 874e.

[116]Siehe hierzu vor allem Plutarch, adol.poet. 31 A-C. Dort heißt es: Ἐπεὶ δὲ μεγάλου δοκοῦντος εἶναι καὶ ὄντος τοῦ κρατεῖν ὀργῆς μεῖζόν ἐστιν ἡ φυλακὴ καὶ ἡ πρόνοια τοῦ μὴ περιπεσεῖν ὀργῇ μηδ' ἁλῶναι (31Α).

§ 2. πρόνοια καὶ ἐπιμέλεια – das fürsorgende Handeln

Unter den Fabeln Aisops ist folgende überliefert:

> „Affen bekommen zwei Junge; sie lieben das eine und ziehen dieses mit liebevoller Sorge auf, das andere aber hassen sie und vernachlässigen es. Gemäß einer göttlichen Fügung trifft es sich, daß das umsorgte Äffchen stirbt, das vernachlässigte aber überlebt. Die Fabel lehrt, daß die Tyche stärker ist als jede Pronoia"[1]

Eine zweite Version spitzt die Sätze zu, indem sie das Äffchen durch eine zu heftige Umarmung der Mutter sterben läßt, indem also die Fürsorge selbst zur Ursache seines Todes wird.[2] Diese kurze exemplifizierende Erzählung läßt sich zwar nicht einer bestimmten politischen Konstellation zuordnen,[3] sie beschäftigt sich aber mit einem typischen Fabelinhalt, nämlich dem vergeblichen Bemühen des Schwächeren. Deutlich weniger als in anderen Fabeln aber will sie den fiktiven, unterhaltsamen Einzelfall schildern, sie knüpft vielmehr an eine allgemeine, wenn auch nicht alltägliche Situation an. Es fehlt der Konflikt zwischen zwei handelnden Personen und damit der für viele Fabeln charakteristische Handlungsablauf. Eltern und Junge – daß es sich um eine Affenfamilie handelt, ist ein Stilmerkmal der Gattung Fabel – treten nicht als handelnde Personen in einem Konflikt auf, sondern erscheinen als Betroffene in einer tragischen Situation. Den Spannungsbogen erhält die Erzählung, indem sich mit dem Hinweis auf die Tyche die Interpretation dieser Situation andeutet. Die didaktische Absicht[4] wird für den Leser erst in dem Moment sichtbar, indem er die Situation als Illustration der im Epimythion formulierten allgemeinen Aussage versteht.[5]

---

[1] ΠΙΘΗΚΟΥ ΠΑΙΔΕΣ, Hausrath Nr.243: τοὺς πιθήκους φασὶ δύο τίκτειν καὶ τὸ μὲν ἕτερον τῶν γεννημάτων στέργειν καὶ μετ᾽ ἐπιμελείας τρέφειν, τὸ δὲ ἕτερον μισεῖν καὶ ἀμελεῖν. συμβαίνει δὲ κατά τινα θείαν τύχην τὸ μὲν ἐπιμελούμενον ἀποθνῆσκειν, τὸ δὲ ὀλιγωρούμενον ἐκτελειοῦσθαι. ὁ λόγος δηλοῖ, ὅτι πάσης προνοίας ἡ τύχη δυνατωτέρα καθέστηκεν.

[2] Hausrath Nr. 243 (II).

[3] Den politischen Kontext setzt A. DEMANDT als grundlegend für die Interpretation der Fabelinhalte voraus. Er versteht die Fabeln als „Unterschichtenliteratur" (Politik in den Fabeln Aesops, in: Gymnasium 98 [1991], S.400 [397-418]). Zu dieser bereits von O. Crusius (1913) formulierten These äußert sich kritisch: N. HOLZBERG, Die antike Fabel. Eine Einführung, Darmstadt 1993, S.18, ebenso bereits B.E. PERRY, Fable, in: Studium Universale 12 (1959), S.23f (17-37).

[4] Zur Funktion der Fabel in der antiken Schule siehe N. HOLZBERG, a.a.O.S.33-35.

[5] Zur Gattung Fabel siehe K. GRUBMÜLLER, Meister Esopus. Untersuchungen zu Geschichte und Funktion der Fabel im Mittelalter (Münchner Texte und Untersuchungen zur Deutschen Literatur des Mittelalters 56), München 1977, S.9-47. Vgl. PERRY, a.a.O. S.18f,25. Perry weist auf die strukturelle Nähe zwischen Fabel und Sprichwörtern hin. Zur antiken Fabel siehe außerdem: F.R. ADRADOR, Les collections de fable à l'époque hellénistique et romaine, in: La fable. Huit exposés suivis de discussions, hrsg.v. dems./ O. Reverdin (EnAC 30), Genf 1984, S.137-186; M. NØJGAARD, La moralisation de la fable. D'Ésope à Romulus, in: La fable,

Die in zwei Sätzen kurz skizzierte Situation der Affenfamilie ist also als Veran-
schaulichung der oft wiederholten Aussage zu lesen, die bereits im vorangegangenen Kapitel besprochen wurde, „daß die Tyche stärker ist als jede Pronoia".
Die Nähe dieser Aussage zu dem Fabelthema des vergeblichen Bemühens des
Schwächeren führte zu ihrer fabelartigen Ausgestaltung. Wichtig ist, daß die kurze
fabelartige Erzählung zeigt, wie die im Epimythion formulierte Aussage verstanden wurde, nämlich daß sie anders als beispielsweise bei Menander und Sophokles[6] gelesen werden konnte. Für diese Lesart ist eine andere, zweite Bedeutung
des Wortes πρόνοια verantwortlich. Auch hier gilt, daß die Tyche, wie der Tod
eines geliebten Kindes zeigt, jede Absicht, Intention und jeden Plan der Eltern
vernichten kann. An dieser Stelle schwingt aber die Aussage hinüber zur zweiten
Bedeutung des Wortes πρόνοια. Es eignet sich zur prägnanten Zusammenfassung
der Fabelsituation gerade deshalb, weil zugleich die zweite Bedeutung des Wortes,
nämlich Fürsorge, insbesondere elterliche Fürsorge angesprochen ist. Die voran-
gehend skizzierte Fabelsituation verändert die Aussage der bekannten Wendung.
Sie nimmt jetzt in dem Wort πρόνοια das Fabelthema Fürsorge auf. Im Zusammenhang mit der Fabelsituation hat man zu lesen: die Tyche ist stärker als jedes
Fürsorgen, z.B. stärker als das fürsorgliche Bemühen der Affeneltern um eines
ihrer Jungen. Die Stärke der Tyche zeigt sich darin, daß gerade dieses umsorgte
Junge stirbt, und die Schwäche der Pronoia darin, daß die elterliche Fürsorge
diesen Tod nicht verhindern kann und somit als hilflos und vergebens erscheint.
Das Wort πρόνοια findet sich nur im Epimythion, es nimmt die Worte ἐπιμέλεια
und στέργειν/ στοργή aus der Figur des umsorgten Jungen auf, ihm steht gegenüber das Wort ἀμελεῖν, das der Figur des ungeliebten Kindes zugeordnet ist.
Durch diesen Zusammenhang ist die zweite Bedeutung des Wortes πρόνοια beschrieben.

Für die Verwendung von πρόνοια zur Bezeichnung des fürsorglichen Bemühens und der elterlichen Verantwortung für die Kinder, insbesondere für das Auf-
wachsen der Kinder bzw. der noch hilflosen Jungen, gibt es eine Reihe von Beispielen.[7] Plutarch berichtet von der besonderen elterlichen Fürsorge der Igel.[8] Auf
einem Grabstein kann man von dem Dank an die Ehefrau für ihre Pronoia lesen.[9]

---

[6] a.a.O.S.225-242.
[7] Siehe oben S.21-24.
[8] Vgl. bereits Isaios, or. 2,18 und einzelne weitere Beispiele wie Josephos, AJ 1,219 (die Sorge
     Hagars für Ismael), AJ 7,93; 7,272; 7,337, Nemesios von Emesa, nat.hom. 42,S.125.12-15.
[9] Soll. 971F (ἡ περὶ σκυμνίων πρόνοια); vgl. 981E: Ἀλλ' ἥ γε πρόνοια κοινὴ τοῖς τίκτουσι τῶν
     γεννωμένων. Vgl. weiter Philon, ebr. 13. Daß Plutarch in einer Aufzählung die Liebe der Eltern
     hinter der Pronoia der Götter nennt, ist nicht zufällig (θεῶν πρόνοια καὶ γονέων πρὸς ἔκγονα
     στοργὴ καὶ ἀγάπησις, Epic. 1100D).
     CIJ 1, 123 (Lifshitz): Θάρσ(ε)ι Ἰουλία Ἐμιλία ἐτῶν μ´ κακῶς ἔζησας μετὰ τοῦ ἀνδρός σου.

Die gleiche Terminologie findet sich aber in der Kaiserzeit in einem anderen Zusammenhang und kennzeichnet insbesondere den Herrscher.

1. πρόνοια als Verpflichtung des Herrschers

Nach Cassius Dio,[10] der an der Wende vom 2. zum 3. Jahrhundert schreibt, schlägt Caesar im Senat einen Neuanfang vor und beschreibt die Rollen von Herrscher und Bürger, indem er das Bild von Vater und Kindern aufnimmt. Die Bürger sollen sich, so Cassius Dio, zum Herrscher wie zu einem Vater verhalten und der Herrscher entsprechend für sie wie für Kinder sorgen.[11] Die Rolle des Vaters, und das heißt hier des Herrschers, ist entsprechend durch die Worte πρόνοια, κηδεμονία und ἐπιμελεῖσθαι gekennzeichnet.

Ähnlich äußert sich hundert Jahre früher Dion von Prusa[12] in seinen Reden über die Königsherrschaft.[13] Er bezeichnet es als die vorrangige Aufgabe des Königs, für die Menschen zu sorgen.[14] Sein Amt bestehe in ἀρχὴ καὶ πρόνοια.[15] Dion von Prusa spricht in diesem Zusammenhang vom Vater,[16] die Worte ἐπιμελεῖσθαι und φροντίζειν verbinden sich für ihn aber unmittelbar mit dem Bild des Hirten,[17]

Εὐχαριστῶ τῇ προνοίᾳ καὶ τῇ ψυχῇ σου. (Garucci, Descriptione de cimetero ebraico di vigna Randannini sulla via Appia, in: Civilta Cattolica, ser.V,vol.III, 1862).

[10] 43,17,5: ἀρξάμενοι δὲ ἀνυπόπτως ἀλλήλους καθάπερ τινὰς καινοὺς πολίτας φιλεῖν, ἵν᾽ ὑμεῖς τε ὡς πρὸς πατέρα με προσφέρησθε, τὴν μὲν πρόνοιαν τήν τε κηδεμονίαν τὴν παρ᾽ ἐμοῦ καρπούμενοι, τῶν δὲ δυσχεστέρων μηδὲν φοβούμενοι, καὶ ἐγὼ ὡς παίδων ὑμῶν ἐπιμελῶμαι.

[11] Vgl. Philon, prov. 2,15 (Euseb von Caesarea, PE 8,14): Βασιλεῖ δὲ οὐκ ἔστι πρόσρησις οἰκειοτέρα πατρός. Ὁ γὰρ ἐν ταῖς συγγενείαις πρὸς τέκνα γονεῖς, τοῦτο βασιλεὺς μὲν πρὸς πόλιν, πρὸς δὲ κόσμον ὁ θεός ...

[12] 40-nach 110/111 n.Chr.

[13] Vgl. auch Athenagoras, leg. 1,3.21-24 mahnt den Kaiser, seine Fürsorgepflicht auch gegenüber den Christen einzuhalten: Ἡμεῖς δὲ οἱ Χριστιανοί, ὅτι μὴ προενοήσθε καὶ ἡμῶν, συγχωρεῖτε ... ἐλαύνεσθαι καὶ φέρεσθαι καὶ διώκεσθαι.

[14] 1,12 (φροντίζειν); 1,17 (ἐπιμελεῖσθαι); 1,21 (ἐπιμέλεια, φροντίς); 3,55 (ἐπιμέλεια).

[15] 3,50; 3,62.

[16] 1,22, vgl. 2,75. Die gleiche Terminologie findet sich in der Beschreibung des Patronatswesens, die väterliche Fürsorge wird hier dem Patron zugeschrieben, siehe Dionysios Halikarnassos, AR 2,10,1.

[17] 1,13; 1,17 (κήδεσθαι); 3,41 (προνοούμενος τοῖς αὑτοῦ κτήνεσις). Vgl. außerdem die Ausführungen Philons über die Hirten agr. 26-66. Der Hirte (39) wird dadurch gekennzeichnet, daß er 1. die Herden mit dem Notwendigen versorgt (vgl. 53f) und 2. darauf achtet, daß die Herden nicht aus Sorglosigkeit und Leichtsinn erkranken (πρόνοιάν τε πολλὴν ἔχουσι τοῦ μὴ ἐξ ἀμελείας καὶ ῥαθυμίας νοσῆσαι ...). Beide Aspekte sind für die eigentümliche Interpretation Philons wichtig. Vgl. Clemens von Alexandrien, strom. 1,26,169,1, aber auch Platon, Phaid. 62B,D, vgl. polit. 267D-268A, 271D-E. Zur Herkunft des Hirten-Vergleiches siehe weiter A. DEMANDT, Metaphern für Geschichte. Sprachbilder und Gleichnisse im historisch-politischen Denken, München 1978, S.31f.

von dem es heißt, daß er für seine Herden sorge, diesen Unterstand und Weiden verschaffe und wilde Tiere von ihnen fernhalte. Ein Hirte schütze und bewache seine Schafe und unterscheide sich grundlegend von einem Schlachter, auch wenn dieser zuweilen eine Menge Schafe treibe.[18] Daß der Schlachter die Schafe von keinem anderen als dem Hirten bekommt, wird nicht erwogen.[19] Unhinterfragt ist die Überzeugung, daß der Hirte eine Aufgabe zum Nutzen der Schafe hat, daß die Sorge des Vaters zum Nutzen der Kinder ist und den Bürgern in ihrer Rolle als Kinder die Sorge des Herrschers nutzt,[20] daß es also Personen gibt, welche die Fürsorge (πρόνοια) brauchen.[21] Diese Aussage enthält ein Gefälle, das Dion von Prusa ausdrücklich anspricht. Es ist, so Dion, der Stärkere, der herrscht, und es ist dieser Stärkere und Bessere, der für die Schwachen sorgt.[22] Für Dion von Prusa ist dieses ein Gesetz der Natur,[23] und es entspricht seiner naturgesetzlichen Begründung, daß es insbesondere das Amt des Königs ist, Pronoia zu üben. Es liegt auf der gleichen Linie, daß Cassius Dio über Vespasian schreibt,[24] daß man ihn nur an

---

[18] 4,44,S.63.17-19. Der Hirte wird beschrieben: τοῦ γὰρ ποιμένος οὐκ ἄλλο τι ἔργον ἢ πρόνοια καὶ σωτηρία καὶ φυλακὴ προβάτων, vgl. Clemens von Alexandrien, strom. 1,1,17,1.

[19] Vgl. Demandt a.a.O.

[20] 3,52.

[21] 3,127.

[22] 3,50; 3,62. Vgl. Alexander von Aphrodisias, der sich mit dem Begriff Pronoia, wie er in Stoa und Platonismus entwickelt wurde, insbesondere mit der Vorstellung einer Fürsorge Gottes für die Einzeldinge auseinandersetzt, bezieht die Anwendung des Bildes vom Hirten und König folgendermaßen in seine Kritik ein (prov. arab. 21,15-23,4 = Ruland 22,15-24,4): „... die Rede, daß Gott um der sterblichen Dinge willen da ist, weil die Sorge um diese Dinge das Ziel, das er anstrebt, und seine Absicht sei. Indessen ist alles, was um eines anderen Dinges willen ist, unterhalb von diesem Ding. Und deswegen ist auch Gott – groß ist er und erhaben – gemäß der Ansicht der Leute dieser Schulrichtung sekundär im Rang und unterhalb der Dinge, für die er sorgt. Denn der Hirt ist geringwertiger als die Dinge, die er hütet und für die er sorgt, weil seine Vollendung und seine Absicht und sein sich Ausbreiten (?) jenen Dingen gilt. Was den König anbelangt, so verhält sich seine Fürsorge für die Dinge, über die er herrscht, nicht auf diese Weise, daß er selber alle generellen und partikularen Dinge untersuchte und kein Ding von den Dingen, die seine Herrschaft umfaßt, seinem Blick entgeht, vielmehr müßte er sich um ihre Angelegenheiten sein ganzes Leben lang kümmern – und zwar (lamma delevi) wäre er auf diese Weise glückseliger als der Engel (?). Vielmehr ist die Fürsorge des Königs generell und umfassender und seine Aufmerksamkeit wendet sich einer solchen Fürsorge zu ...." (Übersetzung G. Strohmaier). Der Text des Alexander von Aphrodisias, De providentia wurde im 10.Jh. aus dem Syrischen ins Arabische durch Abû Bišr Mattâ ibn Yûnus al-Qunnâʾî, einem nestorianischen Gelehrten († 940), übersetzt. Zu dem Text siehe unten S.231-238.

[23] 3,68f, vgl. ebenso Philon, prov. 1,28.

[24] 66,11,1,S.145.6f: τό τε σύμπαν τῇ μὲν προνοίᾳ τῶν κοινῶν αὐτοκράτωρ ἐνομίζετο, ἐς δὲ δὴ τἆλλα πάντα κοινὸς καὶ ἰσοδίαιτός σφισιν ἦν. Zur königlichen Pronoia vgl. 2Makk 4,6; 14,9. Datierungen von 2Makk bewegen sich zwischen 78-77 v.Chr. und der Zeit unter Claudius und Nero. Der Begriff der königlichen Pronoia in 2Makk spricht eher für eine etwas spätere Datierung. Zu den Vorschlägen und weiteren Literaturangaben siehe: M.E. STONE (Hg.), Jewish Writings of the Second Temple Period, Assen 1984, S.178. Siehe außerdem Aristeasbrief 30,80,190.

seiner Pronoia für die Allgemeinheit als Herrscher erkenne und er sich also durch seine Pronoia von den übrigen Bürgern unterscheide.

2. πρόνοια als Sorge für das Allgemeinwohl

Mit Dion von Prusa und Cassius Dio läßt sich belegen, daß in der Kaiserzeit Fürsorge (πρόνοια) dem Vater bzw. dem Hirten[25] und damit Herrscherbildern zugeordnet und als besonderes Herrscherattribut[26] verstanden wurde.[27] Der Sprachgebrauch wird deutlich im Kontrast zu Belegen bei Isokrates[28] aus der ersten Hälfte des 4. Jahrhunderts v.Chr. Auch Isokrates verbindet das Königsamt in besonderer Weise mit Pronoia. Er hält der Meinung, nach der jeder ein Amt wie das des Königs übernehmen könne, entgegen, daß dieses Amt der größten Pronoia bedürfe. Pronoia meint hier nicht die Fürsorge für Abhängige, die Eltern für Kinder, Hirten für ihre Herde, Feldherren für ihre Soldaten üben[29] und die in der Kaiserzeit insbesondere als Aufgabe des Herrschers verstanden wurde. Isokrates geht es vielmehr um Überlegung und Vorsicht, mit welcher der König möglichen Gefahren und den mit seinem Amt in Zusammenhang stehenden Vergehen begegnen soll. Er benutzt damit also das Wort πρόνοια in der ersten Bedeutung. Er

---

[25] Vgl. aber auch die platonische Tradition und insbesondere Platon, Phaid, 62B,D, polit. 267D-268A, 271D-E.

[26] Zum epigraphischen und numismatischen Material siehe M.P. CHARLESWORTH, Providentia and Aeternitas, in: HThR 29 (1936), S.107-132. Charlesworth zeigt, daß neben *Providentia* als Herrscherattribut die *Providentia deorum* insbesondere in Zeiten bemüht wurde, in denen die kaiserliche Nachfolgefrage zu regeln war. Nach Charlesworth hat die kaiserliche Providentia in ihrem Ursprung ebenso wie in der Entwicklung des Begriffs einen spezifisch römischen Hintergrund. Charlesworth hält es für wahrscheinlich, daß die Vorstellung der kaiserlichen Providentia in den griechischen Osten transportiert wurde und hier den Begriff der Pronoia veränderte. Ich halte die Beobachtungen von Charlesworth insofern für zutreffend, als es einzelne Elemente in den Äußerungen zur Pronoia Gottes gibt, die sich auf dem Hintergrund der römischen Providentia erklären. Insbesondere ein Autor wie Josephus ist in diesem Zusammenhang zu untersuchen, da m.E. bei ihm der Einfluß des römischen Providentia-Begriffs besonders ausgeprägt ist. Mit Charlesworth unterscheide ich zwischen Pronoia und römischer Providentia und gehe davon aus, daß der lateinische Begriff durch einen anderen begrifflichen Hintergrund geprägt ist als der griechische.

[27] Vgl. Josephos, AJ 4,223f; 13,409.

[28] Nic. 6: ὅτι τὴν βασιλείαν ὥσπερ ἱερωσύνην παντὸς ἀνδρὸς εἶναι νομίζουσιν, ὃ τῶν ἀνθρωπίνων πραγμάτων μέγιστόν ἐστι καὶ πλείστης προνοίας δεόμενον. Zum Text siehe: F. SECK, Untersuchungen zum Isokrates-Text, Diss. Heidelberg 1965.

[29] Polybios 3,60,7, vgl. die ähnliche Formulierung in 3,87,1, wo Polybios von σπουδὴν ποιεῖσθαι spricht.

kennt allerdings auch πρόνοια als Bezeichnung für die Sorge um das Allgemeinwohl, aber er bezieht das Wort in dieser Bedeutung nicht auf das Königsamt.[30]

Im Proömium des Panegyrikos[31] ruft Isokrates seine Leser dazu auf, Verantwortung für das Allgemeinwohl zu übernehmen, und führt mit einer bezeichnenden Gegenüberstellung in dieses Thema ein: Er äußert sein Befremden über sportliche Wettkämpfe und die außerordentliche Belohnung der dort gezeigten Leistungen[32] angesichts der Tatsache, daß keine Auszeichnungen für all jene vorgesehen sind, die sich für das Allgemeinwohl einsetzen, obwohl die Einsicht eines einzelnen für die Gemeinschaft wichtig sein könne, aber die Leistung der Sportler, auch wenn sie ihre Anstrengungen verdoppeln, keinem anderen als ihnen selbst nutze. Die Ausführungen zeigen, wie sich Isokrates das πρόνοιαν ποιεῖσθαι für die Gemeinschaft vorstellte. Er erachtet ein Training für denjenigen, der sich um das Gemeinwohl bemüht, für ebenso notwendig wie für einen Sportler. Wie das Beispiel zeigt, ist die Sorge um das Gemeinwohl in der rationalen Fähigkeit der Bürger verankert. Schließlich schränkt er den Kreis der Adressaten nicht ein, seine Mahnung gilt vielmehr allen Bürgern einer Stadt.

Diese allgemeine Aufforderung gehört in die rückblickende Verherrlichung der Polis. Sie ist Teil der Beschreibung der bereits vergangenen Polis. Die Amtsträger der alten Polis, so Isokrates, wußten sich verpflichtet zur Sorge um das Gemeinwohl, aber auch von denen, die über ausreichende Mittel und Zeit verfügten, wurde diese Sorge um die öffentlichen Angelegenheiten erwartet.[33] Isokrates spricht hier von ἡ τῶν κοινῶν ἐπιμέλεια bzw. dem ἐπιμελεῖσθαι/ μέλειν und φρον-

---

[30] Über den politischen Hintergrund der Aussagen informieren: K. BRINGMANN, Studien zu den politischen Ideen des Isokrates (Hyp. 14), Göttingen 1965; H. KEHL, Die Monarchie im politischen Denken des Isokrates, Diss. Bonn 1962; H.G. KLEINOW, Die Überwindung der Polis im frühen 4.Jh.v.Chr., Diss. Erlangen 1981.

[31] Paneg. 1-2: Πολλάκις ἐθαύμασα τῶν τὰς πανηγύρεις συναγαγόντων καὶ τοὺς γυμνικοὺς ἀγῶνας καταστησάντων, ὅτι τὰς μὲν τῶν σωμάτων εὐτυχίας οὕτω μεγάλων δωρεῶν ἠξίωσαν, τοῖς δ' ὑπὲρ τῶν κοινῶν ἰδίᾳ πονήσασι καὶ τὰς αὐτῶν ψυχὰς οὕτω παρασκευάσασιν ὥστε καὶ τοὺς ἄλλους ὠφελεῖν δύνασθαι, τούτοις δ' οὐδεμίαν τιμὴν ἀπένειμαν, ὧν εἰκὸς ἦν αὐτοὺς μᾶλλον ποιήσασθαι πρόνοιαν· τῶν μὲν γὰρ ἀθλητῶν δὶς τοσαύτην ῥώμην λαβόντων οὐδὲν ἂν πλέον γένοιτο τοῖς ἄλλοις, ἑνὸς δ' ἀνδρὸς εὖ φρονήσαντος ἅπαντες ἂν ἀπολαύσειαν οἱ βουλόμενοι κοινωνεῖν τῆς ἐκείνου διανοίας. Vgl. 43,46, wo Isokrates sich positiv auf dieselben Feste bezieht. Paneg. wird auf ca. 380 v.Chr. datiert. Zur Interpretation des Proömiums siehe den kurzen Kommentar von S. USHER, Greek Orators III. Isokrates Panegyricus and To Nicoles, Warminster 1990, S.149f; außerdem C. EUCKEN, Isokrates. Seine Positionen in der Auseinandersetzung mit den zeitgenössischen Philosophen (UaLG 19), Berlin 1983, S.142-152.

[32] Vgl. Diogenes Laertius 1,55f.

[33] Areop. 25f, vgl. die Formulierung in 9. Vgl. KLEINOWS Ausführungen zum ἀνὴρ ἀγαθός, a.a.O.S.20ff. Kleinow geht auf die Terminologie ἐπιμέλεια/πρόνοια nicht ein. Areop. wird auf 357 v.Chr. datiert. Siehe hierzu: W. JAEGER, The date of Isocrates' Areopagiticus and the Athenian opposition, deutsch in: Isokrates, hrsg.v. F. Seck (WdF 351), Darmstadt 1976, S.139-188.

τίζειν τῶν κοινῶν πραγμάτων. Von πρόνοιαν ποιεῖσθαι spricht er,[34] sobald er den Personenkreis auf die Bürger insgesamt und die Sache von den öffentlichen Angelegenheiten auf das Privatleben ausweitet, d.h. politische Verantwortung auch als soziale Verantwortung versteht.

Mit dem Wort πρόνοια ist hier die Sorge für das Gemeinwohl bezeichnet. Welches Subjekt für diese Sorge verantwortlich gemacht wird, ist abhängig von den unterschiedlichen politischen Konstellationen. Dies wird besonders deutlich bei Polybios. Im 6. Buch, in dem er die fortlaufende Darstellung der römischen Geschichte unterbricht, um auf die römische Verfassung einzugehen, definiert Polybios Demokratie durch die Situation: τὴν δὲ τῶν κοινῶν πρόνοιαν καὶ πίστιν εἰς σφᾶς αὐτοὺς ἀνέλαβον.[35] Demokratie entsteht und besteht, indem Bürger die Verantwortung für die öffentlichen Angelegenheiten selbst übernehmen, d.h. die gleichberechtigte Sorge um das Allgemeinwohl, ἡ τῶν κοινῶν πρόνοια, ist Ausdruck der demokratischen Verfassung. In ähnlicher Weise spiegelt auch bei Plutarch die Frage nach dem Subjekt der politischen Verantwortung die politische Situation. Bei Plutarch[36] findet sich die Mahnung, die Sorge für das Allgemeinwohl nicht den Amtsträgern zu überlassen. Der Abschnitt ist kritisch gegen die Amtsinhaber und ihr unterschiedlich ausgeprägtes Interesse am Gemeinwohl geschrieben. Es schimmert das demokratische Ideal durch, daß das Allgemeinwohl nicht allein Aufgabe der Amtsträger sein sollte. Den Einzelfällen von bürgerlicher Courage, die Plutarch zu nennen weiß, kann man aber entnehmen, daß die Sorge für das allgemeine Wohlergehen, das πρόνοιαν ποιεῖσθαι, damals weitgehend den Amtsträgern überlassen wurde.[37]

Keiner der genannten Texte ist ein deskriptiver Text. Isokrates nimmt eine restaurative Haltung ein und schreibt seinen Text in der Perspektive der vergangenen Polis, Polybios formuliert grundsätzliche Überlegungen zu möglichen Verfassungsformen, und bei Plutarch ist eine Mahnung zu lesen, die nicht mit einer Beschreibung der politischen Wirklichkeit seiner Zeit gleichzusetzen ist. Isokrates, Polybios und Plutarch belegen die Vorstellung von der Sorge der Bürger für ihr Gemeinwohl und benutzen zur Bezeichnung dieser Vorstellung das Wort πρόνοια.

---

[34] Areop. 31: οὐ γὰρ μόνον περὶ τῶν κοινῶν ὡμονόουν, ἀλλὰ καὶ περὶ τὸν ἴδιον βίον τοσαύτην ἐποιοῦντο πρόνοιαν ἀλλήλων, ὅσην περ χρὴ τοὺς εὖ φρονοῦντας καὶ πατρίδος κοινωνοῦντας.

[35] Polybios 6,9,3: μόνης δὲ σφίσι καταλειπομένης ἐλπίδος ἀκεραίου τῆς ἐν αὐτοῖς ἐπὶ ταύτην καταφέρονται, καὶ τὴν μὲν πολιτείαν ἐξ ὀλιγαρχικῆς δημοκρατίαν ἐποίησαν, τὴν δὲ τῶν κοινῶν πρόνοιαν καὶ πίστιν εἰς σφᾶς αὐτοὺς ἀνέλαβον.

[36] Praec. 817D: Σπουδῇ μέντοι καὶ προνοίᾳ περὶ τὰ κοινὰ καὶ φροντίδι πρὸς ἅπασαν ἀρχὴν ἀεὶ διαμιλλητέον ...

[37] Vgl. Dionysios Halikarnassos, AR 8,70,4; 6,58,3.

Zusammenfassung

Das Wort πρόνοια in der hier besprochenen Bedeutung bezeichnet nebeneinander die Sorge der Bürger für das Gemeinwohl und die Verpflichtung der Amtsträger, sich um die öffentlichen Angelegenheiten zu kümmern. Pronoia bezieht sich hier sowohl auf Personen bzw. Personengruppen als auch auf Institutionen und Werte bzw. Sachwerte im Interesse des Gemeinwohls.[38] Pronoia meint hier das Bemühen und die Anstrengung um bestimmte Güter für die jeweilige Gemeinschaft. Pronoia kann in diesem Zusammenhang durch das Wort σπουδή ergänzt werden.[39] Das Wort πρόνοια bezeichnet zweitens die Fürsorge für Abhängige und wird verbunden mit der Rolle des Vaters, der Eltern, des Hirten und später des Herrschers. Pronoia drittens als Attribut des Kaisers in diesem Zusammenhang ist eine späte Entwicklung.

Mit dieser Verwendung liegt eine zweite Bedeutung des Wortes πρόνοια vor. Es bedeutet hier nicht die planende Überlegung oder die Absicht; das Wort läßt sich nicht durch ἑκών oder γνώμη ersetzen. Das Wort πρόνοια gehört hier in ein zweites Feld von semantischen Beziehungen, für das die Synonyme ἐπιμέλεια, φροντίς, στοργή, κηδεμωνία und σπουδή kennzeichnend sind.[40] Die unterschiedlichen Bedeutungen lassen sich an unterschiedlichen grammatisch-syntaktischen Strukturen ablesen. Während Pronoia in der ersten Bedeutung im Dativ (προνοίᾳ) bzw. mit ἐκ im Genitiv und ohne Ergänzung erscheint, hat Pronoia in der zweiten Bedeutung eine notwendige Ergänzung, die im Genitiv steht (z.B. πρόνοια τῶν κοινῶν), gelegentlich auch mit πρός oder περί angeschlossen ist. Hierin äußert sich, daß in der ersten Bedeutung eine Haltung bezeichnet wird, Ps-Andronikos sprach von ἕξις,[41]in der zweiten Bedeutung aber eine Handlung. Es entspricht dieser zweiten Bedeutung, daß πρόνοια als ein nomen actionis durch ποιεῖσθαι bzw. ἔχειν ergänzt wird. Häufig wird in dieser Bedeutung das Verb προνοεῖν verwendet.

---

[38] Einige Beispiele mögen den Gegenstand τῶν κοινῶν πραγμάτων erläutern. Man bemüht sich um die Landbevölkerung von Elis, und das bedeutet, daß dort die Rechtsverfahren auch auf dem Land stattfinden und der Lebensunterhalt gesichert wird (Polybios 4,73,8). Die Konsuln setzen sich dafür ein, daß Versprechen gegenüber den Plebejern eingehalten werden (Dionysios Halikarnassos, AR 6,43,4; 6,58,3), oder in einem anderen Fall, daß das im Krieg eroberte Land unter sie aufgeteilt wird (Dionysios Halikarnassos, AR 8,70,5). Wiederholt wird erwähnt, daß die Konsuln sich um die Getreideversorgung bzw. einen bezahlbaren Preis für Getreide bemühen (Dionysios Halikarnassos, AR 7,20,1; 8,70,5, Cassius Dio 39,63,2; 60,11,2, vgl. Polybios 23,17,3; Philon, Jos. 161; Mos. 1,203).

[39] So z.B. Polybios 3,87,5; 4,73,8; 6,52,4; Dionysios Halikarnassos, AR 6,58,3. Polybios 10,17,5; 16,17, 10; Josephos, AJ 6,34; 8,334; 20,204; BJ 3,391)

[40] Vgl. die Beschreibung dieser Bedeutung von πρόνοια durch Galen, In Hippocratis prognosticum commentaria tria, I,4,S.201.4f. (zitiert S.13,Anm.20).

[41] Siehe S.9f.

3. πρόνοια als Kennzeichen des Herrschers und die göttliche Fürsorge für die Schöpfung

Im Zusammenhang mit der „Fürsorge" als besonderem Kennzeichen des Herrschers findet sich die Vorstellung vom Fürsorgen Gottes,[42] d.h. in der Zeit, in der dem Herrscher seine Pronoia zugeordnet wurde, reflektiert man die Fürsorge Gottes. Wichtig wird diese Vorstellung für Philon, der sich grundlegend zu der Pronoia Gottes als ἐπιμέλεια äußert.[43] Wiederholt erklärt Philon den Begriff der Pronoia mit dem Hinweis auf ein Naturgesetz,[44] das darin bestehe, daß das schaffende Wesen für das sorge, was es geschaffen habe. In praem. 42 formuliert er diesen Grundsatz mit folgenden Worten: ὅτι πρόνοιαν ἀναγκαῖον εἶναι· νόμος γὰρ φύσεως ἐπιμελεῖσθαι τὸ πεποιηκὸς τοῦ γεγονότος. Pronoia wird als natürliche Verpflichtung des Schöpfers gegenüber den Geschöpfen verstanden. Diese natürliche Verpflichtung bedeutet im Fall der Eltern, auf die Philon diese allgemeine Regel in gleicher Weise wie auf den Schöpfer anwendet,[45] daß sie das Sorgen für ihre Kinder nicht lernen müssen, sondern naturgemäß tun.[46] Eltern und Schöpfer (ποιητής)[47] bzw. der schöpferische Handwerker (δημιουργός)[48] gleichen sich in ihrer

---

[42] Dion von Prusa, or. 2,75; 3,50; 3,82, vgl. or 12,75; 12,77; vgl. Philon, prov. 2,15. Zu den Dion-Belegen siehe insbesondere: M.P. CHARLESWORTH, Providentia and Aeternitas, a.a.O. Vgl. außerdem G.W. BOWERSOCK, der die erste Rede Dions über das Königtum bespricht: Greek Intellectuals and the imperial cult, in: Le culte des souverains dans l'empire romain, hrsg.v. W. den Broer (EnAC 19), Genf 1973, S.177-212.

[43] A. MEYER geht in seiner Arbeit: Vorsehungsglaube und Schicksalsidee in ihrem Verhältnis bei Philo von Alexandria, 1939, auf diesen Gedanken nicht ein. Erst W. THEILER untersucht diesen Zusammenhang und interpretiert ihn damit, daß Philon hier von einem Timaioskommentar abhängig ist, möglicherweise von Eudoros. Theiler führt die im Bereich des Platonismus frühen Belege einer Platoninterpretation bei Philon damit auf eine wiederum ältere Quelle zurück. (Philo von Alexandria und der Beginn des kaiserzeitlichen Platonismus, in: Parusia, FS J. Hirschberger, Frankfurt/M. 1965, S.199-218; Philo von Alexandria und der hellenisierte Timaeus, in: Philomathes, FS Ph. Merlan, hrsg.v. R.P. Palmer/ R. Hammerton-Kelly, The Hague 1970, S.25-35). Vgl. Phaidr. 246E, leg.900C-D; von Pronoia spricht Platon nur in Tim. 30C, vgl. 44C, 45B.

[44] G. WATSON, The natural law and Stoicism, in: Problems in Stoicism, hrsg.v. A.A. Long, London 1971, S.216-238; J. SPRUTE, Rechts- und Staatsphilosophie bei Cicero, in: Pronesis 28 (1983), S.150-176.

[45] Ebr. 13: 'Αλλ' οὐδὲ μανεὶς ἑτέρους ἂν εἴποι τις ἢ τοὺς τοκέας εἶναι· κήδεται γὰρ ἀδιδάκτῳ τῇ φύσει τὸ πεποιηκὸς ἀεὶ τοῦ γενομένου, καὶ σωτηρίας αὐτοῦ καὶ διαμονῆς τῆς εἰσάπαν πρόνοιαν ἔχει. Die elterliche Fürsorge wird auch in prov. 1,25; 2,15 erwähnt. Der Gedankengang ist in prov. ein anderer.

[46] Diese Aussage ist durch Diogenes Laertios als stoisch belegt (7,120 = SVF III 721). Zu berücksichtigen ist die weitere Interpretation in ebr. 14ff, weiter die Kritik an der Begrenztheit dieser Belehrung durch die Natur in decal. 59 und die Umkehrung des Gedankens in Philons Auslegung des 5. Gebotes in decal. 106ff, die in der Verpflichtung der Kinder zur Sorge für die Eltern besteht.

[47] Die Verbindung von Schöpfer und Eltern ist traditionell, vgl. decal. 120, wo Philon die Meinung erwähnt, Vater und Mutter seien als sichtbare Götter zu verehren, da sie den Schöpfer nachahmen, wenn sie lebendige Wesen hervorbringen. Vgl. Philons Aussage spec. 2,225.

Fürsorge für ihre Erzeugnisse, Geschöpfe bzw. Kinder, und zwar als Sorge um deren Bestand.[49] Mit dem Stichwort πρόνοια eröffnet sich für Philon ein bestimmter argumentativer Hintergrund. Mit πρόνοια ist bei Philon erstens Gott als Vater und Schöpfer angeredet[50] und zweitens der Bestand (διαμονή) des Geschaffenen, d.h. des Vergänglichen, angesprochen. Pronoia als Fürsorge Gottes hat für Philon mit der Beständigkeit, in anderen Worten, mit der Bewahrung und Erhaltung der Schöpfung zu tun. Die Bedeutung des Sachverhaltes für Philo läßt sich am Aufbau seiner Schrift De opificio mundi ablesen. Philon verwendet die Vorstellung vom Fürsorgen Gottes in der Einführung in das Thema Schöpfung und schließt die Schrift, indem er als letzten der fünf Grundsätze des Mose, in denen Philon grundlegende Elemente jüdischer Theologie benennt,[51] formuliert:

> πέμπτον δ᾽ ὅτι καὶ προνοεῖ τοῦ κόσμου ὁ θεός· ἐπιμελεῖσθαι γὰρ ἀεὶ τὸ πεποιηκὸς τοῦ γενο-
> μένου φύσεως νόμοις καὶ θεσμοῖς ἀναγκαῖον, καθ᾽ οὓς καὶ γονεῖς τέκνων προμηθοῦνται.[52]

Fürsorge Gottes ist für Philon die Sorge des Schöpfers für die Schöpfung, und hiermit setzt Philon ein. Daneben kennt Philon die Fürsorge Gottes für einzelne Fromme. „Das Wohnen Gottes in den Häusern Sems" (Gen 9,27) legt Philon darin aus, daß Gott für diesen Ort und diese Person in besonderer Weise sorge.[53] Was heißt in diesem Zusammenhang „sorgen"? In Sobr 63f ist die Herstellung der Beziehung zu Gott gemeint, daß Gott selbst dieses winzige Häuschen mit den Enden der Himmel verbinde. Diese Form der Pronoia sei ein Segen (εὐχή),[54] den Noah nach Gen 9,27 über Sem aussprach und um den, so Philon, jeder Weise[55] und Freund Gottes beten (εὔχομαι) könne.[56] Den Söhnen Gottes gilt seine väterliche Pronoia.[57] Es ist hier nicht zu erörtern, wen Philon zu den Söhnen Gottes zählt.[58] Daß Philons Überlegungen in spec 1,299ff in das jüdische Umfeld gehö-

---

[48] Opif. 10.
[49] Ebr. 13, ebenso opif. 9f: ... τὴν πρόνοιαν· τοῦ μὲν γὰρ γεγονότος ἐπιμελεῖσθαι τὸν πατέρα καὶ ποιητὴν αἱρεῖ λόγος· καὶ γὰρ πατὴρ ἐκγόνων καὶ δημιουργὸς τῶν δημιουργηθέντων στοχάζεται τῆς διαμονῆς ...
[50] Spec. 1,209.
[51] H.A. WOLFSON legt diese fünf Grundsätze in: Philo, Bd.1, Cambridge Mass. 1968⁴ (1947), S.164ff aus. Die Pronoia Gottes versteht Wolfson als eines der aus der Schrift ableitbaren Prinzipien (a.a.O.S.180f). P. FRICK (Divine Providence in Philo of Alexandria, a.a.O.) wählt diesen Text als Ausgangspunkt seiner Untersuchung.
[52] Opif. 171.
[53] Sobr. 63f.
[54] Sobr. 59, vgl. 53.
[55] Sobr. 55.
[56] Sobr. 64.
[57] Spec. 1,318: ... δηλονότι προνοίας καὶ κηδεμονίας ἀξιωθησόμενοι τῆς ὡς ἐκ πατρός· ἡ δὲ ἐπιμέλεια τοσοῦτον διοίσει τῆς ἀπ᾽ ἀνθρώπων, ὅσονπερ, οἶμαι, καὶ ὁ ἐπιμελούμενος διαφέρει.
[58] Mit dieser Frage ist ein grundlegendes Problem der Philon-Interpretation angesprochen. Mit J. MORRIS sind die beiden Tendenzen, mit denen man die Universalisierung wesentlicher Elemente der jüdischen Religion in der Darstellung Philons hervorheben kann, zugleich aber

ren, ist der Erwähnung von Proselyten, Witwen und Waisen und der Aussage, daß Gott für diese in besonderer Weise sorge, zu entnehmen.[59] Proselyten, Witwen und Waisen haben gemeinsam, daß sie ihre Familien und damit deren Unterstützung aufgegeben bzw. verloren haben. Philon spricht von ihnen als den Verlassenen und Vereinsamten, die keine Zuflucht bei den Menschen haben. Gerade diese Randgruppe, so Philon, sei es wert, daß Gott ihr Recht und Fürsorge (πρόνοια) verschaffe.[60]

Philon interpretiert die biblische Aussage, daß Fremdlinge – die Septuaginta übersetzt Proselyten (προσήλυτος) –, Witwen und Waisen unter dem Schutz Gottes stehen (vgl. Ex 22,21.23, Dtn 10,18), durch den Terminus πρόνοια. Philon fügt damit in den biblischen Zusammenhang eine Vorstellung ein, zu der erstens gehört, daß der Herrscher für Schwache sorgt und zweitens daß es für ihn nicht unwürdig ist, sich um Schwache zu kümmern.[61] Auf diesem Hintergrund erklärt es sich, daß Philon in spec. 1,308 von ἀπαξιοῦν bzw. ἀξιοῦν spricht. Gott erachte es, so der Text, nicht für unwürdig, Richter der Proselyten, Witwen und Waisen zu sein und würdige sie seiner Pronoia. Damit entsteht die schwierige Aussage, daß Gott für die Schutzlosen und sozial Benachteiligten sorge. Ihnen bleibe, so Philon, die größte Hoffnung, nämlich Gott selbst, der ihnen seine Pronoia nicht entziehe.[62] Aber sorgt Gott tatsächlich für seine Schutzbefohlenen, für die Randgruppe der „Witwen und Waisen" wie für die jüdische Gemeinde insgesamt? Liegt es nicht gerade in der alexandrinischen Situation zur Zeit Philons für einen Juden nahe, an der göttlichen Pronoia irre zu werden?[63] Ein weiterer Aspekt ist wichtig.

Vergleicht man Dtn 10,18 im Septuagintatext[64] mit spec 1,308, erscheint bei Philon das Wort πρόνοια an der Stelle, an der die Septuaginta vom Brot- und

---

Philon von seinem Jude-Sein her verstehen und die jüdische Einbettung seiner Gedanken nicht minimalisieren sollte, zusammenzuhalten. (The Jewish philosopher Philo, in: E. Schürer, The History of Jewish people in the age of Jesus Christ, überarbeitet von G. Vermes/ F. Millar/ M. Goodman, Bd.3,2, Edinburgh 1987, S.878f (808-889). Die Aussagen Philons über das jüdische Volk und über Menschen überhaupt, die nach dem Gesetz ein vernünftiges Leben führen, dürfen nicht voneinander getrennt werden. In der Fragestellung und einige wichtige Antworten führt P. BORGEN ein. (Philo of Alexandria. A critical and synthetical survey of research since World War II, in: ANRW 21.1, 1984, S.113-115 (98-154).

[59] Die kritische Aussage Philons über das Kriterium von Verwandtschaft und Freundschaft in spec. 1,317 resultiert aus diesem Gedankengang.

[60] Spec. 1,308: ... οὐκ ἀπαξιῶν γενέσθαι κριτὴς προσηλύτοις ἢ ὀρφανοῖς ἢ χήραις, ἀλλὰ βασιλέων καὶ τυράννων καὶ τῶν ἐν μεγάλαις δυναστείαις ὑπεριδὼν τὸ ταπεινὸν τῶν λεχθέντων ἀξιοῖ προνοίας.

[61] Vgl. Dion von Prusa, or. 3,57.

[62] Spec. 1,310: διὸ τῆς μεγίστης ἐλπίδος οὐκ ἀμοιροῦσι, τοῦ θεοῦ, διὰ τὴν ἵλεω φύσιν αὐτοῦ τὴν πρόνοιαν καὶ ἐπιμέλειαν μὴ ἀποστραφέντος τῶν οὕτως ἐρήμων.

[63] Gai. 3, Flacc. 170.

[64] Ποιῶν κρίσιν προσηλύτῳ καὶ ὀρφανῷ καὶ χήρᾳ καὶ ἀγαπᾷ τὸν προσήλυτον δοῦναι αὐτῷ ἄρτον καὶ ἱμάτιον.

Mantel-Geben spricht. Philon benutzt das Wort πρόνοια zur Bezeichnung der Versorgung mit Lebensnotwendigem, mit Nahrung, Kleidung und Unterkunft durch Gott. Pronoia ist hierin aber Ausdruck einer Erwartung an Gott und einer Hoffnung auf eine Zeit, in der die Verheißung vom Fürsorgen Gottes Wirklichkeit wird. Der Terminus πρόνοια eröffnet bei Philon eine eschatologische Perspektive. Philon spricht von Pronoia im Zusammenhang mit Segenswünschen, wie z.B. Noahs Segen über Sem. Hervorzuheben ist in dem bereits erwähnten Text spec. 1,308 das Wort Hoffnung (ἐλπίς), d.h. Philon spricht den Armen die Hoffnung auf Gottes Pronoia zu. Insbesondere aber die Konkretionen des fürsorglichen Handelns Gottes, in deren Beschreibung Philon über das bloße Brot-Geben erheblich hinausgeht,[65] formuliert Philon ausschließlich in eschatologischer Erwartung.[66] Diese Erwartung ist dem Text praem. 79ff deutlich zu entnehmen.[67] Sie richtet sich auf eine Zeit des Friedens,[68] in der, so Philon, die inneren Feinde im Menschen und folglich auch seine äußeren Feinde besiegt seien, auf eine Zeit der Herrschaft, in der das (jüdische) Volk die Herrschaft übernehmen werde, und auf eine Zeit des Reichtums, in der die Frommen ununterbrochen und zu allen Jahreszeiten ernten und im Überfluß Vorräte anlegen werden. In diesem Zusammenhang steht die Aussage, daß Gott für die, deren Leben von dem Gesetz Gottes geprägt ist und die den wahren Reichtum gefunden haben, in seiner Fürsorge die Vorratskammern mit irdischen Gütern auffülle.[69] Sie ist für Philon nur im eschatologischen Zusammenhang denkbar, weil diese Form der Fürsorge für die ur-

---

[65] Vgl. praem. 99ff.

[66] Dieser Gedankengang findet sich in der Schrift De providentia nicht, vgl. prov. 2,109-112. Der Text ist griechisch bei Euseb von Caesarea überliefert (PE 8,14,43-72).

[67] Praem. 79-126,162-172 ist neben Mos. 2,44 der Hauptbeleg für die Darstellung der eschatologischen Vorstellungen Philons. Sie werden kontrovers, insbesondere hinsichtlich einer „national-eschatologischen" Erwartung Philons, interpretiert. Nach U. FISCHER (Eschatologie und Jenseitserwartung im Hellenistischen Judentum (BZNW 44), Berlin 1978, S.184-213) geht Philon mit national-eschatologischen Erwartungen im Sinne einer „radikale(n) Enteschatologisierung, Psychologisierung und Entnationalisierung der vorgegebenen biblischen Heilserwartung" (S.196) um. Philon bleibt nach Fischer auf Grund von seinem „Desinteresse an diesem eschatologischen Geschehen" (209) in praem. hinter der biblischen Aussage von Dtn 30,1-3 zurück. Im Unterschied zu Fischer ordnet P. BORGEN Philon gerade mit seinen eschatologischen Äußerungen in das jüdische Umfeld Alexandriens ein. Nach Borgen gehört Philon zu der Gruppe derer, die das Ziel der allgemeinen Anerkennung des jüdischen Gesetzes nicht durch bewaffnete Auseinandersetzung erreichen wollten, sondern dieses Ziel der jüdischen Religion und ihrer Wirkung zutrauten und sich mit dieser Überzeugung auf die Kultur der Umgebung einließen. (P. Borgen, a.a.O.S.111,150f). G. DELLING nennt den Text praem. 79ff im Zusammenhang mit „apokalyptischen Erwartungen (Perspektiven in der Erforschung des hellenistischen Judentums, HUCA 45 (1974), S.158f [133-176]).

[68] Vgl. opif. 81.

[69] Praem. 104: οἷς μὲν γὰρ ὁ ἀληθινὸς πλοῦτος ἐν οὐρανῷ κατάκειται διὰ σοφίας καὶ ὁσιότητος ἀσκηθείς, τούτοις καὶ ὁ τῶν χρημάτων ἐπὶ γῆς περιουσιάζει, προνοίᾳ καὶ ἐπιμελείᾳ θεοῦ τῶν ταμείων ἀεὶ πληρουμένων.

sprüngliche Beziehung zwischen Schöpfer und Geschöpf kennzeichnend ist.[70] Damit schlägt Philon ein zweites Mal den Bogen von der Vorstellung des fürsorglichen Handelns Gottes zu seiner Schöpfungslehre. Das reichliche Versorgen mit Lebensnotwendigem gehört für Philon in die Ursprungssituation der Schöpfung. Die Hoffnung auf Pronoia muß sich daher mit der Wiederherstellung dieser Ursprungssituation verbinden, die für Philon – er legt hierin Lev 26,3ff aus – an die Geltung und Verwirklichung des Gesetzes gebunden ist, in anderen Worten, den Gesetzestreuen als Segen versprochen ist.

Zusammenfassung

Drei Punkte sind festzuhalten: 1. Philons Ausführungen zu Pronoia als Fürsorge Gottes entwickeln sich aus seiner Schöpfungslehre.[71] Sie setzen eine bestimmte Schöpfungslehre voraus und sind in dieser Weise für Philon spezifisch.

2. In der Vorstellung vom Fürsorgen (πρόνοια) Gottes kommt eine Erwartungshaltung zum Ausdruck. Das systematische Problem liegt in der Diskrepanz, daß Gottes Handeln erwartet, aber nur bedingt auch erfahren wird. Die Rede von der Pronoia Gottes läßt keinen Raum für Rückzug und Nachlässigkeit und Untätigkeit,[72] d.h. für ἀμέλεια. Philon zeigt mit der eschatologischen Dimension der Rede von Gottes Pronoia eine Lösung des Problems auf.

3. Der Terminus πρόνοια ist ein Beispiel dafür, daß sich Philons Sprachgebrauch nicht dadurch beschreiben läßt, daß er sich eklektizistisch Terminologien „auslieh".[73] Philons Sprach- und Denkformen sind ein Spiegel seiner Zeit. An der Verwendung des Wortes πρόνοια läßt sich aber zeigen, in welchem Maß Philon über die Bedeutungsmöglichkeiten von Sprache verfügte und diese in der Darstellung theologischer Sachverhalte verarbeitete.

---

[70] Opif. 79-81.
[71] Hinzuweisen ist auf: U. FRÜCHTEL, Die kosmologischen Vorstellungen bei Philon von Alexandrien (ALGHL 2), Leiden 1968; M. HARL, Cosmologie greque et représentations juives dans l' oeuvre de Philon d'Alexandrie, in: Philon d'Alexandrie, Lyon 11-15 Septembre 1966: colloque. Hrsg.v. R. Arnaldez/ C. Mondésert/ J. Pouilloux, Paris 1987, S.189-206; D.T. RUNIA, Philo of Alexandria and the Timaeus of Plato (PhAnt 44), Leiden 1986; ders., Was Philo a Middle Platonist? A difficult question revised, in: Philo and Middle Platonism, hrsg.v. dems. (Studia Philonica 5), Leiden 1993, S.112-140 (95-155); H.F. WEISS, Untersuchungen zur Kosmologie des hellenistischen und palästinischen Judentums (TU 97), 1966, S.18-74; D. WINSTON, Philo's theory of eternal creation. De Prov.1.6-9, in: PAAJR 46-47 (1980), S.593-606.
[72] Vgl. Plutarch, stoic.repugn. 1051Bf; Cicero, nat.deor. 3,86. Zum Untätigkeits-Argument siehe R. SORABJI, Time, Creation and the Continuum, London 1983, S.249-252.
[73] Vgl. H.A. WOLFSON, Philo, Bd.1, a.a.O.S.45f. Zur Frage des Eklektizismus siehe: The Question of Eclecticism. Studies in Later Greek Philosophy, hrsg.v. J.M. Dillon/ A.A. Long, Berkeley/ Los Angeles/ London 1988.

§ 3. πρόνοια im Rahmen der stoischen Terminologie

Diodor von Sizilien schreibt im Proömium seiner historischen Bibliothek (1,1,3):

„Ferner besaßen sie (sc. die Historiker) den Ehrgeiz, die Menschen, die zwar alle miteinander verwandt, aber durch Ort und Zeit getrennt sind, unter eine und dieselbe Ordnung zu bringen, und sind damit gleichsam eine Art Diener der göttlichen Pronoia geworden. Wie jene nämlich die Anordnung der sichtbaren Sterne und die Naturen der Menschen in einer gemeinsamen Entsprechung vereinigt hat und sie ununterbrochen auf immer im Kreis bewegt, wobei sie jedem das ihm vom Geschick Zukommende zuteilt, so haben sie (sc. die Historiker), indem sie die gemeinsamen Ereignisse der bewohnten Erde wie die einer einzigen Stadt aufgeschrieben haben, ihre Geschichtswerke zu einem einzigen Werk und einem gemeinsamen Beratungszimmer des Geschehens gemacht".[1]

Die Historiker, die nach Diodor im Sinne der Pronoia arbeiten, indem sie eine Ordnung herstellen, sind die Verfasser der Universalgeschichten.[2] Zwar käme die Aufgabe der Geschichtsschreibung, den Leser zu belehren, auch jeder Einzeldarstellung zu, Diodors Ziel aber ist ein anderes, das sich nicht nur durch die Menge des darzustellenden Materials von den Einzeldarstellungen abhebt,[3] sondern durch den von Diodor in 1,2 skizzierten Begriff der Geschichte.[4] ἱστορία bezeichnet nach Diodor nicht eine beliebige Menge von Einzelerfahrungen oder die aufgelisteten Erfolge von bedeutenden Männern. Deren Taten und Erfahrungen werden vielmehr erst bedeutsam durch die Geschichte, so daß Diodor von der Geschichte, welche die ganze bewohnte Welt durchdringe,[5] als der eigentlichen Wohltäterin (εὐεργέτις)[6] und Ursache (αἰτία)[7] sprechen kann. Aufgabe der Historiker ist es, nicht nur die Menschen und ihre Erfahrungen darzustellen, sondern die inhärente

---

[1] Diodor von Sizilien, 1,1,3: ἔπειτα πάντας ἀνθρώπους, μετέχοντας μὲν τῆς πρὸς ἀλλήλους συγγενείας, τόποις δὲ καὶ χρόνοις διεστηκότας, ἐφιλοτιμήθησαν ὑπὸ μίαν καὶ τὴν αὐτὴν σύνταξιν ἀγαγεῖν, ὥσπερ τινὲς ὑπουργοὶ τῆς θείας προνοίας γενηθέντες. ἐκείνη τε γὰρ τὴν τῶν ὁρωμένων ἄστρων διακόσμησιν καὶ τὰς τῶν ἀνθρώπων φύσεις εἰς κοινὴν ἀναλογίαν συνθεῖσα κυκλεῖ συνεχῶς ἅπαντα τὸν αἰῶνα, τὸ ἐπιβάλλον ἑκάστοις ἐκ τῆς πεπρωμένης μερίζουσα, οἵ τε τὰς κοινὰς τῆς οἰκουμένης πράξεις καθάπερ μιᾶς πόλεως ἀναγράψαντες ἕνα λόγον καὶ κοινὸν χρηματιστήριον τῶν συντετελεσμένων ἀπέδειξαν τὰς ἑαυτῶν πραγματείας.

[2] Vgl. PsAristoteles, mund. 391a 3f.

[3] Vgl. 1,1,4. Den pragmatisch-didaktischen Zugang zur Geschichte hält Drews für die Interpretation Diodors für grundlegend. R. DREWS, Diodorus and his sources, in: AJP 83 (1962), S.383-392.

[4] Der zitierte Text 1,1,3 hat somit in seinem jetzigen Zusammenhang einen sinnvollen Ort und ist außerdem in Verbindung mit den Äußerungen in 1,2 zu lesen ist. Zur Forschungsdiskussion um diesen Text siehe unten Anm.8.

[5] 1,2,5: ... ἡ δὲ τῆς ἱστορίας δύναμις ἐπὶ πᾶσαν τὴν οἰκουμένην διήκουσα.

[6] 1,2,2.

[7] 1,2,1: ἐξ ἁπάντων δὲ συμπληρουμένης τῆς εὐδαιμονίας, ἀποδοτέον τῶν ἐπαίνων τὸ πρωτεῖον τῇ τούτων μάλιστ᾽ αἰτίᾳ ἱστορίᾳ.

Ordnung des Geschehens zu erfassen. Sie vollziehen hierbei nach, daß die Pronoia die Menschen bzw. ihre Naturen in die Ordnung der Sterne und ihren Kreislauf einbezogen hat. Die Historiker decken also eine bestehende Ordnung auf und werden dadurch zu Dienern der Pronoia. Geschichte ist ein von der Pronoia in Entsprechung zur kosmischen Ordnung hergestellter Sinnzusammenhang.

Die Ausführungen Diodors sind ein Beispiel für den Sprachgebrauch des ausgehenden 1. Jahrhunderts, und zwar ein Beispiel für einen neuen Sprachgebrauch.[8]

---

[8] Die Frage, ob man in diesem Text allerdings Diodors eigene Formulierungen und Gedanken findet, wird bis heute kontrovers diskutiert. Das Geschichtswerk Diodors gehört zu den wenigen Quellen, die Aufschluß über die griechische historische Tradition geben. Die Forschung seit dem späten 19.Jh. war daher von dem Interesse geleitet, die von Diodor verarbeiteten und heute nur in dieser Weise überlieferten Quellen in dessen Werk zu identifizieren. Dabei sind zwei Forschungstendenzen hervorzuheben. Zu nennen ist erstens das Interesse, das Werk Poseidonios' aus seiner Wirkungsgeschichte zu rekonstruieren. Mit diesem Forschungsinteresse, insbesondere mit K. REINHARDTs Arbeiten zu Poseidonios (Poseidonius, München 1921; Kosmos und Sympathie. Neue Untersuchungen über Poseidonius, München 1926) und seiner methodischen Grundlegung setzt sich Edelstein auseinander. L. EDELSTEIN (The philosophical system of Poseidonius, in: AJP 57 (1936), S.286-325) kommt gegen Reinhardt zu dem Ergebnis, daß die philosophischen Positionen Poseidonios' nicht eigentlich rezipiert wurden und Poseidonios daher nicht als Urheber hinter unterschiedlichen Gedanken und Texten vermutet werden sollte. Vgl. J.F. DOBSON, The Poseidonios myth, in: CQ 12 (1918), S.179-195. Zweitens ist die Tendenz zu nennen, die Arbeit und Person Diodors abzuwerten. E. SCHWARTZ schließt bereits aus dem Titel Βιβλιοθήκη, daß es sich um „nichts anderes als eine Serie von Excerpten" handele (Diodorus 38, in: PRE 5 [1905], Sp.669 [663-704]. Es entsteht das Bild eines Kompilators und unfähigen und unselbständigen Autors, der seine jeweilige Quelle ausschreibt und nur ungeschickt mit dem Kontext verbindet. So M. KUNZ, Zur Beurteilung der Prooemien in Diodors historischer Bibliothek, Diss. Zürich 1935, S.82.
Für die Interpretation des Textes Diodor 1,1,3 bedeutete dies: Nach G. BUSOLT (Diodors Verhältnis zum Stoizismus, in: JCPh 139 [1899], S.297ff) schrieb K. Reinhardt (Poseidonios, a.a.O.S.33) den Text Poseidonios' mit folgenden Worten zu: „So lautet in dem Vorwort zur Universalgeschichte Diodors ein seltsam sich abhebender, nach vorn und hinten unverbundener Satz, den flachen Lauf der Vorrede auf einen Augenblick zerreißend, um eine so ganz und gar bis in die Tiefe stoische Geschichtsauffassung zu verkünden, daß ihn nur ein Stoiker von Rang erstmals gedacht haben kann", nämlich Poseidonios. Reinhardt nennt zwei Argumente: Der Text sei nicht in den Kontext eingebunden und lasse sich in das Gesamtbild, das Reinhardt von Poseidonios entwickelt, einfügen. In „Kosmos und Sympathie. Neue Untersuchungen über Poseidonius" (S.184f) nennt Reinhardt außerdem die Übereinstimmungen mit Polybios mit dem Hinweis, daß man aus ihnen auf den Ort, den die Aussage im Proömium Poseidonios' gehabt habe, schließen könne. M. POHLENZ (Die Stoa. Geschichte einer geistigen Bewegung, Göttingen 1984[6], Bd.1, S.213f.), R. LAQUEUR (Diodorea, in: Hermes 86 [1958], S.289 [256-290]) und O. GIGON, (Poseidonius und die Geschichte der stoischen Philosophie, in: Archaiognosia 1 [1980], S.283 [261-299]) folgen Reinhardt. W. THEILER zählt den Text zu den Fragmenten Poseidonios' (Poseidonios. Die Fragmente [TK 10.1], Berlin 1982, F.80). J. MALITZ folgt dieser Forschungstradition (Die Historien des Poseidonios [Zet. 79], München 1983, S.413).
Auf der anderen Seite führt ebenso mit Hinweis auf die Forschungsgeschichte – insbesondere auf M. Kunz, die im Hauptproömium Diodors nichts anderes als „die ewiggleichen Übergangsformeln" (a.a.O.S.67, 100, vgl. 77f.) sah und damit keinen Grund hatte, sie Diodor abzusprechen – K.S. SACKS (The lesser prooemia of Diodorus Siculus, in: Hermes 110 [1982], S.434-443) den Nachweis von Diodor als Autor von 1,1,3. Ähnlich äußert sich A.D. NOCK

Dies macht der Vergleich mit dem Proömium von Polybios (1,3-4) deutlich, das Diodor wie eine Reihe von Anklängen zeigen, gelesen hat.[9] Im Unterschied zu Diodor kennt aber Polybios, obwohl er in seinem Geschichtswerk häufig von πρόνοια spricht, nicht die Vorstellung von einer ordnenden kosmischen Pronoia. Diodor verwendet das Wort Pronoia also in seinem Proömium signifikant anders als Polybios, und zwar in einer Weise, die sich mit den beiden bisher besprochenen Bedeutungen des Wortes nicht erklären läßt.

Das Proömium von Diodors Geschichtswerk soll also einführen in eine dritte Bedeutung des Wortes Pronoia. Pronoia erscheint bei Diodor als Subjekt, genauer als göttliches Subjekt, dem eine ordnende Tätigkeit und als deren Ergebnis die kosmische σύνταξις und διακόσμησις zugeschrieben wird. Die Verbindung von πρόνοια mit διοίκησις, διάταξις, διακόσμησις und gelegentlich σύνταξις bzw. den entsprechenden Verben muß als ein neues Wortfeld interpretiert werden, das auf eine weitere Bedeutung des Wortes hinweist. Pronoia in der Bedeutung von „Fürsorge" zieht keine Verben wie διοικεῖν nach sich, und ἐπιμέλεια läßt sich zwar

---

(Posidonius, in: Journal of Roman Studies 49 (1959) S.5 [1-15]). Weiterführend erwies sich die Untersuchung der Sprache Diodors durch J. PALM, in der dieser eine selbständige Durchdringung des Materials durch Diodor aufzeigen und die These von Diodor als Kompilator modifizieren konnte (Über Sprache und Stil des Diodoros von Sizilien, Lund 1955). Die Ein-Quellen-Theorie", die besagt, daß Diodor immer nur eine, nicht aber mehrere Quellen miteinander verarbeitete, wurde an Hand von Diodors ersten Buches durch A. BURTON widerlegt (Diodorus Siculus. Book 1. A commentary [EPRO 29], Leiden 1972, S.1-35). In der Arbeit „Diodorus Siculus and the first century" (Princeton 1990) will K.S. SACKS einen Weg aufzeigen, der von der traditionell positivistischen „Quellenforschung" wegführt und die Eigenart Diodors als Historiker und Schriftsteller seiner Zeit zum Thema macht (zum Text 1,1,3 siehe S.10f, 64), EDELSTEIN/ KIDD nehmen auf Grund des genannten methodischen Zugangs den Text Diodor 1,1,3 anders als Theiler nicht in ihre Sammlung der Fragmente Poseidonios auf.
Die umstrittene These, nach der Diodor 1,1,3 von Poseidonios abhänge, läßt sich als redaktionsgeschichtliche Aussage auf Grund der Quellenlage nicht nachweisen, da weder Diodor Poseidonios in diesem Zusammenhang nennt noch eine Parallele zu dem Text Diodors vorliegt. Zur Forschungsgeschichte siehe ausführlich: M. PAVAN, La teoresi storica di Diodoro Siculo, in: RAL 16 (1961), S.19-52, 117-151; aus der Perspektive der Poseidonios-Forschung K. V.FRITZ, Poseidonius als Historiker, in: Historiographia Antiqua. Commentationes Louvanienses in honorem W. Peremans septuagenarii editae (Symbolae 6), Löwen 1977, S.163-193.

9   Auf die Übereinstimmungen zwischen den Proömien von Polybios (1,3-4) und Diodor (1,1,3) ist wiederholt hingewiesen worden. Folgende Einzelheiten sind zu nennen: Während Polybios die Ereignisse (τὰς τῆς οἰκουμένης πράξεις, 1,3,3, die Formulierung verwendet auch Diodor) als verstreute erwähnt, korrigiert Diodor und läßt die Menschen an verschiedenen Orten und zu unterschiedlichen Zeiten leben; der im Proömium Diodors wiederholt belegte Ausdruck ἐφιλοτι-μήθησαν findet sich bei Polybios (1,4,2); die Formulierungen Diodors ὑπὸ μίαν καὶ τὴν αὐτὴν σύνταξιν ἀγαγεῖν und Polybios' διὰ τῆς ἱστορίας ὑπὸ μίαν σύνοψιν ἀγαγεῖν (1,4,1) stehen sich nahe. Vor allem erklärt sich das Wort σύνταξις bei Diodor auch durch die Verwendung bei Polybios (1,3,8; 1,4,2; 1,4,6). Die Beobachtung, daß Diodor die Ausführungen Polybios' zur Tyche nicht aufnimmt und durch den Begriff πρόνοια ersetzt, ist zu den Unterschieden zu zählen.

durch πρόνοια in der Bedeutung von Fürsorge, nicht aber durch διάταξις ersetzen. Hinzu kommen weitere Beobachtungen. Während in der ersten Bedeutung Pronoia nicht als Subjekt begegnet, in der zweiten Bedeutung Pronoia häufig in der Verbform (προνοεῖν) oder zusammen mit ποιεῖσθαι erscheint, läßt sich Pronoia in der dritten Bedeutung nur als Nomen belegen. Achtet man auf die syntagmatischen und paradigmatischen Beziehungen, fällt hier eine dritte Bedeutung des Wortes auf. Drei Beispiele sollen die Verwendung von Pronoia im Zusammenhang mit Worten wie διάταξις bzw. διοικεῖν erläutern.

In dem Trostbrief an Apollonios, den Plutarch anläßlich des Todes von dessen Sohn schreibt, erwähnt Plutarch den Gedanken, daß es der Natur entspreche, wenn der Sohn den Vater überlebe. Zugleich räumt er ein, daß es sich nach der menschlichen Natur im allgemeinen so verhalte, nicht aber nach der Pronoia des Alls und der kosmischen Ordnung (οὐ κατὰ τὴν τῶν ὅλων πρόνοιαν καὶ τὴν κοσμικὴν διάταξιν).[10]

Im Zusammenhang mit den Aufständen von Dathan und Abiram läßt Josephos Mose ein Gebet sprechen.[11] Nach der Anrede, dem Rückblick auf die Erfahrung des Mose mit Gott und der Bitte, daß Gott als Richter und Zeuge auftrete, ist zu lesen: παράστησον δὲ καὶ νῦν, ὅτι πάντα σῇ προνοίᾳ διοικεῖται καὶ μηδὲν αὐτομάτως[12] ἀλλὰ κατὰ βούλησιν βραβευόμενον τὴν σὴν εἰς τέλος ἔρχεται.[13] Wichtig ist die kurze verdichtete Aussage, „daß alles durch deine Pronoia verwaltet wird", die Josephos bzw. Mose sich hier zu eigen machen.[14]

Ähnlich formuliert etwas später Sextus Empeirikos: προνοίᾳ θεῶν διοικεῖσθαι τὰ καθ᾽ ἡμᾶς.[15] Er benutzt diese Wendung als Beispiel im Rahmen der Dialektik[16] und erläutert an ihr das Wesen einer zusammengesetzten bzw. einer dogmatischen Aussage. Die formelhafte Verdichtung der Aussage und zusätzlich ihre exemplarische Verwendung weisen auf einen feststehenden Ausdruck für einen selbstverständlich gewordenen dogmatischen Topos hin.

Der Sprachgebrauch, der in der Wendung προνοίᾳ διοικεῖται zum Ausdruck kommt, ist stoisch geprägt und ist vor dem 1. Jahrhundert v.Chr./ 1. Jahrhundert n.Chr. bzw. der Zeit, aus der die meisten Nachrichten über die Stoa stammen, nicht belegt. Die Textbeispiele gehören in die Zeit des 1. und 2. Jahrhunderts, in

---

[10] 119F.
[11] AJ 4,40-50.
[12] Vgl. AJ 10,277-279.
[13] AJ 4,47.
[14] Dieselbe Aussage προνοίᾳ διοικεῖσθαι πάντα schreibt Josephos an anderer Stelle dem Philosophen Menedem zu, AJ 12,101.
[15] Pyrrh. 1,151.
[16] Adv.math. 8,246.

der man sich mit der Alten Stoa beschäftigte und auf deren Zeugnissen unsere Kenntnis und Rekonstruktion des stoischen Systems wesentlich beruht.[17] In den Formulierungen wie προνοίᾳ διοικεῖσθαι πάντα kann daher stoische Terminologie vorliegen, aber auch der Sprachgebrauch des 1. Jahrhunderts zur Bezeichnung einer stoischen Vorstellung.[18]

Damit entsteht die Aufgabe, zu zeigen, daß die Verwendung von πρόνοια in Verbindung mit διακόσμησις, διοίκησις, διάταξις und σύνταξις einen stoischen Hintergrund hat. Die Frage nach der durch die genannten Texte belegbaren dritten Bedeutung von πρόνοια soll daher in Verbindung mit der Bedeutung und Funktion des Begriffs Pronoia in der Stoa gestellt werden.

---

[17] So wird in Abgrenzung gegen die ältere Forschung beispielsweise die Auseinandersetzung Plutarchs mit der Stoa in eine für Plutarch aktuelle Diskussion eingeordnet. So D. BABUT, Plutarque et le Stoïcisme (Publications de l'Université de Lyon), Paris 1969, S.181-270; H. CHERNISS, Introduction, in: Plutarch. Moralia XIII/II (LCL 470), Cambrigde MA/ London 1976 (1993²), S.396-405; J.P. HERSHBELL, Plutarch and Stoicism, in: ANRW II 36,5 (1992), S.3339-42 (3336-3352).
Plutarch zitiert aus 34 Schriften Chrysipps, oft aus verschiedenen Teilen der jeweiligen Schrift. M. POHLENZ (Plutarchs Schriften gegen die Stoiker, in: Hermes 74 [1939], 1-33 [ND= Kleine Schriften 1, hrsg.v. H. Dörrie, Hildesheim 1965, S.448-480]) geht im Anschluß an v.Arnim davon aus, daß erstens die Belege bereits zusammengetragen waren, zweitens diese Vorlage auf die akademische Polemik zur Zeit Karneades' zurückgeht und drittens diese Vorlage ein Schulbuch aus „dem akademischen Schulbetrieb seiner Zeit" war, der „in zäher Tradition die von Karneades maßgeblich formulierte Kritik an der orthodoxen Stoa weitergeben konnte, weil sie auch jetzt noch Gültigkeit hatte." (S.13). Allerdings liegen, so heißt es an anderer Stelle, die „aktuellen Kämpfe" für Plutarch weit zurück. „Auch das Schulbuch, dem er sein Material verdankt, hatte danach nur eine unbestimmte Kunde von den heißen Debatten, die einst geführt worden waren." (S.26) Für Pohlenz entsteht die Schwierigkeit, daß er die Bedeutung der Diskussion mit der Stoa für die Gegenwart Plutarchs erklären muß, ohne die eine mündliche oder schriftliche Überlieferung nicht verfügbar sein konnte, gleichzeitig aber die Diskussion ihren Ort 200 Jahre früher hat. Zudem muß Pohlenz für die Schriften stoic.repugn. und com.not. zwei unterschiedliche Vorlagen bzw. Schulhandbücher annehmen, da in den Schriften zwar teils die gleichen Zitate erscheinen, sie aber eine andere Funktion und einen anderen Kontext haben. (S.31f).
Dieser Position halten Babut und Cherniss eine Diskussion entgegen, die zur Zeit Plutarchs stattfand. Sie kommen zu dem Ergebnis, daß Plutarch selbst die Schriften Chrysipps gelesen hat, eine genauere Kenntnis der Texte und Kontexte hatte, als sie ein Handbuch mit unzusammenhängenden Zitaten vermitteln konnte, und, wie Cherniss vorschlägt, sich Notizen machte und ein Exzerptbuch (ὑπομνήματα) anfertigte.

[18] Daß man auch mit der zweiten Möglichkeit rechnen muß, zeigt ein Abschnitt aus den von Diels auf der Grundlage von PsPlutarch, Placita philosophorum und Stobaios, Eclogae rekonstruierten und auf ca. 100 n.Chr. datierten Aëtii Placita (2,3). PsPlutarch erwähnt die breite Übereinstimmung, daß der Kosmos von der Pronoia verwaltet wird (Οἱ μὲν ἄλλοι πάντες ἔμψυχον τὸν κόσμον καὶ προνοίᾳ διοικούμενον. DDG S.329.12f) und zählt diejenigen auf, die diese Meinung bestritten haben, nämlich Demokrit, Epikur und Aristoteles. Stobaios fügt in seiner etwas ausführlicheren Version des Textes eine Aussage über Ekphantos ein, der als Atomist das διοικεῖσθαι δὲ ὑπὸ προνοίας behauptet habe (DDG S.330b5-7). Stobaios überliefert mit dieser Wendung keine Formulierung aus dem 4. Jh.v.Chr., sondern eine Beschreibungskategorie, die, folgt man Diels, der Verfasser der Placita benutzte.

Obgleich der Zusammenhang von Pronoia und Stoa selbstverständlich und wenig erklärungsbedürftig zu sein scheint, ergeben sich in der Darstellung einer spezifisch stoischen Verwendung des Terminus πρόνοια eine Reihe von Schwierigkeiten.

1. Nemesius von Emesa verbindet die Frage nach der Verwaltung der Welt durch die Pronoia mit dem Namen Platons.[19] Zugleich gibt es eine Reihe von stoischen Texten, die sich zum Zusammenhang διακόσμησις, διοίκησις und διάταξις äußern,[20] ohne den Terminus πρόνοια zu benutzen. Es fällt auf, daß sich breite Bereiche der stoischen Physik und Logik (für den Bereich der Ethik stellt sich diese Frage nicht)[21] darstellen lassen, ohne daß hierin der Terminus πρόνοια notwendig wird. Wenn die stoische Bedeutung des Terminus πρόνοια nicht auf ein modernes Konstrukt und auf die Arbeit von H. von Arnim zurückgeht, der den Terminus zur Untergliederung der Fragmente benutzte, ist die spezifische Bedeutung und d.h. der spezifische Ort des Begriffs im stoischen System anzugeben.

2. A.A. Long beschreibt die Bedeutung von πρόνοια in der stoischen Verwendung folgendermaßen:

„These (providential) thoughts, on the evidence of Stoic and Greek usage of pronoia, combine foreknowledge and advance planning. God knows all that will happen, and he plans out all that will happen. Because he is also the universal cause, efficiently affecting matter, he executes what he foreknows and plans. His divine providence is supremely beneficial to the world, and to rational beings in particular."[22]

Nach Long enthält die Bedeutung von Pronoia die drei Aspekte Vorauswissen, Planung und Fürsorge. Diese Aspekte lassen sich durch die beiden bereits analysierten, von der Stoa aber unabhängigen Bedeutungen, die als „planende Voraussicht" und „fürsorgliches Handeln" paraphrasiert wurden, hinreichend erklären.

---

[19] Nemesius von Emesa, nat.hom. 38,303f.
[20] Dion von Prusa, or. 36,; 1Clem 20; Alexander von Aphrodisias, fat. 221.
[21] D.E. HAHM, The Stoic theory of change, in: The Southern Journal of Philosophy, Suppl. 23 (1983), S.39-55; M. LAPIDGE, Ἀρχαί and στοιχεῖα. A problem in Stoic cosmology, in: Phron. 18 (1973), S.240-278; ders, Stoic cosmology, in: The Stoics, hrsg.v. J.M. Rist, Berkeley/ Los Angeles/London 1978, S.161-185; A.A. LONG, Soul and body in Stoicism, in: Phron. 27 (1982), S.34-57; M. FREDE, The original notion of cause, in: Doubt and dogmatism. Studies in Helle-nistic epistemology, hrsg.v. M. Schofield/ M. Burnyeat/ J. Barnes, Oxford 1980, S.217-249; J.B. GOULD, The Stoic conception of fate, in: JHI 35 (1973), S.17-32; M.E. REESOR, Fate and possibility in early Stoic philosophy, in: Phoenix 19 (1965), S.285-297; dies., Necessity and fate in Stoic philosophy, in: The Stoics, a.a.O.S.187-202; J.M. RIST, Fate and necessity, in: ders., Stoic philosophy, Cambridge 1980, S.112-132; R.W. SHARPLES, Necessity in the Stoic doctrine of fate, in: SO 56 (1981), S.81-97; R. SORABJI, Causation, laws, and necessity, in: Doubt and dogmatism, a.a.O.S.250-282.
[22] A.A. LONG, The Stoics on world-conflagration and everlasting recurrence, in: The Southern Journal of Philosophy Suppl. 23 (1983), S.24 (13-37).

Long ist einer von vielen Forschern,[23] die, wenn sie ihre Vorstellung von der stoischen Pronoia explizieren, auf diese Bedeutungen zurückgreifen. Es ist daher noch einmal nachzufragen, inwieweit eine dritte Bedeutung von πρόνοια vorliegt, wenn das Wort in der Bedeutung von „göttlicher Ordnung" verwendet wird. Gegen eine dritte Bedeutung spricht, daß die unterschiedlichen Autoren in der Darstellung der stoischen Lehre dem damals üblichen Sprachgebrauch folgen und unter Pronoia insbesondere das fürsorgliche Handeln verstehen.

Galen schildert die Lehrmeinung einer Schule, die man mit v. Arnim als die Stoa identifizieren kann, und ordnet ihr folgende Aussage zu:

> „Und kunstvoll gestaltet sie (die Natur) alle Dinge als Erzeugerin und sorgt für das, was (von ihr) erzeugt wird, mit immer wieder anderen Kräften, mit einer Art elterlicher Liebe und Fürsorge gegenüber den Nachkommen, mit Gemeinschafts- und Freundschaftsgefühl aber für die gleichzeitig Geborenen.[24]

Subjekt des Satzes ist die Natur, die alles schöpferisch hervorbringt und für das Hervorgebrachte sorgt. Die Aussage ist ein Beleg für ein Konzept, daß die Pronoia übende Tätigkeit der schöpferischen Natur zugeschrieben und im Vergleich zur elterlichen Fürsorge für die Kinder dargestellt wurde. Das freundliche Fürsorgen und mehr noch das Wohltun zeichnen die Vorstellung, die man hier vom Begriff Pronoia gewinnt, aus. Die Stoiker scheinen oft von Gott als εὐεργέτης und φιλάνθρωπος gesprochen zu haben, nimmt man Plutarch wörtlich, der aus diesem Grund, wie er angibt, auf die Angabe von Belegen verzichtet.[25] Belegen läßt sich diese Aussage durch einen bei Euseb von Caesarea überlieferten Auszug aus Areios Didymos. Der Text enthält eine Reihe von Sätzen, die in den Parallelen Chrysipp zugeschrieben werden. Hier heißt es:

> „Folgerichtig muß man annehmen, daß Gott, der das All verwaltet, für die Menschen sorgt – er, der wohltätig, gütig, menschenfreundlich und gerecht ist und der über alle Tugenden verfügt."[26]

---

[23] Vgl. z.B. J. MANSFELD, Providence and the destruction of the universe in early Stoic thought. With some remarks on the "mysteries of philosophy", in: Studies in Hellenistic religions, hrsg.v. M.J. Vermaseren (EPRO 78), Leiden 1979, S.137 (S.129-188): „However, God is also Providence, i.e. a benevolent, beneficent, wholly good power caring for and watching over all beings."; und M. POHLENZ, Die Stoa, Bd.1, a.a.O.S.98-101.

[24] Galen, nat.fac. 1,12 (SVF II 1138,S.329.36-39): καὶ τεχνικῶς ἅπαντα διαπλάττει τε γεννῶσα καὶ προνοεῖται τῶν γεννωμένων ἑτέραις αὖθις τισι δυνάμεσι, στοργικῇ μέν τινι καὶ προνοητικῇ τῶν ἐγγόνων, κοινωνικῇ δὲ καὶ φιλικῇ τῶν ὁμογενῶν ...

[25] SVF II 1115, Plutarch, stoic.repugn. 1051E.

[26] οἷς ἀκολούθως νομιστέον προνοεῖν τῶν ἀνθρώπων τὸν τὰ ὅλα διοικοῦντα θεόν, εὐεργετικὸν ὄντα καὶ χρηστὸν καὶ φιλάνθρωπον δίκαιόν τε καὶ πάσας ἔχοντα τὰς ἀρετάς (Euseb von Caesarea, PE 15,15,5 [= SVF II 528,S.169.30-32]), vgl. 15,15,6. Zu dem zitierten Satz ist keine Zuschreibung erhalten. Euseb spricht allgemein von den Stoikern, deren Position Areios wiedergebe (PE 15,5,9), in dem direkt anschließenden Abschnitt (PE 15,15,7f) stellt Areios Kleanthes und Chrysipp gegenüber.

Der Gott, der das All verwalte, so Areios, sorge für die Menschen und sei hierin wohltätig, gütig, menschenfreundlich und gerecht und verfüge über alle Tugenden. Der Text ist insofern bezeichnend, als die Aussage des προνοεῖν in den Satz über das Verwalten des Alls einen bestimmten zusätzlichen Aspekt bringt, nämlich Gottes menschenfreundliches Wohltun. Seine Formulierung ist weniger dadurch zu verstehen, daß Areios von der Pronoia als Verwaltung des Alls überleitet zur Pronoia als Fürsorge Gottes. Der Text belegt vielmehr eine Überlappung der Bedeutungen. Beide Bedeutungen haben ein qualitatives Moment, das die Bedeutungen verbindet.[27] Wenn Pronoia in der Bedeutung von „Ordnung" verwendet wird, ist mit Pronoia die gute Ordnung oder der wohlgeordnete Kosmos bezeichnet. Man kann überlegen, inwieweit die Bedeutungen zusammenhängen, die sprachliche Struktur aber legt es nahe, von zwei verschiedenen Bedeutungen zu sprechen.

Die dritte Bedeutung von Pronoia, die Wendungen wie κατὰ τὴν τῶν ὅλων πρόνοιαν καὶ τὴν κοσμικὴν διάταξιν und προνοίᾳ διοικεῖσθαι πάντα zugrundeliegt, hat einen Bezug zur stoischen Philosophie. Es stellt sich die Frage, inwieweit diese Bedeutung stoische Überlegungen festhält. Die dritte Bedeutung von Pronoia soll daher im Zusammenhang mit dem stoischen Terminus Pronoia behandelt werden.

1. „Seine Pronoia durchdringt das All" (διὰ πάντων δὲ διήκειν τὴν πρόνοιαν αὐτοῦ)
 – die Frage nach der Einbindung des Begriffs Pronoia in die stoische Physik

Als Ausgangspunkt soll die folgende Formulierung Hippolyts dienen:

Χρύσιππος καὶ Ζήνων, οἳ ὑπέθεντο καὶ αὐτοὶ ἀρχὴν μὲν θεὸν τῶν πάντων, σῶμα ὄντα τὸ καθαρώτατον, διὰ πάντων δὲ διήκειν τὴν πρόνοιαν αὐτοῦ.[28]

Das Durchdringen wird von Körpern ausgesagt. Im Hintergrund steht die stoische Lehre von den Stufen der Mischung, genauer der Mischung fester Körper (μῖξις).[29] Pronoia, die nicht zu den wenigen von den Stoikern als unkörperlich bezeichneten Größen gezählt[30] und also körperlich gedacht wird, durchdringt das All, d.h. sie

---

[27] Dies erlaubt es z.B. Euseb von Caesarea, von einer Bedeutung des Wortes zur anderen überzugehen. Euseb spricht über die kosmische Ordnung und beschreibt die Pronoia, die Ordnung, wie die eines kosmischen Herrschers, der Fürsorge für das All übt wie für einen abhängigen Untertanen. PE 7,10,3,S.380.3f. Siehe unten S.269.

[28] SVF I 153 Hippolyt, philos. 21,1 (DDG S.571), vgl. Diogenes Laertios 7,138.

[29] Die Stufen παράθεσις, μῖξις, κρᾶσις und σύγχυσις werden in Stobaios, I 17,4, S.153.24ff (= SVF II 471) erläutert. Mit der stoischen Mischungslehre setzt sich Alexander von Aphrodisias, mixt. 1-12 auseinander. Vgl. außerdem die Zusammenstellung der Belege in SVF II 463-481.

[30] SVF II 166-171.

durchdringt als Körper einen Körper.[31] Die Problematik dieser Vorstellung zeigt sich bereits auf der Ebene der beiden universalen Prinzipien (ἀρχαί),[32] unter denen die Stoiker das aktive Prinzip (τὸ ποιοῦν), das sie auch Gott und schöpferisches Feuer nennen,[33] und das passive Prinzip (τὸ πάσχον) bzw. die qualitätslose Materie verstehen.[34] Man kann das aktive und passive Prinzip bzw. Gott und Materie als untrennbare Aspekte ein und desselben Prozesses des Werdens oder als untrennbar verbunden mit der vorkosmischen „ersten" Substanz oder Materie begreifen[35] und hiermit erklären, warum Gott im stoischen System ἀρχή und σῶμα – so auch die Formulierung Hippolyts – genannt wird. Man kann aber auch mit Alexander von Aphrodisias[36] die Bezogenheit der beiden universalen Prinzipien aufeinander auf den Satz zurückführen σῶμα διὰ σώματος χωρεῖ, auf den er in seiner kritischen Diskussion des stoischen Ansatzes als axiomatische Vorgabe des Systems immer wieder zurückkommt.[37]

Stellt man die Frage, wie Gott die Materie durchdringt, ist auf die Vorstellung von Gott als reinstem Körper hinzuweisen, die Hippolyt in dem oben genannten Zitat erwähnt. Der Gedanke, daß Gott als sehr feiner Stoff bzw. Äther das All durchdringe,[38] führt lediglich die Aussagen der Mischungslehre weiter. Eine weitergehende Erkärung wird erst durch die Begriffe πνεῦμα und ψυχή und die Einbeziehung der biologisch-medizinischen Metaphern möglich, die spätestens seit Chrysipp einen erheblichen Einfluß auf die Entwicklung der stoischen Physik hatten.[39] Alexander von Aphrodisias schreibt Chrysipp die Aussage zu, daß das

---

[31] Zu den Implikationen der beiden als Körper gedachten stoischen Prinzipien und den Erwägungen, daß es sich bei dieser Nachricht um ein Argument aus der anti-stoischen Polemik handeln könnte, siehe: G. REYDAMS-SHILLS, Demiurg and providence. Stoic and Platonist readings of Plato's Timaeus (Monothéismes et philosophie), Turnhout 1999, S.56-60.

[32] Die stoische Lehre von den beiden Prinzipien ist häufig belegt: Diogenes Laertios 7,134 (= SVF I 85; I 193), 7,139 (= SVF II 300), Alexander von Aphrodisias, mixt. 10,S.224.32ff (= SVF II 310), Sextus Empeirikos, adv.math. 9,11 (= SVF II 301), siehe außerdem die Zusammenstellung SVF II 299-328.

[33] Vgl. Athenagoras, leg. 19,2.11-13, er spricht von einem aktiven Prinzip (δραστήριον und καταρχόμενον) bei den Stoikern, das er mit dem Begriff Pronoia identifiziert.

[34] Zum platonischen Hintergrund und der Auseinandersetzung mit dem Peripatos siehe: G. REYDAMS-SCHILLS, Demiurge and providence, a.a.O.S.42-51.

[35] So M. LAPIDGE, ἀρχαί und στοιχεῖα, a.a.O.S.241, 243f, 247f; ders., Stoic cosmology, a.a.O.S.163f; siehe außerdem A.A. LONG, Soul and body in Stoicism, a.a.O.S.36f. Zur vorkosmischen Materie vgl. SVF I 87.

[36] Mixt. 10,S.224.32ff.

[37] Ebd. 12,S.227.4.

[38] Vgl. Alexander von Aphrodisias, an.mant. S.116.6 (= SVF II 785); Sextus Empeirikos, pyrrh. 2,70 (= SVF I 484), Diogenes Laertios 7,139, SVF II 642; II 527, S.186.26f. Vgl. Sap 7,24, zitiert bei Clemens von Alexandrien, strom. 5,14,89,4. Vorausgesetzt wird die Lehre von den vier Elementen, auf die später einzugehen ist. Vgl. z.B. Plutarch, stoic.repugn. 1052F-1053A.

[39] Die Bedeutung der biologisch-medizinischen Metaphern ist oft betont worden. Siehe z.B. S. SAMBURSKY, Das physikalische Weltbild der Antike, Zürich/ Stuttgart 1965, S.182-226; M.

Pneuma das All durchdringe[40] und zusammenhalte, seine Teile in Beziehung setze und vereine und somit für die Kohärenz und Sympathie des Alls stehe.[41] Chrysipp[42] beschreibt hier das kosmische Pneuma in Analogie zur menschlichen Seele,[43] er versteht das All als einen lebendigen Organismus und vergleicht das aktive Prinzip mit Wärme und Atem, die den Körper lebendig halten, und mit der Seele, die den ganzen Körper durchatmet und durchdringt.[44] Der Gedanke, daß Gott den Kosmos bzw. die Materie durchdringe, setzt also sowohl die stoische Mischungslehre und als auch die Analogie zwischen Seele-Körper und Pneuma-Kosmos voraus.[45] Alexander von Aphrodisias stellt daher die stoische Analogiebildung von Seele-Körper, Pneuma-Kosmos und Gott-Hyle in der Terminologie der Mischungslehre dar.[46]

Der hier kurz skizzierte Zusammenhang zeigt, daß der Begriff Pneuma einen festen Ort in der Vorstellung von der göttlichen Durchdringung des Alls hat. Der ungewöhnlichere Sprachgebrauch ist die Formulierung Hippolyts διὰ πάντων δὲ διήκειν τὴν πρόνοιαν αὐτοῦ. Sie tritt zurück hinter der Aussage vom Pneuma, das das All durchdringt. Hinzu kommt die Schwierigkeit, daß an keiner Stelle deutlich wird, daß der Begriff Pronoia sich mit den biologischen Metaphern verbindet. Die Pronoia atmet nicht und macht nicht lebendig. Wie ist der Befund zu erklären?

---

[40] LAPIDGE, Stoic cosmology, a.a.O.S.168ff.; ders, ἀρχαί und στοιχεῖα, a.a.O.S.274f.
Diese Aussage ist häufig belegt, z.B. Sextus Empeirikos, pyrrh. 3,218 (= SVF II 1037); adv.math. 9,130 (= SVF III 370), Aetios, plac. I 7,33 (DDG 306.5 =SVF II 1027); Galen, SVF II 416.

[41] Mixt. 3,S.216.14-17: ἡνῶσθαι μὲν ὑποτίθεται τὴν σύμπασαν οὐσίαν, πνεύματός τινος διὰ πάσης αὐτῆς διήκοντος, ὑφ᾽ οὗ σX 1989 272-302Gάταί τε καὶ συμμένει καὶ σύμπαθές ἐστιν αὐτῷ τὸ πᾶν ... Der gleiche Wortlaut findet sich in 10,S.223.7-9; vgl. 11,S.224.31f.

[42] Man geht davon aus, daß das hier entwickelte Konzept des Pneuma auf Chrysipp zurückgeht. Dies betont M. LAPIDGE, ἀρχαί und στοιχεῖα, a.a.O.S.274f; ders., Stoic Cosmology, a.a.O. S.166ff. Vgl. vor allem P. STEINMETZ, Die Stoa bis zum Beginn der römischen Kaiserzeit im allgemeinen, in: Ueberweg. Grundriß der Geschichte der Philosophie, Die Geschichte der Philosophie der Antike 4, Die hellenistische Philosophie Bd.2, hrsg.v. H. Flashar, Basel 1994, S.495-716; siehe weiter: G. VERBEKE, L'évolution de la doctrine du pneuma du Stoïcisme à Saint Augustin, étude philosophique (Bibliothèque de l'Institut Supérieur de Philosophie, Université d'Louvain), Paris/ Louvain 1945 .

[43] Vgl. später Plotin 3,8,2. Zur Differenzierung zwischen den Begriffen Pneuma und Psyche in der Stoa siehe A.A. LONG, Soul and body in Stoicism, a.a.O.

[44] Vgl. den Anfang aus dem einzigen ausführlich (durch Galen) überlieferten Text Chrysipps aus dem ersten Buch über die Seele: Ἡ ψυχὴ πνεῦμά ἐστι σύμφυτον ἡμῖν, συνεχές, παντὶ τῷ σώματι διῆκον, ἔστ᾽ ἂν ἡ τῆς ζωῆς εὔπνοια παρῇ ἐν τῷ σώματι· ταύτης οὖν τῶν μερῶν ἑκάστῳ διατεταγμένων μορίῳ τὸ διῆκον αὐτῆς εἰς τὴν τραχεῖαν ἀρτηρίαν φωνὴν φαμεν εἶναι, τὸ δὲ εἰς ὀφθαλμοὺς ὄψιν, ... SVF II 911,S.258.31-34.

[45] So z.B. Alexander von Aphrodisias, mixt. 4,S.217.32-35: τοῦ δὲ τοῦθ᾽ οὕτως ἔχειν ὡς ἐναργέσι χρῶνται μαρτυρίοις τῷ τε τὴν ψυχὴν ἰδίαν ὑπόστασιν ἔχουσαν, ὥσπερ καὶ τὸ δεχόμενον αὐτὴν σῶμα, δι᾽ ὅλου τοῦ σώματος διήκειν ἐν τῇ μίξει τῇ πρὸς αὐτὸ σώζουσαν τὴν οἰκείαν οὐσίαν ...

[46] Mixt. 11,S.226.11-12: εἰ γὰρ οὕτως ὁ θεὸς μέμικται τῇ ὕλῃ κατ᾽ αὐτούς, ὡς ἐν τοῖς ζῴοις ἡ ψυχὴ τῷ σώματι, καὶ ἡ δύναμις τῆς ὕλης ἐστι ὁ θεός.

Möglicherweise wurde die Aussage, daß die Pronoia das All durchdringt, verdrängt durch die Aussage, daß das Pneuma das All durchdringt, und war in der Zeit, in der Chrysipps Konzept vom Pneuma in der stoischen Physik beherrschend wurde, möglich, aber nicht geläufig. Das hieße, daß man die Aussage von der das All durchdringenden Pronoia für alt hält und in Hippolyts Erwähnung von Zenon mehr sieht als die Nennung eines bekannten Stoikers. Belegen läßt sich nicht mehr als die Nachrichten, daß man neben dem Pneuma auch von dem Durchdringen der Pronoia sprach, ohne daß sich aber ein spezifischer Beitrag angeben läßt, den der Begriff Pronoia in die Vorstellung von der göttlichen Durchdringung des Alls einbringt.[47] Die Aussage Hippolyts läßt sich nur im Zusammenhang mit der stoischen Mischungslehre und den Aussagen, die eine Verbindung zum Begriff der Seele ziehen, interpretieren.

Sextus Empeirikos macht auf eine doppelte Verwendung des Wortes ψυχή bei den Stoikern aufmerksam, die mit dem Wort sowohl die Funktion, das Ganze zusammenzuhalten, als auch das ἡγεμονικόν bezeichnen.[48] Der Text bildet aber eine Brücke zu der Aussage von Diogenes Laertios,[49] der die Begriffe Pronoia und Nus, die für die Stoa bezeichnende Vorstellung vom Durchdringen und den Vergleich zur Seele, in Beziehung setzt. Er schreibt:

> „Dass das Weltall also durch den Nus und die Pronoia verwaltet werden, wie Chrysipp in seinen (Schriften) über die Pronoia sagt und Poseidonius in seinem 13. (Buch) über die Götter, da der Nus in jeden Teil von ihm (= des Weltalls) hindurchdringt, wie bei uns die Seele ..."[50]

---

[47] Zur Diskussion eben dieser Wendung siehe Alexander von Aphrodisias, prov. (arab. 27,9-22= Ruland 28,9-24): „Am absurdesten von allen Reden ist die Rede, daß Gott – groß ist er und erhaben – alle Dinge durchdringt und durchlöchert, insofern er ihr Schöpfer ist, und daß seine Fürsorge auf sie in dieser Weise gerichtet ist. Abgesehen davon, daß diese Rede eine Wahnvorstellung ist und daß sie ihn zu einem Teil von dem gemeinen und niedrigen Dingen machen, und daß der Körper in den Körper eindringt. Und sie widersprechen damit in ihrer Rede überhaupt den offenkundigen Dingen. Und zwar wenden weder die Könige für diejenigen, die unter ihrer Macht sind, noch die Lehrer für die Lernenden, noch die Hirten für das, was sie hüten, noch insgesamt jemand von den Gattungen, die für ein Ding sorgen, ihre Sorge für das Umsorgte insofern auf, daß sie mit ihm in der Realität verbunden sind und daß ihre Hilfe auf diese Weise erfolgt. Denn es ist unbedingt notwendig, daß der Sorgende von dem Umsorgten getrennt ist. Denn der Sorgende bedarf nicht eines anderen. Was den Umsorgten anlangt, so bedarf er unbedingt der Hilfe des Sorgenden." (Übersetzung G. Strohmaier). Zu dem Text unten S.231-238.

[48] Adv.math. 7,234. Auf den Text weist A.A. LONG, Soul and body in Stoicism , a.a.O.S.40 hin. Vgl. weiter adv.math. 9,130.

[49] Zu der Darstellung der Stoa im siebten Buch siehe: D.E. HAHM, Diogenes Laertius VII: On the Stoics, in: ANRW II 36,6 (1992), S.4079-4182; hinzuweisen ist weiter auf: J. MEJER, Diogenes Laertius and his Hellenistic background (Hermes E. 40), Wiesbaden 1978.

[50] 7,138 (= SVF II 634,S.192.1-4): τὸν δὴ κόσμον οἰκεῖσθαι κατὰ νοῦν καὶ πρόνοιαν, καθά φησι Χρύσιππος ἐν τοῖς περὶ προνοίας καὶ Ποσειδώνιος ἐν τῇ ιγ´ περὶ θεῶν, εἰς ἅπαν αὐτοῦ μέρος διήκοντος τοῦ νοῦ, καθάπερ ἐφ᾽ ἡμῶν τῆς ψυχῆς.

Wie kommen Pronoia und Nus in den Zusammenhang dieser Aussage? Nach Diogenes bewirkt die Seele, welche die verschiedenen Teile des Körpers durchdringe,
übertragen in die kosmische Dimension, den Zusammenhang des Alls und die
Sympathie der Teile.[51] Diogenes fährt fort, indem er über die verschiedenen
Weisen spricht, in denen die Seele Knochen und Sehnen auf der einen Seite und
das Hegemonikon auf der anderen Seite durchdringt, nämlich als ἕξις und νοῦς.[52]
Die Unterscheidung dieser beiden Funktionen der Seele, die auch Sextus Empeirikos in ähnlicher Weise vornimmt, ist Teil eines Arguments, das am Beispiel von
Seele und Körper dargestellt wurde,[53] sich in erster Linie aber auf die Durchdringung des Kosmos bezog. Das Pneuma durchdringt, so das Argument, den Kosmos bzw. die Welt unterschiedlich, d.h. es ist in den verschiedenen Teilen der Welt
in unterschiedlicher Weise gegenwärtig. Die vier Stufen ἕξις, φύσις, ψυχή und
λογικὴ ψυχή, der innere Zusammenhalt (ἕξις) von Steinen und Holz, die organi-
sche Struktur (φύσις) von Pflanzen, die Seele der Tiere und die vernünftige Seele
der Menschen gehen auf unterschiedliche Grade der Durchdringung zurück[54] und
sind, wie A.A. Long schreibt, zu verstehen „as different manifestation of God's
interaction with matter".[55] In Ansätzen werden die physikalischen Erklärungen
deutlich, die sich auf das Pneuma beziehen, das die Welt stufenweise durchdringt.
Philon führt die ἕξις auf bestimmte Bewegungen des Pneuma zurück.[56] Möglicherweise spielen die vom Pneuma erzeugte Spannung und die unterschiedlichen Grade von Dichte in der Durchdringung mit Pneuma in diesem Zusammenhang
ebenso eine Rolle. Die Erklärungen bleiben deshalb vage, weil sie als Beschreibungskategorien in einem weiteren als dem im engen Sinne physikalischen Bereich
verwendet wurden. Wie ist es nun zu verstehen, daß Pronoia und Nus das All und
seine Teile durchdringen? Das Durchdringen von Pronoia bewirkt nicht den
inneren Zusammenhalt eines Steines und läßt sich nicht mit den physikalischen
Begriffen von Dichte und Bewegung verbinden. Es wurde bereits auf die Schwierigkeit hingewiesen, daß der Begriff Pronoia nicht an biologische Vorstellungen
anknüpft. Eine zweite Schwierigkeit besteht darin, daß er sich auch nicht durch
physikalische Metaphern darstellen läßt.

Die Vorstellung, daß das Pneuma Lebloses und Lebendiges, vernunftlose Tiere und vernünftige Menschen durchdringe, und insbesondere die Lehre von vier

---

[51] Siehe die von v.Arnim zusammengestellten Belege SVF II 439-462.
[52] 7,139.
[53] So auch Philon, all. 2,22 (= SVF II 458).
[54] Sextus Empeirikos, adv.math. 9,78ff; 9,130 (= SVF III 370); Philon, imm. 35 (= SVF II 458);
all. 2,22f; außerdem SVF II 368, 477, 716.
[55] A.A. LONG, Soul and body in Stoicism, a.a.O.S.53.
[56] Philon, imm. 35 (= SVF II 458).

prägnanten Stufen ἕξις, φύσις, ψυχή und λογική ψυχή wurden von verschiedenen Autoren aufgenommen. Bestimmt man von hier den Ort, den der Begriff Pronoia im stoischen Zusammenhang einnimmt, hieße dies, daß Pronoia nur einen, nämlich den nushaften Aspekt der kosmischen Seele bezeichnet. Dies würde erklären, warum die genannten physikalischen Vorstellungen die Bedeutung von Pronoia nicht erklären, aber auch bedeuten, daß Pronoia den Kosmos nur teilweise durchdringt, also beispielsweise für den Stein nicht zuständig wäre. Dies aber wäre nicht mit der Aussage Hippolyts zu vereinbaren, daß die göttliche Pronoia das All durchdringe. Nach Sextus Empeirikos[57] ist die vierte Stufe aber nicht nur ein weiterer Ausschnitt des Kosmos. Sextus fragt nach den geeinten Körpern und vor allem nach dem, was diese zusammenhält. Er zählt auf, daß Steine durch ἕξις, Pflanzen durch φύσις und die Tiere durch ihre Seele zusammengehalten werden, um festzustellen, daß die Einheit des Kosmos eine Instanz brauche, die über ἕξις, φύσις und ψυχή hinausgeht, nämlich die beste und vernünftige Natur.[58] Das Durchdringen, das in den stoischen Texten von der Instanz ausgesagt wird, die die Einheit des Durchdrungenen konstituiert, bedeutet auf der vierten Stufe die rationale Einheit des Kosmos. Die Aussage von der Pronoia, die das All durchdringt, könnte hier ihren Bezugspunkt finden.

2. Pronoia und Diakosmesis – Die Erklärung einer stoischen Wendung

Ein zweiter Ansatzpunkt, um die stoische Verwendung des Terminus πρόνοια zu beschreiben, ist der Bericht Plutarchs, daß Chrysipp sich im ersten Buch über die Pronoia zum Weltbrand (ἐκπύρωσις) geäußert habe.[59] Es ist daher der Frage nachzugehen, die sich bereits von der Wortverbindung πρόνοια διακοσμεῖ nahelegt, ob der Begriff Pronoia einen festen Ort in dem konzeptionellen Zusammenhang von Weltbrand, d.h. der Auflösung des Kosmos in das Feuer und seiner (Wieder-)

---

[57] Adv.math. 9,81-85.
[58] Vgl. Diogenes Laertios 7,142f (= SVF II 633), vgl. Sextus Empeirikos, adv.math. 9,88-91 (= SVF I 529); 9,104 (= SVF I 111), Cicero, nat.deor. 2,29f.
[59] SVF II 604f. Einen Überblick über das Thema Ekpyrosis geben F. BLOOS, Probleme der stoischen Physik (Hamburger Studien zur Philosophie 4), Hamburg 1973, S.121-130 und D.E. HAHM, The origins of Stoic cosmology, Ohio 1977, S.185-199. Beide heben unterschiedliche Aspekte in dem stoischen Konzept hervor. Während Hahm dessen Voraussetzungen klärt, den aristotelischen Einfluß betont und zu dem Ergebnis kommt: „In the Stoic doctrine of conflagration and regeneration three lines of thought converge: the concept of the Great Year with its periodic cataclysms and (among the Pythagoreans at least) eternal repetition, the Aristotelian explanation of the eternity of a cyclical cosmic order, and the Aristotelian theory of the eternity of biological species." (S.195), zeigt Bloos die systemimmanenten Schwierigkeiten auf, die Theorie von Ekpyrosis und Palingenesis in die stoische Physik zu integrieren.

Herstellung (διακόσμησις), hat. Vorauszuschicken ist, daß es sich im Weltbrand oder – vielleicht besser – in dem feurigen Zustand des Kosmos um eine Veränderung der kosmischen Materie, wie Chrysipp betont,[60] nicht aber um die Vernichtung des Kosmos handele,[61] wie möglicherweise der Hinweis auf das Feuer assoziieren läßt,[62] wie aber auch stoische Bilder nahelegen.

Cicero überliefert folgende Erklärung des Weltbrandes: die Sterne ernähren sich aus den Verdunstungen der Erde, die von der Sonne erwärmt wird. Wenn aber alle Feuchtigkeit aufgebraucht sei, fange die Erde Feuer und ein neuer Zyklus werde durch den Weltbrand eingeleitet.[63] Insofern zu dem Bild gehört, daß die Sonne die Sterne feurig aufsauge[64] bzw. daß Zeus den Rest der Götter absorbiere, schloß sich an das Thema Weltbrand die Diskussion über eine Reihe von Widerprüchen an, die mit dem metaphorischen Material verbunden waren.[65] Die Vorstellung von vergänglichen Göttern auf der einen Seite[66] und dem destruktiven Charakter des Zeus auf der anderen[67] und schließlich die Verbindung von Destruktion und Pronoia wurden kritisiert.[68] Dem ist entgegenzuhalten, daß es in der

---

[60] Areios Didymos, nach Euseb von Caesarea, PE 15,18,2.

[61] Vgl. SVF II 585, 589. In diese Diskussion gehört die folgende Aussage Plutarchs, com.not. 1083Bf: αὐξήσεις δὲ καὶ φθίσεις οὐ κατὰ δίκην ὑπὸ συνηθείας ἐκνενικῆσθαι τὰς μεταβολὰς ταύτας λέγεσθαι, γενέσεις [δὲ] καὶ φθορὰς μᾶλλον αὐτὰς ὀνομάζεσθαι προσῆκον ὅτι τοῦ καθεστῶτος εἰς ἕτερον ἐκβιβάζουσι τὸ δ᾽ αὔξεσθαι καὶ τὸ μειοῦσθαι πάθη σώματός ἐστιν ὑποκειμένου καὶ διαμένοντος.

[62] Hinzuweisen ist darauf, daß die Stoiker das Wort πῦρ in zwei Bedeutungen benutzten, einerseits zur Bezeichnung eines der vier Elemente, das durchaus zerstörend wirkt, andererseits aber vom πῦρ τεχνικόν sprachen. Die Verbindung zwischen den Konzepten von πῦρ τεχνικόν und ἐκπύρωσις stellt J. MANSFELD her in: Providence and the destruction of the universe in early Stoic thought, a.a.O.S.151-157.

[63] Nat.deor. 2,118 (SVF II 593), ebenso Minucius Felix 34,2 (SVF II 595). Vergleichbar ist die bei Philon zu lesende Variante des Themas, daß die Fruchtbarkeit der Erde sich verbraucht habe. Sie erklärt allerdings nicht, weshalb es zum Brand kommt und fügt deshalb an, daß die Erde keine Keime mehr hervorbringe, weil sie vom Feuer gehindert werde; prov. 1,15 (SVF II 592). Zu den inneren Widersprüchen in der Beschreibung der Phänomene, die als Ursache für den Beginn der Ekpyrosis angegeben werden, siehe, M. LAPIDGE, Stoic cosmology, a.a.O.S.180f.

[64] Plutarch, com.not. 1075 D (= SVF I 510).

[65] Plutarch, stoic.repugn. 1052B-D (= SVF II 604, 1068).

[66] Plutarch, com.not. 1075A-B, Philon, SVF II 613, 620.

[67] Plutarch, com.not. 1075B.

[68] Plutarch, stoic.repugn. 1051D, besonders com.not. 1075F. In diese Diskussion reiht sich neuerdings J. MANSFELD ein, dessen Ansatzpunkt aus der Formulierung des Titels seiner Untersuchung „Providence and the destruction of the universe" deutlich zu entnehmen ist, vgl. a.a.O.S.133. Mit dem Ergebnis, das er nach den detaillierten Ausführungen, in denen sich Mansfeld insbesondere mit der philosophiegeschichtlichen Einordnung einzelner stoischer Aussagen beschäftigt, formuliert: „that the Early Stoics needed Providence not only to accomodate evil in the actual world, but also because it helped them to both understand and argue that the so-called destruction by total conflagration of this world is not an evil contrary to god's nature, but a boon and a blessing." (S.180), bleibt er trotz der anderslautenden Einschätzung der Ekpyrosis (S.177, vgl. S.160) der Fragestellung und dem Verständnis von Ekpyrosis als Vernichtung verhaftet.

58   § 3. πρόνοια im Rahmen der stoischen Terminologie

Theorie vom Weltbrand nicht um Vernichtung gehen konnte, da diese nicht mit
der für die Stoa grundlegenden Annahme von einer begrenzten Masse ewiger
Materie vereinbar ist,[69] sondern nur um die Veränderung und um die veränderlichen Formen der Gestaltung dieser zugrundeliegenden Materie.[70] Vor allem
spricht gegen die Interpretation des Weltbrandes als Vernichtung der Welt folgende, davon abweichende Darstellung.

Dion von Prusa[71] erzählt den Mythos von den vier Pferden,[72] die den Son-
nenwagen ziehen,[73] um zu zeigen, wie es zur Ekpyrosis kommt. Er setzt ein mit
der auffälligen Wagenlenkung, die darin besteht, daß die Pferde im Lauf ihre Gestalt verändern, bis sie von dem stärksten Pferd überwunden werden und in einem
einzigen Wesen – Dion spricht von φύσις – aufgehen. Dion stellt das verfremdete
Bild von dem Lauf der vier Pferde für einen Moment zurück, um durch einen weiteren Vergleich die Verwandlung der Pferde in seine Ausführungen einzubinden.
Er spricht von einem Gaukler, der vier Pferde aus Wachs vor sich hat, jeweils hier
und da etwas wegnimmt oder abschabt, bis er das ganze Wachs verbraucht und zu
einer einzigen Pferdegestalt verarbeitet hat.[74] Aber auch dieser Vergleich, so räumt
Dion ein, paßt nur bedingt, da im Bild der Pferde gerade kein Handwerker von
außen einen Stoff gestaltet, sondern sie selbst in der Arena stehen. Er verläßt er-

---

[69] Vgl. Stobaios, I 11,5a S.132.27ff (= SVF I 87).
[70] Diese Aussage wirkte sich auf die stoische Verwendung des Wortes Kosmos aus. In der Antike
wußte man, daß die Stoiker zwei Bedeutungen von „Kosmos" unterschieden. Areios Didymos
unterscheidet in seinem Bericht (nach Euseb von Caesarea, PE 15,15,1-3 =SVF II 528) τὸ γὰρ
ἐκ πάσης τῆς οὐσίας ποιόν und τὸ κατὰ τὴν διακόσμησιν τὴν τοιαύτην καὶ διάταξιν ἔχον. Mit
„Kosmos" wird nach Areios einmal die Qualität der gesamten Substanz bezeichnet, worunter er
die Prädikationen „ewig", „begrenzt", „lebendig" und „Gott" versteht, andererseits das
Ergebnis der Diakosmesis, also die veränderliche Ordnung und Struktur der Welt. Etwas anders
formuliert findet sich die gleiche Vorstellung (Euseb von Caesarea, PE 15,19,3 = SVF II
599,S.184.39-185.3, zitiert unten Anm.91) Areios Didymos zugeschrieben. Auf beide
Bedeutungen, welche die Stoiker mit dem Terminus Kosmos verbanden, wird im folgenden mit
der Unterscheidung von „Kosmos" und „Welt" hingewiesen.
[71] Mit der 36. Rede und den in dieser Rede verarbeiteten Quellen beschäftigt sich: G. MODE-
MANN, Quos auctores Dio Chrysostomus secutus sit in oratione tricesima sexta, Diss. Bonn
1957, die Rede findet im allgemeinen aber nur ein geringes Interesse. Den in diesem
Zusammenhang wichtigen Textabschnitt or. 36.43ff bespricht M. POHLENZ, Plutarchs Schriften
gegen die Stoiker, a.a.O.S.27f.
Zur Einordnung Dions sei auf folgende Arbeiten hingewiesen: J. VON ARNIM, Leben und Werk
des Dio von Prusa, Berlin 1898; L. FRANÇOIS, Essai sur Dion Chrysostome, Paris 1921; P.
DESIDERI, Dione di Prusa. Un Intellettuale Greco nell'Impero Romano, Firenze 1978; G.R.
STANTON, Sophists and philosophers. Some problems of identification, AJPh 94 (1973), S.350-
364. Ein Forschungsüberblick liegt neuerdings mit B.F. HARRIS, Dio of Prusa. A survey of
recent work, in: ANRW II 33,5, Berlin 1991, S.3854-3881 vor.
[72] Vgl. Platon, Phaidr. 246Aff, besonders 246E.
[73] Or. 36,43-53. Hierzu siehe M. POHLENZ, Plutarchs Schriften gegen die Stoiker, a.a.O.S.44ff.
[74] Or. 36,51. Das Bild vom Wachs verwendet ebenso Plutarch, com.not. 1075C. Dieses notiert M.
POHLENZ, Plutarchs Schriften gegen die Stoiker, a.a.O.S.27f.

neut das Bild und läßt jetzt, obwohl er ein Gespann von Pferden eingeführt hat, das erste, schnellste und stärkste Pferd, das er zuvor nach Zeus benannt hat, siegen.[75] Der Sieg über die anderen sei für dieses schnelle und feurige Pferd ein leichtes und eine Sache kurzer Zeit, auch wenn sie unendlich scheinen möge. Das Pferd, hierin wertet Dion den Vorgang, wirkt voller Siegesfreude prächtiger und stärker als vorher. Dion kommt auf die zur Ekpyrosis gehörende Sprache zurück, wenn er schreibt, daß das Pferd den größtmöglichen Raum einnehme und nach immer mehr Raum strebe.[76]

Der Text führt durch unterschiedliche sprachliche Ebenen, er springt zwischen den Metaphern und gibt eine Reihe von Interpretationshinweisen. Folgende Aspekte sind hervorzuheben. Das Pferd im Bild Dions wächst und wird größer. Das Pferd schluckt oder vereinnahmt die anderen und es dehnt sich aus. Es handelt sich also um einen Zuwachs an Masse und Raum, in anderen Worten um Absorption und Expansion. In den stoischen Fragmenten finden sich Ausdrücke wie αὔξεσθαι, τρέφεσθαι und die Komposita von ἀναλίσκειν,[77] also metaphorische Ausdrücke, die auf die Zunahme bzw. Abnahme von Masse schließen lassen. Die Vorstellung, welche die Stoiker mit diesen Ausdrücken intendieren, hängt wesentlich an dem Subjekt des Wachsens. Im Unterschied zu Dions Pferden, die tatsächlich an Gewicht zunehmen können, wird das Subjekt der Ekpyrosis als autark verstanden, wie beispielsweise der Kosmos als ganzer, Zeus oder die Welt-Seele.[78] Was heißt in diesem Zusammenhang „wachsen"? Auch Ausdrücke wie „etwas sich angleichen" oder „etwas in sich verwandeln"[79] assoziieren ein Verhältnis von Innen und Außen. Die Ekpyrosis ist aber nach den Ausführungen Dions ein innerer Prozeß, nicht eine Einwirkung von außen, aber auch nicht ein Einwirken auf ein Äußeres. Chrysipp spricht daher von dem αὔξεσθαι des Kosmos ἐξ αὐτοῦ und modifiziert und präzisiert die Vorstellung, indem er sie als wechselseitigen Austausch der verschiedenen Teile erklärt[80] und an anderer Stelle durch das physikalische Bild des Ausdehnens darstellt, das zur Ekpyrosis gehört. In dem feurigen

---

[75] Or. 36,52. Vgl. Platon, Phaidr. 246E: ὁ μὲν δὴ μέγας ἡγεμὼν ἐν οὐρανῷ Ζεύς, ἐλαύνων πτηνὸν ἅρμα, πρῶτος πορεύεται, διακοσμῶν πάντα ἐπιμελούμενος.

[76] Or. 36,53.

[77] Plutarch, stoic.repugn. 1052Bf.

[78] Vgl. Plutarch, stoic.repugn. 1052Cf (= SVF II 604).

[79] Vgl. den Satz Plutarchs über Kleanthes com.not. 1075D (= SVF I 510): ἔτι τοίνυν ἐπαγωνιζόμενος ὁ Κλεάνθης τῇ ἐκπυρώσει λέγει τὴν σελήνην καὶ τὰ λοιπὰ ἄστρα τὸν ἥλιον ἐξομοιῶσαι πάντα ἑαυτῷ καὶ μεταβαλεῖν εἰς ἑαυτόν.

[80] Plutarch, stoic.repugn. 1052D: αὐτάρκης δ᾽ εἶναι λέγεται μόνος ὁ κόσμος διὰ τὸ μόνος ἐν αὑτῷ πάντ᾽ ἔχειν ὧν δεῖται, καὶ τρέφεται ἐξ αὑτοῦ καὶ αὔξεται, τῶν ἄλλων μορίων εἰς ἄλληλα καταλαττομένων.

Zustand der Ekpyrosis nimmt die Masse des Kosmos den größtmöglichen Raum ein.[81]

Wichtig ist, daß dieser Zustand der feurigen Ausdehnung positiv gewertet wird. Dion beschreibt nicht das unheimliche Pferd, das seine Zeitgenossen frißt, sondern das siegreiche, starke und vor allem schöne Pferd. Auch wenn es sich in der Ekpyrosis um einen inneren kosmischen Prozeß handelt, läßt sich in den metaphorischen Ausführungen Dions ein Subjekt der Ekpyrosis bestimmen, nämlich das erste siegreiche Pferd, das er nach Zeus benennt. Dion spielt auf die Sonne als Hegemonikon an, spricht vom Nus, und man wird den Begriff der Seele hinzunehmen müssen. Wenn man bei Dion liest, daß dieses Subjekt den Kosmos in sich aufnehme, ist dies die Darstellungsform, in der die Stoiker die Einheit von Gott und Kosmos beschrieben. ἐκπύρωσις steht für die größtmögliche Einheit zwischen Feuer und Materie bzw. zwischen Gott und Kosmos. In dieser Einheit sieht Plutarch das theoretische Problem des stoischen Konzepts. Die wenigen in diesen Zusammenhang gehörenden Fragmente gehen daher auf die Überlieferung Plutarchs zurück.[82]

Zur Darstellung der Einheit von Feuer und Materie in der Ekpyrosis zieht Chrysipp wieder die biologisch-anthropologischen Metaphern heran. An dem prägnanten Satz „der Kosmos stirbt nicht"[83] macht er deutlich, daß die Ekpyrosis nicht als Vernichtung des Kosmos zu interpretieren sei, daß die kosmische Seele sich in der Ekpyrosis gerade nicht vom Kosmos trenne, sondern vielmehr dessen Materie vollständig in sich aufnehme.[84] Genau um diese Alternative zum menschlichen Sterben, die den Zustand der Ekpyrosis beschreibt, geht es. In der Ekpyrosis sei, so Chrysipp, der Kosmos seine eigene Seele und sein leitendes Organ. Diese ununterscheidbare Einheit von Kosmos und Seele, in welcher der Kosmos in all seinen Einzelheiten als beseelt erscheine, werde erst mit der Gestaltung der Welt wieder aufgehoben.[85] In diesem Zustand vor der Unterscheidung zwischen Leib und Seele, in das symbiotische Miteinander der beiden Grundprinzipien von Feuer und Materie, ordnet Chrysipp den Begriff Pronoia ein:

> „Chrysipp sagt nun, daß dem Menschen Zeus und der Kosmos, der Seele aber die Pronoia ähnlich seien. Wenn nun der Weltbrand eintritt, ziehe sich Zeus, der allein von den Göttern

---

[81] Chrysipp nach Plutarch, com.not. 1077Bf (= SVF II 618,744,112).

[82] M. POHLENZ, Plutarchs Schriften gegen die Stoiker, a.a.O.

[83] Plutarch, stoic.repugn. 1052C: οὐ ῥητέον ἀποθνήσκειν τὸν κόσμον.

[84] Plutarch, stoic.repugn. 1052C.

[85] Plutarch, stoic.repugn. 1053B (= SVF II 605, aus dem ersten Buch Chrysipps über die Pronoia): διόλου μὲν γὰρ ὢν ὁ κόσμος πυρώδης εὐθὺς καὶ ψυχή ἐστιν ἑαυτοῦ καὶ ἡγεμονικόν· ὅτε δέ, μεταβαλὼν εἴς τε τὸ ὑγρὸν καὶ τὴν ἐναπολειφθεῖσαν ψυχήν, τρόπον τινὰ εἰς σῶμα καὶ ψυχὴν μετέβαλεν ὥστε συνεστάναι ἐκ τούτων, ἄλλον τινὰ ἔσχε λόγον.

unsterblich sei, in die Pronoia zurück, so daß beide, nachdem sie zusammen gekommen sind, in einer Wesenheit des Äthers bestehen bleiben."[86]

Die Interpretation des Begriffs Pronoia in der Stoa stützt sich wesentlich auf dieses Fragment. Chrysipp vergleicht mit dem Menschen – bestehend aus Seele und Leib – Zeus und Kosmos und mit der Seele die Pronoia, um dann fortzufahren, daß in der Ekpyrosis Zeus sich in die Pronoia zurückziehe.[87] Chrysipp verläßt mit dem Terminus πρόνοια die anthropologische Vergleichsebene. Für Chrysipp ist nicht der Mensch Vergleichspunkt für die einheitsstiftende μία οὐσία von Zeus und Kosmos, sondern die Seele. Um hieraus nicht zu schließen, daß von Zeus und Kosmos in der Ekpyrosis nur Zeus übrigbleibe, führt Chrysipp eine weitere Größe ein und spricht von dem Rückzug in die Pronoia. Wie aber kommt es, um noch einmal das Bild zu benutzen, wieder zu der Unterscheidung zwischen Leib und Seele? Zwischen Ekpyrosis und Diakosmesis liegt ein Bruch, der auf mehreren Ebenen empfunden wurde. In der Ekpyrosis ist mit der Einheit von Feuer und Materie eine Homogenität erreicht, die keine Möglichkeit offenläßt, Veränderung mit physikalischen Kategorien zu erklären.[88] In der Ekpyrosis ist mit der Einheit von Gott und Kosmos der bestmögliche Zustand realisiert, hinter dem jeder weitere Zustand nur zurückstehen kann. Bei der Ekpyrosis existiert nichts Böses mehr, in diesem Zustand bleibt nur das Gute bestehen.[89] An diesen Gedanken schließt die Wendung vom Rückzug in die Pronoia an, sie nimmt den qualitativen Aspekt des Wortes Pronoia auf. Warum bleibt also der Zustand der Ekpyrosis nicht ewig bestehen?[90] Genau hier bedarf es für Dion von Prusa einer Erklärung. Nachdem er das erste und beste Pferd beschrieben hat, fährt er fort:

---

[86] Plutarch, com.not. 1077Df (= SVF II 1064: λέγει γοῦν Χρύσιππος ἐοικέναι τῷ μὲν ἀνθρώπῳ τὸν Δία καὶ τὸν κόσμον τῇ δὲ ψυχῇ τὴν πρόνοιαν· ὅταν οὖν ἡ ἐκπύρωσις γένηται, μόνον ἄφθαρτον ὄντα τὸν Δία τῶν θεῶν ἀναχωρεῖν ἐπὶ τὴν πρόνοιαν, εἶθ' ὁμοῦ γενομένους ἐπὶ μιᾶς τῆς τοῦ αἰθέρος οὐσίας διατελεῖν ἀμφοτέρους. MANSFELD (Providence and the destruction of the universe in early Stoic thought, a.a.O.S.175) geht kurz auf den Text ein, vgl. die Paraphrase: "Zeus retires into and unites with Providence, a Providence which, perhaps paradoxically, no longer cares for individual things and phenomena but only for itself", um über diesen Zwischenschritt dann die Aristoteles-Reminiszenzen an den unbewegten Beweger, der in seiner Inaktivität nur immer sich selbst denke, einzuführen. Diese Interpretation führt weiter A.A. LONG, The Stoics on world-conflagration and everlasting recurrence, a.a.O.S.23-25.

[87] Hinzuweisen ist aber auch auf den Vergleich mit dem platonischen Mythos des Politikos 272E-273E.

[88] Vgl. BLOOS, a.a.O.S.122f.

[89] Hierzu: G.B. KERFERD, The origin of evil in Stoic thought, in: Bulletin of the John Rylands Library 60 (1978), S.482-494.

[90] Die Beobachtung, daß für Zenon das Problem nicht darin bestand, die Vernichtung der Welt, sondern vielmehr das Werden der Welt zu erklären, geht auf MANSFELD (Providence and the destruction of the universe in early Stoic thought, a.a.O.S.159ff) zurück. LONG kritisiert hieran die Unterscheidung zwischen einem höheren und niederen Status als völlig unstoisch: „But it is not an idea which makes the conflagration absolutely or *per se* superior to the created world.

62   § 3. πρόνοια im Rahmen der stoischen Terminologie

„Als der Nus allein zurückgeblieben war und den unbeschreiblichen Raum mit sich
erfüllte, da er sich ja gleichmäßig überallhin ergossen hat, wenn in ihm nichts Dichtes
zurückgeblieben ist, sondern alles verdünnt ist (Ggs. von μανότης und πυκνότης),[91] in dem
Moment also, in dem er am schönsten war und die reinste Natur des unvermischten
Glanzes angenommen hatte, sehnte er sich sogleich nach dem Leben, das er am Anfang
hatte. Er hatte Lust, (wieder) jenen Wagen zu lenken, zu herrschen und in Eintracht zu
sein mit den drei Naturen, mit Sonne, Mond und Sternen, mit einfach allen Lebewesen
und Pflanzen. Es drängte ihn zu zeugen, alles einzuteilen und die gegenwärtige Welt von
Anfang an viel stärker und prächtiger, nämlich neuer zu schaffen."[92]

Es ist also im Nus selbst begründet, daß er nicht anders als in der Schöpfung und
Strukturierung der Welt zu begreifen ist. Der Nus selbst erscheint als die Instanz,
die den kosmischen Zustand der Ekpyrosis und die Gestaltung der Welt verbindet.
Ekpyrosis und Schöpfung werden als die sich abwechselnden Perioden eines
Zyklus dargestellt, sie stehen sich aber nicht nur als Zeitabschnitte gegenüber,
sondern auch als unvergänglicher ewiger Kosmos und veränderliche Formen der
Diakosmesis. Das heißt, daß die Diakosmesis, dies belegt der Bericht des Areios
Didymos bei Euseb, nicht ohne eine zugrundeliegende Substanz, welche alle Veränderungen aufnimmt, und eine schöpferische Natur zu denken ist.[93] In anderen
Worten, die Diakosmesis setzt die Ekpyrosis voraus, allerdings auf einer völlig
anderen Aussageebene als der Darstellung von zyklischen Perioden. Dieser in der
stoischen Physik häufig anzutreffende Wechsel der Aussageebene zieht eine
andere Metaphorik nach sich.

Auch wenn in der Ekpyrosis der bestmögliche Zustand, die Einheit von
Feuer und Materie beschrieben werden, enthält ihre Darstellung Interpretations-
hinweise auf die Kontinuität zwischen Ekpyrosis und Diakosmesis. Dem für die
Ekpyrosis zentralen Begriff des Feuers wird als aktivem Element eine schöpferi-

---

God is everlastingly present in every state of affairs". (The Stoics on world-conflagration and
everlasting recurrence, a.a.O.S.25). Bei Dion von Prusa hat allerdings gerade das Argument, daß
es sich in der Ekpyrosis um einen besser zu wertenden Status handelt, eine wichtige Funktion
im Gedankengang.
91 Vgl. Platon, leg. 812D.
92 36,55 (= SVF II 622): λειφθεὶς γὰρ δὴ μόνος ὁ νοῦς καὶ τόπον ἀμήχανον ἐμπλήσας αὐτοῦ ἅτ᾽ ἐπ᾽
ἴσης πανταχῇ κεχυμένος, οὐδενὸς ἐν αὐτῷ πυκνοῦ λειφθέντος, ἀλλὰ πάσης ἐπικρατούσης
μανότητος, ὅτε κάλλιστος γίγνεται, τὴν καθαρωτάτην λαβὼν αὐγῆς ἀκηράτου φύσιν, εὐθὺς ἐπόθησε
τὸν ἐξ ἀρχῆς βίον. ἔρωτα δὴ λαβὼν τῆς ἡνιοχήσεως ἐκείνης καὶ ἀρχῆς καὶ ὁμονοίας τῆς τε τῶν
τριῶν φύσεων καὶ ἡλίου καὶ σελήνης καὶ τῶν ἄλλων ἄστρων, ἁπάντων τε ἁπλῶς ζῴων καὶ φυτῶν,
ὥρμησεν ἐπὶ τὸ γεννᾶν καὶ διανέμειν ἕκαστα καὶ δημιουργεῖν τὸν ὄντα νῦν κόσμον ἐξ ἀρχῆς πολὺ
κρείττω καὶ λαμπρότερον ἅτε νεώτερον.
93 Euseb von Caesarea, PE 15,19,3 (= SVF II 599,S.184.39-185.3): οὐσίαν τε γὰρ τοῖς γινομένοις
ὑφεστάναι δεῖ, πεφυκυῖαν ἀναδέχεσθαι τὰς μεταβολὰς πάσας, καὶ τὸ δημιουργῆσαι ἐξ αὐτῆς, οἵα
γὰρ ἐφ᾽ ἡμῶν τίς ἐστι φύσις δημιουργοῦσα, τοιούτου τινὸς κατ᾽ ἀνάγκην ὄντος καὶ ἐν τῷ κόσμῳ
ἀγενήτου.

sche Natur zugeschrieben, die Stoiker sprechen vom πῦρ τεχνικόν.[94] In diesen Zusammenhang gehört ebenso die Aussage, daß es sich im Feuer der Ekpyrosis um eine Art Samen handele,[95] wie auch die Interpretation der Ekpyrosis als Rückzug in die Pronoia. In den metaphorischen Hinweisen auf πῦρ τεχνικόν und σπέρμα geht es darum, zu formulieren, daß in der größtmöglichen Einheit von Feuer und Materie, von Aktivität und Passivität, ein schöpferisches Potential steckt, daß in dem Rückzug bereits der Neuanfang beginnt. An der Aussage, daß der unvergängliche Kosmos (mit den Prinzipien von Gott und Materie) und die gestaltete Welt zusammengehören, hängt die stoische Verwendung des Terminus πρόνοια. Diesen Zusammenhang hält Dion in dem Moment fest, in dem der schöne Nus zum schöpferischen Nus wird. Dion beschreibt diesen Übergang als Eros, als Streben und Drängen.[96] Der Nus kann nicht anders, es gehört zu seiner Natur, zu schaffen und zu gestalten. Dieser Aspekt seiner Natur läßt sich, auch wenn Dion den Terminus nicht verwendet, mit Pronoia beschreiben.[97] Versteht man den Rückzug in die Pronoia, die nicht ohne Diakosmesis zu denken ist, in Analogie zum „Nus, der allein zurückgeblieben ist" und sich danach sehnt, schöpferisch tätig zu werden, wird deutlich, daß an dem Begriff Pronoia genau dieser Übergang von Ekpyrosis zur Diakosmesis haftet, den Dion beschrieben hat. Die Stoiker brauchten Begriffe, die, um noch einmal die metaphorische Sprache zu benutzen, den Moment erklären, in dem die Ekpyrosis umschlägt in die Diakosmesis, bzw. den Zusammenhang zwischen ewigem Kosmos und gestalteter Welt darstellen.

---

[94] Vgl. Cicero, nat.deor. 2,57 (= SVF I 171).

[95] Vgl. Aristokles nach Euseb, PE 15,14,2 (= SVF I 98): ἔπειτα δὲ καὶ κατά τινας εἱμαρμένους χρόνους ἐκπυροῦσθαι τὸν σύμπαντα κόσμον, εἶτ᾽ αὖθις πάλιν διακοσμεῖσθαι· τὸ μέντοι πρῶτον πῦρ εἶναι καθαπερεί τι σπέρμα, τῶν ἁπάντων ἔχον τοὺς λόγους καὶ τὰς αἰτίας τῶν γεγονότων καὶ τῶν γιγνομένων καὶ τῶν ἐσομένων. Vgl. weiter Diogenes Laertios 7,136f (= SVF I 102), Lactanz, div.inst. 2,10, außerdem die kritische Diskussion der Vorstellung, daß sich in der Ekpyrosis der Kosmos bzw. die Welt in Samen verwandele, durch Plutarch, com.not. 1077A-C.

[96] Auch Epiktet berichtet von dieser Interpretation, der er sich aber nicht anschließt (diss. 3,13,4f): Bei der Ekpyrosis fühle sich Zeus, allein zurückgeblieben, einsam. Ihm fehle seine Familie, Hera, Athena und Apollon. Dieses Sehnen nach der alten Gemeinschaft wird bei Epiktet nicht weiter ausgeführt, ihm geht es in diss. 3,13 um die ἐρημία.

[97] Hier fügt sich sehr schön die Aussage Marc Aurels, Ad se ipsum 9,1,10 ein, er spricht von dem alten Drängen der Pronoia zur Diakosmesis: λέγω δὲ τὸ χρῆσθαι τούτοις ἐπίσης τὴν κοινὴν φύσιν ἀντὶ τοῦ [κατὰ τὸ] συμβαίνειν ἐπίσης κατὰ τὸ ἑξῆς τοῖς γινομένοις καὶ ἐπιγινομένοις ὁρμῇ τινι ἀρχαίᾳ τῆς προνοίας, καθ᾽ ἣν ἀπό τινος ἀρχῆς ὥρμησεν ἐπὶ τήνδε τὴν διακόσμησιν, συλλαβοῦσά τινας λόγους τῶν ἐσομένων καὶ δυνάμεις γονίμους ἀφορίσασα ὑποστάσεις τε καὶ μεταβολῶν καὶ διαδοχῶν τοιούτων. Der Zusammenhang erscheint auch in der doxographischen Notiz Philon, imm. 8 (SVF II 620), Philon spricht von προμήθεια.

3. Die Verwaltung der Stadt – eine Metapher für die kosmische Pronoia?

Der Begriff Pronoia kann seinen Ort nicht in dem Übergang von Ekpyrosis zu Diakosmesis haben, ohne insbesondere für den Neubeginn der Welt, für die Diakosmesis zu stehen. Dies läßt Cicero Cotta am Ende des dritten Buches von De natura deorum formulieren.[98] Nach den Stoikern sei die Materie biegsam und veränderlich. Ihre Gestalterin und Beherrscherin, so Cicero, sei die göttliche *providentia*. Wohin auch immer sie sich bewege, sie könne bewirken, was sie wolle. Es geht um die Gestaltung der veränderlichen Materie. Cicero beschreibt hier die Diakosmesis durch die Pronoia bzw. *providentia*. Daß diese sich bewegt, läßt an die Vorstellung vom Durchdringen denken. Keine Rolle spielen bei Cicero, obwohl er von der physikalischen Theorie (*physica ratio*) spricht, die Erklärungen der Diakosmesis als Verdichtung der in der Ekpyrosis ausgedehnten und somit verdünnten Materie, als Wandel des Feuers durch Luft ins Feuchte, aus dem dann die vier Elemente hervorgehen,[99] und als Prozeß, in dem die vier Sphären entstehen, in deren Zentrum die Festigkeit der Erde gleichsam als Stütze ihren Platz habe, die umgeben sei vom Wasser, aus dem einige Inseln herausragen und das selbst mit der Verdunstung die Sphäre der Luft entlasse, von der sich noch einmal mit den Sternen die Sphäre des Äthers abhebe.[100]

Der Begriff Pronoia ist nicht aus physikalischen Überlegungen hervorgegangen. Er wirkt in diesem Zusammenhang wie ein lose integrierter Fremdkörper, der aus einer anderen Szene kommt und einen anderen Hintergrund assoziieren läßt. Es fällt auf, daß die unterschiedlichen Texte zum Thema Ekpyrosis und Diakosmesis immer wieder den Begriff des Demiurgen aufnehmen.[101] Cicero spricht von der Bildhauerin (*fictrix*), Euseb in dem genannten Bericht von einer schöpferischen Natur (φύσις δημιουργοῦσα), Dion läßt den Gaukler auftreten, korrigiert das Bild und will die Vorstellung vermeiden, daß ein Demiurg von außen Stoff bear-

---

[98] Cicero, nat.deor. 3,92 (= SVF II 1107): *materiam enim rerum, ex qua et in qua omnia sint, totam esse flexibilem et commutabilem, ut nihil sit, quod non ex ea quamvis subito fingi convertique possit, eius autem universae fictricem et moderatricem divinam esse providentiam; hanc igitur, quocumque se moveat, efficere posse, quicquid velit.*
[99] Stobaios, I 17,3,S.152.19ff, Diogenes Laertios 7,136 (= SVF I 102); Stobaios, I 20,1, S.171.2-7 (= SVF I 512); Clemens von Alexandrien, strom. 5,104,4f (= SVF II 590).
[100] Stobaios, I 21,5,S.185.3ff (= SVF II 527). Stobaios nennt in diesem Zusammenhang zwei Bedeutungen von διακόσμησις: einerseits bezeichnet διακόσμησις hiernach die Unterscheidung der vier Naturen bzw. Elemente, andererseits die Anordnung und den Lauf der Sterne und bezieht sich damit auf den Bereich des Äthers, in dem die Sterne, die Stobaios göttlich, beseelt und von der Pronoia geordnet nennt, angesiedelt sind. Die zweite Bedeutung des Terminus verwendet Diodor von Sizilien in dem eingangs zitierten Text.
[101] Vgl. A.A. LONG, The Stoics on world-conflagration and everlasting recurrence, a.a.O.S.16, 22.

beite.[102] Aber auch in dieser Abgrenzung kommt er nicht ohne den Begriff des Demiurgen aus. Um einen innerkosmischen Gestaltungsprozeß darzustellen, wurde das Bild vom Demiurgen, vom künstlerischen Handwerker, verwendet. Das Ergebnis dieses Prozesses entsprach aber nur in wenigen Aspekten der vom Künstler hergestellten Figur und wurde eher als Struktur und Ordnung (διοίκησις/ διάταξις) verstanden.[103] Man verband mit dem Begriff Pronoia die Tätigkeit des Demiurgen, die Materie zu gestalten,[104] interpretierte diese aber als Ordnen und Verwalten und zog eine weitere Metapher heran, nämlich die der Verwaltung einer Stadt.[105]

Die Stoiker prägten den Begriff Diakosmesis in der Bedeutung des Werdens der gestalteten Welt aus der Ekpyrosis. Sie zogen die häufig verwendeten Worte διακόσμησις/ διακοσμεῖν heran, die, wie ebenso die Worte διοίκησις/ διοικεῖν, die Verwaltung einer Stadt bezeichneten.[106] Die Vorstellung von der Stadt wurde in den Begriff des Kosmos eingezeichnet.[107] Sie findet sich in den stoischen Definitionen von Kosmos. Drei Beispiele seien genannt.

-Areios Didymos führt nach der bereits genannten Unterscheidung zwischen der unvergänglichen Qualität des Kosmos und dem Kosmos in den veränderlichen Formen der Diakosmesis eine zweite Unterscheidung zwischen dem Kosmos als Gefüge (σύστημα) aus Himmel, Luft, Erde und Meer und auf der anderen Seite als Wohnort von Göttern und Menschen ein.[108] Diese zweite Unterscheidung bezieht

---

[102]Or. 36,52: ... μὴ καθάπερ ἀψύχων πλασμάτων ἔξωθεν τοῦ δημιουργοῦ πραγματευομένου καὶ μεθιστάντος τὴν ὕλην ...

[103]Areios Didymos nach Euseb von Caesarea, PE 15,15,1.5-7 (= SVF II 528).

[104]So explizit Strabon 17,1,36 (S.98.19-24): τὸ δὲ τῆς προνοίας, ὅτι βεβούληται, καὶ αὐτὴ ποικιλτριά τις οὖσα καὶ μυρίων ἔργων δημιουργός, ἐν τοῖς πρώτοις ζῷα γεννᾶν, ὡς πολὺ διαφέροντα τῶν ἄλλων, καὶ τούτων τὰ κράτιστα θεούς τε καὶ ἀνθρώπους, ὧν ἕνεκεν καὶ τὰ ἄλλα συνέστηκε. Vgl. die Formulierung Philon, SVF II 620: προμηθείᾳ τοῦ τεχνίτου.

[105]Dion von Prusa, or.36,20ff, Plutarch, com.not. 1076F, PsAristoteles, mund. 396b 4-11, vgl. 400b 27-31, Aristokles nach Euseb von Caesarea, PE 15,14,2 (= SVF I 98); Areios Didymos, ebd. 15,15.4f. (= SVF II 528). Zu Dion von Prusa und Areios Didymos in diesem Zusammenhang siehe M. SCHOFIELD, The Stoic idea of the city, Cambridge 1991, S.57-92.

[106]So z.B. Platon, Prot. 318E, 319D.

[107]Die historischen Voraussetzungen dieser Überzeichnung werden beispielsweise an der Geschichte des Begriffs ὁμόνοια deutlich. Homonoia bezeichnet ursprünglich die politische Stabilität der Polis nach innen. Der Begriff wurde mit Auflösung der politischen Struktur der Polis entpolitisiert und zunächst panhellenisch gefaßt, später auf die Menschheit im allgemeinen und auf den Frieden, den der Einzelne mit sich selbst schließt, bezogen. Homonoia wird zu einem allgemeinen ethischen Wert, der jetzt in der kosmischen Ordnung verankert wird. Nach THRAEDE (Sp.199f) ist die kosmologische Homonoia seit dem 3.Jh.v.Chr. belegt, als Belege nennt er aber Dion von Prusa, or. 36, PsAristoteles, De mundo und Aelius Aristides. Zur Geschichte des Begriffs Homonoia siehe: A.R.R. SHEPPARD, Homonoia in the Greek cities of the Roman empire, AncSoc 15-17 (1984-86), S.229-252; K. Thraede, Art. Homonoia (Eintracht), in: RAC 16 (1994), Sp.176-289, dort weitere Literatur.

[108]Nach Euseb von Caesarea, PE 15,15,3. So auch Cicero, nat.deor. 2,133; 2,154, Philon, prov. 2,8 (= SVF II 1149). Stobaios zitiert einen Textausschnitt, in dem Chrysipp etwas einfacher drei

Areios auf die Konzeption der Stadt, um dann von der Gemeinschaft von Göttern und Menschen als Stadt zu sprechen, in der die Götter herrschen und die Menschen als Untertanen leben.[109]

-Dion von Prusa weist auf das Gesetz hin, das in einer vorbildlichen Stadt die Einwohner leitet (ὑπὸ νόμου διοικούμενον).[110] Diesen Zusammenhang zwischen der Gemeinschaft und dem sie konstituierenden Gesetz findet Dion nicht in den Städten realisiert, in denen er nicht ausnahmslos gesetzestreue Bürger,[111] sondern lediglich gesetzestreue Verwalter erwartet, sondern in der einzigartigen Stadt oder Gemeinschaft der Götter, die ohne Ausnahme eifrig der einen Ordnung folgen und von ihrer Bahn nicht abweichen. Dion spielt auf den Lauf der Sterne an[112] und sieht, wie ebenso auch Plutarch,[113] in ihm das Gesetz, das den Kosmos wie eine Stadt durchwaltet.[114]

-Bei PsAristoteles, De mundo[115] begegnet wiederum ein Vergleich zwischen Stadt und Kosmos. Der Autor hebt die Unterschiedlichkeit ihrer Bewohner hervor und weist auf die Gegensätze zwischen sozial völlig unterschiedlichen Bevölkerungsgruppen[116] und die dennoch bestehende Eintracht in der Stadt (ὁμόνοια) hin. Es geht um den Zusammenklang des Gegensätzlichen, das nach De mundo in der Stadt wie in einem Chor vereinigt ist.[117] PsAristoteles kann dieses Bild auf den Kosmos anwenden, da er auch hier die Gegensätze vereint findet.[118] Trocken und

---

Definitionen aufzählt: 1. Kosmos als Zusammenstellung (σύστημα) aus Himmel und Erde und den Naturen darin, 2. als Vereinigung (σύστημα) von Göttern und Menschen und der ihretwegen geschaffenen Dinge und 3. als Gott, nach dem die Diakosmesis sich vollzieht. (Stobaios, I 21,5,S.184,8ff= SVF II 527). Vgl. PsAristoteles, mund. 391b9f. Zu dem Vergleich zwischen den Texten von PsAristoteles und Areios Didymos siehe ausführlicher R.P. Festugière, La révelation d'Hermes Trimégiste, Bd II., Le dieu cosmique, Paris 1949, S.490-499.

Diogenes Laertios schreibt folgende Definition καὶ ἔστι κόσμος ὁ ἰδίως ποιὸς τῆς τῶν ὅλων οὐσίας ἤ ... σύστημα ἐξ οὐρανοῦ καὶ γῆς καὶ τῶν ἐν τούτοις φύσεων ἢ σύστημα ἐκ θεῶν καὶ ἀνθρώπων καὶ τῶν ἕνεκα τούτων γεγονότων (7,138), die allen drei genannten Texten nahesteht, Poseidonios zu. Vgl. außerdem Aristoteles, cael. 1,10,280a 21.

[109]PE 15,15,4.

[110]Or. 36,20, vgl. PsAristoteles, mund. 400b 6-11 und 400b 28-31.

[111]Vgl. PsPlutarch, fat. 569D-F.

[112]Or. 36,22: οὐ πλανωμένων ἄλλως ἀνόητον πλάνην. Vgl. Stobaios, I 21,5,S.185.8ff (= SVF II 527, S.168.31ff).

[113]Com.not. 1076F: ἀλλὰ μὴν τὸ τὸν κόσμον εἶναι πόλιν καὶ πολίτας τοὺς ἀστέρας, εἰ δὲ τοῦτο, καὶ φυλέτας καὶ ἄρχοντας δηλονότι καὶ βουλευτὴν τὸν ἥλιον καὶ τὸν ἕσπερον πρύτανιν ἢ ἀστυνόμον ...

[114]Vgl. oben Anm. 104 und außerdem PsAristoteles, mund. 400a 21f (ἄστρα τε καὶ ἥλιος καὶ σελήνη, μόνα τε τὰ οὐράνια διὰ τοῦτο ἀεὶ τὴν αὐτὴν σώζοντα τάξιν διακεκόσμηται)

[115]PsAristoteles, mund. 396a 32-396b 34.

[116]Vgl. Aristoteles, pol. 1277a 5ff und 1261 10ff.

[117]PsAristoteles, mund. 399a 14-24. Vgl. auch Seneca, ep. 84,9f.

[118]Mund. 396b 23-29: Οὕτως οὖν καὶ τὴν τῶν ὅλων σύστασιν, οὐρανοῦ λέγω καὶ γῆς τοῦ τε σύμπαντος κόσμου, διὰ τῆς τῶν ἐναντιωτάτων κράσεως ἀρχῶν μία διεκόσμησεν ἁρμονία· ξηρὸν γὰρ ὑγρῷ, θερμὸν δὲ ψυχρῷ, βαρεῖ δὲ κοῦφον μιγέν, καὶ ὀρθὸν περιφερεῖ, γῆν τε πᾶσαν καὶ θάλασσαν αἰθέρα

feucht, warm und kalt, schwer und leicht und die entsprechenden Elemente – PsAristoteles spricht von ἀρχαί – sind im Kosmos geordnet. Die eine Harmonie (μία ἁρμονία) hat den Kosmos durch die Mischung von Gegensätzen geordnet (διεκόσμησε).[119] Diakosmesis ist für PsAristoteles nicht mehr das Werden der Welt aus einer undifferenzierten Masse, sondern die Entstehung eines Ganzen aus der Ordnung der Gegensätze.[120] Die Diakosmesis geht eine enge Verbindung mit dem Begriff der Harmonie ein, aber Harmonie ist nicht die Struktur und Ordnung des Ganzen, sondern das strukturierende Subjekt und identisch mit der einen, alles durchdringenden Kraft.[121]

Die Frage aber stellt sich, inwieweit man die Aristoteles zugeschriebene Schrift De mundo mit der Stoa in Verbindung bringen kann.[122] Von Arnim hat keinen Beleg aus PsAristoteles in seine Sammlung aufgenommen. Der Titel der Schrift Περὶ κόσμου weist auf einen stoischen Zusammenhang. Diogenes Laërtius berichtet von Sphaeros, einem Schüler des Zenon und Kleanthes,[123] von Antipater[124] und Poseidonios,[125] daß sie Bücher Περὶ κόσμου geschrieben haben. Diese

---

τε καὶ ἥλιον καὶ σελήνην καὶ τὸν ὅλον οὐρανὸν διεκόσμησε μία [ἡ] διὰ πάντων διήκουσα δύναμις.

[119]Vgl. Aristoteles, MP A5,985b 17-25, an. 1,4,407b 30-32; EE 7,1,1235a 25-31; Stobaios, I 16.21f, Hippolyt, ref. 9,9f. Der Autor von De mundo, der in der Schrift seine Quellen sonst nicht bezeichnet, weist darauf durch das in 396b folgende Zitat auf Heraklit hin. Hierzu: B. SNELL, Heraklits Fragment 10, in: Hermes 76 (1941), S.84-87.

[120]Der Autor von De mundo benutzt in diesem Zusammenhang den aristotelischen Ausdruck ἀντιπεριισταμένων (Μία δὲ ἐκ πάντων περαινομένη σωτηρία διὰ τέλους ἀντιπεριισταμένων ἀλλήλοις καὶ τοτὲ μὲν κρατούντων τοτὲ δὲ κρατουμένων, φυλάττει τὸ σύμπαν ἄφθαρτον δι᾿ αἰῶνος 397b 5-8). ἀντιπεριίστημι/ ἀντιπεριίσταμαι ist außerhalb des aristotelischen Zusammenhangs selten belegt, vgl. Alexander von Aphrodisias, sens. S.29.20-25, metr. S.47,11f; 50.20-51.1; 52.3; 92.1; 200.2-6, 202.32; an.mant. 138.32-34; quaest. 3,14,S.112.22 und Aristoteles, meteor. 347b 6, 348b 6, 382a 12-14, b 10, probl. 875a 11, 888a 35, 909a 23, 936b 16, 943a 11, 965a 4.

[121]Die sich hier anschließenden Überlegungen zum Wirken dieser Kraft, die bei PsAristoteles eine Alternative zum Konzept des Durchdringens sein wollen, führen über die stoische Vorstellung hinaus und weisen auf die zeitgenössische Diskussion hin (mund. 398a 1-6).

[122]Die Authentizität von De mundo ist bereits in der Antike bestritten worden. Die Vorschläge zur Datierung der Schrift schwanken zwischen 50 v.Chr. bis zur zweiten Hälfte des 2.Jh.s n.Chr. und der Zeit der Abfassung der lateinischen Übertragung durch Apuleius als Terminus ante quem. Zur älteren Diskussion vor allem seit der Renaissance siehe J. KRAYE, Aristotle's God and the authenticity of De mundo. An early modern controversy, in: JHPh 27 (1990), S.339-358. Die Gründe, die gegen Aristoteles als Verfasser des Werkes sprechen, hat noch einmal aufgenommen D.M. SCHENKEVELD, Language and Style of the Aristotelian De mundo in Relation to the question of its inauthenticity, in: Elenchos 12 (1991), S.221-255. Vgl. A.P. BOS, Supplementary notes on the De mundo, in: Hermes 119 (1991), S.313-332 und den Forschungsüberblick in: Reale, G./ Bos., A.P., Il trattato Sul cosmo per Alessandro attribuito ad Aristotele. Monografia introduttiva, testo greco con traduzione a fronte commentario, bibliografia ragionata e indici (Collana Temi metafisici et problemi del pensiero antico. Studi e testi 42), Mailand 1996², S.25-57.

[123]7,178 (= SVF I 620).

[124]7,139; 7,142 (= SVF III 45,S.250); 7,148 (= SVF III 44,S.250).

[125]7,142.

Nachricht ist auch von Chrysipp überliefert.[126] Wenn ein pseudo-aristotelisches Werk aber einen stoischen Titel trägt, den es aus der Auseinandersetzung mit der Stoa aufgenommen hat,[127] hat man auch hier mit einer kritischen Durchformung des stoischen Materials zu rechnen. Hinzu kommt aber, daß ps-pythagoreische Belege sehr viel mehr zur Erklärung von De mundo 5 beitragen als bisher stoische Texte haben zeigen können.[128] διακόσμησις, ὁμόνοια, ἁρμονία,[129] die Einheit des Gegensätzlichen[130] ist bei Okellos und Ekphantos in der metaphorischen Identifikation des Kosmos mit einer Stadt belegt, und es ist fraglich, ob und in welcher Weise stoisches Gedankengut die Gestalt eines Textes wie De mundo 5 beeinflußt hat.[131] In welcher Weise gehört aber der Begriff Pronoia in den Zusammenhang

---

[126]Nach Alexander von Aphrodisias, SVF II 624, Stobaios, I 5,15,S.79.1-3, Aëtios, SVF II 913.

[127]Dies hat J. MANSFELD gezeigt: ΠΕΡΙ ΚΟΣΜΟΥ, A note on the history of a title, in: VigChr 46 (1992), S.391-411.

[128]In den ps-pythagoreischen Schriften findet sich viel aristotelisches und insbesondere platonisches Gut. Nach H. DÖRRIE sind „die Ursprünge dieser neupythagoreischen Literatur ... den Ursprüngen des Mittelplatonismus eng benachbart" (Pythagoreismus, in: PRE 47 [1963], S.271 [268-277]). H. STROHM (Studien zur Schrift von der Welt, in: MH 9 [1952], S.137-174) hat daher De mundo in die Geschichte des Platonismus eingeordnet und zu mund. 5 auf platonische Parallelen in Gor. 186D, leg. 757A, Tim. 32B und Plutarch hingewiesen.

[129]J.P. MAGUIRE (The sources of Ps.-Aristoteles, De Mundo, in: YCS 6 [1939], S.134 [109-167], vgl. weiter die Belege Anm.48) weist auf folgende Stellen:
Diotogenes (Stobaios, IV S.265.8-10) ἁ μὲν γὰρ πόλις ἐκ πολλῶν καὶ διαφερόντων συναρμοσθεῖσα κόσμω σύνταξιν καὶ ἁρμονίαν μεμίμαται ...
Okellos, fr. 1 (Harder, S.26) τὸν δὲ κόσμον ἁρμονία, ταύτας δ' αἴτιος ὁ θεός· τὼς δ' οἴκως καὶ τὰς πόλιας ὁμόνοια, ταύτας δ' αἴτιος νόμος.
Ekphantos (Stobaios, IV S.275.15) ἁ δ' ἐν τᾷ πόλει φιλία κοινῶ τινος τέλεος ἐχομένα τὰν τῶ παντὸς ὁμόνοιαν μεμίμαται.
P. MORAUX (Der Aristotelismus bei den Griechen von Andronikos bis Alexander von Aphrodisias, Bd.2, Der Aristotelismus im 1. und 2. Jh.n.Chr. [Peripatoi 6], Berlin 1984, S.24) weist auf die gleichen Belege nach der Ausgabe von H. Thesleff hin.
Siehe außerdem: Okellos, univ.nat. 1,7,S.12.17-20: τὸ δέ γε ὅλον καὶ τὸ πᾶν ὀνομάζω τὸν σύμπαντα κόσμον· δι' αὐτὸ γὰρ τοῦτο καὶ τῆς προσηγορίας ἔτυχε ταύτης, ἐκ τῶν ἁπάντων διακοσμηθείς· σύστημα γάρ ἐστι τῆς τῶν ὅλων φύσεως αὐτολελὲς καὶ τέλειον.
univ.nat. 2,23,S.20.6-8: αἰτία γὰρ καὶ αὕτη τῆς γενέσεώς ἐστι· καθόλου δὲ ἡ τοῦ παντὸς διακόσμησις ὥστε εἶναι ἐν αὐτῇ τὸ μὲν ποιοῦν τὸ δὲ πάσχον.

[130]Dieser Gedanke findet sich ausgeführt bei Philon, her. 207-214, mit Hinweis auf Heraklit, es fehlen aber die Begriffe Harmonie und Eintracht, der kosmische Bezug sowie die Stadtmetapher. Vgl. aet. 108-112. In aet. 12 bezieht sich Philon auf Okellos. Nach J.P. MAGUIRE (The sources of Ps.-Aristoteles, De Mundo, a.a.O.S.133-147) beweisen Philolaos, Okellos, Philon und PsAristoteles die Existenz einer neo-pythagoreischen Quelle. Maguire nimmt die These E.R. GOODENOUGHS (A neo-pythagorean source in Philo Judaeus, in: YCS 3 [1932], S.153-159 [117-164]) auf, den der Vergleich mit Philon, her. und PsAristoteles, De mundo zu der These geführt hat, daß eine ursprünglich heraklitische Quelle zunächst unter dem aristotelischem Einfluß bearbeitet und später neu-pythagoreisch verwendet wurde, bevor dann Philon diesen Text in die Hände bekam. (Maguire, a.a.O.S.133f). Allerdings ist die Datierung der ps-pythagoreischen Schriften unsicher, und daher muß die Frage der Priorität der Texte offenbleiben, vgl. MORAUX, a.a.O.S.6,Anm.4.

[131]Die Schrift De mundo ist eine Synthese von platonischen, aristotelischen, stoischen und pythagoreischen Ansätzen, und gerade als eine solche Synthese bezeichnend für die kaiser-

von διακόσμησις und ἁρμονία? In De mundo 5 erscheint der Begriff Pronoia nicht.[132] In 1Clem 20 gehört Pronoia wiederum nicht in den Zusammenhang von σύνταξις und ὁμόνοια. Es gibt aber einige wenige Belege, welche die kosmische Harmonie und Pronoia verbinden.[133] Zu nennen sind:

Okellos:

„Im Kosmos haben Pronoia, Harmonie und Gerechtigkeit die Herrschaft über das All inne, da die Götter es so beschlossen haben. In einer Stadt aber werden zurecht Friede und gute gesetzliche Ordnung genannt. Im Hause ...“[134]

---

zeitliche Philosophie. Auf welchem Hintergrund diese Synthese erstellt wurde, ist umstritten. E. ZELLER hat Klärendes zu dem pseudonymen Charakter der Schrift gesagt (Über den Ursprung der Schrift von der Welt (SPAW 1885), Berlin 1885, S.399-415) und sieht in De mundo den Vermittlungsversuch zwischen aristotelischer und stoischer Tradition. Er schreibt über ihren Autor: „Er gibt sich als Vertreter der peripatetischen Lehre ... Er verbindet mit ihr stoische Bestimmungen von solcher Bedeutung, dass seine ganze Theologie nichts anderes ist, als ein Versuch, die aristotelische Metaphysik mit der stoischen zu verknüpfen, während er da, wo ihm dies nicht gelingen will, den Stoikern widerspricht.“ (S.410, vgl. ders., Die Philosophie der Griechen in ihrer geschichtlichen Entwicklung, Bd. 3.1, Leipzig 1923⁵, S.653-671). An Zeller schließt sich FESTUGIÈRE (a.a.O.S.512f) an. Ähnlich äußert sich W. THEILER, der „selbstverständlich" voraussetzen kann, daß die Schrift als eine Kombination von jüngerem Peripatos und Poseidonios zu beurteilen ist (Rezension zu Harder, Ocellus Lucanus, in: Gn. 2 [1926], S.593 [585-597]), dort heißt es: „Περὶ κόσμου minus Poseidonios gleich jüngerer Peripatos.“ Nachdem sich in der älteren Forschung die These durchgesetzt hatte, daß De mundo von poseidonischem Material gekennzeichnet sei (W. CAPELLE, Die Schrift von der Welt. Ein Beitrag zur Geschichte der griechischen Popularphilosophie, in: NJKA 15 [1905], S.529-568, K. REINHARDT, Poseidonios, a.a.O.S.171; ders., Kosmos und Sympathie, a.a.O. S.151), unterlag sie seit Ende der zwanziger Jahre der Kritik. Vgl. zu De mundo 1 R.M. JONES, Posidonius and the flight of mind through the universe, in: CP 21 (1926), S.97-113. Das Bild wendet sich, aus den stoischen Elementen wird ein antistoischer Charakter der Schrift. J.P. MAGUIRE (a.a.O.) interpretiert seine Hinweise auf eine neupythagoreische Quelle als antistoisch. H. STROHM ist noch ganz von der Abgrenzung von der Poseidonios-These bestimmt und hebt den antistoischen Charakter der Schrift hervor. P. MORAUX (a.a.O.) – und möglicherweise zeichnet sich hier ein neuer Konsens ab – identifiziert wiederum einzelne peripatetische Elemente und weist auf die Bedeutung der Einleitung hin, in der sich der Autor in die Rolle des Aristoteles begibt. Vgl. bereits E. PETERSON, Der Monotheismus als politisches Problem. Ein Beitrag zur Geschichte der politischen Theologie im Imperium Romanum, Leipzig 1935, S.16ff.

[132] Allerdings findet sich das Wort *prouidentia* in der lateinischen Fassung von De mundo bei Apuleius, De mundo 24,S.143.28-144.6: *Sospitator quidem ille <et> genitor est omnium, qui ad conplendum mundum nati factique sunt; non tamen ut corporei laboris officio orbem istum manibus suis instruxerit, sed qui quadam infatigabili prouidentia et procul posita cuncta contingit, et maximis interuallis disiuncta conplectitur.* Vgl. mund. 397b20-24 Σωτὴρ μὲν γὰρ ὄντως ἁπάντων ἐστὶ καὶ γενέτωρ τῶν ὁπωσδήποτε κατὰ τόνδε τὸν κόσμον συντελουμένων ὁ θεός, οὐ μὴν αὐτουργοῦ καὶ ἐπιπόνου ζῷου κάματον ὑπομένων, ἀλλὰ δυνάμει χρώμενος ἀτρύτῳ, δι᾿ ἧς καὶ τῶν πόρρω δοκούντων εἶναι περιγίνεται. Zu dem Vergleich zwischen der griechischen Version und der Apuleius zugeschriebenen lateinischen Übertragung vgl. F. REGEN, Apuleius Philosophus Platonicus (UalG 10), Berlin 1971.

[133] Vgl. auch Athanasios, c.Arian. 2,32,PG26,216C.

[134] ἐν κόσμῳ μὲν οὖν αὐτὰ τὰν ὅλων ἀρχὰν διαστραταγοῦσα πρόνοιά τε καὶ ἁρμονία καὶ δίκα †γενως τινος† θεῶν οὕτω ψαφιξαμένων· ἐν πόλει δὲ εἰράνα τε καὶ εὐνομία δικαίως κέκληται· ἐν οἴκῳ ...(fr. 2.5-7).

Aelius Aristides:

> „So wie bei der Stadt, die er erst erbaute bzw. befestigte, bevor er dann die Männer hinein-
> führte. Sowie er die Materie geschieden und den Kosmos eingerichtet hatte, füllte er ihn
> mit Lebewesen, indem er sie alle der Reihe nach erschuf mit Harmonie und mit Sorge
> (προνοίᾳ), nichts zu unterlassen, damit auch ja alle zueinander passten und vollendet
> seien."[135]

Nach Okellos übernehmen im Kosmos Pronoia, Harmonie und Gerechtigkeit die
Herrschaft des Alls, und er parallelisiert dies mit der Bedeutung von Frieden und
verfaßter Ordnung in einer Stadt. Aelius Aristides schildert die Erschaffung der
Welt, vergleicht sie mit dem Erbauen einer Stadt und spricht von Harmonie und
Pronoia, um das Werk zu beschreiben. Die Texte sind insofern interessant, als sie
nicht nur die Zusammenstellung der Begriffe Pronoia und Harmonie belegen,
sondern auch die Stadt erwähnen. Zu erinnern ist noch einmal an den eingangs
zitierten Text von Diodor von Sizilien. Er beginnt sein Werk mit der universalen
kosmischen Perspektive des Historikers und spricht von Pronoia. Der Historiker
hat die Aufgabe, eine ihm vorgegebene Ordnung sichtbar zu machen, seine Arbeit
gründet in der Einsicht, daß der Lauf der Sterne eine Entsprechung in der Welt
der Menschen hat, und er kann diese Ordnung nur entdecken, wenn er das Ganze
wahrnimmt und auf die globale Geschichte wie auf die Geschichte einer einzigen
Stadt schaut. Die von der Pronoia eröffnete universale Perspektive wird von der
Metapher von dem Kosmos als einer Stadt eingeholt.[136] Was aber verbindet den
Begriff der Pronoia mit der Stadt-Metapher? Pronoia hat in der Stoa mit der Gestaltung und Ordnung des Kosmos zu tun. Zugleich hat der Begriff διοίκησις ein
administratives Moment. Eine Stadt wird verwaltet und, da man von dem Kosmos
wie von einer Stadt sprach, wird also der Kosmos verwaltet. Fügt sich hier noch
der Begriff der Pronoia ein? Das, was für die Stadt Eintracht und gesetzliche Ver-
faßtheit bedeuten, sind nach Okellos Pronoia und Harmonie im Kosmos. Pronoia
und Harmonie aber gehören auf die Seite des Kosmos und weniger auf die Seite
der Stadt. Die Stoa entwickelte zahlreiche Metaphern, keine scheint zu der kosmischen Pronoia zu passen, und die Sprache ist in der Rede über Gottes Pronoia arm
an Metaphern geblieben. Pronoia in der Bedeutung von Fürsorge ist fester Bestandteil der Metapher „Gott ist ein König", die Metapher „der Kosmos ist eine
Stadt" integriert den Begriff Pronoia nicht in gleicher Weise.

---

[135] An Zeus 43,15: οὕτω δὴ ὥσπερ πόλιν ποιῶν αὐτὴν [ἢ] δειμάμενος εἶτα τοὺς ἄνδρας εἰσῆγεν. ὡς δὲ
διέκρινε τὴν ὕλην καὶ κατεσκευάσατο τὸν κόσμον, ἐπλήρου γενῶν, πάντα ἑξῆς ποιῶν σὺν ἁρμονίᾳ
καὶ προνοίᾳ τοῦ μηδὲν παραλειφθῆναι τὸ μὴ οὐ πάντα πρέποντα καὶ τέλεα ἀλλήλοις ...
[136] Vgl. Dion von Prusa, or. 1,42.

4. Zur Unterscheidung von Pronoia und Heimarmene in der Stoa

Eine weitere Schwierigkeit, den hiermit dargestellten Zusammenhang für den Begriff Pronoia in Anspruch zu nehmen, liegt darin, daß dieses Ordnungsprinzip mit dem Begriff der Heimarmene und nicht mit dem Begriff Pronoia identifiziert wurde. Stobaios nennt verschiedene Definitionen Chrysipps von εἱμαρμένη, darunter diejenige, die Heimarmene als δύναμις διοικητική und als Logos des Kosmos versteht. Er präzisiert und spricht von Heimarmene als dem Logos der im Kosmos durch die Pronoia geordneten Dinge.[137] Alexander von Aphrodisias überliefert ein weiteres Fragment Chrysipps, in dem Heimarmene und eine ungehinderte Verwaltung (διοίκησις) der Welt in Beziehung zueinander gesetzt werden.[138] Aristokles führt den Begriff der Heimarmene im Zusammenhang mit dem Feuer der Ekpyrosis ein, das als eine Art Samen die Logoi und Ursachen der Dinge enthalte. Ihre Verflechtung und Abfolge sei unveränderlich und unabwendbar, sei Heimarmene, Wahrheit und Gesetz. Er schließt, daß auf diese Weise, also durch die Verflechtung der Dinge, die er Heimarmene nennt, der Kosmos vortrefflich verwaltet werde, nämlich wie eine wohlgeordnete Stadt.[139]

In gleicher Weise wie der Begriff Pronoia fügt sich der Begriff Heimarmene in einen Zusammenhang ein, der sich wiederum durch die Metapher des Staates bzw. der Stadt darstellen läßt. Die Bedeutungen von πρόνοια und εἱμαρμένη treffen bezogen auf die Ordnung und Verwaltung der Welt (διοίκησις) aufeinander, in anderen Worten, πρόνοια und εἱμαρμένη und drittens φύσις[140] gehören zu dem stoischen Wortfeld von διοίκησις. In diesem Bedeutungsgefüge ist διοίκησις verknüpft mit den Worten πρόνοια, εἱμαρμένη und φύσις, die aber selbst Teil des sich weiter verzweigenden Systems oder Netzes von Bedeutungen sind und hierin ihren eigenen Ort, ihre eigenen Verknüpfungen, d.h. ihre eigene Bedeutung haben. Aristokles stellt einen Zusammenhang zwischen Verflechtung und Abfolge, also einer netzartigen Struktur der Dinge, der Heimarmene und der Verwaltung der

---

[137]Stobaios, I 5,15,S.79,6f (= SVF II 913): λόγος τῶν ἐν τῷ κόσμῳ προνοίᾳ διοικουμένων. Ebenso Theodoret von Kyrrhos, cur. 6,14.

[138]Alexander von Aphrodisias, fat. 37,S.210.26-211.1 (= SVF II 1005): Οὐ πάντα μὲν ἔστι καθ' εἱμαρμένην, οὐκ ἔστι δὲ ἀκώλυτος καὶ ἀπαρεμπόδιστος ἡ τοῦ κόσμου διοίκησις.

[139]Aristokles, nach Euseb von Caesarea, PE 15,14,2,S.379.3-8: τὸ μέντοι πρῶτον πῦρ εἶναι καθαπερεί τι σπέρμα, τῶν ἁπάντων ἔχον τοὺς λόγους καὶ τὰς αἰτίας τῶν γεγονότων καὶ τῶν γιγνομένων καὶ τῶν ἐσομένων· τὴν δὲ τούτων ἐπιπλοκὴν καὶ ἀκολουθίαν εἱμαρμένην καὶ ἐπιστήμην καὶ ἀλήθειαν καὶ νόμον εἶναι τῶν ὄντων ἀδιάδραστόν τινα καὶ ἄφυκτον· ταύτῃ δὲ πάντα διοικεῖσθαι τὰ κατὰ τὸν κόσμον ὑπέρευ, καθάπερ ἐν εὐνομωτάτῃ τινὶ πολιτείᾳ.

[140]Vgl. Alexander von Aphrodisias, fat. 22,S.191.30-32 (= SVF II 945): φασὶν δὴ τὸν κόσμον τόνδε, ἕνα ὄντα καὶ πάντα τὰ ὄντα ἐν αὐτῷ περιέχοντα, καὶ ὑπὸ φύσεως διοικούμενον ζωτικῆς τε καὶ λογικῆς καὶ νοερᾶς.

Welt her. Gellius überliefert ein Chrysipp-Zitat, in dem dieser die Heimarmene darstellt als eine natürliche Ordnung (σύνταξις) des Alls aus der ewig unabänderlichen Verflechtung der aufeinander folgenden und sich ablösenden Dinge.[141] Dieses Fragment Chrysipps gehört zu den wenigen Texten, die das Wort σύνταξις in einem mit Diodor von Sizilien (1,1,3) vergleichbaren Zusammenhang verwenden,[142] allerdings im Zusammenhang mit dem Begriff der Heimarmene.

Bezieht man einen weiteren Text von Alexander von Aphrosidias ein,[143] wird deutlich, daß unter σύνταξις (Alexander von Aphrodisias spricht von τάξις) die Ordnung der Ursachen zu verstehen ist. Alexander verbindet mit dem stoischen Ausdruck τάξις den Gedanken, daß erstens alles eine Ursache habe und daß zweitens alles auch eine Folge habe, in anderen Worten, daß die vorangehenden Dinge Ursache der nachfolgenden sind und die nachfolgenden Dinge notwendig die vorangehenden voraussetzen. Im stoischen System gebe es, so Alexander, nichts losgelöst von dem Ursache-Folge-Zusammenhang.[144] Ein unverursachtes Etwas anzunehmen, hieße, daß etwas aus dem Nichts entstünde. Stoisch habe aber alles Voraussetzungen. Dies bedeutet, daß alles eingebunden ist in die Ordnung und daß nichts unverursacht, nichts ohne Ordnung und nichts unverbunden, daß nichts jenseits des Netzes von Verflechtungen vorstellbar ist.[145] Der Grundgedanke, daß nichts ohne Ursache sei,[146] oder genauer, daß nichts ohne eine

---

[141]Gellius, 7,2 (= SVF II 1000, S.293.29-31): *In libro* περὶ προνοίας *quarto* εἱμαρμένην *esse dicit* φυσικήν τινα σύνταξιν τῶν ὅλων ἐξ ἀϊδίου τῶν ἑτέρων τοῖς ἑτέροις ἐπακολουθούντων καὶ μεταπολουμένων ἀπαραβάτου οὔσης τῆς τοιαύτης ἐπιπλοκῆς.

[142]Vgl. aber die Formulierung Platon, Tim. 24C.

[143]Fat. 22,S.191.26ff (= SVF II 945). Alexander von Aphrodisias (siehe unten S.231-238) kommt hier nur insofern zur Sprache, als er sich mit Positionen auseinandersetzt, die im weiteren Sinn als stoisch identifiziert werden können. An dieser Stelle wird nicht nach der Konzeption Alexanders gefragt, wie sie bestimmten Abschnitten aus den Quaestiones, insbesondere aber der arabisch überlieferten und von H.-J. RULAND herausgegebenen und übersetzten Schrift De providentia zu entnehmen ist. Hierzu siehe R.W. SHARPLES, Alexander of Aphrodisias on divine providence. Two problems, in: CQ 32 (1982), S.198-211.

[144]Vgl. das bei Cicero, fat. 20f überlieferte Fragment Chrysipps (= SVF II 952).

[145]Auf die stoische Zusammenstellung von Ordnung und Regelmäßigkeit mit dem Begriff der Ursache weist R. SORABJI in „Causation, laws, and necessity" folgendermaßen hin: „What I want to suggest is that the Stoics made an innovation. It was they who first associated each and every event with exceptionless regularity. They did so by associating regularity with *cause*. Since every event, in their view, had a cause, this linked every event with regularity." (a.a.O.S.253).

[146]Die Stoiker unterscheiden sich hier in ihren Grundannahmen von den Aristotelikern. Die Beschreibung ihrer Differenz ist nicht Thema dieses Kapitels; sie ist zudem abhängig von der jeweiligen Aristoteles-Interpretation. Vgl. die Untersuchung zu Aristoteles von R. SORABJI, Necessity, cause, and blame, a.a.O.S.3-25; ders, Causation, law, and necessity, a.a.O.S.279f. Einen anderen Akzent, um die differenten Ansätze ausgehend von Alexander von Aphrodisias, De fato präzise zu beschreiben, wählt D. FREDE in: The dramatization of determinism: Alexander of Aphrodisias' De Fato, in: Phron. 27 (1982), S.276-298. Sie schreibt: „So there is, then, agreement between the Stoics and Alexander that fate is a natural force which orders the *series causarum*. There is also agreement that there is no uncaused motion, no *anaitios kinesis*. But there

vorangehende, initiierende Ursache (προκαταρκτικόν) sei, ist die Voraussetzung, um sowohl von der Ordnung und Reihenfolge als auch von der Verflechtung der Dinge zu sprechen. Leitet man mit Alexander von Aphrodisias das stoische Konzept der Heimarmene von diesem Grundsatz ab,[147] wird deutlich, daß der Begriff Heimarmene für einen umfassenden Zusammenhang steht,[148] der sowohl die Einzeldinge[149] als auch die Struktur des Ganzen einschließt. Die Verflechtung der Ursachen, der sich nichts entziehen kann, wirkt sich auf jedes einzelne aus und wird so Subjekt der Verwaltung und Gestaltung des Alls.[150]

Der Zusammenhang der Begriffe Heimarmene, Ursache und Ordnung wurde auf der Grundlage des Konzepts der vorausgehend initiierenden Ursachen (προκαταρκτικά) hergestellt. Es ist deutlich, daß Aussagen wie die Alexanders von Aphrodisias zur stoischen Heimarmene einen ausdifferenzierten Begriff der Ursache,[151] genauer der Wirkursache,[152] voraussetzen. Es ist verschiedentlich im Anschluß an Cicero, *fat.* 41 dargestellt worden, daß sich die stoische Heimarmene auf die vorausgehenden und mitwirkenden Ursachen bezieht, die das Resultat der Handlung nicht determinieren, sondern die Verantwortung für sein Handeln in hohem Maß dem handelnden Subjekt, dem die Hauptursache seines Tuns und

---

is disagreement about the extent of the power of fate." Hinzuweisen ist in dieser Frage insbesondere auf M. REESOR, Necessity and fate in Stoic philosophy, a.a.O., die eine Verbindung zur Aussagenlogik zieht und ihren Ausgangspunkt in dem Widerspruch der stoischen Position, daß jede Aussage wahr oder falsch sei, zu Aristoteles, int. 9 wählt. (Vgl. Cicero, fat. 20f) Ebenso, auf M. Reesor aufbauend, J.M. RIST, Fate and necessity, a.a.O.S.112-132.

[147] Ebenso nach einem bei Cicero, fat. 43 überlieferten Chrysipp-Fragment: *Quod si aliqua res efficeretur sine causa antecedente, falsum esset omnia fato fieri.* Vgl. Plutarch, stoic.repugn. 1056B.

[148] Es ist wenig hilfreich, wie es oft geschieht (z.B. J.B. GOULD, The Stoic conception of fate, a.a.O.) die Abfolge vorausgehender Ursachen als Determinismus zu interpretieren – wobei die Begriffe von Determinismus und Notwendigkeit jeweils zu klären sind –, zumal mit diesem Zusammenhang die schwierige Grundfrage der antiken Diskussion bezeichnet ist. Dies hat insbesondere M. REESOR (Fate and possibility in early Stoic philosophy, a.a.O.) gezeigt, die den komplexen Zusammenhang der stoischen Abgrenzung gegen die deterministische Schlußfolgerung wie z.B. die stoische Auseinandersetzung mit dem Meister-Argument des Diodor Kronos aufgeschlüsselt hat. Vgl. Plutarch, stoic.repugn. 1055Dff.

[149] Plutarch, stoic.repugn. 1050A.

[150] Aristokles, nach Euseb von Caesarea, PE 15,14,2; Alexander von Aphrodisias, fat. 22,S.192.25-28 (= SVF II 945, S.273.25-28): τὴν δὲ εἱμαρμένην αὐτὴν καὶ τὴν φύσιν καὶ τὸν λόγον, καθ' ὃν διοικεῖται τὸ πᾶν, θεὸν εἶναί φασιν, οὖσαν ἐν τοῖς οὖσίν τε καὶ γινομένοις ἅπασιν καὶ οὕτως χρωμένην ἁπάντων τῶν ὄντων τῇ οἰκείᾳ φύσει πρὸς τὴν τοῦ παντὸς οἰκονομίαν.

[151] Clemens von Alexandrien unterscheidet folgendermaßen: Τῶν αἰτίων τὰ μὲν προκαταρκτικά, τὰ δὲ συνεκτικά, τὰ δὲ συνεργά, τὰ δὲ ὧν οὐκ ἄνευ (strom. 8,9,25,1,S.95.27f). Auf die stoische Ursachenlehre kann hier nicht im Detail eingegangen werden. Hinzuweisen ist auf die detaillierte Darstellung in: M. FREDE, The original notion of cause, a.a.O besonders S.234ff. M. REESOR, Fate and possibility in early Stoic thought, a.a.O; dies., Necessity and fate in Stoic philosophy, a.a.O.

[152] So ausdrücklich Clemens von Alexandrien, strom. 8,9,25,5; 27,3f.

Wirkens zugeschrieben bleibt, überlassen.[153] Mit dieser Position ist ein wichtiger Aspekt der antiken Diskussion bezeichnet, hervorzuheben ist aber im Zusammenhang mit der Fragestellung dieses Kapitels folgendes. Die vorausgehenden Ursachen (προκαταρκτικά) gehören, wie M. Frede mit PsGalen, *definitiones medicinales* XIX 392 belegt[154] und wie sich ebenso mit Clemens von Alexandrien, strom. 8,9 zeigen läßt, weniger in die Reihe Haupt- und mitwirkende Nebenursachen (αὐτοτελές, συνεργόν, συναίτιον) als vielmehr in die Gegenüberstellung zum συνεκτικόν, zu der vollkommenen inneren Ursache. Die Unterscheidung zwischen προκαταρκτικά und συνεκτικά ist insofern wichtig, als der Begriff Heimarmene in Entsprechung zum Ursachenbegriff gebildet ist und inbesondere diese Unterscheidung aufnimmt.

Heimarmene steht aber nicht nur für die Ordnung und Abfolge der jeweils vorangehenden Ursachen und beschreibt nicht nur das Netz der äußeren Ursachen und Anlässe.[155] Gäbe es eine unverursachte Bewegung, also etwas, das ohne vorausgehende Ursache herbeigeführt würde, so bliebe der Kosmos in seiner Ordnung nicht einer.[156] Mit diesen Worten leitet Alexander von Aphrodisias über zu der Heimarmene, die durch ihr Netz von Ursachen zugleich die Einheit des Kosmos garantiert, also zugleich das συνεκτικόν, d.h. die Ursache ist, die hinreichend die Einheit des Ganzen erklärt. Heimarmene wird also auf zwei Ebenen ausgesagt, sowohl auf der Ebene der äußeren vorangehenden Ursachen als auch auf der Ebene der inneren Hauptursache. Auf die Implikationen der doppelten Aussageform von Heimarmene ist hier nicht einzugehen.[157] Stobaios illustriert sie, indem er Chrysipp der Heimarmene sowohl die δύναμις πνευματική als auch die δύναμις διοικητική zuschreiben läßt.[158] Mit dem Ausdruck πνευματική beschreibt Stobaios die durchdringende und zusammenhaltende Funktion, die insbesondere dem Pneuma zukommt. Das heißt, auch wenn in der Stoa ein Zusammenhang zwischen dem Begriff Pronoia und der Ursachenfrage nicht hergestellt wurde, daß die

---

[153]Gegen den Konsens der Forschung wendet sich W. GOERLER, „Hauptursachen" bei Chrysipp und Cicero? Philologische Marginalien zu einem vieldiskutierten Gleichnis (De fato 41-44): RMP 130 (1987), S.254-274 mit „der Gleichsetzung von Ciceros *causae principales* mit den für die Stoiker bezeugten αἴτια προκαταρκτικά" (S.264).

[154]The original notion of cause, a.a.O.S.241f.

[155]Vgl. M. REESOR, Fate and possibility in early Stoic thought, a.a.O.S.288.

[156]Alexander von Aphrodisias, fat. 22,S.191.11-13 (= SVF II 945,S.273.10-13): διασπᾶσθαι γὰρ καὶ διαιρεῖσθαι καὶ μηκέτι τὸν κόσμον ἕνα μένειν, αἰεὶ κατὰ μίαν τάξιν τε καὶ οἰκονομίαν διοικούμενον, εἰ ἀναίτιός τις εἰσάγοιτο κίνησις.

[157]Vgl. Plutarch, stoic.repugn. 1056B-C.

[158]Stobaios, I 5,15,S.791f (= SVF II 913): Χρύσιππος δύναμιν πνευματικὴν τὴν οὐσίαν τῆς εἱμαρμένης, τάξει τοῦ παντὸς διοικητικήν. Den Begriff δύναμις in diesem Zusammenhang erklärt W. THEILER, Plotin zwischen Plato und Stoa, in: ders., Forschungen zum Neuplatonismus (QSGP 10), Berlin 1966, S.129f (124-139).

Begriffe Pronoia und Heimarmene in ihrer Struktur als ordnende und durchdringende Instanz durchaus vergleichbar sind. Hätte Diodor also in seinem Proömium nicht besser oder zumindest ebenso gut den Begriff Heimarmene verwenden können? Damit ist noch einmal auf die Frage zurückzukommen, worin sich die Begriffe Heimarmene und Pronoia im stoischen Zusammenhang unterscheiden.

Drei Texte sind in Hinblick auf die Differenzierung der Begriffe Pronoia und Heimarmene zu interpretieren. Es ist noch einmal auf Alexander von Aphrodisias einzugehen, der in Quaestio 1,4[159] die stoische Position als eine deterministische auslegt, in der die Begriffe des Möglichen, des Faktischen und des Notwendigen zusammenfallen. Alexander formuliert als seinen Ausgangspunkt die Annahme, daß alles nach einer Folge von Ursachen geschehe, die notwendig aufeinander folgen. Es sei daher nicht möglich, daß etwas, das nach dieser Folge von Ursachen geschehe, auch hätte anders geschehen können, d.h. mit dem Terminus „möglich" werde das bezeichnet, was zu geschehen, nicht verhindert wird.[160] Damit hat Alexander schrittweise den Begriff der Heimarmene eingeführt. Wenn alles nach der Heimarmene geschehe, so kann jetzt Alexander schließen, sei nur das möglich, was faktisch geschehe.[161] Und das heißt, daß nur das möglich ist, was notwendig und nach der Folge der Ursachen geschehe. Zugleich sei unter notwendig das zu verstehen, dessen Gegenteil nicht möglich ist, so definiert Alexander die Argumentation weiterführend, bevor er noch einmal eine neue Richtung einschlägt und als ein weiteres Thema die Verbindung von Notwendigkeit und Zwang einführt.[162] Alexander konstruiert eine Argumentation, nach der das, was nach Heimarmene und Notwendigkeit geschehe, nicht zugleich aus Zwang hervorgegangen sein kann, wie nach Alexander seine Gegner behaupten. Zwang sei insofern nicht vereinbar mit der Heimarmene, als diese gleichzusetzen sei mit der Folge der Ursachen, aber auch mit der göttlichen Ordnung (τάξις), die Alexander hier einführt, und göttliche Ordnung und die Ausübung von Zwang bedeuten einen sachlichen Widerspruch.[163]

Mit dem Begriff der göttlichen Ordnung, der den Hintergrund des weiteren Textes bildet, verändert sich die Argumentation, insofern Alexander ein qualitatives Merkmal einführt, um die Äußerungen seiner Gegner zur Heimarmene in

---

[159]Zur Frage, ob Alexander selbst der Verfasser dieser Quaestio ist, siehe: R.W. SHARPLES, An ancient dialogue on possibility. Alexander of Aphrodisias, *Quaestio* I.4., in: AGPh 64 (1982), S.24f (23-38); vgl. R.B. TODD, Alexander of Aphrodisias and the Alexandrian *Quaestiones* 2.12, in: Ph. 116 (1972), S.293-305.
[160]Quaest. 1,4,S.9.7f.
[161]Quaest. 1,4,S.9.13f.
[162]Quaest. 1,4,S.10.7ff.
[163]Quaest. 1,4,S.10.15ff.

den Widerspruch zu führen. Der Fall, daß Menschen unzufrieden sind mit den Dingen und Umständen, die sie betreffen, führt, wenn alles nach der Heimarmene geschehe, wie die Kontrahenten nach Alexander behaupten, zu der Aporie, daß sowohl die Umstände auf Heimarmene, Notwendigkeit und Ordnung zurückzuführen sind, als auch die Unzufriedenheit bzw. der Wille, sich den Dingen, die notwendig sind, nicht unterzuordnen. Die Aporie besteht darin, daß Menschen der Notwendigkeit unterliegen, Dingen zu widersprechen, die notwendig, und das heißt in diesem Zusammenhang, die nach der Heimarmene und auch nach der göttlichen Ordnung geschehen. Alexander verschärft die Aporie insofern, als es sich um den Widerspruch gegen Dinge handelt, die Alexander als notwendig definiert hat, die er zudem aber als geordnet und als gut beschreibt, so daß es nicht nur unvernünftig sein muß, den guten Dingen Widerstand entgegenzusetzen, sondern ebenso, diesen Widerstand auf dieselbe ordnende Instanz zu beziehen. Alexander bringt sein Argument auf den Begriff, indem er an dieser Stelle den Terminus πρόνοια einführt.[164] Der Terminus hat hier die Funktion, die Dinge, die nach der Heimarmene geschehen, als solche zu beschreiben, die auf gute und wohlgeordnete Weise geschehen. Er macht damit ein zusätzliches und für die Argumentation wesentliches Merkmal explizit. Soweit der Gedankengang in Quaestio I 4.

Weder die von Alexander skizzierten Begriffe des Möglichen und des Notwendigen, noch die Gleichsetzung von Heimarmene mit Notwendigkeit dürfen mit der Position Chrysipps identifiziert werde. Alexander arbeitete eine Argumentation aus, verstand aber nicht die korrekte Darstellung der Position seiner Gegner als seine Aufgabe. Chrysipps Überlegungen zu den Begriffen der Heimarmene und des Notwendigen und sein Interesse, sie voneinander abzugrenzen, kommen in der Darstellung Alexanders nicht vor. Es kann hier nicht darum gehen, die umfangreiche antike Diskussion zum Thema Ursache, Notwendigkeit und Kontingenz aufzunehmen, zumal in den letzten Jahren einige Klärung in diese Diskussion gebracht worden ist und die Ergebnisse der einschlägigen Arbeiten hier nicht wiederholt werden sollen.[165] Auf den Text Alexanders soll insofern verwiesen werden, als er den Weg von der Heimarmene als der Kette der Ursachen zur Pronoia und damit den Ort aufzeigt, an dem der Begriff Pronoia steht. Alexander strukturiert seine Äußerungen, indem er Heimarmene zunächst mit der Ursachenkette, dann

---

[164]Quaest. 1,4,S.10.32-11.2: Καὶ γὰρ ἔτι πρὸς τούτοις, εἰ τὰ καθ᾽ εἱμαρμένην γινόμενα καὶ κατὰ πρόνοιαν γίνεται, πῶς εὔλογον κατὰ πρόνοιάν τινας ἀντιπράσσειν τοῖς καλῶς γινομένοις καὶ εὐτάκτως τοῖς κατὰ πρόνοιαν;

[165]Vgl. die bereits genannten Untersuchungen: D. FREDE, The dramatization of determinism. Alexander of Aphrodisias' De fato, a.a.O.; M. REESOR, Necessity and fate in Stoic philosophy, a.a.O.; J.M. RIST, Fate and necessity, a.a.O.; R. SORABJI, Causation, laws, and necessity, a.a.O.

mit der göttlichen Ordnung und schließlich mit Pronoia identifiziert.[166] Das heißt nicht, daß für Alexander bedeutungsgleiche Bezeichnungen vorliegen, sondern daß er durch diese Identifikationen bestimmte Aspekte der Bedeutung hervorhebt. Eingebunden in einen gemeinsamen Bedeutungszusammenhang, lassen sich Heimarmene und Pronoia dadurch unterscheiden, daß mit dem Terminus πρόνοια die Qualifikation καλῶς καὶ εὐτάκτως im Vordergrund steht.

Die Gegenüberstellung der gleichen Bedeutungsaspekte läßt sich dem bereits mehrfach erwähnten, bei Euseb von Caesarea überlieferten Fragment von Areios Didymos entnehmen.[167] Auch hier bezeichnen die Termini Heimarmene und Pronoia die Verwaltung des Alls, allerdings wiederum mit Bezug auf unterschiedliche Konzeptionen. Während mit dem Terminus Heimarmene das Unveränderliche dieser Verwaltung im Vordergrund steht, läßt der Terminus Pronoia den Hörer an ein wohltuend menschenfreundliches Handeln denken. Die Konzeptionen waren nicht austauschbar. Die Eigenschaft des Unentrinnbaren und Unabänderlichen, welche die Stoa mit einer Reihe von Ausdrücken bezeichnete,[168] gehört zum Begriff Heimarmene, nicht aber zum Begriff Pronoia. An keiner Stelle ist belegt, daß man von der unentrinnbaren Pronoia sprach. Ebensowenig gehört die Kausalkette in die Erklärung des Begriffs Pronoia. Das heißt nicht, daß man nicht in einer Diskussion um die Heimarmene auf die mit dem Begriff Pronoia verbundene Konzeption eingehen konnte, wie Alexander zeigt, aber bezeichnenderweise verzichtet er, wenn er den Terminus πρόνοια einbringt, auf die Ursachenproblematik.

Auf diesem Hintergrund ist ein dritter Text zu lesen, der über den Dissens zwischen Chrysipp und Kleanthes berichtet.[169] Nach Kleanthes geschieht das, was nach Pronoia (ex providentia) geschieht, auch nach Heimarmene, aber dieser Satz lasse sich nicht umkehren, d.h. das, was nach Heimarmene geschehe, geschehe nicht auch nach Pronoia. Im Unterschied zu Chrysipp, der Kleanthes hier korrigiert, unterscheiden sich nach Kleanthes die Begriffe Heimarmene und Pronoia bzw. genauer die Dinge, die nach Heimarmene bzw. Pronoia geschehen. Aber worin unterscheiden sie sich? Der Schluß liegt nahe, daß nach Kleanthes nicht alle Dinge, die durch die Heimarmene geordnet werden, menschenfreundlich und gut geordnet werden, während dieses per definitionem zum Begriff Pronoia gehört.[170]

---

[166]Quaest. 1,4,S.9.26f; S.10.16f; S.10.32f.
[167]Euseb von Caesarea, PE 15,15,6 (= SVF II 528).
[168]Vgl. Plutarch, stoic.repugn. 1056C.
[169]Calcidius, Tim. 144b (= SVF II 933).
[170]Ebenso interpretiert M. REESOR den Text, Fate and possibility in early Stoic thought, a.a.O. S.288; vgl. P. STEINMETZ, Die Stoa bis zum Beginn der Kaiserzeit, a.a.O.S.573. Die Auslegung ist umstritten. J. DEN BOEFT, äußert sich in seinem Kommentar (Calcidius on Fate. His doctrine and sources [PhAnt 18], Leiden 1970) nicht zu den differenten Positionen von Klean-

Der Text ist ein Indiz dafür, daß der Begriff Pronoia gegenüber dem Begriff Heimarmene seine eigene Geschichte in der Stoa hat. Mit dem Merkmal des guten und menschenfreundlichen Handelns ist ein Bedeutungsaspekt hervorgehoben, der auf die eingangs gemachte Bemerkung zurücklenkt, daß in den Äußerungen der Stoiker die vielfältigen Aspekte der Bedeutung, die sprachlich im Wort πρόνοια angelegt sind, zum Tragen kommen.

Zusammenfassung

Pronoia ist, um einen Ausdruck von Dörrie zu benutzen, nicht das „monolithische Dogma der Stoiker",[171] und es sind nicht die einfachen Lösungen, die den Begriff in seiner Struktur erfassen. Von Pronoia wird das Durchdringen ausgesagt, und dies ist zu erklären, da dieses eigentlich vom Pneuma ausgesagt wird. Die Gestaltung (διοίκησις) der Welt wird der Pronoia zugeschrieben, aber in gleicher Weise den Begriffen Heimarmene und Natur. Man kann sich mit der Erklärung zufriedengeben, die bereits in der Antike gegeben wurde, daß Heimarmene, Pronoia und Physis dasselbe bezeichnen.[172] Das hieße, daß die Stoiker nicht nur die bekannten Gottesbezeichnungen interpretierten,[173] sondern selbst eine Reihe austauschbarer Bezeichnungen für dieselbe Sache entwickelten. Das hieße aber auch, daß man, zumal in diesen Reihen der Terminus πρόνοια häufig fehlt,[174] auf den Begriff zur Darstellung des stoischen Systems verzichten kann, besonders dann, wenn sich abgesehen von der Identifikation mit dem Begriff Heimarmene die stoische Prägung des Begriffs schwer erfassen läßt. Bevor aber die Reihung und Identifikation von Begriffen in den antiken Darstellungen der Stoa als Argument dienen können, wäre es notwendig, diese Reihen und ihre Funktion zu untersuchen, was hier nicht geschehen kann. An dieser Stelle mögen zwei Anmerkungen genügen. Die Identifikation der Begriffe Pronoia, Heimarmene und Physis bzw. Logos findet sich in der doxographischen Überlieferung sowie bei Plutarch, der Auszüge aus

---

thes und Chrysipp. Die Interpretation hängt an der Bedeutung des Terminus πρόνοια, wie J.M. Rist zeigt, wenn er zu dem Text schreibt: „The word 'providence' is to be taken seriously in a Stoic context; it means foreseeing and foreseeing correctly. Hence it is strange that Cleanthes thought that what is fated could not always be foreseen." (Fate and necessity, a.a.O.S.126).

[171] H. DÖRRIE, Der Begriff „Pronoia" in Stoa und Platonismus, in: FZPhTh 24 (1977), S.60-87, hier S.62.

[172] Vgl. Theodoret von Kyrrhos, cur. 6,14 (= SVF I 176): Ζήνων δὲ ὁ Κιτιεὺς δύναμιν κέκληκεν τὴν εἱμαρμένην κινητικὴν τῆς ὕλης· τὴν δὲ αὐτὴν καὶ Πρόνοιαν καὶ Φύσιν ὠνόμασεν. Ebenso Stobaios, I 5,15 (DDG 322b9ff). Siehe außerdem Plutarch, stoic.repugn. 1050B (= SVF II 937).

[173] Vgl. Diogenes Laertios 7,141 (= SVF II 1021).

[174] Aristokles nach Euseb von Caesarea, PE 15,14,2; Diogenes Laertios 7,135f (= SVF I 102, II 580), Tertullian, apol. 21 (= SVF I 160), Alexander von Aphrodisias, fat. 22 (= SVF II 945); Philodem, SVF II 1076, SVF II 931.

der Schrift Chrysipps über die Natur zitiert. Im Anschluß an dessen Ausführung, daß keine Einzelheiten, auch nicht das kleinste Detail, anders als nach der allgemeinen Natur und deren Logos geschehen,[175] erläutert er zusammenfassend, daß unter der allgemeinen Natur bzw. dem allgemeinen Logos der Natur Heimarmene, Pronoia und Zeus zu verstehen sind. Die Gleichsetzung der Begriffe ist im Zusammenhang der vorangegangenen Fragmente zu interpretieren,[176] hat aber auch mit den sprachlichen Gewohnheiten der Stoiker zu tun. Die Beschäftigung der Stoiker mit der Sprache, ihren Strukturen und Abläufen, aber auch die Zugeständnisse der Stoiker an die Alltagssprache sind bekannt. Es ist davon auszugehen, daß die Stoiker, wenn die Reihen auf sie zurückgehen, hier keine Tautologien formulierten, sondern, wie auch die Differenzierung in den unterschiedlichen Reihen zeigt,[177] durch die Nebenordnung der Termini Sinnbezirke angaben. Diese Sinnbezirke erschließen sich heute allerdings nur, wenn die begriffliche Struktur der einzelnen Elemente geklärt wird, und hebt die Frage nach dem spezifischen Ort einzelner Begriffe im stoischen System nicht auf.

In der fragmentarischen Überlieferung der stoischen Konzeption von Pronoia[178] finden sich Hinweise, daß der Begriff Pronoia den Zusammenhang zwischen ewigem Kosmos und gestalteter Welt bezeichnet, d.h. seinen Ort in der stoischen Konzeption der Diakosmesis hat. Dieser Ort wurde im Sprachgebrauch festgehalten, d.h. umgekehrt, daß Wendungen wie προνοίᾳ διοικεῖσθαι πάντα die Bedeutung dieses spezifischen Ortes und der Funktion im stoischen System anhaftet. Die begriffliche Zuordnung von Pronoia und διακόσμησις/ διοίκησις war offen für Interpretationen und wurde insbesondere im Zusammenhang mit dem menschenfreundlichen Handeln des Demiurgen gesehen. Die Abgrenzung der Begriffe δημιουργεῖν und διακοσμεῖν ist nur von ihrer Vorgeschichte her möglich, die aber zeigt, daß die Identifikation der Pronoia mit dem Demiurgen keineswegs selbstverständlich war, wenn gilt, wie Solmsen formuliert: „In the history of craftsmanship motif *Nous* can have no place."[179] Festzuhalten ist, daß die Sichtung der stoischen Fragmente weniger zu den physikalischen Modellen als Erklärung des Begriffs Pronoia führt, als vielmehr zu dem Bild des Demiurgen, wie der Formulierung Strabons zu entnehmen ist.[180] Strabon spricht von der Pronoia als

---

[175]Stoic.repugn. 1050A: οὐδὲν γὰρ ἔστιν ἄλλως τῶν κατὰ μέρος γενέσθαι οὐδὲ τοὐλάχιστον ἢ κατὰ τὴν κοινὴν φύσιν καὶ κατὰ τὸν ἐκείνης λόγον.

[176]Vgl. Plutarch, stoic.repugn. 1056C.

[177]Vgl. Aristokles, nach Euseb von Caesarea, PE 15,14,2 (= SVF I 98).

[178]W. THEILER spricht von „spärlichen Resten der Providenzlehre", Plotin zwischen Platon und Stoa, a.a.O.S.138.

[179]F. SOLMSEN, Nature as craftsman in Greek thought, in: JHI 31, S.479 (ND, S.338)

[180]17,1,36: τὸ δὲ τῆς προνοίας (ἔργον), ὅτι βεβούληται, καὶ αὐτὴ ποικιλτριά τις οὖσα καὶ μυρίων ἔργων δημιουργός, ἐν τοῖς πρώτοις ζῷα γεννᾶν, ὡς πολὺ διαφέροντα τῶν ἄλλων, καὶ τούτων τὰ κράτιστα

der Buntstickerin und dem Handwerker, deren buntes Werk in vielfältigen Arten der Lebewesen besteht, insbesondere aber in Göttern und Menschen und dem ihretwegen Geschaffenen, worin die bereits genannte stoische Kosmosdefinition nachklingt. Als Schöpferin des Kosmos beabsichtige aber die Pronoia, so Strabon, die sinnvolle Einrichtung des Kosmos, die den Menschen ihr Leben ermöglicht. Mit diesen Sätzen wird der Interpretationsrahmen deutlich, der von Xenophon, der am anatomischen Beispiel des Augenlides den fürsorgenden Charakter des sinnvoll wirkenden Demiurgen aufzeigt,[181] bis zu Plotin reicht, der sich mit genau diesen Aussagen auseinandersetzt und jetzt fragt, wie eine fürsorgliche Einrichtung zu erklären ist.[182]

θεούς τε καὶ ἀνθρώπους, ὧν ἕνεκεν καὶ τὰ ἄλλα συνέστηκε.
[181] Mem. 1,4.
[182] 6,7,1.

Teil II

Der Begriff ΠΡΟΝΟΙΑ
in der apologetischen Literatur der Alten Kirche

Das eigentümlich Apologetische haftet dem Begriff der göttlichen Pronoia selbst an. In der Frage göttlicher Pronoia spalteten sich die Meinungen in Für und Wider, und wider die Bestreiter galt es, die göttliche Pronoia zu verteidigen. Für und Wider ist in den Begriff Pronoia eingegangen, seine begriffliche Struktur ist eine apologetische. Athanasios gibt in seinem Brief an Markellinos[1] nach grundsätzlichen Erläuterungen über den literarischen Charakter der Psalmen kurze Leseempfehlungen zu den einzelnen Psalmen.[2] Er ermahnt, Ps 13 und außerdem Ps 52 zu lesen, wenn man jemanden gegen die Pronoia lästern höre, und sich an dessen Gottlosigkeit nicht zu beteiligen.[3] Wenn man von Pronoia sprach, war die Gottlosigkeit der anderen mit im Blick, und das Wort Pronoia ließ an die Abgrenzung gegen die Gottlosen denken.

Obwohl diese Abgrenzung in den frühen Texten der Alten Kirche angelegt ist, und sich gelegentlich ein Hinweis findet, daß Christen und Nicht-Christen jeweils anders von der Pronoia Gottes denken, wird der Begriff Pronoia erst spät zu den Standardthemen der Apologie gezählt. Die Auflistung von zwölf apologetischen Themen, zu denen jetzt auch die göttliche Pronoia gehört, findet sich bei Theodoret von Kyrrhos in seiner Schrift Graecarum affectionum curatio,[4] und die Nachricht, daß Justin und Clemens von Alexandrien Schriften Περὶ Προνοίας geschrieben haben,[5] ist erst seit Maximus Confessor überliefert.

---

[1] Anders als für die Expositiones in Psalmos ist die Verfasserschaft Athanasios' für die Epistula ad Marcellinum schon auf Grund der Textüberlieferung nicht strittig. Siehe hierzu: M.-J. RONDEAU, L'Épître à Marcellinus sur les psaumes, in: VigChr 22 (1968), S.176-197; CHR. STEAD, St.Athanasius on the Psalms, in: VigChr 39 (1985), S.65-78.

[2] Athanasios äußert sich an drei Stellen zur Pronoia Gottes ep.Marc. 16 (29B), 17 (29C), 23 (36C).

[3] Ἐπειδὰν βλασφημούντων τινῶν κατὰ τῆς Προνοίας ἀκούσῃς, μὴ κοινώνει μὲν αὐτῶν τῇ ἀσεβείᾳ, ἐντυγχάνων δὲ τῷ Θεῷ, λέγε τὸν ιγ' καὶ νβ' (29B).

[4] Cur. 6.

[5] Unter den Opuscula theologica et polemica sind κεφάλαια περὶ οὐσίας καὶ φύσεως, ὑποστάσεώς τε καὶ προσώπου überliefert. In dieser Definitionensammlung zur ontologischen Terminologie findet sich das Fragment einer Schrift, die mit dem Lemma Τοῦ ἁγιωτάτου Κλήμεντος πρεσβυτέρου Ἀλεχανδρείας, ἐκ τοῦ Περὶ Προνοίας überschrieben ist. PG91, 264B. Es folgen 276C ein weiteres Fragment aus Κλήμεντος τοῦ Στρωματέως ἐκ τοῦ Περὶ Προνοίας λόγου in dem Auszug Ἐκ τῶν ἐρωτηθέντων αὐτῷ παρὰ θεοδώρου μοναχοῦ und 280B-C unter ὅροι διάφοροι zwei Fragmente aus Τοῦ ἁγίου Ἰουστίνου φιλοσόφου, καὶ τέλος μάρτυρος, ἐκ τοῦ πρὸς Εὐφράσιον σοφιστὴν, περὶ Προνοίας καὶ Πίστεως λόγου, οὗ ἡ ἀρχή· Ἄχραντος ὁ Λόγος.

Diese Einbindung des Begriffs Pronoia in die apologetische Tradition der Alten Kirche war erst möglich, als die Ausführungen zur Pronoia sich auf die Argumente wider die Bestreiter beschränkten und ganz auf die stereotypen, formelhaften Wendungen reduziert wurden. Verteidigt wird nicht der richtige Begriff von Pronoia gegen einen falschen Begriff, sondern die Existenz göttlicher Pronoia gegen die Ansichten von Gottlosen, die ohne Namen in die späten altkirchlichen Apologien eingegangen sind. Mit dem Begriff Pronoia nahmen ihre Autoren eine Identifikationsgröße auf, die zugleich die Form festlegte, den Gegner zu beschreiben, nämlich in den anti-epikureischen Wendungen. An diesem Vorgang wird sehr gut die Eigenart der späteren Apologetik deutlich, die sich weniger mit den Vorwürfen von paganer Seite auseinandersetzte als vielmehr bemüht war, das Verhältnis zwischen Christen und Nicht-Christen zu definieren und hierzu die Gegensätze wiederholte, wie sie in den philosophischen Schulpositionen festgelegt waren. Die späten apologetischen Ausführungen zur Pronoia Gottes verteidigen nicht die Christen gegen den Atheismusvorwurf des 2. Jahrhunderts,[6] sondern machen aus Nicht-Christen epikureische Leugner der Pronoia. Dies hat eine Vorgeschichte in der apologetischen Literatur des zweiten und dritten Jahrhunderts, wie im folgenden deutlich werden wird. Und die Frage, inwieweit und in welcher Form man sich in der frühen apologetischen Literatur mit dem Begriff der Pronoia auseinandersetzte, soll im folgenden gestellt werden.

Die Frage nach dem Begriff Pronoia in der altkirchlichen apologetischen Literatur ergibt sich aus der späteren apologetischen Überlieferung, in der Pronoia

---

Zusammen mit einem weiteren Fragment, das Anastasios Sinaites in Quaestio 96 (PG89,741D-743A) überschreibt: Ὁ δὲ ἱερὸς καὶ ἀποστολικὸς διδάσκαλος Κλήμης ἐν τῷ Περὶ προνοίας καὶ δικαιοκρισίας Θεοῦ πρώτῳ λόγῳ und weiteren Fragmenten aus Cod.Paris.854 (nach N.le Nourray) und Cod.Ambros.graec.1041 (nach Barnard) sind die genannten Fragmente in GCS 17, (O. Stählin - L. Früchtel, Clemens Alexandrinus, Bd.3) S.219-221 aufgenommen.

K.-H. UTHEMANN (Die „Philosophischen Kapitel" des Anastasius I. von Antiochien, in: OCP 46 [1980], S.333-335 [306-366]) hat auf weitere Fragmente der ps-clementinischen Schrift περὶ προνοίας hingewiesen, die im Cod Patmensis 262 überliefert, bisher aber noch nicht ediert wurden.

6   Vgl. S. BENKO, Pagan criticism of Christianity during the first two centuries, in: ANRW II,23,1 (1980), S.1055-1118, sowie W.R. SCHOEDEL, Christian „atheism" and the peace of the Roman empire, in: ChH 42 (1973), S.309-319.

Obwohl der Vorwurf, die Pronoia Gottes gänzlich zu leugnen, dem Atheismusvorwurf äußerst nahestand und Lukian, wenn er verschiedene Atheisten aufzählt, die Christen neben den Epikureern erwähnt (Alex. 38,S.348.21-26), verteidigten sich die Christen gegen den Atheismusvorwurf nicht, indem sie ihre Überzeugungen zur göttlichen Pronoia darlegten. Sofern es einen Vorwurf in der Frage der göttlichen Pronoia an die Christen gab, hatte er nichts mit dem Atheismusvorwurf zu tun.

Zur Bezeichnung von Nicht-Christen und Häretikern durch Christen mit dem Terminus ἄθεοι siehe A. HARNACK, Der Vorwurf des Atheismus in den drei ersten Jahrhunderten, in: TU NF 13,4, Leipzig 1905.

zwar als apologetisches Motiv erscheint, allerdings in einer Weise, die deutlich zeigt, daß um diesen Begriff nicht mehr gestritten wurde. Die Vielfalt der Antworten gehört in die Zeit bis Euseb von Caesarea, und sie wird sichtbar, wenn man zugleich das pagane Gegenüber beobachtet. Die Frage nach dem Begriff Pronoia richtet sich daher an die frühe apologetische Literatur bis Euseb von Caesarea, die als Zeugnis einer theologisch-philosophischen Auseinandersetzung verstanden werden soll.

Vorbemerkung: Apologien oder apologetische Literatur. Zur Identifikation von apologetischen Texten

Die Schwierigkeit, das Phänomen altkirchlicher Apologetik zu erfassen, liegt nicht in der Vielzahl der Beschreibungsmöglichkeiten eines klar abgegrenzten Gegenstandes, sondern in den mangelnden oder differierenden Kriterien für eine Abgrenzung dieses Gegenstandes. Auch wenn man von Justin, Athenagoras und vielleicht noch von Tatian und Theophilos von Antiochien[7] als Apologeten spricht und ihre Werke Apologien nennt und wenn feststeht, daß die Begriffe Apologet und Apologie sich als hilfreich für die Darstellung des 2. Jahrhunderts erwiesen haben, ist sowohl unklar, wer zu den Apologeten zu zählen ist, als auch, was eine Apologie ist. Die Untersuchungen, die sowohl die formgeschichtliche Methode als auch das antike rhetorische Material nutzen, kommen zu unterschiedlichen Antworten, die von Gesandtschaftsrede[8] über philosophische Eisagoge[9] und Dialog[10] bis zum Geschichtswerk in seiner apologetischen Funktion[11] reichen, und sind ein

---

[7] Anders im Anschluß an Euseb, HE 4,24 z.B. R.R. GOODENOUGH, The theology of Justin Martyr. An investigation into the concepts of early Christian literature and its Hellenistic and Judaistic influences, Amsterdam 1968 (Jena 1923).

[8] L.W. BARNARD, Athenagoras, Galen, Marcus Aurelius and Celsus, in: ChQ 168 (1967), S.168-181; R.M. GRANT, Five apologists and Marcus Aurelius, in: VigChr 42 (1988), S.1-17; ders., Forms and occasions of the Greek apologists, in: SMSR 52 (1986), S.213-226; W. SCHÖDEL, Apologetic literature and ambassadorial activities, in: HThR 82 (1989), S.55-78; A.J. GUERRA, The conversion of Marcus Aurelius and Justin Martyr. The purpose, genre, and content of the first apology, in: SecCen 9 (1992), S.171-196.

[9] A.J. MALHERBE, The structure of Athenagoras, Supplicatio pro christianis, in: VigChr 23 (1969), S 1-20.

[10] S. DENNING-BOLLE, Christian dialogue as apologetic. The case of Justin Martyr seen in historical context, in: BJRL 69 (1987), S.492-510.

[11] A.J. DROGE, The apologetic dimensions of the ecclesiastical history, in: Eusebius, Christianity, and Judaism, hrsg.v. H. Attridge u. G. Hata (StPB 42), Leiden etc. 1992, S.492-509; K.-S. KRIEGER, Geschichtsschreibung als Apologetik (TANZ 9), Tübingen/Basel 1994, besonders:

Indiz für die Schwierigkeiten mit dem Gegenstand der Apologie. Sie liegen auf verschiedenen Ebenen und sollen zunächst an Hand von drei Problemkreisen erläutert werden.

1. Apologetik als Vermittlungsaufgabe

Unter diesem Titel ist ein Konzept zu beschreiben, das die Interpretation apologetischer Texte nachhaltig bestimmt hat, wenn auch nicht alle Interpreten die Implikationen dieses Progamms ebenso deutlich ausformulieren wie H. Dörrie. In unmißverständlicher klärender Schärfe äußert sich H. Dörrie[12] zu den Vermittlungsbemühungen der Apologeten, die darin bestanden, ihre Texte „auf die Mentalität der Adressaten abzustimmen" (S.1), also den gebildeten Lesern bzw. dem Publikum der philosophischen Laien anzugleichen.[13] Um in der Sprache der Leser zu schreiben, warfen sich nach Dörrie die Autoren die platonische Hülle um,[14] krochen in altes Gemäuer, das damit also neue Bewohner hatte. Daß hiermit aber nicht das Haus von neuem lebendig wurde, sondern die Apologeten lediglich publikumswirksam aus dem Fenster schauten, macht Dörrie mit O. Spenglers Begriff der Pseudomorphose deutlich.

G.E. STERLING, Luke-acts and apologetic historiography, in: SBL.SP 28 (1989), S.326-342, ders., Historiography and self-definition. Josephos, Luke-acts and apologetic historiography (NT.S 64), Leiden/ New York/ Köln 1992. Sterling fragt nach der apologetischen Geschichtsschreibung als einer Gattung der Geschichtsschreibung und ordnet sie in den größeren Rahmen antiker Geschichtsschreibung als Reaktion auf die ethnographische Geschichtsschreibung ein. Er faßt zusammen (Luke-acts and apologetic historiography, S.331f): „The function of the new genre was again similar to ethnograhpy: it defended the people. The difference was that apologic historiography was in some senses a redefining since it arose – in part anyway – as a reaction to Greek ethnography ... The most extensive tradition of apologetic historiography in antiquity which has come down to us belongs to the Jews."

[12] Die Andere Theologie. Wie stellten die frühchristlichen Theologen des 2.-4. Jahrhundert ihren Lesern die „griechische Weisheit" (=den Platonismus) dar?, in: ThPh 56 (1981), S.1-46.

[13] Vgl. R. SEEBERG, Die Apologie des Aristides, in: Forschungen zur Geschichte des neutestamentlichen Kanons und der altkirchlichen Literatur, V/II, Leipzig 1893, (S.159-414): „Arist. ist u.W. der erste, welcher die apologetische Methode befolgt hat, das Christentum zu depotenziren und den Rest allgemeiner Gedanken und Grundsätze der tonangebenden Richtung des Tages mundgerecht zu machen. An Nachfolgern hat es ihm zu keiner Zeit in der Kirche gefehlt (S.309) ... Er redet die Sprache der Gebildeten seiner Zeit." (S.313).

[14] Die Metapher vom griechischen Gewand, in der die Anspielung auf den Philosophenmantel Justins weiterwirkt, findet sich in der Literatur der Jahrhundertwende ebenso in der Charakterisierung hellenistisch-jüdischer Texte. Siehe M. FRIEDLÄNDER, Geschichte der jüdischen Apologetik als Vorgeschichte des Christentums. Eine historisch-kritische Darstellung der Propaganda und Apologie im Alten Testament und in der hellenistischen Diaspora, Zürich 1903, S.25: „Sein (bezogen auf das Judentum) Mosaismus musste sich modernisieren, um sich in der griechischen Welt zeigen zu können, musste vor allem ein griechisches Gewand anlegen, um nicht abstossend zu wirken.".

Apologetik wird hier zu einem Darstellungsmittel, einer Sprachform, welche die frühchristlichen Autoren nur und eben nur dann benutzen, wenn es ihnen um die beabsichtigte Wirkung ging, Mission unter den Gebildeten zu treiben. Diese in der Kirchengeschichte in ihrer Wirkung einzigartige Sensibilität der Autoren für die Sprachwahrnehmung ihrer Leser, die Dörrie bei den christlichen Autoren beobachtet, gerät unter dessen harte Kritik, da sich die Autoren des platonischen Stilmittels bedienten, wider besseren Wissens aber nicht auf die Grenzen seiner Anwendbarkeit verwiesen. Es ist daher nach Dörrie ein fehlgeleitetes Publikum, das sich in der irrigen Annahme, sich weiterhin im vertrauten Bildungshorizont zu bewegen, dem Christentum zuwandte. Dörrie begründet seine These mit der grundlegenden Distanz zwischen Philosophie und Christentum, die nicht durch diese Art Stilübungen zu überbrücken sei. Zu einer Diskussion habe es nicht kommen können, weil die Apologeten die Diskussionspunkte nicht benannten, das Gespräch nicht suchten und die Fachkreise in ihren Schriften nicht ansprachen. Dies hat nach Dörrie seinen Grund in dem paränetischen Charakter der Gattung, deren Intention entsprechend die Autoren die Kontroversen verschleierten. Die Unredlichkeit der Autoren verbinde sich hier mit der Eigenart der Gattung.[15] Gerade weil es „allein um die Verteidigung und um die Festigung der christlichen Lehre, so wie sie ist," (S.30) gehe, liege es in der Gattung begründet, daß sie den Diskurs mit der Philosophie verhinderte.

Dörrie spricht von einem Vermittlungsbemühen, um zu zeigen, daß es keine Vermittlung zwischen Christentum und Platonismus geben konnte. Er stellt eine Erwartung in den Raum, um sie mit dem Hinweis auf falschen Missionseifer auf seiten der Theologen zu enttäuschen. Er kritisiert das Auseinandertreten von Form und Inhalt, um dann die sachliche Unredlichkeit mit der Form Apologie zu verbinden. Das Bild von der unaufrichtigen Begegnung mit den Gebildeten entsteht aber nur deshalb, weil es für Dörrie möglich ist, zwischen Form und Inhalt zu trennen, weil es für Dörrie etwas ursprünglich Christliches gibt, zu dem dann die Hülle, das Griechische, dazugekommen ist. Für Dörrie stehen sich von Anfang an Theologen und Philosophen gegenüber, und es ist nicht nur für die Philosophen

---

[15] Die entgegengesetzte These formuliert für Justin CH. MUNIER (La méthode apologétique de Justin le Martyr, in: RevSR 62 (1988), S.90-100, 227-239), der der inneren Systematik der Apologien Justins nachgeht und die Haltung Justins, aus der er dessen apologetische Methode erklärt, mit folgenden Worten beurteilt: „Justin possède une âme généreuse, un esprit droit, une franchise brutale; convaincu de la vérité de la doctrine chrétienne, il croit en sa force persuasive auprès de quiconque se laisse diriger par la saine raison. Cette vérité peut envisager sereinement une confrontation avec la philosophie profane, estime l'apologiste; un chrétien n'a pas à recourir à des subterfuges ou à de savantes précautions pour estomper la vigueur de sa doctrine: son devoir est de parler sans crainte ni détours." (S.237). Zu einer ähnlichen Aussage kommt H. CHADWICK, Early Christian thought and the classical tradition, Oxford 1966, S.18.

klar, was das eigene und das andere ist, sondern er setzt ebenso für die Christen voraus, daß sie die Philosophie nur als das Fremde wahrnehmen können, dem man sich annähern kann. Sie scheitern an diesem Versuch, nicht weil sie den starren Blick nicht von dem christlich Identischen abwenden können, sondern weil Dörrie von Anfang an Fronten aufbaut, die er anschließend nicht mehr überbrücken kann. Das Bild von der apologetischen Literatur der Alten Kirche, das hier entsteht, kann nicht überzeugen. Gegen Dörrie sollte man davon ausgehen, daß die Theologen des 2. und 3. Jahrhunderts authentisch waren in dem, was sie sagten, daß sie ihre eigene Sprache und keine künstlich angeeignete sprachen. Es trifft mit Dörrie zu, daß man sich die philosophische Sprache nicht wie einen Mantel anziehen kann, aber möglicherweise war dann der apologetische Mantel nicht der Mantel dieser Theologen, sondern ihre eigene Haut. Sie sind an die Denkmöglichkeiten ihrer Zeit gebunden. Sie arbeiten unter ihren eigenen, persönlichen Bedingungen, die aber von den Bedingungen eines platonischen Philosophen nicht grundsätzlich unterschieden sein mußten. Die apologetische Pseudomorphose Dörries' setzt bereits ein gemeinsames Milieu voraus, aber dieses eröffnete zumindest die Möglichkeit der Diskussion, und von Diskussion kann man auch dann sprechen, wenn die fachwissenschaftliche Debatte nicht gemeint ist.

Die Unredlichkeit der Apologeten ist Teil eines Modells vom 2. bis 4. Jahrhundert, das wie jedes Modell auf der Grundlage von bestimmten Werturteilen ausgearbeitet ist. Ich habe den Ansatz von H. Dörrie skizziert, weil vier grundlegende und verbreitete Merkmale der Beschreibung altkirchlicher Apologien die Implikationen seiner Konzeption teilen. Wenn man die apologetischen Texte von anderen Voraussetzungen her liest, wird man nicht nur Kritik an Dörrie üben, sondern ebenso folgende vier Merkmale der Apologie überdenken müssen:

1. Apologien werden von ihren Adressaten her definiert. Die Adressaten sind hier die gebildeten Außenstehenden.[16] 2. Die Apologien enthalten protreptische Elemente.[17] Dörrie benutzt den Ausdruck Propaganda,[18] mit dem bereits Fried-

---

[16] So auch R. HOLTE, Logos spermatikos. Christianity and ancient philosophy according to St. Justin's apologies, in: StTh 12 (1958), S.110 (109-168); F.C.M. VAN WINDEN, Le christianisme et la philosophie, a.a.O.S.205. B. ALAND führt die Adressatenfrage weiter und untersucht am Beispiel von Minucius Felix, Octavius die Beziehung zwischen Christen und römischer Oberschicht. (Christentum, Bildung und römische Oberschicht. Zum „Octavius" des Minucius Felix, in: Platonismus und Christentum, FS für H. Dörrie, hrsg.v. H-D. Blume/ F. Mann (JAC.E 10), Münster 1983, S.11-30.)

[17] So A.v. HARNACK, der zustimmend Seebergs Beobachtung zu Aristides referiert, daß „die Apologetik aus der Missionspredigt erwachsen sei", Lehrbuch der Dogmengeschichte, Bd.1, Tübingen 1909[4], S.506. Eine missionarische Intention der Apologeten hebtJ. DANIÉLOU hervor: Gospel message and hellenistic culture. A history of early Christian doctrine before the council of Nicaea, Bd.2, London/Philadelphia 1973, Kapitel 1, S.7-37. Zur Protreptik siehe: M.D. JORDAN, Ancient philosophic protreptic, in: Rhetorica 4 (1986), S.309-333.

[18] Dörrie ordnet hierbei „de propaganda fide" der Literaturgattung παραίνεσις bzw. *cohortatio* zu

länder und Geffcken,[19] dieser allerdings in dezidiert antijüdischer Haltung, die „jüdische Apologetik" kennzeichnete.[20] 3. In den Apologien geht es nicht wirklich um eine Auseinandersetzung mit der Philosophie bzw. dem zeitgenössischen Platonismus, sie sind nicht Ausdruck einer aktuellen Diskussion.[21] Diese Annahme wird traditionsgeschichtlich gestärkt, sofern die Argumentation der Apologeten auf vorchristlichen Vorlagen beruht bzw. von der doxographischen Tradition abhängig ist.[22] 4. Hieraus folgt nicht, daß die Verhältnisbestimmung zwischen Christentum und Philosophie nicht die vorrangige Fragestellung in der Interpretation der apologetischen Texte ist. Diese Verhältnisbestimmung aber wird dem spezifisch apologetischen Interesse untergeordnet,[23] womit sich die Mahnung verbindet, in den Apologien nicht mehr als einen Ausschnitt zeitgenössischer Theologie zu sehen, der nicht die ganze Sicht theologischer Vorstellungen darstellt.[24]

(a.a.O.S.4,24). Er trennt also nicht wie beispielsweise Tcherikover zwischen an Außenstehende im strikten Sinn adressierte Apologien und innergemeindlicher Literatur. V. TCHERIKOVER, Jewish apologetic literature reconsidered, in: Symbolae R. Taubenschlag dedictae, hrsg.v. G. Krókowski, V. Seffen, L. Strezelecki, Bd.3 (Eos 48/3 1956), Warschau 1957, S.169-193. Vgl. P. KRÜGER, Philo und Josephus als Apologeten des Judentums, Leipzig 1906, S.1-11.

[19] J. GEFFCKEN, Zwei griechische Apologeten, Leipzig 1907. Einige Beispiele seien genannt. Geffcken führt den Aristeasbrief damit ein, daß er „nicht nur schon eine ganz unglaublich unverschämte Propaganda treibt, die durch ihren sentimentalen Tonfall noch unausstehlicher wird ..." (S.XII). Bei Josephos stellt Geffcken die „Propaganda für das eigene Volkstum" (S.XVI) neben die Bemerkung, daß er „wesentlich seinem Rassenhasse und seinem Nationalitätsdünkel Ausdruck gegeben, indem er uns zugleich einen deutlichen Begriff von seiner Eitelkeit und seiner echt griechischen Gehässigkeit gibt" (S.XXIX).

[20] Neuerdings hat S. MASON Josephos, c.Ap. dem Logos protreptikos zugeordnet (The Contra Apionem in social ad literary context. An invitation to Judean philosophy, in: Josephus' Contra Apionem. Studies in its character and context with a Latin concordance to the portion missing in Greek, hrsg.v. L.H. Feldman/ J.R. Levison [AGJU 34], Leiden/ New York/ Köln 1996, S.216-222 [187-228]).

[21] Anders z.B. A.V. HARNACK, der deutlich macht, wie die Apologie von ihrem Inhalt, nämlich der Philosophie her, definiert ist, wenn er schreibt: „Mit der Philosophie hat sich Aristides überhaupt noch nicht auseinandergesetzt, sondern nur mit den Culten und Mythen. Eben deshalb ist seine Apologie nur erst eine Vorläuferin." (Lehrbuch der Dogmengeschichte, Bd.1, a.a.O. S.506).

[22] So B. ALAND, a.a.O.S.14f.

[23] So z.B. N. HYLDAHL, Philosophie und Christentum. Eine Interpretation der Einleitung zum Dialog Justins (AThD 9), Kopenhagen 1966, S.272.

[24] Dies betont R. HOLTE in seiner Arbeit zur Theorie des Logos spermatikos, die Justin nur in seinen Apologien verwendet, nicht aber im Dialog mit Tryphon (a.a.O.S.110f). Ebenso wendet sich Hyldahl gegen die Gleichsetzung von Apologetik und Christentum, a.a.O.S.256-259 und in seinem Fazit, S.292-296. Ähnlich A.J. MALHERBE, The structure of Athenagoras, Supplicatio pro christianis, a.a.O.S.4,20. Vgl. aber A.V. HARNACK, der umgekehrt zur Verwurzelung der Apologeten in den Gemeinden anmerkt: „Aber diese Erkenntnis darf nicht zu der Annahme verleiten, als wären die Grundauffassungen und Interessen Justins und der Uebrigen in Wahrheit andere gewesen als sie in ihren Apologien verrathen haben." (Lehrbuch der Dogmengeschichte, Bd.1, a.a.O.S.497). Vgl. auch H. CHADWICK, Early Christian thought, a.a.O.S.19.

Jede der genannten vier Voraussetzungen, insbesondere die Frage nach den Adressaten und Lesern, ist umstritten. Ebenso kontrovers wird die Bedeutung der Protreptik für das Verständnis der Gattung Apologie beurteilt,[25] und unter der Voraussetzung, daß die Apologien keine aktuelle Diskussion im philosophischen Umfeld widerspiegeln, läßt sich schwer erklären, daß Holte formuliert: „The lines of thought, which were drawn up here by the Apologists, were pursued with astonishingly few deviations and great loyalty throughout the whole Patristic tradition."[26] Diese Aussage leitet über zu der sich hier anschließenden Frage, worin, sofern man dieser These zustimmt, die epochenbildende Bedeutung der apologetischen Literatur bestand und wo der Anfang dieser neuen Tradition lag.

2. Apologien im Christentum als Zeichen eines Neubeginns oder als Übergangsliteratur

Diese Fragestellung macht auf den Zusammenhang aufmerksam, der zwischen der Beurteilung der Voraussetzung der Apologien christlicher Autoren und bestimmten Beschreibungskategorien besteht. Es geht hier weniger um eine Einordnung der Apologien in die Literatur des zweiten Jahrhunderts, als vielmehr um Kontinuität und Diskontinuität innerhalb der christlichen Literatur, also beispielsweise um das Verhältnis zwischen den Texten der sogenannten Apostolischen Väter und der Apologeten. Das unvermittelte Einsetzen einer neuen Literaturform steht hier ebenso wie die Beobachtung, daß bestimmte Argumentationen in den Apologien

---

[25] Das Nebeneinander von forensischen und protreptischen Elementen in den Apologien zu klären, gehört zu den Hauptaufgaben der Einordnung und Beurteilung der Texte. Auf dieses Nebeneinander in den Apologien Justins hat bereits K. HUBIK, Die Apologien des hl. Justinus, des Philosophen und Märtyrers. Literarhistorische Untersuchungen, Wien 1912 hingewiesen. P. KERESZTES (The literary genre of Justin's first apology, in: VigChr 19 (1965), S.99-110; ders., The „so-called" second apology of Justin, in: Latomus 24 (1965), S.858-869) hat die These formuliert: „that we have not one single *apologia* in the forensic form and sense, not even a *fiction* written on behalf of Christians at trial." (The literary genre, S.109, kursiv Keresztes) und ordnet die Apologien Justins in die deliberative und protreptische Rhetorik ein. Ähnliche Ergebnisse lagen bereits in der italienischen Forschung vor. Siehe z.B. V. MONACHINO, Intento pratico e propagandistico nell' apologetica greca del II seculo, in: Gr. 32 (1951), S.5-49. Anders als Monachino würde aber Keresztes, der Monachino nicht kannte, nicht von einem „effetto propagandistico e missionario" (S.46) sprechen, sondern die deliberative Rhetorik Justins stärker dessen Intention unterordnen, auf eine lokale Rechtssituation einzuwirken. Vgl. aber die Unterscheidung forensischer und deliberativer Elemente innerhalb der Protreptik bei M.D. JORDAN, a.a.O.S.316f. Den Versuch, Justins Apologia maior nach dem Modell der Aristotelischen Protreptik zu verstehen, hat A.J. GUERRA vorgenommen (The conversion of Marcus Aurelius and Justin Martyr, a.a.O.).

[26] A.a.O.S.109.

paganen Mustern folgen, für die Diskontinuität zur neutestamentlichen Überlieferung. Es ergibt sich die Alternative, daß die Apologien entweder einen Bruch zum Vergangenen darstellen oder aber den Übergang in die Alte Kirche, wobei die Frage offen ist, wie sich dieser vollzogen hat. Auf dem Hintergrund der Forschungsgeschichte[27] erklärt sich das Interesse der Patristik für die frühesten Zeugnisse christlicher Apologie, insbesondere für das Kerygma Petri, verbunden mit der Frage nach ihrem Bezug auf die Texte des hellenistischen Judentums.[28] Die Frage nach den Voraussetzungen der Apologien zielt hier auf die Frage nach der Bedeutung der jüdischen Apologetik für die Entwicklung der Apologien christlicher Autoren.[29] Ein erheblicher Teil der Fragmente aus dem hellenistischen Judentum, auf die sich die Bezeichnung „jüdische Apologetik" bezieht, wurde durch Euseb von Caesarea in der Praeparatio Evangelica, also im Rahmen der apologetischen Literatur der Alten Kirche überliefert, womit die Bedeutung jener Texte für diese Literaturform deutlich belegt ist.

Allerdings ergibt sich die Schwierigkeit, daß man in der Interpretation der Texte des hellenistischen Judentums von Apologetik im weitesten Sinn spricht,[30]

---

[27] Aufschlußreich sind in diesem Zusammenhang nach wie vor die Ausführungen von F. OVER-BECK, Über die Anfänge der patristischen Literatur, in: HZ 48 (1882), S.417-472.

[28] Auf diesen forschungsgeschichtlichen Zusammenhang geht ein: H. PAULSEN, Das Kerygma Petri und die urchristliche Apologetik, in: ZKG 88 (1977), S.1-37. Die Frage der Abhängigkeit der Apologeten des 2.Jh.s von der jüdisch-hellenistischen Apologetik hat neuerdings wieder M. ALEXANDRE (Apologétique judéo-hellénistique et premières apologies chrétiennes, in: Les apologistes chrétiens et la culture grecque, hrsg.v. B. Pouderon/ J. Doré [ThH 105], Paris 1998, S.1-40) aufgenommen.

[29] Siehe besonders P. WENDLAND, Die Hellenistisch-römische Kultur in ihren Beziehungen zu Judentum und Christentum (Handbuch zum Neuen Testament 1,3), Tübingen³ 1912, S.325-339. Er beantwortet die Frage in folgender Weise: „Die christliche Apologetik hat in ihrem Kampfe gegen das Heidentum zum großen Teil die Traditionen und Formen der jüdischen übernommen, die Kontinuität und Entwicklung fortgesetzt." (S.327).

[30] So M. FRIEDLÄNDER, a.a.O.S.6f. V. TCHERIKOVER (a.a.O.) hat dieses Vorgehen, das nahezu die gesamte griechische Literatur des hellenistischen Judentums unter Apologetik erfaßt, grundlegend kritisiert. Er grenzt die jüdische apologetische Literatur auf einige Texte von Philon und Josephos ein, orientiert an dem Kriterium, daß es sich in der Apologetik um nach außen gerichtete Schriften handelt. Er kommt zu dem Ergebnis: „Alexandrian literature was created not in order to exhibit certain ideas to the outer world, but to give expression to the intricate problems which developed within the Jewish community itself and which attracted the interest of its members." (a.a.O.S.193). Bedeutet dies, daß die Texte nicht apologetisch sind? E. Schürer/ G. Vermez/ F. Millar/ M. Goodman (The history of the Jewish people in the age of Jesus Christ, Bd.3,1, Edinburgh 1986, S.594, 609) folgen der Kritik von Tcherikover und unterscheiden zwischen indirekter Apologetik, nämlich Texten, die ein apologetisches Interesse haben, und direkter Apologetik, die unmittelbar die Auseinandersetzung mit den Angriffen zum Thema hat und zu der sie lediglich Josephos, c.Ap. und die bei Euseb von Caesarea (PE 8,11) überlieferten Fragmente aus Philon, Hypothetica zählen.
Die Diskussion ist mit dieser Stellungnahme allerdings nicht beendet, wie die neueren Untersuchungen zu Josephos, AJ als apologetischem Geschichtswerk zeigen (siehe oben Anm.20, weiter Anm.54). Die Frage, ob die Texte von Juden gelesen wurden oder nach außen an Nicht-Juden

während Apologien im engeren Sinn die Texte der christlichen Apologeten bezeichnen,[31] und folglich mit den Ausdrücken Apologetik und apologetisch auf der einen Seite und Apologie und Apologeten auf der anderen unterschiedliche Sachverhalte bezeichnet.[32] Auf der einen Seite liest man von „apologetischem Interesse"[33] und „apologetischer Tendenz" und bezieht dieses auf einen Charakterzug des betreffenden Textes,[34] beispielsweise der Tragödie ἐξαγωγή des Ezechiel,[35] des Textes der Sibyllinen, der Geschichtsdarstellung des Artapanos[36] oder des Aristeasbriefes, auf der anderen Seite findet man unter „Apologie" die summarischen Zusammenfassungen bestimmter Texte und bezieht diese auf eine bestimmte Gattung. Es stellt sich hiermit nicht nur die Frage, um einen Vergleich zu benutzen, was die romanhaften Züge im Vergleich zum Roman sind, und die Frage nach der Vergleichbarkeit von apologetischen Interessen und Apologie, sondern das Problem, daß die Bezeichnungen Ausdruck methodisch unterschiedlicher Zugangsweisen sind. Während in der Erarbeitung der apologetischen Literatur der Alten Kirche zunehmend die Formgeschichte in den Vordergrund tritt, werden die Bezüge zu den Texten des hellenistischen Judentums motivgeschichtlich hergestellt. Dies hat seinen Grund darin, daß man mit Ausnahme von Josephos, Contra Apionem[37] die Texte der jüdischen Apologetik nicht zu den Apologien zählen kann, die durchaus mit apologetischer Absicht in den verschiedenen, damals üblichen Literaturformen vorliegen, dann aber den Schluß ziehen muß, daß das Neuartige in den altkirchlichen Apologien in ihrer Form liegt. Um diesen Schluß aber zu ziehen, wäre es notwendig zu wissen, was unter Apologien zu verstehen ist.

---

gerichtet waren, hat sich als Kriterium zur Bestimmung eines apologetischen Textes als nicht hilfreich erwiesen. Vgl. G.E. Sterling, Historiography and self-definition, a.a.O.S.17.

[31] Die Unterscheidung zwischen Apologeten „im weiteren Sinne" und im „engeren" benutzt in seinem Artikel A. JÜLICHER, Apologeten, in: PRE 2 (1898), S.166f.

[32] Deutlich ist dies den Abschnitten „B. Jüdisch" und „C. Christlich" und ihren Untergliederungen „I.Apologetische Geschichtsschreibung" und „II. Apologetische Philosophie" und „I.Paulus", „II.Apologeten des 2. Jh." und „III. Apologeten des 3.Jh.usw." in dem Artikel „Apologetik" von G. BARDY in: RAC 1 (1950), Sp.533-545 zu entnehmen.

[33] Siehe P. KRÜGER, a.a.O.S.14f.

[34] M. FRIEDLÄNDER (a.a.O.S.1): „Der Charakter einer Apologie ergibt sich daher weniger aus dem Inhalt der betreffenden Schrift, oder spricht sich in der besonderen Art ihrer Abfassung aus, er ist vielmehr ein Commentar, den der Autor seinem Werk vorausschickt, um die Tendenz, die Richtung anzudeuten, die er bei seiner Ausführung im Auge hatte."

[35] Euseb von Caesarea, PE 9,28,2.1-4,9; 9,29,5.1-14,50; 9,29,16.1-27.

[36] Euseb von Caesarea, PE 9,18.1; 8,23,1-4; 9,27.1-37.

[37] Zu diesem Text siehe M. GOODMAN, Josephus' treatise *Against Apion*, in: Apologetics in the Roman Empire. Pagans, Jews, and Christians, hrsg.v. M. Edwards/ M. Goodman/ S. Price, Oxford 1999, S.45-58.

A. Jülicher schreibt zusammenfassend:

„Die hier vereinigten A. (Apologeten) stehen einander so nahe in der Auffassung ihrer Aufgabe, in der Gesamttendenz wie den einzelnen benützten Argumenten, namentlich auch in ihrer rationalisierenden Anschauung vom Christentum, dass sie mit Recht immer als eine einheitliche Grösse betrachtet werden, dogmengeschichtlich gerade so wie litterargeschichtlich."[38]

Nach Jülicher ist die Vergleichbarkeit der Texte durch einen sachlichen Rahmen gegeben. Ihre Einheitlichkeit liegt in einem bestimmten Argumentationszusammenhang, d.h. in wiederholbaren und wiederholten Antworten auf Vorwürfe wie beispielsweise für die jüdische Apologetik auf die entstellte Darstellung jüdischer Geschichte[39] oder den Vorwurf einer anthropomorphen Gottesvorstellung[40] oder auf den Atheismusvorwurf, der die christlichen Apologeten betraf. Das heißt, und dies wurde oben bereits als motivgeschichtlicher Zugang zu der apologetischen Literatur bezeichnet, daß eine Apologie als Gattung erkennbar ist durch das Vorkommen bestimmter Motive und Argumente und durch die Intention des Textes, auf gegnerische Vorwürfe zu reagieren.[41] Gegen die motivgeschichtliche Betrachtungsweise, welche die ältere Forschung bestimmte und die neuerdings wieder aufgenommen wird,[42] wendet beispielsweise H. Paulsen die „beliebige Verwend-

---

[38] A.a.O.S.167.

[39] M. FRIEDLÄNDER, a.a.O.S.104-131; P. KRÜGER, a.a.O.S.61-75; G. BARDY, Apologetik, a.a.O. Sp. 536f; K.-S. KRIEGER, a.a.O.S.326-338.

[40] M. FRIEDLÄNDER, a.a.O.S.29.

[41] P. WENDLAND (Die Hellenistisch-römische Kultur in ihren Beziehungen zu Judentum und Christentum, a.a.O.S.328) spricht in diesem Zusammenhang von „festen Traditionsformen", vom „Durchschnittstypos der Apologie" und vom „festen Schema". (Vgl. ders., Die Hellenistisch-Römische Kultur, [Handbuch zum Neuen Testament Bd.1,2] Tübingen² 1907, S.115) Ein solches Schema sieht Wendland in Kerygma Petri (IIIa,IVa), der Apologie des Aristides (12;14) und dem Diognetbrief (1-3), vgl. J. SCHWARTZ, L'Épitre a Diognète, in: RHPhR 48 (1968), S.46-53. Die Beziehungen zwischen diesen Texten sind von Anfang an aufgefallen. Wendland will, wenn er vom Schema oder Grundbestand einer Apologie spricht, auf einen Diskussionszusammenhang aufmerksam machen, er ist nicht als literarische Abhängigkeit kennzeichnet. Zur gleichen Zeit aber wurden die literarischen Beziehungen der Texte diskutiert. Zur neueren Diskussion siehe K.-G. ESSIG, Erwägungen zum geschichtlichen Ort der Apologie des Aristides, in: ZKG 97 (1986), S.163-188.

[42] Hier ist einzuordnen die Arbeit von CHR. BUTTERWECK, „Martyriumssucht" in der Alten Kirche? Studien zur Darstellung und Deutung frühchristlicher Martyrien (BHTh 87), Tübingen 1995. Sie beginnt (S.8-23) programmatisch mit der Apologie des Sokrates und versteht mit Hinweis auf L. BORNSCHEUER (Topik, in: RDL 4 (1984), S.454-475) die Apologie der Kaiserzeit von ihrer topischen Verarbeitung der Strukturelemente der platonischen Apologie her. Zu ihrem Ausgangspunkt gehört, daß sich das Motiv der Todesbereitschaft im Sinnendes Topos in der paganen, der hellenistisch-jüdischen und christlichen Literatur der Kaiserzeit findet. Zu Justins Äußerungen über Sokrates: M. FÉDOU, La figure de Socrate selon Justin, in: Les apologistes chrétiens et la culture grecque, hrsg.v. B. Pouderon/ J. Doré (ThH 105), Paris 1998, S.51-66.

barkeit der apologetischen Motive" ein,[43] womit er zu Recht darauf hinweist, daß, um noch einmal ein Beispiel zu benutzen, das Motiv des geizigen Alten alleine noch nicht anzeigt, ob der Leser sich in einer Komödie oder einer Tragödie befindet,[44] d.h. daß ein einzelnes Motiv oder Thema zur Bestimmung der Gattung nicht hinreichend ist.[45] Paulsen hält daher der motivgeschichtlichen Arbeit die formgeschichtliche entgegen, was ihn zu der Adressatenfrage führt, die er im Sinne des „Sitzes im Leben" behandelt. Anzumerken ist: Erstens wurde die Frage, ob Texte, die unter der Fragestellung Apologetik bearbeitet wurden, sich an Außenstehende oder aber die Gemeinde richteten, in der älteren, also wesentlich motivgeschichtlichen Forschung nicht ausgeblendet[46]. Zweitens ist zu beachten, daß Gattung, sofern man sie als ein innersprachliches Phänomen versteht, wie alle sprachlichen Phänomene grundsätzlich vielfältig anwendbar ist, und somit die vielfältige Verwendbarkeit nicht ein Argument gegen die Motive als Indiz einer Gattung ist. Drittens ist zu überlegen, inwieweit, auch wenn dies nicht oder nur begrenzt für ein einzelnes Motiv gilt, ein Repertoire von Motiven oder ein motivischer Hintergrund hinreichend ist, um einen Text als „apologetisch" zu bezeichnen.

Mit einem weiteren Gegenstand der formgeschichtlichen Diskussion über die apologetische Literatur der Alten Kirche, nämlich der Kaiseradresse, ist ein drittes Problemfeld benannt, das wiederum unabhängig den bereits skizzierten gegenübersteht und aus der Einbindung der apologetischen Literatur in die Texte des hellenistischen Judentums herausführt. Obwohl die Nachrichten von einer Reihe von jüdischen Gesandtschaften an den Kaiser überliefert sind,[47] hat die Kaiseradresse in der jüdischen Apologetik keine Bedeutung und nicht zur Definition ihres Gegenstandes beigetragen. Das bedeutet umgekehrt, daß die Arbeiten, die die Kaiseradressen in den Apologien untersuchen, den Bezug zu der Literatur des hellenistischen Judentums nicht herstellen.[48]

---

[43] A.a.O.S.32.

[44] Dieses Motiv bespricht W. RAIBLE am Beispiel von H. de Balzac, Eugénie Grandet in: Was sind Gattungen? Eine Antwort aus semiotischer und textlinguistischer Sicht, in: Poetica 12 (1980), S.320-349.

[45] Ebenso J.C. FREDOUILLE, L'apologétique chrétienne antique. Naissance d'un genre littéraire, in: REAug 38 (1992), S.225f (219-234).

[46] Siehe z.B. P. WENDLAND, Die Hellenistisch-römische Kultur in ihren Beziehungen zu Judentum und Christentum, a.a.O.S.333, P. KRÜGER, a.a.O.S.1f.

[47] Eine Auflistung der jüdischen Gesandtschaften und der hier ausschließlich literarischen Zeugnisse gibt G. ZIETHEN, Gesandte vor Kaiser und Senat. Studien zum römischen Gesandtschaftswesen zwischen 30 v.Chr. und 117n.Chr. (Pharos. Studien zur griechisch-römischen Antike 2), St. Katharinen 1994, S.245-248.

[48] Eine Ausnahme bildet in diesem Zusammenhang W.R. SCHOEDEL, Apologetic literature and ambassadorial activities, in: HTR 82 (1989), S.55-78.

3. Kaiseradresse und Sitz im Leben

Der dritte Zugang zu den Texten der Apologeten ist durch die Beschäftigung mit der Anrede der Kaiser Antoninus Pius und Marc Aurel durch Justin und Athenagoras bestimmt. Ausgehend von der Kaiseradresse der Apologien[49] wurde folgerichtig die Verbindung gezogen zu den für eine Kaiserbegegnung vorgeschriebenen rhetorischen Formen. Diese Verbindung wurde offensichtlich, nachdem die Presbeia des Athenagoras in den Vordergrund des Interesses gerückt war[50] und W.R. Schoedel 1979 auf die Ausführungen von Menander Rhetor zum βασιλικὸς λόγος und auf die Beziehung zwischen Apologie und Panegyrik aufmerksam gemacht hatte.[51] Diesen Ansatz weiterführend listete R.M. Grant die rhetorische Terminologie in der Darstellung der Apologeten durch Euseb von Caesarea sowie in einzelnen apologetischen Texten auf[52] und verarbeitete das Ergebnis F. Millars,[53] indem er den Text Athenagoras auf dem Hintergrund des πρεσβευτικος λό-

---

[49] Die Kaiseradressen sind in der Kirchengeschichte Eusebs von Caesarea überliefert, wo er von Apologien des Quadratus (4,3,1) und Aristides (4,3,3) an Hadrian, des Melito (4,13,8; 4,26,1) und ebenso des Apollinaris (4,26,1) gerichtet an Marcus Aurelius, sowie des Militiades (5,17,5), der οἱ κοσμικοὶ ἄρχοντες anspricht, berichtet. Zu vergleichen sind die in den Texten Justins und Athenagoras erhaltenen Titeln.
τοῦ ἁγίου Ἰουστίνου φιλοσόφου καὶ μάρτυρος ἀπολογία ὑπὲρ Χριστιανῶν πρὸς τὴν Ῥωμαίων Σύγκλητον (apol.min., vgl. Euseb, HE 4,16,1 ... Ἰουστῖνος δεύτερον ὑπὲρ τῶν καθ᾽ ἡμᾶς δογμάτων βιβλίον ἀναδοὺς τοῖς δεδηλωμένοις ἄρχουσιν),
τοῦ ἁγίου Ἰουστίνου <φιλοσόφου καὶ μάρτυρος> ἀπολογία ὑπὲρ Χριστιανῶν πρὸς Ἀντωνῖνον τὸν Εὐσεβῆ (apol.mai., vgl. 1,1: Αὐτοκράτορι Τίτῳ Αἰλίῳ Ἀδριανῷ Ἀντωνίνῳ Εὐσεβεῖ Σεβαστῷ, καὶ Καίσαρι Οὐηρισσίμῳ υἱῷ φιλοσόφῳ, [καὶ Λουκίῳ φιλοσόφῳ, Καίσαρος φύσει υἱῷ καὶ Εὐσεβοῦς εἰσποιητῷ, ἐραστῇ παιδείας,] ἱερᾷ τε συγκλήτῳ καὶ δήμῳ παντὶ Ῥωμαίων, ὑπὲρ τῶν ἐκ παντὸς γένους ἀνθρώπων <θεοσεβῶν>, ἀδίκως μισουμένων καὶ ἐπηρεαζομένων, Ἰουστῖνος Πρίσκου ...),
Der Titel Ἀθηναγόρου Ἀθηναίου φιλοσόφου Χριστιανοῦ πρεσβεία περὶ Χριστιανῶν (im Codex Paris.451, f.322v) ist nach Marcovich (S.17) von der Hand des Schreibers Baanes, die Subscriptio (f.348r) ἀθηναγόρου πρεσβεία geht auf Aretas zurück; der Text beginnt mit der Überschrift Αὐτοκράτορσιν Μάρκῳ Αὐρηλίῳ Ἀντωνίνῳ καὶ Λουκίῳ Αὐρηλίῳ Κομόδῳ Ἀρμενιακοῖς Σαρματικοῖς, τὸ δὲ μέγιστον φιλοσόφοις).

[50] Die Apologien Justins hat A. EHRHARDT im Zusammenhang mit Petition und Kaiseradresse untersucht, ausgehend von Eusebs Bezeichnung der ersten Apologie als λόγος und der zweiten Apologie als βιβλίον (Justin Martyr's Two Apologies, in: JEH 4 [1953], S.1-12).

[51] W.R. SCHOEDEL, In praise of the king. A rhetorical pattern in Athenagoras, in: Disciplina Nostra. Essays in Memory of R.F. Evans, hrsg.v. D.F. Winslow, (PatMS 6) Cambridge 1979, S.69-90; vgl. seine bereits 1973 erschienene Untersuchung: Christian „atheism" and the peace of the Roman Empire, a.a.O. S.317f.

[52] Forms and occasions of the Greek apologists, a.a.O.

[53] The emperor in the Roman world (31 BC - AD 337), London 1977, S.551-566. Das zurückhaltend positive Ergebnis, daß man nicht ausschließen könne, daß Athenagoras seinen Text dem Kaiser vorgetragen habe oder vortragen haben wolle, ist durch Millars Fragestellung vorbereitet: „could such works (the apologies) have been given this form, headed by the name of the reigning emperor, without in fact ever being presented or sent to him?" (S.561).

γος[54]erklärte.[55] Die durch Millar, Schoedel und Grant angeregte Diskussion präzisiert und bestätigt den traditionellen Zugang zu den Apologien über die Kaiseradresse, insofern die Aufnahme von Formelementen aus der Gesandtschaftsrede und der Petition zumindest die Intention des Verfassers voraussetzt, seinen Text in Beziehung zu diesen Literaturformen zu setzen. Wenn darüber hinaus in den letzten Jahren sich ein Konsens abzuzeichnen scheint,[56] daß die Apologien dem Kaiser tatsächlich überreicht wurden oder zumindest werden sollten und die Petition einen Schlüssel zum Verständnis der Gattung Apologie biete, ist auf den Einfluß der älteren Formgeschichte, welche die Gattung von ihrer Überlieferung und institutionellen Verankerung her definierte, auf die neuere Diskussion um die Apologien hinzuweisen. Die Frage ist nicht, ob die Apologien einen historischen Ort haben, aber sehr wohl, woher beispielsweise Grant die Gewißheit nimmt, daß unter den vielen Gesandtschaften, die sich in Athen bemühten, zu Marc Aurel vorgelassen zu werden,[57] auch Athenagoras war. Fraglich ist weiter, ob in der Situation, die Grant durch die Formulierung kennzeichnet „Conceivably Athenagoras knew that he was competing for the emperor's attention with Aelius Aristides, who had already spoken before them at Smyrna."[58], die Stabilität der Gattung gewährleistet wird.

Geht man davon aus, daß die Apologien die Kaiser erreichen sollten, ergeben sich folgende Alternativen. Sieht man davon ab, daß die Kaiseradresse als Wid-

---

[54] Menander Rhetor, περὶ ἐπιδεικτικῶν 423f. Der Ansatz wurde von D.L. BALCH ebenso mit Hinweis auf Menander Rhetor auf die Interpretation von Josephos, c.Ap. angewendet (Two apologetic encomia. Dionysius on Rome and Josephus on the Jews, in: JSJ 13 (1982), S.102-122.

[55] A.a.O.S.218f.

[56] Es sei angemerkt, daß dieser Konsens mit dem Versuch einer situationsbezogenen Auslegung die Gegenposition einnimmt beispielsweise zu Äußerungen wie der J. GEFFCKENS (a.a.O.S.99, Anm.1): „Diese Schriften sind reine Buchliteratur ohne unmittelbar praktische Zwecke." Die Interpretation der Apologien im Vergleich mit Petitionen bedeutet eine Verschärfung des Gegensatzes in der Adressatenfrage und läßt sich nur schwer mit einem größeren Adressatenkreis und dem breiteren Interesse oder Markt für diese Schriften unter den Christen und ihren Gegnern, auf den letztlich die Überlieferung dieser Texte zurückgeht, vereinen. Vgl. W.H.C. FREND, The rise of Christianity, London 1984, S.234, F. MILLAR, a.a.O.S.561.

[57] Zur Arbeitsbelastung der Kaiser durch das Gesandtschafts- und Petitionswesen siehe F. MILLAR, a.a.O.S.203ff.

[58] R.M. GRANT, Five apologists and Marcus Aurelius, a.a.O.S.8; ebenso in: Forms and occasions, a.a.O.S.219. Vgl. aber die Ausführungen von W.R. SCHOEDEL, Christian „atheism" and the peace of the Roman Empire, a.a.O., in denen Schoedel die Realitätsferne in den Äußerungen des Athenagoras darlegt und zeigt, daß dessen Ausgangspunkt in theoretischen Überlegungen gewählt ist, welchen die politische Wirklichkeit nicht erreichen, aber auch nicht erfassen. Schoedel führt die Distanz dieser Äußerungen auf die Benutzung eines rhetorischen Handbuches zurück. Von diesem Ansatz herkommend überrascht die Wende, die Schoedel 1989 in Apologetic literature and ambassadorial activities vollzieht. Eine kritische Auseinandersetzung mit der Argumentation Schoedels von 1989 hat neuerdings P.L. BUCK (Athenagoras's *embassy*. A literary fiction, in: HThR 89 (1996), S.209-226) vorgelegt, allerdings ohne auf Schoedels Ansatz von 1979 einzugehen.

mung zu erklären ist, wobei, ohne daß damit die Vergleichbarkeit der Situation behauptet werden soll, an Alexander von Aphrodisias Widmung seiner Schrift De fato an Septimus Severus und Antoninus Caracalla zu erinnern ist, gab es die Möglichkeit, daß der Text durch eine Gesandtschaft entweder schriftlich überreicht oder als Rede vorgetragen wurde. Gesandtschaften regelten den diplomatischen Verkehr zwischen den Städten, in der Kaiserzeit den Kontakt zum Kaiser und waren den Mitgliedern der römischen bzw. städtischen Oberschicht vorbehalten.[59] Das Recht, Gesandte zu schicken, wurde als Privileg den Städten zuerkannt. Die zweite Möglichkeit, das Überreichen der Apologien zu erklären, stellt die Petition oder der Libellus dar, also die Form, in der die Dörfer ihre Anliegen vortrugen und die allen Privatpersonen, einschließlich Frauen und Sklaven, offenstand. Gegen die Annahme, daß die Apologien als Gesandtschaftsrede oder Petition den Kaiser erreichten, sprechen folgende Argumente:

a) Sowohl auf die Eingabe einer Gesandtschaft als auch auf den Libellus erfolgte eine schriftliche Antwort. Es ist weder der Brief eines Kaisers erhalten, der das Anliegen einer Gesandtschaft von Christen beantworten würde,[60] noch ist zu einer der Apologien eine Subscriptio überliefert.[61]

b) Ähnlich wie die Gesandten mußten sich die Überbringer der Libelli auf den Weg zum Kaiser nach Rom oder aber zu dem Ort machen, an dem sich der Kaiser aufhielt,[62] wenn nicht z.B. der Statthalter den Libellus seiner Post an den Kaiser

---

[59] Zur Entwicklung und zu den Veränderungen im Gesandtschaftswesen siehe: D. KIENAST, Presbeia, in: PRE Suppl. 13 (1973), Sp.499-628; W. WILLIAMS, Antoninus Pius and the control of provincial embassies, in: Hist. 16 (1967), S.470-483.

[60] Umfangreiche Beispiele für kaiserliche Antwort-Briefe auf eine Gesandtschaft finden sich in: J.H. OLIVER, Greek constitutions of early Roman emperors from inscriptions and papyri, (American Philosophical Society 178) Philadelphia 1989 (z.B. Nr.5, 6, 7, 13, 14, 18, 19, 34, 42, 44, 45, 47, 68, 69, 71, 78, 79, 111, 112, 114, 116, 124, 156,177, 190, 192). Zu den Briefen siehe W. WILLIAMS, a.a.O.
In den Texten Plinius d.J., ep. 10,96f und Justin, apol.mai. 68 handelt es sich um kaiserliche, an den Statthalter gerichtete Reskripte, welche das Verfahren gegen Christen zum Gegenstand haben und welche nach Lactanz, div.inst. 5,11,19 gesammelt wurden. Zu interpretieren sind in diesem Zusammenhang die Erwähnung von Schreiben des Antoninus Pius an Städte und alle Griechen in dem Zitat aus der Apologie Melitons in der Kirchengeschichte Eusebs (4,26,10) und der christenfreundliche Brief desselben Kaisers adressiert an das Koinon Asiens, den Euseb als eine Antwort an die Brüder in Asien, die sich im Sinne einer Petition an den Kaiser wendeten, verstehen will (4,12,2-4,13). MILLAR (a.a.O.S.560f) illustriert die Aussage Eusebs durch die Gesandtschaften der Athletenvereine und interpretiert die Apologien als eine Bestätigung und Unterstützung dieser Aussage. Zu beachten ist, daß der Beleg wieder auf Euseb zurückgeht. Fraglich ist die Vergleichbarkeit von Athletenverein und christlicher Synode.

[61] Beispiele finden sich in: J.H. OLIVER, a.a.O.Nr.1, 38, 154, 223, siehe besonders die Sammlungen von Apokrimata Nr.220-222, 226-238 und 248-253.

[62] R.M. GRANT versucht, die Apologien von Apollinaris von Hierapolis, Meliton von Sardis, Athenagoras, Tatian und Miltiades in das Itinerar der Reise Marc Aurels in den Osten im Winter 174-175 einzuordnen (Five apologists and Marcus Aurelius, a.a.O.). Auf diese Kaiserreise bezieht sich ebenso der Datierungsvorschlag von T.D. BARNES, The embassy of Athenagoras,

beifügte, wovon im Fall der Christen nicht auszugehen ist. Das Zeremoniell und die religiöse Sphäre eines Kaiserbesuchs, begleitet sowohl von Opfern des Kaisers an dem entsprechenden Heiligtum der Stadt als auch von Opfern der Bevölkerung für das Wohl des Kaisers,[63] mußte notwendig die christlichen Gesandten in genau den Konflikt bringen, der Gegenstand ihrer Petition war.

c) Zum Gesandtschaftswesen gehören die Zulassungsformalitäten.[64] Mit welchem Psephisma konnten sich christliche Gesandte ausweisen, um zu einer Audienz beim Kaiser zu gelangen? Die Frage stellt sich insbesondere in einer Zeit, in der Antoninus Pius daran lag, die Zahl der Gesandtschaften zu reduzieren, um die öffentlichen Kassen zu entlasten,[65] zumal er damit den städtischen Oberschichten entgegenkam, von der dieses Amt, Gesandtschaften zu übernehmen, im Sinne einer zunehmend lästigen Liturgie erwartet wurde.[66] Da, wie man vermuten muß, die Christen die Zulassungsvoraussetzungen für eine Audienz nicht erfüllten und ihnen die entsprechende rechtliche Möglichkeit nicht zuerkannt wurde, werden die Apologien mit den Petitionen in Verbindung gebracht,[67] so daß die Schwierigkeit entfällt, sich die Situation einer christlichen Gesandtschaft vorzustellen. Es stellt sich aber von neuem das Problem, daß Nachrichten über Petitionen von Christen und Christinnen bekannt sind, wie beispielsweise von der Frau, die nach Justin um Zeit bittet, ihre Angelegenheiten vor dem Beginn des Prozesses regeln zu dürfen,[68] der Ertrag aber aus dem Vergleich mit den Texten der Libelli für die Beschreibung der Apologien äußerst begrenzt ist.[69] Symptomatisch sind die Schwierigkeiten,

---

in: JThS.NS 26 (1975), S.111-114. Zu den Kaiserreisen siehe: H. HALFMANN, Itinera principum. Geschichte und Typologie der Kaiserreisen im Römischen Reich, (Heidelberger Althistorische Beiträge und Epigraphische Studien 2) Stuttgart 1986.

[63] Dieses Umfeld hat H. HALFMANN, a.a.O.S.111-124 beschrieben. Auf dem Hintergrund dieses Umfeldes ist auch die These von A.J. GUERRA (a.a.O.) zu beurteilen, daß der Text der Apologie Justin auf eine erneute Bekehrung Marc Aurels ziele.

[64] Vgl. G. ZIETHEN, a.a.O.S.148ff.

[65] W. WILLIAMS, a.a.O.

[66] F. QUASS, Die Honoratiorenschicht in den Städten des griechischen Ostens. Untersuchungen zur politischen und sozialen Entwicklung in hellenistischer und römischer Zeit, Stuttgart 1993, S.168-176, 192-195.

[67] So W.R. SCHOEDEL, Apologetic literature and ambassadorial activities, a.a.O.; W. KINZIG, Der „Sitz im Leben" der Apologie der Alten Kirche, in: ZKG 100 (1989), S.291-317.

[68] Apol.min. 2,8.

[69] Auf die offensichtliche Diskrepanz, die in dem unterschiedlichen Umfang von Petition und Apologie liegt, wurde des öfteren hingewiesen. Vgl. F. MILLAR, a.a.O.S.563; P.L. BUCK, a.a.O.S.212. Sie wird ebenso im Zusammenhang von Gesandtschaftsrede und Apologie diskutiert. Vgl. W.R. SCHOEDEL, Apologetic literature and ambassadorial activities, a.a.O.S.57-61. Die Frage, wieviel Zeit für eine Anhörung anzusetzen ist, der Hinweis auf den Gebrauch der Wasseruhr und das mehr oder weniger reichliche Bemessen der Zeit gehören in das gerichtliche Prozedere. Aufschlußreich ist in diesem Zusammenhang die umfangreiche literarische, von Philostrat konzipierte Apologie des Apollonios (VA 8,7). Er läßt Apollonios die Apologie aber nicht vortragen, dieser wird bei Philostrat mit dem verkürzenden Verfahren der Fragen

nach Einführung des Petitionsverfahrens zur Darstellung des „Sitzes im Leben"
der Apologie zu den Texten der Apologie zurückzulenken.[70]
    Eine Lösung dieser Schwierigkeiten bietet Kienast. Nach Kienast wurden
Gesandtschaftsreden zur Zeit der Apologeten nicht notwendig von ihren Autoren
dem Kaiser vorgetragen, d.h., daß ein Rhetor von einer Stadt mit der Abfassung
einer Rede beauftragt werden konnte, ohne Mitglied einer Gesandtschaft zu sein.
Man hat daher zwischen der Abfassung, der Publikation und dem Vortrag der Rede zu unterscheiden.[71] Dies würde erklären, warum Athenagoras die Textform der
Presbeia benutzen konnte, ohne damit die Absicht zu haben, sie dem Kaiser vor-
zutragen. Mit dieser Antwort führt die Frage, wie die Apologeten die Literaturform
der Gesandtschaftsrede aufnehmen konnten, weg von dem Versuch, das konstitutiv Gemeinsame der Textgruppe in der Situation der Kaiserbegegnung zu suchen[72]

---

konfrontiert werden. (VA 8,4f).

Unterschiede in Form und Inhalt liegen zwischen Petition und Apologie, aber auch zwischen
Gesandtschaftsrede und Apologie vor. W.R. Schoedel, der darauf aufmerksam gemacht hat, daß
Athenagoras mit der epideiktischen Rhetorik vertraut ist, will diesen Hinweis nicht als eine
Einordnung des Textes in die Gattung der Gesandtschaftsrede verstanden wissen, ebenso hebt
W. KINZIG, allerdings ohne die formal-inhaltlichen Gründe im einzelnen zu nennen, die
Presbeia des Athenagoras von den λόγοι πρεσβευτικοί ab (a.a.O.S.305, Anm.57), um die
Beziehung zu den Petitionen zu betonen. Die Bezüge zur Petition hat am Beispiel Justins A.
EHRHARDT vorgetragen (Justin Martyr's Two Apologies, a.a.O.S.4-8). Auf der anderen Seite
deuten D. KIENAST (a.a.O.Sp.594), F. MILLAR (a.a.O.S.561), R.M. GRANT (Forms and
occasions of Greek apologists, a.a.O.S.218f) den Text formal als Gesandtschaftsrede. Ob eine
weitergehende Klärung des strittigen Zusammenhanges zwischen epideiktischem Genus,
protreptisch-paränetischen Elementen und forensischem Charakter durch den Vergleich
zwischen Apologie, Petition und Gesandtschaftsrede erreicht werden kann, ist fraglich.

[70] Besonders deutlich sind die Schwierigkeiten bei W. KINZIG, a.a.O.S.315. Kinzig unterscheidet
einen „primären Zweck" im Sinne der Libelli und eine „sekundäre nicht-administrative
Verwendung" der Texte, die erst die Bezeichnung Apologie rechtfertige. Wenn man diese
Unterscheidung macht, stellt sich die Aufgabe, zumal sich lediglich die nicht-administrative
Verwendung belegen läßt, die Texte von diesem historischen Ort, d.h. von ihrer Verwendungs-
und Wirkungsgeschichte her zu erklären, und die Anfrage, welchen Beitrag die postulierte
Primärintention leisten kann. Für A.J. GUERRA (a.a.O.) hat der Hinweis auf das Petitionsver-
fahren lediglich die Funktion, die Erreichbarkeit der Kaiser darzustellen, er fährt fort und liest
die Apologien nach dem Modell der Protreptik. Das Ergebnis W.R. SCHOEDELS von einer
Überlappung von Apologie und Petition ist von seiner Definition von Petition abhängig, die
Ausdruck einer bestimmten Rechtssituation ist und vor allem dadurch bestimmt ist, daß das
vorgetragene Anliegen unbestritten sei, also daß kein Gegenvotum vorliege. Schoedel begründet
mit der vergleichbaren rechtlichen Situation von Christen und Bittstellern „cut off from the
normal benefits of Roman rule" (Apologetic literature and ambassadorial activities, a.a.O.S.71)
das Interesse der Apologeten, Assoziationen zur Situation der Petition zu wecken.

[71] D. KIENAST, Presbeia, a.a.O.Sp.594. Kienast verweist auf Polemon und Libanios, or. 15 als
Beispiele.

[72] Die Bemerkungen von D. KIENAST wurden infolgedessen von der neueren, hier kurz
skizzierten Diskussion nicht aufgenommen. Zu einer ähnlichen These kommt P.L. BUCK. Buck
nennt Defizite in Adresse, Form und Inhalt der Presbeia des Athenagoras gegenüber den
Anforderungen einer Gesandtschaftsrede und formuliert als Ergebnis: „Athenagoras's *Embassy*,
therefore, was never recited before Marcus Aurelius and never intended to be ... Prior to this

und die Gattung an einen letztlich nicht zu klärenden „Sitz im Leben" zu binden. Die Frage nach der Gattung Apologie ist also zu unterscheiden von dem Erklärungsbedarf, der mit den Kaiseradressen in bestimmten Texten und beispielsweise mit der Form des Textes von Athenagoras, die der überlieferte Titel mit dem Terminus πρεσβεία überschreibt, gegeben ist.

4. Weiterführende Überlegungen

Man wird nicht umhin können, die grundsätzliche Frage zu stellen, ob man überhaupt von Apologie im Sinne der Gattung sprechen kann,[73] und wahrscheinlich gleicht die Antwort dem Ergebnis von M.D. Jordans, der über die protreptische Literatur schreibt: „Moreover, the variety of forms and the variation within apparently similar forms suggest that there is in the writing of protreptics little binding by generic antecedents."[74] Die Aufgabe besteht nicht in der Erklärung der Variationen und Abweichungen vom Schema Apologie, die Frage lautet vielmehr, wie man angesichts der Vielfalt der Formen eine Apologie als Apologie wiedererkannte und wie Autoren sich, nachdem die erste Apologie geschrieben worden war und sich die Konvention entwickelte, Apologien zu schreiben, auf diese Konvention beziehen. Auf dem Hintergrund dieser Fragestellung sollen drei Aspekte genannt werden, auf die die Verwendung des Ausdrucks „apologetische Literatur" zur Bezeichnung einer Textgruppe im folgenden beschränkt wird.

---

time (260 CE.), the only means Christians had to express their grievances was to write works in popular literary forms. Athenagoras's *Embassy* is one such rhetorical work composed in the style of an ambassadorial speech." (a.a.O.S.225f).

[73] Vgl. meine knappe Zusammenfassung des Problems: S.-P. BERGJAN, How to speak about early Christian apologetic literature? Comments on the recent debate, in: StPatr 36,Löwen 2001, S.177-183. In dem Band Apologetics in the Roman Empire, a.a.O. bestreiten mehrere Autoren, daß es sinnvoll ist, von der apologetischen Literatur weiterhin im Sinne einer Gattung zu sprechen. So F. YOUNG, Greek apologists of the second century, in: Apologetics in the Roman Empire, a.a.O.S.81-104. Sie kommt zu dem Ergebnis: „Literary genre is not the best way of characterizing what second-century Greek apologist have in common." (S.103f).

[74] M.D. JORDAN, a.a.O.S.328f. Vgl. die Arbeit J.C. FREDOUILLES (a.a.O.) zur apologetischen Gattung. Fredouille definiert ἀπολογία als „un discourse judicaire" (S.223), der nicht geeignet war, so Fredouille, die Anliegen der Apologeten zu erfassen und der Situation der Christen nicht angepaßt werden konnte, so daß die Sache der Apologie („la topique de l'ἀπολογία") in andere institutionelle und literarische Formen einging. Die Unangemessenheit, die dem Terminus Apologie anhaftete, sei im 4. Jh. noch offensichtlicher geworden, wie Fredouille an der Zurückhaltung des Lactanz belegt, seine Überlegungen im 5. Buch der div.inst. mit einer Gattungsbezeichnung auf den Begriff zu bringen, so daß Fredouille schließlich von dem Fehlen einer Gattungsbezeichnung spricht, die aber weder die Existenz noch die Entwicklung der Gattung verhindert habe. Mit dem Ausdruck „une sorte d'anonymat générique", den Fredouille im Résumé einführt, kommen die Schwierigkeiten, die Gattung Apologie zu beschreiben, deutlich zur Sprache.

Erstens: Mit einem negativen Resultat, nämlich daß Photios in seiner Bibliothek die Zusammenstellung einer Textgruppe nach der Gattung Apologie nicht kennt,[75] soll die Frage danach eingeführt werden, wie der Terminus ἀπολογία verwendet wurde und was er bezeichnet. Photios berichtet, daß er eine ἀπολογία ὑπὲρ Χριστιανῶν von Justin, dem Märtyrer, gelesen habe,[76] er berichtet über Philostrat und die Verteidigung des Apollonios von Tyana[77] und erwähnt, daß sich in den Briefen Athanasius' die Rechtfertigung seiner Flucht finde.[78] Die Beispiele illustrieren, daß Photios den Terminus ἀπολογία im Titel fand, ihn zur Bezeichnung der persönlichen Rechtfertigung gegen Vorwürfe und im Zusammenhang des gerichtlichen Verfahrens benutzt. Deutlich ist, daß der Terminus bei Photios nicht die christliche Literatur des 2. Jahrhunderts kennzeichnet. Rhetoren hatten unter anderem die Aufgabe, die Rede zugunsten des Angeklagten vor Gericht zur formulieren.[79] Photios fand die klassischen Beispiele von Isokrates[80], Lysias[81] und Hypereides[82] in seiner Bibliothek. Sie finden ihre Fortführung in den Synoden seit dem 4. Jahrhundert, wo Anklagen und Apologien, von denen Photios zahlreiche Beispiele nennt, wieder ihren Ort haben.[83] Photios erwähnt die Apologie des Johannes von Alexandrien für Gelasius von Rom,[84] Verteidigungen der Synode von Chalcedon[85] und insbesondere die Apologien für Origenes.[86]

In gleicher Weise wurden in der frühen Kaiserzeit mit dem Begriff Apologie eine bestimmte Reihe klassischer Beispiele[87] und die gerichtliche Situation assoziiert,[88] in der sich Anklage und Verteidigung gegenüberstehen. Das bedeutet, daß

---

[75] Allerdings kann Photios in anderem Zusammenhang vom τύπος der Apologie sprechen, bibl. 51,12b1.

[76] Bibl. 125,94b 21f, vgl. Zeile 38f, wo Photios die Apologien mit folgender Wendung einführt, ohne den Terminus ἀπολογία zu verwenden: Τέρασσας δὲ πραγματείας κατὰ τῶν ἐθνῶν συνέταξεν.

[77] 44,10a12-18.

[78] 32,6b16-21.

[79] Vgl. z.B. die Liste der Aufgaben in Philostrats Beschreibung des Sophisten Antiochos in VS 4 (569): ἀσφαλὴς μὲν γὰρ ἐν ταῖς κατὰ σχῆμα προηγμέναις τῶν ὑποθέσεων, σφοδρὸς δὲ ἐν ταῖς κατηγορίαις καὶ ἐπιφοραῖς, εὐπρεπὴς δὲ τὰς ἀπολογίας καὶ τῷ ἠθικῷ ἰσχύων ...

[80] Bibl. 159,101b33-102a35.

[81] Bibl. 262,488b-490a.

[82] Bibl. 266,495b, 469a22-29.

[83] Synode von Side bibl. 52,13b, die Synoden von Antiochien und Serdika bibl. 96,82b.

[84] Bibl. 54,15a26.

[85] Bibl. 229,249a39; 230,281b23.

[86] Bibl. 106,86b39; 117,91b26ff, 36ff; 118,92a42ff.

[87] Vgl. z.B. Lukian, der in paras. 56,S.172.4f die Apologien von Sokrates, Aischines, Hypereides und Demosthenes nennt.

[88] Die Historiker benutzen die Terminologie in der Darstellung unterschiedlicher Verfahren. Siehe z.B. Dionysios Halikarnassos 3,72,1-7 (Tarquinus); 4,47,1-6; 5,4,2f; 5,51,2 (Tarquinus d.J.); 9,28ff (Servius Servilius); 11,46,3f (Appius, Spurius Oppius), vgl. Diodor von Sizilien 11,54-59 (Themistokles), siehe besonders Josephos über den Prozeß des Herodes gegen Antipater BJ

von Apologie nicht ohne die entsprechende Klage gesprochen wurde und daß der Terminus ἀπολογία im Sinne des Wortfeldes verbunden wurde mit Ausdrücken wie κατηγορία bzw. κατηγόρημα und ἔγκλημα bzw. ἐπίκλημα. Aber auch wenn rhetorisches Handbuchwissen diese Zuordnung von Anklage und Apologie im gerichtlichen Verfahren verortet und unter dem γένος δικανικόν verhandelt, konnte der begriffliche Hintergrund auf unterschiedlichen Ebenen literarisch verarbeitet werden.

Hinzuweisen ist auf die literarische Verarbeitung und damit auf die besondere Bedeutung der Apologie des Sokrates in der Kaiserzeit. Philostrat beispielsweise integriert in die Vita Apollonii – einen Text, der insgesamt eine literarische Verarbeitung der platonischen Apologie darstellt und von den Übertragungen des Sokratesbildes auf die Gestalt des Apollonios lebt – einen kurzen Briefwechsel zwischen Apollonios von Tyana und Musonios, der im Gefängnis sitzt. Dieser lehnt ein Hilfsangebot des Apollonios ab und schreibt, daß er sich der Verteidigung unterziehen wolle. Philostrat läßt Apollonios mit dem Hinweis auf Sokrates antworten, daß dieser sich von seinen Freunden nicht habe helfen lassen, vor Gericht erschienen und gestorben sei.[89] Musonios bleibt bei seiner Antwort, indem er diesmal in Abgrenzung von Sokrates schreibt, er plane eine bessere Verteidigung vorzubereiten.[90] Eine Gerichtsszene verarbeitet Achilles Tatius, indem er am Ende seines Romans Kleitophon als Angeklagten vor das Gericht stellt.[91] Die gleiche Szene nimmt bei Lukian Lykinos auf,[92] der nach den Ausführungen seiner Freunde einwirft, daß er eine entfaltete Anklage gehört habe, sich wenig Hoffnung auf seine Verteidigung mache, da, und hierin liegt der Vorwurf, das Urteil gegen ihn ohne Verteidiger gefällt sei, und das heißt, ohne daß man ihm die Wasseruhr gefüllt habe[93] und ohne ihm Zeit zur Verteidigung eingeräumt zu haben.[94] Die Freunde lassen ihn mit dem Hinweis, daß er seine Apologie vor Freunden halte, zu Wort kommen. Die wenigen Sätze, die gedrängt den fraglichen Ausschnitt juristischer Terminologie enthalten, zeigen, daß hier ein fester begrifflicher Hintergrund oder motivischer Zusammenhang literarisch verarbeitet wurde. Sie leiten eine Apologie ein, die nicht vor Gericht verhandelt wurde, die aber ein Beispiel für

---

    1,617ff.
[89] Vgl. Platon, Crit. 46B-54D.
[90] Philostrat, VA 4,46. Vgl. die Anspielung in Lukian, paras. 57. Die Apologie des Sokrates wird häufig genannt, z.B. in Philostrat, VA 8,7,1, Plutarch, dec.orat. 836B, Dionysios Halikarnassos, Dem. 23,S.179.23-180.4; rhet. 8,8,S.305.5ff; 9,11,S.347.14-21, Origenes, c.Cels. 6,12,S.82.25.
[91] Achilleus Tatius 7,7-9.
[92] Imag. 15.
[93] Vgl. Philostrat, VA 8,2, Dion von Prusa, or. 12,38.
[94] Ungehört, d.h. ohne Verteidigung verurteilt zu werden, ist Ausdruck besonderen Unrechts, vgl. Diodor von Sizilien 13,103,2; 17,80,2; 18,66f, Philon, leg. 3,65f, Jos. 80; 222.

einen Bereich ist, in dem sich Kritik und Verteidigung gegenüberstanden, nämlich die Literaturkritik und -diskussion.[95] Bezeichnend ist der Gegenstand der Verhandlung, ein von Lykinos verfaßter mehr oder eben weniger gelungener Epainos. Der kurze Text Lukians leitet über zu den vielfältigen Beispielen von Apologien, die nicht für die Gerichte geschrieben wurden. Erinnert sei beispielsweise an Lukian selbst, dessen Apologie rechtfertigt, daß er entgegen früheren ganz anders lautenden Äußerungen[96] eine bezahlte Arbeit übernahm, und an Aristides, der den Vorwürfen begegnet, sich nicht für genügend viele Reden zur Verfügung zu stellen.[97] Auch in der frühen Kaiserzeit wurde vieles und für manchen zu vieles gerechtfertigt und verteidigt, eine Beobachtung, die wiederum Lukian in den Blick nimmt, wenn er eine Apologie für einen Versprecher verfaßt. Das Wort ἀπολογία wurde in der Spätantike häufig benutzt und bezeichnete Texte, denen gemeinsam ist, daß sie sich zu Kritik, Vorwürfen oder Klagen verhalten. Der Terminus „apologetisch" soll infolgedessen auf diesen Aspekt eingeschränkt werden[98] und die Perspektive bezeichnen, die eine Gruppe von Texten christlicher Autoren vornehmlich unter dem Aspekt der Reaktion auf kritische Anfragen bzw. Anklagen wahrnimmt und von anderen Texten unterscheidet und also eine bestimmte Konvention in der Auswahl von Texten benennen. Allerdings kommt ein wesentliches ergänzendes Kriterium in der Bestimmung der Textgruppe hinzu, insofern es sich in den „Apologien" um Texte handelt, die im Unterschied zu der Apologie des Lukian oder der Apologie des Athanasios für seine Flucht nicht die Vorstellungen und Interessen einer Einzelperson, sondern einer Gemeinschaft vertreten, was den häufig gezogenen Vergleich zu den Petitionen der Dörfer und den Gesandtschaften der Städte erklärt.

Zweitens: Bisher wurde vorausgesetzt, daß es eine Textgruppe gibt, die konventionell mit dem Terminus „Apologien" bezeichnet wird, und daß die Frage ist, wie diese Textgruppe zu erfassen und zu beschreiben ist. Ausgehend von Photios, mit dem diese Konvention nicht zu belegen ist und der zudem zeigt, daß die Kenntnis authentischer Justin-Texte bereits abgebrochen ist,[99] ist die Frage zu

---

[95] Vgl. Dion von Prusa, or. 11,17ff, or. 52, or. 53.
[96] Vgl. merc.
[97] Or. 33, siehe besonders 33,34.
[98] So lautet auch die Arbeitsposthese, die M. EDWARDS, M. GOODMAN und S. PRICE für ihren Band Apologetics in the Roman Empire, a.a.O.S.1 formulieren.
[99] So A. HARNACK, Die Überlieferung der Griechischen Apologeten des zweiten Jahrhunderts in der Alten Kirche und im Mittelalter (TU 1,1/2), Leipzig 1882, S.150. Fraglich ist, auf welche Schrift sich in bibl. 125,94b21-23 der Titel ἀπολογία ὑπὲρ Χριστιανῶν καὶ κατὰ Ἑλλήνων καὶ κατὰ Ἰουδαίων bezieht. Harnack unterscheidet 4 bzw. 5 Schriften, die unter dem Titel πρὸς τοὺς Ἕλληνας Justin zugeschrieben wurden, und bringt den bei Photios überlieferten Titel in Verbindung mit der Schrift Expositio Fidei seu De Trinitate aus dem 5. Jh. (S.166).

modifizieren. In die Konzeption einer Textgruppe Apologien ist der Sachverhalt einzubeziehen, auf den A.v. Harnack in seiner Arbeit zur Überlieferung der Griechischen Apologeten des 2. Jahrhunderts in der Alten Kirche und im Mittelalter (1882) aufmerksam gemacht hat, daß es nur wenige Belege dafür gibt, daß die Apologien des 2. Jahrhunderts in der Alten Kirche zusammengestellt wurden.[100] Wenn man an der Konzeption einer Textgruppe Apologien festhält, kann dies nur unter Bezugnahme auf Euseb von Caesarea geschehen. Erst seit dem 4. Jahrhundert finden sich, dies gilt für den griechischen wie für den lateinischen Bereich, Rückverweise auf eine Textgruppe bzw. die Zusammenstellung dieser Textgruppe.

Lactanz[101] bezieht sich im fünften Buch der Divinae Institutiones auf die Schriften seiner Vorgänger, auf den Octavius des Minucius Felix, das Apologeticum Tertullians und die Schrift Cyprians Ad Demetrianum, um das Vorhaben seines Werkes in doppelter Weise zu begründen. Nach Lactanz haben seine Vorgänger ihre Aufgabe nicht abschließend erfüllt. Minucius Felix hätte der Verteidiger des Christentums sein können, wenn er sich ganz auf seine Aufgabe konzentriert hätte, Tertullian mangele es an rednerischer Eloquenz und er konnte daher die angemessene Resonanz nicht finden, Cyprian schließlich sei der glänzende Redner gewesen, seine Reden aber seien so voraussetzungshaft konzipiert, daß sie nur von Christen eigentlich verstanden werden konnten. Lactanz kommt zu dem Schluß, daß den Christen der geeignete Lehrer bisher fehle, um sie zu verteidigen,[102] und begründet mit den Defiziten seiner Vorgänger, die er zudem in den Zusammenhang mit neuen Schriften gegen die Christen stellt, daß er das Thema noch einmal aufnehme.[103] Eine Aussage an einer vergleichbaren Stelle findet sich in der Einleitung zur Praeparatio Evangelica Eusebs von Caesarea. Nachdem Euseb die von Gegnern den Christen gestellten Probleme genannt und strukturiert hat und ihnen nichts anderes entgegenhalten will als die Beweise, welche auch die hören, die zum Unterricht kommen, und die Widerlegungen, die denen gelten, die sich den Christen durch theoretischere Erörterungen widersetzen,[104] kommt er auf seine Vorgänger zu sprechen. Anders als bei Lactanz besteht seine Abgrenzung lediglich darin, daß er sein Vorhaben auf eigene Weise aus- und durcharbeiten will,

---

[100]A.a.O.S.98f.

[101]Div.inst. 5,1,22-28; 4,3-7.

[102]Div.inst. 5,2,1.

[103]Zur Beschreibung seiner Aufgabe siehe div.inst. 5,4,2 S.146.27-148.2: *quibus singulis quoniam respondere non poteram, sic agendam mihi hanc causam putaui, ut et priores cum suis omnibus scriptis peruerterem et futuris omnem facultatem scribendi aut respondendi amputarem,* und außerdem 5,4,3,S.148.7-11: *aliud est accusantibus respondere, quod in defensione aut negatione sola positum est, aliud instituere, quod nos facimus, in quo necesse est doctrinae totius substantiam contineri, non defugi hunc laborem, ut inplerem materiam ...*

[104]PE 1,3,2.

so daß Euseb seinen Vorgängern und ihrer regen Tätigkeit unpolemisch Raum geben kann.[105] Euseb bezeichnet drei Gruppen von Texten und nennt die Widerlegungen der Gegner, Kommentare und Homilien zu den biblischen Büchern und polemische Schriften, die gemeinsam die gleiche Funktion haben, nämlich den fehlerfreien Charakter des Inhaltes, der den Christen von Anfang an verkündigt wurde, exakt, gleichsam mit geometrischer Methode, darzulegen.[106] Die Autoren dieser Schriften bleiben auch an der zweiten Stelle, wo Euseb auf ihre Arbeit zurückkommt, ungenannt, was den Scholiasten im Codex Parisinus 451, möglicherweise Arethas selbst, der den Codex im Jahr 914 in Auftrag gab,[107] dazu veranlaßte, sie mit Justin, Athenagoras, Tatian, Clemens als Autor der Stromateis, Origenes und Pamphilos zu identifizieren.[108]

Eine Textgruppe Apologien gab es in der Alten Kirche erst in dem Moment, in dem sich am Anfang des 4. Jahrhunderts Lactanz und Euseb in ihren apologetischen Werken auf diese Textgruppe zurückbeziehen und sie verarbeiten.[109] Die äußerst bezeichnende Auflistung des Scholiasten führt zu der Frage, wie und nach welchen Kriterien diese Textgruppe zusammengestellt wurde und wie diese Textgruppe verstanden wurde. Während Euseb in der Praeparatio Evangelica sich in

---

[105]PE 1,3,4: ἐσπούδασται μὲν οὖν πλείστοις τῶν πρὸ ἡμῶν πολλή τις ἄλλη πραγματεία, τοτὲ μὲν ἐλέγχους καὶ ἀντιρρήσεις τῶν ἐναντίων ἡμῖν λόγων συνταξαμένοις, τοτὲ δὲ τὰς ἐνθέους καὶ ἱερὰς γραφὰς ἐξηγητικοῖς ὑπομνήμασι καὶ ταῖς κατὰ μέρος ὁμιλίαις διερμηνεύσασι, τοτὲ δὲ τοῖς καθ' ἡμᾶς δόγμασιν ἀγωνιστικώτερον πρεσβεύσασιν.

[106]PE 1,3,6,S.11.13: ὅθεν καὶ ὅλων τῶν νέων συγγραφέων μυρίας ὅσας, ὡς εἴρηται, πανσόφους καὶ ἐναργεῖς μετὰ συλλογισμῶν ἀποδείξεις ὑπέρ τε τοῦ καθ' ἡμᾶς γραφείσας λόγου διαγνῶναι πάρεστιν ὑπομνήματά τε οὐκ ὀλίγα εἰς τὰς ἱερὰς καὶ ἐνθέους γραφὰς πεπονημένα, τὸ ἀψευδὲς καὶ ἀδιάπτωτον τῶν ἀρχῆθεν καταγγειλάντων ἡμῖν τὸν τῆς θεοσεβείας λόγον γραμμικαῖς ἀποδείξεσι παριστῶντα.

[107]K. MRAS unterscheidet in der Beschreibung des Codex Paris.451 drei Hände: die Handschrift des Schreiber Baanes, die Handschrift des Arethas und spätere Hände aus dem 14./15. Jahrhundert, die in Minuskeln schreiben und eine hellere Tinte verwendeten. Wie auch A. HARNACK (Die Überlieferung der Griechischen Apologeten des zweiten Jahrhunderts in der Alten Kirche und im Mittelalter, a.a.O.S.28f) geht Mras davon aus, daß die Scholien auf Arethas zurückgehen. Die Handschriften von Baanes und Arethas sind nur schwer zu unterscheiden. (Mras, Einleitung S.XV-XVII) Anders versteht A. Harnack, der den Kodex nicht eingesehen hat, die Unterscheidung zwischen erster und zweiter Hand. „a secunda manu" meint bei Harnack einen Scholiasten aus dem 11./12. Jahrhundert. Da Harnack in der Ausgabe von Gaisford keine Angabe findet, schließt er aus inhaltlichen Gründen, d.h. wegen der Nennung des Athenagoras, daß das Scholion zu Euseb, PE 1,3,6.3 auf den jüngeren Scholiasten zurückgehe (a.a.O.S.177f).

[108]Das Scholion im Codex Parisinus 451 fol. 188r zu PE 1,3,6.3 (Mras I,11.13) lautet: Ὁποῖος Ἰουστῖνος· ὁ θεῖος Ἀθηναγόρας· Τατιανός· Κλήμεις ὁ Στρωματεύς· Ὠριγένης· καὶ αὐτὸς ἔτι Πάμφιλος ὁ τοῦ παρόντος Εὐσεβίου πατήρ. (zitiert nach Mras, Eusebius Werke Bd.8,2,S.427).

[109]J.-C. FREDOUILLE (a.a.O.) bespricht die expliziten Ausführungen zur Gattung von Lactanz (div.inst. 5), die Systematik, die Euseb von Caesarea in seiner Darstellung der Apologeten in der Kirchengeschichte zugrundelegt, und geht auch auf dessen Einleitung zur Praeparatio evangelica ein, er ordnet diese Texte aber in das kontinuierliche Unbehagen mit dem Terminus ἀπολογία ein. Siehe Anm.74.

einer sehr breiten Weise zu Texten äußert, die unterschiedliche Textsorten umfassen, und sie durch ein allgemeines Kriterium zusammenhält, geht er im vierten Buch der Kirchengeschichte anders vor. Der Eindruck einer Textgruppe entsteht hier dadurch, daß Euseb eine begrenzte Anzahl von Texten einheitlich einführt, indem er von Kodratos, Aristeides, Justin, Meliton von Sardes und Apollinarios von Hierapolis berichtet,[110] daß sie Texte verfaßt haben, die er mit dem Terminus ἀπολογία bezeichnet,[111] und daß sie diese Texte an den jeweiligen Kaiser adressiert haben (ἐπιφωνεῖν/ προσφωνεῖν). Die zugrundeliegende Definition, daß es sich in den Apologien erstens um Texte ὑπὲρ καθ᾽ ἡμᾶς θεοσεβείας bzw. ὑπὲρ τῆς ἡμετέρας πίστεως handelt, die zweitens an den Kaiser adressiert wurden, ist, auch wenn sie eine erhebliche Wirkungsgeschichte hatte,[112] Teil des Bildes vom vorkonstantinischen Christentum, das Euseb in der Kirchengeschichte zeichnet, und ist im Zusammenhang mit der Sicht Eusebs auf die vorkonstantinische Zeit zu interpretieren.[113] Das Verfahren Eusebs, nur diese begrenzte Zahl von Texten als Apologie zu bezeichnen, schließt unter anderen Theophilos, die Schriften des Clemens von Alexandrien und Origenes, Contra Celsum von der Textgruppe aus, stimmt mit seinen eigenen Äußerungen in der Praeparatio Evangelica nicht überein. Es bleibt ein Verfahren neben anderen, das sich in der Überlieferung der apologetischen Literatur nicht durchsetzte. Neben dem an den Kaiseradressen orientierten Vorgehen Eusebs steht auf der einen Seite die Kenntnis einer größeren Textgruppe, für die der Scholiast als Beispiel bereits genannt wurde und für die der

---

[110]HE 4,3,1: τούτῳ Κοδρᾶτος λόγον προσφωνήσας ἀναδίδωσιν, ἀπολογίαν συντάξας ὑπὲρ τῆς καθ᾽ ἡμᾶς θεοσεβείας ...

HE 4,3,3: καὶ Ἀριστείδης ... τῷ Κοδράτῳ παραπλησίως ὑπὲρ τῆς πίστεως ἀπολογίαν ἐπιφωνήσας Ἀδριανῷ καταλέλοιπεν.

HE 4,11,11: Ὁ δ᾽ αὐτὸς οὗτος Ἰουστῖνος καὶ πρὸς Ἕλληνας ἱκανώτατα πονήσας, καὶ ἑτέρους λόγους ὑπὲρ τῆς ἡμετέρας πίστεως ἀπολογίαν ἔχοντας βασιλεῖ Ἀντωνίνῳ τῷ δὴ ἐπικληθέντι Εὐσεβεῖ καὶ τῇ Ῥωμαίων συγκλήτῳ βουλῇ προσφωνεῖ.

HE 4,26,1: Ἐπὶ τῶνδε καὶ Μελίτων τῆς ἐν Σάρδεσιν παροικίας ἐπίσκοπος Ἀπολινάριός τε τῆς ἐν Ἱεραπόλει διαπρεπῶς ἤκμαζον, οἳ καὶ τῷ δηλωθέντι κατὰ τοὺς χρόνους Ῥωμαίων βασιλεῖ λόγους ὑπὲρ τῆς πίστεως ἰδίως ἑκάτερος ἀπολογίας προσεφώνησαν.

Vgl. HE 5,5,5 ... ὁ Τερτυλλιανός, τὴν Ῥωμαϊκὴν τῇ συγκλήτῳ προσφωνήσας ὑπὲρ τῆς πίστεως ἀπολογίαν.

[111]Zur Verwendung des Wortes ἀπολογία bei Euseb siehe: M. FREDE, Eusebius' apologetic writings, in: Apologetics in the Roman Empire, a.a.O.S.223-250.

[112]Diese Wirkungsgeschichte ist beispielsweise an der Überlieferung der Überschrift einer syrischen pseudonymen, dem Meliton zugeschriebenen Apologie abzulesen, die sich in einem Kodex aus dem 7. Jh. findet und welche die genannte Vorstellung ausformuliert, wenn es dort heißt: *Oratio Melitonis philosophi, quae habita est coram Antonino Caesare. Et locutus est ad Caesarem ut cognosceret deum, et indicavit ei viam veritatis, et incepit loqui in hunc modum.* (Codex Nitriacus Ms.Brit. Mus. 987 Add.14658, J.C.Th. v. Otto, Corpus Apologetarum Christianorum, Bd 9, Jena 1872, S.379f).

[113]Siehe hierzu: K. ALAND, Das Verhältnis von Kirche und Staat in der Frühzeit, in: ANRW II 23,1, Berlin 1980 S. 60-246.

Aretaskodex selbst ein wichtiges Indiz ist,[114] und auf der anderen Seite die an dem Namen Justins orientierte Gruppierung, Sammlung und Überlieferung von Texten,[115] die wiederum an den Äußerungen Eusebs in der Kirchengeschichte ihren Anhaltspunkt hat.[116]

Aus diesen Beobachtungen resultieren folgende Überlegungen für das weitere Vorgehen. Ausgangspunkt der vorliegenden Arbeit ist nicht die Bestimmung von Apologie in der Kirchengeschichte Eusebs, sondern dessen Weiterführung und Verarbeitung der früheren apologetischen Tradition in der Praeparatio Evangelica. Hiermit wird eine Perspektive gewählt, welche die doppelte Beobachtung reflektiert, daß, wenn es sich in den altkirchlichen Apologien nicht um ein modernes Konstrukt neuzeitlichen Ideals handelt, erstens die apologetische Literatur des 4. Jahrhunderts und insbesondere Euseb von Caesarea für die Konstituierung der Textgruppe eine erhebliche Bedeutung haben und infolgedessen als integraler Teil der apologetischen Literatur behandelt werden sollen und daß zweitens die Bezeichnung „apologetische Literatur" mit der Justin-Tradition sowie mit der Überlieferung der Texte verbunden ist.

Drittens: Die apologetische Literatur entwickelt sich entsprechend den Vorwürfen und Anklagen, denen die Christen begegneten. Von dem Gegenstand eines Textes, also beispielsweise dem in der Supplicatio des Athenagoras belegten Atheismusvorwurf, kann nicht unmittelbar auf den Leser geschlossen werden, da diejenigen, die den Atheismusvorwurf formulierten, nicht notwendig auch die Leser der Supplicatio waren. Die Vermutung, daß gerade die Christen selbst ein Interesse an den Argumenten in diesem Streit hatten und als Leser in Betracht zu ziehen sind, findet eine Bestätigung in den Proömien von Praeparatio Evangelica und Contra Celsum. Daß Euseb von den apologetischen Aufgaben zum Elementarunterricht übergehen kann, wurde bereits erwähnt. Origenes schreibt sein Buch Gegen Cel-

---

[114]Der Codex Parisin. 415 enthält acht Schriften: 1. Clemens von Alexandrien, prot., 2. ders., paed., 3. Justin, ep.ad Zenam, 4. ders., Cohortatio ad Gentiles, 5. Euseb von Caesarea, PE 1-5, 6. Athenagoras, leg., 7. ders., res., 8. Euseb von Caesarea, c.Hier., nach A. HARNACK, Die Überlieferung der Griechischen Apologeten des zweiten Jahrhunderts in der Alten Kirche und im Mittelalter, a.a.O.S.25.

[115]Vgl. den Codex Parisin. 450 aus dem Jahr 1364. Er enthält eine Sammlung von zwölf Justin bzw. PsJustin-Schriften: 1. ep.ad Zenam et Serenum, 2. Cohortatio ad Gentiles, 3.Dialogus cum Try-phone, 4. Apologia minor, 5. Apologia maior, 6. De monarchia, 7. Expositio rectae fidei, 8. Confutatio dogmatum quorundam Aristotelis, 9. Quaestiones Christianorum ad Gentiles, 10. Quaestiones et responiones ad Orthodoxos, 11. Quaestiones Graecorum ad Christianos, 12. De resurrectione. Nach A. HARNACK, Die Überlieferung der Griechischen Apologeten des zweiten Jahrhunderts in der Alten Kirche und im Mittelalter, a.a.O.S.75f.

[116]Zum Stand der Diskussion zu dieser umstrittenen Frage siehe CHR. RIEDWEG, Ps.-Justin, Ad Graecos de vera religione (bisher „Cohortatio ad Graecos"). Einleitung und Kommentar (SBA 25,1), Basel 1994, S.54-58.

sus an Ambrosios, einen Christen. Seine einleitenden Ausführungen, in denen er einräumen muß, daß das Buch des Celsus Christen verunsichert hat,[117] und die schwachen Christen neben den Nicht-Christen als Adressaten nennt,[118] ist als Reflex auf das Interesse der Christen an der apologetischen Literatur zu verstehen. Daß dennoch die apologetische Literatur sich nicht ohne das pagane Gegenüber erklären läßt, zeigen zwei Beobachtungen. 1. Die apologetische Literatur geht nicht in die Katechesen auf. Das Nebeneinander von apologetischer Literatur und Katechese seit dem 4. Jahrhundert weist auf einen eigenen Zusammenhang, der in der apologetischen Literatur seinen Ausdruck findet. 2. Bezieht man die Texte des 4. oder auch des 5. Jahrhunderts in die Analyse der apologetischen Literatur ein, wird eine Entwicklung sichtbar, die nicht durch eine interne innerchristliche Diskussion, sondern nur dadurch, daß in paganen Reaktionen einzelne Elemente aufgenommen und folglich in ihrer Funktion verändert wurden, erklärt werden kann. Hieraus ist nicht zu schließen, daß genau die Texte, die bis heute überliefert sind, pagane Leser fanden, sondern daß pagane Kritiker Argumente, wie sie sich in der apologetischen Literatur finden, und möglicherweise diese oder ähnliche Texte zur Kenntnis nahmen und daß diese Texte eine Diskussionssituation reflektieren. Die These, daß die apologetische Literatur Ausdruck einer Auseinandersetzung ist, soll am Begriff Pronoia überprüft werden.

---

[117]C.Cels. Proömium 3.8-10; 4.12-26.
[118]C.Cels. Proömium 6.5-8.

Kapitel 1

Pronoia, Gerechtigkeit und Gericht Gottes.
Der distributive Aspekt des Begriffs Pronoia

Während Tyche bedeutet, daß die Dinge kommen, wie sie kommen, daß ein als willkürliches, aber zugleich als göttlich wahrgenommenes Geschick von außen her in den Gang der Ereignisse einwirkt,[1] haftet an der Pronoia Gottes die Gewißheit und Erwartung einer gerechten Vergeltung. Die Pronoia Gottes ist nicht unberechenbar, nicht willkürlich, sondern läßt sich in ihrer Gerechtigkeit berechnen. Fragt man nach dem Gegenstand der Pronoia, stößt man auf den Begriff der Gerechtigkeit. Pronoia ist ein Ausdruck für Gottes Gegenwart in der Welt und meint die Gegenwart des Richters. Pronoia bezeichnet das Verhältnis Gottes als des Schöpfers zur Welt und kennzeichnet dieses Verhältnis durch Gerechtigkeit. Clemens von Alexandrien erwähnt die Lehre der Philosophen über die Pronoia und die Vergeltung für das gute und die Strafe für das schlechte Leben.[2] Theodoret führt 200 Jahre später mit Dichterzitaten in den Gedankenkreis der Pronoia Gottes ein,[3] die sich bereits bei Clemens von Alexandrien und später in der Praeparatio Evangelica des Euseb finden.[4] Sie beschäftigen sich mit Gott als Aufseher und mit dem Auge der Dike, dem nichts entgeht, und Theodoret versteht sie als Zeugnisse für die göttliche Pronoia.

Die enge Verbindung von Pronoia und Gerechtigkeit Gottes bildet eine Konstante in den Äußerungen über Gottes Pronoia. Dies ist an den Texten der Alten Kirche aufzuzeigen. Damit wird ein Zugang gewählt, um den Begriff Pronoia in der Alten Kirche zu entwickeln, der die Spannung aufnimmt, die in den Wortbedeutungen von πρόνοια angelegt ist. Das Wort Pronoia stammt aus der juristischen Terminologie und bezeichnet eine Absicht, und auf der anderen Seite steht es für die Fürsorge des Vater oder des Herrschers. Pronoia wird dem richterlichen Gott zugeschrieben und in einem Atemzug zusammen mit Strafe, Lohn, Vergeltung und Verdienst genannt. Zugleich aber bedeutet Pronoia 'Fürsorge', so daß der Hinweis auf die Pronoia Gottes beides umfaßt, nämlich daß Gott alles mit dem richterlichen Auge betrachtet, aber auch daß Gott als der fürsorgliche Vater und der

---

[1] Zur Vorstellung der Tyche siehe oben S. 21-28, dort auch Literaturhinweise.
[2] Strom. 6,15,123,2.
[3] Cur. 6,22-25.
[4] Strom. 5,14,100,6,S.393.11f (= PE 13,13,25,S.205.18f); 5,14,121,1,S.407.14-408.2 (= PE 13,13,47,S.219.1-6,9f); 5,14,101,1,S.393.14-17 (= PE 13,13,25,S.205.21-24).

gütige und menschenfreundliche Gott angesprochen ist. „Denn Gott ist gut, er ist Schöpfer und Erzeuger des Alls, und er sorgt für das, was er geschaffen hat, als Erhalter und Wohltäter."[5] Das qualitative Moment, daß es der gute Vater und der gute Herrscher ist, der sorgt, und die gute Ordnung, die auf göttlicher Pronoia beruht, verbindet die zweite und dritte Bedeutung des Wortes. Es war aber auch Anlaß für Anfragen, ohne die eine Diskussion um die göttliche Pronoia nicht stattgefunden hätte. Zu erklären war entweder, wie man von Strafe Gottes und gleichzeitig von Gottes Güte und Wohltun sprechen kann. Oder aber es galt das Mißverständnis derjenigen zu beseitigen, die sich unter Fürsorge den „harmlosen" Gott vorstellten, der nur wohltut und es mit allen Menschen scheinbar nur gut meinen kann. Diejenigen, die zusammen mit Räubern im Tempel Zuflucht nehmen und gerade hier ihr Ende finden, werden ein Beispiel für all die, die nicht begriffen haben, daß Pronoia Gerechtigkeit bedeutet und der Ungerechte keinen Grund hat, auf eine falsch verstandene göttliche Fürsorge zu hoffen.[6]

Obwohl Pronoia mit Tatfolgen zu tun hat, für den Tun-Ergehens-Zusammenhang steht und Gott, dem Richter, zugeordnet ist, wurde der Begriff nur zum Teil aufgenommen, wenn von Gottes Gerichtshandeln zu sprechen war. Insbesondere in den Texten des hellenistischen Judentums, soweit sie sich mit dem Gericht Gottes beschäftigen, ist das Wort Pronoia kaum belegt. In dem Testament Abrahams, den Psalmen Salomos oder dem Gebet Asarjas z.B. begegnet das Wort Pronoia nicht. Dies hat, wie zu zeigen sein wird, sachliche Gründe, entspricht aber zugleich auch dem Gesamtbild. In der LXX kommt das Wort πρόνοια selten und zwar ausschließlich in den ursprünglich griechisch verfaßten Texten vor[7] und hat daher kein hebräisches Äquivalent.[8] Das Wort πρόνοια ist insgesamt in der jüdisch-hellenistischen Literatur kaum belegt[9] und blieb diesen Texten fremd.[10]

---

[5] Philon, spec. 1,209.

[6] Diodor von Sizilien 16,58,5f.

[7] Folgende Belege von πρόνοια mit göttlichem Subjekt sind zu nennen: Sap 6,7 (Verb), 14,3 (siehe oben S.328); 17,2; Dan 6,19 (LXX); hinzukommen im 3. und 4. Makkabäerbuch Belege von Gottes besonderer Pronoia für das jüdische Volk: 3Mac 4,21; 5,30; 4Mac 9,24; 13,19; 17,22.
Von προνοεῖν in den Bedeutungen „sorgen", „sich kümmern um" und „Vorsicht üben" finden sich Belege in Sap 13,16; 1Es 2,24, 3Mac 3,24, 4Mac 7,18.

[8] Hinzuweisen ist auf Prov 3,4 וּמְצָא־חֵן וְשֵׂכֶל־טוֹב בְּעֵינֵי אֱלֹהִים וְאָדָם – die LXX übersetzt den Vers sehr frei mit: καὶ προνοοῦ καλὰ ἐνώπιον κυρίου καὶ ἀνθρώπων. προνοεῖν mit Akkusativ ist zu übersetzen mit „achte auf" (vgl. I. § 1.2). Entsprechend übersetzt die LXX in Dan 11,37 בִּין mit προνοεῖν, über einen König (Antiochos IV. Epiphanes) heißt es dort: וְעַל־אֱלֹהֵי אֲבֹתָיו לֹא יָבִין, καὶ ἐπὶ τοὺς θεοὺς τῶν πατέρων αὐτοῦ οὐ μὴ προνοηθῇ.

[9] Nach A.-M. DENIS, Concordance Greque des Pseudépigraphes d'Ancien Testament, Louvain 1987: (Aristeasbrief 30,80,190 bezogen auf die königliche Fürsorge), Aristeas 201, Sib 5,227; 5,323, Historicus Callisthenes 24,12.
Das Wort πρόνοια ist, soweit dies J. LEVY und S. KRAUSS zu entnehmen ist, nicht als Fremdwort in die rabbinische Literatur aufgenommen. Es ist bei Levy und Krauss nicht verzeichnet. J. Levy, Wörterbuch über die Talmudim und Midraschim, Berlin/ Wien 1924² (ND

Dennoch sind die wenigen Belege der LXX, insbesondere Sap 6, heranzuziehen. Die altkirchliche Diskussion um die verschiedenen Möglichkeiten, Gottes Pronoia zu verstehen, setzt den Zusammenhang, wie er in der LXX beschrieben wird, voraus und läßt sich nur von hier verstehen.

Im Mittelpunkt des ersten Kapitels wird Clemens von Alexandrien stehen (§ 2). Er gibt der Verbindung von Pronoia und Gericht eine prägnante Zuspitzung, die im Zusammenhang mit den Aussagen zum Martyrium und der Auseinandersetzung mit Basilides steht. Seine Ausführungen setzen den Begriff Pronoia im Rahmen des Gerichtshandeln Gottes voraus, nehmen aber den eschatologischen Bezug zurück. Dies wird deutlich im Vergleich mit PsAthenagoras, der in einer Schrift über die Auferstehung insbesondere die eschatologische Bedeutung der Pronoia darlegt (§ 1). Das hier mit dem Begriff Pronoia angesprochene richterliche Handeln Gottes führt zurück zu den Texten der Septuaginta. Die Ausführungen in Sap 6 sollen daher in den Zusammenhang des Kapitels einführen.

§ 1. Die Fürsorge Gottes für die Gerechten im Gericht. Pronoia in der eschatologischen Perspektive des richterlichen Handelns Gottes

1. Sapientia 3-6

Die Gerichtsrede in Sap 6 kündigt den Mächtigen ein hartes Gericht und zugleich den Machtlosen Erbarmen (ἔλεος) an.[11] Daß Gericht und Erbarmen Gottes zusammenzudenken sind, wurde auf vielfache Art formuliert und zunehmend in den Mittelpunkt des Nachdenkens gestellt. Diejenigen, die das Gericht in ihrer eigenen Gegenwart erfahren hatten und welche die Autoren sich zum Teil in der Verbannung lebend vorstellten, sei es Asarja oder Tobit in Babylon oder der Beter der Psalmen Salomos, bitten um Erbarmen und Barmherzigkeit.[12] Aber auch diejenigen, die vom Gericht in den letzten Tagen reden und nicht nur die Gerechtigkeit

---

Darmstadt 1963), S. Krauss, Griechische und lateinische Lehnwörter in Talmud, Midrasch und Targum, Berlin 1898.

[10] Anders U. WICKE-REUTER, Göttliche Providenz und menschliche Verantwortung bei Ben Sira und in der Frühen Stoa (BZAW 298), Berlin/ New York 2000. Sie zeichnet Parallelen in den Vorstellungszusammenhängen auf, z.B. „zwischen Ben Siras Vorstellung von Gottes Schöpferhandeln mit einigen Aspekten des stoischen Naturbegriffs " (S.56).

[11] Sap 6,6, vgl. PsSal 15,12f.

[12] Dan 3,42-44, PsSal 8,27; 2,33, Tobit 3,2.

dieses Gerichtes anerkennen und hervorheben, daß Gottes Gerechtigkeit[13] sich in diesem Gericht zeige,[14] sondern wissen, daß der letzte Urteilsspruch nicht aufzuheben ist, sprechen die Hoffnung auf Erbarmen aus.

In diesem Zusammenhang wurden zwei Fragen formuliert. Woher nimmt der Fromme die Gewißheit, nicht selbst zu denen zu gehören, die gerichtet werden? Trifft ihn nicht vielmehr selbst genau dasselbe Gericht? Die Gerechtigkeit Gottes im Gericht war insofern als Antwort auf das Leiden des Gerechten konzipiert,[15] als sie das Heil des Gerechten wiederherstellte und zugleich die Vergeltung an seinen Verfolgern und deren Vernichtung im Gericht bedeutete.[16] Diese Antwort wird in dem Moment fraglich, in dem der Fromme überlegt, ob der Zusammenhang von Gerechtigkeit und Unheilsprophetie nicht ihm selbst das Gericht ankündigt. Diese Anfrage klingt in PsSal 13,5 an: Der Fromme ist beunruhigt wegen seiner Übertretungen, ob er nicht einmal mit den Sündern zusammengenommen werde. Die Antwort in PsSal 13 hält am vorgegeben Rahmen fest.[17] Die Katastrophe der Sünder werde den Gerechten nicht treffen, der Gerechte finde Erbarmen im Gericht, das seine Gerechtigkeit offenbar machen werde. Durch die Anfragen an den Tun-Ergehens-Zusammenhang kommt es zu einem völlig veränderten Begriff von Erbarmen.[18] In seinem Gebet spricht Esra[19] Gott als den Barmherzigen an, der barmherzig sei wegen der Sünden der Menschen, der Erbarmen übe, weil den Menschen die Werke der Gerechtigkeit fehlen. Nach Esras Gebet[20] äußert sich das Erbarmen Gottes nicht an den Gerechten, die ihren Lohn erhalten, sondern an den Sündern, insbesondere da es niemanden gebe, der Lohn erhalten werde. Was nütze

---

[13] Zum Begriff der Gerechtigkeit siehe: F. CRÜSEMANN, Jahwes Gerechtigkeit (ṣᵉdāqā/ṣädäq) im Alten Testament, in: EvTh 36 (1976), S.427-450, insbesondere zu Tritojesaja S,446-449; und A. DIHLE, Gerechtigkeit, in: RAC 10 (1978), Sp.233-360.

[14] Dan 3,28.31, PsSal 2,15-18; 8,7f.23-25, vgl. Apk 16,5. A. DIHLE (a.a.O.Sp.236) beschreibt den theologischen Begriff der Gerechtigkeit, der dieser Aussage zugrundeliegt folgendermaßen: „Der theologische G.(erechtigkeits)begriff endlich ergibt sich daraus, daß in historisch jeweils verschiedener Weise die Normen, nach denen die Gottheit das Naturgeschehen lenkt oder mit Menschen umgeht, zu den Normen des zwischenmenschlichen Verhaltens in eine enge, bisweilen bis zur Identifizierung reichende Beziehung gesetzt wird."

[15] Vgl. G.W.E. NICKELSBURG, Resurrection, immortality, and eternal life in intertestamental Judaism, Cambridge/ Oxford 1972, S.48-66.

[16] Vgl. z.B. PsSal 2,32-36.

[17] Die Psalmen Salomos werden in das erste Jh. v.Chr. datiert. Siehe NICKELSBURG, Resurrection, immortality, and eternal life in intertestamental Judaism, a.a.O.S.131-134.

[18] Vgl. die Interpretation des Hiob-Textes in der Überwindung des Tun-Ergehens-Zusammenhanges durch H. GESE, Lehre und Wirklichkeit in der alten Weisheit. Studien zu den Sprüchen Salomos und zu dem Buche Hiob, Tübingen 1958, S.78: „Der zum Rechtsstreit mit Hiob herausgeforderte Gott dagegen offenbart sich als der allgewaltige, richtende Gott, vor dem Hiob nicht bestehen kann ... Und dieser Gott erbarmt sich des Hiob und zürnt den Freunden."

[19] Zu der Beziehung zwischen weisheitlicher und apokalyptischer Literatur äußert sich: J.J. COLLINS, Cosmos and Salvation: Jewish Wisdom and Apocalyptic in the Hellenistic Age, in: HR 17 (1977), S.121-142.

[20] 4Es 8,31-36, vgl. 4Es 7,132-139 (zitiert nach Biblia Sacra iuxta Vulgatam Versionem, recensuit et brevi apparatu instruxit R. Weber, Bd.2, Stuttgart 1975, S.1931-1974). Zu der syrischen, äthiopischen, arabischen, georgischen und armenischen Überlieferung siehe: J. SCHREINER, Das 4. Buch Esra, Jüdische Schriften aus hellenistisch-römischer Zeit V/4, Gütersloh 1981. 4Es wird in die Zeit um 100 n.Chr. datiert.

die Verheißung des Lebens, wenn die Menschen auf Grund ihres Fehlverhaltens den Zugang zu diesem Leben verloren haben? Wozu ein Weg des Lebens, wenn ihn niemand gewählt habe? Es sei Hoffnung geweckt worden, aber man wisse, daß man selbst dafür verantwortlich ist, daß sich diese Hoffnung nicht erfüllen werde.[21] Esra beantwortet auf diese Weise die eingangs gestellte Frage. Er beharrt darauf, daß es keinen Menschen gebe, der sich nichts habe zuschulden kommen lassen und dem Gericht entkommen könne,[22] und er beharrt darauf, um Erbarmen für Israel zu bitten.[23]

Genau diese Barmherzigkeit gegenüber den Sündern hat Abraham im *Testamentum Abrahae*[24] zu lernen. Abraham, der bittet, vor seinem Tod die ganze Welt zu sehen, und vom Engel Michael auf diese Reise mitgenommen wird, sieht Diebe, Mörder und Ehebrecher am Werk. Entsetzt läßt er sie vom Erdboden vertilgen, läßt wilde Tiere und Feuer vom Himmel kommen, um sie zu vernichten. Am Ende der Reise, nachdem Abraham die Gerichtsszenen kenngelernt hat,[25] wird er zusammen mit Michael um das Erbarmen und die Barmherzigkeit Gottes für diese Menschen bitten.[26] Mit dieser Erzählung beantwortet das Testamentum Abrahae eine zweite Frage: Ist es angesichts des Gerichts Gottes möglich, um Erbarmen zu beten? 4Esra[27] und das Testament des Abraham beschreiben das Gericht als eine Szene ohne Erbarmen. Das Gericht ist durch das Fehlen des Erbarmens gekennzeichnet – eine Eigenschaft, die im Testament Abrahams am Gesichtsausdruck der Engel im Gericht abzulesen ist[28] – und außerdem als die letzte Instanz, deren Urteil unveränderlich und unanfechtbar ist.[29] Kann das Gebet um Erbarmen in diesem Gericht etwas ausrichten? Die Positionen von 4Esra und *Testamentum Abrahae* sind verschieden. Abrahams Beispiel ist Ausdruck dafür, daß dem Menschen, der vor dem Gericht Gottes nicht bestehen kann, die Bitte um Erbarmen für sich und für andere aufgetragen wird. Dies wird in 4Esra bestritten. Ebensowenig wie ein Vater für den Sohn, oder umgekehrt, essen, krank sein oder gesund werden könne, könne man für einen anderen, und sei es durch Bitten, etwas im Gericht ausrichten.[30] Dieser Aussage des Engels Uriel steht allerdings Esra gegenüber, dessen Gerechtigkeit eben auch darin besteht, nicht nachzulassen und Anfragen an die dem Uriel zugeschriebenen Ordnung des Gerichts vorzubringen.[31]

Auf dem Hintergrund von 4Esra und *Testamentum Abrahae* wird die Zuordnung von Pronoia und Gericht deutlich, allerdings nicht in der Weise, daß jetzt zu überlegen wäre, ob sich in dem Erbarmen Gottes angesichts des unerbittlichen Gerich-

---

[21] 4Es 7,67-69.

[22] 4Es 7,46; 7,67-69; 7,116-126.

[23] 4Es 8,42-45.

[24] Nach der längeren Fassung des Textes (Recension longue nach F. Schmidt). Die Datierung des Textes ist umstritten. Zu Einzelfragen siehe die Aufsätze in: Studies on the Testament of Abraham, hrsg.v. G.W.E. Nickelsburg, Missoula 1976.

[25] Das Schema der Gerichtsszenen entwickelt an Hand verschiedener Texte Nickelsburg, resurrection, immortality, and eternal life in intertestamental Judaism, a.a.O.S.38-42.

[26] TestAbr 14,10-12.

[27] 4Es 7,33f: *Et revelabitur Altissimus super sedem iudicii, et pertransibunt misericordiae, et longanimitas congregabitur, iudicium autem solum remanebit.*

[28] TestAbr 12,1; 12,10.

[29] TestAbr 13,4.

[30] 4Es 7,104f.

[31] Zu 4Es 7 vgl. M.E. STONE, Features of the eschatology of IV Ezra (Harvard Semitic Studies 35), Atlanta 1989 (Diss. 1965), S.189-211.

tes Gottes Pronoia äußert, ob die Erzählung von Gott, der Abraham auf seiner Reie bei der Vernichtung aller Sünder Einhalt gebietet und ihn zu der Bitte um Erbarmen leitet, auf den Begriff Pronoia zu beziehen ist. Die Beobachtungen führen in eine andere Richtung. Die Entwicklung der Gerichtsvorstellung, die sich in Texten wie 4Esra und dem Testament Abrahams niedergeschlagen hat, wurde in der Zuordnung von Gericht und Pronoia Gottes nicht aufgenommen. Die Zuordnung von Gericht und Pronoia Gottes ist Ausdruck der spezifischen Gerichtsvorstellung, die dem Konzept des Tun-Ergehens-Zusammenhangs verhaftet bleibt. Ein Begriff des Erbarmens, der sich aus der Infragestellung und Auflösung des Tun-Ergehens-Zusammenhangs entwickelt hat, wurde nicht mit dem Begriff Pronoia verbunden. In der Vorstellung, daß Gerechtigkeit Leben in Fülle nach sich zieht, ist Pronoia Gottes ein Handeln, das Leben und damit Gerechtigkeit herstellt. In den unterschiedlichen Konzepten, und so auch hier, antwortet der Begriff Pronoia auf die Spannung und Diskrepanz, die zwischen der Erfahrung von Leiden, Ungerechtigkeit und Ohnmacht und dem Glauben an die Güte Gottes liegt. Mit dem Begriff Pronoia wird hier die eschatologische Realisierung der Erwartung beschrieben, daß der leidende Gerechte seinen Lohn erhalten wird. Pronoia ist hiermit nicht als der Zusammenhang von Tat und Tatfolge oder als die Ordnung, die diesen Zusammenhang aufrechterhält, zu verstehen. Das Wort Pronoia wird vielmehr in der weithin gebräuchlichen Bedeutung von Fürsorge verwendet[32] und bezeichnet Gottes Fürsorge für den Gerechten im Rahmen des Tun-Ergehens-Zusammenhangs. Auf diesem Hintergrund kann man in dem Begriff Pronoia den Aspekt des Erbarmens finden, allerdings nur insofern, als in der Pronoia genau der Begriff des Erbarmens weiterwirkt, gegen den sich 4Esra abgesetzt hat.[33]

Diese Zuordnung von Gericht und Pronoia erklärt, warum das Wort Pronoia und sein semantisches Umfeld in Texten wie dem Testament Abrahams und 4Esra fehlen, und bezieht sich auf Sap 6,[34] wo in einer Gerichtsrede von Gottes προνοεῖν die Rede ist.[35] In diesem Zusammenhang ist nicht nur das bloße Vorkommen des

---

[32] Vgl. I. § 2.

[33] 4Es 8,1-36, vgl. Sap 3,9f; 4,15.

[34] Es zeichnet sich ein Konsens ab, Sapientia mit C. LARCHER (Le Livre de la Sagesse de Salomon, 3 Bde., Paris 1983-85) in die Jahrzehnte nach 30 v.Chr. zu datieren.

[35] Zum Sprachgebrauch des Weisheitsbuches sind eine Reihe von Veröffentlichungen erschienen. J.M. REESE (Hellenistic influence on the book of Wisdom and its consequences [Analecta Biblica 41], Rom 1970, S.3-5) weist darauf hin, daß 20% des sehr umfangreichreichen Vokabulars des Weisheitsbuches nicht in der Übersetzung der LXX belegt sind. Zu diesem Teil des Volkabulars zählt Reese auch den Terminus πρόνοια zusammen mit προνοεῖν. Er kommentiert in der üblichen Weise: „Wis 14.3 and 17.2 also uses the noun πρόνοια in the technical sense of ‚providence.' Along with the corresponding verb προνοέω, found in Wis 6,7, it had become a ‚Stoic commonplace' in this sense." (S.10).

Wortes hervorzuheben. Sap 6[36] kündigt den Mächtigen ein grausiges Gericht an, in dem sie genau geprüft werden und kein Ansehen der Person geltend machen können. Während der Geringste aus Erbarmen entschuldbar sei, werde der Herrschende hart gerichtet. Der Herr aller, so lautet die Begründung, ziehe sein Angesicht nicht zurück, er scheue sich nicht vor Größe, denn er selbst habe „klein" und „groß" gemacht und sorge in gleicher Weise für alle. Ungerechte Herrscher werden nach Sap 6 gerichtet, weil Gott nicht über das Ausmaß des Unrechtes, das auf sie zurückgeht, hinweggehen kann. Dieses Ausmaß des Unrechtes steht in Beziehung zum Ansehen der Person, allerdings in der Weise, daß der am wenigsten Geachtete wenig zu entschuldigen hat, der höchst Geehrte aber auch im höchsten Maß Unrecht zu verantworten hat. Ein Ansehen der Person zugunsten des Angesehenen ist daher nicht möglich, zumal Gott für das, was er geschaffen hat – und er hat kleine und große Menschen geschaffen – , auch sorgt (προνοεῖ).[37]

Von dem unbestechlichen und unparteiischen Urteil Gottes und von Gott als einem Richter, der kein Ansehen der Person kennt, spricht ähnlich wie Sap 6,7 auch Sirach 35,11 (LXX).[38] Die schöpfungstheologische Begründung ist in der LXX nur in Sap 6,7 überliefert,[39] und sie zeigt, daß in Sap 6 der Begriff der göttlichen Pronoia im Hintergrund steht. Die Betonung in Sap 6, daß Gottes Pronoia Herrschern und Schwachen in gleicher Weise gilt, nimmt kritisch Bezug darauf, daß der Begriff Pronoia häufig eben Platz für den Gedanken einer besonderen Pronoia für die führenden Personen der Gesellschaft bot.[40] Die natürliche Verpflichtung des Vaters zur Fürsorge für seine Kinder und in Verbindung damit der Gedanke einer Fürsorge für das Ähnliche und Verwandte, der die Vorstellung von Stufen der göttlichen Pronoia[41] begründet und die besondere Pronoia für den Herrscher erklärt, sind in der Kaiserzeit vielfach mit dem Begriff Pronoia verbunden.[42] In Sap 6 wird sie eingeordnet in eine Gerichtsrede. Gottes Fürsorge ist nicht

---

[36] Sap 6,5-8: φρικτῶς καὶ ταχέως ἐπιστήσεται ἡμῖν, ὅτι κρίσις ἀπότομος ἐν τοῖς ὑπερέχουσιν γίνεται. ὁ γὰρ ἐλάχιστος συγγνωστός ἐστιν ἐλέους, δυνατοὶ δὲ δυνατῶς ἐτασθήσονται· οὐ γὰρ ὑποστελεῖται πρόσωπον ὁ πάντων δεσπότης οὐδὲ ἐντραπήσεται μέγεθος, ὅτι μικρὸν καὶ μέγαν αὐτὸς ἐποίησεν ὁμοίως τε προνοεῖ περὶ πάντων, τοῖς δὲ κραταιοῖς ἰσχυρὰ ἐφίσταται ἔρευνα.

[37] Siehe oben S.32-33,38-42.

[38] Vgl. Dtn 10,17.

[39] Sie liegt in Hi 34,17-19 im hebräischen Text vor, allerdings setzt die LXX in ihrer Übersetzung einen den Sinn erheblich verändernden Akzent und läßt einen Hinweis auf die Schöpfung fallen. Es liegen hier verschiedene Texte vor. Während es in V.19 heißt אֲשֶׁר לֹא־נָשָׂא פְּנֵי שָׂרִים וְלֹא נִכַּר־שׁוֹעַ לִפְנֵי־דָל כִּי־מַעֲשֵׂה יָדָיו כֻּלָּם | übersetzt die LXX V.18f: ἀσεβὴς ὁ λέγων βασιλεῖ Παρανομεῖς, ... ὃς οὐκ ἐπῃσχύνθη πρόσωπον ἐντίμου οὐδὲ οἶδεν τιμὴν θέσθαι ἀδροῖς θαυμασθῆναι πρόσωπα αὐτῶν.

[40] Josephos, AJ 13,80; 14,462f; 18,197f; 18,308f; 19,219; vgl. 5,312 (über Samson), 7,93; 7,337f (David und Salomon); 10,26 (Daniel), Clemens von Alexandrien, strom. 6,17,158,1-2.

[41] Siehe unten II. § 6.

[42] Hingewiesen sei noch einmal auf Galen, nat.fac. 1,12 (SVF II 1138), zitiert oben S.50. Vgl.

als ein undifferenziertes Wohlwollen und Wohlverhalten Gottes gegenüber den Menschen mißzuverstehen. Fürsorge hat einen distributiven Charakter und ist eng verbunden mit dem Handeln der Menschen. Sie „macht wieder gut", bringt die Gerechtigkeit zum Wirken und verhilft den Opfern, die das Unrecht der ungerechten Herrscher erfahren haben und hinnehmen mußten, zu ihrem Recht,[43] bedeutet aber für die Täter, für die ungerechten Herrscher, Vergeltung im Sinne der Strafe. Sap 6,7 erinnert daran, daß die Gerechten das Erbarmen Gottes finden und unter dem Schutz Gottes stehen.[44] Dieses Erbarmen setzt der Autor von Sap 3-6 mit Fürsorge gleich, wenn er in Sap 4,15 in der ersten Hälfte des Verses von χάρις καὶ ἔλεος bei den Auserwählten Gottes und in der zweiten Vershälfte von ἐπισκοπή bei den Frommen spricht. Die in den Zusammenhang des Gerichtshandelns Gottes eingebundene Fürsorge Gottes für seine Geschöpfe wurde in Beziehung gesetzt zu der Aussage von der Fürsorge Gottes für die Gerechten[45], wie sie insbesondere in Sap 5,15 formuliert ist:

Δίκαιοι δὲ εἰς τὸν αἰῶνα ζῶσιν,
καὶ ἐν κυρίῳ ὁ μισθὸς αὐτῶν,
καὶ ἡ φροντὶς αὐτῶν παρὰ ὑψίστῳ.

Die Zuordnung von Gericht und Pronoia Gottes ist der dichte Ausdruck der Aussage, die in Sap 5,15 zusammengefaßt wurde. Gott übt darin Pronoia, daß er sich des Gerechten im Gericht erbarmt und damit für dessen Gerechtigkeit sorgt. Diese Überordnung des Begriffs Pronoia wird in der Alten Kirche aufgenommen und findet sich insbesondere bei PsAthenagoras.

Philon, opif. 9-11, praem. 42, Attikos, fr. 4 (Euseb von Caesarea, PE 15,6,2), Irenaeus 3,25,1, aber auch Platon, rep. 613A-B. Zur Diskussion siehe Clemens von Alexandrien, strom. 2,16,74,4-75,2. Nach Clemens sorgt Gott für die Menschen, gerade obwohl die Menschen von anderer Natur sind.

[43] Wenn man die aristotelische Beschreibungskategorien benutzt, ist hier von dem διορθωτικόν die Rede. Aristoteles gliedert des δίκαιον in das διανεμητικόν und das διορθωτικόν. Im folgenden steht die distributive Bedeutung des Begriffs Pronoia im Vordergrund und damit der Aspekt des διανεμητικόν. Die Frage, die in §2 und 3 nach dem Verhältnis von Pädagogie und Pronoia gestellt ist, ist nichts anderes als die Frage nach dem zweiten Aspekt des διορθωτικόν. Vgl. A. DIHLE, a.a.O.Sp.260-262.

[44] Sap 3,1.9; 4,15-17; 5,15. Vgl. zu der seltenen Verbindung von Pronoia und Erbarmen Makarios/Symeon, Logos 19,2,1,S.209.23f: ἀλλὰ τῷ τῆς δικαιοσύνης ζυγῷ καὶ μέτρῳ ὁ θεὸς παιδεύει καὶ ἐλεεῖ καὶ προνοεῖται τοῦ κόσμου.

[45] Der gleiche Zusammenhang ist angesprochen in Irenaeus 3,24,2-25,3. Irenaeus ordnet die *prouidentia* dem Vater und Schöpfer des Alls zu (25,1) und fährt fort, daß Richter-Sein, Güte und Gerechtigkeit sich gegenseitig bedingen (25,2f).

2. PsAthenagoras, De resurrectione

In der Schrift *De resurrectione* stellt PsAthenagoras[46] vier Argumente für die Auferstehung zusammen, von denen er eines dem Begriff Pronoia zuordnet. PsAthena-

---

[46] Mit der Bezeichnung PsAthenagoras ist die Entscheidung gegen einen gemeinsamen Verfasser
von leg. und res. angezeigt. In *De resurrectione* handelt es sich um eine interessante, aber schwer
einzuordnende Schrift. Entweder sieht man in dieser Schrift einen Solitär aus dem 2. Jh. und
ordnet ihn dem Autor der *Legatio* zu oder spricht ihn diesem ab, oder aber man hält den Text
für eine antiorigenistische Abhandlung aus dem 4.Jh. oder eine anthropologische Schrift aus
dem 4.-5.Jh. Bereits E. SCHWARTZ (Athenagorae Libellus pro christianis. Oratio de
resurrectione cadaverum, [TU 4,2] Leipzig 1891) hat auf die Unterschiede in Terminologie und
Stil zwischen den Schriften leg. und res. hingewiesen. Die neuere und neueste Diskussion um
den Verfasser der Schrift *De resurrectione* begann mit: R.M. GRANT, Athenagoras or pseudo-
Athenagoras, in: HThR 47 (1954), S.121-129. In Auseinandersetzung mit B. POUDERON, der an
der Authentizität des Werkes festhält – L'authenticité du Traité sur la résurrection attribué à
l'apologiste Athénagore, in: VigChr 40 (1986), S.226-244; La chaîne alimentaire chez Athénagore
d'Athènes. Confrontation de sa théorie digestive avec la science médicale de son temps, in:
Orph.NS 9 (1988); Athénagore d'Athènes, (Théologie historique 82) Paris 1989; La chair et le
sang. Encore sur l'authenticité du traité d'Athénagore d'Athènes, in: VigChr 44 (1990), S.1-5;
Athénagore d'Athènes, Sur la résurrection des morts, (SC 379), Paris 1992; Apologetica. Encore
sur l'authenticité du „De Resurrectione", in: RevSR 67 (1993), S.23-40; 68 (1994), S.19-30; 69
(1995), S.194-201; 70 (1996), S.224-239. – faßt N. ZEEGERS die Argumente gegen die Identität
des Verfassers von leg. und res. auf der Grundlage von Vokabular, Stil, Argumentation und
Überlieferung zusammen (La paternité athénagorienne du „De Resurrectione", in: RHE 87
[1992], S.333-374).
Die Frage, ob leg. und res. auf denselben Verfasser zurückgehen, kann hier zurückgestellt
werden, zumal der Autor in diesem Fall aus dem Text zu rekonstruieren ist (vgl. die von L.A.
RUPRECHT ausgearbeiteten Details in: Athenagoras the Christian, Pausanias the Travel Guide,
and a Mysterious Corinthian Girl, in: HThR 85 [1992], S.35-49) und das bloße Lemma im
Arethas-Kodex für die Einordnung des Textes nicht mehr als die Nennung des Namens
austrägt. Hinzuweisen ist darauf, daß sich aus der Darstellung des Begriffs Pronoia keine
Anhaltspunkte für einen gemeinsamen Verfasser von leg. und res. ergeben (gegen B. Pouderon,
L'authenticité du traité sur la resurrection, a.a.O.S.239; Apologetica, in: RevSR 69 [1995], S.199).
Nach Pouderon erfaßt der Begriff Pronoia in beiden Texten eine gewisse Immanenz Gottes
und beziehe Schöpfungsaussagen ein. Die Erklärung ist zu unpräzise, da sich so fast alle
Äußerungen zum Begriff Pronoia zusammenfassen lassen. Auf konzeptionelle Unterschiede in
der Verwendung des Begriffs Pronoia in beiden Texten hat N. Zeegers (La Paternité,
a.a.O.S.358) hingewiesen. Ein Vergleich der Texte ist wenig sinnvoll. (Z.B. fehlt der Begriff Pronoia in leg. 11,3-12,1 genau in dem Kontext, in dem er in res. 14;18f eingeführt wird). Zum
Begriff Pronoia in leg. siehe oben II § 6.2,S.316-324.
Schwieriger ist die Frage der Datierung von *De resurrectione*. Mit den Arbeiten von H.E. LONA
(die dem Apologeten Athenagoras zugeschriebene Schrift „De resurrectione mortuorum" und
die altchristliche Auferstehungsapologetik, in: Salesianum 52 [1990], S.525-578) und
N.ZEEGERS-VANDER VORST (Adversaires et Destinataires du *De Resurrectione* attribué à
Athénagore d'Athènes, in: Salesianum 57 [1995],S.75-122, 199-250, 415-42, 611-56) liegen zwei
weitere Beiträge zu dieser Frage vor. Zeegers-vander Vorst und Lona bestreiten den anti-
origenistischen Charakter des Textes. Zeegers-vander Vorst versucht zu zeigen, daß res. sich
trotz der Differenzierung in 1,3 und 11,3-6 ausschließlich mit paganen Gegnern auseinandersetzt und an einem einheitlichen und zwar paganen Adressaten orientiert ist. Mit den
paganen Adressaten ist nach Zeegers-vander Vorst zugleich die apologetische Gattung des
Textes bestimmt. Der im Vergleich zu den Texten *De resurrectione* von Tertullian und PsJustin

goras ist ein Beleg für die enge Verbindung der Begriffe Pronoia und Gericht in

---

und zu den entsprechenden Kapiteln in Irenaeus, 2 Clem, den Briefen des Barnabas, Ignatius und Polykarp unterschiedliche Zugang und vor allem das Fehlen bestimmter Themen in PsAthenagoras, res. erkläre sich durch Adressat und Gattung. Zu vergleichen seien die Apologien des 2.Jh. Zeegers-vander Vorst spricht von „parentés entre R et les apologies du IIe s. adressées à des païens" (S.656). Anders findet Lona in dem Text eine protreptische Absicht. Lona geht anders als Zeegers-van der Vorst vor. Er begründet seine Einordnung des Textes (zusammen mit Kyrill von Jerusalem, or.cat. 18; Gregor von Nyssa, De anima et resurrectione, In sanctum Pascha (GNO 9) und De hominis opificio (PG44); Nemesios von Emesa, Theodoret von Kyrrhos, Prov. 9 und Quaestiones graecae ad christianos 15 und Quaestiones et responsiones ad orthodoxos 111) in eine dritte Phase von Schriften zur Auferstehungslehre. Da die Darstellung der Auferstehung in De resurrectione nicht Aufgabe dieses Paragraphen ist, sei lediglich auf folgendes hingewiesen.

1. Gegen den von Zeegers-vander Vorst in bezug auf res. zu eng gewählten Begriff von Apologie als Gattung des 2.Jh., die sie durch die paganen Adressaten definiert, sprechen die ausführlichen Erörterungen in res. zur Vorgehensweise (1,3-2,3;11,3-6;14,1f;24,1f). Diese Art Reflexionen liegen in den Apologien des 2.Jh. nicht vor. Sie erinnern mit ihrer Unterscheidung zwischen den Argumenten ὑπὲρ τῆς ἀληθείας und περὶ τῆς ἀληθείας und den zwei Gruppen von Adressaten πρὸς τοὺς ἀπιστοῦντας ἢ τοὺς ἀμφιβάλλοντας und πρὸς τοὺς εὐγνωμονοῦντας καὶ μετ᾽ εὐνοίας δεχόμενους τὴν ἀλήθειαν (res. 1,3) an das Proömium zur Praeparatio Evangelica von Euseb von Caesarea (vgl.1,3). Sie sind, wie in anderer Weise auch das Proömium Eusebs, eine Reaktion auf den paganen Vorwurf unreflektierten bloßen Glaubens und setzen diesen Vorwurf voraus (vgl. res. 2,1f). Dieser Vorwurf hat Anhaltspunkte in den Apologien des 2.Jh. und wurde auf Konzepte wie die der überlieferten Apologien aus dem 2.Jh. hin formuliert. Die Reaktion auf diesen Vorwurf ist zeitlich nach den Apologien des 2.Jh. einzuordnen. Die Äußerungen zur Methode sind auf den Vorwurf bloßen Glaubens der Christen zu beziehen. Sie unterscheiden sich mit ihrer Antwort von Texten wie Origenes, c.Cels. (1,11), Euseb von Casarea, PE (1,5,4-9), Theodoret, cur. (1,100-106), die auf den gleichen Vorwurf mit dem Hinweis auf alltägliche auf πίστις gründende Lebensvollzüge antworten. Die Frage, auf welchen Adressaten der Argumentationsgang in res. zu beziehen ist, ist offen (gegen Zeegers-vander Vorst, a.a.O.S.611-13). Nicht in die apologetische Tradition des Origenes, Euseb und Theodoret gehört die Verwendung die Bild von dem Bauern, der erst dann den Samen auf die Erde wirft, nachdem er alles, was dessen Wachsen hindert, ausgerissen hat, und das Bild des Arztes, der bevor er dem Patienten die heilende Medizin verabreicht, ihn von Übeln reinigt, die deren Wirkung aufhalten (1,4, vgl. Theodoret, cur. 1,1-8, Eran. 2,S.118.10-23).

2. Es liegt eine Schwierigkeit vor, wenn man Aufschlüsse über die zeitliche Einordnung des Textes durch Vergleichstexte mit benachbarten Vorstellungen gewinnen will. Res. 18f steht lediglich einem der Texte, die für einen Vergleich aus der Zeit ab dem 4.Jh. vorgeschlagen worden sind, nahe. Theodoret von Kyrrhos äußert sich in der 9. Rede über die Pronoia (725D-729A) zu Gott als gerechtem Richter, zu den Gerechten, die teils in ihrem Leben Anerkennung finden, teils aber nicht, und zu einem „anderen" Leben, in dem Gott die Strafe der Noch-Nicht Gestraften und die Sorge für die Noch-Nicht-Geehrten vollzieht. Eine Abhängigkeit von res. von Theodoret läßt sich nicht nachweisen, da sich die spezifischen Aussagen von res. durch eine Abhängigkeit nicht erklären. Umgekehrt wäre es möglich, daß Theodoret bei der Abfassung von Oratio 9 eine Schrift De resurrectione gelesen hat. Zu erklären, wäre dann aber, warum Theodoret die spezifische Anknüpfung des Begriffs Pronoia in res. nicht in seine eigene Schrift über die Pronoia aufnimmt. Ein Terminus ante quem läßt sich aus dem Vergleich der Texte nicht mit Sicherheit gewinnen.

Im folgenden werden res. 14,5;18,1-19,1 zur Klärung der Vorstellung einer Zusammenordnung von Pronoia und Gericht unter der Voraussetzung besprochen, daß De resurrectione später als die Apologien des 2.Jh. zu datieren ist, aber, auch auf Grund der Kontinuität dieser Vorstellung, noch in diesen Zusammenhang gehört.

der Alten Kirche und einer der wenigen Belege, die in dieser Verbindung nach der Bedeutung des Terminus πρόνοια fragen.

Der Gedankengang ist folgender: die ersten zwei Argumente, welche die Auferstehung von der Absicht des Schöpfers und der Natur des Menschen her begründen, bilden einen engeren Zusammenhang.[47] PsAthenagoras nennt drittens das Argument der Pronoia und fügt als viertes Argument den Hinweis auf das Ziel des Lebens hinzu.[48] Mit der Aufzählung stellt sich die Frage nach der Gruppierung und Hierarchie der Argumente. PsAthenagoras legt sie in der Gegenüberstellung von zwei Gruppen von Argumenten dar und strukturiert seinen Text nicht durch Vier-, sondern durch Zweiteilung. Er begründet die Auferstehung durch die Lehre von der Schöpfung, vom Anfang und Ursprung auf der einen Seite und auf der anderen Seite durch die bleibende Abhängigkeit der Geschöpfe vom Schöpfer nach der Schöpfung.[49] Er unterscheidet Schöpfung und Pronoia als Anfang und als Wirken in der Zeit nach dem Anfang.[50] Der Begriff Pronoia steht für eine Seite der Argumentation für die Auferstehung und meint das Verhältnis Gottes zu den Geschöpfen nach der Schöpfung. Dieses Verhältnis ist durch Gerechtigkeit bestimmt. Als gerechte Fürsorge des Schöpfers gestaltet sich Pronoia unterschiedlich gegenüber den Menschen. In 14,5 schreibt PsAthenagoras, daß sich die Auferstehung durch die Lehre der Pronoia begründen läßt, und fügt an, „ich meine durch Lohn und Strafe, die jedem Menschen nach gerechtem Urteil zukommen, und durch das dem menschlichen Leben entsprechende Ziel".[51] Pronoia kann sich also in Lohn, aber auch Strafe äußern und erscheint eng verbunden mit Gericht und Gerechtigkeit.[52] Damit stellt sich für PsAthenagoras die Aufgabe, das Verhältnis zu beschreiben, in dem Fürsorge und Gericht Gottes und Leben und Ziel des Lebens zueinander stehen. Es ist die gleiche Aufgabe, die sich mit der Lektüre von Sap 6

---

[47] Res. 14,4.

[48] Es wurde beobachtet, daß der Hinweis auf das Ziel des Lebens nachgetragen wirkt. Zur Frage, ob es sich hier um eine literarische Ergänzung handelt, siehe H. Lona, a.a.O.S.542f.

[49] Res. 18,1: ἀρχὴ γὰρ αὐτοῖς ἡ τῶν πρώτων ἀνθρώπων ἐκ δημιουργίας γένεσις· ἀλλ' οἱ μὲν ἐξ αὐτῆς κρατύνονται τῆς πρώτης ἀρχῆς ἐξ ἧσπερ ἔφυσαν, οἱ δὲ παρεπόμενοι τῇ τε φύσει καὶ τῷ βίῳ τῶν ἀνθρώπων ἐκ τῆς τοῦ θεοῦ περὶ ἡμᾶς προνοίας λαμβάνουσιν τὴν πίστιν · ἡ μὲν γὰρ αἰτία, καθ' ἣν καὶ δι' ἣν γεγόνασιν ἄνθρωποι, συνεζευγμένη τῇ φύσει τῶν ἀνθρώπων ἐκ δημιουργίας ἔχει τὴν ἰσχύν, ὁ δὲ τῆς δικαιοσύνης λόγος, καθ' ὃν κρίνει θεὸς τοὺς εὖ ἢ κακῶς βεβιωκότας ἀνθρώπους, ἐκ τοῦ τούτων τέλους· φύονται μὲν γὰρ ἐκεῖθεν, ἤρτηνται δὲ μᾶλλον τῆς προνοίας.

[50] Zu der Unterscheidung von Schöpfung und Pronoia äußert sich Nemesius, nat.hom. 42,S.123.5-14: οὐ γὰρ ταὐτόν ἐστι πρόνοια καὶ κτίσις. κτίσεως μὲν γὰρ τὸ καλῶς ποιῆσαι τὰ γινόμενα, προνοίας δὲ τὸ καλῶς ἐπιμεληθῆναι τῶν γινομένων ...ἐν δὲ τῷ περὶ προνοίας λόγῳ ὅτι καὶ τῆς δεούσης ἐπιμελείας τυγχάνει μετὰ τὸ γενέσθαι.

[51] Res. 14,5: ... οὐδὲν ἧττον καὶ διὰ τῶν τῆς προνοίας λόγων ἔστι λαβεῖν τὴν περὶ ταύτης πίστιν, λέγω δὲ διὰ τῆς ἑκάστῳ τῶν ἀνθρώπων ὀφειλομένης κατὰ δικαίαν κρίσιν τιμῆς ἢ δίκης καὶ τοῦ κατὰ τὸν ἀνθρώπινον βίον τέλους. Vgl. 18,1.

[52] Vgl. res. 10.

stellte, die innere Bezogenheit der Begriffe Pronoia und Gericht zu erklären. Diese Frage, die an Sap 6 herangetragen wurde, beantwortet PsAthenagoras in spezifischer Weise.

Nachdem die Bedürfnislosigkeit des Schöpfers[53] im ersten Teil der Abhandlung entwickelt wurde,[54] geht PsAthenagoras in Kapitel 18 umgekehrt von der Bedürftigkeit der Geschöpfe und insbesondere des Menschen aus, der die Fürsorge Gottes (ἐπιμέλεια) brauche. Die Fürsorge wird bezogen auf die drei Grundbedürfnisse des Menschen, auf Nahrung,[55] Nachkommen und Gerechtigkeit (δίκη). Mit der Mehrdeutigkeit des Terminus δίκη und dem Gedanken, daß der ganze Mensch mit Seele und Körper die Gerechtigkeit empfängt wie er auch mit Leib und Seele Nahrung braucht, leitet PsAthenagoras über zu dem Gericht, in dem der Mensch und nicht die Seele allein für sein Handeln zur Verantwortung gezogen wird.[56] Ein kurzer Hinweis auf das Leben der Gottlosen und die Qualen von vielen, die nach Tugend streben, genügt, um anzuzeigen, daß dieses Gericht nicht zu Lebenszeit, sondern nach der Auferstehung stattfinden wird, und den Beweis für die Auferstehung zu Ende zu führen.

Dem Text *De resurrectione* ist zu entnehmen, daß man im Zusammenhang mit dem letzten Gericht von der Pronoia Gottes sprach, daß der Begriff Pronoia einen distributiven Zug hat und von dem Tun-Ergehens-Zusammenhang bestimmt ist. Zugleich ist der Gedankengang von der Fürsorge Gottes des Schöpfers her entwickelt und der Text dadurch gekennzeichnet, daß dem Autor das Nebeneinander von Fürsorge und Tun-Ergehens-Zusammenhang zur Frage wird. Warum ist bei der letzten Zuteilung von Lohn und Strafe von Fürsorge zu sprechen? Anders als in Sap 5,15 weist der Autor nicht auf die Gerechten hin, denen Gott in einer eschatologischen Handlung zu ihrem Recht verhilft. Für ihn bleibt das Nebeneinander bestehen und erklärt sich nur insofern, als er über das grundlegende Bedürfnis nach Gerechtigkeit als Gegenstand der Fürsorge Gottes für die Menschen die Gerichtsvorstellung einführt. Der Text ist an der Stelle wenig explizit, die eine Verbindung zieht zwischen dem Fürsorgen Gottes und den Menschen, die der Gerechtigkeit bedürfen, weil PsAthenagoras vorerst die weitere Voraussetzung seiner

---

[53] Vgl. Porphyrios, Marc. 11,S.18.3f.

[54] Res. 12,1-4. Vgl. die bei E. NORDEN (Agnostos Theos. Untersuchungen zur Formengeschichte religiöser Rede, Leipzig/ Berlin 1913, S.13f) verzeichneten Belege: Euripides, Hercules 1346, Antiphon, Aletheia 98 (Sauppe=10 Diels), Platon, Tim. 33D, 34B, Chrysipp nach Plutarch, stoic.repugn. 1052D, Comparatio Aristidis et Catonis 4, Stob.ecl.I 1,39, Plotin (ohne Angabe der Stelle). Siehe außerdem Clemens von Alexandrien, strom. 2,6,28,3; 5,11,75,3 mit Zuschreibung zu Platon, vgl. Tim 29E; strom. 6,5,39,3.

[55] Vgl. Theophilos 1,6,2.

[56] Anders Platon, Gorg. 523C-E.

Argumentation klärt, daß der Mensch mit Leib und Seele zur Rechenschaft gezogen wird. PsAthenagoras nimmt den unterbrochenen Gedankengang in 19,4 wieder auf. Die Fürsorge des Schöpfers für seine Geschöpfe und insbesondere für die Menschen und das gerechte Gericht bilden wieder eine Einheit.[57] Es werde, so PsAthenagoras, die Vergeltung für Gutes und Böses geben, Gott werde die, denen dieses zukommt, zu der Bestimmung und dem Ziel ihres Lebens führen.[58] Es ist Ausdruck der Auferstehungslehre des PsAthenagoras, daß die Sorge Gottes für die Menschen nicht mit deren Tod endet.[59]

PsAthenagoras, De resurrectione 18,2

Der Abschnitt res. 18,2 ist hervorzuheben, weil PsAthenagoras hier die Voraussetzungen seines Gedankenganges darlegt und eine kurze Definition des Begriffs Pronoia gibt:

τοσοῦτον μόνον ὑπειπόντας φροντίδι τῆς προσηκούσης τοῖς προκειμένοις ἀρχῆς καὶ τάξεως, ὅτι δεῖ τοὺς ποιητὴν τὸν θεὸν τοῦδε τοῦ παντὸς παραδεξαμένους τῇ τούτου σοφίᾳ καὶ δικαιοσύνῃ τὴν τῶν γενομένων ἁπάντων ἀνατιθέναι φυλακήν τε καὶ πρόνοιαν, εἴ γε ταῖς ἰδίαις ἀρχαῖς παραμένειν ἐθέλοιεν, ταῦτα δὲ περὶ τούτων φρονοῦντας μηδὲν ἡγεῖσθαι μήτε τῶν κατὰ γῆν μήτε τῶν κατ᾽ οὐρανὸν ἀνεπιτρόπευτον μηδ᾽ ἀπρονόητον, ἀλλ᾽ ἐπὶ πᾶν ἀφανὲς ὁμοίως καὶ φαινόμενον μικρόν τε καὶ μεῖζον διήκουσαν γινώσκειν τὴν παρὰ τοῦ ποιήσαντος ἐπιμέλειαν.

PsAthenagoras macht mit dem Begriff Pronoia zwei Aussagen zur Voraussetzung. Er erklärt erstens, daß man, wenn man Gott als den Schöpfer anerkenne, den Schutz (φυλακή) und die Fürsorge (πρόνοια) für alles Gewordene der Weisheit und Gerechtigkeit Gottes, des Schöpfers, zuschreiben müsse. PsAthenagoras setzt den Begriff des Schöpfers an den betonten Anfang und schließt die Periode mit dem Ausdruck ἐπιμέλεια. Es geht um Fürsorge (ἐπιμέλεια), die hier nicht vom Vater für seine Kinder, vom Hirten für die Herde oder vom Herrscher für dessen Untertanen ausgesagt wird, sondern vom Schöpfer für seine Geschöpfe. Daß der gesamte Gedankengang vom

---

[57] Res. 19,4: Εἰ δὲ ἔστι τις τῷ ποιήσαντι τοὺς ἀνθρώπους τῶν ἰδίων ποιημάτων φροντὶς καὶ σῴζεταί που τῶν εὖ ἢ κακῶς βεβιωμένων ἡ δικαία κρίσις ... Anders Philon, der in prov. 1 nicht Pronoia und die distributive Gerechtigkeit miteinander identifiziert. Vgl. prov. 1,23; 1,34f (*Providentia enim est, quae obedientes regit, super autem inobedientes constituit judices distributos, et exterminat hominum contumaciam, ut virtus per obedientiam decoretur a Deo.* prov. 1,34).

[58] Res. 24f.

[59] Vgl. res. 20,2. Die Vergewisserung der Frommen, daß Gott die Bedürfnisse der Menschen kennt und sich die Pronoia Gottes bewahrheiten wird, ist in einer anderen Perspektive ausgesprochen als der ethische Appell der anti-epikureischen Argumentation (vgl. 19,2f), daß jeder einzelne sein Tun vor Gott zu verantworten hat. Theophilos spricht von der Fürsorge Gottes „nicht nur für uns Lebende, sondern auch für die Toten". (2,38,3: Τοίνυν Σίβυλλα καὶ οἱ λοιποὶ προφῆται, ἀλλὰ μὴν καὶ οἱ ποιηταὶ καὶ φιλόσοφοι καὶ αὐτοὶ δεδηλώκασιν περὶ δικαιοσύνης καὶ κρίσεως καὶ κολάσεως· ἔτι μὴν καὶ περὶ προνοίας, <ὅτι> φροντίζει ὁ θεὸς οὐ μόνον περὶ τῶν ζώντων [ἡμῶν], ἀλλὰ καὶ τεθνεώτων ..) Vgl. die Formulierung in der Rufin-Übersetzung Origenes, princ. 3,1,17,228.14-20: *quod providentiam dei iuste omnia moderantem et aequissimis dispensationibus pro singulorum meritis et causis regere inmortales animas studemus ostendere; dum non intra huius saeculi vitam dispensatio humana concluditur, sed futuri status causam praestat semper anterior meritorum status, et sic inmortalis et aeterno aequitatis <iure et> moderamine divinae providentiae inmortalis anima ad summam perfectionis adducitur.*

Begriff der Fürsorge und den Ausdrücken φροντίς, πρόνοια und ἐπιμέλεια her entwickelt ist, ist deutlich.[60]

Der enge Zusammenhang von Schöpfung und Pronoia, um den es PsAthenagoras im ersten Teil des kurzen Abschnittes 18,2 geht, konnte implizit eine anti-epikureische Aussage enthalten, wie die Formulierung des Nemesios verdeutlicht, und so überleiten zum zweiten Teil des zitierten Abschnittes. Nemesios schreibt: ὧν γὰρ οὐδείς ἐστι δημιουργός, τούτων τίς ἂν εἴη προνοητής;[61] und will mit dieser Frage die Folgerichtigkeit in der epikureischen Argumentation aufzeigen, die aus der Aussage, daß die Welt von selbst enstanden sei, schließe, daß sie ohne Pronoia existiere. Anders als Nemesios gibt PsAthenagoras keinen Hinweis auf den anti-epikureischen Hintergrund seiner Aussage.

PsAthenagoras setzt zweitens die umfassende Wirkung der göttlichen Fürsorge voraus. Nichts sei auf der Erde und im Himmel unbeaufsichtigt und ohne Fürsorge (μηδὲν ... ἀνεπιτρόπευτον μηδ' ἀπρονόητον), sondern über alles Unsichtbare in gleicher Weise wie über alles Sichtbare, über alles Unbedeutende und Bedeutendere erstrecke sich die Fürsorge des Schöpfers. Das einzig stoische Wort in dieser Periode ist διήκουσαν, das allerdings völlig unstoisch auf das Wort ἐπιμέλεια bezogen wird.[62] Stoisch spricht man davon, daß das Pneuma oder die Pronoia alles durchdringe,[63] und formuliert so die umfassende Wirklichkeit von Pneuma bzw. Pronoia. Mit „alles durchdringen" ist in den stoischen Fragmenten alles gesagt, ohne daß man dort, um der Aussage Nachdruck zu verleihen, die negative Formulierung findet, daß nichts ohne Pronoia sei.

Die Verbindung von negativer und positiver Formulierung ist in dieser Form nicht geläufig.[64] PsAthenagoras will mit dieser Formulierung nachdrücklich die Existenz von Pronoia aussagen, und es ist zu überlegen, ob in seiner Formulierung die Hinweise auf das Für und Wider gegen den Begriff Pronoia anklingen. Der Begriff Pronoia wurde bestritten und behauptet,[65] und ein Text wie

---

[60] Dieser Begriff der Fürsorge ist abhängig von der Schöpfungsaussage, ohne daß PsAthenagoras damit eine Beziehung zur Vorstellung von der „Schöpfung aus dem Nichts" herstellt. Dieser Bezug findet sich in Athanasios, inc. 3,1: Οὔτε γὰρ αὐτομάτως, διὰ τὸ μὴ ἀπρονόητα εἶναι, οὔτε ἐκ προϋποκειμένης ὕλης, διὰ τὸ μὴ ἀσθενῆ εἶναι τὸν θεόν. In dieser Formulierung zieht Athanasios die Verbindung zwischen der Gegenposition zu der epikureischen Vorstellung von einer Welt, die von selbst entstanden und ohne Pronoia ist, zu der Schöpfung aus dem Nichts, die er zuvor in seiner Kritik an dem Vergleich zwischen Schöpfer und Zimmermann erläutert hat. (inc. 2; vgl. c.Arian. 2,22, PsAthenagoras, res. 9, Irenaeus 2,10,4, Theophilos 2,4,7)

[61] Nemesios, nat.hom. 43,S.127.8, der Gedanke ist häufiger belegt: Athenagoras, leg. 8,5.32f (Καὶ μὴν οὐδὲ προνοεῖ, εἰ μὴ πεποίηκεν), Theophilos von Antiochien 2,8,2-3, Clemens von Alexandrien, strom. 6,16,147,2, Origenes, princ. 2,1,4,S.110.10-111.12, vgl. Philon, opif. 9-11, praem. 42, Attikos bei Euseb, PE 15,6,2, Seneca, ep. 58,28f.

[62] ZEEGERS-VANDER VORST beginnt ihre Überlegungen zu den Gegnern der Auferstehung in De resurrectione mit 18,2. Sie interpretiert „c'est-à-dire de leur foi en une providence qui pénètre l'univers, sont vraisemblement les philosophes stoïciens. Cette indication est précieuse, car la critique des philosophes du Portique, particulièrement nette en R 18-19, n'a rien d'une parenthèse dans le Traité." (a.a.O.S.87) Leider gibt Zeegers-vander Vorst keine stoischen Belege an. Von 18,2 ist in dieser Weise weder auf den stoischen Charakter eines ganzen Kapitels noch auf die Auseinandersetzung mit einem stoischen Gegner in diesem Kapitel zu schließen, wie sie mehrfach wiederholt (a.a.O.S.225, 644, 648f).

[63] SVF I 153 Hippolyt, philosoph. 21,1 (DDG S.571), vgl. Diogenes Laertios 7,138.

[64] Vgl. aber Josephos, AJ 4,47, Basileios von Caesarea, hexam. 7,5,S.122.1f: Οὐδὲν ἀπρονόητον, οὐδὲν ἠμελημένον παρὰ θεοῦ. Πάντα σκοπεύει ὁ ἀκοίμητος ὀφθαλμός.

[65] Theophilos, 2,8,2-3.5-6, 2,38,7; Euseb von Caesarea, PE 6,6,53, vgl. 15,32,8; Sextus Empeirikos, pyrrh. 1,151.

Lukian, *Juppiter tragoedus* zeigt, daß man zur Zeit Lukians Behauptung und Bestreitung den Schulen der Epikureer und Stoiker zuschrieb. Der Terminus ἀπρονόητος wurde in Abgrenzung entweder zu einem Aspekt oder auch dem wesentlichen Merkmal der Lehre der Naturphilosophen,[66] des Epikur bzw. der Epikureer[67] und des Aristoteles verwendet,[68] dem in diesem Zusammenhang die Aussage zugeschrieben wurde, daß die Pronoia sich auf den Bereich oberhalb des Mondes beziehe, oder aber erscheint allgemein in Abgrenzung zu einer bestimmten Position,[69] wobei wie bei PsAthenagoras der Name Epikurs nicht fällt. Der Terminus ἀπρονόητος kennzeichnet in den doxographischen Nachrichten eine bestimmte, meist die epikureische Schule. Die Art und Weise, in der man auf diese Schulposition Bezug nahm und sie darstellte, war beeinflußt von der zeitgenössischen Diskussion um den Begriff Pronoia.[70] Bei PsAthenagoras fällt lediglich ein Stichwort, mit dem seine Aussage sich nicht in diese Entwicklung einordnen läßt.

PsAthenagoras erklärt mit dem Terminus ἀπρονόητος den unbekannteren Ausdruck ἀνεπιτρόπευτον. Euseb von Caesarea, *Laus Constantini* 13,12[71] ist der einzige Beleg, der wie PsAthenagoras die Termini ἀπρονόητος und ἀνεπιτρόπευτος verbindet. Euseb fügt in den Text mehrere Merkmale aus der Beschreibung der Epikureer ein. Unbeeinflußt von der anti-epikureischen Argumentation erscheint das Wort ἀνεπιτρόπευτος bei Philon. Nach Philon ist ἀνεπιτρόπευτος die Waise ohne Vormund[72] und insbesondere die Herde ohne Hirte.[73] Herde und Hirte versteht Philon als Bild für die unvernünftigen Seelenkräfte des Menschen, die gelenkt und beaufsichtigt werden müssen.[74]

---

[66] Plutarch, Nik. 23,4.

[67] Epiphanios, haer. 8,1,1,S.186.12f: Ἐπίκουρος δὲ καθεξῆς μετὰ τούτους ἀπρονοησίαν τῷ κόσμῳ εἰσηγήσατο. Vgl. Euseb von Caesarea zu Ps 91,6f,PG23,1176C. Vgl. weiter Theophilos, 3,2,4; 3,3,2; Lukian, Iup.tr. 4; 19; 35; Alexander von Aphrodisias, fat. S.203.13-15, Athanasios, inc. 2,1f; Nemesios von Emesa, nat.hom. 43,S.127.2-10.

[68] Athenagoras, leg. 25,2, Tatian 2,3,S.9.14-17, Clemens von Alexandrien, prot. 5,66,4, strom. 5,14,90,3, Epiphanios, fid. 9,35; Nemesios von Emesa, nat.hom.43,S.127.13f. A.J. FESTUGIÈRE hat vorgeschlagen, daß die von Theologen wie Tatian und Athenagoras Aristoteles zugeschriebene Lehre von der Pronoia auf die Schrift De mundo zurückgeht. Die stereotype Zusammenfassung einer peripatetischen Lehre hat aber wohl kaum lediglich eine literarische Vorlage. Alexander von Aphrodisias, prov. S.60.6-62.7 belegt die Diskussion, für die De mundo lediglich einen weiteres Zeugnis darstellt.

[69] Philon, praem. 23; Theophilos, 2,8,2-3.5-6; 2,38,7.

[70] Siehe unten S.227-231, bes. Anm.41,S.242-244,251f. Vgl. Nemesios, nat.hom. 43,S.127.1f; S.128.12-130.10.

[71] Euseb von Caesarea, laus Const. 13,12-13,S.240.10-18: καὶ οὐ τοῦτο μόνον, ἀλλὰ καὶ τὰς περὶ θεοῦ φυσικὰς ἐννοίας παρατρέψαντες ἀπρονόητα μὲν καὶ ἀνεπιτρόπευτα τὰ τῇδε πάντα ἡγοῦντο, ἀλόγῳ δὲ καὶ αὐτομάτῳ φύσει εἱμαρμένης τε ἀνάγκη τὴν τοῦ παντὸς οὐσίωσίν τε καὶ σύστασιν ἀνετίθεσαν. καὶ οὐ τοῦτο μόνον, ἀλλὰ καὶ τὰς σφῶν ψυχὰς αὐτοῖς συνδιαφθείρεσθαι τοῖς σώμασιν ὑπολαμβάνοντες θηριώδη ζωὴν καὶ βίον ἀβίωτον διῆγον, οὐ ψυχῆς οὐσίαν διερευνώμενοι, οὐ θείας κρίσεως δικαιωτήρια προσδοκῶντες, οὐκ ἀρετῆς ἔπαθλα, οὐκ ἀδίκου βίου τιμωρίας ἐν νῷ βαλλόμενοι.

[72] Sacr. 45,S.211.27.

[73] Sacr. 45, agr. 44, besonders 49, Gai. 20.

[74] Mit dem Terminus ἀνεπιτρόπευτος wird auf ein weiteres philonisches Wort im Vokabular PsAthenagoras' hingewiesen. D.T. RUNIA hat bereits den Terminus ἀγαλματοφορεῖν in De resurrectione 12,6 als *verbum philonicum* besprochen (Verba Philonica, ἀγαλματοφορεῖν, and the Authenticity of the De Resurrectione attributed to Athenagoras, in: VigChr 46 [1992], S.313-327). Obwohl er sich von Cohn abgrenzt und nicht von philonischen Wortschöpfungen, sondern von Philon als „the first extant author to record these words" (S.313) spricht, beschreibt er ein Dilemma, das darin bestehe, daß ein Autor des späten 2.Jh.s den Zugang zu den Texten Philons

Zusammenfassung

Der Begriff Pronoia wird in solche Gerichtsvorstellungen integriert, welche die Konzeption des Tun-Ergehens-Zusammenhangs fortführen. Gegen die Erfahrung von Leiden und Ohnmacht wird die Entsprechung von Tat und Tatfolge aufrechterhalten, und Pronoia steht für die Erwartung, daß Gott im letzten Gericht den Sinn der Mühen des Gerechten zeigen wird. Für den Begriff Pronoia bedeutet dies: Erstens wird der Terminus Pronoia hier in der Bedeutung von Fürsorge verwendet und bezeichnet Gottes Fürsorge für den Gerechten im Gericht. Zweitens geht die eschatologische Perspektive des Tun-Ergehens-Zusammenhangs auf den Begriff Pronoia über. Drittens ist wichtig, daß der Begriff Pronoia hier aus der Perspektive der Opfer entwickelt wird. Der Begriff nimmt die Perspektive derjenigen auf, die trotz der Erfahrung von Ungerechtigkeit daran festhalten, daß der Tun-Ergehens-Zusammenhang aufrechterhalten wird, und deshalb im Rahmen des Gerichts von göttlicher Pronoia sprechen. Sap 6 wendet sich mit dieser Konzeption gegen die Vorstellung einer besonderen Pronoia für einzelne Mächtige. PsAthenagoras sieht ebenso wie Sapientia die Fürsorge Gottes für die Menschen, die Lohn aber auch Strafe bedeuten kann, die über den Tod hinausgeht und über das Gericht hin zur Auferstehung zielt, in der Fürsorge des Schöpfers für seine Geschöpfe verankert.[75] Eine Reihe weiterer altkirchlicher Texte läßt sich in die hier aufgezeigte Linie[76] einordnen.[77]

---

nur in Alexandrien haben konnte und nicht vor 233, der Übersiedlung Origenes' nach Caesarea, von einer weiteren Verbreitung des philonischen Werkes auszugehen sei, eine Verbindung von Athenagoras mit Alexandrien aber hypothetisch sei. Runia löst dieses Dilemma, indem er *De resurrectione* in das 3. oder frühe 4.Jh. datiert. Er setzt hiermit voraus, daß die Verwendung des Wortes ἀγαλματοφορεῖν in *De resurrectione* 12,6 nur durch die Kenntnis der philonischen Texte und insbesondere von opif. 69 zu erklären ist.

Auch wenn die Herkunft des Terminus ἀνεπιτρόπευτος kaum anders als durch einen philonischen Hintergrund bestimmt werden kann, fordert die Frage nach einer literarischen Beziehung zwischen *De resurrectione* und den philonischen Texten weitere Anhaltspunkte, die in *De resurrectione* 18,2 nicht vorliegen. Es fällt auf, daß von den Autoren, die den Terminus ἀνεπιτρόπευτος verwenden, Philon und Isidor in oder in der Nähe von Alexandrien lebten, von Galen überliefert ist, daß er in Alexandrien studierte, und Euseb von Caesarea Beziehungen zur alexandrinischen Theologie und Texte aus Alexandrien in der Bibliothek zur Verfügung hatte.

[75] Vgl. Philon, opif. 9-11, praem. 42, Attikos, fr. 4, bei Euseb, PE 15,6,2. Zur Diskussion vgl. Clemens von Alexandrien, strom. 2,16,74,4-75,2. Nach Clemens sorgt Gott für die Menschen, gerade obwohl die Menschen von anderer Natur sind. Zur Sorge für das Ähnliche siehe Platon, rep. 613A-B.

[76] Hingewiesen sei besonders auf Irenaeus, haer. 3,24,2-25,3. Er ordnet die *providentia* dem Vater und zugleich Schöpfer des Alls zu (25,1), fährt damit fort, daß Richter-Sein, Güte und Gerechtigkeit sich gegenseitig bedingen (25,2f) und erklärt: *Est autem et misericors et bonus et patiens et saluat quos oportet. Neque bonum ei deficit iusti effectu neque sapientia deminoratur: saluat enim quos debet saluare et iudicat quos dignos iudicio* (3,25,3.40-43).

[77] Siehe oben Anm.60.

§ 2. Gottes Pronoia straft nicht mehr – sie erzieht.
Clemens von Alexandrien und Basilides über die Martyrien

Während die Theologen ihre Überlegungen zu Gottes rechtschaffender Pronoia gerne in die eschatologische Perspektive hin auszogen, mußte die Gewißheit der Christen, daß Gott für sie sorge – und zwar im „Hier und Jetzt" – angesichts der Verfolgungen durchgehalten und überdacht werden. „Ja, wenn Gott für euch sorgt, sagen sie, warum werdet ihr dann verfolgt und getötet?"[1] Angesichts der Martyrien gab es Anfragen an die Vorstellung, daß Gott für die Gerechten sorge und seine Güte nicht beliebig verteile, sondern den Gerechten zukommen lasse, und es mußte zu einer Diskussion des Begriffs Pronoia zwischen Christen und Nicht-Christen kommen,[2] deren Befremden gegenüber der christlichen Haltung zum Martyrium Clemens von Alexandrien in der genannten Frage zum Ausdruck kommen läßt.[3] Anfragen wurden aber auch unter Christen vorgebracht, die mit sehr unterschiedlichen Begründungen ihre Zurückhaltung und Kritik[4] gegenüber

---

[1] Clemens von Alexandrien, strom. 4,11,78,1,S.283.1f, Brief der Gemeinden von Lyon und Vienne (Euseb von Caesarea, HE) 5,1,60, Martyrium Carpi, Papyli et Agathonicae 46, Justin, apol.min. 5,1, Minucius Felix, Oct. 12,4, Celsus, c.Cels. 8,69. Von einer Rettung ganz im Sinne der genannten Frage berichtet Herodot, 1,86f. Kyros, so Herodot, will nach dessen Niederlage den lydischen König Kroisos verbrennen lassen. Er bereut dies, seine Leute können aber das Feuer nicht mehr löschen. Kroisos betet zu Apollon: εἴ τί οἱ κεχαρισμένον ἐξ αὐτοῦ ἐδωρήθη, παραστῆναι καὶ ῥύσασθαί μιν ἐκ τοῦ παρεόντος κακοῦ. (1,87,1.25f) Kroisos wird durch einen wolkenbruchartigen Regen gerettet. Vgl. die Überlegung des Kyros, die Herodot beschreibt: εἴτε καὶ πυθόμενος τὸν Κροῖσον εἶναι θεοσεβέα τοῦδε εἵνεκεν ἀνεβίβασε ἐπὶ τὴν πυρήν, βουλόμενος εἰδέναι εἴ τίς μιν δαιμόνων ῥύσεται τοῦ μὴ ζῶντα κατακαυθῆναι (1,86,2.19-22). Das Motiv findet sich in den Thekla-Akten wieder, wo berichtet wird, daß Thekla durch einen Wolkenbruch vom Scheiterhaufen gerettet wird (Acta Pauli et Theclae 22).

[2] Vgl. die Frage, mit der Seneca den Dialog De providentia eröffnet: *Quaesisti a me, Lucili, quid ita, si prouidentia mundus ageretur, multa bonis uiris mala acciderent.*

[3] Ob Clemens hier einen fiktiven Zwischenredner sprechen läßt oder aber mit dem Einwurf einen realen Gegner verbindet, wird diskutiert. Siehe D. WYRWA, Die christliche Platonaneignung in den Stromata des Clemens von Alexandrien (AKG 53), Berlin 1983, S.243f. Dort weitere Literatur. Während Wyrwa hier einen Einwand sieht, der aus der Sicht des Heidentums formuliert wurde, vertritt CH. BUTTERWECK („Martyriumssucht" in der Alten Kirche, a.a.O.), daß im Zusammenhang mit den Martyrien innerchristliche Polemik zum Tragen kommt, das Thema aber Heiden kaum eine Angriffsfläche bot und beispielsweise für Celsus eine untergeordnete Bedeutung hatte. Vgl. unten Anm.71. Das Ergebnis der in diesem Kapitel vorzutragenden Überlegungen besteht darin, den literarischen Charakter der Anfragen aufzuzeigen, die Clemens eingebunden in die Auseinandersetzung mit Basilides Nicht-Christen zuschreibt. Es ist wahrscheinlich, daß in dieser Auseinandersetzung die innerchristliche Martyriums-Polemik Anwendung findet.

[4] Eine Ablehnung des Martyriums wird den Gnostikern zugeschrieben. Siehe unten Anm.50. Es handelt sich hier offensichtlich um eine weiter verbreitete „Martyriumsscheu". Neben Clemens von Alexandrien, strom. 4,71-79 siehe Ignatius von Antiochien, Tr. 10, Sm. 4,2, Tertullian, scorp. 1, Irenaeus 4,33,9. Weitere Belege bei A. v. HARNACK, Die Mission und Ausbreitung des

dem damal üblich werdenden Bild des Märtyrers[5] formulierten. Zwischen Clemens und dem Gnostiker Basilides, auf dessen Argumente Clemens eingeht, war nicht der Ausgangspunkt strittig, daß Gottes Pronoia mit Gerechtigkeit und Gericht zu tun hat, das den Gedanken der Strafe einschließt,[6] sondern die Anwendung dieses Begriffs von Pronoia, in der Clemens eine ganz andere, zurückhaltendere und keineswegs enthusiastische Haltung des Basilides gegenüber den Martyrien sieht.

Im folgenden soll das betreffende Fragment des Basilides und die Frage, was zwischen Clemens und Basilides zur Diskussion stand, besprochen werden, insbesondere aber eine Seite des Begriffs Pronoia, die Clemens in verschiedenen Abschnitten der Stromata erläutert und die möglicherweise unmittelbar mit dieser Auseinandersetzung zu tun hat. Geht man von Texten wie von Theophilos von Antiochien,[7] Irenaeus[8] und PsAthenagoras aus, wird deutlich, daß auch Clemens den Zusammenhang von Pronoia, Gerechtigkeit und richterlichem Handeln Gottes kannte, vor allem aber, daß Clemens eine erhebliche Korrektur vornahm. Im siebten Buch der Stromata schreibt Clemens:

„Sie mögen wenigstens von Gott erzogen werden und die dem Gericht vorangehenden väterlichen Zurechtweisungen ertragen,[9] bis sie sich schämen und dann ihren Sinn ändern,

---

[5] Christentums in den ersten drei Jahrhunderten, Leipzig 1924[4], S.507 Anm.1.
[5] Vgl. Justin, apol.mai. 25,S.68.5-7, apol.min. 12, Tertullian, scap., mart., Origenes, exh.mart.
[6] Diese Überzeugung wurde nicht nur unter Christen und Gnostikern vertreten. Vgl. die ungefähr aus dem Jahr 258 stammende Eingabe an den Statthalter (P.Oxyrh. 12,1468,S.198.4-8): τοῖς κακουργεῖν προχείρως ἔχουσιν τέχνη οὐ δικαίας ἐπινοίας πρὸς τῷ μηδὲν ὄφελος ἔχειν ἔτι καὶ τοῖς ἐκ τῶν νόμων ὡρισμένοις ἐπιτειμίοις ὑποβάλλει ἡ σὴ εὔτονος καὶ περὶ πάντα ἀκοίμητος πρόνοια. Die Pronoia des Angesprochenen ist auch in diesem Zusammenhang zuständig für τὰ ἐκ τῶν νόμων ὡρισμένα ἐπιτίμια. Auf den Papyrus weist W. SCHUBART hin (Das Gesetz und der Kaiser in griechischen Urkunden, in: Klio 30 NF 12 (1937), S.58 (54-69).
[7] Autolyc. 2,38,2.
[8] Adv.Haer. 3,24,2-25,3.
[9] „Annehmen" und sich nicht der Paideia Gottes zu widersetzen, ist ein Motiv der LXX. Lev 26,18.23, Sap 3,11 vgl. PsSal 3,4, Sir 51,26, Prov 3,11f. Vgl. die Klage Jeremias παιδείαν οὐκ ἐδέξασθε in 2,30; 5,3; 7,28; 17,23; 39,33; 42,13. Hinzuweisen ist besonders auf die Formulierung in 1Clem 56,2 und die sich in 1Clem 56,3-14 anschließenden Belege aus der LXX (Ps 117,18, Prov 3,12, Ps 140,2, Hi 5,17-26). In 1Clem 56,2 heißt es: ἀναλάβωμεν παιδείαν, ἐφ᾽ ᾗ οὐδεὶς ὀφείλει ἀγανακτεῖν, ἀγαπητοί. Während man in der LXX und in 1Clem 56 von ἐπιδέχεσθαι/ δέχεσθαι und λαμβάνειν/ ἀναλαμβάνειν in Bezug auf Gottes Paideia liest, liegt der Terminus ὑπομένειν in PsSal 14,1 vor: πιστὸς κύριος τοῖς ἀγαπῶσιν αὐτὸν ἐν ἀληθείᾳ τοῖς ὑπομένουσιν παιδείαν αὐτοῦ.
Der Terminus ὑπομένειν findet sich regelmäßig mit Bezug auf die Martyrien. Polykarpmartyrium 2,2f; 13,3 (ὑπομονή 3,1;19,2), Ignatius von Antiochien, Sm. 4,2; an Polykarp 3,1, Justin, dial. 11,4; 18,3; 19,1; 34,8; 96,2; 121,2; 131,2; Diognet 10,8, Clemens von Alexandrien, paed. 3,8,41,1, strom. 4,6,41,4; 4,7,43,2;4,9,75,3,; 4,12,85,3; 7,10,56,3; 7,11,67,1f, Origenes, c.Cels. 5,46,S.50.15f. Vgl. aber auch 1Clem 35,3;45,8; Hermas 6,7, Ignatius, Magn. 1,2;9,1, Sm. 9,2 Diognet 5,5;10,8, Clemens von Alexandrien, strom. 6,9,72,3; 7,3,17,4-18,1; 7,10,56,3; 7,11,63,2; 7,11,65,6.

nicht aber mögen sie, indem sie sich durch ihren unerbittlichen Ungehorsam selbst hinein-bringen,[10] in das endgültige Gericht kommen. Es gibt nämlich auch einzelne Erziehungs-maßnahmen, die man Strafen nennt, in welche die meisten von uns rutschen und hineinge-raten, die wir aus dem Volk des Herrn eine Verfehlung begangen haben.[11] Aber wie die Kinder durch den Lehrer oder den Vater, so werden wir von der Pronoia bestraft. Gott rächt nicht[12] – Rache ist nämlich die Vergeltung des Bösen – sondern er straft zum Nutzen der Bestraften[13] im allgemeinen oder besonderen."[14]

Vorwegnehmend sei auf folgendes hingewiesen. Clemens verwendet in diesem Abschnitt den Begriff einer rechtschaffenden Pronoia,[15] der bisher Thema war, bezieht ihn jetzt aber in erster Linie auf die vielen innerweltlichen Gerichte und nicht auf das eschatologische Gericht, d.h. auf erfahrbare richterliche Handlungen Gottes. Pronoia ist verbunden mit dem Leben des einzelnen. Wieder wird das Verhältnis zwischen Vater und Kind angesprochen, nicht aber, um allgemein die Fürsorgepflicht Gottes zu illustrieren, sondern um in demselben Bild einen neuen Aspekt hervorzuheben. Die Vorstellung von der Pronoia Gottes verband sich mit dem Bild des Hirten und des Vaters.[16] Clemens bleibt in demselben Bild und spricht von dem richterlichen Handeln Gottes als einer anderen Rolle desselben Vaters, dessen Aufgabe jetzt der des Lehrers entspricht, der zurechtweist, züchtigt und erzieht.[17]

Clemens gelingt es, die Verankerung des Begriffs Pronoia im Gerichtshandeln Gottes zu erklären. Es bedurfte einer Erklärung, sobald man sich nicht mehr mit dem leidenden Gerechten identifizierte, dessen Recht Gott im Sinne der Fürsorge für diesen Menschen herstellen wird, und auf die Bestrafung der anderen hoffte. Clemens kann, ohne daß eine Spannung entsteht, in einem Zusammenhang von Fürsorge, Gericht und Strafen sprechen, indem er das Gerichtshandeln neu, näm-

---

[10] Vgl. Lev 26,18; Prov 10,17 und die bereits genannten Belege bei Jeremia.

[11] Vg. PsSal 16,11; 2Mac 7,32f.

[12] Vgl. strom. 4,23,152,1, aber auch 7,10,56,3, paed. 1,70,3.

[13] Zum Nutzen der Strafen siehe paed. 1,67,1, wo Clemens Platon, Gorg. 477A zitiert. Vgl. Platon, resp. 591B, zeitgenössisch Alkinoos, didasc. 31, H185.16-23 und die Formulierung von Plutarch, ser.vind. 559E-F ὥσπερ ἐν ἰατρικῇ τὸ χρήσιμον καὶ δίκαιόν ἐστιν. Siehe weiter unten S.158-160.

[14] Clemens von Alexandrien, strom. 7,16,102,3-5,S.72.12-22: ... παιδευθεῖεν γοῦν πρὸς τοῦ θεοῦ, τὰς πρὸ τῆς κρίσεως πατρῴας νουθεσίας ὑπομένοντες, ἔστ᾽ ἂν καταισχυνθέντες μετανοήσωσιν, ἀλλὰ μὴ εἰς τὴν παντελῆ φέροντες ἑαυτοὺς διὰ τῆς ἀπηνοῦς ἀπειθείας ἐμβάλοιεν κρίσιν. γίνονται γὰρ καὶ μερικαί τινες παιδεῖαι, ἃς κολάσεις ὀνομάζουσιν, εἰς ἃς ἡμῶν οἱ πολλοὶ τῶν ἐν παραπτώματι γενομένων ἐκ τοῦ λαοῦ τοῦ κυριακοῦ κατολισθαίνοντες περιπίπτουσιν. ἀλλ᾽ ὡς πρὸς τοῦ διδασκάλου ἢ τοῦ πατρὸς οἱ παῖδες, οὕτως ἡμεῖς πρὸς τῆς προνοίας κολαζόμεθα. θεὸς δὲ οὐ τιμωρεῖται (ἔστι γὰρ ἡ τιμωρία κακοῦ ἀνταπόδοσις), κολάζει μέντοι πρὸς τὸ χρήσιμον καὶ κοινῇ καὶ ἰδίᾳ τοῖς κολαζομένοις.

[15] Vgl. strom. 7,12,5.

[16] Vgl. Nemesios von Emesa, nat.hom. 42,S.123.10f.

[17] Später bei Origenes ebenso, siehe z.B. Hom.in Jerem. 6,2.

lich als Erziehung interpretiert und so als einen Akt der Fürsorge versteht.[18] Gottes Strafen werden bei Clemens zu Erziehungsmaßnahmen. Nicht das Motiv des leidenden Gerechten steht im Hintergrund und bindet den Begriff Pronoia in das Gerichtshandeln Gottes ein, sondern über den Gedanken der Erziehung wird der Begriff integriert. Wenn Clemens schreibt, daß Gott nicht räche, macht er die Distanz seiner Äußerung zum Konzept des Tun-Ergehens-Zusammenhangs und zu bestimmten Vorstellungen von göttlicher Rache explizit. Gott rächt weder im Interesse des leidenden Gerechten noch im eigenen Interesse. Strafen können das Geschehene nach Clemens nicht ungeschehen machen,[19] sondern treffen die Menschen ausschließlich um ihrer selbst willen.[20] Es geht in den Strafen um den Menschen.[21] In dieser Weise ist Strafe ein Akt der Fürsorge und kann entsprechend von Clemens nur als eine erzieherische Maßnahme verstanden werden. Es entsteht ein Problem an der Stelle, an der Clemens sich zu den Martyrien äußern muß, wie der Gegenüberstellung zu Basilides deutlich zu entnehmen ist. Warum werden die verfolgt, die glauben, daß Gott für sie sorgt?[22] Würde Clemens jetzt antworten, daß Sorge die zwei Seiten von Erziehung und Fürsorge habe, und Verfolgung als eine zu ertragende Erziehungsmaßnahme deuten, stünde er damit, folgt man einem breiten Forschungskonsens, der Äußerung des Basilides denkbar nahe.

Clemens zitiert einen längeren Auszug aus den Exegetika des Basilides.[23] Der Textabschnitt beginnt mit der These des Basilides, daß alle, die in die sogenannte Trübsal[24] geraten, sich andere verborgene[25] Vergehen haben zuschuldenkommen

---

[18] Vgl. Dtn 8,5, Prov 3,11f.

[19] Bereits Platon, leg. 934A-B.

[20] Siehe besonders strom. 4,24,153,2; 154,1-2.

[21] Eine vergleichbare Abgrenzung findet sich in Plutarch, ser.vind. 551C-D. Die Verzögerung der Strafen ist der Anlaß der Schrift, über die göttliche Pronoia nachzudenken (Vgl. Origenes, princ. 3,1,13). Nicht nur der zeitliche Aspekt, sondern auch die verschiedenen Vorstellungen von Strafe werden in Plutarch, ser.vind. 551C-F gegenübergestellt. Bei den Menschen, so die von Plutarch referierte Position, bestehen Strafen in dem Zurückgeben einer Kränkung und in dem Leiden des Täters. Plutarch spricht von τὸ ἀντιλυποῦν (der Ausdruck wird selten verwendet, siehe Plutarch, Dem. 22,4, Is.Os. 380E, virt.mor. 442B, Aristoteles, an. 403a 30f [über die Definition des Zorns], Lukian, dial.meret. 3,3; 12,5, Philon, Mos. 1,141; 1,270). Entsprechend folgen die Menschen den Missetätern, bellen sie wie ein Hund an und bestrafen die Taten auf der Stelle. Anders aber wisse Gott, ob die Leiden der kranken Seele, die durch die Strafe ergriffen ist, zur Umkehr beitragen, und räume in diesem Fall Zeit ein. Aufschlußreich ist, daß Plutarch in dieser Schrift, anders als Clemens, den Gedanken der Erziehung nicht zur Erklärung heranzieht.

[22] So Martyrium Carpi, Papyli et Agathonicae 46.

[23] Clemens, strom. 4,12,81,1,S.284.5-83,1,S.285.3.

[24] Zum Terminus θλῖψις vgl. Origenes, or. 30,1, exh.mart. 1,2.

[25] Strom. 4,12,81,2,S.284.6-9: φημὶ γάρ τοι, ὁπόσοι ὑποπίπτουσι ταῖς λεγομέναις θλίψεσιν, ἤτοι ἡμαρτηκότες ἐν ἄλλοις λανθάνοντες πταίσμασιν εἰς τοῦτο ἄγονται τὸ ἀγαθόν. λανθάνειν kann mit „verborgen/ unentdeckt sein" oder mit „sich nicht bewußt sein" und zusammen mit ποιῶν als „etwas unabsichtlich tun" übersetzt werden. Beide Übersetzungen sind möglich. Die Entschei-

lassen. Sie erfahren, so Basilides, etwas Gutes, indem – durch die Freundlichkeit

dung, welche zu wählen ist, hängt von der Bezugsgröße ab. Bezieht man ἐν ἄλλοις λανθάνοντες πταίσμασιν auf das folgende ἵνα μὴ ὡς κατάδικοι ἐπὶ κακοῖς ὁμολογουμένοις πάθωσι, μηδὲ λοιδορούμενοι ὡς ὁ μοιχὸς ἢ ὁ φονεύς, ἀλλ' ὅτι Χριστιανοὶ †πεφυκότες (S.284.10-12), nimmt man mit der Übersetzung „verborgen, unentdeckt" den Vergleich mit Ehebrechern und Mördern vorweg. Für Interpretation und Übersetzung ist dann aber wichtig, wie der Vergleich im Zusammenhang des Satzes zu verstehen ist. Die Frage ist, was die verborgenen Sünden der Märtyrer mit dem unentdeckten Mörder zu tun haben. O. STÄHLIN übersetzt „ohne daß bekannt geworden wäre" (BKV, 1937) ebenso W.A. LÖHR, Basilides und seine Schule. Eine Studie zur Theologie- und Kirchengeschichte des zweiten Jahrhunderts (WUNT 83), Tübingen 1996, S.122. Anders entscheidet sich E. MÜHLENBERG (Wirklichkeitserfahrung und Theologie bei dem Gnostiker Basilides, in: KuD 18 (1972), S.161-175) für „unwissentlich". Die Übersetzung „unbewußt, unwissentlich, unfreiwillig" fügt sich weniger leicht in den Zusammenhang ein und stellt den Satz in einen anderen Bezugsrahmen. Drei Interpretationen sind möglich. Erstens: Wenn Basilides von unbewußten und unwissentlichen Sünden gesprochen hat, läßt sich eine Verbindung ziehen zu der Bemerkung des Clemens in 83,2, daß man nach Basilides Strafen für die Sünden aus einem anderen Leben erleide. Der Terminus προημαρτηκός, den Clemens hier verwendet, findet sich ebenso in dem Fragment des Basilides (strom. 4,12,82,1, S.284.16).
Es wurde zweitens die Frage gestellt, warum unwissentliche und unbewußte Sünden gestraft werden. Diese Frage formulierte Hippolyt in der Skizze der platonischen Lehre: διὰ τί οὖν κολάζονται <ἄνθρωποι>, εἰ ἀκουσίως ἁμαρτάνουσι (ref. 1,19,22,S.80.91); die Frage ebenso wie die Antwort, daß die Strafe für unfreiwillige Sünden Reinigung und Besserung des Menschen bewirke, findet sich im kaiserzeitlichen Platonismus, der die platonischen Aussagen, daß Unrecht unfreiwillig geschieht und niemand das Schlechte freiwillig wähle (Prot. 345D-E, Gorg. 468C-E, 509E, Men. 77B-78A, leg. 731C, resp. 413A, 444A-445A, 588B-591B, soph. 228C, Tim. 86D-E) und daß Strafe die Änderung des Verhaltens, die Befreiung von Ungerechtigkeit und die Besserung des Menschen bewirke (Prot. 324B, leg. 934A, Gorg. 477A-479A, resp. 591A), zusammennahm (Hippolyt, ref. 1,19,22, Apuleius, Plat. 2,17). Verborgene, unwissentliche Sünden lassen sich auf die platonische Aussage beziehen. Nicht so die „unentdeckten Sünden", sie haben nichts mit „unfreiwilligen Sünden" zu tun, und die Frage, warum diese Sünden Strafe fordern, stellt sich nicht. Kannte aber Basilides die platonische Aussage von der Strafe für unfreiwillige Sünden? Die platonische Interpretation des Basilides-Fragmentes führt an dieser Stelle zu einer Spannung. Clemens überliefert in strom. 4,24,153.4-6 die Nachricht, daß nach Basilides unfreiwillige und unwissentlich begangene Sünden vergeben, vorsätzliche Vergehen aber bestraft werden. M.E. trägt die platonische Aussage ebensowenig wie der Hinweis auf die Seelenwanderung zum Textverständis bei. Die Probleme, zu denen die Interpretation des Clemens führte, daß Basilides die Seelenwanderung voraussetze, hat P. NAUTIN (Les fragments de Basilide sur la souffrance et leur interprétation par Clément d'Alexandrie et Origène, in: Mélange d'Histoire des Religions offerts à H.-Ch. Puech, Paris 1974, S.393-404) aufgezeigt. Die Argumente Nautins sollen hier nicht wiederholt werden. Bisher unberücksichtigt geblieben ist Origenes, princ. 3,3,5,262.4-8 (zitiert unten S.174).
Ein dritter möglicher Zusammenhang weist auf eine andere Ebene, um von den den Tätern oder der Öffentlichkeit verborgenen Vergehen zu sprechen. G. PETZL (Die Beichtinschriften Westkleinasiens, in: Epigraphica Anatolica 22 [1994]) hat unter dem Titel „Beichtinschriften" Inschriften aus dem Nordosten Lydiens zusammengestellt, die zwar ungefähr in die Zeit des Basilides zu datieren sind, nicht aber in den geographischen Lebensraum des Basilides gehören, in der Distanz aber auf einen Aspekt hinweisen können. Unter Beichtinschriften hat man sich Inschriften, insbesondere Stelen, vorzustellen, die das Strafen der Götter dokumentieren. Der oder die Betroffene, manchmal deren Kinder, machen aus einer Verpflichtung heraus, die zum Teil eigens Thema der Inschrift ist (vgl. Nr.35 und 59) die Strafe und die vorausgegangene Verfehlung öffentlich (μαρτυρεῖν Nr.8 und 68). Die Beispiele für das Strafen der Götter in Kleinasien sind aufschlußreich, hervorzuheben sind in diesem Zusammenhang aber die

dessen, der sie leitet – sie für etwas anderes angeklagt werden und nicht als Verurteilte für Übles leiden und als Ehebrecher oder Mörder geschmäht werden, sondern als Christen, was sie derart tröste, daß sie nicht zu leiden scheinen. Es geschehe selten, daß jemand leiden müsse, der nicht gesündigt habe, und dieses Leiden sei nicht als Nachstellung einer bösen Macht zu verstehen. Der Vollkommene leide vielmehr wie ein Kind, das nicht gesündigt habe, das das Sündigen aber in sich habe. Auch ihm geschehe etwas Gutes, wenn er dem Leiden unterzogen werde, da er sich vieles erspare. Er habe die Anlage zum Sündigen in sich, und es sei ihm nicht anzurechnen, wenn er mangels Gelegenheit nicht zum Sündigen gekommen sei. Basilides weist auf denjenigen hin, der morden wollte, aber seinen Mord nicht ausführen konnte, und sagt, wenn er jemanden leiden sehe, daß es sich um einen schlechten Menschen handele, weil er sündigen wollte, auch wenn er nicht gesündigt habe. Alles sage er eher, als daß die Pronoia – genauer das Pronoia-Üben – schlecht sei. Ein Mensch leide, weil er gesündigt habe, oder er leide wie ein Kind. Wen auch immer man nennen mag, er sei ein Mensch, und gerecht

---

Beispiele für Vergehen, die ohne Wissen geschehen sind - Stratikos fällt unwissentlich die Eiche des Zeus Didymeites (Nr.10); Hermogenes spricht, ohne sich genauer zu informieren, einen falschen Eid (34). In beiden Fällen wird der Terminus ἀγνοεῖν verwendet, in zwei andern der Terminus λανθάνειν (Nr.6 und 95). In diesen Verfehlungen wird nicht nur nicht-vorsätzliches Tun angesprochen, sondern der Bereich der unwissentlichen Sünden. Dies illustriert die Stele aus dem Jahr 263/64 (Nr.11, SEG 33,1013): Μέγας Ζεὺς ἐ<γ> Δεδύμων Δρυῶν. Ἀθήναιος κολασθεὶς ὑπὸ τοῦ θεοῦ ὑπὲρ ἁμαρτείας κατὰ ἄγνοιαν, ὑπὸ ὀνείρου πολλὰς κολάσεις λαβὼν ἀπῃτήθην στήλλην καὶ ἀνέγραψα τὰς δυνάμις τοῦ θεοῦ. Petzl übersetzt: „Groß ist Zeus aus Zwillingseichen! Ich, Athenaios, war von dem Gott für eine in Unkenntnis begangene Versündigung bestraft worden. Nachdem ich viele Strafen empfangen hatte, wurde mir von einem Traumgesicht eine Stele abverlangt; und ich habe die Manifestation der Macht des Gottes niedergeschrieben." Hatte die Strafe, als sie als Strafe erkannt wurde, ein Ende? Erfuhr Athenaios auch, worin seine Sünde bestand? Was geschieht, indem Strafen bekannt und bezeugt werden? Auf der Stele läßt Athenaios nicht verzeichnen, welches Vergehen diese Strafe nach sich zog, sondern benennt den Bereich der ἄγνοια. Diese Unwissenheit, nämlich in Unkenntnis darüber zu sein, daß man sich bereits die Strafe der Götter zugezogen hat, fürchtete man. Von der Anfrage an die Götter wegen der Schuld, von der die Betroffenen wissen, und von der, von der sie nicht wissen, berichtet eine andere Stele (Nr.38: Ἡρώτησαν Χρυσέρως κὲ Στρατόνεικος ἐξ εἰδότων καὶ μὴ εἰδότων τοὺς πατρίους θεούς). Die Wendung von Vergehen ἐξ εἰδότων καὶ μὴ εἰδότων begegnet auf weiteren Stelen (Nr.51, 53). Diese Art, von unwissentlichen Sünden zu sprechen, bietet den Vergleichspunkt zu Basilides. Es ist anzunehmen und in der Zeit des Basilides nachvollziehbar, daß Basilides von unwissentlichen Sünden der Märtyrer sprach. Daß unwissentliche Sünden zugleich der Öffentlichkeit verborgen sind, ergibt sich von selbst. Wenig wahrscheinlich ist, daß Basilides den Märtyrern zuschreibt, daß sie ihre Sünden verbergen, genau dieses Verhalten wurde von den Göttern, liest man die zahlreichen Beispiele der von Petzl zusammengestellten Stelen, durch Strafen aufgedeckt, allerdings in der Form, daß das Vergehen kenntlich gemacht wird. Folgt man dieser Interpretation, besteht die Schwierigkeit des Basilides-Textes darin, daß Basilides die unwissentlichen Sünden durch den Vergleich mit den verborgen unentdeckten Vergehen in Beziehung setzt. Zu erklären ist die Bedeutung dieses Vergleichs. Für die Interpretation des Basilides-Fragmentes ist das Verständnis der Formulierung ἐν ἄλλοις λανθάνοντες πταίσμασιν von erheblicher Bedeutung.

sei allein Gott. Das Fragment schließt mit Hi 14,4 (LXX), daß niemand rein von Schmutz sei.

Dadurch, daß Clemens diesen Auszug aus den Exegetika in den Text der Stromata aufgenommen hat, ist ein längeres Fragment überliefert, das für die Rekonstruktion der Theologie des Basilides erhebliche Bedeutung hat. Seitdem G. Quispel[26] auf den Satz Hippolyts τὸ γὰρ κόλασιν ὑποσχεῖν οὐ κακὸν εἶναι ἀλλ᾽ ἀγαθόν, εἴπερ μέλλει κάθαρσις τῶν κακῶν γίνεσθαι[27] in dessen Zusammenfassung der platonischen Lehre hingewiesen hat, interpretiert man das Fragment dahingehend, daß Basilides Strafe als etwas Gutes versteht und eine platonische Aussage zur Erklärung der Martyrien verwende, wenn er in der reinigenden Wirkung der Strafe den Martyrien einen Sinn abgewinne.[28] Nach Mühlenberg benutzt Basilides „einen platonischen Gedanken ..., um das Martyrium der verfolgten Christen verständlich zu machen."[29] Man hat nach Mühlenberg an eine existentielle Auseinandersetzung mit der platonischen Vorstellung zu denken, die Basilides in der Anwendung umformt. Löhr bestimmt die „Martyriumsauffassung des Basilides" darin, daß Martyrium „Reinigung von verborgenen Sünden ... und als solche eine Wohltat" ist. Da für ihn im Hintergrund die platonische Vorstellung steht, spricht er von einem „pädagogischen Akzent der basilidianischen Strafkonzeption".[30] An diese Interpretation sind folgende Anfragen zu stellen.

1. Keine Pädagogie der Strafe in dem Fragment des Basilides (strom. 4,12,81,1-83,1)

Die Aussage, daß, auf die Martyrien bezogen, Strafe die Seele von Sünden reinige, findet sich nicht in dem Fragment des Basilides, sondern in dem Kommentar des Clemens.[31] Sie ist – verbindet man sie mit der platonisch pädagogischen Konzeption der Strafe – weniger wichtig für Basilides, als vielmehr tragend für die Überlegungen des Clemens und insbesondere für Clemens' Begriff von Pronoia,

---

[26] L'homme gnostique, in: ErJb 16 (1948), S.133 (89-139).
[27] Ref. 1,19,22.93f. Zur Einordnung, zu den Quellen Hippolyts und zum Stand der Diskussion in Aufnahme und Auseinandersetzung mit der Arbeit von H. Diels siehe: J. MANSFELD, Heresiography in context. Hippolyt's Elenchos as a source for Greek philosophy (PhAnt 56), Leiden 1992.
[28] Siehe besonders Gorg. 476A-479E. Platon benutzt hier allerdings nicht den Begriff der Reinigung, sondern wie auch in resp. 444A-445B und wie später Apuleius, Plat. 2,17,S.94.21-29 den Vergleich zu Krankheit, Heilmittel, Arzt. Ebenso Plutarch, ser.vind. 559F (ὁ περὶ τὰς κολάσεις ἄλλο τι δίκαιον ἢ τὸ θεραπεύειν τὴν κακίαν ἡγούμενος ...) und 562D (ἀλλ᾽ ἰατρείας ἕνεκα τὸν μοιχικὸν καὶ τὸν πλεονεκτικὸν καὶ ἀδικητικὸν κολάζει πολλάκις).
[29] A.a.O.S.166.
[30] A.a.O.S.128,131.
[31] Strom. 4,12,83,2,S.285.5f.

den er im vierten Buch der Stromata entwickelt. Basilides äußert sich zu dem Zusammenhang zwischen Leiden und Vergehen, und man kann in dem Fragment den Gedanken einer Strafe impliziert sehen, wie Clemens es nahelegt. Das Fragment enthält aber keine Aussage zur Wirkung der Strafe. Weder von Verhaltensänderung und der zukünftigen Meidung des Fehlverhaltens,[32] noch von der Besserung des Menschen[33] oder von einer Befreiung vom Übel[34] ist zu lesen. Der Terminus καθαρός begegnet lediglich im Zitat von Hi 14,4, und der Zusammenhang von Strafe und Reinigung ist nicht dadurch einzutragen, daß man das Referat Hippolyts hinzunimmt, wo es über die „dritte Sohnschaft" heißt, daß sie der Reinigung bedürfe.[35] Pädagogische Akzente werden in diesem Fragment – anders als im Text des Clemens – nicht gesetzt. Während es im platonischen Zusammenhang[36] heißt, daß es nichts nütze, wenn derjenige, der Unrecht tue, verborgen und ungestraft bleibe, sondern dieser nur schlechter werde und seine Seele nur dann eine Besserung erlange, wenn sein Unrecht nicht verborgen bleibe und gestraft werde, besteht das Gute am Martyrium nach Basilides darin, daß die Christen zwar für ihre Vergehen bestraft werden, ihre Vergehen aber verborgen bleiben. Ganz im Sinne der von Polos in Gorg. 473b-e zitierten Mehrheitsmeinung,[37] daß man lieber der Strafe entkomme, schreibt Basilides, daß man lieber als Märtyrer, denn als Mörder und Ehebrecher sterbe.[38] Das Gute am Martyrium, beschränkt man sich auf dieses Fragment des Basilides, liegt nicht in der platonischen Pädagogie der Strafe.

Es sei angemerkt, daß die Kritik des Clemens nicht der These entspricht, daß Basilides von der Strafe als Pädagogie spricht. Clemens entwickelt seine Kritik an Basilides, aber auch an Valentin, in Abgrenzung zu der Aussage, daß das Wissen von Gott natürlich sei und bestimmte Menschen von

---

[32] Platon, Prot. 324B, leg. 934A.
[33] Platon, Gorg. 477A 5f: Βελτίων τὴν ψυχὴν γίνεται, εἴπερ δικαίως κολάζεται. Vgl. resp. 445A4.
[34] Gorg 478D5f.
[35] Hippolyt, ref. 7,22,7.36f; 7,22,16.82; 7,26,10.
[36] Rep. 591A-B.
[37] Vgl. Justin, apol.mai. 12, Clemens von Alexandrien, strom. 6,17,155,2.
[38] Hiermit ist ein völlig unphilosophischer Zug in der Äußerung des Basilides bezeichnet. G. MAY (Schöpfung aus dem Nichts. Die Entstehung der Lehre von der Creatio ex nihilo [AKG 48], Berlin/ New York 1978, S.48) spricht von dem „unphilosophischen Charakter des gnostischen Denkens", der in der Auslegung der Genesis deutlich zutage trete. Nachdem, gegen die religionsgeschichtliche Schule gewendet, der Einfluß des Platonismus z.B. auf Basilides hervorgehoben wurde, wird man in diesem Bild Differenzierungen vornehmen müssen. Der Platonismus oder sogar Plotinismus des Basilides bezieht sich auf die Analyse des Hippolyt-Referates. So G. QUISPEL, L'homme gnostique, a.a.O.; H.A. WOLFSON, Negative attributes in the church fathers and the Gnostic Basilides, in: HThR 50 (1957), S.145-156; J. WHITTAKER, Basilides on the ineffability of God, in: HThR 62 (1969), S.367-371; M. JUFRESA, Basilides. A path to Plotinus, in: VigChr 35 (1981), S.1-15.

Natur gerettet werden.[39] Clemens hält ihnen immer wieder diese Naturanlage zur Rettung vor,[40] er interpretiert hierin valentinianische und basilidianische Aussagen zur Erwählung des Gnostikers und, wohl wissend um den ethischen Anspruch beispielsweise des Herakleon,[41] bestimmt er die Zuordnung von Glaube, der nach Clemens kein Zustand ist, sondern die willentliche Zustimmung des Menschen verlangt,[42] und Erkenntnis in einer Weise, die erst den Raum für ethisches Bemühen und göttliche Erziehung schafft.[43]

Ohne den Gegensatz zwischen Basilides und Clemens in der Frage der göttlichen Pädagogie der Strafe überzubetonen,[44] geht es an dieser Stelle um den Hinweis, daß die „Pädagogie der Strafe" zu dem Komplex von Themen gehört,[45] bei deren Behandlung die strikte Unterscheidung von Fragment und Kommentar nötig ist.[46] Hiermit wird nicht im voraus behauptet, daß Clemens Basilides mißverstanden hat, oder der Gegensatz zu Basilides qualifiziert, hiermit soll vielmehr eine Akzentverschiebung eingeführt werden.

---

[39] Strom. 5,1,3,2-4; 2,3,10,1-2. H. LANGERBECK (The philosophy of Ammonius Saccas and the connection of Aristotelian and Christian elements therein, in: JHS 57 [1957], S.70 [67-74]) hat mit seiner Einschätzung sicher recht: „The Socratic-Platonic οὐδεὶς ἑκὼν ἁμαρτάνει is plainly taken for granted by Valentinus. The statement, which has often been repeated, that the salvation of the gnostics, because linked up with φύσις, was merely a cosmological process, without relation to the moral responsibility of the human being, is merely a polemical simplification." Zur gnostischen Seite der Argumentation, gegen kirchliche Gegner gerichtet, siehe Apc.Petr. (NHC VII,3) 75,12-76,4; 71,12-23; 83,19-23.

[40] Vgl. Origenes, princ. 1,5,3,71.30-72.3; Römerbriefkommentar, Philokalie 25. Hingewiesen sei auf A. DIHLE, Das Problem der Entscheidungsfreiheit in frühchristlicher Zeit. Die Überwindung des gnostischen Heilsdeterminismus mit den Mitteln der griechischen Philosophie, in: Gnadenwahl und Entscheidungsfreiheit, hrsg.v. F. von Lilienfeld, Erlangen 1980, S.9-31.

[41] Clemens zitiert einen längeren Text in strom. 4,9,71f.

[42] Strom. 2,3,11,2, vgl. aber zu Basilides 2,6,27,2.

[43] Strom. 5,1,3,2-4; 2,3,10f.

[44] Vgl. den Zusammenhang in strom. 6,6,52f.

[45] A. LE BOULLUEC (La notion d' hérésie dans la littérature greque Iᵉ-IIIᵉ siècles. Tome II Clément d'Alexandrie et Origène, Paris 1985, S.305-312) hat in einem knappen Durchgang durch den Text gezeigt, daß sämtliche Argumente des Clemens in strom. 4,12 einer Rhetorik unterliegen, die in einer fiktiven Debatte mit gewollten Schlußfolgerungen und Einwürfen des Clemens die häretische Doktrin des Basilides erst konstituiert. Boulluec kommt zu dem Ergebnis: „Cette longue discussion montre quels tours de pensée et quels procédés, dans le cadre d'un débat fictive obéissant aux coutumes de la dialectique rhétorique, constituent une doctrine en hérésie. De déduction abusive en conclusion arbitraire, la théorie de Basilide est assimilée à une opinion con-sidérée comme une erreur de la philosophie grecque ..." (S.312) Die „Pädagogik der Strafe" hat Boulluec nicht einer Analyse unterzogen. Boulluec will nicht die Aussage des Basilides rekonstruieren, sein Ergebnis zeigt aber, welche Vorsicht bei einem solchen Unternehmen zu walten hat.

[46] Im Anschluß an P. NAUTIN, Les fragments de Basilide sur la souffrance et leur interprétation par Clément d'Alexandrie et Origène, a.a.O., wo Nautin die Bedeutung dieser Unterscheidung am Beispiel der „anderen Vergehen" gezeigt hat, für die nach Basilides die Märtyrer leiden und die Clemens nicht als andere Vergehen als das Vergehen, Christ zu sein, sondern als Vergehen aus einem früheren Leben interpretiert – eine Interpretation, die den Aussagen des Fragments widerspricht. Die Bemerkung des Clemens zur Seelenwanderung bleiben im folgenden unberücksichtigt.

Im folgenden wird eine andere Perspektive gewählt, um das Fragment des Basilides zu lesen. Nicht die Frage nach dem Verhältnis des Basilides-Textes zur platonischen Aussage soll die Lektüre des Fragmentes bestimmen, sondern der Hinweis des Basilides, daß seine Ausführungen den Begriff der Pronoia Gottes betreffen: πάντ᾽ ἐρῶ γὰρ μᾶλλον ἢ κακὸν τὸ προνοοῦν ἐρῶ. Mit diesem Satz wird die Aussage hervorgehoben, die das Fragment mit dem Text des Clemens verbindet und in den Zusammenhang des zwölften Kapitels des vierten Buches der Stromata einfügt. Clemens hat drei in den Exegetika des Basilides möglicherweise nur durch wenig Text getrennte Abschnitte ausgewählt.[47] Der größere Kontext, in dem Clemens diese Abschnitte las, läßt sich nicht mehr wiederherstellen.[48] Beschreiben läßt sich die Absicht des Clemens, mit der er diese Ausschnitte wählte, und die Weise, in der er sie las.

2. Die Einbindung des Basilides-Fragmentes in die Kritik an den Martyrien

Eine breite, weitgehend von Irenaeus (1,24) beeinflußte Überlieferung[49] berichtet von einer Zurückhaltung oder sogar der Ablehnung der Martyrien durch Basilides und seine Schüler.[50] Obwohl drei sehr unterschiedliche Gruppen von Nachrichten

---

[47] Vgl. die Überleitung in strom. 4,12,82,1,S.284.15f und 4,12,83,1,S.284.27f.

[48] Vgl. die älteren Versuche, den Text zu bestimmen, den Basilides in den Exegetika kommentierte. H. WINDISCH (Das Evangelium des Basilides, in: ZNW 7 [1906], S.236-246) plädiert mit Bezug auf das Fragment in strom. 4,12,81,1-83,1 für einen Auszug aus der Kommentierung der lukanischen Passionsgeschichte gegen TH. ZAHN (Geschichte des neutestamentlichen Kanons, I,2, 1889, S.763-774), der Joh 9,13 vorschlug. Während Zahn auf die im Fragment des Basilides mehrfach erwähnten Kinder verweist, begründet Windisch seine These ausschließlich auf Grund äußerer Zeugnisse, nämlich auf Grund der Überleitung des Clemens in 4,83,1, S.284.27f: εἶθ᾽ ὑποβὰς καὶ περὶ κυρίου ἄντικρυς ὡς περὶ ἀνθρώπου λέγει und der bei Euseb von Caesarea (HE 4,7,6f) überlieferten Nachricht des Agrippa Castor, daß die Exegetika des Basilides 24 Bücher umfaßt haben und Basilides demnach im 23. Buch bereits zur Passionsgeschichte gelangt sein sollte. Dabei handele es sich um die lukanische Fassung, wie mit Lk 23,40f gezeigt wird.

[49] Der Irenaeus-Text ist Theodoret bekannt. Die Kapitel 1,24,3-6 finden sich gekürzt, allerdings mit einer Einfügung in 349B, in haer. 1,4. Theodoret nennt anschließend als Gewährsmänner, die gegen Basilides geschrieben haben, in chronologischer Ordnung: Agrippa Castor (Theodoret bezieht sich mit dieser Angabe auf Euseb von Caesarea, HE 4,7,7, von dieser Nachricht bei Euseb ist ebenso Hieronymus, vir.ill. 21 abhängig), Irenaeus, Clemens von Alexandrien und Origenes. Epiphanios (haer. 24,1-10) bietet die Nachrichten des Irenaeus-Textes in ausführlicher Form. Auf Irenaeus gehen außerdem zurück [Tertullian], Adv.omnes haereses 1,5 und Filostrius 32.

[50] Folgende Begründungen werden gegeben: 1. Agrippa Kastor (nach Euseb von Caesarea, HE 4,7,7) verbindet die Ablehnung der Martyrien mit der Frage nach dem Umgang mit Götzenopferfleisch; vgl. über die Simonianer Origenes, c.Cels. 6,11,S.81.20-26. 2. Wiederholt erscheint die Ablehnung der Martyrien als eine Folge der doketischen Christologie. Diese Nachricht lautet z.B. bei Filastrius: *Prohibet etiam pati martyrium homines pro nomine Christi domini, dicens ita:*

über Basilides vorliegen – die Berichte des Irenaeus und Hippolyt und die Fragmente bei Clemens von Alexandrien – und auf das Problem der Beurteilung dieser

---

Ignoras quid desideras. Non enim passus est, inquit, Christus, neque crucifixus est. Quomodo itaque potes, inquit, confiteri hunc crucifixum, cum non sit crucifixus, et ignoras qui passus sit? (32,7,S.17.20-25). Ähnlich lautet die Begründung bei Epiphanios (haer. 24,4,1). Das Martyrium sei daher nicht nötig, weil man keinen Lohn dafür erhalte, wenn man den gekreuzigten Simon bekenne und ein Zeugnis für Christus ablege, von dem man nicht wisse, daß er nicht gekreuzigt wurde. PsTertullian hängt, ohne den Zusammenhang zu erklären, den Satz *Martyria negat esse facienda* an die knappe Äußerung zur doketischen Christologie des Basilides an (adv.omnes haereses 1,5,S.1402.14).
Die genannten Texte, Epiphanios, Filastrius und PsTertullian sind von Irenaeus, adv.haer. 1,24,4-6 abhängig. Irenaeus berichtet sowohl von der indifferenten Haltung gegenüber Götzenopferfleisch (*idolothyta*) und religiösen Riten als auch von der doketischen Christologie. Er erwähnt außerdem den Gedanken, daß man den Gekreuzigten nicht bekennen dürfe und in diesem Bekenntnis den Archonten, welche die Körper geschaffen haben, unterworfen bleibe. Er begründet die Ablehnung der Martyrien aber mit einem dritten Argument. Jesus als unkörperliche Kraft und Nus steige auf zum Vater, ohne von den Archonten festgehalten zu werden. Es gehe darum, durch Bereiche hindurchzuschreiten, unerkannt und unsichtbar zu bleiben, selbst diese aber genau zu kennen. An diese Nachricht schließt Irenaeus die Bemerkung an, daß „sie" bereit seien zu leugnen, nicht aber für den Namen zu leiden. Es ist deutlich, daß man den Text des Irenaeus fortschreiben konnte, indem man die basilidianische Ablehnung der Martyrien entweder an die Nachricht von der Indifferenz gegenüber paganen Riten oder an die spezifische Problematik des Bekenntnisses zum Gekreuzigten anhängte. Der Text des Irenaeus legt dies nahe. Die Annahme einer weiteren gemeinsamen Quelle von Epiphanios, Filastrius und PsTertullian neben Irenaeus scheint daher nicht notwendig (gegen die seit R.A. LIPSIUS [Zur Quellenkritik des Epiphanios, Wien 1865] diskutierte und beispielsweise von J.H. WASZINK [Basilides, in: RAC 1 [1957], Sp.1217-1225] aufgenommene These, daß Übereinstimmungen wie diese gegen Irenaeus auf der Verarbeitung der Syntagma des Hippolyt beruhen).
Es gab einen engen Zusammenhang zwischen der Darstellung der Martyrien und den Berichten von der Passion Christi, dem Sinn der Martyrien und dem Sinn des Leidens Christi und der Christusgemeinschaft im Martyrium. In der Polemik der Gegner mußte eine doketische Christologie notwendig die Sinnentleerung des Martyriums bedeuten. Ignatius von Antiochien schreibt an die Traller: Εἰ δέ, ὥσπερ τινὲς ἄθεοι ὄντες, τουτέστιν ἄπιστοι, λέγουσιν, τὸ δοκεῖν πεπονθέναι αὐτόν, αὐτοὶ ὄντες τὸ δοκεῖν, ἐγὼ δέδεμαι, τί δὲ καὶ εὔχομαι θηριομαχῆσαι; δωρεὰν οὖν ἀποθνῄσκω. (Tr. 10 vgl. Sm. 4,2) Zur Identifikation der Gegner des Ignatius siehe: N. BROX, Zeuge und Märtyrer. Untersuchungen zur frühchristlichen Zeugnisterminologie (StANT 5), München 1961, S.211-222; H. PAULSEN, Studien zur Theologie des Ignatius von Antiochien, Göttingen 1978, S.139-144; W.R. SCHOEDEL, Die Briefe des Ignatius von Antiochien. Ein Kommentar, München 1990, S.255-257.
Ein Bild von der doketischen Christologie innerhalb der Gnosis läßt sich an Hand der Nag Hammadi Texte gewinnen, insbesondere aber durch Apc.Petr. (NHC VII,3) 81,3-83,15. Zu diesem Text siehe K. KOSCHORKE, Die Polemik der Gnostiker gegen das kirchliche Christentum (NHS 12), Leiden 1978, S.18-38. Koschorke datiert Apc.Petr. in den Anfang des 3.Jh.s.
Die Aussage des Irenaeus in adv.haer. 1,24,4.74-80: *Quoniam enim Virtus incorporalis erat et Nus innati Patris, transfiguratum quemadmodum vellet, et sic ascendisse ad eum qui miserat eum, deridentem eos, cum teneri non posset et inuisibilis esset omnibus* entspricht in einzelnen Zügen Apc.Petr. 81,2-83,15. Zu vergleichen ist außerdem 1 Apc.Jac. (NHC V,3) 31 und 2 Apc.Jac. (NHC V,4) 57. Die Äußerungen zum Gekreuzigten und zur Kreuzigung sind in den Nag Hammadi Texten nicht einheitlich. Siehe weiter: K.W. TRÖGER, Doketische Christologie in Nag-Hammadi-Texten, in: Kairos 19 (1977), S.45-52; E. YAMAUCHI, The crucifixion and docetic christology, in: CTQ 46 (1982), S.1-20.

Nachrichten hier nur hingewiesen werden kann,[51] ist deutlich, daß Clemens von einer kritischen Haltung des Basilides und seiner Schüler gegenüber den Martyrien weiß.

Die Bemerkung des Basilides von Märtyrern als schlechten Menschen, die eine Strafe verdient haben, entwertet nach Clemens die Martyrien und versperrt den Weg, Beispiele wie Ignatius von Antiochien und die Märtyrer von Lyon als Ausnahmeerscheinung christlicher Frömmigkeit wahrzunehmen.[52] Clemens fragt ganz in diesem Sinne, wo dann der Glaube[53] und wo die Liebe ist, die wegen der Wahrheit verfolgt wird und standhält, und wo das Lob für den, der bekennt?[54] Clemens fragt kritisch nach dem Ort in der Argumentation des Basilides für das, was den Gnostiker in gleicher Weise wie den Märtyrer auszeichnet. Wenn Clemens von Märtyrern spricht, geht es ihm nicht um schlechte, sondern um vollkommene Menschen,[55] um Männer und Frauen, die ihren Weg nicht aus Furcht vor Strafe gehen oder im Blick auf eine Belohnung, sondern deren Motivation in der Sache selbst liegt.[56] Sie gehen den Weg ins Martyrium, wie Clemens schreibt, aus Liebe. Das Martyrium ist ein τέλειον ἔργον ἀγάπης.[57] Und die Märtyrer vollbringen dieses

---

[51] Die Zusammenstellung der Fragmente und Nachrichten über Basilides hat A. v.HARNACK vorgenommen (Geschichte der altchristlichen Literatur bis Eusebius, Teil I: Die Überlieferung und der Bestand, Leipzig 1958[2], S.157-161. Die Fragmente des Clemens ergeben ein nur fragmentarisches Bild des Basilides. Die doxographischen Berichte von Hippolyt (ref. 7,20-27) und Irenaeus (adv.haer. 1,24,3-7) lassen sich nicht miteinander verbinden. In der Frage der Beurteilung der doxographischen Nachrichten räumt Harnack die Priorität des Irenaeus gegen Hippolyt ein. Gegen den bestehenden Konsens, der in Hippolyt einen zwar späteren Text sieht, der aber die ursprüngliche Lehre enthalte (G. QUISPEL [a.a.O.]; G. KRETSCHMAR, Basilides, in: RGG 1[3] [1957], Sp.909f; H.J. WASZINK [a.a.O.]; W. FÖRSTER, Das System des Basilides, in: NTS 9 [1962], S.233-255), hat B. LAYTON (The significance of Basilides in ancient thought, in: Representations 28 [1989], S.135-151) noch einmal für die Priorität des Irenaeus plädiert. W. LÖHR (a.a.O.) stellt sowohl Hippolyt als auch Irenaeus für die Rekonstruktion der Theologie des Basilides zurück. Die Beurteilung der Quellenlage wird zusätzlich schwieriger, wenn man C. SCHOLTEN (Martyrium und Sophiamythos im Gnostizismus nach den Texten von Nag Hammadi, [JAC. E 14] Münster 1987, S.113 mit Hinweis auf G. MAY, Schöpfung aus dem Nichts, a.a.O.S.82) folgt, der zu dem hier zu besprechenden Text schreibt: „Was Basilides zum Martyrium zu sagen hat, ist freilich mit der Hypothek belastet, daß sein Verständnis von Verfolgung als Strafleiden den oben erarbeiteten Kategorien widerspricht."

[52] H. VON CAMPENHAUSEN, a.a.O.S.108.

[53] Vgl. strom. 2,2,9,2.

[54] Strom. 4,12,85,3,S.285.32-286.1.

[55] Vgl. strom. 4,1,1,1; 4,4,14,3. So besonders hervorgehoben von W. VÖLKER, Der wahre Gnostiker nach Clemens von Alexandrien (TU 57), Berlin 1952, S.559-579. Völker spricht von dem „unverkennbare(n) Bestreben, jenes nach seinem Vollkommenheitsideal umzuformen und den Märtyrer als den wahren Gnostiker, als den Inbegriff der τελειότης hinzustellen" (S.560). Diese Umformung, die nicht ohne Anknüpfung an traditionelle Elemente des Märtyrerbildes geschieht, hat nach Völker auch apologetische Züge.

[56] Vgl. 4,4,15,3-5, vgl. besonders 4,6,29,4; 4,22,135,1-4 weiter 2,12,53; 6,12,98,3; 7,11,67,1.

[57] 4,4,14,3,S.255.3.

Werk nicht ohne die wirkliche Erkenntnis, die hinter diesem Zeugnis liegt, und den eigenen freiwilligen Entschluß.

Clemens spricht von den Märtyrern, aber gleichzeitig sind die Prinzipien gnostischen Lebens Thema. Clemens vergleicht die Achtung, die man Märtyrern entgegenbringt, mit der Achtung gegenüber den Soldaten, von denen Platon in rep. 5,468e sagt, daß sie zu dem goldenen Geschlecht gehören,[58] und nennt später die Christen als die, denen „Gold beigemischt wurde",[59] – mit Hinweis auf die drei Stände in rep. 3,415a. Clemens spricht von den Märtyrern nicht anders als von den Gnostikern, ohne daß aber deshalb das Martyrium seinen Sinn verliert. Warum aber ein Martyrium, wenn das ganze Leben des Gnostikers, unabhängig davon, wie er sterben wird,[60] ein Zeugnis ist und das Martyrium nur eingebunden in dieses Leben einen Sinn hat? Anders als Herakleon,[61] der das gnostische Leben und damit das wahre Zeugnis und das nur punktuelle[62] und nur äußerliche öffentliche Bekennen vor dem Machthaber gegeneinander ausspielt,[63] hält Clemens die Dinge zusammen.

Den Abstand zu dem Valentinianer Herakleon hält Clemens für geringer als den zu Basilides in dieser Frage. In gleicher Weise wie auch Herakleon betont Clemens programmatisch den Zusammenhang zwischen Wort und Tat, zwischen Bekenntnis und Leben des Gnostikers. Während aber Clemens eine polemische Be-

---

[58] Nach dem Zitat von rep. 5,468E fährt Clemens fort: „Das goldene Geschlecht ist bei den Göttern im Bereich des Himmels und Fixsternhimmels, die insbesondere die Leitung der Pronoia für die Menschen haben." (4,4,16,2). Zu vergleichen ist die Weiterführung bei Platon, resp. 5,469a. Platon identifiziert die, welche aus diesem goldenen Geschlecht gestorben sind, mit den heiligen Dämonen Hesiods. Er schreibt: ὡς ἄρα οἱ μὲν δαίμονες ἁγνοὶ ἐπιχθόνιοι τελέθουσιν, ἐσθλοί, ἀλεξίκακοι, φύλακες μερόπων ἀνθρώπων;. D. WYRWA (a.a.O.S.232-235) weist auf Parallelen zum Clemens-Text bei Josephos, BJ 6,47 und Cicero, resp. 6,13 hin. In seiner Interpretation des Clemens-Textes hebt Wyrwa zwei Punkte hervor. Gegenüber der Platonstelle eliminiere Clemens die Dämonen- und Heroenvorstellung, da er nicht mehr positiv an die Dämonen- und Heroenvorstellung anknüpfen könne. Dämonen seien zu ausschließlich bösen Geistern geworden. Zweitens nehme Clemens eine „Auswechselung" vor, indem er „die schulplatonische Tradition für den originalen Platon eintauscht" (S.234). Clemens geht nach dem Zitat nicht zu einer Paraphrase des weiteren platonischen Textes über, sondern schreibt, so Wyrwa, den Text Platons in der ihm sehr nahe stehenden mittelplatonischen Tradition von der gestuften Pronoia weiter. Mit der platonischen Konzeption vergleiche strom. 5,6,37,2; 5,14,91,3; 6,3,31,5; 6,16,148,6; besonders 7,1,3,1-4, außerdem 7,2,6-9. Siehe weiter unten II §6.3,S.324-331. Zur Kritik an der Heroenvorstellung: strom. 6,3,31,5. Vgl. die Arbeiten E. Kearns, Between god and man. Status and function of heroes and their sanctuaries, in: Le sanctuaire grec (EnAC 27), Genf 1990, S.65-99 und M. Visser, Worship your enemies. Aspects of the cults of heroes in ancient Greece, in: HThR 75 (1982), S.403-428.

[59] Strom. 5,14,98,4.

[60] Strom. 4,4,15,3.

[61] Clemens von Alexandrien, strom. 4,9,71f.

[62] Vgl. Polykarp Martyrium 2,3, vgl. Clemens von Alexandrien, strom. 4,5,23,1; 4,9,73,2.

[63] Ebenso test.ver. (NHC IX,3) 31,22-32,14.

merkung gegen solche einwirft, die im Bewußtsein ihrer Gnosis in falscher Weise am Leben hängen (ἀσεβῶς ἅμα καὶ δειλῶς φιλοζωοῦσι)[64] und dadurch diesen Zusammenhang lösen, polemisiert Herakleon gegen Märtyrer, die keine Gnostiker sind. Auch wenn Clemens differenziert und sehr wohl danach fragt, wer der Märtyrer ist, ist nach Clemens für keinen Christen, gleich ob er aus Furcht, aus Hoffnung auf Lohn oder in gnostischer Liebe bekennt, das Bekenntnis des Märtyrers ein nur äußerlicher Akt.[65] Mit welcher Lebensgeschichte auch immer Frauen und Männer in die Situation des Martyriums geraten, Clemens hält für alle Christen den Zusammenhang zwischen dem Leben und dem Sinn des Martyriums aufrecht und hebt dabei unterschiedliche Aspekte des Martyriums hervor, auf die hier nicht einzugehen ist.[66]

Diese enge Bindung zwischen Leben und Martyrium wurde in der Kritik polemisch gegen die Martyrien gewendet. Wer waren die Märtyrer? Herakleon schreibt, daß ein Bekenntnis nur mit Worten vor dem Machthaber auch Heuchler abgeben können.[67] Mit dem Martyrium ist nach Herakleon keineswegs der Beweis für die positive Qualifikation des Märtyrers angetreten. Dieser Ansatz wird von einer zweiten Gruppe von kritischen Äußerungen geteilt, die Clemens ohne Namensnennung einführt. Es handelt sich um die Frage nach der mangelnden Fürsorge und der fehlenden Hilfe Gottes für die Märtyrer[68] und um eine zweite Äußerung, die mit dieser Frage im Zusammenhang steht und darauf hinweist, daß „jene" als Übeltäter zu Recht gestraft werden.[69] Clemens führt diese zweite Äußerung damit ein, daß „wir" zusammen mit vielen gestraft werden, und fährt im Anschluß fort, daß sie mit dieser Äußerung unfreiwillig „uns" Gerechtigkeit bezeugen, die „wir" wegen der Gerechtigkeit ungerecht bestraft werden. Diese Bestätigung ist aber nur unfreiwillig. Clemens liest die Aussage gegen ihre Intention, die gerade darin bestand, zwischen Christen und Verbrechern, die hingerichtet werden, einen Zusammenhang herzustellen, und damit die Frage zu beantworten, warum Gott ihnen nicht hilft. Die Argumente dieser ungenannten Kritiker erscheinen in völliger Entsprechung zu dem wenig später von Clemens eingeführten Basilides-Fragment. Sie legen es nahe auch Basilides hier einzuordnen, wenn nach ihm eine Form von Unrecht bei den Märtyrern vorliegen muß und er diese Aussage mit seiner Überzeugung, daß Gottes Fürsorge gerecht ist, verbindet und so in dem Fragment zu dem

---

[64] Strom. 4,4,16,3,S.256.6.
[65] Strom. 4,9,74,3.
[66] Siehe strom. 4,9,73-75.
[67] Strom. 4,9,71,2.
[68] Siehe oben Anm.1.
[69] Strom. 4,11,78,1-2. Daß Märtyrer mit Verbrechern hingerichtet wurden, belegen Passio sanctarum Perpetuae et Felicitatis 15, Euseb von Caesarea, mart.Pal. 6,4f.

Schluß kommt, daß das Leiden gerecht ist und Gott nicht für ungerechte Menschen sorgt, zumindest nicht in der Weise, daß er das Leiden verhindert.

In diesen Kritiken wird mit Distanz von Märtyrern gesprochen und sicher kein potentieller Märtyrer angesprochen. Es ist daher unwahrscheinlich, daß mit einer solchen Äußerung, falls es eine „Martyriumssucht" in der Alten Kirche gegeben hat,[70] in pastoraler Absicht Christen davon abgehalten werden sollten, sich allzu bereitwillig in die Situation des Martyriums zu begeben.[71] Diese Äußerungen wirkten nicht motivierend auf Christen, die sich mit dieser Gefahr auseinanderzusetzen hatten, und versuchten ebensowenig, das Martyrium für Betroffene wie beispielsweise den Vater verständlich zu machen, dessen Tochter sich standhaft weigert zu leugnen. Aber auf welche Art von Äußerungen spielt Clemens an?

Man denkt an Provokationen,[72] wenn Clemens im Vergleich zum achtenden Andenken an gefallene Soldaten von Märtyrern redet und in bezug auf die gleichen

---

[70] Vgl. die Darstellung der Rettung der Thekla, Acta Pauli et Theclae 22. Es ist noch einmal auf die Arbeit von CH. BUTTERWECK („Martyriumssucht" in der Alten Kirche?, a.a.O.) hinzuweisen. Butterweck hinterfragt die These, daß es in der Alten Kirche das selbstgesuchte Martyrium gegeben hat, und zeigt, daß der Vorwurf der Martyriumssucht aus der kirchlichen Polemik gegen Schismatiker stammt (a.a.O.S.109). Butterweck macht deutlich, in welchem Maße in diesem Zusammenhang mit polemischen Äußerungen zu rechnen ist. Polemik definiert sie mit J. STENZEL, (Rhetorischer Manichäismus. Vorschläge zu einer Theorie der Polemik, in: Kontroversen, alte und neue. Akten des VII. Internationalen Germanisten-Kongresses [Göttingen 1985], hrsg.v. A. Schöne, Bd.2: Formen und Formgeschichte des Streites – Der Literaturstreit, hg.v. F.J. Worstbrock - H. Koopmann, Tübingen 1986, S.3-11) als die Aussage, die sich „alle Komponenten des Vorurteils zunutze" macht und „versucht, sie zu aggressiven Argumenten zu verarbeiten und mit deren Hilfe die Position des Gegners vor einer *entscheidungsmächtigen Instanz* zu schwächen" und durch das Thema, das von allgemeinem Interesse sein muß, aber auch kontrovers genug, um „intensive Wertgefühle zu aktivieren". Das Martyrium stellt nach Butterweck ein solches Thema für Christen dar, nicht aber für Heiden.

[71] Die Frage ist, wie eine solche Mahnung ausgesehen hat. Erhalten sind lediglich die Nachrichten in den häresiologischen Kompendien, daß bestimmte Gruppen bereit waren zu leugnen und dem Martyrium aus dem Weg gingen. Vgl. Anm.50. Möglicherweise einen anderen Charakter hat Paragraph 4 im Polykarpmartyrium. Dort wird berichtet, daß Quintus, ein Phrygier, sich und andere drängt, freiwillig vorzutreten, beim Anblick der Tiere aber Angst bekommt, und vom Prokonsul durch viel Bitten überredet wird, zu schwören und dann zu opfern. CH. BUTTERWECK (a.a.O.S.114) schreibt allerdings im Anschluß an H. KRAFT (Die Lyoner Märtyrer und der Montanismus, in: Pietas, FS für B. Kötting, hrsg.v. E. Dassmann/ K.S. Frank, [JAC.E 8] Münster 1980, S.250-266), daß es sich hier nicht darum handelt, „rechtgläubige Christen vor einer ähnlichen Verhaltensweise zu bewahren, zu der eine Neigung hätte bestehen können.", sondern um eine antimontanistische Äußerung gegen deren rigoristische Haltung im Martyrium. Es wird diskutiert, ob es sich in §4 um eine voreusebianische, antimontanistische Einfügung handelt. So H. V. CAMPENHAUSEN, Bearbeitungen und Interpolationen des Polykarpmartyriums (SHAW.PH 1957/3), Heidelberg 1967, S.18-20, gegen Campenhausen und für die literarische Einheit des Textes setzt sich B. DEHANDSCHUTTER ein (Martyrium Polycarpi. Een literairkritische studie, Leuven 1979, S.139-155), vgl. L. W. BARNARD, In defence of Pseudo-Pionius' account of Saint Polykarp's martyrdom, in: Kyriakon, FS für J. Quasten, hrsg.v. P. Granfield/ J.A. Jungmann, Münster 1970, S.192-204.

[72] Von Provokationen spricht man üblicherweise bezogen auf die Provokation der Heiden durch Christen mit anschließenden Martyrien. Hierzu und zu der Bewertung dieses Provozierens eines

Personen vom gerechten Todesurteil für Verbrecher gesprochen wird. Die Apologeten weisen auf die Gerechtigkeit der Christen hin und die Ungerechtigkeit des Urteils gegen Christen auf den bloßen Namen, der mit keinem Unrecht verbunden ist,[73] und hier wird pauschal von Christen als Übeltätern gesprochen. Belegen läßt sich, daß Clemens diese Äußerungen als Beispiele der Kritik an den Martyrien aufnimmt und daß wesentliche Züge dieser Aussagen in der Polemik verwendet wurden. Ein anschauliches Beispiel dieser Polemik bietet Hippolyt, der folgendes zum Martyrium seines persönlichen Gegners Callist berichtet.[74] Callist, ein Sklave, sei wegen betrügerischer Bankgeschäfte in Schwierigkeiten geraten.[75] In auswegloser Situation, nachdem bereits ein Selbstmordversuch fehlgeschlagen sei,[76] habe er am Sabbat Juden provoziert. Diese bringen ihn vor den Stadtpräfekten Fuscianus, der ihn nach dem Einspruch des Karpophoros, der seinen Sklaven befreien will, und der beharrlichen Anklage der Juden zur Arbeit in den sardinischen Bergwerken verurteilt.[77] Hippolyt veranschaulicht, wie man sich einen Märtyrer vorzustellen hat, der ein Vergehen zu verantworten hat. Dies ist bei Hippolyt ebenso wie der zweite Aspekt, den er in seinem Bericht verarbeitet, Teil der Polemik. Er illustriert, daß das Martyrium des Callist auf Provokation zurückgeht, selbstgesucht sei, im Zusammenhang mit einem Selbstmordversuch stehe und also als Selbstmordversuch zu werten sei. Hippolyts Ausführungen sind in mehrfacher Weise typisch. Es handelt sich um innerchristliche Polemik.[78] Hippolyt geht es um die Entwertung des Martyriums seines Kontrahenten.

In der Polemik Hippolyts gegen Callist findet sich die Verbindung des Märtyrers mit bestimmten Verbrechen, die auch Basilides vorbringt. Aus den Äußerungen Hippolyts wird deutlich, daß der Zusammenhang zwischen Martyrium und Verbrechen oder allgemein die kritische Nachfrage an die Person des Märtyrers in gleicher Weise wie der Selbstmordvorwurf in der Polemik verwendet wurden. Clemens von Alexandrien führt schrittweise die beiden längeren Zitate ein, zunächst die Aussage des Herakleon, der nur Gnostiker als Märtyrer anerkennen kann, nicht

---

Martyriums in der Alten Kirche siehe B. KÖTTING, Martyrium und Provokation, in: Kerygma und Logos, FS für C. Andresen, hrsg.v. A.M. Ritter, Göttingen 1979, S.329-336.

[73] Justin, apol.mai. 4;12, Athenagoras, leg. 2, Tertullian, apol. 2,20, nat. 1,2, Plinius ep. 10,96,2-5.

[74] Ref. 9,12.

[75] Ref. 9,12,1.1-7. Zu diesem Aspekt des Textes siehe: K. BEYSCHLAG, Kallist und Hippolyt, in: ThZ 20 (1964), S.103-124.

[76] Zur Wahrnehmung der Todesbereitschaft der Christen durch die Heiden und zu dem Vorwurf des Selbstmordes siehe D. WENDEBOURG, Das Martyrium in der Alten Kirche als ethisches Problem, in: ZKG 1987, S.296-312 (295-320).

[77] Ref. 9,12,7-9.

[78] Allerdings ist einschränkend auf Lukian zu verweisen, der diese Motive in seiner Schrift De morte peregrini verarbeitet. Weiter Celsus, c.Cels. 8,54,S.270.1f.

aber das Martyrium als solches, und dann die Aussage des Basilides, der ebensowenig einer positiven Würdigung des Märtyrers Raum gibt und auf der Grundlage
der anthropologischen Bestimmung, daß kein Mensch ohne Sünde ist, das Martyrium als Strafe definiert. Wenn man aber in diesen beiden Äußerungen zu Recht
nicht die pauschale Ablehnung der Martyrien sehen kann,[79] von der doxographi-
sche Nachrichten berichten, ist zu fragen, ob Clemens sich an dieser Stelle so
erheblich von den Urhebern dieser Nachrichten unterscheidet. Die Analyse des
Basilides-Fragmentes zeigt, daß Clemens die Texte nicht nur als differenzierte, keineswegs einheitliche Äußerungen der Kritik aufnimmt und versteht, sondern die
Argumente innerchristlicher Martyriumspolemik gegen Basilides wendet. Dies ist
aber nur deshalb möglich, weil eine Diskussion um das Martyrium als Strafe oder
Sühneleistung, wie sie 2 und 4 Mac zu entnehmen ist,[80] im Hintergrund steht.

3. Die Äußerung des Basilides zur Gerechtigkeit der Pronoia Gottes am Beispiel der Martyrien[81]

Clemens führt das Zitat mit den Worten ein Βασιλείδης δὲ ἐν τῷ εἰκοστῷ τρίτῳ τῶν
Ἐξηγητικῶν περὶ τῶν κατὰ τὸ μαρτύριον κολαζομένων αὐταῖς λέξεσι τάδε φησί[82] und
faßt damit Wesentliches zusammen. Basilides versteht die Martyrien als Strafe, und
da Strafe Vergehen voraussetzt, begründet er diese Voraussetzung auf drei Ebenen, auf der Ebene der aktuellen Vergehen, auf der Ebene der möglicherweise
noch nicht aktualisierten Anlage zum Vergehen oder Sündigen und zuletzt auf der
anthropologischen Ebene, daß kein Mensch ohne Sünde sei. Es geht um den
Zusammenhang von Tat und Tatfolge, allerdings aus der Perspektive der Tatfolge.
Der Sachverhalt ist deutlich angesprochen, und man kann von Martyrium und
Strafe sprechen, verwendet damit aber bereits wieder die Terminologie des Cle-
mens. Basilides spricht – einer verbreiteten Terminologie folgend[83] – von den
Martyrien als Leiden. Es ist in dem Fragment von Anklage und Verurteilten die
Rede, die leiden und die natürlich ihre Strafe erleiden, das Interpretament aber, das
Basilides auf die Martyrien anwendet, ist nicht die Folge von Vergehen und Strafe,
sondern genauer der Zusammenhang von Leiden und Sünde. Leiden ist eine Folge

---

[79] Vgl. die unterschiedlichen Einstellungen zum Martyrium in den Texten von Nag Hammadi.
Hierzu: KOSCHORKE, a.a.O.S.134-137; C. SCHOLTEN, a.a.O.S.100-119.
[80] Vgl. auch die schwer zu datierende Apokalypse des Sedrach 3,7-5,7.
[81] Strom. 4,12,81,1-83,1.
[82] Strom. 4,12,81,1,S.284.5f.
[83] 1Petr 4,12-19, Polykarpbrief 8,2, Ignatius, an Polykarp 7,1, vgl. 1Clem 6,1, Hermas 69,6.

von Sünde. Basilides bezieht diesen Satz auf die Martyrien. Nautin[84] hat vorgeschlagen, daß es sich in den Martyrien um das illustrierende Beispiel handelt, daß Basilides mit diesem Satz also nicht die Martyrien erklärt, sondern umgekehrt am Beispiel der Martyrien die Aussage vom Leiden als Folge von Sünde illustriert und überprüft.

Der Zusammenhang zwischen Leiden und Sünde ist deutlich hervorgehoben. In dem Fragment begründet Basilides diesen Zusammenhang, indem er auf der einen Seite das Vorhandensein von Sünde auf den genannten drei Ebenen analysiert und auf der anderen Seite die grundsätzlichen Überlegungen zur Sündhaftigkeit des Menschen durch das theologische Argument unterstützt. Das Fragment enthält einen kurzen, klar strukturierten Textausschnitt. Auf der ersten Ebene stehen die Märtyrer, die auf Grund von Vergehen, wenn auch verborgenen, leiden. Auf der zweiten Ebene stellt Basilides den Zusammenhang zwischen der menschlichen Anlage zum Sündigen und dem Leiden her und ordnet hier die Aussage zu, daß Gottes Pronoia nicht schlecht sei.[85] Auf der dritten Ebene spricht Basilides vom Menschen, der nicht ohne Sünde ist, und von der Gerechtigkeit Gottes. Der Hinweis auf die Pronoia Gottes stabilisiert die Argumentation. Die beiden Aussagen vom Leiden als Folge der Sünde und der Pronoia Gottes scheinen sich gegenseitig wie die Gewichte in den Waagschalen zu bedingen, so daß Basilides seine Aussage nur noch einmal auf einen anderen Begriff bringt. Nur wenn Leiden Folge der Sünde ist, kann man von der Pronoia Gottes sprechen, und wenn Leiden nicht mehr ausschließlich aus Sünde resultiert, wird die Aussage von der Pronoia Gottes sinnlos. Gottes Pronoia läßt nach Basilides ein grundloses Leiden nicht zu.

---

[84] A.a.O.S.396.

[85] Neben strom. 4,12,82,1-83,1 ist das Wort πρόνοια in 88,3 (S.287.1-3) belegt, einer Aussage, die Clemens nicht Basilides, sondern „ihnen" (ὥς φασιν) zuschreibt: ἡ πρόνοια δὲ εἰ καὶ ἀπὸ τοῦ Ἄρχοντος, ὥς φασιν, κινεῖσθαι ἄρχεται, ἀλλ' ἐγκατεσπάρη ταῖς οὐσίαις σὺν καὶ τῇ τῶν οὐσιῶν γενέσει πρὸς τοῦ θεοῦ τῶν ὅλων. In dem Hippolyt-Referat findet sich die Aussage, die, entsprechend der in ref. 7,4-19 vorgenommenen Zuordnung des Basilides zu den Aristotelikern, den sonst in dieser Zeit in Verbindung mit Aristoteles bekannten Satz verarbeitet, daß die Pronoia nur bis zum Mond wirke, und Basilides zuschreibt: Πάντα οὖν ἐστι προνοούμενα καὶ διοικούμενα ὑπὸ [τῆς μεγάλης] τοῦ ἄρχοντος τοῦ μεγάλου τὰ αἰθέρια – ἄτινα μέχρι <τῆς> σελήνης ἐστίν (ref. 7,24,3,S.294.11-13). Entsprechend heißt es in 24,5, daß die hiesige Welt keinen ἐπιστάτης, φροντιστής und δημιουργός habe. Im Unterschied zu Y. TISSOT (À propos des fragments de Basilide sur le martyre, in: RHPhR 76 [1996], S.35-50), der einen Zusammenhang zwischen dem Basilides Fragment (strom. 4,12,82,1-83,1), der Aussage in strom. 4,12,88,3 und bestimmten Aspekten im Hippolyt-Referat annimmt (siehe unten Anm.122), werde ich mich auf das Basilides-Fragment in 81-83 beschränken. Es ist nicht vorauszusetzen, daß in diesen Texten die gleiche Fragestellung und die gleichen Aspekte des Begriffs Pronoia angesprochen werden. Zur Analyse des Hippolyt-Textes ist auf Förster (a.a.O.) hinzuweisen.

Die gegenseitige Bedingtheit der Aussagen erklärt sich durch die beiden grund-legenden Aspekte der Pronoia Gottes, die Basilides als gut und gerecht qualifiziert. Güte und Gerechtigkeit zeigen sich in nichts anderem als in dem Zusammenhang von Sünde und Leiden, und Gottes Pronoia ist eng verbunden mit dem Zusam-menhang von Tat und Tatfolge.[86] Der distributive Bezug ist deutlich, auch wenn Basilides den Terminus der Strafe nicht verwendet und jede Assoziation an ein durch Gott verursachtes Leiden vermeiden will. Das Fragment des Basilides ist der früheste altkirchliche Beleg, der das fürsorgliche und richterliche Handeln Gottes verbindet. In dem Textausschnitt verwendet Basilides den damals üblichen Begriff von Pronoia, der eine enge Verknüpfung zum richterlichen Handeln Gottes enthielt. Die zahlreichen Beispiele des Josephos in De Bello Judaico und in den Antiquitates Judaicae, in denen Josephos von Pronoia spricht, wenn Unrecht Fol-gen hat und wenn Gott strafend eingreift und die Gerechtigkeit wiederherstellt, zeigen, wie weit Basilides einer verbreiteten Vorstellung folgt und sein Text von dieser Vorstellung her gelesen werden kann.

In De Bello Judaico, drei Beispiele seien genannt,[87] berichtet Josephos, daß Aristobul,[88] der Sohn

---

[86] Siehe oben II §1.1,S.109-114.

[87] Das Wort πρόνοια/ προνοεῖν gehört zum Sprachgebrauch des Josephos. Er verwendet es häu-fig. Dennoch gewinnt man durch seine Ausführungen weder ein Bild über die Bedeutungsmög-lichkeiten des Wortes Pronoia, noch einen Eindruck von der Diskussion der Zeit über die Pronoia Gottes. Josephos' Äußerungen spiegeln einen begrenzten Ausschnitt wider, der aber als solcher bezeichnend ist.
1. Es wurde bereits erwähnt, daß sich die stoische Wendung von der Pronoia Gottes als Ver-waltung des Alls bei Josephos findet. In dieser Bedeutung begegnet der Ausdruck allerdings nur in wenigen doxographischen Versatzstücken (AJ 4,47; 10,278f; 12,101, c.Apion. 2,181). Das Vokabular ist in diesen Texten äußerst begrenzt, in c.Apion. 2,181, AJ 4,47; 10,278f begegnet die anti-epikureische Abgrenzung. Der Abschnitt 10,278f unterscheidet sich von den knappen Notizen und ist im Vergleich ausgeführter und spezifischer. Man wird davon ausgehen müssen, daß Josephos sie in dieser oder sehr ähnlicher Form bereits vorgefunden hat, zumal er ausdrücklich erwähnt, daß er die Sätze so, wie er sie gelesen, auch niedergeschrieben habe (10,281). Interessant ist, wie Josephos die Formeln in den Zusammenhang einbindet. In AJ 4,40-53 ruft Mose in einem Gebet Gott als Zeugen (40f) und Richter (46) gegen Kores, Datham und Abiram an. Mose bittet, daß das Strafgericht Gottes offenbar werde (48), wie es wenig später auch geschieht, er tut dies aber in der Form der Bitte, daß die Pronoia, die das All durchwaltet, zeige, daß nichts von selbst sei und ohne göttliche Pronoia existiere. Anschließend werden Fürsorge und Strafe dem angekündigt, der dem „Volk der Hebräer" hilft bzw. aber ihm durch sein Unrecht schadet (47,50).
2. Nach Josephos bedeutet Pronoia Fürsorge, die sich aber in Strafe wenden kann und die er dem Richter zuschreibt. Pronoia bedeutet die Gegenwart Gottes als des Richters, der sieht und dem kein Unrecht entgeht. Die Gedanken, die hier mit Pronoia bezeichnet werden, sind für Josephos grundlegend. Eine Verbindung zu den doxographischen Notizen läßt sich nur in den anti-epikureischen Äußerungen erkennen.
3. Eine Reihe von Belegen bei Josephos lassen sich nur als Motive, die von der römischen kaiserlichen Providentia herkommen, erklären.
4. Geht man über diese klar umschriebenen Aspekte des Begriffs hinaus, verschwimmt der Begriff und man wird andere Begriffe, insbesondere den der Heimarmene hinzunehmen

des Hyrkanos, der seinen Bruder Antigonos ermorden läßt, unruhig über den Mord, Blut spuckt. Der Diener trägt es heraus, strauchelt und verschüttet das Blut des Mörders genau an der Stelle, an der Antigonos ermordet wurde – „nach göttlicher Pronoia". Aristobul stirbt am gleichen Tag.[89]

---

müssen, um ein Bild von den Äußerungen des Josephos zur göttlichen Pronoia zeichnen zu können.

Im Vergleich mit Basilides ist an dieser Stelle nur der zweite Aspekt von Belang. Seine Bedeutung wird exemplarisch in AJ 2,20-28 deutlich. Dort versucht Rubel, seine Brüder vom Mord an Joseph abzuhalten. Rubel weist auf die Verwerflichkeit des Mordes und insbesondere des Brudermordes, erinnert an Vater und Mutter und nennt Gott und seine Pronoia und das Gewissen, dem sie nicht entfliehen können. Gott sei schon jetzt, so Rubel, Zuschauer und Zeuge ihrer bösen Absicht gegen ihren Bruder (23), er werde sie lieben, wenn sie nachgeben und von ihrer Tat ablassen, fahren sie aber fort und beflecken die überall gegenwärtige Pronoia, die keine Tat versäume, gleich ob in der Wüste oder in der Stadt (24), gebe es keine Strafe, die Gott nicht für den Brudermord einfordere. Es ist Gott, der gegenwärtig ist, und zugleich die Pronoia. Von Gott wird gesagt, er sei Zuschauer, und von der Pronoia, daß ihr keine Tat entgehe. Gott wird lieben oder strafen je nach dem Tun in diesem Fall der Brüder. Der distributive Aspekt des Begriffs Pronoia hat bei Josephos zwei Seiten, und das strafende Handeln ist eine der beiden Seiten. In gleicher Weise ist die positive Seite des Fürsorgens in den Tun-Ergehens-Zusammenhang eingebunden und setzt ein entsprechendes Verhalten des Menschen voraus. Man kann nach Josephos die Pronoia Gottes verlieren und in ihr Gegenteil verkehren. Die Mahnung, sich um die Pronoia Gottes zu bemühen, findet sich in den Abschiedsreden des Mose und David wieder (AJ 4,184f; 7,385). Die Formulierung πρὸς τἀναντί αὐτοῦ ἀποστρέψεις πρόνοιαν (AJ 7,385) ist aufschlußreich. Einige Handschriften (Niese) korrigieren τἀναντί in ἅπαντ'. Die Formulierung zeigt, wie bei Josephos die beiden Aspekte Fürsorge und Strafe auseinandertreten.

Diese distributiv-vergeltende Bedeutung von Pronoia hat H.W. ATTRIDGE (The interpretation of biblical history in the Antiquitates Judaicae of Flavius Josephus, [HDR 7] Missoula/ Montana 1976) folgendermaßen beschrieben: „The affirmation that God exercises providential care for the world is equivalent to saying that He effects proper retribution for good and evil within history. The belief in a special providence for Israel is subordinated to that general principle and is seen to be a particular instance of it." (S.86f) Attridge betont die theologische Dimension der AJ (S.20), er fragt nicht nach Einzelmotiven, sondern nach programmatischen apologetischen Interpretamenten, nach denen Josephos die jüdische Tradition in den AJ 1-10 gestaltet. Nach Attridge hat der Begriff Pronoia bei Josephos genau diese Funktion. Attridge macht sehr zu Recht auf das häufig anzutreffende Vorverständnis aufmerksam, das isolierte Termini im Sinne der philosophischen Fachterminologie verwendet sieht. Eine Reihe von Fragen bleiben allerdings offen, zumal der distributive Aspekt nicht der einzige ist, den Josephos mit Pronoia verbindet. Die Anfrage wird sich zudem noch einmal an die programmatische Funktion des Begriffs bei Josephos richten. Zu erklären ist, warum Josephos den Terminus erst in der Ruben-Rede aufnimmt, nicht aber in der Erzählung über Kain, über Noah und die Vernichtung von Sodom und Gomorrha, obwohl Josephos genau den angesprochenen Sachverhalt insbesondere von Noah formulieren läßt (vgl. 1,99f).

Zu AJ 10,277-280 vgl. W.C. VAN UNNIK, An attack on the Epicureans by Flavius Josephus, in: Romanitas et Christianitas, FS für H. Waszink, hrsg.v. W. den Broer, Amsterdam 1973, S.341-355. Van Unnik versucht den Text für die philosophiegeschichtliche Kenntnis über die frühe Kaiserzeit fruchtbar zu machen. Josephos verfügte über das damals übliche Handbuchwissen, wie der Vergleich mit den doxographischen Nachrichten zeigt. Es ist das berechtigte Anliegen von Attridge zu zeigen, daß damit nicht die Bedeutung des Begriffs Pronoia in den AJ beschrieben ist.

[88] BJ 1,81-84.

[89] Vgl. in AJ 18,308f die rechtzeitig lebensrettende Belohnung des Petronios mit Hinweis auf die göttliche Pronoia.

Ein zweites Beispiel:[90] Römische Soldaten können der Belagerung in der Königsburg nicht länger standhalten und verhandeln mit den jüdischen Belagerern. Die Aufständischen um Eleazar versprechen ihnen freien Abzug, ermorden sie aber, obwohl gegenseitige Eide ausgetauscht sind. Es ist Sabbat, und die Bevölkerung von Jerusalem fürchtet den Zorn Gottes und die Rache der Römer. Am gleichen Tag und zur gleichen Zeit ermorden die Einwohner Caesareas sämtliche in der Stadt lebenden Juden – „wie nach göttlicher Pronoia". Ein drittes Beispiel:[91] Am Ende des Buches berichtet Josephos vom Statthalter Catull, der seine Strafgewalt gegen Juden mißbraucht und elend stirbt – οὐδενὸς ἧττον ἑτέρου τῆς προνοίας τοῦ θεοῦ τεκμήριον γενόμενος, ὅτι τοῖς πονηροῖς δίκην ἐπιτίθησιν.

Bei Josephos, der hier lediglich als Beleg für diese Vorstellung zur Sprache kommen soll, greift Gott ein und läßt auf Unrecht die entsprechende Strafe folgen. Bei Basilides bezieht sich der Begriff Pronoia ebenso wie bei Josephos auf historische Ereignisse – und nicht auf das eschatologische letzte Gericht. Während aber bei Josephos die Strafe Gottes Mörder und mörderische Aufständische trifft, wendet Basilides die Vorstellung auf die Märtyrer an. Basilides wählt einen anderen Ausgangspunkt als Josephos und fragt nicht nach anschaulichen Beispielen von Verbrechern, an deren Ergehen er das Wirken der göttlichen Pronoia belegen kann, sondern setzt mit dem Leiden ein und gibt dem Gedanken eine ungewöhnliche Zuspitzung. Die Aussage, daß jedem Leiden Sünde vorangegangen ist, wendet Basilides auf *das* Beispiel christlichen Leidens an, nämlich auf die Martyrien, und schließt auf die Sünde der Märtyrer und die allgemeine Sündhaftigkeit des Menschen. Schließlich sind es nicht mehr nur die historischen Einzelereignisse, die den Begriff der göttlichen Pronoia hervorrufen, sondern jeder Mensch, da kein Mensch ohne Sünde ist, wird einbezogen in das Wirken der Pronoia, welche die Folge von Sünde und Leiden aufrechterhält. Die Frage stellt sich, wohin der präsentische Begriff der Pronoia Gottes führt. Steht der Begriff Pronoia angesichts der allgemeinen Sündenverstrickung jetzt für ein allgemeines Leiden, dem kaum ein Mensch entkommt?[92] Wenn Pronoia darin ein gerechtes Handeln ist, daß Leiden auf Sünde folgt, und ein gutes Handeln, daß Leiden nur auf Sünde folgt, wo ist dann der Raum für die Güte, wenn jeder Mensch Vergehen zu verantworten hat?

Diese Fragen konfrontieren Basilides mit Folgerungen und können nicht seine eigenen Fragen gewesen sein. Den Fragen des Basilides kommt man dann nahe, wenn man erklären kann, warum Basilides nicht an einem Mann wie Aristobul, sondern an den Märtyrern den Tat-Tatfolge-Zusammenhang erläutert, und wenn man zweitens erklären kann, warum Basilides in diesem Zusammenhang auf die

---

[90] BJ 2,450-457.
[91] BJ 7,453.
[92] Vgl. Origenes, c.Cels. 7,55.

Sündhaftigkeit jedes einzelnen Menschen hinweist. Die entscheidende Kritik am Begriff Pronoia, wie ihn Josephos verwendet, lag in dem Hinweis, daß Unglück Gerechte und Ungerechte gleichermaßen trifft.[93] Berücksichtigt man diese Kritik, wird deutlich, daß in der Antwort des Basilides die Widerlegung dieser Kritik mit dem Argument liegt, daß es niemanden gebe und der Kritiker niemanden nennen könne, der als Gerechter Leiden erfährt.[94] Basilides bestreitet die Prämisse. Die Schlußfolgerung, daß man nicht vom Wirken der Pronoia sprechen kann, wenn rechtschaffenen Menschen Unglück und Leid widerfährt, ist dann nicht zu ziehen, wenn es niemanden gibt, der grundlos leidet, weil jeder Sünde in sich hat.

Hieraus folgt: Erstens setzt der Textausschnitt des Basilides die Kritik am Begriff Pronoia voraus, zweitens benötigt Basilides für seine Argumentation das Beispiel eines rechtschaffenen Menschen und zieht die Märtyrer unter der Voraussetzung heran, daß sie ein besonders achtungswürdiges Beispiel darstellten. Mit Hippolyt,[95] der die Vergehen des Märtyrers Callist aufzählt, durchaus vergleichbar, haben sich nach Basilides die Märtyrer Vergehen zuschulden kommen lassen, die der Öffentlichkeit unbekannt bleiben. Während es aber Hippolyt um die Entwertung des Martyriums seines Kontrahenten geht, will Basilides das Beispiel der Märtyrer der Kritik an der göttlichen Pronoia entziehen. Der Intention des Basilides folgend, hat man zu lesen: selbst die Märtyrer leiden nicht grundlos, und entsprechend hinzuzufügen, und zwar auf Grund unwissentlicher, verborgener Sünden.[96] Daß mit dieser Aussage Basilides und folglich die Diskussion zwischen Clemens und Basilides bereits in einer Tradition steht, wird durch 2Mac 7,18 sichtbar. Der sechste der Söhne, die das Martyrium erleiden, sagt hier: Μὴ πλανῶ μάτην, ἡμεῖς γὰρ δι' ἑαυτοὺς ταῦτα πάσχομεν ἁμαρτόντες <εἰς τὸν> ἑαυτῶν θεόν.[97]

---

[93] Vgl. folgende Gegenüberstellung von Alexander von Aphrodisias: „Denn für die (Stoa) folge aus der Existenz Gottes sein Wunsch, für uns zu sorgen, und seine Absicht, auf die Einzeldinge alle Güter und Übel nach Verdienst, dem Verdienst direkt proportional zu verteilen. Die (Akademie) aber behauptet: ‚In Wirklichkeit sehen wir nichts dergleichen, vielmehr beobachten wir, wie schlechte Menschen dauernd nur Gutes erfahren, während fromme und gute das Gegenteil erleben, als ob sie in der Gestaltung ihrer Existenz und in ihrem Leben überhaupt keine Rechenschaft (gemeint ist: Rechtschaffenheit, Hinweis von G. Strohmaier) erreichten! Die (Stoa) leugnet also die Existenz Gottes!'" (prov. Ruland S.13.11-22). Die Hinweise auf Stoa und Akademie in Klammern haben keine Anhaltspunkte im arabischen Text. Zur Verwendung anti-epikureischer Argumente siehe unten II. § 3.

[94] Einen ähnlichen Ansatzpunkt wählt Y. TISSOT (a.a.O.), er schreibt einführend: „A lire les fragments de Basilide sur le martyre indépendamment de leur contexte actuel, il apparaît que, face au scandale de la souffrance des martyres, leur auteur s'efforçait de sauvegarder la justice de Dieu." (S.35), fährt dann aber fort, „pour ce faire, il interprétait le martyre comme un châtiment au sens étymologique du terme, c'est-à-dire comme une purification, et c'est pourquoi il peut en parler comme d'un bien".

[95] Ref. 9,12, siehe oben S.138f.

[96] Siehe oben Anm.25.

[97] Die Martyrien 2Mac 6f werden von Origenes, exh.mart. 23-27 mit Textauszügen zitiert. 2Mac 6f

Die Argumentation des Basilides setzt Hörer oder Leser voraus, die den Märtyrern die damals übliche Achtung entgegenbrachten, und unterscheidet sich von Hippolyt sowohl in der Funktion als auch in der Sache der angesprochenen Vergehen. Warum aber zieht Basilides den Vergleich mit verurteilten Verbrechern, mit Ehebrechern und Mördern?[98] Basilides weist mit diesem Vergleich auf eine Leichtigkeit im Leiden, eine Qualität des Leidens, die für ihn im Martyrium liegt – ὅτι Χριστιανοὶ †πεφυκότες, ὅπερ αὐτοὺς παρηγορήσει μηδὲ πάσχειν δοκεῖν[99] – gab damit aber Anlaß, seinen Text martyriumskritisch zu verstehen.

---

[98] enthält eine Reihe von Bezugspunkten zu der Diskussion zwischen Basilides und Clemens. Wenn man eine Anspielung auf 1Petr 4,15f in dem Basilides Fragment in Erwägung zieht, macht dieses die Interpretation des Textes nicht leichter. Aus der Ermahnung in 1Petr 4,15f, es nicht dazu kommen zu lassen, daß Christen als Mörder und Diebe verurteilt werden, die Schmähung als Christen und das Leiden um des Christennamens zu ertragen, ist dann bei Basilides eine Beschreibung geworden. Die Märtyrer werden nicht als Mörder und Ehebrecher, sondern als Christen geschmäht und verurteilt, aber dieses, obwohl es zugleich heißt, daß es verborgene Verfehlung gibt. Haben die Christen also doch etwas mit den Mördern und Ehebrechern gemeinsam? Dann aber ist die Anspielung auf 1Petr 4,15f, die Stählin (BKV 1937) in die Diskussion gebracht hat, schwer zu verstehen. Die Frage ist, was nach Basilides die Christen tröstet. Sind sie froh, daß verborgene Sünden in dem Prozeß nicht angesprochen werden, und sterben, wenn sie schon verurteilt werden, lieber als Christen? Oder liegt in dem Leiden für Christus die tröstende Kraft? In diesem Fall läßt sich nicht der Bogen der Argumentation von den verborgenen Vergehen hin zu dem Trost im Martyrium spannen (vgl. Martyrium Carpi, Papyli et Agathonicae, rec.lat. 3,6). Man hätte dann zu lesen, selbst bei Märtyrern kann man Vergehen finden, aber sie werden als Christen, und nicht als Verbrecher, verurteilt. Während man in 1Petr 4,1 5f die Mahnung an die Christen liest, dafür zu sorgen, daß es nicht zu einer Verwechselung der Martyrien mit der Verurteilung von Verbrechern kommt, besteht in genau dieser Verwechselung die Schwierigkeit der Interpretation des Basilides-Textes. 1Petr 4,12-14 wird von Clemens von Alexandrien in strom. 4,7,47,4 zitiert, 1Petr 4,15f in Cyprian, ad Quirinum 3,37.
Wenn man auf 1Petr 4,15f hinweist, hat man an einen zweiten Text zu erinnern. In dem Brief der Gemeinden von Lyon und Vienne werden zwei Gruppen von Märtyrern beschrieben. Die einen haben sich sogleich als Christen bekannt, wurden verhaftet und trugen auf ihren Gesichtern die Freude des Martyriums (ἡ χαρὰ τῆς μαρτυρίας), die anderen leugneten, wurden aber dennoch verurteilt, und zwar mit der Anklage des Mordes, so daß sie von den Heiden geschmäht wurden und zudem den Christennamen verloren (Euseb von Caesarea, HE 5,1,33).

[99] Strom. 4,12,81,2,S.284.11f. Vgl. Euseb von Caesarea, mart.Pal. 2,3; 11,12.

4. Die Antwort des Clemens auf Baslilides

Clemens läßt den Text, den er aus den Exegetika des Basilides zitiert, mit folgender These beginnen: φημὶ γάρ τοι, ὁπόσοι ὑποπίπτουσι ταῖς λεγομέναις θλίψεσιν, ἤτοι ἡμαρτηκότες ἐν ἄλλοις λανθάνοντες πταίσμασιν.[100] Er führt den Text so ein (78-80), daß er diese Äußerung des Basilides bestimmten Kritiken zuordnet. Nach der Mahnung, den Gegnern nicht selbst Anlaß zur „Verleumdung des Namens" zu geben (77), sind die nachfolgenden Fragen ungenannter Leute durch das vorangegangene βλασφημίαν qualifiziert.[101] Als Beispiele dieser βλασφημία folgen die Frage „Warum, wenn Gott für euch sorgt, werdet ihr verfolgt und getötet?"[102] und die Anfrage an die Gerechtigkeit der Christen und Märtyrer, verbunden mit dem Hinweis, daß es sich bei „jenen" um Übeltäter handele, die zu Recht bestraft werden.[103] Diese Anfragen führen hin zum Basilides-Text. Basilides erscheint als Exemplifikation der ungenannten Kritiker und soll als Kritik am Martyrium verstanden werden. Clemens nennt die Anfragen zusammen mit ersten Hinweisen auf ihre Widerlegung, die nach dem Zitat des Basilides-Textes fortgeführt werden, und es ist deutlich, daß Clemens das in diesem Text geäußerte falsche Verständnis des Martyriums widerlegen will. Clemens zitiert Basilides als Beispiel für eine Sicht, die das Martyrium als Strafe versteht, während er selbst vom Martyrium als einer lobens- und belohnenswerten Handlung spricht, die deswegen Lohn verdient, weil sie auf die freie Entscheidung des Märtyrers zurückgeht.

Es überrascht die Schärfe, mit der Clemens die Auseinandersetzung führt, wenn man bedenkt, daß auch Clemens davon spricht, daß alle Christen in die eine oder andere Verfehlung geraten,[104] und das Martyrium als Reinigung für sich oder die anderen erklärt.[105] Clemens führt mit Basilides keine Auseinandersetzung um das Martyrium als ἀποκάθαρσις ἁμαρτιῶν μετὰ δόξης,[106] wie er selbst formuliert, noch in diesem Zusammenhang um die Begriffe von Sünde und Reinigung.

Was also ist zwischen Basilides und Clemens strittig? Clemens nennt an erster Stelle die These vom Martyrium als Strafe[107] und stellt damit die Frage nach der

---

[100]Strom. 4,12,81,1,S.284.5-7.
[101]Strom. 4,10,77,3,S.282.31-33.
[102]Strom. 4,11,78,1,S.283.1f.
[103]Strom. 4,11,78,2,S.283.9f.
[104]Vgl. strom. 7,16,102,4,S.72.16-18, zitiert oben S.124f.
[105]Strom. 4,9,73,2-75,3.
[106]Strom. 4,9,74,4,S.281.26, vgl. 4,16,104,1.
[107]Eine andere Interpretation des Textes gibt LE BOULLUEC. Er schreibt zu dieser Frage und beginnt mit folgenden Sätzen seine Kommentierung: „Le premier mouvement de Clément est de déceler dans cette doctrine un vice fondamentale ... La critique n'est pas dirigée contre l'assimi-lation du martyre à un châtiment ... Châtiment et punition sont en effet salutaires. À titre de purification, ce sont des bienfaits: l'idée est commune à l'époque; elle est reçue aussi

Ursache des Leidens in den Raum. Warum erleiden die rechtschaffenen Märtyrer dies, wenn es die Pronoia Gottes gibt? Oder sind sie etwa nicht rechtschaffen? Basilides würde diese Fragen nicht nur nicht stellen, sondern mit dem Hinweis auf die allgemeine Sündhaftigkeit des Menschen, derzufolge für und von niemandem das gute Ergehen beansprucht werden kann, diese Frage verbieten. Clemens stellt sich, indem er die ungenannten Kritiker fragen läßt, die gleichen Fragen wie Basilides und bestreitet vehement dessen Antwort.

Das elfte und zwölfte Kapitel des vierten Buches der Stromata enthält die Argumentation des Clemens, die ihm durch die Vorgaben des Basilides nicht leicht gemacht ist, in der Clemens mehrfach einhält[108] und die in ihrem komplexen Charakter nicht ohne Schwierigkeiten nachzuzeichnen ist.[109] Wäre es Basilides um die These gegangen, daß alle Märtyrer Sünder sind, bzw. hätte sich Clemens in der Auseinandersetzung mit Basilides auf die Martyriumspolemik beschränkt, hätte Clemens auf besonders herausragende vorbildliche Beispiele hinweisen können. Das Beispiel der Märtyrer aber gewinnt im vierten Buch der Stromata eine andere Tragweite. Auch Clemens schreibt, daß Menschen ihre Sünden zu verantworten

---

bien par Clément et ses destinaires que par Basilides. L'attaque porte contre le motif de la punition." (a.a.O.S.306) Bei diesem Motiv handelt es sich nach Boulluec um die Vorstellung der Seelen-wanderung. Clemens identifiziere die Häresie des Basilides mit einem Irrtum der Philosophen. Mit Nautin handele es sich dabei nicht um authentische Interpretation des Basilides. Boulluec geht zu einem anderen Detail über und kommt schließlich zu dem Ergebnis: „De déduction abusive en conclusion arbitraire, la théorie de Basilide est assimilée à une opinion considérée comme une erreur de la philosophie grecque, avant d'ètre caractérisée comme blasphématoire et impie dans la mesure où elle diviniserait le diable ou attribuerait à Dieu les persécutions. Une telle transformation ne peut s'opérer que par la traduction tendacieuse des concepts de l'adversaire dans le langage notionnel de l',orthodoxie' et par le rapprochement illégitime d'éléments auxquels le système assignait une autre place et un autre sens." (S.312). Boulluec verbindet seine Einzelbeobachtungen durch die Frage nach den rhetorischen Mitteln der Auseinandersetzung. Die Einzelargumente gehören aber in das Ganze der Argumentation im zwölften Kapitel, deren Struktur unter der Vorgabe, daß die Bestimmung des Marytriums als Strafe zwischen Basilides und Clemens nicht strittig war, kaum zu beschreiben ist.

[108] Zur rhetorischen Struktur der Stromata insgesamt siehe L. ROBERTS, The literary form of the Stromateis, in: SecCen 1 (1981), S.211-222.

[109] Mit strom. 4,12 haben sich beschäftigt: A. LE BOULLUEC, La notion d' hérésie dans la littérature greque IIᵉ-IIIᵉ siècles. Tome II, a.a.O.S.305-312 (Vgl. oben Anm.45) und W. LÖHR (a.a.O.S.145-151). Löhr bietet Übersetzung und Paraphrase, wie er selbst schreibt, im Anschluß an Boulluec, unter der Fragestellung, Anspielungen auf Basilides und somit weitere Fragmente zu identifizieren. Diese Frage stellt ebenso Y. TISSOT (a.a.O.). Auf seine Auslegung von strom. 4,12,88,3 ist später einzugehen (siehe Anm.115). In der Methode ähnlich dem Aufsatz von J.E. DAVISON (Structural similarities und dissimilarities in the thought of Clement of Alexandria and the Valentinians, in: SecCen 3 [1983], S.201-217) stellt E. PROCTER (Christian controversy in Alexandrien. Clement's polemic against the Basilideans and Valentinian, [American University Studies VII,172) New York/ Frankfurt 1995) zu einzelnen Fragestellungen Textreferate nebeneinander. Die Ausführungen zu strom. 4,12,81ff (S.36f,89-94) sind wenig hilfreich.

haben, für sie bestraft werden und sie nicht bösen Mächten zuschieben können.[110] Nach Clemens ist aber der Fall der Märtyrer ein ganz anderer, an ihrem Beispiel wird für Clemens deutlich, daß es nicht genügt, den Tun-Ergehens-Zusammenhang neu zu interpretieren. Clemens nimmt die angesichts der Martyrien entwickelten Antworten auf und gibt dem Zusammenhang von Pronoia und Erziehung einen neuen Anknüpfungspunkt. Clemens sieht in den Martyrien gegen Basilides das Wirken einer bösen Macht, erklärt, daß Gott den Teufel gewähren läßt, ihn in seinem Tun nicht hindere,[111] das Übel aber in einen Sinnzusammenhang einbinde, in dem das Übel einen Nutzen haben könne. Diesen Sinnzusammenhang individualisiert Clemens, indem er ihn als Erziehung interpretiert. Im folgenden soll der Gedankengang des Clemens nachgezeichnet werden.

In den Ausführungen des Basilides und Clemens liegen zwei sich widersprechende Antworten auf die Anfrage an die Pronoia Gottes vor. Die Anfragen der ungenannten Kritiker sind ganz auf die beiden Antworten abgestimmt, allerdings aus der Sicht des Clemens. Die erste Frage – Warum eine Verfolgung trotz göttlicher Pronoia, liefert etwa Gott euch der Verfolgung aus? – zielt auf die Antwort des Clemens, der sie mit „Nein" beantworten kann. Gott verursacht keine Verfolgung, so Clemens, sondern er läßt sie zu.[112] Die zweite Frage, die an die Rechtschaffenheit der Märtyrer gerichtet ist, zielt auf Basilides, wird aber erst von Clemens abgewiesen, so daß Basilides auf die Seite der Kritiker gerät. Clemens beginnt seine Widerlegung mit den deterministischen Implikationen der These des Basilides für das Martyrium.

Clemens setzt im zwölften Kapitel (83) mit dem Hinweis ein, daß es „an uns" liege und „unsere" Entscheidung sei, zu bekennen und bestraft zu werden oder nicht, und daß nach Basilides die Pronoia im Fall dessen, der leugnet, aufgehoben sei.[113] Im Hintergrund steht, daß der Begriff Pronoia sich gerade nicht auf den Bereich des ἐφ' ἡμῖν bezieht.[114] Mit der Beobachtung des Clemens, daß Basilides diesen Grundsatz nicht beachtet, sind deterministische Implikationen in den Aussagen des Basilides bereits angesprochen, die Clemens ausgehend von der Situation dessen darlegt, der im Prozeß das Christ-Sein leugnet. Clemens wirft Basilides vor,

---

[110]Strom. 6,12,98,1-99,2, vgl. 7,16,102,4f.

[111]ἀλλὰ μὴν οὐδὲν ἄνευ θελήματος τοῦ κυρίου τῶν ὅλων. λείπεται δὴ συντόμως φάναι τὰ τοιαῦτα συμβαίνειν μὴ κωλύσαντος τοῦ θεοῦ· τοῦτο γὰρ μόνον σῴζει καὶ τὴν πρόνοιαν καὶ τὴν ἀγαθότητα τοῦ θεοῦ (strom. 4,12,86,3).

[112]Vgl. Origenes, or. 30,1,S.393.13-17, exh.mart. 34,S.30.16f.

[113]Strom. 4,12,83,2,S.285.6-8.

[114]Vgl. Nemesios von Emesa, nat.hom. 42,S.120.9-12.

daß er die Pronoia für den Untergang dessen verantwortlich macht, der leugnet, und hält ihm damit den deterministischen Begriff der Pronoia vor.[115]

Aus einem deterministischen Begriff von Pronoia ergeben sich für Clemens drei Folgen: Erstens wird der ethische Ansatz des Clemens aufgelöst. Bezogen auf das Martyrium stellt Clemens daher fest, daß es unter dieser Voraussetzung den

---

[115]Aus dem Fragment des Basilides ergeben sich keine Hinweise, die zu dem Schluß führen, daß Basilides diesen deterministischen Begriff von Pronoia vertreten hat. In diesem Zusammenhang ist auf zwei Aufsätze hinzuweisen. B. LAYTON beginnt (a.a.O.S.139-141) mit der Feststellung „Basilides' ethics ... is marked by his firm commitment to Stoicism". Unter „Stoicism" versteht Layton „a strongly deterministic view of fate and providence, that is the operation of divine reason minutely controlling all events in the universe" (S.139). Diese meine Basilides mit dem Ausdruck „Wille Gottes", und nichts anderes sage Basilides, wenn es heißt, „alles werde ich eher sagen, als das Ausüben der Pronoia schlecht zu nennen." Ein einziger Ausdruck, nämlich τὸ προνοοῦν, genügt hier, um einen Stoizismus für Basilides zu diagnostizieren. Ohne auf die stoischen Fragmente und ihre Interpretation einzugehen, versteht Layton Pronoia als stoisch und zugleich als Ausdruck umfassender göttlicher Determination und versucht dann, die Aussagen zum Leiden in dem Fragment des Basilides diesem Determinismus unterzuordnen.
Ebenso wie Layton vertritt auch Y. TISSOT (a.a.O.) die Position, daß Basilides einen deterministischen Gottesbegriff gelehrt habe. Tissot geht von dem Begriff Pronoia, wie ihn Clemens in strom. 4,12,84 verwendet hat, aus und schreibt, daß man Pronoia hier mit Prädestination zu übersetzen hat. Nach dieser Vorklärung liest Tissot strom. 4,12,88,3 und setzt diese Aussage in Beziehung zu dem Hippolyt-Referat (ref. 7,20-27), insbesondere zu der Schaffung des Weltsamens, der alles in sich hat (ref. 7,21,3). Der Weltsame in ref. 7,21ff ist nach Tissot mit Hinweis auf 7,24,5, wo es heißt, daß die hiesige Welt keinen ἐπιστάτης, φροντιστής und δημιουργός habe, sondern ihr der ursprüngliche, also im Weltsamen angelegte λογισμός genüge, Ausdruck von Prädestination. Diese Prädestination entspreche dem Begriff Pronoia bei Clemens. Von hier wendet sich Tissot zurück zu dem Basilides-Fragment in strom. 4,12,81-83. Anfragen sind an die Interpretation dieses Fragmentes zu richten und an die Interpretation des Begriffs Pronoia, der in strom. 4,12 weniger einheitlich ist, als er es nach Tissot zu sein scheint. Tissot schreibt: „Autrement dit, même si les pneumatiques sont soumis au déterminisme cosmique avant cette révélation, leur élan vers Dieu ne doit rien à la πρόνοια; il s'explique lui aussi par leur consubstantialité divine, et dans la mesure où les martyrs représentent l'élite des pneumatiques, Clément fausse certainement la pensée de Basilide lorsqu'il reproche à ce dernier de réduire leur engagement à une acte prédéterminée. Pour s'en convaincre, il suffit d' observer que, pour Basilide, le προνοοῦν ne concerne pas les circonstances du martyre, mais sa fonction-même. Dieu purifiant le confesseur de leur péchés ... Clément semble d'ailleurs avoir été lui-même conscient de la faiblesse de sa réponse sur ce point, car il évite de parler des martyrs eux-mêmes; il reproche bien à Basilide leur dénier tout mérite, mais il préfère engager la discussion sur des cas étrangers à sa problématique, ceux du rénégat et du persécution ..." (S.47). Daß Clemens, wie Tissot hier schreibt, diese Form des Determinismus, die für Clemens das Hauptmerkmal der Gnostiker ist und seine Kritik an den Gnostikern bestimmt – wie strom. 4,12,88,5 aber auch 2,3,101-11,1 und 5,1,3,2-4 zu entnehmen ist –, falsch verstanden hat, insbesondere indem er das Wort Pronoia verwendet, ist nachvollziehbar. Wie aber ist dann das Wort Pronoia in strom. 4,12,88,3 zu verstehen? Warum belegt Tissot seine These mit der Basilides-Aussage in 82,2 von der guten Pronoia? Warum zieht er nicht ref. 7,24,3 (S.294.11f) heran, wo explizit von Pronoia die Rede ist, nämlich von der Pronoia, die der große Archon über das Ätherische übt? Es gibt eine Reihe von Vergleichspunkten im System Hippolyts, die zur Interpretation des Begriffs Pronoia herangezogen werden können, aber diese sind abhängig von der vorgängigen Interpretation des Begriffs Pronoia.

ehrenvollsten Lohn im Himmel für den Märtyrer nicht geben könne (84,3).[116] Zweitens werden die Verfolger entschuldigt und können nicht bestraft werden (86,2). Und drittens wird Gott selbst verantwortlich für die Verfolgung gemacht. „Ist er nicht gottlos, wenn er den Teufel vergöttlicht und wagt, den Herrn einen zur Sünde veranlagten Menschen zu nennen?" (85,1)[117] Die Formulierung enthält einen logischen Schluß. Clemens selbst sieht in den Verfolgungen ein Werk des Teufels.[118] Wenn dies gilt, also Clemens' eigene Voraussetzung, und die deterministische Position, die Clemens Basilides zuschreibt, zu der Schuld Gottes an den Verfolgungen führt, kann er schließen, daß Basilides den Teufel vergöttlicht. Wenn man davon ausgeht, daß Basilides sich in dem zitierten Textausschnitt nicht zu der deterministischen Form des Begriff Pronoia geäußert hat, ist die Argumentation des Basilides kaum wiederzuerkennen. Dies ist ein Detail der Argumentation, welches das Vorgehen des Clemens verdeutlicht.

Nach Basilides hat das Martyrium seine Ursache in einem von dem Betreffenden selbst zu verantwortenden Fehlverhalten und nicht, wie Basilides ausdrücklich hinzufügt, in einer Nachstellung durch eine böse Macht.[119] Diese Erklärung aber wählt Clemens als Antwort. Das Martyrium ist nach Clemens die Wirkung der bösen Macht, des Teufels und Versuchers. Es ist für Clemens ausgeschlossen, daß das Martyrium eine Strafe darstellt. Clemens schreibt (85,1):

> „Der Teufel versucht uns nämlich, wissend, was wir sind, aber ohne zu wissen, ob wir standhalten werden. Er versucht uns aber, weil er uns vom Glauben abbringen und mit Gewalt an sich ziehen will, was ihm nur deswegen gestattet wird, weil es nötig ist, daß wir aus eigener Entscheidung heraus gerettet werden, nachdem wir Antrieb durch das Gesetz erhalten haben, und zudem sowohl wegen der Schmach des enttäuschten Versuchers als auch wegen der Stärkung derer in der Kirche und wegen des Bewußtseins derer, welche die Standhaftigkeit bewundern."[120]

In diesen Sätzen formuliert Clemens die Gegenposition zu Basilides in der Frage nach dem Martyrium, die zugleich aber Clemens' Überlegungen zu dem Begriff Pronoia vorwegnimmt. Clemens erklärt, daß es sich im Martyrium um eine Versuchung des Teufels handelt, daß dem Teufel diese Versuchung gestattet wurde und

---

[116]Strom. 4,12,84,3, vgl. 85,3.
[117]Strom. 4,12,85,1,S.285.19f: πῶς δὲ οὐκ ἄθεος θειάζων μὲν τὸν διάβολον. ἄνθρωπον δὲ ἁμαρτητικὸν τολμήσας εἰπεῖν τὸν κύριον;
[118]Vgl. besonders Justin und Origenes, exh.mart.11.
[119]Strom. 4,12,81,3,S.284.14.
[120]Strom. 4,12,85,1,S.285.20-27: πειράζει γὰρ ὁ διάβολος εἰδὼς μὲν ὅ ἐσμεν, οὐκ εἰδὼς δὲ εἰ ὑπομενοῦμεν· ἀλλὰ ἀποσεῖσαι τῆς πίστεως ἡμᾶς βουλόμενος καὶ ὑπάγεσθαι ἑαυτῷ πειράζει, ὅπερ καὶ μόνον ἐπιτέτραπται αὐτῷ διά τε τὸ ἡμᾶς ἐξ ἑαυτῶν σῴζεσθαι δεῖν, ἀφορμὰς παρὰ τῆς ἐντολῆς εἰληφότας, διά τε τὸν καταισχυμμὸν τοῦ πειράσαντος καὶ ἀποτυχόντος διά τε τὴν ἰσχυροποίησιν τῶν κατὰ τὴν ἐκκλησίαν διά τε τὴν συνείδησιν τῶν θαυμασάντων τὴν ὑπομονήν.

daß Martyrium und Versuchung einen Sinn haben. Der Begriff Pronoia ist für Clemens ganz von der Güte Gottes her bestimmt,[121] und er muß erklären, wie er angesichts von Verfolgung und Martyrien von der Pronoia Gottes spricht. Er schreibt (52,3):

> „Auch wenn man diesem (dem Gnostiker) die bürgerlichen Rechte aberkennt, ihn verbannt, sein Vermögen einzieht und im schlimmsten Fall ihn zu Tode bringt, wird er nicht von der Freiheit und von dem Wesentlichsten, der Liebe zu Gott, getrennt ... Die Liebe ist überzeugt, daß die göttliche Pronoia alles schön verwaltet."[122]

Auch angesichts der Verfolgung und für Clemens insbesondere in dieser Situation gilt der Satz, daß alles von der Pronoia Gottes verwaltet wird. Die Haltung des Gnostikers befähigt ihn, in jeder Situation er selbst zu bleiben und überzeugt zu sein vom Wirken der göttlichen Pronoia. Die Lebensweise des Gnostikers hat Clemens durch den Begriff der ἀγάπη beschrieben,[123] die für ihn immer auch die Freiheit von Sachzwängen und Sekundärmotivationen und die eigene freie Entscheidung bedeutet. Fragt man, was den Gnostiker autark macht, stößt man wieder auf den Begriff der Pronoia Gottes als Gewißheit eines letzten Sinnzusammenhangs.

Clemens spricht über schwerstes Leiden. Ihm liegt daran, Gott nicht zur Ursache für dieses Leid zu machen. Er benennt ein anderes Subjekt, nämlich den Teufel, und weist auf die passive Rolle Gottes, indem er sein Anliegen immer wieder in dem Satz formuliert, daß Gott das Leiden nicht verhindere, – er lasse es zu, weil er den Menschen nicht ihre Freiheit nehme –, um im gleichen Atemzug hinzuzufügen, daß Gott allem, selbst dem, was in schlechter Absicht geschehen ist, einen Sinn gibt. Gott lasse den Teufel gewähren, er verhindere die Martyrien nicht, aber Clemens erklärt, daß sie einen Nutzen haben (85,1).[124] Gottes Wille ist gut, und Verfolgungen können nicht nach dem Willen Gottes geschehen. In den Verfolgungen geschehe Unrecht, andernfalls würde man die Verfolger gerecht sprechen, aber Gott hindere sie nicht in ihrem Tun (86,2f). – ἀλλὰ μὴ κωλύειν τοὺς ἐνεργοῦντας πεπεῖσθαι προσῆκεν καταχρῆσθαί τε εἰς καλὸν τοῖς τῶν ἐναντίων τολμήμασιν[125]. Mit den zwei Aspekten, die Clemens in diesem Satz formuliert – Gott hindert nicht das Tun der Widersacher und er gebraucht es zu etwas Gutem – ist

---

[121] Vgl. strom. 2,17,74,4; 6,16,141,7.

[122] Strom. 4,7,52,3,S.272.15-18: κἂν ἀτιμίᾳ τις περιβάλλῃ τοῦτον φυγῇ τε καὶ δημεύσει καὶ ἐπὶ πᾶσι θανάτῳ, οὐκ ἀποσπασθήσεταί ποτε τῆς ἐλευθερίας καὶ κυριωτάτης πρὸς τὸν θεὸν ἀγάπης ... καλῶς πάντα τὴν θείαν διοικεῖν πρόνοιαν πέπεισται ἡ ἀγάπη. Clemens hat zuvor 1 Kor 4,9.11-13 zitiert (51,1-3), er geht dann (52,1) über zur platonischen Politeia (361e), allerdings ohne Glaukons Resultat der Gegenüberstellung des vollkommen ungerechten und vollkommen gerechten Lebens im einzelnen zu paraphrasieren. Zur Interpretation siehe D. WYRWA, a.a.S.246-249.

[123] Vgl. strom. 4,4,143.

[124] Vgl. Origenes, c.Cels. 1,66,S.120.12-22.

[125] Strom. 4,12,87,1,S.286.15f.

die Bedeutung beschrieben, die der Begriff Pronoia für Clemens hat, insbesondere wenn man auf Kapitel 17 des ersten Buches hinweist.[126]

Clemens folgt einer alten Tradition, die in der Verfolgung die Versuchung des Teufels sieht und zu der auch der Gedanke gehört, daß Gott den Versucher in seinem Tun nicht hindere,[127] die Fortführung aber ist ganz stoisch. Die Verse aus dem Kleanthes-Hymnus machen dies sofort evident.[128] Das schlechte Tun wird zu etwas Gutem gebraucht, es hat einen Nutzen, und Clemens gibt eine Reihe von Beispielen für diesen Nutzen.[129] Stoisch haben Gutes und Schlechtes ihren Platz in der sinnvollen Einrichtung des Alls und darin einen Nutzen. Vom Sinnzusammenhang, in den selbst das Böse eingeordnet werden kann, ist es schwierig, zu der richterlichen Bedeutung von Pronoia zurückzulenken, und Clemens gelingt dies nur dadurch, daß er den Nutzen, den das Böse haben kann, mit der Erziehung identifiziert.[130] Es ist nicht zufällig, daß Clemens den Begriff der Erziehung im Zusammenhang mit einem alttestamentlichen Beleg einführt.

In strom. 4,87,1 stehen die im unmittelbar vorangegangenen Satz (86,3) erwähnten Worte πρόνοια und ἀγαθότης im Hintergrund. Das Wort πρόνοια begegnet aber erst in der Fortsetzung des zitierten Satzes in einem neuen Zusammenhang wieder:

παιδευτικῆς τέχνης τῆς τοιαύτης οὔσης προνοίας ἐπὶ μὲν τῶν ἄλλων διὰ τὰς οἰκείας ἑκάστου ἁμαρτίας, ἐπὶ δὲ τοῦ κυρίου καὶ τῶν ἄλλων ἀποστόλων διὰ τὰς ἡμῶν.[131]

Dieser hier angesprochene pädagogische Aspekt des Wirkens der Pronoia fehlt in 85,1. Verfolgt man die Argumentation bis 87,1, läßt sich folgendes festhalten: Von Basilides ist die Position vorgegeben, daß niemand grundlos leidet, auch die Märtyrer nicht. Basilides bezieht sich auf die Vorstellung von einer fürsorglichen und richterlichen Pronoia, von der in erster Linie Gerechtigkeit erwartet wird. Clemens entwickelt demgegenüber, daß Gott das Martyrium und das Leiden nicht verhindere, ihm aber einen Sinn gebe. Beide Positionen werden nur durch die gegensätzliche Bezugnahme auf ein Drittes, nämlich den deterministischen Begriff Pronoia, aufeinander bezogen.

Würde Clemens die Argumentation mit 87,1 beenden, bestände das Argument gegen Basilides lediglich darin, daß Clemens sich zu dem rechtschaffenden, vergeltenden Aspekt des Begriffs Pronoia nicht äußert und den Begriff auf die Aspekte,

---

[126]Siehe unten S.165.
[127]Siehe oben S.148.
[128]Stobaios I 1,2,S.25,3 (=SVF I 537, S.122.14-17).
[129]Vgl. strom. 1,17,81-87.
[130]Genau diese Brücke zerschlägt Celsus, siehe unten S.213-215,256f.
[131]Strom. 4,12,87,2,S.286.17-20.

daß Gott das Böse nicht verursache und den Sinnzusammenhang stifte, einschränkt. Dies kann nicht im Interesse des Clemens liegen, der den positiv vergeltenden Aspekt bereits angesprochen hat und die Beziehung des Begriffs Pronoia
zu Recht und Gerechtigkeit in den Stromata verarbeitet. Die Antwort an Basilides
besteht nicht darin, daß Clemens den fraglichen richterlichen Aspekt des Begriffs
übergeht. In 87,2 folgt daher ein weiterer Aspekt: Clemens identifiziert die Pronoia
mit der pädagogischen Kunst.[132]

Von Erziehung spricht Clemens im Zusammenhang mit Zurechtweisung und
Strafe und, wie auch in 87,2, mit Vergehen und Sünden.[133] Versteht Clemens also
schließlich doch die Martyrien als Strafe, sofern diese im Sinne der Pädagogie
interpretiert wird? Clemens benutzt den Terminus Strafe in strom. 4,12,83-88 ausschließlich in Abgrenzung zu seiner eigenen Position und in bezug auf Basilides, in
seinen eigenen Äußerungen stellt er die Beziehung zwischen Martyrium und Strafe
nicht her, und auch in 87,2 nimmt Clemens das Thema des Martyriums nicht explizit auf. Der Verbindung von göttlicher Pronoia und Erziehung geht das Zitat
von Jes 5,5 voraus, und man kann nur schließen, daß Clemens die Ankündigung,
die Mauer des Weinbergs niederzureißen, als Strafe und zugleich als Erziehung
interpretiert, so daß man zu lesen hat: Gott hinderte die Männer nicht, als sie die
Mauer des Weinbergs niederrissen, er machte aus dieser Zerstörung etwas Gutes
und verwendete sie als Erziehungsmaßnahme. Die Verbindung von Pronoia und
Erziehung ist für die Interpretation des zwölften Kapitels im vierten Buch der
Stromata grundlegend. Zu beachten ist die Stelle, an der Clemens diese Verbindung zieht, nämlich im Anschluß an das Zitat aus dem Weinbergslied. Sprach man
aber damals von dem Weinbergslied als von einer pädagogischen Maßnahme? Ein
Text, der dieses belegt, ist erhalten und sei genannt. In Baruchapokalypse 1,2 heißt
es:

> „Herr, weshalb hast Du Deinen Weinberg angezündet und ihn verwüstet? Warum hast Du
> das getan? Und weshalb, Herr, hast Du uns nicht in eine andere Züchtigung gegeben,
> sondern uns an solche Heiden ausgeliefert,[134] daß sie spottend sagen: Wo ist ihr Gott?"[135]

---

[132]Plutarch (ser.vind. 560A) leitet nur an einer Stelle aus dem Vergleich mit der Medizin über zur
Schulsituation. Der Vergleich bezieht sich aber, anders als bei Clemens, auf die abschreckende
Wirkung der Strafe und hat keine konzeptionelle Bedeutung. Plutarch verweist auf den Lehrer,
der einen Schüler schlägt und damit auch die anderen Schüler zurechtweist.

[133]Siehe besonders strom. 4,24,154,1-3, vgl. strom. 7,10,56,3; 7,16,102,3-5, vgl. paed. 1,63ff. Zum
Begriff der Pädagogie in den Stromata siehe: J. WYTZES, Paideia und Pronoia in the works of
Clemens Alexandrinus in: VigChr 9 (1945), S.148-158. Nach Wytzes verbindet Clemens den
„typisch griechischen" Begriff der Paideia mit dem Begriff Pronoia und „christianisiert" ihn
dadurch (S.158).

[134]Vgl. PsSal 7,3.

[135]Baruchapokalypse 1,2: κύριε ἵνα τί ἐξέκαυσας τὸν ἀμπελῶνά σου καὶ ἠρήμωσας αὐτόν; τί ἐποίησας
τοῦτο καὶ ἵνα τί κύριε οὐκ ἀπέδωκας ἡμᾶς ἐν ἄλλῃ παιδείᾳ ἀλλὰ παρέδωκας ἡμᾶς εἰς ἔθνη τοιαῦτα

Aber wer sind in dem Text des Clemens die „anderen", auf die sich die Erziehungsmaßnahme bezieht, und warum erwähnt Clemens an dieser Stelle das „Leiden des Herrn"?[136] Clemens kommt zurück auf das Fragment des Basilides, zu dem er schreibt, daß Basilides vom Herrn wie von einem Menschen, genauer wie von einem sündigen Menschen spricht (83,1; 85,1), und Clemens nimmt noch einmal seine eigenen negativen Formulierungen auf, daß Strafen nicht auf den göttlichen Willen zurückgehen (86,1) und der Herr nicht durch göttlichen Willen gelitten habe (86,2), und erklärt sie. Das Leiden des Herrn wurde nicht verhindert, weil es einen Sinn hat und weil der Herr wegen der Heiligung der Menschen litt. Ebenso werden Martyrien nicht verhindert und haben einen Sinn – Clemens spricht hier von der göttlichen Pronoia –, indem sie eingebunden sind in die „Erziehung des Menschengeschlechtes". Clemens interpretiert die Martyrien durch die drei Aspekte, die der Begriff Pronoia für ihn hat: Gott läßt Leiden zu, er gibt ihm einen Ort in einem Sinnzusammenhang, nämlich durch die Erziehung der Menschen hin zur Heiligung. Aber kann man dann nicht bei der Aussage von der vergeltenden Pronoia bleiben? Clemens macht noch einmal die Aporien deutlich, daß diese Aussage entweder dazu führt, daß Gott das Leiden verursache oder aber daß Unrecht gerechtfertigt wird (88,1f), und bezieht seine Argumentation zurück auf den Grunddissens, von dem er seine Auseinandersetzung mit Valentin und Basilides ableitet[137] und der zwischen einem gnostischen Naturdeterminismus und dem freien Willen und der freien Entscheidung des Menschen bestehe (88,5). Clemens schließt mit dieser Aussage das zwölfte Kapitel. Für Clemens liegt in diesem Grunddissens zugleich der Dissens im Begriff Pronoia, nämlich darin, daß nach Clemens mit den von Basilides gemachten Voraussetzungen der Begriff Pronoia im Sinne der Pädagogie nicht gedacht werden kann. Diese Auseinandersetzung hätte Clemens mit jedem der Gnostiker führen können; daß er sie mit Basilides führte, hat mit der Weise zu tun, in der er die Texte des Basilides las.

ὅπως ὀνειδίζοντες λέγουσιν ποῦ ἐστιν ὁ θεὸς αὐτῶν;
Zur Auslegung von Jes 5,5 siehe Origenes, Matthäus-Kommentar 17,7.
[136]Vgl. die Formulierung der LXX in Jes 53,5: αὐτὸς δὲ ἐτραυματίσθη διὰ τὰς ἀνομίας ἡμῶν καὶ μεμαλάκισται διὰ τὰς ἁμαρτίας ἡμῶν· παιδεία εἰρήνης ἡμῶν ἐπ᾽ αὐτόν, τῷ μώλωπι αὐτοῦ ἡμεῖς ἰάθημεν.
[137]Vgl. strom. 2,3,10,1f; 5,1,3,2-4.

5. „Herr, in der Drangsal habe ich mich deiner erinnert,
in geringfügiger Drangsal erfuhren wir deine Paideia." (Jes 26,16).
Der erzieherische Begriff von Pronoia in den Stromata und seine Voraussetzungen.

Die Zusammenstellung – Gott läßt das Leiden zu, Gott ordnet es in einen sinn-vollen Zusammenhang ein, Gott gebraucht das Leiden zur Erziehung der Men-schen – hat eine systematische Bedeutung in den Stromata,[138] die über die Dis-kussion des Martyriums hinausgeht, und begegnet in anderen Zusammenhängen und anderen Antworten auf theologische Fragestellungen. Die Diskussion um das Martyrium mit Basilides ist nur eine Anwendung des Gedankens.[139] Sie ist aber deshalb wichtig, weil die Aspekte, die Clemens in den Begriff der Pronoia Gottes integriert, im Zusammenhang mit den Martyrien ihren ursprünglichen Ort haben. Im Martyrium Carpi, Papyli et Agathonicae heißt es (19,S.24.20f):

καὶ (ὁ διάβολος) κατὰ συγχώρησιν θεοῦ πειράζει τὸν ἄνθρωπον, ζητῶν πλανῆσαι τῆς εὐσεβείας.

Die Martyrien wurden als Versuchung verstanden, die Gott im Sinne der Versu-chung zuläßt, und als Kampf, den man nicht gewinnen kann, wenn er nicht statt-findet.[140] Teufel, Versuchung, Kampf und Wettkampf sind Begriffe,[141] die im

---

[138]Die Formulierung wirft die Frage nach Programm, Plan und Struktur der Stromata auf. Während die ältere Forschung bei dem Eindruck des Planlosen in der Gestaltung des Textes blieb, und nach W. VÖLKER ein „Grundfehler" darin bestehe, „Clemens viel zu einheitlich" zu verstehen (Der wahre Gnostiker nach Clemens von Alexandrien, a.a.O.S.29 in Auseinan-dersetzung mit Munck) und er vor „vorschnellem Systematisieren" warnt und empfiehlt, „keinen Gedanken bei Clemens allzu einseitig und ausschließlich zu verfolgen" (S.71), hat A. MÉHAT (Étude sur le ‚Stromates' de Clément d'Alexandrie [PatSorb 7], Paris 1966) diese Frage wieder aufgenommen und Ziel, Methode und Programm untersucht. Zum vierten Buch der Stromata schreibt Méhat: „Croire que la division tripartite qui se trouve, et qui ne se trouve que là, est le plan définitif du Stromates, c'est supposer que les Stromates peuvent avoir un plan définitif, alors que tout semble montre le contraire ... Le début du IVᵉ Stromate correspond à une phase de dilatation de l'ouvrage dont rien ne garantit la pérennité ... Ceci ne veut pas dire qui nous en revenions à la théorie de l'improvisation continue. Clément n'a pas vraiment de plan directeur; cela ne veut pas dire qu'il n'a pas d'idée directrice. Plutôt que le programme du IVᵉ Stromate, c'est l'ensemble des programmes qui doit être considéré par nous, c'est le principe même d'organisation qui doit être dégagé et non la lettre d'un cadre donné par l'auteur pour fixer les idées plus que pour se donner un plan." (S.173). Zur Forschungsgeschichte siehe W. VÖLKER, Der wahre Gnostiker nach Clemens von Alexandrien, a.a.O.S.1-74, E. OSBORN, Clement of Alexandria. A review of research, 1958-1982, in: SecCen 3 (1983), S.219-244.
[139]Vgl. die Äußerungen von Clemens zur Entstehung der Philosophie in strom. 1,17,81,1-5. Zu den unterschiedlichen Erklärungen der Herkunft der Philosophie bei Clemens siehe S.R.C. LILLA, Clement of Alexandria, a.a.O.S.9-59, besonders 27-31. Die Frage, wie sich die genannten Stromata-Belege zu dem Komplex strom. 5,14,89-6,4,38 verhalten, wird seit W. BOUSSET (Jüdisch-christlicher Schulbetrieb in Alexandria und Rom [FRLANT NF 6], Göttingen 1915, S.205-236) diskutiert. Siehe hierzu D. WYRWA, a.a.O.S.298-316.
[140]Vgl. Origenes, or. 30,1-2, c.Cels. 8,70.
[141]Vgl. Hermas 48,1-4, außerdem den Brief der Gemeinden von Lyon und Vienne, in: Euseb von Caesarea, HE 5,1,3-63, den lateinischen Text der Passio sanctarum Perpetuae et Felicitatis 10.

Zusammenhang mit den Martyrien entfaltet wurden, und auch wenn Clemens von dem Zulassen des Leidens spricht, klingt losgelöst aus dem engeren Kontext das Thema an. Der Bericht über das Martyrium des Eleazar zeigt, daß auch der Begriff παιδεία im Zusammenhang mit den Martyrien vorkommen konnte. In einer Zwischenbemerkung in 2Mac 6,12[142] heißt es:[143]

> „Nun ermahne ich die, die dieses Buch lesen, nicht verzagt zu sein wegen der Ereignisse, sondern zu bedenken, daß die Strafen nicht zur Vernichtung führen, sondern zur Erziehung unseres Volkes sind."

2Mac 6,12[144] ist der einzige Beleg vor Clemens von Alexandrien, der mit Bezug auf die Martyrien von Paideia spricht. Daß dieser Beleg im jüdisch-hellenistischen Kontext steht, zeigt, daß der Hinweis auf die platonische Herkunft des Begriffs Paideia allein den Text des Clemens von Alexandrien im vierten Buch der Stromata nicht erklärt.

Auf die Literatur, die durch die platonisch pädagogische Strafkonzeption den Text des Clemens im zwölften Kapitel des vierten Buches der Stromata interpretiert, wurde bereits hingewiesen. Inbesondere ist hier, auch wenn er den Namen von Clemens von Alexandrien nicht erwähnt, auf Hal Koch hinzuweisen. Hal Koch untersucht in seiner Arbeit zu Origenes die Vorstellung einer göttlichen Erziehung und verbindet sie mit dem Begriff der Pronoia, wobei der Begriff Pronoia in seiner Arbeit eine untergeordnete Bedeutung hat.[145] Nach Hal Koch handelt es sich in der Erziehung, die durch Strafe bessern will, um einen Leitgedanken in der Theologie des Origenes. Dieser Leitgedanke sei platonisch, und ist der Leitgedanke als platonisch erkannt, erkläre dieser auch die Integration verschiedener platonischer Versatzstücke in das einheitliche Ganze der Theologie des Origenes.

Es ist sicher richtig, daß Clemens den Platonismus in der Weise voraussetzt, daß seine Gedanken und theologischen Anworten ohne diesen nicht denkbar sind. Vergleicht man den Platonismus und die Theologie des Clemens, macht man sich

---

[142]Παρακαλῶ οὖν τοὺς ἐντυγχάνοντας τῇδε τῇ βίβλῳ μὴ συστέλλεσθαι διὰ τὰς συμφοράς, λογίζεσθαι δὲ τὰς τιμωρίας μὴ πρὸς ὄλεθρον, ἀλλὰ παιδείαν τοῦ γένους ἡμῶν εἶναι.

[143]Zur Redaktionsgeschichte des Textes mit weiteren Literaturhinweisen siehe H.W. ATTRIDGE, 2 Maccabees, in: Jewish writings in the Second Temple period, hrsg.v. M. Stone (CRI Section 2) Assen u.a. 1984, S.176-183. Attridge interpretiert 2Mac in Anlehnung zu der These in seiner Arbeit zu Josephus (The interpretation of biblical history in the Antiquitates Judaicae of Flavius Josephus, a.a.O.) folgendermaßen: „The epitome is concerned to illustrate a fundamental theological theme, that the events of Jewish history show God caring for his people, rewarding the faithful and punishing the impious." J.W. VAN HENTEN (Das jüdische Selbstverständnis in den ältesten Martyrien, in: Die Entstehung der jüdischen Martyrologie, hrsg.v. dems. [StPB 38], Leiden/ New York/ Kopenhagen/ Köln 1989, S.127-161) geht auf die Verse 6,12 bzw. 7,22 nicht ein.

[144]Zusammen mit 2Mac 7,33.

[145]Vgl. Pronoia und Paideusis, a.a.O.S.28-31,57f.

auf den Weg zu Clemens, wenn man aber nach „Pronoia und Paideusis" fragt,[146] drängt sich der Eindruck auf, daß man auf diesem Weg nicht bei Clemens ankommt. Die Lektüre von Alkinoos, Apuleius und Plutarch, De sera numinis vindicta, mahnt zu Vorsicht. Keiner dieser drei Platoniker erklärt den Begriff der Strafe durch die Einbindung in die Paideusis. Bei Alkinoos fehlt an der entscheidenden Stelle der Hinweis auf die Pädagogik:[147]

> „Die Ungerechtigkeit ist ein so großes Übel, daß man das Unrecht-tun mehr meiden muß als das Unrecht-erleiden[148] ... Es nützt dem, der Unrecht tut, die Strafe zu erleiden, wie es auch dem Kranken nützt, den Körper einem Arzt zur Behandlung zu überlassen. Jede Strafe ist eine Art Medizin für die Seele, die gesündigt hat."[149]

Der Zusammenhang von Strafe und Erziehung liegt für den Platoniker nicht unbedingt nahe. Alkinoos erklärt Strafe ausschließlich als eine Art medizinisches Handeln. Hinzu kommt, daß keiner dieser Mittelplatoniker eine mit Clemens vergleichbare Verbindung zum Begriff Pronoia zieht. Hal Koch zeichnet das Bild in breiten Strichen. Es geht ihm um die Grundlinien, und so kommt er zur Einordnung Origenes' in den Mittelplatonismus durch den Vergleich im Grundsätzlichen.[150] Platonisch ist für Hal Koch die Aussage, daß es für den, der Unrecht getan hat, besser ist, gestraft zu werden, als ungestraft zu bleiben.[151] Koch nimmt das Bild vom Vater und Lehrer, der züchtigt und straft, und vom Arzt, der schneidet und brennt, hinzu und spricht vom Pädagogiemotiv.[152] Zugleich beobachtet er die Hinführung der gesamten platonischen Philosophie auf den Gedanken der Erziehung[153] und formuliert als Ergebnis:

> Wir sind „zu dem Ergebnis gekommen, dass gerade die tiefste Schicht seines Denkens, das Grundmotiv selbst, der Gedanke an die Erziehung der mit freiem Willen ausgestatteten Ver-

---

[146]In der Arbeit von W. JAEGER hat diese Bedeutung von παιδεύειν eine untergeordnete Rolle (Paideia, Bd.2, a.a.O.S.199), vgl. unten S.171,Anm.2.

[147]Didasc. 31, H185.16-23: Τοσοῦτον δὲ κακὸν ἀδικία ὥστε φευκτότερον εἶναι τὸ ἀδικεῖν τοῦ ἀδικεῖσθαι ... Λυσιτελεῖ δὲ τῷ ἀδικοῦντι ὑποσχεῖν δίκην, ὡς καὶ τῷ νενοσηκότι ὑποσχεῖν ἰατρῷ τὸ σῶμα εἰς θεραπείαν· πᾶσα γὰρ κόλασις ἰατρεία τίς ἐστιν ἡμαρτηκυίας ψυχῆς.

[148]Vgl. Platon, Gorg. 474C-475E.

[149]Vgl. Apuleius, Plat. 17,S.94.21-29: *Et cum nocere alteri malorum omnium maximum sit, multo <fit> grauius, si qui nocet habeat inpune, grauiusque est et acerbius omni supplicio, si noxio inpunitas deferatur nec hominum interim animaduersione plectatur, sicut grauius est acerbissimorum morborum carere medicina, medentes fallere nec uri aut secari eas partes, quarum dolore incolumitati residuarum partium consulatur.*

[150]Anders wertet R.M. BERCHMAN (From Philo to Origen. Middle Platonism in transition, [BJS 69] Chico/California 1984, S.113): „Hal Koch's monograph published in 1932, is still the best general work on Origen's philosophy."

[151]A.a.O.S.127.

[152]A.a.O.S.153.

[153]A.a.O.S.184. Hierin stehen sich Koch und W. JAEGER (Paideia, 3 Bde. Berlin 1935², 1944, 1945) nahe. Siehe unten S.171,Anm.2; S.172,Anm.5; S.188f,Anm.69.

nunftwesen durch die Vorsehung, seine eigentlichen Wurzeln in Platons Philosophie hat, dass die Grundtendenz im Ganzen mehr mit den Schulen der Philosophie als mit der Botschaft des Evangeliums verwandt ist."[154]

Das Ergebnis ist, soweit es den Begriff Pronoia betrifft, zu korrigieren. Man kann zwar in einem sehr weiten Sinn von Wurzeln und Voraussetzungen sprechen, das Ergebnis Hal Kochs zum Pädagogiemotiv ist aber nicht ohne weiteres auf den Begriff Pronoia zu übertragen. Der Begriff Pronoia ist in diesem Zusammenhang erst bei Clemens von Alexandrien belegt. Erst für Clemens liegt es nahe, die verschiedenen Elemente zusammenzunehmen. Die wenigen Bemerkungen zeigen erneut, daß seine Voraussetzungen weniger im zeitgenössischen Platonismus zu suchen sind.[155] Seine Begrifflichkeit erklärt sich eher aus der gegenseitigen Befruchtung von Platon-Zitaten und der Sprache der Septuaginta. Der Zusammenhang von Pronoia und Paideusis entsteht durch die Art, wie Clemens Platon, aber auch die Septuaginta gelesen bzw. zusammengelesen hat.

Platonische Voraussetzungen, die Sprache der LXX und die Züchtigung Gottes. Die Frage ist nach den Voraussetzungen gestellt, welche Clemens das Strafen der Erziehung unter- und dem Begriff Pronoia zuordnen lassen. Unter Strafen hat man sich nicht nur angemessene Maßnahmen vorzustellen, die Bedeutung von κολάζειν schwingt hinüber zu Foltern und sinnlosen Qualen jeder Art.[156] Ebenso ist das Wort παιδεία kein Abstraktum, das nicht das Strafen bereits einschlösse, es kann Erziehung, aber ebenso Züchtigung bedeuten. Zur antiken Erziehung gehören auch bei Platon Züchtigungen,[157] die aber nach Platon in rechter Weise und im rechten Maß vorzunehmen sind.[158] Die beiden Termini κολάζειν und παιδεύειν standen in bestimmter Perspektive so nahe beieinander, daß man auf die pädagogische Wirkung der Strafe selten hinwies. Clemens korrigierte: nicht Qualen, sondern Züchtigung, nicht Rache, sondern Erziehung. Er nimmt den Terminus παιδεία/παιδεύειν auf, um ganz im platonischen Sinne zu zeigen, daß mit Paideia eine Absicht, ein Sinn, verbunden ist.[159] Es sei angemerkt, daß, in dieser Weise Strafen mit dem Begriff der Pronoia zu verbinden, sich gut in die Bedeutung von Pronoia einfügt und eine der Bedeutungen – etwas absichtlich tun – anklingen läßt. Strafen also haben einen Sinn, sie bessern den Täter[160] und schrecken seine Mitmenschen

---

[154]A.a.O.S.305.
[155]Siehe unten S.330, Anm.105.
[156]Vgl. die Verwendung des Terminus in dem Brief der Gemeinden von Lyon und Vienne, Euseb von Caesarea, HE 5,1,3-63.
[157]Platon, rep. 559B, vgl. leg. 695B. Vgl. Philon, migr. 116, Plutarch, Lyc. 17f, Prov 13,24; 19,18; 23,13.
[158]Leg. 808E-809A.
[159]Vgl. Origenes, Hom.in Ez 5,1.47-73, Hom.in Jer 12,3.54-60, aber auch Clemens, paed. 1,66,7.
[160]Vgl. Platon, Prot. 325C, Gorg. 477A, leg. 933E-934B, 944D.

von diesem Tun ab.[161] Strafen haben einen Nutzen.[162] Diese Aussage gehört ganz in den platonischen Zusammenhang, wenn man beispielsweise an Protagoras 324A-B denkt,[163] war verbreitet[164] und klingt in folgender Weise im Diognetbrief (6,9) an:

> „Die Seele, der durch Nahrung und Getränk Schaden zugefügt wird, wird besser. Und auch die Christen, die bestraft werden, werden täglich noch zahlreicher."[165]

Man kann diesen Nutzen in einer Art pädagogischer Funktion der Strafe sehen, zumal Platon von der Besserung durch Strafe und ebenso von der Besserung des Menschen durch Erziehung spricht,[166] sollte aber beachten, daß zur Erziehung nach Platon vor allem die Ermahnung gehört.[167] Wenn jemand unfreiwillig und unvorsätzlich ein Unrecht begeht, bedarf er nach Platon der Aufklärung und der Zurechtweisung, nicht der Strafe.[168] Ähnlich wie bei Clemens liest man in apol.

---

[161]Platon, leg. 862E-863A, 934A-B. Hinzuweisen ist auf die anti-jüdische Anwendung des Gedankens bei Origenes, Hom.in Jer 12,5f. Der Richter, der unbeteiligte Dritte durch die Strafe an einem Verbrecher abschreckt, illustriert hier die Vorordnung des Gemeinwohls vor dem Wohl des einzelnen und wird in Beziehung gesetzt zu der Pronoia Gottes, die, so der Gedankengang an dieser Stelle, vorrangig auf die Gesamtheit der Schöpfung ausgerichtet ist und nur nachgeordnet den einzelnen Menschen betrifft. Diese Vorordnung des Gemeinwohls spiegelt sich nach Origenes wider in dem Verhältnis zwischen Juden und den Christen aus den Völkern (12,6). Die Aburteilung des einzelnen Verbrechers, die ihm nicht mehr nützt, also die Todesstrafe, der nur noch der Nutzen der Abschreckung zugeschrieben werden kann, wird auf die Geschichte des jüdischen Volkes übertragen. In den unheilbar aufgegebenen Verbrechern wird hier Israel gesehen, dessen Verurteilung aber nicht der Abschreckung der Christen, sondern deren Wohl bewirkte. Das Verhältnis zwischen Juden und Christen ist für Origenes ein Beispiel dafür, daß die Bestrafung des einen zum Wohl des anderen geschehen kann. „Also nützt die Strafe der anderen uns, wenn wir gewürdigt werden, das Heil durch die Bestrafung der anderen zu erhalten. Und wie die Verfehlung Israels förderlich war für das Heil der Völker, so ist die Strafe förderlich für das Heil der anderen." (Hom.in Jer 12,6.11-15). Der Leser wird über die abschreckende Wirkung der Strafe, über die Vorordnung des Gemeinwohls zu der Ablösung des Judentums durch das Christentum geführt.

[162]Vgl. Platon, resp. 591B, den bereits zitierten Text Alkinoos', didasc. 31 H181.16-23 und Prophyrios, Marc.35,S.38.5-7: „Bemühe dich, den Hausklaven kein Unrecht zu tun und strafe nicht im Zorn. Wenn du sie aber strafen willst, überzeuge sie zuerst, daß du sie zu ihrem Nutzen strafst, indem du ihnen Gelegenheit zur Verteidigung gibst."

[163]Οὐδεὶς γὰρ κολάζει τοὺς ἀδικοῦντας πρὸς τούτῳ τὸν νοῦν ἔχων ἕνεκα, ὅτι ἠδίκησεν ... ὁ δὲ μετὰ λόγου ἐπιχειρῶν κολάζειν οὐ τοῦ παρεληλυθότος ἕνεκα ἀδικήματος τιμωρεῖται – οὐ γὰρ ἂν τὸ γε πραχθὲν ἀγένητον θείη – ἀλλὰ τοῦ μέλλοντος χάριν, ἵνα μὴ αὖθις ἀδικήσῃ μήτε αὐτὸς οὗτος μήτε ἄλλος ὁ τοῦτον ἰδὼν κολασθέντα (Platon, Prot. 324A-B).

[164]Plutarch, Sol. 21, Lyc. 11, vgl. aber anders apophth.Lac. 232,11, sept.sap. 154D-E; Philon, conf. 171, det. 144f, cong. 179, migr. 116; Justin, dial. 4,7.

[165]κακουργουμένη σιτίοις καὶ ποτοῖς ἡ ψυχὴ βελτιοῦται· καὶ Χριστιανοὶ κολαζόμενοι καθ᾽ ἡμέραν πλεονάζουσι μᾶλλον. (Diognet 6,9).

[166]Platon, apol. 24E, resp. 600C, vgl. besonders Philon, det. 144f (zitiert unten S.177).

[167]Zur νουθητική vgl. Platon, soph. 229E-230A, Cassius Dio 55,18,2 vor allem Clemens von Alexandrien, paed. 1,76,1.

[168]Apol. 26A.

24A, statt Strafe sei Belehrung notwendig. So eng die Termini κολάζειν und παιδεύειν zusammenstehen, soweit konnte man sie auseinanderhalten, mit dem Ergebnis, daß wiederum der Hinweis auf den ausdrücklich pädagogischen Sinn der Strafe fehlt.[169]

Platon empfiehlt in den Gesetzen bei Mundraub von bestimmtem Obst durch einen Fremden, ihn, falls es sich um einen Sklaven handele, körperlich zu züchtigen,[170] falls es ein Freier ist, ihn zurechtzuweisen (τὸν μὲν δοῦλον πληγαῖς κολάζειν, τὸν δὲ ἐλεύθερον ἀποπέμπειν νουθετήσαντα καὶ διδάξαντα).[171] Strafen sind die Zufügung oder das Erleiden von Schmerzen.[172] Man liest die Mahnung, mit Strafen, anders als mit Zurechtweisungen, sparsam umzugehen.[173] Wenn man auf den Nutzen der Strafe hinweisen wollte, lag der Vergleich mit bitterer Medizin oder den schmerzhaften ärztlichen Eingriffen nahe.[174] Die medizinische und juristische Sprache sind hier zwei Folien, die man übereinanderhält. Man spricht von Strafen nicht anders als von Medizin und von dem Strafenden nicht anders als vom Arzt.[175] Bei den Menschen, die man straft, handelt es sich um Kranke.[176] Strafen gelten denen, die der Ermahnung durch Worte nicht oder nicht mehr zugänglich sind.[177] Für unheilbar Kranke, aber nur wenn sie unheilbar sind, schlägt Platon die Todesstrafe vor.[178] Im Begriff Pronoia findet diese Überlappung von medizinischer und juristischer Terminologie nicht statt. Der Begriff gehört nicht in diese Diskussion. Der kurze Beleg bei Diognet zeigt, daß auf die Situation der Märtyrer nur ein Aspekt dieser Diskussion anwendbar ist, nämlich der Hinweis auf den Nutzen der Strafe. Auf genau diesen Aspekt bezieht sich bei Clemens von Alexandrien das einzige, ausdrücklich als solches gekennzeichnete Platonzitat in diesem Zusammenhang. In paed. 1,67,1f zitiert Clemens Gorg. 477A in folgender Weise:[179]

ἐντεῦθεν καλῶς καὶ ὁ Πλάτων μαθὼν «πάντες μὲν γὰρ» φησὶν « ὡς ἀληθῶς ἀγαθὰ πάσχουσι οἱ δίκην διδόντες· ὠφελοῦνται γὰρ τῷ βελτίω τὴν ψυχὴν αὐτοῖς γίνεσθαι δικαίως κολαζομένοις.» εἰ

---

[169]Zu interpretieren ist hier leg. 857C-D, vgl. Philon, sacr. 48, det. 16, Dion von Prusa, or. 32,16-19.

[170]Vgl. Prov. 29,19.

[171]Leg. 845B.

[172]Zum folgenden vergleiche Origenes, Hom.in Jer 12,3;12,5.

[173]Dion von Prusa, or. 32,17.

[174]Gorg. 476B-C.

[175]Gorg. 478A-479A, vgl. Philon, agr. 40, ausdrücklich Cassius Dio 55,17,1-2, besonders S.502.24f, vgl. weiter Plutarch, ser.vind. 549F-550A. 559E-F, 561C-D, 562D.

[176]Platon, leg. 730B-C, vgl. Dion von Prusa, or. 32,17, Plutarch, ser.vind. 551D-E.

[177]Platon, leg. 718B, vgl. Philon, agr. 40, Mos. 1,95.

[178]Leg. 735D-E, 862E, vgl. Cassius Dio 55,18,1; 55,20,1.5.

[179]Paed. 1,67,1,S.129.19-24. Der Text ist gegenüber Gorg. 477A 5f leicht verändert. Clemens setzt die Aussage in den Plural und nimmt folgende Sätze zusammen: ῏Αρα ἥνπερ ἐγὼ ὑπολαμβάνω τὴν ὠφελίαν; βελτίων τὴν ψυχὴν γίνεται, εἴπερ δικαίως κολάζεται;

δὲ ἀγαθὰ πάσχουσιν ὑπὸ τοῦ δικαίου οἱ ἐπανορθούμενοι καὶ κατὰ Πλάτωνα, ὁμολογεῖται ἀγαθὸν εἶναι τὸν δίκαιον.

Zum Zusammenhang in paed. 1,67 ist folgendes anzumerken. Es geht um die Aussage, daß diejenigen, die zu Recht bestraft werden, etwas Gutes erfahren, nämlich den Nutzen, der in der Besserung ihrer Seele liegt. Clemens nimmt den platonischen Satz in dem Wort des „wieder auf den rechten Weg bringen" auf[180] und bezieht ihn auf das Thema seines Kapitels, daß das Gerechte gut ist, entspricht damit aber auch dem platonischen Kontext. Der kurze Abschnitt findet sich in einem größeren Zusammenhang, in dem Clemens zunächst unterschiedliche Erziehungsmaßnahmen nennt (64,4-65,2) und auf die Erziehung des Logos bezieht,[181] der aber nicht zur Rute greift, sondern tadelt und lobt und seine Worte wie eine Geißel verwendet und die, die gleichsam tot sind, wachrüttelt. Hiermit ist bereits Sir 22,6f eingeführt (66,3). Auf die Textgestalt, in der Clemens Sir 22,6f zitiert, ist hier nicht einzugehen. Clemens schließt den Hinweis auf die Beschneidung und Pflege der Weinpflanzen, verstanden als Bild für Erziehungsmaßnahmen, an (66,4) und faßt zusammen (66,5), daß „die Züchtigung der Sünder deren Heil zum Ziel hat, der Logos sie geschickt auf die für jeden einzelnen passende Weise verändert und teils verschärft, teils lockert." Das Platonzitat bezieht Clemens jetzt nicht auf die vielfache Nützlichkeit dieser Erziehung,[182] sondern unmittelbar auf einen Exodus-Beleg (Ex 20,20, „Habt Mut, der Herr ist erschienen, um euch zu prüfen, daß die Furcht vor ihm in euch sei, damit ihr nicht sündigt."), welcher der Anlaß für eine Zwischenbemerkung über den Nutzen der Gottesfurcht ist, mit der Clemens über ein weiteres Zitat aus Sirach, Sir 31,14f, auf den Logos zurücklenkt, der richte und berichtige und von dem es in Jesaja (53,6) heiße, daß der Herr ihn unseren Sünden übergeben habe. Der größere Zusammenhang des Platonzitates in paed 67,2 ist durch eine Reihe von LXX Belegen gekennzeichnet, insbesondere aus dem Buch Sirach, und einem bzw. zwei Belegen zum Begriff Paideia. Die Aussage, daß das Gerechte schön und gerechte Strafen nützlich und gut sind, steht für Clemens in unmittelbarer Beziehung zu Ex 20,20 und geht zusammen mit Ex 20,20 in seine Beschreibung des richterlichen Wirkens des Logos ein.

Der ausdrückliche Hinweis auf die pädagogische Funktion der Strafe wurde erst damit möglich, daß auch der Lehrer zur Metapher wurde. Wenn Strafen nicht Gottes Güte zuwiderlaufen und Gott zu dem Urheber eines Übels machen, muß gerade in diesem Zusammenhang der Sinn und Nutzen der Strafe benannt werden

---

[180]Zum Terminus ἐπανορθοῦν siehe auch die Kritik des Celsus in Origenes, c.Cels. 4,4, aber auch Platon, polit. 273D-E.

[181]Auf den Logos als Erzieher ist hier nicht einzugehen. Auf folgende Literatur sei verwiesen: R.P. CASEY, Clement of Alexandria and the beginnings of Christian Platonism, a.a.O.S.59-64, E. FASCHER, Der Logos-Christus als göttlicher Lehrer bei Clemens von Alexandrien, in: Studien zum Neuen Testament und zur Patristik, FS für E. Klostermann, hrsg.v. der Kommission für spätantike Religionsgeschichte (TU 77), Berlin 1961, S.193-207; F.R. GAHBAUER, Die Erzieherrolle des Logos Christus in der Ethik des Klemens von Alexandrien auf dem Hintergrund des (mittel) Platonismus und der stoischen Anthropologie, in: MThZ 31 (1986), S.296-305; K.J. TORJESEN, Pedagogical soteriology from Clement to Origen, in: Origeniana Quarta. Die Referate des 4. Internationalen Origeneskongresses (Innsbruck, 2.-6.9.1995), hrsg.v. L.Lies (IThS 19), Innsbruck 1987, S.370-378.

[182]Paed. 1,65,3,S.128.17f; 1,66,4,S.129.7f.

können.[183] Es ist die Grundfrage, wie die gute und die gerechte und auch strafende Seite in Gott eine Einheit bilden,[184] die mit dem Begriff Pronoia und die hier mit dem Begriff der Strafe gestellt ist. Auf diese Frage wurden unterschiedliche Antworten gegeben.[185] Clemens und Origenes antworten mit den Metaphern vom Vater, Lehrer und Arzt. Origenes schreibt c.Cels. 6,56:

> „Wenn aber die körperlichen und äußerlichen Übel genannt werden ... möge unter Umständen eingeräumt werden, daß Gott einige von ihnen geschaffen hat, um dadurch manche zur Umkehr zu nötigen. Was soll an dieser Lehre widersinnig sein? Wenn wir in mißbräuchlicher Weise die Schmerzen, die von Vätern, Lehrern und Erziehern den Zöglingen zugefügt werden oder von Ärzten denen, die wegen der Heilung geschnitten und gebrannt werden, als Übel verstehen und sagen, daß der Vater die Söhne schlecht behandelt oder die Erzieher, die Lehrer oder die Ärzte, dürften dennoch die, die schlagen oder schneiden, nicht angeklagt werden. So dürfte, wenn von Gott gesagt wird, daß er solches wegen der Umkehr und Heilung derer anwendet, die solche Plagen benötigen, die Lehre nichts Widersinniges enthalten ... Er schafft nämlich die körperlichen und äußerlichen Übel und reinigt und erzieht die, die nicht durch Wort und reine Lehre erzogen werden wollen."[186]

Viele Details in ihren Texten sind platonisch, weniger aber das Ganze und die Zusammenfügung der Details. Obwohl aber das Ganze erst mit dem Begriff des Pädagogischen entsteht, besteht der Beitrag des Clemens an dieser Stelle nicht in einer begrifflichen Leistung. Die Erklärung, warum für Clemens der Begriff der Paideia nahelag, liegt in der Sprache der Septuaginta. Das pädagogische Konzept des Clemens entsteht, indem Clemens eine Reihe von platonischen Aussagen und das hellenistisch-jüdische Wissen um die Paideia Gottes zusammendenkt, gleichsam zusammenliest. Philon[187] schreibt det. 144f:

---

[183]Vgl. Platon, rep. 380B: καὶ λεκτέον ὡς ὁ μὲν θεὸς δίκαιά τε καὶ ἀγαθὰ ἠργάζετο, οἱ δὲ ὠνίναντο κολαζόμενοι. Plutarch stellt in De sera numinis vindicta eine andere Frage.

[184]Vgl. später Origenes, princ. 2,5.

[185]Vgl. Philon, heres. 166f, imm. 80f, mut. 129.

[186]C.Cels. 6,56,S.126.32-127.18: Εἰ δὲ τὰ ... λεγόμενα σωματικὰ κακὰ καὶ ἐκτὸς ... δεδόσθω ἔσθε ὅτε τούτων τινὰ πεποιηκέναι τὸν θεόν. ἵνα διὰ τούτων ἐπιστρέψῃ τινάς. καὶ τί ἄτοπον ὁ λόγος ἔχειν δύναται; ὥσπερ γάρ, εἰ καταχρηστικῶς ἀκουόντων ἡμῶν κακὰ τοὺς προσαγομένους πόνους τοῖς παιδευομένοις ὑπὸ πατέρων καὶ διδασκάλων καὶ παιδαγωγῶν, ἢ ὑπὸ ἰατρῶν θεραπείας ἕνεκεν τεμνομένοις ἢ καυτηριαζομένοις, λέγομεν τὸν πατέρα κακοποιεῖν τοῖς υἱοῖς ἢ τοὺς παιδαγωγοὺς ἢ τοὺς διδασκάλους ἢ τοὺς ἰατρούς, οὐδὲν κατηγοροῖντο οἱ τύπτοντες ἢ οἱ τέμνοντες· οὕτως, εἰ ὁ θεὸς λέγεται τὰ τοιαδὶ ἐπάγειν ἐπιστροφῆς καὶ θεραπείας ἕνεκεν τῶν δεομένων τοιούτων πόνων, οὐδὲν ἂν ἄτοπον ὁ λόγος ἔχοι ... κτίζει γὰρ τὰ σωματικὰ ἢ τὰ ἐκτὸς κακά, καθαίρων καὶ παιδεύων τοὺς μὴ βουληθέντας παιδευθῆναι λόγῳ καὶ διδασκαλίᾳ ὑγιεῖ. Vgl. Hom.in Jer 12,3.54-59 (zitiert unten S.177).

[187]Das Verhältnis zwischen Clemens von Alexandrien und Philon ist in einer Reihe von sehr unterschiedlichen Untersuchungen bearbeitet worden. Siehe: P. WENDLAND, Philo und Clemens Alexandrinus, in: Hermes 31 (1896), S.435-456; J.C.M. VAN WINDEN, Quotations from Philo in Clement of Alexandria's Protrepticus, in: VigChr 32 (1978), S.208-213; A. VAN DEN HOEK, Clement of Alexandria and his use of Philo in the Stromateis. An early Christian reshaping of Jewish model, (VigChr Suppl. 3) Leiden 1988. Ergebnis der formal-literarischen

„Deshalb scheinen mir diejenigen, welche nicht in höchstem Maße schwer zu reinigen sind,[188] bitten zu sollen, daß sie lieber bestraft als fallen gelassen werden. Von (Gott, vgl. 146) aufgegeben zu werden, bedeutet für sie, daß sie aufs leichteste wie Schiffe ohne Ballast und Steuermann zugrundegerichtet werden, die Strafe aber wird sie aufrichten. Sind nicht diejenigen, die von den Erziehern für ihre Fehler getadelt werden, besser als die, welche nicht erzogen werden, und diejenigen, die von den Lehrern gescholten werden, besser als die Ungescholtenen, die in den Fertigkeiten keinen Erfolg haben?"[189]

In diesem Text stellt Philon eine Entsprechung her zwischen der platonisch zu nennenden Aussage, daß es besser ist, bestraft zu werden, und der Schülersituation, in der gilt, daß es besser ist, vom Lehrer zurechtgewiesen und getadelt zu werden und etwas zu lernen, als ungebildet zu bleiben. Nach Philon hält Gott, solange er einen Menschen straft, an ihm fest, er richtet ihn auf den rechten Weg und erzieht ihn.[190] Gott „straft, erzieht und lehrt, und er führt wie ein Hirte sein Schaf zurück" (ἐλέγχων καὶ παιδεύων καὶ διδάσκων καὶ ἐπιστρέφων ὡς ποιμὴν τὸ ποίμνιον αὐτοῦ), dieser Satz findet sich in Sir 18,13. Wie bei Origenes wird hier der Terminus ἐπιστρέφειν/ ἐπιστροφή verwendet.[191] Der, der erzieht, ist der, welcher alle Menschen zurück- und zur Umkehr bringt.

Obwohl bei Philon der Lehrer nicht schlägt und bei Origenes Schläge als Erziehungsmittel in schlechtem Ruf stehen,[192] ist es dieser Vergleich mit körperlicher Züchtigung, der die Strafe Gottes als Erziehung derer erklärt, von denen Origenes sagt, daß sie nicht auf Lehre und Zurechtweisung hören.[193] Auch wenn der Anfang von Philon, det. 144 einen platonischen Gedanken aufnimmt, so ist dennoch

---

Untersuchung der Zitate und Bezüge Clemens' auf Philon (insgesamt 205), in der van den Hoek die Angaben Stählins in GCS überprüft, ist, daß Clemens sich auf 25 von heute 32 bekannten Philon-Schriften bezieht. Davon zitiert Clemens aus vier Schriften (post., cong., Mos., virt.) häufiger und in Sequenzen. Vgl. auch ihren Aufsatz „How Alexandrian was Clement of Alexandria? Reflections on Clement and his Alexandrian background," (HeyJ 31 [1990], S.179-194), wo van den Hoek zeigt, daß Clemens, abgesehen von der paganen Literatur, vorwiegend Quellen alexandrinischen Ursprungs zitiert. Clemens von Alexandrien nennt Philon an vier Stellen explizit (strom. 1,31,1; 1,72,4; 1,152,2; 2,100,3). Zur Auslegung dieser Belege siehe D.T. RUNIA, Why does Clement of Alexandria call Philo "The Pythagorean"?, in: VigChr 49 (1995), S.1-22. Siehe außerdem: D.T. RUNIA, Philo in early Christian literature. A survey, (CRI III 3) Assen/ Minneapolis 1993.

[188] Vgl. sacr. 48.

[189] Philon, det. 144f: Διό μοι δοκοῦσιν οἱ μὴ τελείως δυσκάθαρτοι εὔξασθαι ἂν κολασθῆναι μᾶλλον ἢ ἀφεθῆναι· ἡ μὲν ἄφεσις αὐτοὺς ὥσπερ ἀνερμάτιστα καὶ ἀκυβέρνητα πλοῖα ῥᾷστα ἀνατρέψει, ἡ δὲ κόλασις ἐπανορθώσεται. Ἦ οὐκ ἀμείνους μὲν τῶν ἀπαιδαγωγήτων οἱ ὑπὸ παιδαγωγῶν ἐν οἷς ἁμαρτάνουσιν ἐπιπληττόμενοι, ἀμείνους δὲ τῶν ἀνεπιτιμήτων οἱ ὑπὸ διδασκάλων ἐν οἷς περὶ τὰς τέχνας οὐ κατορθοῦσιν ὀνειδιζόμενοι ...

[190] Vgl. Ps 17,36.

[191] So auch PsSal 16,11.

[192] Vgl. Philon, cong. 170-172, 175, 177-180, aber auch die Empfehlung körperlicher Strafen in Prov 13,24; 23,13.

[193] Vgl. Philon, Mos. 1,95.

ebenso deutlich im gleichen Satz die Mahnung der LXX zu lesen, die Züchtigung Gottes zu ertragen.[194] Ebenso sinnvoll ist der Hinweis auf die Begründung, die in 1Clem. 56 aus Belegen aus der LXX zu diesem Satz zusammengestellt wird. Man kann mahnen, die Paideia Gottes zu ertragen, aber nur in der Gewißheit, daß Gott schwer züchtigt, aber den Menschen nicht zugrundegehen läßt.[195] In PsSal 7,3 wird die Bitte formuliert: „züchtige uns, wie du willst, aber gib uns nicht den Heiden".[196] In Jer 37,14 heißt es: „ich habe dich die Schläge des Feindes gelehrt, eine harte Züchtigung". In der schwer zu datierenden Apokalypse des Sedrach 4,1 findet sich der Vorwurf: „Deine Erziehung ist Strafe und Feuer und sie sind bitter, mein Herr".[197] Die Bitte des Sedrach lautet: keine Strafe mehr. Sie stellt das Konzept infrage, daß, solange Gott züchtigt, straft und erzieht, er den Menschen nicht aufgibt, oder, wie es in Prov 3,12 heißt, daß Gott den, welchen er liebt, züchtigt und Gott jeden Sohn, den er annimmt, geißelt.[198] Während Clemens von Alexandrien Gott nicht strafen, sondern züchtigen und erziehen läßt und in dieser Erziehung den guten Sinnzusammenhang sieht, in dem das Leben des einzelnen, die Geschichte und die Welt stehen, findet sich bei Sedrach die Umkehrung dieser Aussage. Die Erziehung Gottes sei Strafe, und zwar sinnlose Strafe, und die Frage kommt auf, warum Gott die Welt und den Menschen geschaffen hat, wenn er kein Erbarmen hat.[199] Die Anfragen des Sedrach sollen hier nur den Zusammenhang verdeutlichen, den dieser nicht bereit ist vorauszusetzen. 1Clem 56 mahnt, die Paideia Gottes zu ertragen und zitiert Ps 117,18,[200] Prov 3,12 und Ps 140,5. Nach Philon macht Erziehung nicht nur besser und der fehlende Tadel schlechter, sondern ohne die Paideia Gottes zu sein, bedeutet von Gott verlassen und aufgegeben zu sein. Der, der nicht gestraft und erzogen wird, ist kein Schüler und hat keinen Lehrer.[201] Strafe bzw. Erziehung gehören hier in eine Beziehung zum Lehrer, zum Vater[202] oder zu Gott.[203] Es ist besser gestraft zu werden, da Philon die Alternative zur Strafe darin sieht, ohne Gott verloren zu gehen.

---

[194]Siehe oben Anm.9.

[195]Vgl. Origenes, princ. 2,10,3,176.16-20.

[196]Vgl. Ps 6,2; 37,2.

[197]Apoc.Sedr. 4,1 λέγει αὐτῷ Σεδρὰχ κόλασις καὶ πῦρ ἐστιν ἡ παίδευσίς σου πικροί εἰσιν κύριέ μου. Vgl. 8,12. Vgl. weiter 4Es 7,116-126; 8,12-36.

[198]Zitiert in Philon, cong. 177, 1Clem 56,4, Hebr 12,5f. Vgl. Dtn 8,5 (zitiert in Philon, imm. 54, somn. 1,237 (vgl. quaest.Gen. 1,55), Sir 22,13; 30,2f.

[199]Daß eben derjenige, der von Gott gezüchtigt und erzogen wird, Erbarmen findet, ist belegt in 1Clem. 56,16, Sir 18,13, Jos.Asn. 11,18.

[200]Zitiert von Clemens von Alexandrien, paed. 1,61,2.

[201]Vgl. Ps 93,10.12.

[202]Vgl. 1Clem 56,16.

[203]So ausdrücklich cong. 177, vgl. weiter conf. 135f.

Die Weise, in der Clemens von Strafe spricht, war verbreitet, die Auswahl der Belege aus der LXX war vorbereitet, seine Texte leben ganz in den Vorstellungen seiner Zeit. Clemens integriert nichts Fremdes. Er übersetzt nicht seine Vorstellung in eine andere. Aber es ist erst Clemens, bei dem der Begriff des Pädagogischen zu einem Muster wird, das hilft, bestimmte theologische Fragen zu erfassen und zu beantworten. Der systematische Charakter seiner Texte besteht gerade darin, daß der Grundgedanke unterschiedlich anwendbar ist. Der erzieherische Begriff der Pronoia erklärt das Leiden der Märtyrer, den „Diebstahl der Hellenen",[204] die Funktion von Strafe und Gesetz und den Aufenthalt des Logos im Hades.[205] Aber wie entsteht der Begriff? Die Frage läßt sich für den Begriff der Paideia damit beantworten, daß Clemens die Terminologie der LXX, das Konzept der Züchtigung und Erziehung durch Gott und den platonischen Sinn der Strafe voraussetzt und daß durch das Ineinandergreifen der Konzepte, durch die Gleichzeitigkeit der Vorstellungen und dadurch, daß Clemens eine bestimmte Frage wahrnahm, der Begriff und die Antwort entstehen. Mit diesem Ergebnis ist erneut die Frage nach dem Begriff Pronoia gestellt. Es ist deutlich geworden, daß unter der Frage nach dem Begriff der Paideia Texte und Fragestellungen zu erörtern sind, in denen das Wort Pronoia nicht vorkommt. Dennoch ist das Ergebnis auch auf den Begriff Pronoia zu beziehen, wie an einem Abschnitt aus strom. 1,27 zu zeigen ist. In strom. 1,27,171,1 heißt es:

> „Man soll nicht wegen der Strafen über das Gesetz als nicht schön und gut herziehen. Wird
> doch derjenige, der die Krankheit des Körpers fortschafft, ein Wohltäter zu sein scheinen,
> derjenige aber, der sich daranmacht, die Seele von Ungerechtigkeit zu befreien, dürfte um
> so viel mehr jemand sein, der Fürsorge übt, als die Seele angesehener als der Körper ist."[206]

Mit diesem Satz beginnt der erste von drei Abschnitten. Das Thema des platonischen Gorgias ist angesprochen,[207] daß Gesetz und Strafe schön und gut sind. Vom Gesetz heißt es wenig später (171,4), daß es zur Gottesfurcht erziehe, daß es das, was zu tun ist, anweise, von Verfehlungen abhalte und für die mäßigen Verfehlungen Strafen festsetze. In dieser Weise sorge das Gesetz für die, welche ihm gehorchen. Es sorge für die Menschen, auch wenn die Todesstrafe verhängt wird, da dieses in der Absicht geschehe, daß diese nicht zusammen mit demjenigen, der im höchsten Maße Unrecht getrieben habe, zugrundegehen.[208] Nach dem bisher

---

[204]Strom. 1,17,81,1-86,3.

[205]Strom. 6,6,45,3-50,7.

[206]Strom. 1,27,171,1: Μὴ τοίνυν κατατρεχέτω τις τοῦ νόμου διὰ τὰς τιμωρίας ὡς οὐ καλοῦ κἀγαθοῦ· οὐ γὰρ ὁ μὲν τὴν τοῦ σώματος νόσον ἀπάγων εὐεργέτης δόξει, ψυχὴν δὲ ἀδικίας ὁ πειρώμενος ἀπαλλάττειν οὐ μᾶλλον ἂν εἴη κηδεμών, ὅσωπερ ψυχὴ σώματος ἐντιμότερον.

[207]Vgl. Gorg. 476A-479C.

[208]Ebenso paed. 1,65,2. Vgl. aber auch Calcidius in seinem Timaioskommentar über Numenios in Tim. 299: *Deus itaque siluam magnifica uirtute comebat uitiaque eius omnifariam corrigebat non interficiens,*

Dargelegten ist deutlich, daß es sich hier um eine knappe Zusammenfassung von Aussagen zur Strafe handelt, die in ähnlicher Weise auch im platonischen Zusammenhang formliert werden konnte. Hierzu gehören die verschiedenen Schweregrade von Strafe, der Vergleich zwischen Ungerechtigkeit und Krankheit, der Hinweis auf das Schneiden und Brennen des Arztes und der Arzt als Wohltäter (171,2).

Im Vergleich ist folgendes anzumerken. Im Text des Clemens fällt der Terminus κηδεμών/ κήδεσθαι auf. Clemens spricht nicht vom Nutzen der Strafe, sondern von der Fürsorge dessen, der die Strafe verhängt. Aufschlußreich ist der Vergleich mit rep. 591b. Hier heißt es, daß durch die Strafe die Seele, die Einsicht und Gerechtigkeit erwirbt, einen angeseheneren Zustand erlangt als der Körper, der mit der Gesundheit Kraft und Schönheit erlangt, und zwar umsoviel mehr als die Seele angesehener als der Körper ist. Anders als Platon vergleicht Clemens Arzt und Richter. Er nimmt die Vorordnung vor, daß derjenige eher κηδεμών zu nennen ist, der die Seele von Ungerechtigkeit befreit, als derjenige, der den Körper von Krankheit heilt, mit der Begründung, die sich im platonischen Text findet, daß die Seele wertvoller als der Körper ist. Clemens nimmt diese Begründung auf und fährt fort, daß „wir", die die ärztlichen Maßnahmen auf uns nehmen, wegen der Seele auch Verbannung, Geldstrafe und Gefängnis auf uns nehmen sollen. Der Text des Clemens ist im Vergleich genauer. Er führt die platonischen Texte weiter und stellt verschiedene Aspekte der platonischen Argumentation zusammen.

Ohne Übergang führt Clemens in einem zweiten Abschnitt die Paideia Gottes ein, indem er eine Reihe biblischer Belege auflistet (172,1-3). Beginnend mit 1Kor 11,32 zitiert Clemens zunächst Ps 117,18, es folgt eine Zusammenstellung aus Dtn 8 (2f.5.11)[209] und Prov 22,3f. Das zu den Paideia-Belegen in der LXX bereits Gesagte ist hier nicht zu wiederholen. Die Abfolge der Abschnitte ist ein Beleg dafür, daß Clemens den Begriff der Paideia aus der LXX einführt. In 173 schließt sich die Synthese der beiden Abschnitte an. Clemens kehrt zum Ausgangspunkt zurück, daß das Gesetz wegen der Strafe nicht zu verachten sei, und schreibt jetzt, daß es die größte Wohltat sei, wenn jemand einen Menschen von Übeltaten zur Tugend bringen könne,[210] und genau dieses sei die Wirkung des Gesetzes. Aus dem Gedankengang ist zweierlei hervorzuheben. Clemens hat über das Gesetz als Wohltäter gesprochen und fährt fort, daß der unheilbar in Böses verstrickte Mensch mit dem Tod eine Wohltat erfahre. Die Frage ist, ob Clemens wie auch in paed 1,8,66,3 diese Aussage auf dem Hintergrund der LXX-Zitate korrigiert. Für

---

ne natura siluestris funditus interiret ... (S.301.4f).

[209]Der einleitende Satz 172,2,S.107.2f ἕνεκα γὰρ τοῦ διδάξει σε τὴν δικαιοσύνην αὐτοῦ ἐπαίδευσέν σε ist nicht mit einem LXX-Beleg zu identifizieren.

[210]Vgl. Celsus in: Origenes, c.Cels. 3,65,S.259.8-12.

Clemens kennt die Paideia keinen unheilbaren Menschen. Paideia bedeutet, das Tongeschirr zu kleben, den Toren zu lehren, den, für den man keine Hoffnung mehr hat, zur Einsicht zu ermuntern, den tief Schlafenden, den gleichsam Toten, zu wecken.[211] Wie also empfängt der zum Tode Verurteilte eine Wohltat? Clemens äußert sich im folgenden weder zum unheilbar Kranken noch zur Todesstrafe, wohl aber zum Wohltun. Clemens schreibt noch einmal, daß das Gesetz ein Wohltäter sei, indem es aus ungerechten gerechte Menschen mache und sie aus den gegenwärtigen Übeln befreie. Aber wie befreit das Gesetz? Die Antwort lautet, indem es verheißt, diejenigen, die sich für ein gerechtes Leben entscheiden, unsterblich zu machen. Aber wie steht es mit den Ungerechten? Erfaßt die Wohltätigkeit des Gesetzes die ganze Wirklichkeit des Gesetzes? Clemens antwortet nicht, indem er noch einmal auf die Paideia hinweist, die nötig ist, um dieses Ziel zu erreichen, auf die Lehre der Gerechtigkeit, die Erziehung der Menschen hin zur Gerechtigkeit. Stattdessen schreibt er strom. 1,27,173,5:

> „Es ist also nötig, daß die (das All) verwaltende Pronoia eine herrschende und zugleich gut ist. In beidem nämlich liegt die Kraft, die Heil verwaltet, entweder in der Strafe, indem sie strafend zur Besonnenheit bringt wie eine Herrin, oder aber durch das Wohltun, indem sie sich gütig zeigt wie eine Wohltäterin."[212]

Die drei Abschnitte stehen unverbundener nebeneinander als die bereits besprochenen Texte im vierten und siebten Buch[213] der Stromata. Insbesondere der Begriff Paideia findet sich hier ausschließlich in den biblischen Belegen, nicht aber als Bestandteil der Sprache des Clemens. In dem eingangs zitierten Satz strom. 1,27, 171,1, der im folgenden Text erläutert wird, spricht Clemens von dem εὐεργέτης und κηδεμών. Am Schluß des hier zu besprechenden Textes findet sich nicht die Terminologie κηδεμών/ κήδεσθαι, sondern der Begriff Pronoia, weil dieser Begriff anders als der Begriff κηδεμονία die entstandene Lücke füllen kann. Pronoia meint ein fürsorgliches Handeln, das Clemens in diesem Textausschnitt dem Gesetz zuschreibt, Clemens führt den Begriff an dieser Stelle aber ein, weil er die Einheit von Strafen und Wohltun umfaßt, weil Pronoia die beiden Gesichter der Herrin und Wohltäterin vereinigt. Diese Verbindung war mit dem Begriff verhaftet wie ebenso die Wendung, die mit dem Hinweis auf die διοίκησις einen stoischen Hintergrund festhält. Daß Clemens beide Aspekte des Begriffs nennt, fällt auf, ohne daß klar wird, welchen Ertrag Clemens aus diesem Nebeneinander zieht. Strom.

---

[211] Paed 1,8,66,3,S.129.2-6.
[212] Strom. 1,27,173,5: δεῖ δὴ τὴν διοικοῦσαν πρόνοιαν κυρίαν τε εἶναι καὶ ἀγαθήν. ἀμφοῖν γὰρ ἡ δύναμις οἰκονομεῖ σωτηρίαν, ἡ μὲν κολάσει σωφρονίζουσα ὡς κυρία, ἡ δὲ δι' εὐποιίας χρηστευομένη ὡς εὐεργέτις.
[213] Strom. 7,16,102,3-5.

1,27,173,5 ist ein weiterer Beleg für die strafende Pronoia. Bezeichnend ist der unmittelbare Zusammenhang mit den Äußerungen zur Strafe und den biblischen Paideia-Belegen. Der Begriff Pronoia steht für die Einheit von Güte und Strafe. Die Frage, was diese Einheit begründet, stellt sich Clemens nicht. Mit dem Ausdruck σωφρονίζουσα, den Clemens bereits in 172,3 verwendet hat, deutet sich die Beziehung zu den LXX-Belegen an.

Nach der platonischen Definition von Strafe, den Belegen aus der LXX zu Paideia ist der Begriff Pronoia ein drittes Element, das Clemens in den Zusammenhang einwebt. Er identifiziert die platonische Frage nach der Güte und Schönheit des strafenden Gesetzes mit der Frage nach der Pronoia Gottes, die wohltut und straft. Dies ist im Gedankengang, der vom Gesetzgeber zu der Metapher von Gott als Hirten in 169,1 überleitet, vorbereitet. Clemens gelangt unmerklich zu einer Anspielung auf die neutestamentlichen Gleichnisse (169,2), um aber sofort zur platonischen Philosophie zurückzukehren. Die verschiedenen Ausdrücke für göttliche Fürsorge in 171,1-5 und der Begriff Pronoia in 173,5 bilden eine ähnliche Brücke. In den unmittelbar vorangegangenen Abschnitten 165f und 170 nennt Clemens Platon dreimal namentlich und erwähnt die Titel von fünf platonischen Schriften.[214] Ein Zitat aus den Texten fehlt allerdings in 165-175, Clemens begnügt sich mit Anspielungen, und wahrscheinlich ist die Metapher vom Hirten eine solche Anspielung auf den Mythos des Politikos.[215] Clemens schreibt ganz im kaiserzeitlichen Vorstellungsrahmen, daß es die Aufgabe des Hirten sei, für die Schafe zu sorgen. Im Politicus fehlt an dieser Stelle das Wort προνοεῖν, Platon spricht von Herden, von ἐπιμέλεια, von νομῆς θεῖοι δαίμονες und schreibt Θεὸς ἔνεμεν αὐτοὺς αὐτὸς ἐπιστατῶν.[216] Clemens vergleicht die Aufgabe des Hirten mit der des Gesetzgebers, von der er schreibt ἐπιστατικὴν οὖσαν καὶ κηδεμονικὴν τῆς ἀνθρώπων ἀγέλης,[217] und nimmt dies später in dem Begriff Pronoia auf. Er verbindet die platonische Vorstellung vom Gesetzgeber und vom Hirten und faßt sie begrifflich neu. Der Abschnitt strom. 1,165-175 macht exemplarisch deutlich, worin die interpretatorische Arbeit des Clemens besteht.

Zusammenfassung

Wenn Clemens von Alexandrien über die Pronoia Gottes nachdenkt, setzt er voraus, daß zugleich Gerechtigkeit und richterliches Handeln Gottes angesprochen sind. Seine Ausführungen zur Pronoia Gottes erschließen sich aber vor allem in

---

[214]Vgl. die Analyse des Abschnittes durch D. WYRWA, a.a.O.S.101-121.
[215]Vgl. 1,25,165,3.
[216]Polit. 271D-E, vgl. Phaid, 62B,D, polit. 267D-268A.
[217]Strom. 1,26,169,1.

den Korrekturen, mit denen er die Vorstellung von einer distributiv-vergeltenden
Pronoia veränderte. Bei Clemens entfällt die eschatologische Perspektive, er löst
damit den Begriff aus dem Tun-Ergehens-Zusammenhang und muß auf andere
Weise erklären, wie er den Zusammenhang zwischen Pronoia und Gerechtigkeit
Gottes angesichts der Erfahrung von Ungerechtigkeit und Leiden versteht. Clemens leitet seine Ausführungen von der Bedeutung von Pronoia als Fürsorge ab.
Der fürsorgende Gott erscheint als ein Vater, dem Clemens eine andere Rolle,
nämlich die des Lehrers, zuschreibt. Clemens fragt nicht nach den Ursachen des
Leidens und erklärt sie als Strafe für zurückliegende Vergehen, sondern sucht nach
einem Sinn des Leidens und stellt einen Zusammenhang zwischen Gottes Fürsorge, Gericht und Strafen her, indem er Gottes Gerichtshandeln als Erziehung interpretiert. Im Hintergrund stehen platonische Äußerungen zu Strafe und Erziehung,
die Verbindung der Begriffe Pronoia und Paideia aber ist neu. Sie steht im Zusammenhang mit einer Diskussion um die Martyrien, in der insbesondere die Anwendung von Überlegungen des Clemens auf den Fall der Märtyrer strittig ist. In dieser Diskussion setzt sich Clemens mit Basilides und seinem Begriff der Pronoia
auseinander. Ich habe daher den in strom. 4,12,81,1-83,1 erhaltenen Text des
Basilides, die Einbindung des Textes in die Stromata des Clemens und die Antwort
des Clemens analysiert.

Clemens ordnet das Fragment des Basilides so in seine Schrift ein, daß sie zur
Exemplifikation einer martyriumskritischen Sicht dient. Die Aussage des Basilides
aber, daß die Märtyrer sich verborgene Vergehen haben zuschulden kommen lassen, gehört in die Auseinandersetzung um den Begriff Pronoia. Basilides verbindet
die Aussagen, daß es sich in den Martyrien um Strafe handelt und die Märtyrer
irgendeine Art von Unrecht begangen haben müssen, mit der Überzeugung, daß
Gottes Pronoia gerecht ist. Nach Basilides kann man nur dann von einer Pronoia
Gottes sprechen, wenn Leiden ausschließlich Folge von Vergehen ist. In diesen
Sätzen richtet er sich gegen die Kritik an dem Begriff Pronoia, die in dem Hinweis
bestand, daß das Leiden Ungerechte und Gerechte in gleicher Weise trifft. Basilides versucht den Kritikern das Argument zu entziehen, indem er auf die allgemeine Sündhaftigkeit, die jeden Menschen betrifft, verweist und bestreitet, daß irgend-
ein Mensch ungerecht leidet, da es keinen Menschen ohne Verfehlungen gibt. Er
illustriert die Aussage, daß jedem Leiden Sünde vorangegangen ist, an *dem* Beispiel
christlichen Leidens, nämlich an den Martyrien, und zieht den Schluß, daß auch
und selbst bei den Märtyrern verborgene Sünden vorliegen. Anders als beispielsweise Hippolyt geht es Basilides nicht um die Entwertung des Martyriums, sondern um das Beispiel von besonders rechtschaffenen Menschen. Das bei Clemens
überlieferte Fragment ist der älteste altkirchliche Beleg für die Verbindung von

fürsorgendem und richterlichem Handeln Gottes. Die Schwierigkeiten des Textes liegen – wie in ähnlicher Weise auch bei Irenäus, Theophilos und PsAthenagoras – darin, Gottes Güte in diesen Zusammenhang zu integrieren. Basilides schreibt, daß die Märtyrer etwas Gutes erfahren, da sie nicht für ein Verbrechen hingerichtet werden, sondern das Martyrium erleiden. Mit dieser Bemerkung wird nicht der Sinn der Strafe reflektiert und – gegen einen breiten Konsens der Forschung – nicht eine platonische Aussage zur Interpretation der Martyrien herangezogen.

Zwischen Basilides und Clemens ist zunächst der Ausgangspunkt unstrittig, daß Verfehlungen Strafen zufolge haben und daß Pronoia mit Gerechtigkeit, Gericht und Strafe zu tun hat. Kontrovers wird von Clemens lediglich die Anwendung dieser Sätze auf den Fall des Märtyrers behandelt, die das Martyrium als Strafe erscheinen lassen. Damit ist die Frage nach der Ursache des Leidens gestellt. Basilides richtet sich mit dem Hinweis auf die allgemeine Sündhaftigkeit aller Menschen gegen die Anfragen, warum Märtyrer als rechtschaffene Menschen das Martyrium erleiden, wenn es die Pronoia Gottes gibt. Er richtet sich zugleich gegen den Verweis auf eine böse Macht als Erklärung der Ursache. Für Clemens verändert sich in dieser Diskussion sein eigener Ausgangspunkt. Der Fall der Märtyrer macht deutlich, daß es nicht genügt, die Strafen im Tun-Ergehens-Zusammenhang neu zu interpretieren und von Erziehung zu sprechen. Clemens nimmt die angesichts der Martyrien entwickelten Antworten auf und gibt dem Zusammenhang von Pronoia und Erziehung einen neuen Anknüpfungspunkt. Clemens sieht in den Martyrien gegen Basilides das Wirken einer bösen Macht, erklärt, daß Gott den Teufel gewähren läßt, ihn in seinem Tun nicht hindere, das Übel aber in einen Sinnzusammenhang einbinde, so daß selbst das Übel einen Nutzen haben könne. Diesen Sinnzusammenhang individualisiert Clemens, indem er ihn als Erziehung interpretiert.

§ 3. Die Erziehung als Leitmotiv
in Origenes' Äußerungen zur Pronoia Gottes?
Ansätze des Origenes zur richterlich-distributiv verstandenen Pronoia

Es gibt einen Beleg dafür, daß im Umkreis von Origenes die Begriffe Pronoia und Paideia verbunden wurden. Ein Schüler des Origenes, der sehr bald mit Gregor Thaumaturgos identifiziert wurde,[1] sieht in seinem Weg nach Caesarea zu dem Lehrer Origenes das Wirken göttlicher Pronoia. Den Engel, dem er diese Pronoia zuschreibt, nennt er παιδαγωγός.[2] Der Text In Origenem oratio panegyrica wurde in der Apologie des Pamphilos für Origenes verarbeitet und ist in den Handschriften zusammen mit Contra Celsum überliefert worden. Hat sich aber Origenes in dieser Weise in den überlieferten Werken geäußert? Zwar ist der Gedanke einer Erziehung der vernunftbegabten Schöpfung in dem Gesamtgefüge von De prin-

---

[1] Die Zuschreibung des Textes ist umstritten. P. NAUTIN (Origène. Sa vie et son œuvre [CAnt 1], Paris 1977, S.81-86) hat die Schwierigkeiten dieser Identifikation aufgezählt und bestritten, daß Gregor Thaumaturgos der Autor der Dankrede ist. Gegen Nautin hat H. CROUZEL (Faut-il voir trois personnages en Grégoire le Thaumaturge?, in: Gr. 60 [1979], S.287-319; Gregor I [Gregor der Wundertäter], in: RAC 12 [1983], Sp.782 [779-793]) an Gregor Thaumaturgos als Autor der Dankrede festgehalten.

[2] Gregor Thaumaturgos, or.pan. 40-43,57. An dieser Stelle fügen sich die Arbeiten von W. JAE-GER ein. Er untersucht den Begriff Paideia in der Bedeutung von „Bildung" und fragt nach dem griechischen Bildungsideal und Bildungsprogramm (vgl. Bd.1, a.a.O.S.2-5). Von göttlicher „Vorsehung" spricht Jaeger erst beeinflußt von Hal Koch im Zusammenhang mit patristischen Texten in: Das frühe Christentum und die griechische Bildung, Berlin 1963. Ausgehend von dem christlichen Bildungsinteresse in der Fortsetzung der klassischen Paideia muß sich nach Jaeger der Zusammenhang zwischen Paideia und Pronoia völlig anders gestalten. Jaeger beschreibt den Zusammenhang an drei Stellen. Er nimmt das Proömium von Justins Dialog mit Tryphon mit folgenden Worten auf: „wie steht es mit dem, der mit den Worten Justins bei seinem Gespräch mit dem fremden alten Mann in der Einöde einst an Plato und Pythagoras als die festen Mauern der Philosophie geglaubt hatte? Er mußte von daher zu gewissen Folgerungen über die Rolle der göttlichen Vorsehung in der Geschichte kommen ... haben die Griechen ihren bedeutsamen Weg in der Geschichte unabhängig von dem Erziehungsplan der göttlichen Vorsehung zurückgelegt?" (a.a.O.S.26). Aus Pronoia in der Verbindung mit Erziehung und Bildung ist ein göttlicher Erziehungsplan geworden, „Plan in der Entwicklung des menschlichen Geistes" (S.46), den Clemens von Alexandrien nach Jaeger wahrgenommen hat und der ihn in seinem „theologischen Nachdenken zu einer neuen Sicht der göttlichen Vorsehung" führte. Origenes führt nach Jaeger die Gedanken des Clemens weiter, und Jaeger schließt das Kapitel mit dem Satz: „Paideia also ist die in Stufen fortschreitende Erfüllung göttlicher Vorsehung." (S.50). Justin spricht in dial. 1,4 von Pronoia, und dies mag Jaeger zu der Paraphrase veranlaßt haben. M.E. stellt aber Justin die Frage nach einem Erziehungsplan in dial. 1,4 nicht und verbindet vor allem den sich stufenweise, in der antiken Kulturgeschichte realisierenden göttlichen Plan nicht mit dem Begriff der Pronoia. Jaeger kann Paideia und Pronoia nur verbinden, weil für ihn Pronoia göttliches Planen bedeutet. Zur Auslegung von Justin, dial. 1,4 siehe unten S.238-248.

cipiis nicht zu entbehren,[3] und in den ersten Kapiteln von Contra Celsum findet die Kraft des Christentums, Menschen zu bessern, Erwähnung.[4] Dennoch bedeutet dies nicht, daß Origenes den Begriff Pronoia von dem Gedanken der Erziehung her erklärt und man bei der Lektüre von Contra Celsum auf dessen pädagogischen Sinn stößt.[5]

Die Frage nach einem pädagogischen Aspekt des Begriffs Pronoia ergibt sich als Weiterführung der Gedanken von Clemens von Alexandrien auf der einen Seite und durch die von Hal Koch in die Forschung eingebrachte These von „Pronoia und Paideusis" auf der anderen Seite. Fragt man nach der Verbindung von

---

[3]   Vgl. princ. 1,6,3,S.84.6-16; 2,3,1,S.114.6-16; 2,3,7,S.126.2-6; 2,11,6,S.190.1-13; 3,1,14,S.220.8-13, 15,S.222.7ff.

[4]   C.Cels. 1,9,S.62.4-10,17-22.

[5]   Die Fragestellungen in diesem Kapitel unterscheiden sich erheblich von der Arbeit HAL KOCHS (a.a.O.). Es ist das Verdienst Kochs, auf das Thema „Pronoia und Paideusis" aufmerksam gemacht zu haben, das sich seit seiner Arbeit mit seinem Namen verbindet. Koch setzt aber die Grundthese seiner Arbeit von der „Pädagogie der göttlichen Vorsehung" eher voraus, als daß er die Beziehung der beiden Begriffe zueinander entwickelt und den Begriff Pronoia beschreibt. Er schreibt S.18: „Da ist ein bestimmtes Grundgedanke, der überall wiederkehrt: der Gedanke an die Erziehung der gefallenen Vernunftwesen durch die Vorsehung. Hier liegt Origenes' eigentliches Interesse." Nachdem dieses Grundmotiv identifiziert ist, fragt Koch danach, *wie* Gott die Vernunftwesen erzieht. Es werden eine Fülle von Aspekten aus der Theologie des Origenes referiert, aber der Begriff Pronoia, bzw. in der Terminologie Kochs „Vorsehung", erhält kaum Konturen. Koch schreibt: „die Schöpfung und die ganze Weltentwicklung wird als eine allmähliche Verwirklichung der Erziehung der freien Vernunftwesen durch Gott betrachtet. Gott schuf sie, dass sie in voller Freiheit wählen können, aber durch seine erziehende Vorsehung führt und leitet er sie, das Gute zu wählen." (S.96) Daß dies nicht die Terminologie des Origenes ist, wird für Koch nicht zur Frage. Zu den zitierten Äußerungen werden keine Belegstellen angegeben. Eine Auseinandersetzung mit Koch ist daher schwierig. Neben den eher grundsätzlichen Anfragen ist auf Einzelprobleme hinzuweisen. Die Bezeichnung des Celsus als Epikureer durch Origenes z.B. wird referiert, bleibt aber unkommentiert stehen (S.57, siehe unten II.§ 4.3,S.249ff). Im zweiten Teil nimmt Koch als Ausgangspunkt, „was sich im Vorhergehenden als das Zentralste in der ganzen Begriffswelt Origenes' erwiesen hat: (den) Gedanken einer erzieherischen Vorsehung", und fragt, ob dieser der „Philosophie entstammt" oder aber dem Christentum (S.167). Die Frage nach den Voraussetzungen hätte, läßt man sich auf diese Fragestellung Kochs ein, bereits beim Begriff Pronoia einsetzen müssen, dann aber hätte die Verbindung von Pronoia und Paideusis sehr viel mehr der Erklärung bedurft, als dies bei Koch deutlich wird.

Die gleiche Kritik ist auch gegenüber E. SCHOCKENHOFF (Zum Fest der Freiheit. Theologie des christlichen Handelns bei Origenes a.a.O.) geltend zu machen. Schockenhoff spricht von „pädagogischer Vorsehung", von der „Vorsehung", die „immer zugleich πρόνοια und παίδευσις" (S.133) ist. „Vorsehung" ist nicht nur eine Beschreibungskategorie, die Schockenhoff von Koch übernimmt, sondern wird mit dem expliziten Hinweis auf die griechische Terminologie an die Sprache des Origenes zurückgebunden. Schockenhoff fragt nach der Tiefenstruktur, begnügt sich nicht mit der „Kontinuität der Sprache", sondern will hinter die Sprache zurückgehen und nach dem Eigentümlichen suchen, das Origenes mit der Sprache, die er mit anderen teilt, sagen will (Origenes und Plotin, a.a.O.S.284). Wenn Schockenhoff aber mehr als das Vorkommen von Vokabeln verzeichnen will, hätte ihm auffallen müssen, daß hier bereits die semantische Grundlage fehlt und Origenes weder in Hom.in Ez. 6,1 noch in princ. 1,6,3; 2,10,5f das Wort πρόνοια/ *providentia* verwendet.

göttlicher Pronoia und Erziehung bei Origenes, gibt es durchaus einiges anzumerken. Es fällt aber auf, daß zur Rekonstruktion des Zusammenhanges die Schrift Contra Celsum kaum etwas beiträgt. Man ist vielmehr auf De principiis und einige exegetische Werke angewiesen, und dies, obwohl sich in Contra Celsum der literarische Niederschlag einer ausführlichen Diskussion um den Begriff Pronoia findet, in dem sich Origenes mit den Anfragen des Celsus auseinandersetzt.

Ich werde im folgenden nach dem Ort fragen, den die göttliche Pädagogie in den Äußerungen des Origenes zur Pronoia einnimmt.

1. Origenes verweist nicht auf eine göttliche Erziehung, um das fürsorgliche und strafende Handeln Gottes miteinander zu vermitteln oder dem Leiden einen Sinn zu geben. Origenes setzt die Freiheit der Individuen und die Gerechtigkeit Gottes in Beziehung, und die Pädagogie Gottes kann nur diese Beziehung beschreiben. Aber welche Bedeutung hat in diesem Zusammenhang die Pronoia Gottes? Origenes führt hier durchaus die Ausführungen des Clemens weiter, allerdings solche, in denen dieser nicht von Pronoia spricht. Nicht weniger schwierig ist der Begriff der Pädagogie, da es sich bei „Pronoia und Paideusis" um eine moderne Beschreibungskategorie, nicht aber um die Sprache des Origenes handelt.

2 a) Origenes gibt erstens der göttlichen, distributiven Gerechtigkeit und der Freiheit der Individuen einen kosmisch stoischen Rahmen. Das Verhalten der mit einem freiem Willen geschaffenen Vernunftwesen hat gute oder schlechte Folgen. Pronoia im Sinne der distributiven Gerechtigkeit bedeutet, daß die Folgen die Vernunftwesen auch erreichen und sie einen gerechten Platz im Gesamtgefüge der Schöpfung erhalten werden. Die distributive Gerechtigkeit gegenüber den einzelnen und die Gestaltung und Ordnung der Schöpfung werden gleichgesetzt, und für beide Seiten steht der Begriff Pronoia. Diese Gleichsetzung von der distributiven und der das All ordnenden Pronoia ist für Origenes von entscheidender Bedeutung, ist sie aber als Pädagogie zu interpretieren? Verändert der pädagogische Aspekt Origenes' Beschreibung der göttlichen Gestaltung und Ordnung des Alls? Pronoia beschreibt die Einbindung des einzelnen in den Gesamtzusammenhang, und Clemens interpretiert dies als Erziehung. Dieses Interpretament hat für Origenes eine untergeordnete Bedeutung, wie sich auf verschiedenen Ebenen zeigen läßt. Origenes' Äußerungen zur Pronoia lassen sich nicht unter dem Begriff der Pädagogie zusammenfassen.

2 b) Origenes gibt zweitens der göttlichen distributiven Gerechtigkeit und der Freiheit der Individuen einen eschatologischen Rahmen. Dieser Zusammenhang führt zu der Frage der Festlegung der Tatfolgen durch die platonische Heimarmene und zu der breiteren platonischen Diskussion, in der das Pädagogie-Motiv zwar begegnet, in der sich Origenes aber wiederum dadurch auszeichnet, daß er die distributive und die kosmische Pronoia zusammenhält.

3. Der Zusammenhang zwischen distributiver und kosmischer Pronoia ist oft beobachtet worden, und bisher war die Interpretation kaum strittig. Indem Origenes die Gerechtigkeit gegenüber dem einzelnen in die kosmische Ordnung einbindet, gerät diese Ordnung in Bewegung. Dieses dynamische Moment wurde als göttliche Pädagogie bezeichnet und der Eigenständigkeit des Theologen Origenes zugeschrieben. In welchem Gegenüber aber, in welcher Abgrenzung und in welcher Diskussion ist es für Origenes spezifisch? Als pädagogischer Akzent konnte es in der Auseinandersetzung mit Celsus keine Rolle spielen. Die Frage, warum der Hinweis auf die göttliche Erziehung diese Bedeutung nicht haben konnte und warum er als Argument ungeeignet war, wird in §4 die Bestimmung der Positionen von Celsus und Origenes in der Diskussion über die universale und individuelle Pronoia beantworten.

1. Veränderungen gegenüber Clemens von Alexandrien in der Zuordnung von Pronoia und Erziehung Gottes

Bei beiden, bei Clemens von Alexandrien und Origenes, findet sich ein kurzer Text mit der Begründung, wie sie angesichts von Leiden am Glauben an eine Pronoia Gottes festhalten. Die Begründungen sind unterschiedlich. Während nach Clemens allein die Verknüpfung der drei Aussagen den Begriff Pronoia rettet, daß Gott Leiden nicht hindere, daß Gott es in einen guten Zusammenhang einordne und daß Gott es zur Erziehung des Menschen gebrauche,[6] äußert sich Origenes in folgender Weise:

> „Mir scheint, daß man nicht anders als auf diese Weise antworten kann, um zu zeigen, daß die göttliche Pronoia ohne jede Schuld an Ungerechtigkeit ist, nämlich indem man sagt, daß es bei ihnen gewisse frühere Ursachen gegeben hat, bei denen die Seelen, bevor sie im Körper geboren werden, sich irgendetwas haben zuschulden kommen lassen, in ihren Gedanken oder Bewegungen, für das sie von der göttlichen Pronoia zu Recht verurteilt werden, dieses zu erleiden. Denn die Seele hat immer einen freien Willen, sowohl wenn sie in diesem Körper als auch wenn sie außerhalb des Körpers ist; die Freiheit des Willens bewegt sich immer zum Guten oder Schlechten ... Wegen dieser Verschuldungen oder Verdienste geschieht es durch die göttliche Pronoia, daß sie gleich von Geburt an, ja gleichsam noch vor der Geburt dazu disponiert sind ... etwas Gutes oder Böses zu erfahren."[7]

---

6   Strom. 4,12,86,3-87,2,S.286.11-20.

7   Princ. 3,3,5,S.262.4-8: *mihi videtur, non aliter poterit responderi ita, ut absque omni iniustitiae culpa divina providentia demonstretur, nisi priores quaedam fuisse eis causae dicantur, quibus antequam in corpore nascerentur animae aliquid culpae contraxerint in sensibus vel motibus suis, pro quibus haec merito pati a divina providentia iudicatae sint. Liberi namque arbitrii semper est anima, etiam cum in corpore hoc, etiam cum extra corpus est; et libertas arbitrii vel ad bona semper vel ad mala movetur ... ut pro his causis vel meritis per divinam providentiam statim a prima nativitate, immo et ante nativitatem, ut ita dicam, vel boni aliquid vel mali perpeti*

Dieser Textausschnitt lenkt noch einmal zurück zu dem Gegenstand dieses Kapitels, nämlich zu der engen Verbindung des Begriffs Pronoia mit dem Thema der Gerechtigkeit. Pronoia ist ein Wirken,[8] das nicht anders als gerecht gedacht werden kann. Die Gerechtigkeit besteht darin, daß dieses Wirken nicht für das Leiden Unschuldiger verantwortlich zu machen ist und nicht die Ausgewogenheit zwischen Tun und Ergehen stört.[9] Soweit stimmen Clemens und Origenes überein. Für Clemens enthält diese Aussage aber ein Problem, das am Fall der Märtyrer offensichtlich wird und darin liegt, daß man Gott für das Leiden Unschuldiger verantwortlich macht. Die Antwort des Clemens entfernt sich deshalb davon, auf die Ursache des Leidens hinzuweisen. Clemens reflektiert das Wesen von Verantwortung und Schuld. Er stellt die Frage nach dem Vorangegangenen und damit den Gedanken, daß es kein schuldloses Leiden gebe, zurück, fragt stattdessen nach dem Zweck des Leidens und behauptet einen Sinn im Leiden.

Für Origenes hängen – wie auch für Clemens – Freiheit und Verantwortung zusammen. Die Seelen haben gewählt.[10] Sie haben ihr gegenwärtiges Leben selbst geschaffen. Die Vielfalt unter den Vernunftwesen, so Origenes, geht auf den freien Willen und das unterschiedliche Maß zurück, in dem diese Gut und Böse, Recht und Unrecht gewählt haben.[11] Mit der Freiheit der Vernunftwesen korrespondiert der Begriff der göttlichen Pronoia. Es ist die Verantwortung des Menschen auf der einen Seite, ihr entspricht auf der anderen Seite eine Vorstellung von Gott, der sich in Distanz hält, der feststellt und vergeltend zuteilt. Der Begriff Pronoia wird hier in seiner distributiven Bedeutung verwendet und beschreibt das Wirken Gottes, das gerecht ist, wie die Rechtsprechung es sein kann, das dem Leiden gegenübersteht wie der Richter den Delikten. Die Pronoia verteilt die Noten, aber wird sie damit zum Lehrer? Geht Origenes hinter Clemens zurück und greift er wieder den verbreiteten Begriff Pronoia auf, um einen distributiven Zusammenhang zu formulieren?[12] Die Frage, die sich stellt, ist, wie sich bei Origenes die

---

dispensentur.
[8]　Origenes benutzt die Metapher vom Licht und den Strahlen, um das Verhältnis von Wesen und Wirken Gottes zu beschreiben, princ. 1,1,6,S.21.5-7. Zur Interpretation siehe J. DILLON, Looking on the light. Some remarks on the imagery of light in the first chapter of the Peri archon, in: Origen of Alexandria. His world and his legacy, hrsg.v. Ch. Kannengiesser/ W. Petersen, Notre Dame, Indiana 1988, S.215-230.
[9]　Der Zusammenhang von Gerechtigkeit und Gleichheit ist alt. Insbesondere Gerechtigkeit in dem dianemetisch-distributiven Aspekt basiert auf dem Prinzip des ἴσον. Vgl. Aristoteles, pol. 3,1282b und EN 5,2,1129a,S.89.33f: ... καὶ [ὁ] δίκαιος ἔσται ὅ τε νόμιμος καὶ ὁ ἴσος. τὸ μὲν δίκαιον ἄρα τὸ νόμιμον καὶ τὸ ἴσον ... Weitere Belege bei A. DIHLE, Gerechtigkeit, a.a.O.Sp.249-261.
[10]　Zu dem platonischen Hintergrund dieser Formulierung siehe unten II.§ 3.2b,S.197ff.
[11]　Vgl. princ. 1,6,2,S.81.1-11 (Fr.11, Justinian, ep.ad Menam).
[12]　Vgl. die Gegenüberstellung von Clemens und Origenes von J.H. WASZINK. Nachdem Waszink die eigenständige platonische Durchdringung seines Systems bei Clemens hervorgehoben hat,

beiden Aspekte, der distributive und der pädagogische Aspekt, zueinander verhalten. Löst man die Fragestellung von der Forschungsgeschichte, würde ich formulieren, es ist die Frage nach dem Verhältnis von Pronoia und Gerechtigkeit, und zwar in beiden Aspekten, als distributiv-zuteilende Gerechtigkeit auf der einen Seite und als diorthetisch-wiederherstellende Gerechtigkeit auf der anderen. Für Origenes ist die distributiv zuteilende Gerechtigkeit bzw. der distributive Aspekt von Pronoia grundlegend. Daß er aber auch einen pädagogischen Bezug des Begriffs kennt, wird in Hom.in Jerem. 6,2 deutlich. Origenes schreibt zu Jer 5,3:

> „Wenn Gott, der für das All sorgt, reinigend zur Rettung der Seele tätig ist, hat er vollendet (συνετέλεσεν), was an ihm liegt. Du wirst den Vers ‚Du hast sie vollendet (συνετέλεσας), aber sie wollten die Züchtigung nicht annehmen' von dem Beispiel dessen her verstehen, der Wissen weitergibt, und dessen, der das Wissen von dem, der es weitergibt, nicht annehmen will. Mag der Lehrer auch alles auf seiner Seite tun (πάντα ποιείτω) und alles zur Vermittlung des Wissens beitragen (συντελείτω), jener aber das Gesagte nicht aufnehmen, ich dürfte wohl über einen solchen dem Lehrer sagen: Du hast ihn vollendet (συνετέλεσας), aber er wollte die Erziehung nicht annehmen. Wenn nun alle Werke der Pronoia für uns geschehen, damit wir vollendet (συντελεσθῶμεν) werden und das Ziel erreichen (τελειωθῶμεν), wir aber die Werke der Pronoia nicht annehmen, die uns zur Vollkommenheit hinzieht, dürfte wohl von dem Denkenden an Gott gerichtet gesagt werden: ‚Herr, du hast sie vollendet (συνετέλεσας) und sie wollten die Erziehung nicht annehmen.'"[13]

Es handelt sich um den einzigen Beleg, in dem Origenes den Begriff Pronoia am Beispiel des Lehrers erläutert. Origenes legt Jer 5,3 aus, einen der Septuaginta-Belege zum Wort Paideia. Er verwendet diesen Vers aber bezeichnend anders als z.B. der Autor von 1Clem 56 vergleichbare Belege. Συνετέλεσας αὐτούς in Jer 5,3 gibt nicht Aufschluß über die Art der Züchtigung. Συντελεῖν kann bedeuten: etwas vollenden, zum Ende bringen, vernichten oder zur Vollendung führen, alles tun, alles beitragen, jemandem helfen, und die verschiedenen Aspekte der Bedeutung kommen in dem zitierten Text zum Tragen. Origenes sagt συνετέλεσας αὐτούς καί

---

schreibt er: „Kommt man nach dem Studium des Clemens zu Origenes, der allgemein als ‚der Platoniker unter den Christen' gilt, dann wird die Ausnahmestellung des Clemens nur noch deutlicher. Denn mit Origenes sind wir wieder ganz im Bereich der Tradition." (Der Platonismus und die Altkirchliche Gedankenwelt, in: Recherches sur la tradition platonienne [EnAC 3], Genf 1955, S.155 [139-179]).

13 Hom.in Jerem. 6,2.60-74: "Ὅτε τὰ καθαρτικὰ ποιεῖ ὁ προνοῶν τῶν ὅλων θεὸς ἐπὶ ψυχῆς σωτηρίᾳ, τὸ ἐπ' αὐτῷ συνετέλεσεν · νοήσεις δὲ <τὸ> „συνετέλεσας αὐτούς καὶ οὐκ ἠθέλησαν δέξασθαι παιδείαν" ἀπὸ παραδείγματος τοῦ κατὰ τὸν παραδιδόντα τὴν ἐπιστήμην καὶ τὸν μὴ βουλόμενον παραλαβεῖν τὴν ἐπιστήμην ἀπὸ τοῦ παραδιδόντος. Πάντα γὰρ τὰ παρ' αὐτῷ ποιείτω ὁ διδάσκαλος καὶ συντελείτω πάντα εἰς παράδοσιν ἐπιστήμης, ἐκεῖνος δὲ μὴ παραδεχέσθω τὰ λεγόμενα· εἴποιμ' ἂν περὶ τοῦ τοιούτου τῷ διδασκάλῳ· συνετέλεσας τόνδε καὶ οὐκ ἠθέλησεν δέξασθαι παιδείαν. Ἐπὰν οὖν τὰ ἀπὸ τῆς προνοίας γίγνηται πάντα εἰς ἡμᾶς, ἵνα συντελεσθῶμεν καὶ τελειωθῶμεν, ἡμεῖς δὲ μὴ παραδεχώμεθα τὰ τῆς προνοίας τῆς ἐπὶ τελειότητα ἡμᾶς ἑλκούσης, λεχθείη ἂν ὑπὸ τοῦ νοοῦντος τῷ θεῷ· „Κύριε, συνετέλεσας αὐτοὺς καὶ οὐκ ἠθέλησαν δέξασθαι παιδείαν."

οὐκ ἠθέλησαν δέξασθαι παιδείαν (Jer 5,3) von dem Lehrer, und συντελεῖν bedeutet nichts anderes als πάντα γὰρ τὰ παρ' αὐτῷ ποιεῖν. Origenes liest in Jer 5,3 nicht, daß Gott Juda fast vernichtet und Juda die Züchtigung nicht begreift. Paideia ist nicht mehr Züchtigung, sondern ausschließlich Erziehung, und aus denjenigen, die die Züchtigung nicht annehmen, ist die Verweigerungshaltung von Schülern geworden, so daß die beiden Vershälften sich weit schärfer voneinander abheben. Es geht nicht nur um Strafe und darum, diese nicht annehmen zu wollen, sondern um die gute Absicht auf der einen Seite und die Verweigerung auf der anderen, um den Lehrer, der die Schüler unterrichten will, um Gott, der die Seelen reinigen will, um den Lehrer, der es in der Vorbereitung des Unterrichts an nichts fehlen läßt, um die Pronoia, die auf die Vollkommenheit der Menschen hinzielt, um ein Angebot, das abgelehnt werden kann.

Origenes äußert sich auch in anderen Texten[14] zu Strafe, Züchtigung und Erziehung im Zuge göttlichen Waltens gegenüber den Menschen, ohne aber einen ausdrücklichen Bezug zum Begriff Pronoia herzustellen. Auf Contra Celsum 6,56 wurde bereits hingewiesen. Ebenso ist hier Hom.in Jerem. 12,3 zu berücksichtigen:

„Es ist nötig, daß du – der Sünder, der von Gott gelenkt wird – etwas noch Bitteres kostest, damit du gezüchtigt und gerettet wirst. Wie du, wenn du einen Haussklaven[15] oder einen Sohn strafst, den von dir Gestraften keineswegs einfach quälen willst, sondern damit du ihn durch die Schmerzen zu Umkehr bringst. So wird auch Gott die erziehen, die nicht auf Grund des Wortes umkehren und nicht geheilt werden, mit den Schmerzen des Leidens."[16]

Origenes macht sich die Sprache der Septuaginta nicht in der Weise zu eigen, daß er die distributiv verstandene Pronoia Gottes mit dem Begriff der Paideia aus der Septuaginta verbindet, um dann den Begriff Pronoia von der Erziehung her zu deuten. Wenn man von einem pädagogischen Aspekt des Begriffs Pronoia bei Origenes sprechen kann, hat er nicht die Aufgabe, göttliche Fürsorge und göttliche Strafe zu vermitteln.[17] Das mit Marcion gestellte Problem, die Güte und Gerechtigkeit Gottes einander zuzuordnen,[18] prägt bei Origenes den Begriff Pronoia, allerdings in der Weise, daß Origenes die Pronoia Gottes und die Freiheit und Ver-

---

[14] Vgl. zu den ägyptischen Plagen c.Cels. 3,5,S.206.24-27.
[15] Vgl. princ. 3,5,8,S.278.29-279.3.
[16] Hom.in Jerem. 12,3.54-59: Πικροτέρου τινὸς γεύσασθαί σε δεῖ τὸν ἁμαρτωλὸν διοικονομούμενον ὑπὸ τοῦ θεοῦ, ἵνα παιδευθεὶς σωθῇς. ῞Ωσπερ δὲ οὐχὶ βασανίσαι ἁπλῶς θέλων τὸν κολαζόμενον ὑπὸ σοῦ οἰκέτην ἢ υἱὸν κολάζεις, ἀλλ' ἵνα τοῖς πόνοις αὐτὸν ἐπιστρέψῃς, οὕτως καὶ ὁ θεὸς τοὺς μὴ ἐπιστρέφοντας τῷ λόγῳ, τοὺς μὴ θεραπευθέντας, παιδεύσει τοῖς ἀπὸ παθημάτων πόνοις. Vgl. c.Cels. 4,72,S.341.9-16.
[17] Vgl. Hom.in Ez. 5,1.47-73.
[18] Princ. 2,5, besonders 2,5,1;2,5,3.

antwortung des Menschen in Beziehung setzt.[19] Wenn die Sprache der Septuaginta Origenes in Hom.in Jerem. 6,2 beeinflußt hat, dann ist es der im Jeremiabuch häufig zu lesende Vorwurf von dem Nicht-Annehmen der Paideia. Der Vergleich mit dem Lehrer in Hom.in Jerem. 6,2 zielt nicht auf den Sinn von Leiden und Strafe, sondern auf die Freiheit dessen, für den Gott sorgt. Gottes Tun bleibt ein Angebot, das man annehmen oder ablehnen kann, und ist wie das Bemühen des Lehrers von der Entscheidung des Menschen, dieses Angebot zu nutzen oder nicht, abhängig. Gott drängt in seinem Wohltun nicht die Menschen. Diese Verwendung des Beispiels des Lehrers ist gegenüber Clemens neu. Die Darstellung des Anliegens ist nicht von dem Beispiel des Lehrers abhängig.

Die Auslegung von Jer 5,3 in Hom.in Jerem. 6,2 entspricht Contra Celsum 6,57, wo Origenes das Beispiel des Rhetors wählt.[20] Origenes antwortet auf die von Celsus vorgegebenen Fragen. Der Hinweis auf Vater, Erzieher, Lehrer, Arzt und deren schmerzhaften Maßnahmen zur Besserung von Sohn, Schüler und Patient in 6,56 ist Antwort auf die Frage πῶς μὲν κακὰ θεὸς ποίει. Auf den Begriff Pronoia bezieht Origenes aber nicht die Frage nach einer Erklärung der Übel, sondern erst die sich in dem Text Contra Celsum unmittelbar anschließende Frage des Celsus πῶς δὲ πείθειν καὶ νουθετεῖν ἀδυνατεῖ. In der Antwort weist Origenes auf den reflexiven Charakter des Ausdrucks ‚überreden' hin,[21] der nicht nur den Akt des Überredenden beschreibe, sondern zugleich jemanden voraussetzt, der sich überreden läßt. Beispiel ist ein Rhetor, der – in höchstem Maß mit den Regeln der Rhetorik vertraut – wie auch der Lehrer, alles tut, um zu überzeugen, aber keinen Erfolg hat wegen der Entscheidung seines Gegenübers, sich nicht überreden zu lassen. Entsprechend kommt nach Origenes Gottes Tun nur dann zum Wirken, wenn Menschen eine entsprechende Entscheidung treffen und Gottes Tun auf Zustimmung stößt.[22]

Mit den Texten princ. 3,3,5 und Hom.in Jerem. 6,2 ist die Schwierigkeit der Aufgabe benannt, den pädagogischen Aspekt des Begriffs Pronoia bei Origenes zu beschreiben. Die Verbindung von Pronoia und Erziehung gehört nicht zu den begrifflichen Vorgaben, und Origenes stellt diese Verbindung auf einer rein semantischen Ebene nicht her.[23] Die Frage ist, wie das Bild von der Pronoia Gottes als pädagogischem Wirken im Werk des Origenes entsteht. Sie stellt sich für die Texte

---

[19] Vgl. im Unterschied zu Origenes Philon, conf. 180. Nach Philon führen untergeordnete Kräfte Gottes die Bestrafung der schlechten Menschen durch, nicht aber Gott selbst in seiner ausschließlichen Güte. Zur Gegenüberstellung von Markion und Origenes siehe N. BROX, Mehr als Gerechtigkeit. Die außenseiterischen Eschatologien des Markion und Origenes, in: Kairos 24 (1982), S.1-16.

[20] C.Cels. 6,57,S.128.5-9.

[21] C.Cels. 6,57,S.127.30-128.1. Das Beispiel für den reflexiven Modus des Verbs, nämlich das Haare schneiden lassen, stammt aus der stoischen Grammatik und findet sich bei Diogenes Laertios 7,64,S.324.24-26.

[22] C.Cels. 6,57,S.128.14-17.

[23] Vgl. princ. 1,6,3,S.84.6-16. Origenes schildert den Prozeß der Erziehung, der Terminus Pronoia fällt in der Übersetzung Rufins nicht, vgl. zu der Stelle ebenso Hieronymus, ep. 124,3, außerdem princ. 2,3,1.

des Origenes insofern anders als für Clemens von Alexandrien, als die Frage nach der Pädagogie Gottes bei Clemens und Origenes auf unterschiedliche Konzepte zu beziehen ist. Der pädagogische Ansatz des Origenes, der die zuteilende Gerechtigkeit Gottes und die individuelle Freiheit der Menschen in ein Verhältnis setzt, führt Aussagen des Clemens weiter, allerdings sind es solche, in denen Clemens nicht von Pronoia Gottes spricht. Am Ende des fünften Buches der Stromata schreibt Clemens von Alexandrien:

> „Aus dem bereits Gesagten ist uns nun deutlich, daß Gottes Wohltun ewig ist und die natürliche Gerechtigkeit vom anfangslosen Anfang her in bezug auf alle völlig gleich ist, jedem Geschlecht nach Verdienst zukommt und niemals angefangen hat. Gott, der ewig ist, was er ist, fing nicht damit an, Herr und gut zu sein. Auch wird er niemals aufhören, Gutes zu tun, auch wenn er jedes einzelne zum Ziel geführt hat. Jeder von uns hat Anteil an dem Wohltun, wie er will, da die der Auswahl würdige Wahl und disziplinierte Übung der Seele den Unterschied ausmacht."[24]

Der Text führt zu dem Konzept, das in diesem Paragraphen zu besprechen ist: das ewige, gerechte, und das heißt, gleiche Wohltun Gottes in einem Prozeß, in dem die Individuen zu ihrem Ziel kommen. Clemens benutzt in dem zitierten Text die Worte Pronoia und Pädagogie nicht. Die Frage nach der Pädagogie Gottes verwendet eine moderne Beschreibungskategorie, die nicht an die antike Begrifflichkeit gebunden ist, die aber aus eben diesem Grund an ihre Grenzen stößt.

2. Anfragen an das Konzept von „Pronoia und Paideusis" nach Texten aus De principiis[25]

Nach Origenes hat Gott die Vernunftwesen gleich geschaffen,[26] ausgestattet mit dem freien Willen, zwischen Recht oder Unrecht, zwischen Gut oder Böse zu

---

[24] Strom. 5,14,141,1-3,S.421.7-14: ἤδη μὲν οὖν δῆλον ἡμῖν ἐκ τῶν προειρημένων ὡς ἀΐδιος ἡ τοῦ θεοῦ εὐποιΐα τυγι καὶ εἰς πάντας ἐξ ἀρχῆς ἀνάρχου ἴση ἀτεχνῶς ἡ φυσικὴ δικαιοσύνη, κατ' ἀξίαν ἑκάστου γένους γενομένη, οὐκ ἀρξαμένη ποτέ· οὐ γὰρ ἀρχὴν τοῦ κύριος καὶ ἀγαθὸς εἶναι εἴληφεν ὁ θεὸς ὢν ἀεὶ ὅ ἐστιν, οὐδὲ μὴν παύσεταί ποτε ἀγαθοποιῶν, κἂν εἰς τέλος ἀγάγῃ ἕκαστα. μεταλαμβάνει δὲ τῆς εὐποιΐας ἕκαστος ἡμῶν πρὸς ὃ βούλεται, ἐπεὶ τὴν διαφορὰν τῆς ἐκλογῆς ἀξία γενομένη ψυχῆς αἵρεσίς τε καὶ συνάσκησις πεποίηκεν.

[25] Im folgenden verwende ich weitgehend die Übersetzung Rufins, da die zu besprechenden Texte nicht in der Philokalie überliefert sind. Zum Charakter dieser Übersetzung siehe: J.M. RIST, The Greek and Latin texts of the discussion on free will in De principiis, book III, in: Origeniana. Premier colloque international des études origéniennes (Montserrat, 18-21.9.1973), hrsg.v. H. Crouzel/ G. Lomiento/ J. Rius-Camps (QVetChr 12), Bari 1975, S.97-111. Zur Einführung in die Schrift De principiis siehe CH. KANNENGIESSER, Origen, systematician in De principiis, in: Origeniana Quinta. Papers of the 5th International Origen Congress 1989, hrsg.v. R.J. Daly (BEThL 105), Löwen 1992, S.395-405.

[26] Vgl. Platon, Tim. 41E. Zu dem Gedanken einer ursprünglichen Gleichheit der Vernunftwesen bei Origenes ist dreierlei anzumerken: 1. Zur Wirkungsgeschichte siehe Theodoret, prov. 7,673C-676A. Nach Theodoret haben die Menschen eine Natur und Art, die auch bewahrt

wählen. Die Vernunftwesen unterscheiden sich voneinander durch den vielfältigen

---

wurde, als es zur Ungleichheit unter den Menschen und zur Unterordnung der einen und der Herrschaft der anderen kam. Die Ungleichheit ist nach Theodoret anders als bei Origenes im Laufe der Geschichte entstanden. Die eine Natur ist wie bei Origenes Ausdruck einer ursprünglichen Gleichheit (ἰσότης), in der sich Gottes Gerechtigkeit zeigt.
2. Proklos überliefert die Nachricht, daß Attikos sich mit der Frage beschäftigte, warum die Einzelwesen sich voneinander unterscheiden, obwohl alles, was Gott geschaffen hat, gut ist. Nach Attikos sind sie im Vergleich mit den urbildlichen Ursachen soweit gut, als es ihnen ihre Art ermöglicht. Ein unterschiedliches Maß an Gut-Sein, das durch die in der Art festgelegte unterschiedliche Fähigkeit zur Teilhabe am Guten erklärt wird, lag gerade nicht in der Intention des Origenes.
3. Es ist diese Aussage, daß die Vernunftwesen gleich geschaffen sind, in der sich Origenes und Plotin in der Frage der Pronoia Gottes unterscheiden. Auch nach Plotin löst der Begriff Pronoia nicht die Freiheit und Verantwortung der Individuen auf (3,2,9.1f). Auch Plotin spricht platonisch von der Schuld des Wählenden (3,2,7.19f). Der Freiheit des Wählenden aber sind bei Plotin engere Grenzen gesetzt als bei Origenes. Plotin vergleicht die Seelen mit Schauspielern. Ihre Geschicke erhalten die Seelen wie Rollen im Drama vom Schöpfer. Das kohärente Ganze entstehe, indem sich die Seele in ihre Rolle einpaßt und sich in das Drama und seinen Logos einfügt (3,2,17.32-39). Die Seelen erfüllen ihre Rollen nach Vermögen; sie ernten Applaus oder Kritik und verdienen sich ihre neuen Rollen in dem nächsten Stück (3,2,17.45-53). Plotin steht in seinen Ausführungen in Enneade 3,2 und 3,3 über den Begriff Pronoia Origenes äußerst nahe. Auf Übereinstimmungen wird im folgenden hingewiesen. Wenn man aber die Texte vergleicht, ist die Grunddifferenz zu beachten. Bei Plotin sind den Seelen Rollen zugewiesen. Ihre Freiheit ist auf die Rolle beschränkt. Sie haben die Rollen zu akzeptieren, sie haben die Freiheit, ihre Rolle gut oder schlecht zu spielen, und sie werden nach dem Ausdruck, den sie in ihre Rolle legen, beurteilt, belohnt oder bestraft. Sie schreiben sich ihre Rollen aber nicht selbst. Plotin spricht von den ungleichen Plätzen bzw. Orten, die dem sittlichen Zustand der Seelen entsprechen (3,2,17.59,75-83). Wie aber kommen die Seelen zu ihren Plätzen? Anders als bei Origenes, der von der ursprünglichen Gleichheit der Seelen ausgeht, hat es bei Plotin immer ungleiche Plätze gegeben (3,3,3.18).
Die ursprüngliche Ungleichheit erläutert Plotin an dem Künstler, der nicht nur die Augen als die besseren Organe eines Tieres malen will (3,2,11.5-9), an der Stadt, die in ihrer Verfassung keine gleichen Bürger kennt, und an anderen Beispielen. Sie ist vor allem aber im System Plotins begründet. Nach Plotin gab der Nus etwas von sich in die Materie, den Logos. Dieser Logos, Ausfluß aus dem *einen* Nus, enthält in sich wie in einem Samen die friedliche Vielfalt, die im All auseinandergetreten ist und in Teilen und damit in Gegensätzen existiert (3,2,2.15-27). Der Logos bewirkt den Zusammenklang des Gegensätzlichen und die Ordnung des Alls. (3,2,2.30f). Er ist nach Plotin *einer* nur in dem Widerstreit der Gegensätze. Das All gibt es nach Plotin nicht anders als in Harmonie von gegensätzlichen Teilen (3,2,12.4f; 3,2,16.28-36). Es ist in dieser Weise vom Logos gewollt, der nicht nur Götter malen wollte. Die Einheit des Alls entspricht nach Plotin der Einheit eines Dramas mit widerstrebenden Abläufen, der Symphonie in dem ganzen Ausmaß ihrer Tonalität oder dem vielgliedrigen Körper. Die Frage, woher diese Vielfalt stammt, lehnt Plotin ab. Sie sei gleichbedeutend mit der Frage, warum die Menschen keine Götter seien (3,3,3.3-9). Das Niedrige ist nicht erniedrigt worden, sondern von Anfang niedrig gewesen. Erst die Folgen, also das, was jeder aus seinem Stand gemacht hat, erleidet er „nach Verdienst". Die Formulierung Plotins an dieser Stelle steht sehr schön für die Differenz zu Origenes (3,3,4,50-54): ... καὶ οὐκ ὄντος ἠλάττωσεν. ἀλλὰ ἐγένετο ἐξ ἀρχῆς ἔλαττον τὸ ἔλαττον καὶ ἔστιν ὃ ἐγένετο κατὰ φύσιν τὴν αὐτοῦ ἔλαττον, καί, εἰ τὸ ἀκόλουθον πάσχει, πάσχει τὸ κατ' ἀξίαν.
Origenes nimmt die ursprüngliche Gleichheit der Vernunftwesen als Ausgangspunkt seines theologischen Nachdenkens; er stellt damit eben die Frage, die Plotin ablehnt, nämlich wie es zu der Vielfalt der Vernunftwesen gekommen ist. Für Plotin bedeutet Gleichheit Einheit und weist auf die intelligible Welt hin. Das All in seinem abbildhaften Charakter sei vielfältig und somit voller Gegensätze und Ungleichheiten. Den Wesen im All seien in ihrer Ungleichheit die Grenzen ihrer Freiheit gesetzt.

Gebrauch, den sie von ihrem freien Willen gemacht haben.[27] Der Zustand der Vernunftwesen ist Resultat ihrer eigenen Entscheidung, zugleich aber ihnen als solcher von der göttlichen Pronoia zugeteilt.[28] Der Begriff Pronoia setzt hier in zweifacher Weise an. Distributiv verstanden, verbindet Origenes mit Pronoia die Aufgabe, das Tun der einzelnen Vernunftwesen zu bewerten und Verdienste festzusetzen. Auf der anderen Seite bedeutet Pronoia die Ordnung, Verwaltung und Gestaltung des Alls und entspricht der stoischen διοίκησις. Diese Einordnung in ein stimmiges Ganzes, Rufin benutzt in der Übersetzung den Terminus *consonantia*,[29] ist nach Origenes aber nichts anderes als das distributive Wirken, das er bereits mit dem Begriff Pronoia verbunden hat. Gott teilt nach Origenes den Vernunftwesen ihre Verdienste zu, dies geschieht in der Einordnung der Vernunftwesen in den Gesamtzusammenhang und ist somit die „Gestaltung der Schöpfung nach Verdienst". Es ist der gleiche Begriff, der distributiv auf den einzelnen und konstitutiv auf das All und den Kosmos bezogen wird. Dieses Ineinssetzen der beiden auf den Begriff Pronoia bezogenen Vorstellungen, daß Gott das Verhalten des einzelnen bewertet und richtet und daß Gott das All zusammenhält und ordnet, geht auf Origenes zurück.[30] Nach der Übersetzung Rufins schreibt Origenes, princ. 2,9,6:

„Aber da ja die Vernunftgeschöpfe selbst ... mit der Fähigkeit des freien Willens beschenkt sind, regte die Freiheit ihres Willens jeden einzelnen entweder zum Fortschritt durch die Nachahmung Gottes an oder verleitete zum Abfall durch Sorglosigkeit. Dieses war ... die Ursache für die Vielfalt unter den Vernunftgeschöpfen ...[31] Gott aber, dem es gerecht schien, seine Schöpfung nach Verdienst zu gestalten, brachte die Vielfalt der Intelligenzen in den Einklang einer einzigen Welt, so daß er gleichsam ein Haus, in dem ‚nicht nur goldenes und silbernes Geschirr, sondern auch hölzernes und tönernes sein sollte, und das eine zur Ehre, das andere aber zur Schmach' (2Tim 2,20),[32] mit diesem verschiedenartigen

---

Der Gegensatz zwischen Ordnungsstruktur und Ordnungsgeschehen, mit dem E. SCHOCKEN-HOFF (Zum Fest der Freiheit, a.a.O.S.131-146; Origenes und Plotin, a.a.O.) die Abgrenzung zwischen Plotin und Origenes vornimmt, ist eine Konsequenz dieses unterschiedlichen Ansatzes. Zu Schockenhoff und Benjamins siehe unten Anm.38,69.

[27] Vgl. princ. 1,8,1,S.95.6-10; 1,8,2,S.98.8-13; 2,9,5,S.168.11-13, besonders 2,9,8,172.20f: *In quo profecto omnis ratio aequitatis ostenditur, dum inaequalitas rerum retributionis meritorum servat aequitatem.*

[28] Vgl. princ. 2,9,8,S.172.17-21.

[29] Princ. 2,9,6,S.170.6. Zur Datierung der Übersetzung von De principiis 1-2 in das Jahr 398 siehe C.P. HAMMOND, The last ten years of Rufinus' life and the date of his move south from Aquileia, in: JThS.NS 28 (1977), S.386 (372-429).

[30] Vgl. die Formulierung princ. 1,2,12,S.45.11-15. Vgl. aber den bereits zitierten Text (oben S.44) von Diodor von Sizilien, 1,1,3. In einem weiteren Sinn nimmt Origenes hier das alte Thema der Philosophie auf, nämlich den Zusammenhang zwischen kosmischer und sozial-sittlicher Ordnung, zwischen νόμος und φύσις.

[31] Die Aussage ist gegen einen Natur- bzw. Heilsdeterminismus gewendet. Vgl. princ. 1,5,3, S.71.30-72.3; 1,5,4,S.73.23-74.1.

[32] Vgl. princ. 2,9,8; 3,1,21; 3,1,23; 3,6,6, c.Cels. 4,70,S.340.8-12.

Geschirr, den verschiedenen Seelen und Intelligenzen, ausstattete. Die Welt ist, wie ich meine, durch diese Ursachen bestimmt, die zu ihrer Vielfältigkeit geführt haben, während die göttliche Pronoia nach der Verschiedenheit seiner Bewegungen, Gedanken und seines Willen für jeden einzelnen Anordnungen trifft. Auf diese Weise wird weder der Schöpfer ungerecht zu sein scheinen ...“[33]

Origenes spricht von der „Gestaltung der Schöpfung nach Verdienst".[34] Er leitet von den Vernunftwesen über zu der göttlichen Gestaltung des Alls, die in Analogie zur Verwaltung einer Stadt oder eines Hauses dargestellt wurde.[35] Mit der Identifikation der Vernunftseelen als edle oder nur alltägliche Haushaltsgegenstände integriert Origenes das richterliche Handeln Gottes in dieses Bild. Das richterliche Handeln erhält einen Bezug zur Einrichtung des Hauses und zum Gesamtzusammenhang der Schöpfung. Die Verwaltung des Ganzen auf der anderen Seite erscheint in der Perspektive der unterschiedlichen Einzelgegenstände, die im eingerichteten Haus ihren Platz haben.[36]

Die Seelen waren frei, ihre Existenz selbst zu bestimmen. Sie wurden als silberne Becher oder als Tonschüsseln geboren. Die göttliche Pronoia hat die Entspre-

---

[33] Princ. 2,9,6,S.169.28-170.13: *Verum quoniam rationabiles ipsae creaturae ... arbitrii liberi facultate donatae sunt, libertas unumquemque voluntatis suae vel ad profectum per imitationem dei provocavit vel ad defectum per neglegentiam traxit. Et haec extitit ... inter rationabiles creaturas causa diversitatis ... Deus vero, cui iam creaturam suam pro merito dispensare iustum videbatur, diversitates mentium in unius mundi consonantiam traxit, quo velut unam ‚domum', in qua inesse deberent ‚non solum vasa aurea et argentea sed et lignea et fictilia, et alia quidem ad honorem, alia autem ad contumeliam', ex istis diversis vasis vel animis vel mentibus adornaret. Et has causas, ut ego arbitror, mundus iste suae diversitatis accepit, dum unumquemque divina providentia pro varietate motuum suorum vel animorum propositique dispensat. Qua ratione neque creator iniustus videbitur ...*

[34] Vgl. auch Athenagoras, leg. 25,2.19-25 sowie Clemens von Alexandrien, strom. 4,6,29,1.

[35] Vgl. Philon, prov. 2,55 (=SVF II 1141), 2,9 (in: Euseb von Caesarea, PE 8,14,44,S.473.10f), Cicero, nat.deor. 3,18, Plutarch, com.not. 1076F, stoic.repugn. 1051C, PsAristoteles, mund. 400b 28-34. Die Schrift De mundo hat unmittelbar Athanasios, insbesondere in der Schrift Contra Gentes beeinflußt. Zum Stadtbild siehe neben De mundo, c.gent. 38,S.176.18-26; 43,S.194.26-196.1; inc. 9,3; 10,1; 13, c.Arian. 2,48, PG26,249A; 2,79,PG26,316A.

[36] Vgl. Platon, leg. 903D, 904D-E, Aristoteles, MP 1075a 17-25, Plotin 3,2,17.67-90. Der Text Plotins sei trotz seiner Länge in Auszügen in der Übersetzung Harders zitiert: „die Ganzheit dieses Alls wäre nicht dann schön, wenn das einzelne Wesen ein Linos wäre, sondern wenn es seinen eigenen Ton beitragen darf und so mitwirken zum einheitlichen Zusammenklang ... so gibt's auch bei der Panflöte nicht nur eine Stimme, sondern auch die schwächere ... So ist denn also auch der Gesamtplan der Welt einer, zerfällt aber in ungleiche Stücke. Daher denn auch im All die ungleichen Plätze, bessere und schlechtere, und die ungleichen Seelen fügen sich entsprechend zu den ungleichen Plätzen ... ungleich ... wie die Ungleichheiten bei der Panflöte oder bei einem anderen Instrument; und die Seelen befinden sich dabei auf unterschiedlichen Plätzen, jede aber läßt je auf ihrem Platze das Lied ertönen einklingend mit dem Platze sowohl wie mit dem gesamten All; so ist auch ihr schlechtes Singen, vom Ganzen aus gesehen, schön, und auch was wider die Natur scheint, ist für das All naturgemäß; dabei ist trotz allem dieser Ton geringer, aber sie bewirkt mit solchem Ton keine Verschlechterung des Ganzen, sowenig wie ein böser Büttel eine wohl verwaltete Stadt schlechter macht ... denn man braucht ihn in der Stadt und er hat seinen rechten Platz." Zu der letzten Aussage vgl. Origenes, c.Cels. 4,70, S.339.29-340.3. Die Aufnahme stoischer Gedanken durch Plotin ist diskutiert worden, vgl. W. THEILER, Plotin zwischen Plato und Stoa, a.a.O.

chung zwischen ihrer Wahl und der Qualität der Haushaltsgegenstände sicher-gestellt. Das Haus ist eingerichtet. Die Frage war nach dem pädagogischen Aspekt des Begriffs Pronoia gestellt. Die Pädagogie Gottes setzt in De principiis an genau dieser Stelle an und korrigiert den statischen Charakter, den die Vorstellung einer göttlichen Verwaltung des Alls gewinnen konnte. Nach Origenes entspricht Gottes Sorge für die ganze Schöpfung nicht dem einmal eingerichteten Haus. Die Seelen waren nicht nur frei, ihre Existenz zu bestimmen, sie sind es weiterhin. Die Ver-waltung des Alls wird zu einem Prozeß,[37] der auf ein Ziel hin gelenkt wird.[38] Pronoia hat einen pädagogischen Aspekt, wenn man von einem solchen sprechen kann, nur eingebunden in diesen Prozeß.

> „Gott aber, der durch die unaussprechliche Kunst seiner Weisheit alles, was wie auch immer entsteht, zu irgendetwas Nützlichem und zum gemeinsamen Gedeihen aller umformt und wiederherstellt, ruft eben die Geschöpfe, die sich durch die Vielfalt ihrer Absichten und Gesinnungen voneinander so weit entfernt waren, zurück zu einer gewissen Übereinstim-mung in ihren Bestrebungen, so daß sie trotz der unterschiedlichen Regung ihrer Gesin-nung dennoch die Fülle und Vollkommenheit der einen Welt zusammen ausmachen und eben diese Vielfalt der Intelligenzen zu dem einen Ziel der Vollkommenheit führt."[39]

Origenes denkt die Pronoia Gottes im Gesamtzusammenhang der Schöpfung. Einer verbreiteten Interpretation zufolge[40] hat der pädagogische Aspekt daher mit Pronoia zu tun, insoweit er auf das Ganze bezogen ist und damit die überlieferte Vorstellung von der göttlichen Durchwaltung des Alls verändert. Diese Interpre-tation soll im folgenden hinterfragt werden.

---

[37] Vgl. princ. 3,6,6,S.287.21-288.4.

[38] Sowohl bei E. SCHOCKENHOFF als auch bei H.S. BENJAMINS gehört die Beschreibung dieser Veränderung in das Zentrum ihrer Origenes-Interpretation. Schockenhoff (Zum Fest der Freiheit, a.a.O.S.131-146) interpretiert sie als eine Hinwendung von der kosmologischen zur anthropologischen Kategorie und als Abwendung von einer „Ordnungsstrukur" hin zu einem „fortwährenden Ordnungsgeschehen". Er spricht von einem „dialogischen Entwurf von Freiheit und Vorsehung" (S.137), mit dem Origenes über den „philosophischen Vorsehungs-glauben des Hellenismus" hinausgehe, für den Schockenhoff Plotin als Beispiel heranzieht. Schockenhoff stellt bei Origenes eine grundlegende Veränderung gegenüber der Konzeption der Philosophen fest, die sich auf ihre Terminologie auswirkt. Origenes und Celsus meinen nach Schockenhoff nicht mehr dasselbe, wenn sie von Pronoia sprechen; sie verwenden zwar denselben Ausdruck πρόνοια, der aber zur Bezeichnung unterschiedlicher Inhalte geworden ist. Zu einem vergleichbaren Ergebnis kommt H.S. Benjamins in seiner sehr detailliert ausgear-beiteten Untersuchung (Eingeordnete Freiheit. Freiheit und Vorsehung bei Origenes, a.a.O.). Zu Benjamins und zur grundsätzlichen Anfrage an dieses Ergebnis siehe unten Anm.69.

[39] Princ. 2,1,2,S.107.19-25: *Deus vero per ineffabilem sapientiae suae artem omnia, quae quoquomodo fiunt, ad utile aliquid et ad commune omnium transformans ac reparans profectum, has ipsas creaturas, quae a semet ipsis in tantum animorum varietate distabant, in unum quendam revocat operis studiique consensum, ut diversis licet motibus animorum, unius tamen mundi plenitudinem perfectionemque consumment, atque ad unum perfectionis finem varietas ipsa mentium tendat.*

[40] Siehe Anm.38.

*a) Verwaltung, Einheit und Kohärenz der Welt
im Zusammenhang mit dem Begriff Pronoia (princ. 2,1,2)*

Nachdem Origenes den Inhalt des zweiten Buches mit den Worten: *de initio eius ac fine vel his, quae inter initium ac finem eius per divinam providentiam dispensantur, seu de his, quae ante mundum vel post mundum*[41] angegeben und auf die Vielfältigkeit der Welt hingewiesen hat, beginnt er mit dem zitierten Abschnitt, die Verwaltung der Welt zu beschreiben. Diese Beschreibung trägt deutlich stoische Züge.

Origenes stellt über den Paragraphen den zusammenfassenden Satz, daß Gott mit seinem Wort und seiner Weisheit alles auf den Nutzen und das gemeinsame Gedeihen aller hin gestalte. In diesem allgemeinen Zusammenhang äußert sich Origenes durchaus zur Gestaltung der Welt als Erziehung, wie princ. 3,5,8 zeigt:

> „ Es geschieht weder durch Notwendigkeit ... noch durch Gewalt, daß die ganze Welt Gott untertan wird, sondern durch Wort, Vernunft, Lehre, durch Anregung zum Besseren, durch besten Unterricht, durch Bestrafung ... der Nachlässigen".[42]

Auch in princ. 2,1,2 wird den Vernunftwesen keine Gewalt angetan und werden sie nicht zu etwas gezwungen,[43] Weltordnung aber bedeutet hier nicht Unterricht, sondern die Einheit und Kohärenz, in der die Vernunftwesen in ihrer Unterschiedlichkeit zusammenpassen, in der Vielfalt nicht zur Auflösung des Ganzen drängt, sondern zusammengehalten und darin gestaltet werde. Es gebe eine kohäsive Kraft,[44] welche die Welt in ihrer Vielfalt zusammenschnüre und zusammenhalte. Das Weltganze entspreche nach 1Kor 12,12 dem Leib mit den vielen Gliedern, einem riesigen Lebewesen,[45] das von einer einzigen Seele, nämlich der Kraft und Vernunft Gottes gehalten werde.[46] Es bleibt für Origenes zu zeigen, daß die Herstellung der Konsonanz im All einen Nutzen für den einzelnen Menschen bedeu-

---

[41] Princ. 2,1,1,S.106.10-12.

[42] Princ. 3,5,8,S.278.25-28: *id est non necessitate ... nec per vim subditus fiet omnis mundus deo, sed verbo ratione doctrina provocatione meliorum institutionibus optimis comminationibus ...*

[43] Princ. 2,1,2,S.108.2f.

[44] Vgl. die Formulierung princ. 1,2,9,S.40.2-5: *Intellegenda est ergo ,virtus dei', qua viget, qua omnia visibilia et invisibilia vel instituit vel continet vel gubernat, qua ad omnia sufficiens est, quorum providentiam gerit, quibus velut unita omnibus adest.* Vgl. princ. 1,2,12,S.45.10-15.

[45] Plotin setzt sich mit dieser Analogiebildung in der Beschreibung der Weltseele auseinander. Siehe z.B. 4,8,2. Vgl. aber auch die Interpretation PsAristoteles, mund. 399b 10-25.

[46] Princ. 2,1,3.S.108.11-16. Vgl. Diogenes Laertios 7,142,S.358.10f (=SVF II 633): Ὅτι δὲ καὶ ζῷον ὁ κόσμος καὶ λογικὸν καὶ ἔμψυχον καὶ νοερὸν ..., Alexander von Aphrodisias, mixt. 11,S.226.11-12, aber auch Platon, Tim. 30C: οὕτως οὖν δὴ κατὰ λόγον τὸν εἰκότα δεῖ λέγειν τόνδε τὸν κόσμον ζῷον ἔμψυχον ἔννουν τε τῇ ἀληθείᾳ διὰ τὴν τοῦ θεοῦ γενέσθαι πρόνοιαν. Als stoisches Zeugnis wurde auch Plotin 3,1,4 (.1-4 = SVF II 934) herangezogen, hinzuweisen ist außerdem auf Cornutus, nat.deor. 2,3-5: Ὥσπερ δὲ ἡμεῖς ὑπὸ ψυχῆς διοικούμεθα, οὕτω καὶ ὁ κόσμος ψυχὴν ἔχει τὴν συνέχουσαν αὐτὸν, καὶ αὕτη καλεῖται Ζεύς ...

tet. Da Origenes unter Konsonanz nicht nur die natürliche Ordnung, sondern ebenso das Zusammentreffen von Menschen versteht und dabei beobachtet, daß man nicht nur auf Menschen trifft, die Hilfe brauchen oder geben können,[47] sondern auch auf solche, deren Begegnung zur Versuchung und zur ethischen Herausforderung wird, ist neben dem Nutzen auch der Rückbezug auf ein Fortschreiten oder eine Entwicklung des Menschen hergestellt.[48]

Liest man princ. 2,1,2f auf dem stoischen Hintergrund, wird man hier die Metapher von dem Leib und den Gliedern einordnen. Häufig wird die Aussage als stoisch bezeichnet, daß das Pneuma, welches das All durchdringt, dieses eint und zusammenhält, daß Kohärenz und Sympathie des Alls auf das Pneuma zurückgehen.[49] Das bereits zur Stoa Ausgeführte soll an dieser Stelle nicht wiederholt werden.[50] Die Übereinstimmung besteht darin, daß Origenes Gottes Wirken als auf *consensus* und *consonantia* ausgerichtet versteht, daß dieses Wirken in der Stoa dem Pneuma zugeordnet wird und Origenes fortfährt, über den Kosmos als belebtes und beseeltes Wesen nachzudenken. Interessant ist aber auf dem stoischen Hintergrund außerdem die folgende Differenzierung. In der Formulierung *opinamur parentem omnium deum pro salute universarum creaturam suarum per ineffabilem verbi sui ac sapientiae rationem ita haec singula dispensasse, ut et singuli quique spiritus vel animi, vel quoquomodo appellandae sunt rationabiles subsistentiae* ... werden Wort und Weisheit auf die Vernunftwesen bezogen, Gott aber wie Eltern auf die gesamte Schöpfung.[51] Diese Unterscheidung in der Beziehung Gottes auf die gesamte Schöpfung und die Vernunftwesen findet sich ebenso in folgendem griechischen Fragment:

> „Gott, der Vater, der das All zusammenhält, erreicht jeden der Seienden und teilt jedem von seinem eigenen das Sein mit, was er ist. Weniger als der Vater erreicht der Sohn, er gelangt nur bis zu den Vernunftwesen (er ist nämlich der zweite im Vergleich zum Vater), noch weniger erreicht der heilige Geist, er durchdringt nur die Heiligen ..."[52]

Der Gedankengang läßt sich mit der Überlieferung verbinden, daß man in der Stoa vier Stufen des Wirkens des Pneumas kannte, von dem man annahm, daß es unbe-

---

[47] Ebenso or. 11,4,S.323.24-30.
[48] Princ. 2,1,2,S.108.5-10.
[49] Alexander von Aphrodisias, mixt. 3,S.216.14-17, an.mant. S.131.5-10 (= SVF II 448), außerdem SVF II 416, S.137.30f, vgl. SVF II 439-441,444.
[50] Siehe oben I §3.2,S.51ff.
[51] Vgl. princ. 1,3,7,S.59.16-20; 1,3,8,S.60.23-61.11.
[52] Princ. 1,3,5,S.55.4-56.8 (Fr.9, Justinian, Ep.ad Menam): "Ὅτι ὁ μὲν θεὸς καὶ πατὴρ συνέχων τὰ πάντα φθάνει εἰς ἕκαστον τῶν ὄντων, μεταδιδοὺς ἑκάστῳ ἀπὸ τοῦ ἰδίου τὸ εἶναι ὅπερ ἐστίν, ἐλαττόνως δὲ παρὰ τὸν πατέρα ὁ υἱὸς φθάνων ἐπὶ μόνα τὰ λογικά (δεύτερος γάρ ἐστι τοῦ πατρός), ἔτι δὲ ἡττόνως τὸ πνεῦμα τὸ ἅγιον ἐπὶ μόνους τοὺς ἁγίους διικνούμενον ... Vgl. Photios 8,3b.39-41. Photios benutzt den Ausdruck διήκειν: καὶ διήκειν μὲν τὸν πατέρα διὰ πάντων τῶν ὄντων, τὸν δὲ υἱὸν μέχρι τῶν λογικῶν μόνως, τὸ δὲ πνεῦμα μέχρι μόνων τῶν σεσωμένων. Vgl. 1,3,7,59.16-20.

seelte Steine und Hölzer, Pflanzen, Tiere und Vernunftwesen in je unterschiedlicher Weise durchdrang.[53] Die Aussage, daß das Pneuma Menschen und Tiere, Vernünftiges und Unvernünftiges durchdringt, ist belegt und wurde diskutiert.[54] In der Übersetzung Rufins führt Origenes aus, was es bedeutet, daß die Wirksamkeit Gottes sich auf die gesamte Schöpfung erstrecke, nämlich auf Heilige und Sünder, auf Menschen und Tiere und selbst auf das Unbelebte, eben auf alles, was ist.[55] Nach der Unterscheidung in der Stoa bewirkt das Pneuma auf der ersten Stufe in der Durchdringung des Unbelebten den inneren Zusammenhalt.[56] In der Auseinandersetzung mit Celsus wird deutlich, daß nach Origenes Gottes Wirken, zumindest Gottes Pronoia sich nicht in gleicher Weise auf Unvernünftiges und Vernünftiges, sondern in besonderer Weise auf den Menschen bezieht.[57]

Auf dem stoischen Hintergrund ist die Frage nach der Verbindung von Weltverwaltung und Pädagogie Gottes auf drei Ebenen zu stellen. Origenes' Ausführungen sind mit einem Text wie De mundo zu vergleichen.[58] Wenn De mundo und Origenes, princ. 2,1,2f in der Weise, wie sie sich von den Stoikern abgrenzen, zugleich aber deren Denken weiterführen, vergleichbar sind und beide die Form, die stoisches Denken zu dieser Zeit gewonnen hatte, vertreten, stellt sich die Frage, ob man in der Beschreibung der göttlichen Verwaltung der Welt bei Origenes mit mehr Recht von einem pädagogischen Akzent sprechen kann als in der Schrift De mundo. In De mundo wird wie auch bei Origenes die Einheit, in der Gott die Welt zusammenhält, als der Zusammenklang des Gegensätzlichen und Vielfältigen[59] beschrieben. Einheit wird als soziale Eintracht[60] trotz bestehender Gegen-

---

[53] Siehe Diogenes Laertios 7,139,S.356.14-16 in Verbindung mit Philon, imm. 35-37, all. 2,22f, zur Diskussion Sextus Empeirikos, adv.math. 9,81-85. Eine entsprechende Stufung der Wirkungsbereiche ist bei den Mittelplatonikern nicht belegt, allerdings bei einigen Neuplatonikern. J. DILLON (Origen's doctrine of the trinity and some later Neoplatonic theories, in: Neoplatonism and Christian thought, hrsg.v. D.J. O'Meara, [Studies in Neoplatonism. Ancient and modern 3] Albany N.Y. 1982, S.19-23) weist auf Proklos, elem.theol. 57 und ein Jamblichos-Fragment (Olympiodor, Alc. 1,115A) hin.

[54] Sextus Empeirikos, adv.math. 9,130.

[55] Princ. 1,3,5,S.56.8-11. Vgl. Plotin 3,2,13.19-27.

[56] Daß Origenes die Vorstellung kennt, zeigt die Formulierung princ. 3,1,2,S.196.4-9.

[57] Siehe z.B. c.Cels. 4,74,S.344.8-14, zu der Frage unten S.255-257.

[58] In De mundo entfernt sich der Autor wie auch Origenes (Vgl. princ. 1,1,13,S.18.20-24; 1,3,5,S.55.4-56.8) von der Vorstellung eines göttlichen Durchdringens der Dinge (mund. 398a 1-11, vgl. aber auch 396b 28f und c.Cels. 6,71,S.141.9-14) und spricht wie auch Origenes nicht vom Pneuma, sondern von δύναμις (mund. 398b 6-10, 398b 19-22). Zur Abgrenzung des Origenes zur Stoa und zur Einordnung seiner Kritik siehe: H. CHADWICK, Origen, Celsus, and the Stoa, in: JThS 48 (1947), S.34-36 (34-49). Vgl. die Auseinandersetzung mit Christen, die nach Origenes die Körperlichkeit Gottes behaupten princ. 1,1,1,S.16.19-17.6; 1,1,5,S.20.5f.

[59] Ebenso Epiktet, diss. 1,12,16 (Διέταξε δὲ θέρος εἶναι καὶ χειμῶνα καὶ φορὰν καὶ ἀφορίαν καὶ ἀρετὴν καὶ κακίαν καὶ πάσας τὰς τοιαύτας ἐναντιότητας ὑπὲρ συμφωνίας τῶν ὅλων ...) und Plotin. Plotin ordnet ἁρμονία und σύνταξις neben (3,2,2.30f). Harmonie ist für Plotin der Zusammenklang von Tönen, die miteinander im Kampf liegen, und der Weltlogos ist eine Einheit, die

sätze verstanden,[61] die sich durch das Ordnen der Vielfalt herstellen und als ethische Norm von der kosmischen Ordnung ableiten läßt. Das Ziel göttlicher Erziehung kann sich in diesem Zusammenhang nicht wesentlich von dem von der Verwaltung des Alls vorgegebenen Rahmen unterscheiden. Origenes löst sich nicht von der zeitgenössischen Vorstellung einer Verwaltung der Welt durch Gott, die wenig Raum für die Erziehung der Vernunftwesen bietet. Er verwendet die genannte Vorstellung und spricht in diesem Rahmen von Vollkommenheit, Nutzen und Fortschritt.[62] Der Hinweis auf den Nutzen ist Teil der Vorstellung von der göttlichen Weltverwaltung, an deren Entstehung die Stoiker einen erheblichen Anteil hatten.[63]

Auf der ersten Ebene der Kohärenz des vielgestaltigen Ganzen ist zu fragen, ob der Begriff des Nutzens,[64] wie ihn Origenes verwendet, einen pädagogischen Akzent hat. Auf einer zweiten Ebene verbindet Origenes Gottes Wirken gegenüber der Gesamtheit der Schöpfung mit dem Wirken Gottes gegenüber den Vernunftwesen, und es ist zu fragen, inwieweit das spezifische Konzept des Origenes hierin pädagogische Elemente aufweist. Auf einer dritten Ebene unterscheidet Origenes innerhalb des Verhaltens Gottes gegenüber den Vernunftwesen. Da Origenes aber davon ausgeht, daß Gott die Vernunftwesen gleich geschaffen hat, ist zu fragen, ob es sich hier um eine pädagogische Differenzierung handelt.[65] Auf allen

---

Bestand hat als Einheit aus Gegensätzen (3,2,16.32-52).

[60] Mund. 396a 1-7. Hingewiesen sei noch einmal auf den ausführlichen Artikel zu Homonoia von K. THRAEDE (a.a.O.), vgl. oben S.65,Anm.107.

[61] Mund. 396a 33-b 34. Vgl. den bereits zitierten Text Plotin 3,2,17.67-90.

[62] Auf den Begriff Fortschritt gehe ich nicht ein. Zu diesem Begriff siehe W. KINZIG, Novitas Christiana. Die Idee des Fortschritts in der Alten Kirche bis Eusebius (FKDG 58), Göttingen 1994. Kinzig unterscheidet drei Fortschrittsvorstellungen bei Origenes: die exegetisch-hermeneutische, die kosmologische und die heilsgeschichtliche. Zum kosmologischen Fortschrittsbegriff zitiert Kinzig princ. 2,1,2f. Die Interpretation beschränkt sich leider auf die folgenden beiden Sätze: „Origenes übernimmt hier die stoische Theorie des συνεκτικὸς τόνος, setzt aber ‚für diese physikalische eine göttliche Kraft ein' (Zitat aus: Origenes, Vier Bücher von den Prinzipien, hrsg. u. übers.v. H.Görgemann/ H. Karpp [Texte und Forschung 24] Darmstadt 1985², S.287). Der Unterschied ist aber keineswegs nur terminologischer Natur; vielmehr wird die stoische Vorstellung eingepaßt in einen ganz anderen, nämlich biblischen Gesamtrahmen, der auch das Handeln Gottes mit seinem Volk umgreift und dieses progressiv interpretiert."

[63] Vgl. Cicero, nat.deor. 2,37 (SVF 2,1153).

[64] Vgl. die Definition von Pronoia bei Theodoret von Kyrrhos, cur. 6,12,S.258.2f: Τὴν δὲ Πρόνοιαν τοῦτο κεκλήκασι, διότι πρὸς τὸ χρήσιμον οἰκονομεῖ ἕκαστα.

[65] Vgl. E. MÜHLENBERG, Das Verständnis des Bösen in neuplatonischer und frühchristlicher Sicht, in: KuD 15 (1969), S.226-238. Mühlenberg kennzeichnet Origenes in diesem Sinne im Vergleich zu Plotin: „Wie Plotin entwirft auch er ein System der Seinsstufen; aber im Unterschied zu Plotin ist die origenistische Seinsstufung eine Strafordnung Gottes für die gefallenen Vernunftwesen und nicht Gottes ursprüngliche Setzung." (a.a.O.S.227). Vgl. oben Anm.26.

drei Ebenen zeigt es sich, daß die pädagogische Interpretation göttlicher Weltverwaltung schwierig ist. Folgende Gründe seien genannt.

1. Während es in De mundo heißt, daß das Ganze ewig bewahrt werde, daß es
eines sei und sich aus dem Gleichgewicht all dessen zusammensetze, was entweder
stark oder aber unterlegen sei,[66] ist es für Origenes nicht dieser Zustand des ewigen Gleichgewichts, der das All erhält und die göttliche Verwaltung beschreibt.[67]
Origenes spricht von Nutzen und Fortschritt, bzw. genauer von Fortschreiten. Die
Frage ist, wie sich beides in die göttliche Verwaltung der Welt einfügt. Anders als
die Frage vermuten läßt, geht Origenes zwar über das Vorgegebene hinaus, indem
er von Nutzen und Fortschritt spricht, bleibt in der Verwendung der Begriffe aber
ganz in seinem Konzept, das Weltverwaltung von der Vorstellung des alldurch-
dringenden Pneuma her beschreibt. Nutzen entsteht in der nützlichen Einordnung
des Seienden, in dem Zusammentreffen des Zusammenpassenden, in der Kohärenz, die von der Weltordnung Gottes beschrieben ist. Fortschritt besteht in der
wiederholten Einordnung des einzelnen in das Ganze, in einem Prozeß von
Zustandsbestimmungen und der Summe einer Reihe von gerechten Zuteilungen
an die Vernunftwesen. Nach De mundo entspricht die Unveränderlichkeit Gottes
dem unveränderlichen Gleichgewicht im All. Nach Origenes schreiten die Vernunftwesen fort und können sich die Menschen verändern, aber deswegen verändert sich Gott nicht. Nach De mundo ist Gott das ausgewogene Gesetz (νόμος
ἰσοκλινής), das keiner Berichtigung (διόρθωσις) bedarf.[68] Nach Origenes entspricht
der Unveränderlichkeit Gottes der distributive Charakter göttlicher Pronoia verbunden mit Gottes Vorauswissen.[69] Gott teilt den Vernunftwesen das ihnen

---

[66] Mund. 397b 5-8.
[67] Vgl. insbesondere die Auseinandersetzung mit Celsus in dieser Frage c.Cels. 4,63.
[68] Mund. 400b 28f.
[69] Vgl. or. 5,3,S.309.12-14; 5,5,S.311.1-7. Die Verbindung von Freiheit und Vorherwissen Gottes
hat BENJAMINS (a.a.O.) eingehend auf dem Hintergrund der zeitgenössischen Philosophie
dargestellt. Anders als DIHLE (siehe z.B. Das Problem der Entscheidungsfreiheit in frühchristlicher Zeit, a.a.O.) betont Benjamins die Differenz zu zeitgenössischen Konzepten. Insbesondere zu der strittigen Frage nach dem Vorherwissen des Kontingenten siehe Benjamins,
a.a.O.S.92-97. Nach Origenes ist es möglich, zugleich Entscheidungsfreiheit und Vorauswissen
anzunehmen, da das Vorherwissen das Zukünftige nicht verursache, sondern das Kontingente
Möglichkeitsbedingung für das Vorherwissen sei. Die Vereinbarkeit von Vorherwissen und
Entscheidungsfreiheit ist die Voraussetzung für ein Konzept, das Benjamins als „Anordnung
Gottes" bezeichnet. Nach Benjamins ist es genau dieses Konzept, mit dem sich Origenes von
der zeitgenössischen Philosophie unterscheidet.
Dieses Ergebnis wird man an den philosophischen und insbesondere den vom Peripatos
beeinflußten Quellen diskutieren müssen. Die Frage ist aber, wie Origenes' Konzeption des
göttlichen Vorherwissens auf den Begriff der Pronoia zu beziehen ist. Anders als der Begriff des
Vorherwissens, steht der Begriff Pronoia nicht im Gegensatz zur menschlichen Freiheit. Die
Kritik der Bildung eines falschen Gegensatzes ist weit mehr an Arbeiten wie die PH.J. VAN DER
EIJKS (Origenes' Verteidigung des freien Willens in De oratione 6,1-2, in: VigChr 42 [1988],
S.339-351) zu richten, trifft aber auch die Untersuchung von Benjamins. Die Vereinbarkeit von

Zukommende nach Verdienst zu, er straft und sorgt, er erzieht und verhält sich
hierin zum Kontingenten, indem er das Kommende als Kontingentes vorausge-

Vorherwissen und Entscheidungsfreiheit fand in der Antike nicht dadurch eine Fortsetzung im
Begriff der göttlichen Pronoia, daß man sich auch in diesem Zusammenhang mit der Frage der
Notwendigkeit auseinandersetzte. Dem Vorherwissen des Kontingenten als Kontingentes entsprach in der peripatetisch beinflußten Philosophie die Beschränkung der Pronoia auf den
allgemeinen Zusammenhang. Der Gegensatz, der hier diskutiert wurde, war der zwischen der
universalen und der individuellen Pronoia. Meine Kritik an H. Koch, die aber auch die Arbeit
von Benjamins berührt, besteht darin, daß die Frage nach der Pädagogie an dem Gegenstand
der Diskussion vorbeiführt. In der Diskussion mit einer peripatetisch beeinflußten Position war,
wie an der Schrift Contra Celsum zu zeigen ist, der Hinweis auf die Pädagogie als Argument
ungeeignet. Und mehr noch, er entspricht auch der Position des Origenes nicht, der sich dem
Gegensatz zwischen universaler und individueller Pronoia eben nicht von der Seite der
individuellen Pronoia nähert. In diesem Zusammenhang wird notwendig die Beschreibung des
Origenes im Verhältnis zur philosophischen Debatte anders aussehen als bei Benjamins.
Benjamins schreibt: „Auf Grund seiner Konzeption der Anordnung unterscheidet Origenes sich
also von Stoikern und Platonikern, vor allem darin, daß die Entscheidungsfreiheit sich nicht
einer vorgegebenen Weltordnung anpassen muß, sondern die Ordnung auf die Entscheidungsfreiheit eingestellt wird. Die Konzeption der Anordnung ermöglicht Origenes sowohl die
Verteidigung der Entscheidungsfreiheit als auch die Behauptung einer Kette der Ereignisse als
auch die allwaltende Vorsehung Gottes, die einheitlich ist und sich um Vernunftwesen kümmert
... Als solche vertraten sie (die verschiedenen Philosophen) diese Position nicht." (S.147)
Benjamins faßt dann zusammen, daß Origenes und die Philosophen sich in ihrer „Auffassung
von der Vorsehung" unterscheiden, daß die Vorstellung des Origenes von der „griechischen
Vorstellung von der *pronoia* völlig verschieden ist" (S.166). Benjamins schließt: „Die These von
H. Koch, Origenes habe dem Platonismus den Gedanken der Pädagogie Gottes entnommen,
läßt sich widerlegen, weil die Vorsehung Gottes bei Origenes nicht mit griechischer *pronoia*
identisch, sondern von der christlichen Vorstellung abhängig ist." Das Ergebnis der Arbeit, die
ganz in der philosophischen Debatte einsetzt, ist, daß sich Origenes ganz aus dieser Diskussion
herausbewegt hat und als Christ den Philosophen entfremdet gegenübersteht.
Die Gegenüberstellung von ewiger Weltordnung und der Vorstellung eines geschichtlichen
Gottes fordert eine Antwort auf zwei Ebenen. Sie bedarf der Antwort im Grundsätzlichen, da
diese Gegenüberstellung eine Geschichte in der Dogmengeschichtsschreibung der letzten
hundert Jahre hat und an dieser Gegenüberstellung die Bewertung altkirchlicher Theologie
vorgenommen wurde. Ich sehe das Problem in der Distanz, in der zwei Lager verglichen werden, in der nach der Vereinbarkeit von griechischem und christlichem Denken gefragt wird und
die schließlich dahin führt, daß Origenes nicht mehr seine eigene Sprache spricht und die
griechische Pronoia nicht mehr die Vorstellung des Origenes ist.
Auf der zweiten Ebene ist dem angegebenen Gegenstand nachzugehen. Ich gehe nicht davon
aus, daß die gesamte philosophische Diskussion um den Begriff Pronoia darin zum Stehen
gekommen ist, daß Pronoia die stabile Ordnung des Alls in ihren Gesetzmäßigkeiten bedeutet.
Man konnte das All und seine Ordnung, den Wechsel der Jahreszeiten, den Lauf der Sterne
bewundern und von Gottes Pronoia sprechen (vgl. princ. 1,1,6,S.21.5-9, c.Cels. 1,23,S.73.22-
74.3, Athenagoras, leg. 4,2). Diese Aussage war nicht strittig, auch wenn bei Cicero (nat.deor.
3,24) der akademische Skeptiker sie mit Hinweis auf die Regelmäßigkeit der Malariaschübe
schwächt, sie war tief verwurzelt, und es ist die Frage, ob Origenes sich mit dem Ineinandergreifen von der Freiheit der Vernunftwesen und dem Vorherwissen und Ordnen Gottes
abgrenzend auf sie bezieht. Die Positionen zum Begriff Pronoia entwickeln sich in der
Philosophie und Theologie der Kaiserzeit weiter. Theologen äußern sich keineswegs einheitlich
zur Pronoia Gottes und die Abgrenzungen sind sehr viel weniger klar, als man nach der Lektüre
von Benjamins annimmt. Und vor allem stellt sich die Frage, wie diese Abgrenzungen zu
interpretieren sind. Origenes findet in dem Begriff Pronoia den Ansatzpunkt seiner Kritik

sehen hat und indem die Verdienste von Anfang an festgelegt sind. Der Fortschritt ist auf ein Ziel hin orientiert; sofern Origenes in diesem Zusammenhang
aber den Begriff Pronoia verwendet, hat der Begriff eine distributive Bedeutung,
und diese hat wenig pädagogische Züge. Clemens von Alexandrien entwickelt den
Begriff Pronoia in den drei genannten Schritten, daß Gott das Unrecht nicht hindert, es in einen sinnvollen Zusammenhang einordnet und zur Erziehung gebraucht. Während es bei Clemens die Erziehung ist, welche die sinnvolle Einrichtung des Alls mit der Beziehung Gottes zu den Menschen als Richter verbindet, fehlt genau hier bei Origenes der Begriff der Erziehung. „Erziehung"
interpretiert bei Origenes nicht den Nutzen der Weltverwaltung für die Menschen.
Die Vermittlung zwischen göttlicher Verwaltung der Welt und göttlichem Rich-
teramt gegenüber den Menschen liegt bei Origenes in der der göttlichen Verwaltung inhärenten distributiven Struktur.

Die Frage nach dem Nutzen im Rahmen göttlicher Weltverantwortung ist die Frage nach dem
Sinn des Gebetes. Origenes wählt in De oratione ähnliche Beispiele wie princ. 2,1,2.[70] Der Arzt,
der das Gebet eines Kranken hört, ist motiviert zu helfen; der Reiche, der das Gebet eines Armen
hört, hilft in der Überzeugung, den Willen Gottes zu tun.[71] Das Gebet ist nach Origenes nicht als
Bitte an Gott mißzuverstehen, seine Anordnungen zu überdenken. Gott lasse sich nicht von dem
Bittenden überzeugen und dem einen oder anderen das Gewünschte zukommen.[72] Der Betende
weiß sich eingebunden in Gottes Einrichtung der Welt, die Gott – und darin ist Gott unveränderlich – einmal getroffen hat. Origenes versteht auch in De oratione die göttliche Einrichtung der
Welt im Sinne der Kohärenz des Ganzen. Sie setzt voraus, daß Gott auch den betenden Kranken
oder Armen vorausgesehen hat. Der Nutzen ihres Gebetes liegt in der Begegnung mit Arzt und
Helfer. Diese Begegnung ist nach Origenes ein Detail der sich ergänzenden Teile des Ganzen.
Gott habe sie zu der Zeit des Gebetes zusammengeführt, da er ihr Gebet vorausgesehen habe. Der

---

gegenüber Celsus. Die Eigenständigkeit seiner Konzeption, die sich, eben weil sie eigenständig
ist, von anderen Konzeptionen unterscheidet, muß nicht als Entfremdung von der Philosophie
gedeutet werden. Das Konzept, das Origenes Celsus entgegenstellt, antwortet auf Fragen, die
innerhalb einer bestimmten philosophischen Diskussion gestellt wurden, von der Celsus, wie am
Vergleich mit Alexander von Aphrodisias zu zeigen ist, nur eine Seite vertritt. Wenn Origenes'
Theologie mitten in der philosophischen Auseinandersetzung treibt, setzt die zumindest eines
voraus, nämlich die Kenntnis der Debatte und der Prämissen.
Nachdem man seit den dreißiger Jahren Gemeinsames von Origenes und der zeitgenössischen
Philosophie aufgedeckt hat, ist es heute Aufgabe, auf Veränderung und Eigenständigkeit des
Theologen hinzuweisen, nicht aber um das Christentum aus einer Art Überfremdung zu
befreien und wieder den Christ in der Abgrenzung zur Philosophie zu zeigen, sondern um die
Bezogenheit auf das zeitgenössische Denken weiter zu klären und zu zeigen, daß Origenes als
biblischer Theologe in einer Auseinandersetzung steht und authentisch sich nicht in der
Alternative zwischen Abgrenzung oder Nachahmung bewegt, sondern authentisch mitten in der
Debatte seiner Zeit schreibt.

[70] 108.7-10.
[71] Or.11,4,S.323.17-30.
[72] Or. 5,5,S.311.1-7.

Nutzen, den Origenes hier beschreibt, ist der gleiche wie der, den er der Weltverwaltung Gottes in princ. 2,1,2 zuordnet. Weltverwaltung Gottes ist die Schaffung eines kohärenten Ganzen, die Verteilung der Gegenstände in dem Haus an den Platz, an dem sie einen Nutzen haben. Der Begriff Pronoia hat eine distributive Funktion und entspricht auch in De oratione der Zuteilung des Platzes für goldenes und tönernes Geschirr. In De oratione 6,2 heißt es:

„Und in allen Dingen, die Gott vorher gemäß dem anordnet, was er bezüglich jedes einzelnen von den Werken gesehen hat, die an uns liegen, hat er zuvor nach dem Verdienst für jede Bewegung des freien Willens das angeordnet, was auch von der Pronoia ihm widerfahren und überdies entsprechend der Reihenfolge der zukünftigen Dinge zustoßen wird. Das Vorherwissen Gottes ist nämlich nicht Ursache für alles Kommende und alles aus dem freien Willen entsprechend unserem Antrieb zukünftig Bewirkte ... Vielmehr geschieht es durch das Vorherwissen, daß der freie Wille jedes einzelnen die Einordnung in die Verwaltung des Alls empfängt, die für die bestehende Einrichtung der Welt nützlich ist."[73]

Origenes führt in diesem Text die Linien zusammen. Die Weltordnung, die Origenes beschreibt, ist προδιάταξις, eine Anordnung, die im Vornherein geschieht, in der das, was intergriert werden soll, vorhergesehen ist und in der durch die Kraft des Vorherwissens[74] jeder einzelner den Ort erhält, der dem einzelnen entspricht und der Gesamtheit nützt. Pronoia könnte ein „Wirken im Nachhinein" sein, das jeweils auf die Situation oder besser den Zustand, in den sich die freien Wesen selbst hineingebracht haben, reagiert, wenn Origenes nicht den Begriff des Vorherwissens einbrächte. Hervorzuheben ist, daß der Begriff Pronoia hier nicht mit dem Begriff Prognosis identisch ist und daß Origenes von Pronoia spricht, soweit das Tun der einzelnen im Gesamtzusammenhang berücksichtigt wird. Der Text belegt noch einmal die distributive Bedeutung des Begriffs Pronoia. Die Frage ist, wie wird den einzelnen ihr Verdienst zuteil. Unter Pronoia hat man sich nicht ein Gesetz vorzustellen, in dem Strafen, aber auch Verheißungen festgelegt sind, die je nach Lebensweise des einzelnen zur Geltung kommen; und der Begriff des Vorhersehens steht nicht dafür, daß ein Gesetz auch in den gesellschaftlichen Zusammenhang paßt, sondern dafür, daß das Tun der Vernunftwesen als ein vorausgewußtes Tun[75] der göttlichen Einrichtung des

---

[73] Or.6,2,S.313.5-15: καὶ ἐν πᾶσιν, οἷς προδιατάσσεται ὁ θεὸς ἀκολούθως οἷς ἑώρακε περὶ ἑκάστου ἔργου τῶν ἐφ’ ἡμῖν, προδιατέτακται κατ’ ἀξίαν ἑκάστῳ κινήματι τῶν ἐφ’ ἡμῖν τὸ καὶ ἀπὸ τῆς προνοίας αὐτῷ ἀπαντησόμενον ἔτι δὲ καὶ κατὰ τὸν εἱρμὸν τῶν ἐσομένων συμβησόμενον, οὐχὶ τῆς προγνώσεως τοῦ θεοῦ αἰτίας γινομένης τοῖς ἐσομένοις πᾶσι καὶ ἐκ τοῦ ἐφ’ ἡμῖν κατὰ τὴν ὁρμὴν ἡμῶν ἐνεργηθησομένοις ... πλέον δὲ ἀπὸ τῆς προγνώσεως γίνεται τὸ κατάταξιν λαμβάνειν εἰς τὴν τοῦ παντὸς διοίκησιν χρειώδη τῇ τοῦ κόσμου καταστάσει τὸ ἑκάστου ἐφ’ ἡμῖν.

[74] Vgl. den Begriff des Vorherwissens in princ. 1,2,2,S.30.2-8: *In hac ipsa ergo sapientiae subsistentia quia omnis virtus ac deformatio futurae inerat creaturae, vel eorum quae principaliter exsistunt vel eorum quae accidunt consequenter, virtute praescientiae praeformata atque disposita.* Vgl. Clemens von Alexandrien, strom. 6,17,156,5.

[75] Das hier beschriebene Verhältnis Gottes zum Kontingenten als einem Vorausgewußten findet sich bereits bei Justin, apol.mai. 44,11 und erklärt hier das Wesen der Prophetie. Justin verbindet Vorauswissen, Vergeltung nach Verdienst und Fürsorge Gottes für die Menschen. Er verarbeitet den Begriff Pronoia in der distributiven Bedeutung und teilt eine Reihe von Voraussetzungen mit Origenes. Justin, apol.mai. 44,11.28-34: ἀλλὰ προγνώστου τοῦ θεοῦ ὄντος τῶν μελλόντων ὑπὸ πάντων ἀνθρώπων πραχθήσεσθαι, καὶ δόγματος <ἡμῖν> ὄντος παρ’ αὐτοῦ κατ’ ἀξίαν τῶν πράξεων ἕκαστον ἀμείψεσθαι τῶν ἀνθρώπων μέλλοντα, καὶ <αὐτὸς> παρ’ αὐτοῦ τὰ κατ’ ἀξίαν τῶν πραττομένων ἀπαντήσεσθαι διὰ τοῦ προφητικοῦ πνεύματος προλέγει, εἰς ἐπί<σ>τασιν καὶ

Gesamtzusammenhangs vorausgeht.[76]

2. Betont man die distributive Verwendung des Begriffs Pronoia bei Origenes, wird es schwierig, das Gesamtanliegen des Origenes und die Eigenständigkeit seiner Konzeption in dem pädagogischen Bezug zu erfassen. Geht man zweitens davon aus, daß für Origenes die Vorstellung von Einheit und Kohärenz des Ganzen wichtig ist und Sinn in dem Kohärenten entsteht, haben seine Aussagen über das göttliche Wirken gegenüber der Schöpfung sogleich eine Tiefenstruktur, da Vater, Sohn und Geist sich nach Origenes unterschiedlich auf die Schöpfung beziehen. Die Erwartung aber, die Aussage in De principiis zu belegen, daß Logos und Geist die Pronoia üben, da nur bei Vernunftwesen und Heiligen der distributive Zug zur Geltung kommen kann, wird enttäuscht. Dies hat zum Teil seinen Grund darin, daß Origenes den Begriff Pronoia in De principiis selten verwendet. Dies hebt aber die Beobachtung nicht auf, daß die Differenzierung innerhalb des göttlichen Subjektes weder auf den Begriff Pronoia noch auf den Begriff der Paideia einheitlich angewendet wird. Man kann dies erklären, indem man die ebenfalls wenig einheitlichen Bezeichnungen „stoisch" und „platonisch" benutzt und hierin das Ineinandergreifen stoischer und platonischer Vorstellungen sieht. Origenes geht ein Stück des Weges stoischen Vorstellungen nach, ohne sich aber auf diesen Weg festzulegen. Origenes schreibt Pronoia weitgehend göttlichen Mächten zu, und man kann das Subjekt göttlicher Pronoia bei Origenes nicht verstehen, ohne bestimmte platonische Vorstellungen hinzuzunehmen.[77] Spricht man aber von einer im Gesamtsystem Logos und Geist zuzuordnenden Pädagogie, hat man, wie der Vergleich mit dem Wettkampf zeigt, auch hier unter „Pädagogie" die Herstellung von Entsprechung, Gleichgewicht und Gerechtigkeit zu verstehen.

Wie Clemens von Alexandrien zieht auch Origenes das Bild des Wettkampfes heran, ein Bild, das mit vielen Einzelheiten eine Geschichte erzählt, in der nicht ein Detail zum menschlichen Leben paßt, sondern die Origenes als Ganzes nimmt, um mit ihren Figuren über den „Kampf" des Lebens zu sprechen.[78] Jeder habe seinen Wettkampf zu bestehen, bei dem er nach Origenes

---

ἀνάμνησιν ἀεὶ ἄγων τὸ τῶν ἀνθρώπων γένος, δεικνὺς ὅτι καὶ μέλον ἐστὶν αὐτῷ καὶ προνοεῖται αὐτῶν. An diesem Text wurden eine Reihe von Konjekturen vorgenommen. In Zeile 31 heißt es in Kodex A (Parisinus gr. 450) μέλλοντα τῶν ἀνθρώπων καὶ τὰ παρ' αὐτοῦ.

[76] Vgl. princ. 3,5,5. Auf die Problematik dieser Aussage macht von seinen Voraussetzungen her Plotin in 3,2,18.7-13 aufmerksam. In der Übersetzung Harders heißt es: „keinesweges ist es geboten, Schauspieler auf die Bühne zu bringen, welche etwas ganz anderes sprechen, als der Dichter vorschreibt; gleich als wäre das Stück an und für sich noch unfertig und sie füllten das Fehlende aus, der Dichter hätte zwischenhinein leere Stellen gelassen; dann würden Schauspieler nicht mehr bloße Schauspieler sein, sondern sie wären ein Stück des Dichters selber, der allerdings zuvor wüßte, was die anderen noch sprechen werden, wodurch er dann im Stande wäre, die Fortsetzung und den weiteren Verlauf des Stückes sinnvoll zu knüpfen."

[77] Siehe unten II.§ 5.3,S.296ff, § 6.1,S.307-316.

[78] Princ. 3,2,3.

verlieren kann, nicht aber, weil er nicht fähig wäre, zu siegen. Jeder hat nach Origenes die Kraft zu siegen (*vincendi virtutem*), denn er steht nicht einem ungleichen Partner gegenüber und kämpft nicht mit dem Überlegenen und Stärkeren, sondern wie im Wettkampf mit Altersgenossen. Wie die Aufgabe, die in der Arena der Organisator der Kämpfe hat, der dafür sorgt, daß gleiche Paare im sportlichen Kampf aufeinandertreffen, habe man sich das Wirken der Pronoia Gottes vorzustellen:

ita intellegendum est etiam de divina providentia quod omnes, qui in hos humanae vitae descenderint agones, iustissima moderatione dispenset secundum rationem uniuscuiusque virtutis, quam ipse solus, qui solus ,corda hominum' intuetur, agnoscit.[79]

3. Schließlich ist das Ineinandergreifen von Gesamtzusammenhang und Individuum in der Frage nach dem göttlichen Wirken zu beobachten. Verdienste werden dem einzelnen zugesprochen, und der Richter übersieht dabei nicht eine übergreifende Entwicklung, sondern das Leben des einzelnen. Pronoia ist in der distributiven Bedeutung auf den einzelnen bezogen. Origenes äußert sich insbesondere in De principiis ausdrücklich zu dem Bezug göttlicher Pronoia auf das Einzelne.[80] Nach Origenes findet kein Martyrium ohne Gottes Pronoia statt.[81] Die Sperlinge, die nicht vom Himmel fallen, sind Ausdruck dieser Gewißheit von Gottes Sorge für das Einzelne und Geringste. Der Begriff Pronoia hat für Origenes einen Bezug auf das einzelne, dennoch kann dieser Bezug völlig hinter die Gesamtperspektive des geordneten Ganzen zurücktreten.[82] Es kann kein kohärentes Ganzes geben ohne die gerechte Zusammenfügung des einzelnen, aber der Blick auf das Leben des einzelnen erhält seinen Sinn in der Gestaltung des Zusammenhanges. Auf der einen Seite wird mit dem Begriff Pronoia zum Ausdruck gebracht, daß das Tun des einzelnen bewertet wird, daß ihm in der Folge der Ereignisse das seinem Leben Entsprechende begegnen wird. Auf der anderen Seite hofft der einzelne, daß er die Pronoia Gottes erfahren wird, dann spricht Origenes von dem Nutzen des Kohärenten, von dem Sinnzusammenhang des Ganzen, das auch den einzelnen betreffen wird. Der Begriff Pronoia hat zwei Gesichter, das eine ist distributiv vergeltend zurückgerichtet, das andere schaut nach vorne und sieht den Gesamtzusammenhang. Und dieser Gesamtzusammenhang ist von Gott so hergestellt,

---

[79] Princ. 3,2,3,S.249.5-8. Vgl. allerdings das, was Seneca über die Fortuna in prov. 3,4 sagt: *Ignomiam iudicat gladiator cum inferiore componi, et scit eum sine gloria uinci qui sine periculo uincitur. Idem fascit fortuna: fortissimos sibi pares quaerit.*
[80] Princ. 2,9,8,S.172.17-24; 2,11,5,S.189.1-8.
[81] Exh.mart. 34,S.30.16f.
[82] Siehe besonders Hom.in Jer. 12,5. Nachdem es von dem Richter heißt, daß er in seinem Urteil προνοούμενος καὶ τοῦ ἑνός, πλεῖον δὲ προνοούμενος τῶν πολλῶν παρὰ τὸν ἕνα (29-31), schreibt Origenes anschließend von Gott: Οὕτως καὶ ὁ θεὸς οὐχ ἕνα ἄνθρωπον οἰκονομεῖ, ἀλλ᾿ ὅλον τὸν κόσμον οἰκονομεῖ. Τὰ ἐν τῷ οὐρανῷ, τὰ ἐν τῇ γῇ διοικεῖ· σκοπεῖ οὖν τί συμφέρει ὅλῳ τῷ κόσμῳ καὶ πᾶσι τοῖς οὖσι, κατὰ τὸ δυνατὸν σκοπεῖ καὶ τὸ συμφέρον τῷ ἑνί, οὐ μέντοι ἵνα γένηται ἐπὶ ζημίᾳ τοῦ κόσμου τὸ τοῦ ἑνὸς συμφέρον (42-47). Vgl. Platon, leg. 903B-C.

daß er das Tun der einzelnen entsprechend der göttlichen Pronoia umgreift. In diese „Gestaltung der Schöpfung nach Verdienst" ist auch eine Aussage wie die folgende einzuordnen:

> „Durch das Wort Gottes nämlich und seine Weisheit ist das All geschaffen, und durch seine Gerechtigkeit ist es geordnet; durch die Gnade seiner Barmherzigkeit sorgt es für alle und, durch welche Arzneimittel auch immer sie geheilt werden können, ermahnt es und gibt es Anstöße zum Heil."[83]

Eine Interpretation aber der Weltverwaltung Gottes von dem Gedanken einer göttlichen Pädagogie findet nicht statt. Dieses Ergebnis bedeutet, daß in einer von der stoischen Vorstellung bestimmten Darstellung die göttliche Pädagogie keinen Ort hat. „Pronoia und Paideusis" sind als Konzept nur im platonischen Milieu denkbar. Origenes aber formuliert einen pädagogischen Zug des Begriffs nicht aus, nicht weil für ihn Pronoia einen stoischen Hintergrund hat, sondern obwohl in dem Begriff für ihn der Platonismus im Vordergrund steht. Damit ist zu dem zweiten Abschnitt übergeleitet.

b) Origenes und Hierokles über Gottes Pronoia
als die wiederholte Bestimmung der Verdienste durch die Zeiten

Neben der „Gestaltung der Schöpfung nach Verdienst" gibt es eine zweite Ebene, in der Origenes den distributiven Aspekt des Begriffs Pronoia wiederum in einem weiteren Rahmen zum Tragen bringt. An zweiter Stelle ist der eschatologische Bezug zu erörtern, den Origenes dem Begriff Pronoia gibt. Beiden Begriffen, dem Begriff Pronoia sowie auch dem Begriff der Pädagogie, gibt Origenes einen Impuls, der in der Zukunft liegt. Origenes spricht von der zukünftigen Erziehung der Vernunftwesen, von einem Prozeß der Besserung, in dem sie bereits stehen, der aber auch mit dem Tod der Menschen nicht zum Ende gekommen ist.[84] Ebenso ist Pronoia eine Lenkung Gottes, die Zeit und Ewigkeit umfaßt. In der Übersetzung Rufins heißt es:

> „Wir bemühen uns zu zeigen, daß die Pronoia Gottes alles gerecht lenkt, nämlich indem sie die unsterblichen Seelen in der ausgewogensten Fügung nach Verdienst und Schuld der einzelnen regiert. Denn die menschenfreundliche Regierung beschränkt sich nicht auf das Leben in dieser Zeit, sondern der frühere Zustand bietet in Hinblick auf die Verdienste die Ursache des zukünftigen, und so wird die unsterbliche Seele durch die unsterbliche und

---

[83] Princ. 2,9,7,S.171.28-31: *Verbo enim dei et sapientia eius creata sunt universa, et per ipsius sunt ordinata iustitiam; per gratiam vero misericordiae suae omnibus providet atque omnes quibuscumque curari possunt remediis hortatur et provocat ad salutem.*
[84] Princ. 2,3,2,S.116.25-117.5; 3,1,13,S.218.9-11; 3,6,6,S.287.21-288.4.

ewige, nach Gerechtigkeit verfahrende Lenkung der göttlichen Pronoia zur höchsten Vollkommenheit geführt."[85]

An anderer Stelle in De principiis schreibt Origenes, daß Gottes Ökonomie sich nicht nur auf die fünfzig oder sechzig Jahre des jetzigen Lebens, sondern auf die Seelen in der unendlichen Ewigkeit bezieht.[86] In dem hier zitierten Text wird der Begriff Pronoia in die eschatologische Perspektive gesetzt. Wichtig ist, daß Rufin sich in seiner Übersetzung ausdrücklich zu dem Begriff Pronoia äußert und es die richterlich-distributive Bedeutung des Begriffs ist, die in der Gegenwart, aber ebenso seit und in ewigen Zeiten Gottes Wirken beschreibt. Mit Pronoia ist die Bewertung der einzelnen Seelen angesprochen, deren Zustand hier nicht nur eingebunden ist in die göttliche Einrichtung der Welt,[87] sondern in den Prozeß, der die einzelnen Seelen zur Vollkommenheit führt. Dieser Prozeß besteht in aufeinanderfolgenden *status*. Der gegenwärtige Zustand ergibt sich aus dem, was die Seele zuvor erreicht hat, er ist verdient und in der Vergangenheit mit freiem Willen gewählt. Nach Origenes habe ich mein Leben selbst gewählt und bin verantwortlich in meinem Tun für das, was ich in Zukunft sein werde. Das Verdiente erhalte ich durch Gottes Pronoia. Origenes verwendet den Begriff Pronoia, wie er in die christliche Gerichtsvorstellung eingebunden ist, aber er verändert ihn, da nach Origenes das Gericht Gottes nicht einmal am Ende der Zeiten stattfindet, sondern schon früher stattgefunden hat[88] und der jeweiligen Gegenwart vorausgegangen ist.[89]

Der soweit skizzierte Gedankengang ist von seinen Voraussetzungen her zu vertiefen. Er ist auf der einen Seite getragen von der christlichen Gerichtsvor-

---

[85] Origenes, princ. 3,1,17,S.228.14-20: *quod providentiam dei iuste omnia moderantem et aequissimis dispensationibus pro singulorum meritis et causis regere inmortales animas studemus ostendere; dum non intra huius saeculi vitam dispensatio humana concluditur, sed futuri status causam praestat semper anterior meritorum status, et sic inmortali et aeterno aequitatis moderamine divinae providentiae inmortalis anima ad summam perfectionis adducitur.*

[86] Princ. 3,1,13,S.218.9-11: θεὸς γὰρ οἰκονομεῖ τὰς ψυχὰς οὐχ ὡς πρὸς τὴν φέρ' εἰπεῖν πεντηκονταετίαν τῆς ἐνθάδε ζωῆς, ἀλλ' ὡς πρὸς τὸν ἀπέραντον αἰῶνα. In der lateinischen Übersetzung findet sich der Begriff Pronoia. Rufin übersetzt folgendermaßen (24-28): *Deus enim dispensat animas non ad istud solum vitae nostrae tempus, quod intra sexaginta fere aut si quid amplius annos concluditur, sed ad perpetuum et aeternum tempus, tamquam aeternus et immortalis, immortalium quoque animarum providentiam tenens.*

[87] Auf eine Gegenüberstellung zum Kommentar von Tim. 30a durch Proklos (113E-115D) muß hier verzichtet werden. Hingewiesen sei auf den Vergleich von PsDionysios, Plotin, Proklos und Origenes bei E. MÜHLENBERG, Das Verständnis des Bösen in neuplatonischer und frühchristlicher Sicht, a.a.O.S.230f.

[88] So princ. 2,9,8,S.171.32-172.3. Es folgt das Zitat von 2 Tim 2,20f.

[89] G. BOSTOCK, The sources of Origen's doctrine of pre-existence, in: Origeniana Quinta. Papers of the 5th International Origen Congress 1989, hrsg.v. R.J. Daly (BEThL 105), Löwen 1992, S.259-264, weist in diesem Zusammenhang auf eine Verbindung mit Philon hin.

stellung,[90] die in einer für Origenes spezifischen Weise zur Anwendung kommt, auf der anderen Seite ist der Gedankengang nachvollziehbar von dem platonischen Lebenswahlmotiv[91] her und einem, bei Nemesios von Emesa am deutlichsten ausformulierten, platonischen Konzept der Heimarmene. Nachdem in dem ersten Abschnitt auf stoische Bezüge geachtet wurde, sollen hier platonische Konzepte berücksichtigt werden.

Nach Origenes endet die göttliche Pronoia nicht mit dem Ende unseres Lebens. Nach H. Dörrie liegt genau hier ein Defizit in der Konzeption des Platonismus, das gerade in der Auseinandersetzung mit der Stoa hätte durchdacht werden müssen. Dörrie schreibt:

> „Es hätte erörtert werden müssen, ob und wie die göttliche πρόνοια für die Seelen nach dem leiblichen Tode sorgt ... Aus gutem Grunde fehlt durchaus der Impuls, auf dem bezeichneten Felde weiter tätig zu werden. Denn wenn die Seele aus der Körperwelt aufsteigt, unterliegt sie keiner Gesetzlichkeit mehr außer dieser einen: sie strebt danach, sich mit ihr Gleichartigen, also dem transzendenten νοῦς, der Sonne im Reich der Ideen, zu vereinen. Damit freilich ist sie nicht nur den Zwängen der εἱμαρμένη, sondern auch aller etwaiger Fürsorge der πρόνοια entrückt."[92]

Bei Origenes ist von der fortgesetzten Pronoia Gottes zu lesen, die nicht mit dem Tod endet, und zugleich sind Bezüge zum platonischen Konzept der Heimarmene festzustellen. Die Notwendigkeit, in der Stoa zwischen den Begriffen Pronoia und Heimarmene zu unterscheiden, wurde bereits hervorgehoben. Das platonische Konzept der Heimarmene unterscheidet sich von dem der Stoa und diskutiert nicht prädisponierende Ursachen, sondern die Folgen des Handelns. Alkinoos beispielsweise schreibt:

> „Die Heimarmene hat den Status eines Gesetzes inne ... daß, wenn eine Seele eine bestimmte Art des Lebens gewählt hat und solches tut, ihr entsprechende Folgen zuteil werden. Die Seele hat nämlich keinen Herrn, und es liegt an ihr, etwas zu tun oder nicht. Sie wurde nicht zu diesem gezwungen, die Folgen ihres Tuns werden gemäß der Heimarmene eintreten."[93]

Leg. 904 zeigt, daß diese Definition der Heimarmene ursprünglich platonisch ist. Ausführlicher als Alkinoos äußern sich Nemesios und PsPlutarch. Die Texte seien kurz vorgestellt.

---

[90] Zu vergleichen sind aber auch patristische Texte, die in unterschiedlicher Form das Lebenswahlmotiv aufnehmen. Z.B. Justin, apol.mai. 10,2; 43,1-3. Zu Justins Kenntnis der platonischen Dialoge siehe: M.J. EDWARDS, On the platonic schooling of Justin Martyr, in: JThS.NS 42 (1991), S.18-21 (17-34).

[91] Siehe neben dem Er-Mythos (Platon, rep. 617D-621B) insbesondere leg. 10,903B-905D.

[92] Der Begriff „Pronoia" in Stoa und Platonismus, a.a.O.S.78,86.

[93] Didasc. 26 H 179.3-13: Ἡ γὰρ εἱμαρμένη νόμου τάξιν ἐπέχουσα ... διότι ἥτις ἂν ἕληται ψυχὴ τοιοῦτον βίον καὶ τάδε τινὰ πράξῃ, τάδε τινὰ αὐτῇ ἕψεται. Ἀδέσποτον οὖν ἡ ψυχὴ καὶ ἐπ᾽ αὐτῇ μὲν

Nemesios von Emesa (nat.hom. 37f) führt eine Position ein, die er den Gelehrtesten unter den Griechen, nämlich den Platonikern, zuschreibt und später ausdrücklich mit Platon identifiziert: „Einige sagen, daß die Wahl der Taten an uns liegt, der Ausgang der gewählten Taten aber bei der Heimarmene."[94] Sowohl die Position ist interessant, als auch die Auseinandersetzung des Nemesios mit ihr. Nach Nemesios hat sie einen einzigen Fehler, die Platoniker sprechen von Heimarmene statt von Pronoia.[95] Nemesios will nicht auf Worten beharren, aber dem Begriff Heimarmene hafte die Notwendigkeit an, und diese Notwendigkeit bezieht Nemesios nicht auf die Menschen, sondern auf Gott, den die Platoniker mit dem Begriff der Heimarmene nicht frei sein lassen, sondern der Notwendigkeit unterstellen.[96] Bevor er aber auf die Platoniker eingeht, stellt Nemesios seine eigene Position voran:

> „Man muß Pronoia die Ursache vom Ausgang der Handlungen nennen, dieses nämlich ist eher ein Werk der Pronoia als der Heimarmene. Es ist der Pronoia zu eigen, jedem das ihm Zukommende, soweit es nützlich ist, zuzuteilen. Deshalb wird es je nach dem Nutzen bald zum Erfolg der frei gewählten Handlungen kommen, bald nicht."[97]

Unter der genannten Einschränkung entspricht Pronoia als „Ursache vom Ausgang der Handlungen" der platonischen Heimarmene.[98] Nach Nemesios kennt Platon Heimarmene κατ' οὐσίαν als Weltseele und καθ' ἐνέργειαν als unverletzliches Gesetz und Setzung der Unentrinnbarkeit. Dieses Gesetz, so Nemesios, umfaßt

---

τὸ πρᾶξαι ἢ μή· καὶ οὐ κατηνάγκασται τοῦτο, τὸ δὲ ἑπόμενον τῇ πράξει καθ' εἱμαρμένην συντελεσθήσεται.

[94] Nemesios, nat.hom. 37,S.108.2f: Οἱ δὲ λέγοντες τὴν μὲν αἴρεσιν τῶν πρακτῶν ἐφ' ἡμῖν εἶναι, τὴν δὲ τῶν αἱρεθέντων ἀπόβασιν ἐπὶ τῇ εἱμαρμένῃ.

[95] Nemesios kann in dieser Weise sprechen, da er die Definitionen der Heimarmene nur referiert, selbst aber als Theologe den Begriff der Heimarmene nicht übernimmt: ... τὰ θεῖα λόγια τὰ λέγοντα πρόνοιαν μόνην διοικεῖν τὰ πάντα (nat.hom. 38,S.110.12f). Schwieriger gestaltet sich die Frage z.B. für den Platoniker PsPlutarch. Da bei PsPlutarch die Begriffe Pronoia und Heimarmene nebeneinanderstehen, muß er das Verhältnis der Begriffe zueinander klären. PsPlutarch untergliedert beide Begriffe dreifach (fat. 568E, 572F-573A). Die zweite Pronoia aber ist nicht einfach identisch mit dem Begriff der Heimarmene. Die zweite Pronoia ist nach PsPlu-tarch zusammen mit der Heimarmene entstanden und wird von ihr völlig umfaßt (... ἡ δέ, συγγεννηθεῖσα τῇ εἱμαρμένῃ, πάντως αὐτῇ συμπεριλαμβάνεται ... 574B). PsPlutarch erläutert dies im folgenden, wobei wiederum die Dreiteilung der Heimarmene vorausgesetzt ist. Nemesios identifiziert in seinem Referat über die platonische Dreiteilung der Pronoia (Siehe unten II.§6,S.308-310) die zweite Pronoia mit der Heimarmene und kritisiert Platon an dieser Stelle (nat.hom. 43,S.126.17-21). Die Identifikation der zweiten Pronoia mit der Heimarmene wurde diskutiert.

[96] Nat.hom. 38,S.110.21-111.2.

[97] Nat.hom. 37,S.108.12-15: ... δέον πρόνοιαν λέγειν αἰτίαν τῆς ἐκβάσεως τῶν πραγμάτων· προνοίας γὰρ τοῦτο μᾶλλον ἔργον ἢ εἱμαρμένης· τῆς γὰρ προνοίας ἴδιον τὸ ἑκάστῳ νέμειν κατὰ τὸ συμφέρον ἑκάστῳ, καὶ διὰ τοῦτο τῶν αἱρεθέντων ἡ ἔκβασις κατὰ τὸ συμφέρον ποτὲ μὲν ἔσται, ποτὲ δὲ οὐκ ἔσται.

[98] Vgl. unten Anm.107.

das eine als Voraussetzung, das andere als eine Folge aus dieser Voraussetzung. Als vorangehende Ursache, als Voraussetzung, begreift dieses Gesetz alles, was auf den freien Willen zurückgeht, alle frei gewählten Handlungen. Diese Handlungen sind Grundlage für alles, was notwendig und nach Heimarmene aus ihnen resultiert. Die Folgen des Tuns sind nach der Heimarmene festgelegt.[99] Dieses Gesetz der Unentrinnbarkeit, daß niemand den Folgen seines Tuns entgehen kann, wurde mit dem Begriff Pronoia in Verbindung gebracht, wie man Nemesios,[100] aber auch Porphyrios[101] entnehmen kann.

Die Übereinstimmungen zwischen dem Nemesios-Text und *PsPlutarch, fat. 1,4f* sind offensichtlich.[102] PsPlutarch beginnt seine Schrift mit der platonischen Unterscheidung von Heimarmene als οὐσία und ἐνέργεια. Er bezieht sich ausdrücklich auf Phaedr. 248C, Tim. 41E und rep. 617D und bestimmt Heimarmene als ein Gesetz, dem man sich nicht entziehen kann. Er versteht Heimarmene κατ' ἐνέργειαν als eine Setzung der Adrasteia und fährt wie Nemesios fort und erklärt, daß nicht alles Geschehen von der Heimarmene bestimmt ist, sondern nur die Tatfolgen (570C) und erläutert dies am bürgerlichen Gesetz.

> Heimarmene ist „Setzung und Gesetz, da die Folgen des Geschehens wie im Staat geordnet sind[103] ... Von der Heimarmene bestimmt sind nur die Folgen, die den in der göttlichen Ordnung (διάταξις) vorangegangenen Dingen nachfolgen."[104]

In den Gemeinsamkeiten zwischen Nemesios, PsPlutarch und Calcidius hat W. Theiler die Konzeption der Gaius-Schule gesehen.[105] Wichtiger als diese Einordnung, ist die Interpretation Theilers. Die drei Texte verbinden den θεσμός ἀδραστείας aus Phaedr. 248C mit dem Zitat oder der Anspielung auf rep. 617E: „Die Schuld liegt beim Wählenden, Gott ist unschuldig."[106] Sie stellen einen Zusam-

---

[99] Nat.hom. 38.S.109.19-25.

[100] Nat.hom. 38,S.109.16-19.

[101] Marc.16,S.22.6-13.

[102] Calcidius, Tim. 143f,S.182.4-183.6; 149f,S.186.5-22 ist als dritter Text hier einzubeziehen. Zu einem Vergleich der Texte siehe J. DEN BOEFT, Calcidius on fate. His doctrine and sources (PhAnt 18), Leiden 1970, S.8-13,24-27. W. THEILER hat auf die Zusammengehörigkeit der drei Texte hingewiesen (Tacitus und die antike Schicksalslehre in: Forschungen zum Neuplatonismus [QSGP 10], Berlin 1966, S.83-87 [46-103]). Nach Theiler hat erstmals A. GERCKE (Eine platonische Quelle des Neuplatonismus, in: RMP 41 [1886], S.266-291) auf den Zusammenhang aufmerksam gemacht. In der grundlegenden Untersuchung von Theiler sind sämtliche Belege aus dem Bereich des kaiserzeitlichen Platonismus besprochen, die im folgenden genannt werden.

[103] Fat. 570B: θεσμὸς δὲ καὶ νόμος ὑπάρχει τῷ τὰ ἀκόλουθα τοῖς γινομένοις πολιτικῶς διατετάχθαι.

[104] Fat. 570D-E: μόνα δὲ εἱμαρμένα καὶ καθ' εἱμαρμένην τὰ ἀκόλουθα τοῖς ἐν τῇ θείᾳ διατάξει προηγησαμένοις.

[105] Tacitus und die antike Schicksalslehre, a.a.O. THEILER bezieht in seine Untersuchung weitere Texte ein: Hippolyt, ref. 1,19; Proklos, rep. 2,261.8ff, Plutarch, vit.Hom. 120.

[106] Zitiert bei Justin, apol.mai. 44,8.

menhang zwischen dem Begriff Heimarmene und dem platonischen Lebenswahlmotiv her, der so bei Platon nicht vorliegt. Die entscheidende Umbildung des platonischen Motivs aber findet sich nach Theiler in der „Säkularisation" des Lebenswahlmotivs. Alle Hinweise auf eine „intelligible Lebenswahl", so beobachtet Theiler, sind gestrichen und auch leg. 903f werde im Sinn einer „empirischen Lebenswahl" verstanden.[107] An einem von Theiler gewählten Beispiel, das sich in Porphyrios, Über den freien Willen, findet, wird sehr schön deutlich, was man sich unter „empirischer Lebenswahl" vorzustellen hat:

> „Das Gesetz bestimmt, *wenn* du das Lebens eines Soldaten wählst, ist es notwendig, daß du
> das und das leidest und tust, aber nicht zwingt es dich, das Leben eines Soldaten zu
> wählen."[108]

Der Begriff Heimarmene beschreibt die unentrinnbaren Folgen einer Entscheidung, die empirisch ist und die wir selbst getroffen und zu verantworten haben und an die wir uns erinnern. Dieses ist die, wie Theiler schreibt, säkularisierte Erklärung gegenüber einer Erklärung, in der die Form des Lebens auf eine Wahl zurückgeht, die nicht zehn oder fünfzig Jahre zurückliegt, sondern die Folge von Bedingungen ist, die nicht in unsere Lebenszeit fallen.

Nach Theiler hat das Konzept der „empirischen Lebenswahl" nicht einfach die „intelligible Lebenswahl" abgelöst. Die Vorstellungen bestanden nebeneinander. Als Beleg für die intelligible Lebenswahl nennt Theiler die Schrift über die Pronoia von Hierokles von Alexandrien, von der Photios Exzerpte überliefert.[109] Die Schrift stammt aus der ersten Hälfte des 5. Jahrhunderts[110] und ist insofern bemerkenswert, als hier ein Text aus der im weiteren Sinne platonischen Schule vorliegt,

---

[107]Der empirischen Lebenswahl entspricht bei Nemesios der Begriff Pronoia in der Bedeutung eines richterlichen, enteschatologisierten Handeln Gottes (nat.hom. 42,S.121.9-19). Susanna im Bade, die Nemesios kurz erwähnt, und mehr noch die Kraniche des Ibykos, welche die Mörder des Ibykos veranlassen, sich selbst zu verraten (vgl. die Erzählung von der Aufklärung eines Mordes durch einen Hund Plutarch, soll. 969C-D), stellen für Nemesios das Wesen göttlicher Pronoia dar als Gottes richterliches Eingreifen und sind Beispiele, die auf eine eschatologische Perspektive ganz verzichten. Sie tritt bei Nemesios in den Hintergrund.

[108]Übersetzung nach THEILER, a.a.O.S.84. Porphyrios nach Stobaios II 8,S.169,12-15: ... ἐὰν ... βίον ἕλῃ στρατιώτου, τάδε σε παθεῖν καὶ δρᾶσαι ἀνάγκη, οὐ μὴν ἔτι βίον σε ἀνάγκη ἑλέσθαι στρατιώτου (καὶ τάδε παθεῖν <καὶ δρᾶσαι> ἐξ ἀνάγκης).

[109]Ich gehe im folgenden aus von Photios, cod. 251 und den dort überlieferten Exzerpten. In cod. 214 bietet Photios eine Zusammenfassung der Schrift des Hierokles περὶ προνοίας καὶ εἱμαρμένης καὶ τῆς τοῦ ἐφ᾽ ὑμῖν πρὸς τὴν θείαν ἡγεμονίαν συντάξεως, die wahrscheinlich die Einleitung der Schrift benutzt, und zudem eine Auflistung der Inhalte der sieben Bücher des Werkes. Auf Parallelen zwischen cod. 214 und 251 wird hingewiesen.

[110]Photios gibt mit der Nachricht einen Anhaltspunkt für die Datierung, daß Hierokles sich im siebten Buch mit der Lehre des Ammonios, seiner Schüler Plotin und Origenes und ihrer Nachfolger bis hin zu Plutarch von Athen beschäftigt habe (173a 32-38).

in den sich nahezu alle Grundelemente, welche die distributive Konzeption des Begriffs Pronoia bei Origenes ausmachen, einordnen lassen.

Wir sind frei zu wählen,[111] so Hierokles, aber die Folgen unserer Wahl sind durch das Urteil der Pronoia bestimmt.[112] Pronoia ist nach Hierokles ein richterliches Handeln, ist Vergeltung nach Würdigkeit und regelt die Tatfolgen. Richterliche Pronoia und menschliche Freiheit bedingen und stärken sich gegenseitig.[113] Soweit entwickelt Hierokles bezogen auf den Begriff Pronoia nichts anderes als das, was auch bei Nemesios, PsPlutarch und Calcidius über die Heimarmene zu lesen war, sieht man davon ab, daß bei Hierokles nicht eigentlich von „Folgen" die Rede ist, sondern von Vergeltung und vergeltender Pronoia. Nach Hierokles übt Gott Pronoia über die drei Gattungen intelligibler Existenzen[114] und Vergeltung erfahre nur, wer zu den intelligiblen Existenzen gehöre und aus dem Bereich des Äthers herabgestiegen sei, um durch das Gericht zum Aufstieg erzogen zu werden,[115] wie dies bei den Menschen der Fall sei.[116] Wie bei Origenes geht es Hierokles um einen Prozeß, der in der Wiederherstellung des ursprünglichen Zustandes der Vernunftwesen endet.[117] Hervorzuheben ist, daß bei Hierokles das Leben durch Tun und Verhalten in einem Vorleben (ἐκ προβιοτῆς) gewählt wird.[118] Das Gericht richtet über freie Entscheidungen und über ein Leben, das damit zum Vorleben wird für ein neues Leben, in dem Verdienste aus dem Vorleben vergolten werden. Die Lehre von dem Vorleben der Seelen und ihrer Wiedereinkörperung ist nach Photios die Stütze und das Fundament von Hierokles Lehre von Pronoia, freiem Willen und Heimarmene.[119] Vergeltung bedeutet eine ungleiche Zuteilung, die eben ungleich sein kann, weil sie den freien Willen der Vernunftwe-

---

[111] 462b 28-30: καὶ ἡ προνοητικὴ κρίσις, δίκῃ καὶ νόμῳ τὰ ἀνθρώπινα τάττουσα, τῆς αὐτεξουσίου ἡμῶν καὶ προαιρετικῆς ἀρχῆς δεῖται.

[112] 463a 36-40.

[113] 461b 28-31 (=172b 14-18), 462b 28-30, 465a 26-29.

[114] 461b 32f.

[115] Vgl. 463a 24-26, 465a 18-21.

[116] 462b 4-16.

[117] Der Zirkel ist möglicherweise bei Hierokles enger gefaßt, vgl. G. DORIVAL, Origène a-t-il enseigné la transmigration des âmes dans les corps d'animaux? (A propos de P Arch 1,8,4), in: Origeniana Secunda. Second colloque international des études origéniennes (Bari, 20-23.9.1977), hrsg.v. H. Crouzel/ A. Quacquarelli (QVetChr 15), Bari 1980, S.11-32.

[118] Vgl. Porphyrios, Stob. II,8,S.168.24-169.2. Proklos, rep. Bd.2,S.292.21f; Bd.2,S.295.21. Olympiodor, Gorg. 19,3,S.109.18-22. Th. Kobusch (Studien zur Philosophie des Hierokles von Alexandrien. Untersuchungen zum christlichen Neuplatonimus (Epimeleia 27), München 1976, S.95f) weist auf Olympiodor, Gorg. 19,3,S.108.28-31 hin: διά τι ὁ θεὸς τόνδε τινὰ ποιῶν κολάζειν αὐτὸν ὡς προημαρτηκότα καὶ τῷ κολάσαντι ἐπιφέρει κολάσεις αὐτῷ ὡς ἀδίκως κολάζοντι; αὐτὸς γὰρ ἐκέλευσεν αὐτὸν κολάσαι ἐκεῖνον ὡς προημαρτηκότα und die Antwort auf diese Frage hin: δέδοται ἡμῖν τὸ αὐτοπροαίρετόν τε καὶ αὐτεξούσιον, eine Aussage, zu der sich Olympiodor im folgenden verhält.

[119] Photios 172b 39-41.

sen voraussetzt.[120] Und diese Vergeltung gleiche der ärztlichen Kunst.[121] Hier fin-

---

[120]462b 32-35. In den Exzerpten cod. 251 wird die Freiheit des Willens betont und zudem ausdrücklich von dem Abstieg der Seelen gesprochen. Hiermit steht Hierokles Origenes näher als Plotin.
Plotins Ansatz wird sehr schön in einem von ihm benutzten Vergleich deutlich (3,3,2.3-3.3). Plotin illustriert in dem Vergleich mit der Voraussicht eines Feldherrn, wie das leitende Prinzip alles so verknüpft, daß Gutes und Böses nützen kann. Plotin greift hiermit auf das sprachliche Reservoir des Begriffs zurück und versteht „Pronoia" in der ersten Bedeutung, die ich mit „planendes Überlegen und Initiieren einer Handlung" paraphrasiert habe. Die Pronoia des Feldherrn ist die Voraussicht, in der er den Verlauf der Dinge im Vorhinein abschätzt, die Erfordernisse kalkuliert und entsprechende Anordnungen gibt. In Entsprechung zur feldherrlichen Voraussicht versteht nun Plotin die Pronoia Gottes. Diese sieht ebensowenig wie ein Feldherr Tun und Wollen jedes einzelnen als Kontingentes voraus, um etwa das Streben jedes einzelnen in seinem Schlachtplan zu berücksichtigen, sondern bindet mit ihrer Verfügungsgewalt jeden einzelnen in eine Ordnung ein. Der Eindruck jedes einzelnen, Herr über seine Entscheidungen zu sein, wird mit diesem Begriff göttlicher Pronoia, der auf der sprachlichen Bedeutung des Terminus als planende Voraussicht aufbaut, zum leeren Schein, weil er nicht die ursprüngliche Ungleichheit der Individuen versteht. Die Freiheit des einzelnen ist auf seine Rolle und seinen Ort beschränkt. Daß hierin die Grunddifferenz zwischen Origenes und Plotin liegt, wurde bereits gesagt. Vgl. oben Anm.29,79. Sie ist ebenso auf Hierokles zu beziehen.
In dem Rahmen, der mit dem Bild feldherrlicher Voraussicht beschrieben ist, äußert sich Plotin in 3,2 in einer mit Origenes durchaus vergleichbaren Weise. Den Seelen sind nach Plotin die Rollen wie Schauspielern oder Soldaten zugeteilt, aber dennoch sind es die Werke der Seelen, an denen sie selbst beteiligt sind und für die sie Lohn oder Strafe erhalten (3,2,17.48-53). Die Rollen sind ungleich verteilt, aber dennoch passen sie so zu den jeweiligen Seelen, wie eben der gute Schauspieler die besseren Engagements erhält. Plotin spricht von Lohn und Strafe, von Tatfolge, von der Wahl der Menschen, eben weil sie frei sind (3,2,4.36f), und von ihrer Schuld. Die Frage, wie das Unrecht, das Menschen sich gegenseitig antun, zu erklären ist, führt Plotin zu dem ersten Versuch einer Antwort. Möglicherweise sei das Streben der Menschen zum Guten schuld, da sie durch die Unfähigkeit (vgl. 3,2,5.1-4), dieses zu erlangen, zugrunde gehen, Unrecht tun und als Strafe an einen niedrigeren Ort gesetzt werden. Diese Erniedrigung sei festgelegt durch das Gesetz des Alls, dem niemand entgehen könne (3,2,4.20-26). Später spricht Plotin von dem Gesetz der Pronoia und versteht unter diesem das Gesetz, daß gute Menschen ein gutes Leben haben werden und schlechte Menschen ein entsprechend schlechtes (3,2,9-4-10). Plotin betont Verantwortung und Schuld des Menschen (3,2,91.1f). Diese bezieht sich auf Tatfolgen (3,2,4.44-47). Anders aber als bei Nemesios, PsPlutarch und Calcidius nimmt Plotin die Anschauung zustimmend auf, daß der Logos sich nicht nur auf die gegenwärtige Zeit, sondern ebenso auf frühere und kommende Zeiten beziehe (vgl. 3,3,4.34-37), weil so die Schuld festgesetzt und aus Herren Sklaven werden. Denn was einer jetzt erleide, das habe er einmal getan. Wer einmal seine Mutter umgebracht habe, werde später als Frau von ihrem Sohn getötet. Diese Ordnung (διάταξις) sei in der Tat die Adrasteia und Dike (3,2,13.1-17).
In ähnlicher Weise wie Origenes kennt auch Plotin die Vergeltung des Individuums, die dem gegenwärtigen Leben der Menschen vorausgeht und dieses Leben als verdiente Einfügung in den Gesamtzusammenhang der Welt versteht. Das Unrecht findet so nicht nur seine gerechte Vergeltung, sondern auch nach Plotin hat Unrecht einen Nutzen für das Ganze, ohne daß damit gesagt sei, daß das Unrecht wegen dieses Nutzens existiere. Der Nutzen entstehe vielmehr, weil es eine „große Kraft" gebe, die das Unrecht in guter Weise gebraucht (3,2,4.16-25). Ähnlich äußern sich Clemens von Alexandrien und Celsus (siehe unten S.217f). Widerspricht sich aber schließlich Plotin, indem die Aufgaben der Soldaten und die Rollen im Drama verdient sind und nach Verdienst aus Herren Sklaven werden? Plotin antwortet auf die Frage nach dem Unrecht in ähnlicher Weise wie Origenes. Aber bleibt Plotin bei dieser Antwort? Die Frage ist, wie sich Plotin zu dieser Vorstellung, die sich in seinen Texten belegen läßt, verhält. Hier kann nur auf den Zusammenhang in 3,2 hingewiesen werden, in dem Plotin mehrfach nachfragt.

det sich, was Origenes in dieser Weise nicht explizit ausformuliert. Hierokles versteht, von ähnlichen Voraussetzungen herkommend, Pronoia und Gericht als pädagogisches Handeln Gottes[122] hin zu dem Aufstieg und der Wiederherstellung der Vernunftwesen.[123] Den Zusammenhang stellt in dieser Weise aber erst Hiero-

---

Plotin schreibt: „Wenn wir sagen, daß das All vom Nus abhängt und seine Kraft zu allem hinkommt, müssen wir zeigen, wie sich jedes von diesen Einzeldingen gut verhält." (3,2,6.23-25) Die Anfragen an die Pronoia, die damit einsetzen, daß sich eben nicht alles gut verhält, verweist Plotin erstens auf die Verantwortung des Menschen. Es gehe nicht an, zu beten und Gott für eine leere Scheune verantwortlich zu machen, wenn der Beter sein Land nicht bestellt. Plotin nennt ein zweites Argument, das sich in ähnlicher Weise bei Celsus und nicht bei Origenes findet. Plotin relativiert das Unrecht unter Menschen als Argument gegen die Pronoia Gottes, indem er die Stellung des Menschen im Kosmos relativiert. Dieses Unrecht widerspreche nur deshalb dem Begriff göttlicher Pronoia, weil die Kritiker dem Menschen als dem weisesten Wesen auch die geehrteste Stellung im All zuweisen. Nach Plotin aber hat der Mensch eine mittlere Stellung zwischen Göttern und Tieren (3,2,8.7-13) und kann wählen, in wessen Nähe er sich begeben will. Die Pädagogie der Pronoia besteht darin, daß die Menschen in ihrer mittleren Stellung das Vernünftig-Sein nicht verlieren werden, sondern mit den vielfältigen Mitteln, die das Göttliche zur Stärkung der Tugend gebraucht, ewig nach oben geführt werden (3,2,9.19-25). In seiner Antwort läßt sich Plotin schwer festlegen, sie schwingt zwischen zwei Polen und schwingt zurück zum Ausgangspunkt. Der einzelne ist verantwortlich, so Plotin, und hat die Folgen seines Tuns zu tragen, aber man muß zugleich wissen, daß die Einrichtung des Kosmos Vielfalt und Gegensätzlichkeit bedeutet. Wie kann man an dem Begriff Pronoia festhalten angesichts von Unrecht unter den Menschen? Warum sind die einen Sklaven, die anderen Herren? Der Blick auf das Indiviuum wird korrigiert durch den Hinweis auf den Gesamtzusammenhang. Man dürfe das Ganze nicht vom einzelnen her kritisieren. Aber was hilft der Hinweis auf das gute Ganze, wenn endlos Krieg herrscht? Wenn das All vom Nus strukturiert ist, muß es sich auch in den Einzelteilen gut verhalten. Die Antwort endet wieder beim einzelnen, aber was hilft dem einzelnen? Kann man letztlich die Frage nach der Schuld des einzelnen noch stellen? Plotin verwendet die Bilder vom Drama, dem voraussehenden Feldherrn, dem Organismus. Um nicht den Zirkel der Fragen neu zu beginnen, hält er fest an der sinnvollen Einrichtung des Ganzen, von der man nicht die Gleichheit der Individuen fordern kann. Vgl. die ausgewogene Interpretation von E. MÜHLENBERG, Das Verständnis des Bösen in neuplatonischer und frühchristlicher Zeit, a.a.O.S.234-236. Anders E. SCHOCKENHOFF, Origenes und Plotin, a.a.O, der den Gegensatz zwischen Plotin und Origenes bestimmen will.

[121] 463b 20-25.

[122] Vgl. aber auch Plotin 3,2,9.19-24 (Übersetzung Harder): „Indem nun der Mensch nicht das beste aller Wesen ist, sondern nur einen mittleren Rang einnimmt – er hat ihn sich selber gewählt –, wird er dennoch an dem Orte, auf dem er seine Stätte hat, von der Vorsehung nicht dem Untergang ausgeliefert, sondern immer wieder zur Höhe hinaufgezogen mit den mannigfachen Mitteln, deren sich das Göttliche bedient, um der Tugend das Übergewicht zu verschaffen."

[123] Die hier vorgenommene Interpretation des Hierokles Textes unterscheidet sich erheblich von der N. AUJOULATS, Le De providentia d'Hiéroclès d'Alexandrie et le Théophraste d'Énée de Gaza, in: VigChr 41 (1987), S.55-85. Aujoulat bezieht die Bemerkung des Photios, daß sich das System des Hierokles auf die Lehre vom Vorleben und der Wiedereinkörperung der Seele stütze, auf die kontroverse Diskussion der Seelenwanderung, zu deren Rekonstruktion er auch Aeneas von Gaza und Theophrast hinzunimmt, nicht aber die auch bei Origenes vorliegende Vorstellung. Während ich hiermit Hierokles in Beziehung zu einem System gesetzt habe, in dem die mechanische Gesetzmäßigkeit kosmischer Ordnung, in welcher man das Wirken der Pronoia Gottes erkannte, bereits in Bewegung gekommen ist, sieht Aujoulat einen „totalen" Gegensatz zwischen Aeneas und Hierokles, in dem Hierokles im Gegensatz zu „un dynamisme spécifiquement chrétien" erscheint. Aujoulat bezeichnet das Schicksal nach den Aussagen des Hierokles als einen Kompromiß zwischen göttlicher Macht und dem freien Willen der

kles her. Der Gedankengang ist ganz platonisch. Nach Hierokles sind die intelligiblen Wesen der mittleren Gattung als Richter und Wächter mit der Pronoia über die Menschen beauftragt.[124] Ihnen seien die Menschen zu Rechenschaft verpflichtet,[125] und von ihnen erfahren die Menschen die meiste Fürsorge zur Wiederherstellung des Zustandes, von dem sie herabgesunken sind.[126] Nach Platon sei dies nicht die reine und einfache Pronoia, sondern die materielle.[127] Hierokles unterscheidet an anderer Stelle Pronoia und Heimarmene und schreibt, daß Pronoia die väterliche Herrschaft ist, die jeder Gattung das ihr Zukommende zuteilt, Heimarmene die ihr folgende „Rechtswahrung".[128] Hierokles folgt hier der platonischen Unterscheidung, die Pronoia mit dem grundlegenden Aspekt des „Gut-Seins" als den übergeordneten, Heimarmene als den untergeordneten Begriff versteht.[129] Die Unterscheidung zwischen Pronoia und Heimarmene im ersten Buch, die Wendung ἡ τῆς προνοητικῆς εἰμαρμένης τάξις[130] am Anfang des dritten und die Unterscheidung zwischen der reinen und einfachen Pronoia und der materiellen gemischten Pronoia[131] entsprechen sich. Die reine Pronoia bedeutet nach Hierokles die Lenkung des Alls, die vorausgehende Gabe der Güte, die Bewahrung des Natürlichen und nicht Vergeltung und Erziehung. Dies entspricht der Formulierung im ersten Buch, wo Hierokles im Unterschied zur Heimarmene Pronoia als väterliche Herrschaft, die den Gattungen das ihnen Zukommende zuteilt, bezeichnet.[132] Fehler zu bestrafen und diejenigen zu berichtigen, die sich gegen die Natur verhalten haben, ist Aufgabe der dazu eingesetzten Richter und wird der materiellen, mit Kontingenz, nämlich den freien Entscheidungen der Menschen, und Zeit gemisch-

---

Menschen, das keine blinde Macht sei, sondern die Menschen nach Verdienst richte. Aber genau in dieser Konzeption sieht Aujoulat das erstarrte Gebilde, das ihm erlaubt, den Gegensatz zwischen Aeneas und Hierokles zu betonen. Hier soll nicht der Vergleich zu Aeneas von Gaza gezogen werden, aber im Vergleich mit Origenes rückt Hierokles genau auf die ihm von Aujoulat abgesprochene Seite.

[124] 462b 19-22. Vgl. die Bezeichnung der Dämonen als *inspectatores speculatoresque meritorum* bei Calcidius, Tim. 188,S.213.4. J. DEN BOEFT, a.a.O.S.121 gibt zu dieser Stelle neben Hierokles Parallelen bei Porphyrios (Stob. 2,164.8-11) und Apuleius, Socr. 16 an. Der Gedanke findet sich bereits bei Hesiod, Op.dies 122f, vgl. Plutarch, gen.Socr. 593D, def.orac. 417B, Calcidius über die schlechten Dämonen *saepe etiam scelerum et impietatis ultores iuxta iustitiae diuinae sanctionem* (Tim. 135,S.176.9f) und die beiden Abhandlungen von Maximus von Tyros τί τὸ δαιμόνιον Σωκράτους (or. 8f).

[125] 462a 29-33.

[126] 462b 4-16.

[127] 463b 7-15.

[128] 461b 20-24, vgl. 462b 30-32. Der Ausdruck stammt von THEILER, Tacitus und die antike Schicksalslehre, a.a.O.S.89.

[129] So auch Plotin 3,3,4.8-13.

[130] 465a 19f.

[131] Vgl. Calcidius, Tim. 299,S.301.10-20.

[132] 461b 20-23 = 172a 42-172b 4.

ten Pronoia zugeschrieben,[133] in anderen Worten der Heimarmene.[134]

Diese Ausführungen des Hierokles haben Bezüge zu dem mittelplatonischen Modell einer gestuften Pronoia.[135] Die einzelnen Elemente sind aber bei Hierokles erheblich verändert. Im Zusammenhang mit der gestuften Pronoia war das Verhältnis zwischen zweiter Pronoia und Heimarmene strittig. Hierokles identifiziert die materielle Pronoia mit der Heimarmene, bezieht damit aber die Heimarmene auf eine Ebene, die bei PsPlutarch und Nemesios die dritte Pronoia einnimmt. Die Pronoia der Dämonen gehörte als dritte Pronoia in diesen Zusammenhang, aber die strafende Wiederaufrichtung der Menschen durch die guten Dämonen ist den Texten gänzlich fremd, die über die gestufte Pronoia unter Platonikern referieren. Hierokles verbindet das platonische Lebenswahlmotiv mit dem distributiv-richterlichen Aspekt des Begriffs Pronoia und der gestuften Pronoia der Mittelplatoniker. Die Frage ist, wie sich diese Ausführungen zu Origenes verhalten.

Nach Theiler existierten die beiden Weiterführungen des platonischen Lebenswahlmotivs nebeneinander. Er nennt Hierokles neben Tacitus, PsPlutarch und Nemesios und datiert den bei Hierokles belegten Gedanken zurück ins zweite Jahrhundert. Die Rückdatierung ist auf der Grundlage von dem von Theiler angegebenen Beleg Clemens von Alexandrien, strom. 4,12,83,2 nicht möglich.[136] Darüber hinaus aber sind die Verbindung des Hierokles mit vorneuplatonischen Konzeptionen und auf dieser Basis die Beziehungen zu dem Theologen Origenes und dessen Lehrer Ammonios umstritten. Die Kontroverse ist begründet in den unterschiedlichen Zugängen zu Hierokles. Ausgehend von Origenes, sind Ähnlichkeiten mit Hierokles nicht zu übersehen. Da Origenes, Plotin und Hierokles aus Alexandrien stammen, lag es nahe, an einen alexandrinischen Neuplatonismus zu denken.[137] Hierokles wird im Umfeld von Mittelplatonikern und von Origenes ge-

---

[133]Hierokles bezieht sich auf Platon, leg. 709B. Vgl. Damaskios, In Phaed. 1,19.3-6 δῆλον γὰρ ὅτι πάσης κοσμητικῆς ἐπιμελείας τὰ παραδείγματα ἐν θεοῖς προείληπται. ἡ δὲ ἀγανάκτησις ἐπ' αὐτῶν καὶ ἡ τιμωρία ἀλλοῖον νοείσθω τρόπον, ἡ μὲν ἀναστολὴ οὖσα τοῦ οἰκείου φωτός, ἡ δὲ τιμωρία δευτέρα πρόνοια περὶ τὴν ἀποφοιτήσασαν ψυχὴν κολαστική τις.

[134]Vgl. die Exzerpte aus dem dritten Buch 465a 13ff.

[135]Siehe unten S.313. Es gibt keine Anhaltspunkte, daß Origenes diese Form der gestuften Pronoia kannte.

[136]In strom. 4,12,83,2 schreibt Clemens über Basilides, daß dieser gesagt habe προαμαρτήσασαν τὴν ψυχὴν ἐν ἑτέρῳ βίῳ τὴν κόλασιν ὑπομένειν ἐνταῦθα. P. Nautin hat gezeigt, daß diese Aussage nicht in Übereinstimmung mit dem durch Clemens zitierten Basilides-Text steht. Das Basilides-Fragment wurde oben interpretiert und ist im Sinne Theilers nicht heranzuziehen. Siehe S.126-128.

[137]So K. PRAECHTER, Hierokles, Neuplatoniker, in: PRE 8 (1913), Sp.1481f (1479-1487). Der Begriff eines christlichen Neuplatonismus wurde von TH. KOBUSCH (a.a.O.) in die Debatte gebracht. Hal Koch (a.a.O.S.297) denkt an Abhängigkeit des Hierokles von Origenes. Diesen Interpretationen widerspricht H.-R. SCHWYZER, Ammonios Sakkas, der Lehrer Plotins (RhWAW.G 260), Düsseldorf 1983, S.85-90.

lesen. Die Kritik besteht darin, daß Hierokles in dieses Umfeld überhaupt nicht gehört. Geht man von Hierokles selbst aus, erscheint ein Vergleich mit Proklos und Simplicius sinnvoll, der sich von den Texten des Origenes her nicht ergibt. Daß aber Hierokles selbst sich auf Mittelplatoniker bezieht und Ammonios, dem Lehrer von Plotin und Origenes, eine hervorgehobene Stellung einräumt, ist mit einer Vermittlung durch Porphyrios erklärt worden. Strittig ist: 1. Ist es möglich, eine Verbindung zum Mittelplatonismus zu ziehen, oder ist Hierokles ausschließlich im Umfeld des Neuplatonismus zu lesen? 2. Ist ein ausschließlich paganes neuplatonisches Umfeld zu konstruieren oder kann in dieses Umfeld ein Theologe wie Origenes einbezogen werden?

Ich halte es für legitim, mit der Möglichkeit zu rechnen, daß ein Platoniker aus dem 5.Jh. in der Auseinandersetzung mit dem Neuplatonismus auf das Konzept des Origenes zurückgreift und sich bei einem Platoniker wie Hierokles, weil man Origenes in Platonikerkreisen zur Kenntnis nahm,[138] Spuren des Origenes finden können. Aber was heißt Spuren? Hierokles und Origenes belegen die intelligible Form des platonischen Lebenswahlmotivs. Beide sprechen von Gottes richterlicher Pronoia. Diese Bedeutung von Pronoia aber führt zurück zum platonischen Begriff der Heimarmene. Hierokles identifiziert die richterliche, materielle Pronoia mit dem Begriff der Heimarmene, stellt aber im Unterschied zu PsPlutarch und Nemesios an dieser Stelle eine Verbindung zur gestuften Pronoia her. Beschränken sich die Spuren des Origenes auf die Gemeinsamkeiten, die zwischen den Exzerpten des Photios und der Übersetzung Rufins festzustellen sind? Kannte möglicherweise auch Origenes die gestufte Pronoia?[139] Könnte auch der Rahmen, in den Hierokles seine Ausführungen zur vergeltend-strafenden Pronoia stellt, etwas mit Origenes zu tun haben? Mit der Unterscheidung zwischen reiner und materieller Pronoia trennt Hierokles das ordnend lenkende, das All durchwaltende Wirken von der strafenden Zurechtweisung. Beides ist zwar nach Hierokles göttliche Pronoia, aber er faßt beides nicht in ein und demselben Begriff zusammen. Bei Hierokles fällt mit der Untergliederung der Pronoia das auseinander, was Origenes

---

[138]Dies würde ein anderes Bild von der Auseinandersetzung der Platoniker mit dem Christentum bedeuten als die ausschließlich polemische Wahrnehmung des Christentums durch Celsus. Vgl. die Charakterisierung des Celsus durch C.J. DE VOGEL, Der sogenannte Mittelplatonismus, eine Philosophie der Diesseitigkeit, in: Platonismus und Christentum, FS für H. Dörrie, hrsg.v. H.D. Blume/ F. Mann, (JAC.E 10) Münster 1983, S.290f (277-302).

[139]Vgl. den Bericht des Photios über die Schrift des Methodios, De resurrectione, bibl. 234,293b 5-21. Nach Photios berichtet Methodios über Origenes und paraphrasiert einen Gedankengang, von dem es heißt καθάπερ καὶ Ἀθηναγόρᾳ ἐλέχθη (293b 6). Der Text des Athenagoras ist erhalten und findet sich in leg. 24,2; dieser Text wird seit Schwartz mit der gestuften Pronoia, wie sie bei PsPlutarch dargestellt ist, in Verbindung gebracht. Zur Auseinandersetzung mit dieser These siehe unten II.§ 6.2,S.316ff.

zusammenhält. Bei Origenes ist die göttliche Pronoia gerade dadurch ausgezeichnet, daß Origenes die Gestaltung der Welt und die richterliche Aufgabe gegenüber den einzelnen in eins setzt und als verschiedene Aspekte desselben Wirkens verbindet. Die gestufte Pronoia kommt an dieser Stelle Origenes' Anliegen nicht entgegen.

Der Vergleich zwischen Origenes und Hierokles ergibt sich ausschließlich aus der Frage der Interpretation der Texte des Origenes.[140] Er trägt zu ihrer Interpretation zumindest folgendes bei. Erstens: die Vorstellung von der vergeltenden Pronoia Gottes, die bisher innerchristlich und gegenüber einem Gnostiker wie Basilides diskutiert wurde, hat bei Origenes eine philosophische Seite und konnte von Platonikern wie Hierokles verstanden werden. Zweitens: Ungefähr zur gleichen Zeit wie die Schrift des Hierokles erscheinen die zehn Reden über die Pronoia von Theodoret von Kyrrhos. Origenes' Ausführungen zur Pronoia Gottes haben sehr viel mehr mit Hierokles gemeinsam als mit Theodoret. In dem Nachdenken über die Pronoia Gottes stellt Origenes sich Fragen, die im späteren Platonismus wiederbegegnen. Die Beziehung zwischen der Konzeption des Origenes und den Exzerpten aus Hierokles' Werk über die Pronoia, die immer wieder gesehen worden ist, bedeutet, daß eine Linie von einer vorneuplatonischen Diskussion hin zu Hierokles führt. Auf diese Beziehung hinzuweisen, könnte einerseits die Frage nach sich ziehen, warum man in der Theologie nach Euseb diese Linie nicht aufnahm. Auf der anderen Seite ist diese Beziehung darin begründet, daß Origenes sich an einer Diskussion beteiligte, die im späteren Platonismus fortgeführt wurde.

Hierokles und die Rekonstruktion der Philosophie des Ammonios
Von Ammonios ist bekannt, daß er ein platonischer Philosoph in Alexandrien war und zwei bedeutende Schüler hatte, nämlich Plotin und Origenes. Von seiner Lehre haben sich nicht mehr erhalten als zwei Hinweise bei Nemesios[141] und die Aussage des Hierokles.[142] Angesichts dieser Quellenlage scheint jeder weitere Versuch vergeblich, die Lehre des Ammonios durch einen Vergleich zwischen Origenes, Plotin und Hierokles zu rekonstruieren.[143] Ammonios könnte hier uner-

---

[140]Vgl. das Ergebnis, zu dem H. LANGERBECK von einer etwas anderen Fragestellung ausgehend kommt: „the doctrine expounded in Hierocles' treatise exactly fills the space between the dogma of the divine will, as maintained by Pantaenus, and Origen's *De principiis*." (The philosophy of Ammonius Sakkas and the connection of Aristotelian and Christian elements therein, in: JHS 57 [1957], S.73 [67-74])

[141]Nemesios, nat.hom. 3,S.39.16f.

[142]Photios, bibl.251,461a 24-39, vgl.214,172a 2-9 und 173a 18-21.

[143]So vor allem E.R. DODDS, Numenius und Ammonius, in: Mittelplatonismus, hrsg.v. C. Zintzen (WdF 70), Darmstadt 1980, S.506-512 (488-517). Ein Beispiel für einen Bericht, der dieser Zurückhaltung nicht folgt, ist: K. KREMER, Alexandrien – Wiege der neuplatonischen Philosophie, in: Alexandrien. Kulturbegegnungen dreier Jahrtausende im Schmelztiegel einer mediterranen Großstadt, hrsg.v. N. Hinske (Aegyptiaca Treverensia 1), Mainz 1981, S.37-50.

wähnt bleiben, wäre in der umfangreichen Forschungsgeschichte[144] nur der Rekonstruktionsversuch aufgegeben worden. Bestritten wurde allerdings nicht nur, daß dieser Vergleich für Ammonios etwas austrägt, sondern zudem die Berechtigung dieses Vergleichs, da Origenes historisch nichts mit Ammonios und folglich nichts mit Plotin zu tun habe und Hierokles einen Zusammenhang beschreibe, in den Origenes nicht gehöre.

Grundlage der Debatte sind die bei Euseb von Caesarea, HE 6,19 überlieferten Texte. Euseb zitiert Porphyrios, der schreibt, daß er Origenes kennengelernt habe, der viele Schriften hinterlassen habe, Schüler des Ammonios gewesen sei und von diesem viel gelernt habe. Porphyrios erwähnt eine Reihe weiterer Details, unter anderen die Schriften von Platonikern und Stoikern, die Origenes verwendet habe, sowie die von ihm praktizierte allegorische Methode. Euseb stellt diesem Zeugnis einen Brief des Origenes gegenüber, in dem dieser seine Ausbildung bei einem Philosophielehrer rechtfertigt; offensichtlich ging Euseb davon aus, daß es sich um den bereits genannten Ammonios handelt. Weitere Zeugnisse über Origenes und Plotin als Schüler des Ammonios finden sich bei Porphyrios, Vita Plotini.[145] Die Forschung ist in der Interpretation dieser Texte geteilt. Es handelt sich um einen Dissens zwischen Philosophen und Theologen, die ein gegensätzliches Interesse an den Texten haben. Ein Versuch der Vermittlung, der m.E. zugleich den gegenwärtigen Forschungskonsens darstellt, liegt in dem Artikel von M. Baltes vor.[146] Baltes beschreibt Ammonios unter der Voraussetzung, daß dieser neben Plotin zwei Schüler namens Origenes hatte. Dies erklärt die „verblüffende Ähnlichkeit zwischen der Schule Plotins u. der des Christen Origenes"[147] und zugleich, warum nicht alle Belege bei Porphyrios über einen Platoniker namens Origenes mit dem zu vereinen sind, was über den Theologen Origenes bekannt ist. Der Theologe Origenes fügt sich in das Bild ein, das von der Schule des Ammonios entsteht, trägt zugleich aber auch zu diesem Bild bei.[148]

Wenn Porphyrios sich über einen Platoniker Origenes äußert und wahrscheinlich ist, daß er über zwei Personen spricht,[149] widerspricht dies nicht notwendig den Texten Euseb, HE 6,19, denen zufolge der Theologe Origenes über eine platonische Ausbildung bei Ammonios verfügte.[150]

---

[144]Einen Überblick über die Forschungsgeschichte mit ausführlicher Bibliographie gibt F.M. SCHRÖDER, Ammonius Saccas, in: ANRW II 36,1 (1987), S.494-526.

[145]Die Zeugnisse hat zusammengestellt: H.-R. SCHWYZER, Ammonios Sakkas, der Lehrer Plotins, a.a.O.S.10-14.

[146]Ammonios Sakkas, in: RAC Suppl. 1 (1985), Sp.323-332.

[147]A.a.O.Sp.325.

[148]M. BALTES schließt mit folgendem Satz (a.a.O.Sp.330): Die „Bedeutung des A. für seine Schüler (lag) nicht so sehr in den von ihm vertretenen Lehren als vielmehr in der philosophisch-philologischen Methode, die A. verkörperte. Diese versuchte, über die engeren Schulgrenzen hinaus, ‚die Lehren der älteren Philosophen' zu läutern ... Plotin, Origenes der Heide u. Origenes der Christ, haben das jeder auf seine Weise getan."

[149]Die Zeugnisse über den Platoniker Origenes hat K.-O. WEBER zusammengestellt: Origenes der Neuplatoniker. Versuch einer Interpretation (Zet. 27), München 1962, S.3-12. Seine Arbeit wird weitgehend als die abschließende Untersuchung zu der Frage behandelt, ob Porphyrios einen oder zwei Platoniker namens Origenes kennt. Es schließt sich nicht an Weber an: F.H. KETTLER, War Origenes Schüler des Ammonios Sakkas?, in: Epektasis, Mélanges patristiques offert au Cardinal J. Daniélou, hrsg.v. J. Fontaine/ Ch. Kannengiesser, Beauchesne 1972, S.329-334; vgl. ders., Origenes, Ammonius Sakkas und Porphyrius, in: Kerygma und Logos, FS für C. Andresen, hrsg.v. A.M. Ritter, Göttingen 1979, S.322-328.

[150]So auch WEBER a.a.O.S.35.

Wenn man davon ausgeht, daß in dem bei Euseb überlieferten Fragment aus Contra Christianos unverkennbar über den Theologen Origenes gesprochen wird und Porphyrios wußte, von wem er sprach,[151] ist nur dann eine Verbindung des Origenes mit den Platonikerkreisen zu bestreiten, wenn man einen zweiten Ammonios annimmt. Die von E. Zeller eingebrachte Überlegung haben vor allem H. Dörrie und H.-R. Schwyzer vertreten.[152] Nach Dörrie spricht jeder von dem Origenes und Ammonios, den er kannte, nämlich Euseb von dem Theologen Origenes und dem Christen Ammonios, Porphyrios von den Platonikern Origenes und Ammonios. Aber warum spricht Porphyrios dann überhaupt von Origenes? Contra Christianos, also gegen Christen gewendet, von dem Neuplatoniker und dessen platonischen Lehrer, die beide mit den Christen nichts zu tun hatten, zu berichten, macht wenig Sinn. Die Verdoppelung der Person des Ammonios ist nur nötig, wenn man mit Dörrie der Überzeugung ist: „Wer nur einen Ammonios oder nur einen Origenes annimmt, läßt diese gleichzeitig im christlichen und im nicht-christlichen Sinne tätig werden – Damit macht man die Männer zu Doppelagenten."[153] Schwyzer hat versucht, die These Dörries zu stützen, auf die Argumente ist hier nicht einzugehen.[154] Die Arbeiten von Dörrie und Schwyzer haben dazu geführt, daß man sich der Begrenztheit der Nachrichten über Ammonios bewußt geworden ist und vermeintliche letzte Spuren seiner Person aufgegeben hat. Sie haben nicht dazu geführt, den Platoniker und Christen Origenes zu dekonstruieren, sondern entgegen ihrer Intention die Lektüre der Origenes-Texte von der Suche nach dem verschollenen Ammonios befreit und so den Blick für eine innerplatonische Diskussion und einen Theologen, der an ihr beteiligt war, geöffnet.

In diese Debatte gehört nun auch die Interpretation der bei Photios überlieferten Hierokles-Exzerpte.[155] Schwyzer nimmt sie in seine Testimonienliste für Ammonios auf, Weber in seine Fragmentensammlung zu dem Platoniker Origenes. Hierokles benutzte Ammonios in der Auseinandersetzung mit den Neuplatonikern seiner Zeit.[156] Für Hierokles hat Ammonios unter den

---

[151]H. DÖRRIE bestreitet dies: Ammonios, der Lehrer Plotins, in: Hermes 83 (1955), S.468f (439-477).

[152]Zu diesem Urteil äußert sich H. DÖRRIE des öfteren: Ammonios, der Lehrer Plotins, a.a.O.; Die platonische Theologie des Kelsos in ihrer Auseinandersetzung mit der christlichen Theologie auf Grund von Origenes c. Celsum 7,42ff (NAWG.PH 1967/2), Göttingen 1967, zuletzt in dem Artikel: Ammonios Sakkas, in: TRE 2 (1978), S.465 (463-471). H.-R. SCHWYZER, Plotinos, in: PRE Suppl. 15, Stuttgart 1978, Sp.317f (310-328), ders., Ammonios Sakkas, der Lehrer Plotins, a.a.O., vgl. ders., Plotinos, in: RE 41 (1951) Sp.480f (471-592). Neuerdings wiederholt die Thesen M. EDWARDS, Ammonios, teacher of Origen, in: JEH 44 (1993), S.169-181.

[153]H. DÖRRIE, Ammonios, der Lehrer Plotins, a.a.O.S.467.

[154]Vgl. die Auseinandersetzung mit Schwyzer in der Rezension von M. BALTES, in: Gn. 65 (1984), S.204-207.

[155]Völlig unberührt von dieser Fragestellung sind auf der französischen Seite die Ausführungen von N. AUJOULAT, Le De providentia d'Hiéroclès d'Alexandrie, a.a.O. Aujoulat setzt sich mit I. HADOT (Le problème du Néo-Platonisme alexandrin. Hiérocles et Simplicius, Paris 1978) auseinander.

[156]Nach H. LANGERBECK stand Hierokles dem Neuplatonismus fern, sein Anliegen entsprach dem des Platonikers Origenes, der Ammonios gegen die Neuerungen des Plotin verteidigte (The philosophy of Ammonius Sakkas and the connection of Aristotelian and Christian elements therein, a.a.O.S.73). TH. KOBUSCH ordnet Hierokles in „einen Platonismus in seinem vorneupla-tonischen Stadium" ein (a.a.O.S.93). Anders N. AUJOULAT: „L'Alexandrin était un néoplatonicien convaincu, qui avait côtoyé le christianisme sans y entrer." (a.a.O.S.58). Die Frage nach der Einordnung des Hierokles in den Neuplatonismus und den Kriterien dieser Einordnung müssen hier unbetrachtet bleiben. Aujoulat zitiert, ohne dies zu vermerken, von

Philosophen eine hervorgehobene Bedeutung, die darin besteht, daß er den Konsens zwischen Aristoteles und Platon aufzeigen konnte.[157] Diese Aussage des Hierokles ist einer der wenigen Anhaltspunkte für die Lehre des Ammonios. Sie wird in der Debatte um Ammonios kontrovers behandelt. Drei Formen, den Text des Hierokles als Quelle für Ammonios zu verwenden, lassen sich unterscheiden.

Nach K.-O. Weber[158] ist die Harmonisierung zwischen Platon und Aristoteles eine der Hauptlehren des Ammonios gewesen. Der Platoniker Origenes habe als treuer Schüler diese Lehre bewahrt. Hierokles' Aussagen gehen auf Origenes zurück.[159] Im Unterschied zu einer „Kompromißphilosophie" und zum Eklektizismus sei es Ammonios um die Einigkeit in der Philosophie gegangen. Der Text des Hierokles wird hier unmittelbar als Ausdruck der Philosophie des Ammonios genommen. Entsprechend identifiziert Weber die Hypostasenlehre des Hierokles mit der des Ammonios.[160]

Ganz anders geht H. Langerbeck vor. Auch Langerbeck setzt voraus, daß aristotelische Elemente in der Philosophie des Ammonios eine Bedeutung gehabt haben. Er beschreibt aber zunächst das voluntaristische Konzept vom Wirken Gottes in der frühen Theologie, stellt es in Beziehung zum aristotelischen Begriff des Willens und kann jetzt im Vergleich zu Origenes zeigen, welche Lücke das bei Hierokles dargestellte System schließt. Ausgehend von Texten der frühen Kirche erscheinen die Aussagen des Hierokles als Teil einer Diskussion.

Im Gegensatz zu der von Weber und Langerbeck vertretenen Position will H.-R. Schwyzer mit literarkritischen Mitteln zeigen, daß auch Hierokles als Zeuge für Ammonios wegfällt. Schwyzer lehnt sich eng an einen Aufsatz von Elter von 1910 an.[161] Dieser hat Photios, bibl.cod. 214 und 251 verglichen und ist zu folgendem Ergebnis gekommen:

1. Die am Schluß von cod.214 von Photios mitgeteilte Gliederung der sieben Bücher des Werkes von Hierokles zeigt, daß die Übereinstimmung zwischen Platon und Aristoteles lediglich Gegenstand des 6. Buches gewesen sein kann und nicht, wie Photios in der Einleitung (171b 33-35) behauptet, die bestimmende Perspektive des ganzen Buches.

Aeneas (Theophrastus, ed. M.E. Colonna, Enea di Gaza. Teofrasto, Neapel 1958, S.30) einen Satz „ne faudrait pas que la Providence en vînt à être telle que nous ne soyons rien: en effet, si elle était tous, elle ne serait rien; sur qui s'exercerait-elle si le divin seul existait?", der sich nahezu wörtlich in Plotin 3,2,9.1-3 (Οὐ γὰρ δὴ οὕτω τὴν πρόνοιαν εἶναι δεῖ, ὥστε μηδὲν ἡμᾶς εἶναι. Πάντα δὲ οὔσης προνοίας καὶ μόνης αὐτῆς οὐδ' ἂν εἴη· τίνος γὰρ ἂν ἔτι εἴη;) findet. I. HADOT (a.a.O.S.67-116) ordnet Hierokles dem Neuplatonismus zu und begründet gegen K. PRAECHTER (a.a.O.Sp.1481f), der in Hierokles den Hauptvertreter eines alexandrinischen Neuplatonismus sah, daß sich der Neuplatonismus des Hierokles nicht von dem Neuplatonismus der Athener unterscheide.
[157] Photios, bibl.251,461a 24-39.
[158] A.a.O.S.53-64.
[159] Die Quellenfrage ist nicht zu lösen. Die Vorschläge sind ungewöhnlich vielfältig und widersprüchlich. Neben dem Platoniker und dem Theologen Origenes wurden Vorlesungsmitschriften und Porphyrios als Quelle vermutet. Vgl. W. THEILER, Ammonios, der Lehrer des Origenes, in: ders., Forschungen zum Neuplatonismus (QSGP 10), Berlin 1966, S.1-45; H. DÖRRIE, Ammonios, der Lehrer Plotins, a.a.O.
[160] A.a.O.S.91.
[161] Ammonios Sakkas, der Lehrer Plotins, a.a.O. S.39-45. W. ELTER, Zu Hierokles dem Neuplatoniker, in: RMP 65 (1910), S.175-199. F.E. SCHROEDER (a.a.O.S.509-512) schließt sich der Position Schwyzers an.

2. Aristoteles werde nur im Zusammenhang mit Ammonios genannt, dies geschieht in der Einleitung und im sechsten Buch. Zwei Hinweise auf Aristoteles in cod.214 hält nun Elter für eine Ergänzung. 172a 11-13 vergleicht er mit 460b 23-25 und findet eine Ergänzung in 172a 13, wo Aristoteles erwähnt wird, während sein Name in 460b 23-25 nicht erscheint. Der Satz 172b 6-8 fehlt in dem zu vergleichenden Text 461b 17ff. Elter und Schwyzer schließen daraus, daß nicht der ganze Satz, wie man vermuten könnte, ergänzt wurde, sondern wiederum die Erwähnung von Aristoteles.

3. Es stellt sich nun die Frage, was die Übereinstimmung zwischen Platon und Aristoteles bedeutet, die Photios und Hierokles hervorheben und mit Ammonios in Verbindung bringen. Schwyzer erklärt, daß Ammonios dem Text von Hierokles und Photios zufolge „die völlige Übereinstimmung von Platon und Aristoteles vertrat. Diese Übereinstimmung bedeutet aber nicht, daß Platon eine Art Wegbereiter für Aristoteles gewesen wäre, vielmehr ist Aristoteles nach Hierokles und auch nach Ammonios Platon sklavisch gefolgt."

Zur Vorgehensweise von Elter/Schwyzer sei auf folgendes hingewiesen.

1. Der Text cod. 251 beginnt mit folgendem Satz: Καὶ τί, φησί, καταλέγω σοι τούτους, ὅπου γε καὶ τῶν Πλατωνικῶν τινες οὐκ ὀρθὴν τὴν περὶ τοῦ δημιουργοῦ θεοῦ διασῴζουσιν ἔννοιαν; Schwyzer fragt nicht, um welche Platoniker es sich hier handelt. Es ist sehr wahrscheinlich, daß Hierokles sich in 460b 21- 461a 23 polemisch gegen Attikos wendet, wie M. Baltes vorgeschlagen hat.[162] Attikos ist nun der Autor unter den sogenannten Mittelplatonikern, von dem Euseb Fragmente aus der Schrift überliefert, in der sich dieser polemisch gegen die aristotelische Konzeption richtet und einer Synthese mit dem Aristotelismus strikt widerspricht.[163] Liest man Attikos (fr.1-9), hat man anschaulich das vor Augen, was Hierokles in 461a 24ff beschreibt, und von dem sich Ammonios nach Hierokles so eindrucksvoll abhebt. Erkennt man einen Platoniker wie Attikos in den Ausführungen über Schöpfung und Materie am Anfang von cod.251, schließt sich der folgende Abschnitt, ὅτι πολλοὶ τῶν ἀπὸ Πλάτωνος καὶ τῶν ἀπὸ Ἀριστοτέλους συγκρούειν ἀλλήλοις τοὺς σφῶν διδασκάλους ... σπουδὴν ... εἰσενηνοχότες, sehr schön an. Die Synthese zwischen Platonischem und Aristotelischem kennzeichnet eine Position innerhalb des Platonismus, die fehlende Offenheit gegenüber dem Aristotelismus eine andere. Die Alternative Webers, daß Ammonios nicht Eklektizismus betrieben, sondern die Einheit in der Philosophie erkannt habe, führt ebenso an der Kontroverse vorbei, wie die Erwartung von Elter und Schwyzer, daß Hierokles, wenn er Ammonios diese Bedeutung und Rolle zuschreibt, sich in mehr als einem Buch mit den Aristotelikern hätte auseinandersetzen müssen.

2. Cod.251 zeigt, daß es Hierokles von Anfang an um die Frage nach dem Verhältnis von Aristotelismus und Platonismus geht. Die Erwähnung von Aristoteles in 460b 23-25 aber wäre an dieser Stelle irreführend. Der unterschiedliche Text in 172a 11-13 und 460b 23-25 bedeutet keinen

---

[162] Zur Philosophie des Platonikers Attikos, in: Platonismus und Christentum, FS für H. Dörrie, hrsg.v. H.-D. Blume/ F. Mann (JAC.E 10), Münster 1983, S.57 (38-57). Ebenso I. Hadot, a.a.O.S.78-83.

[163] Damit ist die Frage nach dem Adressaten der Schrift des Attikos gestellt. Anti-aristotelische Polemik weist nicht notwendig auf einen Aristoteliker als Adressaten. Attikos Anliegen, mit dem er sich gegen eine platonisch-aristotelische Synthese richtet, ist vielmehr ebenso im Rahmen einer innerplatonischen Auseinandersetzung denkbar, so auch H.B. GOTTSCHALK, Aristotelian philosophy in the Roman world from the time of Cicero to the end of the second century A.D., in: ANRW II 36,2, S.1150 (1079-1174). Anders: J. DILLON, The Middle Platonists. 80 B.C. to A.D. 220, Ithaka 1977, S.248-251.

Widerspruch. Und auch wenn es sich in 172a 11-13 um eine Ergänzung handeln sollte, ist dies kein Argument gegen die Beschreibung der Position des Ammonios in 461a 24ff als integraler Bestandteil des Textes von Hierokles.

3. Photios faßt nicht nur zusammen, daß die gesamte Abhandlung von der Frage nach einer Übereinstimmung zwischen Platon und Aristoteles bestimmt ist, sondern fügt sofort hinzu, daß diese sich nicht nur auf die Frage der Pronoia beschränke (171b 32-38). Die Frage der Pronoia Gottes wurde unter Platonikern, deren Position Attikos und Ammonios vertraten, kontrovers diskutiert. Ammonios' Suche nach einer Übereinstimmung zwischen Platon und Aristoteles bedeutet eine Synthese im Rahmen des Platonismus. Dies wird nur deutlich, wenn man die Diskussion und die Äußerungen Hierokles' zur Pronoia Gottes in die Überlegungen miteinbezieht. Dies bedeutet, daß sich der Hinweis auf Ammonios und die Frage nach der Übereinstimmung von Platon und Aristoteles nicht aus dem Text der Exzerpte lösen läßt.

c) „Gott erzürnt nicht über die Menschen, wie er auch nicht über Affen und Mäuse zornig ist."
  (c.Cels. 4,99) – die Kritik des Celsus und Gottes Sorge für das All

Origenes kennzeichnet Celsus wiederholt als einen Epikureer und erfaßt damit die antichristlichen Äußerungen des Celsus von einem Selbst-Widerspruch her.[164] Als Platoniker[165] muß Celsus wissen, daß Gott die Welt regiert, als Epikureer aber – und hierin liegt der Widerspruch – bestreitet er die Pronoia Gottes. Auf die Gründe des Origenes, Celsus einen Epikureer zu nennen, ist später einzugehen.[166] Mit der Identifikation des Celsus mit einem Epikureer stellt Origenes den Begriff der Pronoia Gottes in den Raum.[167]

C. Andresen hat in seiner Arbeit „Logos und Nomos"[168] versucht, die fragmentarischen, nur durch Origenes überlieferten Äußerungen des Celsus von einem einheitlichen Grundgedanken her zu erklären. Ausgehend von der Begrenztheit der Menschen und ihrer Unfähigkeit, Gott zu erkennen,[169] sei Wissen von Gott nur möglich, weil es in der Frühzeit einige Männer gegeben habe, denen der schmale Pfad der Gotteserkenntnis offenstand.[170] Der „alte Logos" dieser alten Männer ist nun nicht die Überlieferung bestimmter Aussagen,[171] sondern das Prinzip ge-

---

[164]C.Cels. 5,3,S.3.21-26.
[165]So bereits die ältere Forschung: J.M. MOSHEIM, Die acht Bücher des Origenes wider den Weltweisen Celsus, Hamburg 1745, S.55; TH. KEIM, Kelsos Wahres Wort. Älteste Streitschrift antiker Weltanschauung gegen das Christentum vom Jahr 178, Zürich 1873, S.203-219. Siehe besonders das Fragment c.Cels. 7,45, außerdem das Zitat von Platon leg. 715E-716A in c.Cels. 6,16,S.86.12-18; weiter 4,83,S.354.11; 6,17,S.87.21-23; 6,19,S.89.18-22.
[166]Siehe unten II.§ 4.3,S.249ff.
[167]Dies hat bisher nur C. DE VOGEL hervorgehoben in: Greek philosophy, Bd.3, Hellenistic-Roman period, Leiden 1964, S.393.
[168]Logos und Nomos. Die Polemik des Celsus wider das Christentum (AKG 30), Berlin 1955.
[169]Vgl. Platon, Tim. 28C in c.Cels. 7,42,S.192.25f.
[170]C.Cels. 7,42,S.192.29f.
[171]So A. WIFSTRAND, Die wahre Lehre des Kelsos, in: Bulletin de la Société Royale des Lettres de Lund 1941/42, S.398, 403 (391-431).

schichtlicher Überlieferung,[172] die Tradition, und die Tradition der Väter allein gewähre heute Gotteserkenntnis.[173] Diesem Traditionsbewußtsein, Andresen spricht von Geschichtsphilosophie,[174] entspricht ein Gott ohne Geschichte, und es würde aufgelöst, wäre Gott in der Geschichte erfahrbar und erkennbar oder wäre Gott gar in der Geschichte veränderlich. Celsus setzt die Evidenz dieses Traditionsbewußtsein bei seinen Lesern voraus und sieht in den Christen nicht nur einen traditionslosen Haufen, sondern wirft ihnen vor, daß ihre Aussagen die Veränderlichkeit Gottes bedeuten. Origenes bestreitet nicht die Unerkennbarkeit Gottes, sondern klagt Celsus an, daß er die Pronoia Gottes leugne.[175]

Und ein zweiter Aspekt läßt sich von diesen Voraussetzungen ableiten. Nach Celsus sind diejenigen, die die Tradition der Väter aufgeben, ohne Logos, beschränkt und von eingeschränkter Auffassungsgabe. Ungebildet zu sein, heißt für Celsus, ohne Tradition und ohne Geschichte zu sein. Er findet seine These gerade bei den Christen bestätigt. Christen sind ohne Logos, und sie sind eine Ansammlung von Wollarbeitern, Schustern und Walkern.[176] Es würde den Voraussetzungen des Celsus widersprechen, unter den Christen Gebildete zu finden, und aus Leuten ohne Logos, aus den Bildungslosen, aus denen, die von Natur oder durch Gewöhnung ungebildet und verkommen sind, keine besseren Menschen zu machen.[177]

Nichts liegt Celsus ferner als „Pronoia und Paideusis", als ein Gott, der sich um den einzelnen kümmert, und eine Gottesvorstellung, die von Gott sagt, daß er straft und erzieht. Die Natur der Menschen zu verändern, ist ein äußerst schweres Unternehmen und nach Celsus weder durch Strafe noch durch Erbarmen zu bewerkstelligen.[178] Die Christen aber, so Celsus, führten das Wort im Munde, bei Gott sei alles möglich.[179] Aber wie sei alles möglich, wenn Gott gerecht sei?[180] Der Gott der Christen gleiche denen, die sich nicht dem Mitleid entziehen können, und sei ein Sklave des Mitleids gegenüber denen, die sich selbst bejammern. Er unter-

---

[172]So C. ANDRESEN, a.a.O.S.38 gegen Wifstrand a.a.O.
[173]C. ANDRESEN, a.a.O.S.77f, 118-145, besonders 131-137.
[174]A.a.O.S.137. Den Voraussetzungen der Argumentation Andresens widerspricht M. FREDE, Celsus philosophus Platonicus, in: ANRW II 36,7 (1994), S.5199-5201 (5183-5213).
[175]C.Cels. 4,14,S.284.17-21; 5,3,S.3.21-26.
[176]C.Cels. 3,55,S.250.16f. Vgl. C. ANDRESEN, a.a.O.S.167-188.
[177]C.Cels. 3,65,S.259.8-12, vgl. 8,49,S.263.5-15.
[178]Vgl. Aristoteles, NE 1114a 13-21, 1152a 24-33. Hier bestätigt sich der von Origenes wahrgenommene aristotelische Einfluß in Celsus' Ausführungen über die Pronoia.
[179]Vgl. c.Cels. 5,14,S.15.12-14. Vgl. die an die Stoa gerichtete akademische Kritik in Cicero, nat.deor. 3,92: *vos enim ipsi dicere soletis nihil esse, quod deus efficere non possit.* Ebenso Alexander von Aphrodisias, prov. 15/16.7-17.
[180]C.Cels. 3,70,S.262.19f,26-28.

stütze die Schlechten, aber verstoße die Guten, die dieses nicht tun, was im höchsten Maße ungerecht sei.[181]

In den Fragmenten des Celsus wird eine Diskussion um den Begriff göttlicher Pronoia zur Zeit der Alten Kirche sichtbar, und diese Diskussion soll im folgenden nachgezeichnet werden. Zunächst aber belegen die Fragmente des Celsus ein weiteres Mal, daß die Auseinandersetzung mit Celsus für Origenes den Hinweis auf die göttliche Pädagogie als Argument nicht nahelegte. Origenes bietet einen eigenständigen Beitrag in der Diskussion. Der Hinweis auf die Pädagogie Gottes aber bildet nicht den Hintergrund, auf dem sein Beitrag Konturen gewinnt. Diese Funktion hat vielmehr eine bestimmte feste Argumentation um die persönliche Fürsorge Gottes für den einzelnen. Die Fragmente des Celsus sind hier einzuordnen und sollen damit überleiten zu dem nächsten Kapitel (§4).[182]

Gott ist nach Celsus weder der Erzieher noch der Richter der Menschen. Ebensowenig überzeugend wie die Vorstellung von dem Mitleid Gottes gegenüber beklagenswerten Menschen ist für Celsus die jüdisch-christliche Gerichtsvorstellung.[183] Nach jüdisch-christlicher Vorstellung werde ein Gott oder Sohn Gottes als Richter herab auf die Erde kommen oder sei bereits gekommen,[184] um von den Menschen erkannt zu werden und die, welche diese Erkenntnis annehmen, zu retten, die anderen aber zu strafen.[185] Könne Gott die Menschen nicht anders wiederaufrichten, als daß Gott diesen auf die Erde schickt?[186] Wenn Gott sich nach so langer Zeit an die Menschen erinnere, warum richte er dann das Leben der Menschen, die ihn bisher nicht interessiert haben?[187]

In seiner Kritik verwendet Celsus Argumente, die den Begriff der Pronoia Gottes infrage stellten, und gab damit durchaus auch Anhaltspunkte für Origenes, um ihn einen Epikureer zu nennen, d.h. jemanden, der die Pronoia Gottes leugnet. Die Erfahrung, daß Ungerechte oft nicht gestraft und zur Rechenschaft gezogen werden, wurde als Anfrage an den Begriff Pronoia verstanden und von Plutarch als Anlaß für seine Schrift De sera numinis vindicta genommen. Angesichts der Martyrien gab es kritische Hinweise auf die Pronoia Gottes.[188] Beides wendet Celsus gegen die theologische Interpretation der Kreuzigung Jesu. Wo bleibt der

---

[181]C.Cels. 6,71,S.263.5-8.
[182]Siehe unten §4.3.
[183]Daß Kelsos die Gerichtsvorstellung bei Juden und Christen in engem Zusammenhang sieht, zeigt c.Cels. 2,5,S.132.3-7.
[184]C.Cels. 4,2,S.274.11-14.
[185]C.Cels. 4,7,S.279.6-10.
[186]C.Cels. 4,3,S.276.4f.
[187]C.Cels. 4,7,S.279.11f.
[188]Siehe unten S.123,Anm.1.

Erweis der Gottheit Jesu in der Kreuzigung? Warum wurden die, welche ihn verurteilten, mit Jesus ihr Spiel trieben und ihn hinrichteten, nicht bestraft?[189] Als ein Mensch über die Juden erzürnte, tötete er sie alle Mann für Mann und setzte ihre Stadt in Feuer. Wenn der größte Gott, wie die Christen sagen, zornig ist und droht, schickt er seinen Sohn, um solches zu erleiden?[190]

Celsus argumentiert ausgehend von den Prämissen seiner christlichen Leser. Und seine Argumentation hatte gerade deshalb eine solche Wirkung, weil er seine eigenen Prämissen zurückstellt. Celsus zeigt nicht, daß die Vorstellung von einem richterlichen Eingreifen Gottes mit der Unveränderlichkeit Gottes unvereinbar ist,[191] sondern fragt unter der Voraussetzung, daß Gott Unrecht ahndet, warum Gott dieses nicht schon viel früher getan habe und warum Gott nicht viel wirksamer Recht schafft. Unter der Voraussetzung, daß Gott in Geschehenszusammenhänge eingreift, fragt Celsus, warum die Kreuzigung Jesu dieser Vorstellung nicht entspricht. Die Fragen des Celsus laufen ins Leere, weil nach Celsus die Christen ein falsches Bild von Gottes Wirken in der Welt haben. Seine Polemik deckt falsche Erwartungen der Christen an das Handeln Gottes auf. In der Vorstellung von dem richterlichen Eingreifen Gottes sieht Celsus die Erwartung, daß Gott insbesondere für das Leben der Menschen sorge, in der Annahme, daß Gott sie als vernünftige Wesen in das Zentrum seiner Schöpfung gestellt habe. Dieser Ansatzpunkt sowie sein Vorgehen, die Prämissen aufzunehmen, um sie zu destruieren, führen Celsus zu folgender Satire:[192]

„Danach spottete er gewohntermaßen über das Geschlecht der Juden und Christen und hat alle mit einem Schwarm von Fledermäusen verglichen und mit Ameisen, die aus dem Nest kommen, mit Fröschen, die am Sumpf eine Sitzung veranstalten, und mit Regenwürmern, die in einem Schmutzwinkel eine Gemeindeversammlung halten und miteinander streiten, wer von ihnen die größeren Sünder seien, und sagen: Uns offenbart Gott alles zuvor und kündigt es vorher an; die ganze Welt und den Lauf der Gestirne verläßt er und über die so

---

[189]C.Cels. 2,34,S.160,25f, S.161.5-8; 2,35,S.161.16-18.
[190]C.Cels. 4,73,S.342.24-28.
[191]Vgl. die Interpretation von Gen 11,7 durch Philon (conf. 168-172, 179-182) und später von Julian, der sie aus ähnlichen Gründen wie Celsus (c.Cels. 4,14,S.284.4-8) für anstößig hält (c.Galil. 143C-E, 146B,S.356.8-358.11). Zu der Geschichte von der Sintflut siehe Celsus, c.Cels. 4,20,S.289.2; 4,21,S.290.7; zu der Geschichte vom Turmbau zu Babel c.Cels. 4,21,S.290.7-11; zu Sodom und Gomorrha c.Cels. 4,21,S.291.4-6.
[192]C.Cels. 4,23,S.292.17-27: Μετὰ ταῦτα συνήθως ἑαυτῷ γελῶν τὸ Ἰουδαίων καὶ Χριστιανῶν γένος πάντας παραβέβληκε νυκτερίδων ὁρμαθῷ ἢ μύρμηξιν ἐκ καλιᾶς προελθοῦσιν ἢ βατράχοις περὶ τέλμα συνεδρεύουσιν ἢ σκώληξιν ἐν βορβόρου γωνίᾳ ἐκκλησιάζουσι καὶ πρὸς ἀλλήλους διαφερομένοις, τίνες αὐτῶν εἶεν ἁμαρτωλότεροι, καὶ φάσκουσιν ὅτι πάντα ἡμῖν ὁ θεὸς προδηλοῖ καὶ προκαταγγέλλει, καὶ τὸν πάντα κόσμον καὶ τὴν οὐράνιον φορὰν ἀπολιπὼν καὶ τὴν τοσαύτην γῆν παριδὼν ἡμῖν μόνοις πολιτεύεται καὶ πρὸς ἡμᾶς μόνους ἐπικηρυκεύεται καὶ πέμπων οὐ διαλείπει καὶ ζητῶν, ὅπως ἀεὶ συνῶμεν αὐτῷ.

große Erde sieht er hinweg und regiert uns allein[193] und nur uns schickt er Gesandte und hört nicht auf, zu schicken und zu forschen, damit wir immer mit ihm zusammen sind."

Da streiten sich Fledermäuse, Ameisen, Frösche und Regenwürmer und halten Gemeindeversammlungen ab. Celsus spitzt seine Kritik in dieser Satire zu. Er vergleicht nicht nur abschätzig seine Gegner mit der genannten Kreatur, sondern er vergleicht eben diejenigen mit Tieren, die behaupten, daß Gott primär für die Menschen sorge. Der Tiervergleich hat unmittelbar mit der strittigen Frage zu tun.[194] Nach Celsus ist die Welt für die unvernünftigen Lebewesen nicht anders als für die Menschen geschaffen, und hierin sieht sich Celsus im Gegensatz zu den Christen, die nach Celsus genau dieses bestreiten und behaupten, die Welt sei ausschließlich zum Wohl der Menschen eingerichtet.[195] Es stehen sich hier zwei Begriffe von Pronoia gegenüber, die Celsus als unvereinbar betrachtet. Die Haltung der Christen nimmt Celsus nach einem weiteren bei Origenes überlieferten Fragment, das in den gleichen Zusammenhang gehört wie der bereits zitierte Text, folgendermaßen wahr:

"... die Regenwürmer, sie sagen: es existiert Gott und nach ihm kommen wir, die wir von ihm geschaffen und gänzlich Gott ähnlich sind; und alles ist uns unterworfen; Erde, Wasser, Luft, Sterne und alles ist unsretwegen da und ist geordnet, um uns zu dienen."[196]

Origenes fährt fort und läßt nach Celsus die Christen bzw. Regenwürmer sagen:

„nun aber, da einige bei uns sündigen, wird Gott kommen oder den Sohn schicken, daß er die Ungerechten verbrenne und die übrigen mit ihm ein ewiges Leben haben werden."[197]

---

[193]Vgl. Plotin, 2,9,9.65f: Εἶτ᾽ ἐπὶ τούτοις ὑμῶν προνοεῖ ὁ θεός, τοῦ δὲ κόσμου παντὸς ἐν ᾧ καὶ αὐτοὶ διὰ τί ἀμελεῖ; zur Kritik gegenüber einer anthropozentrischen Position in 2,9,9.26-66 siehe A.H. ARMSTRONG, Man in the cosmos. A study of some differences between pagan Neo-Platonism and Christianity, in: Romanitas et Christianitas, FS für H. Waszink, hrsg.v. W. den Broer, Amsterdam/ London 1973, S.5-14.

[194]In der Rückbeziehung der sozial-ethischen Ordnung auf die kosmische Ordnung wurde die Stellung des Menschen im Kosmos zwischen Stoa und Akademie diskutiert. Celsus nimmt in den Fragmenten c.Cels. 4 die akademische Position ein, die die stoische Lehre von der Überlegenheit des Menschen als rationales Wesen kritisiert. Ein Beispiel dieser Position ist die Schrift Plutarchs De sollertia animalium, in der Plutarch Rationalität und Sozialverhalten von Tieren erörtert und nachweist, daß man von λόγος und σύνεσις bei Tieren sprechen kann (985A). Der Vergleich zu menschlichem Sozialverhalten steht im Hintergrund (961F-962A). Vgl. als ein Beispiel, das nach Plutarch auf Kleanthes zurückgeht, die Lösegeldforderung unter Ameisen 967D-F. Ein weiteres der Stoa zugeschriebenes Beispiel 980A-B. Neben Plutarch, soll. siehe die knappe Fassung einer ähnlichen Argumentation bei Sextus Empeirikos, pyrrh. 1,62-78.

[195]C.Cels. 4,74,S.343.14-18.

[196]C.Cels. 4,23,S.292.28-31: ... σκώληξι, φάσκουσιν ὅτι ὁ θεός ἐστιν, εἶτα μετ᾽ ἐκεῖνον ἡμεῖς ὑπ᾽ αὐτοῦ γεγονότες πάντη ὅμοιοι τῷ θεῷ, καὶ ἡμῖν πάντα ὑποβέβληται, γῆ καὶ ὕδωρ καὶ ἀὴρ καὶ ἄστρα, καὶ ἡμῶν ἕνεκα πάντα, καὶ ἡμῖν δουλεύειν τέτακται.

[197]C.Cels. 4,23,S.292.32-293.3: ... οἱ σκώληκες, ἡμεῖς δηλαδή, ὅτι νῦν, ἐπειδή τινες <ἐν> ἡμῖν πλημμελοῦσιν, ἀφίξεται θεὸς ἢ πέμψει τὸν υἱόν, ἵνα καταφλέξῃ τοὺς ἀδίκους, καὶ οἱ λοιποὶ σὺν αὐτῷ ζωὴν αἰώνιον ἔχωμεν.

Es ist diese Beschränkung auf die eigene Gruppe in der Gewißheit, daß „uns" und dem Menschen überhaupt als Mittelpunkt der Schöpfung die Pronoia Gottes gelte, die Celsus ablehnt. Er versteht die christliche Haltung als Anthropozentrismus und ordnet sie damit der stoischen Position zu.[198] Celsus verwendet in der Auseinandersetzung mit den Christen die akademische Kritik gegenüber der stoischen Position.[199] Die jüdisch-christliche Gerichtsvorstellung, nach der Gott über das Leben der Menschen richtet, wird als Teil dieses Anthropozentrismus[200] und damit als Teil einer falschen Vorstellung von Gottes Pronoia verstanden und kritisiert.[201]

Dem falschen Begriff von der Pronoia Gottes stellt Celsus in fr. 4,99 Gottes universale Pronoia gegenüber. Erst hier fällt in den überlieferten Fragmenten der Begriff Pronoia. Er erklärt den Gegensatz, in dem sich Celsus gegenüber den Christen befindet, und nimmt die vorangegangene Polemik auf:

> „Nicht für den Menschen ist alles geschaffen, wie es auch nicht für den Löwen, den Adler oder Delphin geschaffen ist, sondern damit diese gegenwärtige Welt als Werk Gottes ein vollständiges und vollkommenes Werk aus allen Einzelteilen sei. Deswegen ist alles abgemessen, nicht wechselseitig, sondern, wenn nicht als Nebenprodukt, im Blick auf das Ganze. Gott sorgt für das Ganze und niemals verläßt die Pronoia dieses, noch wird es schlechter, noch nimmt Gott es durch die Zeit (wieder) zu sich, noch zürnt er wegen der Menschen, wie er auch nicht wegen der Affen oder Mäuse zürnt; auch droht er nicht gegen die, von denen jeder sein Los zu seinem Teil erhält."[202]

---

[198]Vgl. Justin, apol.mai. 10,2,S.45.6f. Die Aussage, daß die Welt zum Nutzen der Menschen eingerichtet ist, ist häufig als stoisch belegt. Siehe die von V.ARNIM zusammengestellten Fragmente SVF II 1152-1167. Hervorgehoben bzw. zusätzlich vermerkt seien: Cicero, nat.deor. 2,133 (=SVF II 1131),2,154, Philon, prov. 2,84 (=SVF II 1149), Gellius 7,1,1,S.281.4f, Plutarch, stoic.repugn. 1044D. Um die Überlegenheit des Menschen zu demonstrieren, wurde umfangreiches zoologisches Material zusammengestellt. Angaben zum überlieferten Material bei M. POHLENZ, Die Stoa, a.a.O. Bd.1, S.84, Bd.2, S.49f Die von Origenes in Contra Celsum 4 verwendeten Beispiele, die sich auch in Plinius, Naturalis historiae (z.B.11,109f) und Aelian, De natura animalium finden, sind identifiziert an entsprechender Stelle in der Übersetzung von: H. CHADWICK, Origen. Contra Celsum, Cambridge 1953. Vgl. ders., Origen, Celsus, and the Stoa, a.a.O.S.36-38.

[199]Umgekehrt folgt Origenes der stoischen Argumentation, die durch Cicero, nat.deor. 2,154-162 und Philon, prov. 2,99-112 (= Euseb von Caesarea, PE 8,14,43-72) belegt ist. Vgl. c.Cels. 8,50,S.265.22-25, aber auch die Kritik von Alexander von Aphrodisias, prov. 23/24.8-13.

[200]Vgl. aber die Kritik dieses Anthropozentrismus bei Philon, somn. 2,16.

[201]Dies erklärt, daß bei Origenes der Celsus-Text (C.Cels. 4,23,S.292.28-293.3) nach der Aussage, daß den Menschen alles untertan sei, ohne Überleitung mit dem richterlichen Handeln Gottes fortfährt, und macht wahrscheinlich, daß die zitierten Fragmente auch ursprünglich in einen Zusammenhang gehören. Vgl. die Fragmente in c.Cels. 4,73,S.342.24-28 und 4,74,S.343.17f.

[202]C.Cels. 4,99,S.372.10-20: οὔκουν ἀνθρώπῳ πεποίηται τὰ πάντα, ὥσπερ οὐδὲ λέοντι οὐδὲ ἀετῷ οὐδὲ δελφῖνι, ἀλλ᾽ ὅπως ὅδε ὁ κόσμος ὡς ἂν θεοῦ ἔργον ὁλόκληρον καὶ τέλειον ἐξ ἁπάντων γένηται· τούτου χάριν μεμέτρηται τὰ πάντα, οὐκ ἀλλήλων ἀλλ᾽, εἰ μὴ πάρεργον, [ἀλλὰ] τοῦ ὅλου. καὶ μέλει τῷ θεῷ τοῦ ὅλου, καὶ τοῦτ᾽ οὔ ποτ᾽ ἀπολείπει πρόνοια, οὐδὲ κάκιον γίνεται, οὐδὲ διὰ χρόνου πρὸς ἑαυτὸν ὁ θεὸς ἐπιστρέφει, οὐδ᾽ ἀνθρώπων ἕνεκα ὀργίζεται, ὥσπερ οὐδὲ πιθήκων οὐδὲ μυῶν· οὐδὲ τούτοις ἀπειλεῖ, ὧν ἕκαστον ἐν τῷ μέρει τὴν αὐτοῦ μοῖραν εἴληφε.

Statt Gott, den man nicht anders als in Beziehung zum Menschen denkt, erscheint hier Gott in Beziehung zum All als seinem vollkommenen und vollständigen Werk. Die vielen Einzelheiten sollen hier nicht den Menschen nutzen, sondern entstehen und vergehen mit Rücksicht auf das Ganze.[203] Der Kosmos ist ein ausgewogenes Ganzes, eine Einheit, in der die Pronoia für das Gleichgewicht der Elemente sorgt (τὸ ἰσοστάσιον τῶν στοιχείων ἀπὸ τῆς προνοίας γίνεται),[204] so die Paraphrase des Origenes. Anstelle der Vorstellung von dem Richter über das Leben des Menschen findet sich bei Celsus die Zusicherung, daß das Verhältnis zwischen Gut und Böse nicht verändert wird,[205] sondern im Gleichgewicht bleibt, wobei das Böse sich nicht vermehre, aber auch nicht verschwinde.[206]

> „Wenn dir etwas als böse erscheint, ist noch nicht offenbar, ob es böse ist. Du weißt nicht, was etwas dir oder einem anderem oder dem Ganzen nützt."[207]

Diese „ästhetische Erklärung"[208] des Bösen findet sich in gleicher Weise bei Clemens von Alexandrien,[209] der mit dieser Anschauung die Verfolgung der Christen erklärt und begründet, wie man an dem Begriff der Pronoia festhalten kann:

> „Alles nun wird von oben her zum Guten hin gelenkt ... Gott steht nichts entgegen ... Das größte Gut der göttlichen Pronoia ist, daß sie das Übel, das aus bewußtem Abfall entstanden ist, nicht unbrauchbar und ohne Nutzen bleiben und gänzlich zum Schaden werden läßt ... daß sie mit dem von einigen absichtlich herbeigeführten Übel ein gutes und nützliches Ziel vollendet und mit Nutzen das, das schlecht scheint, gebraucht, wie auch das Martyrium, das aus der Versuchung entsteht."[210]

---

[203]C.Cels. 4,69,S.338.19-22, vgl. PsAristoteles, mund. 397b 5-8.

[204]Vgl. Clemens von Alexandrien, paid. 1,10,89,4; 3,11,64,3.

[205]Origenes stellt dieser Äußerung ein Zitat aus Platon, Theait. 176A entgegen. Die Argumentation c.Cels. 4,62-70 hat J.M. RIST analysiert (Beyond Stoic and Platonist. A sample of Origen's treatment of philosophy [Contra Celsum: 4.62-70], in: Platonismus und Christentum, FS für H. Dörrie, hrsg.v. H-D. Blume/ F. Mann (JAC.E 10), Münster 1983, S.228-238.) Nach Rist widerlegt Origenes den Platoniker Celsus mit den Mitteln seiner Schultradition. Ein antiker Leser habe in dem Text den Eindruck gewonnen, daß es Origenes ist und nicht Celsus, der mit den philosophischen Theorien im Detail vertraut ist. Rist analysiert, wie Origenes seine Anschauung, daß das Maß des Bösen in der Geschichte variiert, mit Chrysipp belegt.

[206]C.Cels. 4,62,S.333.21-23; 4,69,S.338.23-25.

[207]C.Cels. 4,70,S.339.18f.: ... κἂν σοί τι δοκῇ κακὸν, οὔπω δῆλον εἰ κακόν ἐστιν· οὐ γὰρ οἶσθα ὅ τι ἢ σοὶ ἢ ἄλλῳ ἢ τῷ ὅλῳ συμφέρει.

[208]Formulierung von W. THEILER, Tacitus und die antike Schicksalslehre, a.a.O.S.67.

[209]Vgl. die Formulierung bei Athenagoras, leg. 25,2.19-25 : καίτοι τῆς ἀϊδίου ἐπ᾽ ἴσης ἡμῖν μενούσης προνοίας τοῦ θεοῦ ... τῆς δ᾽ ἐπὶ μέρους πρὸς ἀλήθειαν, οὐ πρὸς δόξαν, χωρούσης ἐπὶ τοὺς ἀξίους, καὶ τῶν λοιπῶν κατὰ τὸ<ν> κοινὸν <τῆς> συστάσεως νόμῳ λόγῳ προνοουμένων.

[210]Strom. 1,17,85,5-86,3: (85,5) πάντα μὲν οὖν οἰκονομεῖται ἄνωθεν εἰς καλόν ...(85,6) τῷ θεῷ δὲ οὐδὲν ἀντίκειται ... (86,2) μέγιστον γοῦν τῆς θείας προνοίας τὸ μὴ ἐᾶσαι τὴν ἐξ ἀποστάσεως ἑκουσίου φυεῖσαν κακίαν ἄχρηστον καὶ ἀνωφελῆ μένειν μηδὲ μὴν κατὰ πάντα βλαβερὰν αὐτὴν γενέσθαι· (86,3) ... κἀκεῖνο μάλιστα τὸ διὰ κακῶν τῶν ἐπινοηθέντων πρός τινων ἀγαθόν τι χρηστὸν τέλος ἀποτελεῖν καὶ ὠφελίμως τοῖς δοκοῦσι φαύλοις χρῆσθαι καθάπερ καὶ τῷ ἐκ πειρασμοῦ μαρτυρίῳ.

Ausführungen über die göttliche Einrichtung der Welt, in der selbst das Böse einen Nutzen hat, finden sich ebenso bei Clemens von Alexandrien, Origenes und Plotin.[211] Clemens individualisiert diesen Zusammenhang, indem er von Erziehung Gottes spricht. Origenes kann gegenüber einem Kritiker, der die Pronoia Gottes nicht von den Individuen her denkt und sich gegen jeden Anthropozentrismus bei den Christen wendet, keine Anfrage mit dem Hinweis auf eine Erziehung lösen. In einer Gegenüberstellung, in welcher die Vorstellung vom Richter-Sein Gottes strittig ist, fehlt jeder Anknüpfungspunkt für den Zusammenhang von Pronoia und Paideusis. Celsus bestreitet, daß die Pronoia, die allem, dem Guten und dem Bösen, den Tieren und Menschen in der Einrichtung der Welt einen Sinn gibt, als Interpretament für biblische Geschichten dienen kann. In Sodom und Gomorrha, um eines der Beispiele des Celsus aus der biblischen Überlieferung zu nennen, ist nicht die ordnende Instanz des Kosmos begegnet. Mit dieser Form der Anfrage mußte sich in den Überlegungen zur Pronoia Gottes das Thema verschieben. Für Origenes liegt der Kritik des Celsus an den Christen die Alternative zwischen universaler und persönlicher Pronoia Gottes zugrunde. Origenes betont gegenüber Celsus nicht die Gegenposition und gibt Beispiele für Gottes Wirkung auf einzelne Menschen, sondern überwindet die Alternative, indem er danach fragt, wie von dem Gesamtzusammenhang zu sprechen ist. Origenes bringt in seiner Antwort den distributiven Aspekt des Begriffs Pronoia zur Geltung und zeigt, daß Gott die Welt so einrichtet, daß die einzelnen zu ihrem Recht kommen.

Zusammenfassung

Der Begriff Pronoia bei Origenes hat zwei Seiten. Auf der einen Seite ist für Origenes Gottes Pronoia aufs engste verbunden mit der Gerechtigkeit Gottes und der richterlichen Aufgabe, das Tun der Menschen als freien Vernunftwesen zu bewerten und Verdienste zuzuteilen. Auf der anderen Seite spricht Origenes gerade dann von Gottes Pronoia, wenn er das Tun des einzelnen im Gesamtzusammenhang sieht, in dem Gegensätzliches sich zusammenfügt und in dem Vielfalt zusammengehalten wird. Origenes versteht Gottes Pronoia distributiv vergeltend, zurückgerichtet in die Vergangenheit des einzelnen und erkennt sie in die Zukunft schauend im Gesamtzusammenhang der von Gott geordneten Welt. Das Gebet beschreibt Origenes folglich als die Vergewisserung des Beters, in einen sinnhaf-

---

[211] 3,2,17.8-11. Vgl. aber auch Theodoret von Kyrrhos, cur. 6,48,S.272.3-5 allerdings im Zusammenhang seines Platonreferates: Διὰ δὴ τούτων ἁπάντων καὶ τῆς προνοίας τὸ δίκαιον ἔδειξε, καὶ ὡς ἕκαστον τῶν γινομένων τῷ παντὶ καθέστηκε ξύμφερον.

ten, von Gott gestifteten Zusammenhang eingebunden zu sein. Origenes verbindet
nun die verschiedenen Bedeutungen von Pronoia und identifiziert das mit Pronoia
bezeichnete richterliche Handeln Gottes mit der Pronoia im Sinne der kosmischen
Ordnung. Origenes betont die Verantwortung jedes einzelnen für die Folgen seines Tuns. Diese Folgen werden nun von Gott in der Weise zugeteilt, daß jeder einzelne sich an einen ihm gemäßen Ort im Gesamtgefüge findet. Die distributive
Gerechtigkeit gegenüber dem einzelnen und die Gestaltung und Ordnung der
Schöpfung sind für Origenes verschiedene Perspektiven auf dieselbe Sache. Daß
hierin die entscheidende Zuspitzung von Origenes' Lehre von der Pronoia Gottes
liegt, wird deutlich, wenn man sie als seine Antwort in der zeitgenössischen Diskussion um die individuelle und universale Pronoia versteht.

Diese Interpretation von Origenes' Lehre von der Pronoia Gottes betont die
Differenz gegenüber Clemens von Alexandrien und zeigt, daß – anders als bei
Clemens – der Begriff Pronoia bei Origenes nicht den Gedanken einer göttlichen
Erziehung voraussetzt. Gegen den konzeptionellen Zusammenhang der Begriffe
Pronoia und Paideia sprechen drei Argumente:

1. Insbesondere Hal Koch hat mit dem Zusammenhang von „Pronoia und Pai-
deusis" das Werk des Origenes erschlossen. Er berücksichtigt dabei weniger die
Schrift Contra Celsum, sondern entwickelt seine Untersuchung ausgehend von
Texten aus De principiis. Anders als Plotin geht Origenes von der ursprünglichen
Gleichheit der Vernunftwesen aus und fragt nach einer Erklärung für die Verschiedenheit unter den Menschen. Er entwickelt das Konzept von einem ewigen
Prozeß, in dem gegenwärtiges Leben immer schon Ergebnis von vorausliegenden
Entscheidungen ist. In diesem Prozeß setzt die Gegenwart aber nicht nur das Ge-
richt über das Vergangene voraus, also die göttliche Pronoia im distributiven Sinn,
sondern ist auf das Ziel hin orientiert, daß die Vernunftwesen zu ihrer ursprünglichen Gleichheit wiederfinden werden. Diese Orientierung ist für Origenes
grundlegend, aber sie verändert nicht seine stoisch beeinflußten Aussagen über
Gottes Ordnung und Einrichtung der Welt. Sie ist auf Einheit und Kohärenz ausgerichtet, in der Vielfältiges, aber auch Gegensätzliches ein Gefüge bilden. Diese
Einheit ist sinnvoll und nützlich, aber Nutzen und Fortschritt werden nicht im
Sinne der Pädagogie interpretiert. Der Nutzen entsteht in dem Zusammentreffen
des Zusammenpassenden und der Fortschritt in der wiederholten Einordnung des
einzelnen in das Ganze, in einem Prozeß von Zustandsbeschreibungen und der
Summe einer Reihe von gerechten Zuteilungen an die Vernunftwesen. Origenes
löst sich nicht von der zeitgenössischen Vorstellung einer göttlichen Verwaltung
und Ordnung der Welt, die wenig Raum für die Erziehung der Vernunftwesen bot.

2. In diesem Prozeß erklärt sich der jeweils gegenwärtige Zustand der Vernunftwesen nicht aus Tatfolgen oder Lebensentscheidungen, die jeder einzelne für

sich getroffen hat, sondern aus einer „intelligiblen" Lebenswahl, die der Lebenszeit des einzelnen vorausgeht. Dieser Gedankengang weist Bezüge zu einer Form des platonischen Lebenswahlmotivs auf, die in den bei Photios überlieferten Fragmenten des Hierokles erhalten ist. Im Vergleich zwischen Origenes und Hierokles sind die Unterschiede hervorzuheben. Hierokles verbindet das platonische Lebenswahlmotiv mit dem distributiv-richterlichen Aspekt des Begriffs Pronoia und der gestuften Pronoia der Mittelplatoniker. Er unterscheidet zwischen einer reinen Pronoia, unter der er die Lenkung und Bewahrung des Alls versteht, und einer gemischten Pronoia, die er den mit der Aufgabe des Strafens und Vergeltens beauftragten Richtern und Wächtern zuordnet. Der Vergleich mit Hierokles macht deutlich, daß bei Origenes die Vorstellung von der vergeltenden Pronoia, die bisher innerchristlich und gegenüber einem Gnostiker wie Basilides diskutiert wurde, eine philosophische Seite gewinnt und von einem Platoniker wie Hierokles verstanden werden konnte. Der Vergleich zeigt aber vor allem das spezifische Anliegen des Origenes. Es liegt nicht darin, die Aufrichtung der gefallenen Vernunftwesen als Erziehung und die Aufgabe der Richter als Erzieher zu beschreiben. Hervorzuheben ist vielmehr, daß Origenes das zusammenhält, was bei Hierokles durch die Unterscheidung zwischen reiner und gemischter Pronoia auseinanderfällt. Bei Origenes ist der Begriff Pronoia gerade dadurch bestimmt, daß er die Gestaltung der Welt und die richterliche Aufgabe gegenüber dem einzelnen in eins setzt.

3. Gegen einen spezifischen Zusammenhang der Begriffe Pronoia und Paideia in der Theologie des Origenes spricht schließlich, daß sich nicht die strittige Frage ermitteln läßt, auf die die Verbindung der Begriffe antwortet. Während bei Clemens von Alexandrien der Hinweis auf eine göttliche Erziehung einen Ort in einer bestimmten Diskussion um den Begriff Pronoia hat, war dieser Hinweis in der Diskussion mit Celsus als Argument ungeeignet. Im Gegenüber zu Celsus war die christliche Gerichtsvorstellung und folglich die distributive Pronoia strittig. Celsus sah in den christlichen Äußerungen den stoischen Anthropozentrismus. Für ihn stellt der Gesamtzusammenhang der gestalteten Welt, in dem Gut und Böse sich in einem geregelten Gleichgewicht befinden, die einzig mögliche Perspektive dar, um von Gottes Pronoia zu sprechen. Origenes konnte auf Celsus nur reagieren, indem er die distributive Pronoia mit der Prämisse des Celsus verband und das Ineinandergreifen von kosmisch-universaler und distributiv-individueller Pronoia erklärte.

Origenes zeigt, daß die richterlich-distributiv verstandene Pronoia für die Alte Kirche grundlegend bleibt. Sein Beitrag zu der zeitgenössischen Diskussion macht aber deutlich, daß ein zweites Thema hinzukommt, nämlich die Alternative zwischen individueller und universaler Pronoia. Diese Diskussion leitet zum Thema des zweiten Kapitels über. Im folgenden sind zunächst die Belege zu besprechen,

welche die Diskussion um die individuelle Pronoia Gottes in der Zeit der Alten
Kirche illustrieren. In diese Diskussion ist die Auseinandersetzung des Origenes
mit Celsus einzuordnen. Für Celsus ergeben sich aus dieser Einordnung der Vergleich mit der arabisch überlieferten Schrift De providentia von Alexander von
Aphrodisias und damit weitere Aufschlüsse über den philosophiegeschichtlichen
Hintergrund seiner Aussagen. Für Origenes läßt sich in dieser Einordnung zeigen,
daß die Identifikation des Celsus mit einem Epikureer in einen bestimmten Argumentationszusammenhang gehört und in diesem Zusammenhang sinnvoll und
verstehbar war.

Kapitel 2

Die Bezogenheit göttlicher Pronoia auf den allgemeinen Zusammenhang oder das je besondere Leben des einzelnen

§ 4. Hintergrund und Vordergrund. Zur Funktion der anti-epikureischen Aussagen in der Diskussion um die individuelle Pronoia

Einzuordnen ist die Gegenüberstellung von der Leugnung der Pronoia Gottes, mit der Begründung, daß die Welt von selbst geworden ist, und der Verteidigung der Pronoia Gottes, die darauf hinweist, daß die Welt in ihrer Ordnung ein ordnendes Subjekt verlangt. Die gegensätzlichen Seiten wurden den Epikureern auf der einen Seite zugeschrieben und der Stoa auf der anderen.[1] In diesem Gegensatz verfestigte sich nicht nur das Bild der Epikureer als denjenigen, welche die Pronoia Gottes ablehnen, sondern ebenso die positive Verbindung des Begriffs Pronoia mit der Stoa.

Zu dem umstrittenen Begriff äußert sich Lukrez, der erheblichen Einfluß auf die Verbreitung der epikureischen Philosophie im Westen hatte,[2] folgendermaßen. Hermann Diels übersetzt seine Verse:

„Hast du nun dies wohl inne, so siehst du, wie stets die Natur sich
Unabhängig erhält von der Laune tyrannischer Herrscher
Und selbständig in Allem sich ohne die Götter betätigt ...
Wer von ihnen vermag das unendliche All zu regieren,
Wer kann kräftig die Zügel der unermeßlichen Tiefe
Halten in leitender Hand, wer alle Himmel im Gleichmaß
Drehn und fruchtbar die Erde mit Flammen des Äthers erwärmen,
Gegenwärtig zu jeglicher Zeit und an jeglichem Orte,
Um bald Dunkel durch Wolken zu schaffen und Donner erregend
Heiteren Himmel zu trüben, bald Blitze zu senden und häufig
Selbst die eigenen Tempel zu schädigen oder im Wüten

---

[1] So z.B. Sextus Empeirikos, pyrrh. 2,5.

[2] Zur Bedeutung von Lukrez für die Übersetzung Epikurs ins Lateinische, zu den Quellen von Lukrez und zum Stand der Forschung über Epikur, De natura siehe: D. SEDLEY, Lucretius and the transformation of Greek wisdom, Cambridge 1998. Nach Sedley war Lukrez ein epikureischer Fundamentalist und in seiner Schrift direkt abhängig von dem Hauptwerk Epikurs. Zum römischen und lateinischen Epikureismus der Kaiserzeit siehe außerdem: J. FERGUSON, Epicuranism under the Roman Empire, in: ANRW II 36,4 (1990) S.2257-2327. Ein Bild über die zeitgenössische Kenntnis epikureischer Philosophie vermittelt Hippolyt, ref. 1,22.

selbst auf Wüsten Geschosse zu richten, die harmlose Leute
Und Unschuldige töten, dagegen die Schuldigen meiden?"[3]

Kein Theologe der Alten Kirche erwägt, sich diesen epikureischen Gedanken anzuschließen. Man weiß, daß zur Zeit von Trajan, Hadrian und Marc Aurel die epikureische Philosophie betrieben wurde.[4] Ein Autor wie Clemens von Alexandrien stellt eine Ausnahme dar, wenn er sich völlig unpolemisch auf Epikur bezieht,[5] Einzelheiten über die epikureische Philosophie und den Kepos erwähnt[6] und Textausschnitte zitiert.[7] Man kann nach einer noch aktuellen Bedeutung[8] der Epikureer fragen, die nach Usener im 4.Jahrhundert zum Erliegen kommt,[9] und mit Clemens belegen, daß die Thesen Epikurs wahrgenommen wurden. Die Leugnung der

---

[3] Lucrez, nat. 2,1090-1104: *Quae bene cognita si teneas, natura videtur*
libera continuo, dominis privata superbis,
ipsa sua per se sponte omnia dis agere expers ...
quis regere immensi summam, quis habere profundi
indu manu validas potis est moderanter habenas,
quis pariter caelos omnis convertere et omnis
ignibus aetheriis terras suffire feracis,
omnibus inve locis esse omni tempore praesto,
nubibus ut tenebras faciat caelique serena
concutiat sonitu, tum fulmina mittat et aedis
saepe suas disturbet et in deserta recedens
saeviat exercens telum, quod saepe nocentes
praeterit exanimatque indignos inque merentes?

[4] Siehe J. FERGUSON, a.a.O.S.2285-2298, außerdem zu Diogenes von Oenoanda, seiner umfangreichen Inschrift und dem Epikureismus in Oenoanda in Lykia D. CLAY, A lost Epicurean community, in: GRBS 30 (1989), S.313-335 mit Hinweisen auf weitere Literatur. Zum Epikureismus in Rom am Ende der Republik und in der Augusteischen Zeit siehe M. ERLER, Epikur, Die Schule Epikurs, Lucretius, in: Die Geschichte der Philosophie der Antike 4, Die hellenistische Philosophie Bd.1, hrsg.v. H. Flashar, Basel 1994, S.363-441 (203-490), dort detaillierte Informationen zu weiterer Literatur über Epikur und den Kepos. Zum Epikureismus in Alexandrien siehe Plutarch, lat.viv. 1128F und P.Oxy. 215. Hierzu: H. DIELS, Ein epikureisches Fragment über Götterverehrung, in: SPAW.PH 1916, S.886-909 (=Kleine Schriften zur Geschichte der antiken Philosophie, Darmstadt 1969, S.288-311); D. OBBINK, POxy. 215 and Epicurean religious θεωρία, in: Atti del XVII Congresso Internazionale di Papirologia II, Naples 1984, S.607-619.

[5] Clemens erklärt diese Offenheit mit seinem eklektizistischen Standpunkt in strom. 1,7,37,6, S.24.30-25.2: φιλοσοφίαν δὲ οὐ τὴν Στωϊκὴν λέγω οὐδὲ τὴν Πλατωνικὴν ἢ τὴν Ἐπικούρειόν τε καὶ Ἀριστοτελικήν, ἀλλ᾿ ὅσα εἴρηται παρ᾿ ἑκάστῃ τῶν αἱρέσεων τούτων καλῶς, δικαιοσύνην μετὰ εὐσεβοῦς ἐπιστήμης ἐκδιδάσκοντα, τοῦτο σύμπαν τὸ ἐκλεκτικὸν φιλοσοφίαν φημί.

[6] Strom. 1,15,67,1; 2,4,16,3; 4,19,121,4; 4,22,143,6; 5,9,58,1; 5,14,90,2; 6,2,27,4; 5,14,138,2; 6,7,57,3.

[7] Strom. 4,8,69,2-4; 6,2,24,8; 24,10; 5,14,138,2.

[8] In der Spätantike werden Epikureer und Christen zusammen genannt. Zu dieser Verbindung siehe: A.D. SIMPSON, Epicureans, Christians, atheists in the second century, in: TAPA 72 (1941), S.372-381; außerdem A.J. MALHERBE, Self-definition among Epicureans and Cynics, in: Jewish and Christians self-definition, hrsg.v. B.F. Meyer/ E.P. Sanders, Bd.3, London 1982, S.47f (46-59).

[9] Epicurea, Leipzig 1887, S.LXXV.

Pronoia aber beherrscht die über Epikur überlieferten Nachrichten nicht,[10] und das Wissen über Epikur beschränkte sich keineswegs darauf, daß Epikur die Pronoia Gottes leugnete[11] und die Lust zum Prinzip erhob.[12] In der Zeit der Alten Kirche gab es zwei völlig unterschiedliche Weisen, sich auf Epikur zu beziehen. Auf der einen Seite sind wir heute über Epikur und die Epikureer gut informiert, da die antiken Autoren detaillierte Einzelinformationen bieten. Auf der anderen Seite bezieht man sich auf Epikur mit standartisierten Formeln.[13] Beides kann sich bei ein und demselben Autor finden. Clemens von Alexandrien, der nicht zögert, in den Stromata unterschiedliche Details über Epikur und die Epikureer aufzuschreiben, schreibt z.B. in prot. 66 „Nur Epikur werde ich bewußt vergessen, der im höchsten Maße gottlos ist[14] und glaubt, daß Gott sich um nichts kümmere."[15] Die Nachricht, daß die Epikureer die Pronoia Gottes leugnen, gehört zu den formelhaften Verkürzungen.

Ist die epikureische Leugnung der Pronoia Gottes Ausdruck einer Diskussion zwischen Epikureern und ihren Gegnern? Setzte man sich mit einer Konzeption auseinander, welche die Welt ohne den Begriff Gottes erklärte? War dieses Konzept strittig und forderte entsprechende Argumente? Ein Hinweis auf die rhetorische Tradition scheint hilfreich. Zu den Grundkenntnissen antiker Rhetorik gehörte das Wissen, daß nicht alles ein geeigneter Gegenstand einer Diskussion ist. Als ein Beispiel aus den rhetorischen Ausführungen sei Aristoteles genannt. Er schreibt in der Topik:

> „Die nämlich zweifeln, ‚ob man die Götter ehren und die Eltern lieben muß oder nicht',
> bedürfen der Bestrafung, und die, die zweifeln, ‚ob der Schnee weiß ist oder nicht', müssen
> nur hinsehen."[16]

---

[10] Siehe z.B. die vielfältigen Hinweise auf Epikur bei Sextus Empeirikos.

[11] So auch Plotin, 2,9,15.8f.

[12] Clemens von Alexandrien, strom. 2,4,16,3; 2,10,119,3; 2,21,127,1; 128,1; 130,8; 2,23,138,4; ebenso Origenes, c.Cels. 3,75,S.266.23f.

[13] Es ist gerade diese stereotype Form der Ablehnung, in welcher der Begriff Pronoia zum Kriterium einer Bewertung der Philosophie wird. Siehe z.B. Gregor Thaumaturgos, or.pan. 151-153. Gregor berichtet über Origenes' Unterricht in Caesarea. Er habe von seinen Schülern die vorurteilsfreie Beschäftigung mit der gesamten philosophischen Literatur gefordert mit Ausnahme der Schriften der Atheisten, die Gott oder die Pronoia leugnen. Die Abgrenzung gegen Epikur in diesem Zusammenhang setzt eine Stellungnahme zur Philosophie voraus. Eine Veranlassung dazu hatte Origenes (vgl. c.Cels. 1,21,S.72.11-13; 2,27,S.156.8-10), ebenso wie Clemens (strom. 1,11,50,6).

[14] Vgl. strom. 1,1,2.

[15] Prot. 5,66,5,S.101.24: Ἐπικούρου μὲν γὰρ μόνου καὶ ἑκὼν ἐκλήσομαι, ὃς οὐδὲ<ν> μέλειν οἴεται τῷ θεῷ, διὰ πάντων ἀσεβῶν.

[16] Top. 105a 5-7: οἱ μὲν γὰρ ἀποροῦντες ‚πότερον δεῖ τοὺς θεοὺς τιμᾶν καὶ τοὺς γονεῖς ἀγαπᾶν ἢ οὔ' κολάσεως δέονται, οἱ δὲ ‚πότερον ἡ χιὼν λευκὴ ἢ οὔ' αἰσθήσεως.

Die Frage ist, welche Funktion die anti-epikureischen Aussagen haben. Aristoteles handelt in der Topik von den dialektischen Argumenten. Es sind Argumente, die, anders als die analytischen Schlüsse, auf wahrscheinlichen Sätzen basieren, die von allen oder den Weisen für wahrscheinlich gehalten werden.[17] Bezieht man die aristotelischen Ausführungen auf die Frage nach der Funktion der anti-epikureischen Aussagen, würde dies bedeuten, daß die anti-epikureischen Aussagen nicht dem dialektischen Problem, sondern den wahrscheinlichen Sätzen entsprechen, mit denen sich der Autor in den Konsens der vielen stellt. Die wahrscheinlichen Sätze sind wichtiger Bestandteil der Dialektik, der Kunst des Überzeugens, gehören aber ebenso in die Rhetorik. Auf der Ebene der Rhetorik findet Cicero in De natura Deorum seine Argumente. Seine Analyse und Kritik besteht genau darin, daß Epikureer und Stoiker wahrscheinliche Sätze zum dialektischen Problem machen.

Mit einem Exkurs in die Praxis des Redners[18] läßt Cicero den akademischen Skeptiker Cotta seine Erwiderung auf die Rede des Stoikers beginnen. Cotta kritisiert, daß Balbus mit vielen Worten das erörtert, in dem sich alle einig sind.[19] Balbus wendet ein, daß er selbst, Cotta, auf dem Forum genauso verfahre und den Richter mit möglichst vielen Argumenten belade. Cotta klärt ihn auf, daß er in den Fällen, wenn etwas einleuchtend ist und hierin unter allen Einvernehmen herrscht, gerade keine Beweise führe, die Klarheit nämlich werde durch einen solchen Argumentationsgang nur geschwächt.[20] Die Kritik des Cotta besteht darin, daß der Stoiker mit seinen Ausführungen über das, was nicht angezweifelt wird, dieses in Zweifel zieht, daß er Selbstverständliches betont, weil er, wie die Betonung zeigt, es nicht für selbstverständlich hält und damit das Selbstverständliche zum Gegenstand der Diskussion macht. Warum spricht man über das, was viele für wahrscheinlich halten? Weil man Zweifel hat, daß sie es für wahrscheinlich halten.

Die Sätze in De natura Deorum III 8-10 enthalten eine Analyse von Bedeutung und Funktion der anti-epikureischen Argumentation. Cicero läßt in Buch I einen Epikureer sprechen und einen Stoiker in Buch II, das mit Ausführungen über die Pronoia Gottes schließt. An genau dieser Stelle, am Anfang von Buch III, formuliert Cotta seine Kritik mit Hinweis auf die Praxis des Redners. Dies würde bedeuten, daß man bereits zur Zeit Ciceros die Frage stellte, welche Bedeutung und

---

[17] Siehe mit ausdrücklichem Bezug auf die Aristotelische Topik das erste Kapitel von CH. PERELMAN, L'empire rhétorique. Rhétorique et argumentation, Paris 1977.

[18] Nat.deor. 3,8f.

[19] Nat.deor. 3,8: ... cur, quod [perspicuum] in ista[m] parte[m] ne egere quidem oratione dixisses, quod esset perspicuum et inter omnis constaret, de eo ipso tam multa dixeris.

[20] Nat.deor. 3,9: Nam ego neque in causis, si quid est evidens de quo inter omnis conveniat, argumentari soleo (perspicuitas enim argumentatione elevatur).

Aktualität die epikureisch/anti-epikureische Argumentation hat.[21] Cicero analysiert die epikureisch/anti-epikureische Argumentation und formuliert seine Kritik darin, daß der Stoiker mit seinen Ausführungen das Selbstverständliche zum Problem werden läßt.

Als Skeptiker, vertraut mit den Regeln der Argumentation, formuliert Cicero Cottas Kritik. Seinen Äußerungen kann man entnehmen, daß die stoische anti-epikureische Argumentation etwas Unstrittiges vorträgt, etwas, das viele für wahrscheinlich halten.[22] Wenn die Theologen der Alten Kirche die anti-epikureische Argumentation bemühen, stimmen sie in einen Grundkonsens ein. Sie sagen Unstrittiges in einer Zeit, in der unterschiedliche Grundüberzeugungen in den Aussagen zur Pronoia Gottes zum Ausdruck kommen und in der die Frage nach der Pronoia Gottes durchaus Gegenstand einer Debatte ist.[23] Im 2. Jahrhundert ist nicht mehr die Frage strittig, ob man weiterhin von der Pronoia Gottes sprechen kann, also die epikureische Frage, sondern vielmehr die Frage, ob Gott für den einzelnen sorgt oder nicht. In dieser Auseinandersetzung haben anti-epikureische Aussagen eine bestimmte Funktion, sie identifizieren den Gegner in einer Diskussion, die nicht mehr auf die Anfragen Epikurs reagiert.

Von dieser Diskussion haben wir Kenntnis durch eine begrenzte Zahl von Belegen bei Epiktet, Attikos, Alexander von Aphrodisias, Nemesios und Justin. Die Belege sind bekannt und in unterschiedlichem Zusammenhang mit dieser Diskussion in Verbindung gebracht worden.[24] Nicht abgeschlossen ist die Frage ihrer Interpretation. Mit der folgenden Interpretation möchte ich stärker die theologischen Texte in diese Diskussion einbeziehen und mit den Fragmenten des Celsus auf einen weiteren, bisher nicht wahrgenommenen Beleg dieser Diskussion aufmerksam machen. Die fünf von Epiktet vorgetragenen Positionen zur Pronoia Gottes betrachte ich nicht als eine Struktur, die sich zur Darstellung der antiken

---

[21] Mit der Frage nach der Bedeutung der Rhetorik für die Auseinandersetzung mit Epikur in De natura deorum beschäftigt sich CHR. SCHÄUBLIN (Philosophie und Rhetorik in der Auseinandersetzung um die Religion. Zu Cicero, De natura deorum I, in: MH 47 [1990], S.87-101). Nach Schäublin nahm Cicero die epikureische Theologie als staatsgefährdend war. Dies erklärt den besonderen Impetus und die Ausführlichkeit, die Cicero dem Thema in nat.deor. widmet, nicht aber warum Cotta in seiner Widerlegung Epikurs die Gattung des gerichtlichen Plädoyers wählt und seine Gegner eher „in eine Staubwolke" hüllt, denn „eigentlich" widerlegt. Schäublin macht in diesem Zusammenhang vor allem auf die Unterscheidung Ciceros zwischen *rhetorica philosophorum* und *rhetorica forensis* aufmerksam.

[22] Hier ordnet sich der Epikureer ein, der mit dem Satz einsetzt: *Audite ... nec anum fatidicam Stoicorum Pronoeam.* Nat.deor. 1,18.

[23] Von hier sind auch die Hinweise auf Epikur und den Begriff Pronoia bei Josephos, c.Ap. 2,179f und ant. 10,277f zu interpretieren.

[24] R.W. SHARPLES, Nemesius of Emesa and some theories of divine providence, in: VigChr 37 (1983), S.150f; J.C.M. VAN WINDEN, An early Christian philosopher. Justin Martyr's dialogue with Tryphon, chapters 1-9. Introduction, text and commentary, (PhP 1) Leiden 1971, S.33-38.

Diskussion eignet, sondern ausschließlich als einen Beitrag zu einer aktuellen Diskussion. In dieser Diskussion stehen sich zwei Gruppen mit gegensätzlichen Meinungen über die Pronoia Gottes gegenüber. Die Frage nach der Funktion der anti-epikureischen Äußerungen eröffnet eine Perspektive, in der diese Gegensätze an Profil gewinnen.

Drei Beispiele, die in chronologischer Ordnung kurz vorgestellt werden, sollen den Gegenstand der Diskussion im 2. Jahrhundert verdeutlichen.

1. Belege für eine Diskussion um Gottes Pronoia für den einzelnen

a) Epiktet, diss. 1,12,1-3 und Attikos, fr. 3

Arrian veröffentlicht etwa um 130[25] in den Lehrgesprächen seines Lehrers Epiktet eine Liste mit fünf Positionen, die den Bogen vom Atheismus bis hin zur Gewißheit der persönlichen Fürsorge Gottes spannt.[26] Hierin heißt es:

> „Es gibt einige, die über Götter sagen, daß es nichts Göttliches gebe, andere, daß dies zwar existiere, daß es aber untätig und gleichgültig sei[27] und für nichts sorge, und dritte, daß das Göttliche existiere und Sorge übe, aber für die großen und himmlischen Dinge und für nichts von den Dingen auf der Erde, und vierte sagen, auch für die irdischen und menschlichen Dinge, aber nur bezogen auf das Allgemeine und nicht auch für jeden einzelnen, die fünften aber sagen, zu denen auch Odysseus und Sokrates gehören, ‚Dir bin ich nicht verborgen, wenn ich mich bewege.'"[28]

Epiktet nennt nicht die Strukturiertheit der Welt, die regelmäßigen Abläufe und die Naturordnung als Belege für die Existenz der Pronoia, und es wendet auch niemand ein, daß die Abstände der Malariaattacken ebenso regelmäßig verlaufen und ebensowenig eine göttliche Pronoia beweisen.[29] Strittig ist etwas anderes, nämlich die in Epiktets Liste zuletzt genannte Alternative, daß Gott entweder für die irdischen Belange sorgt, aber nur im allgemeinen, oder aber daß Gottes Fürsorge den einzelnen Menschen erreicht.

---

[25] So die verbreitete Datierung, siehe z.B. M. SPANNEUT, Epiktet, in: RAC 5 (1962), Sp.602 (599-681).

[26] Über den Unterricht Epiktets B.C. HIJMANS, ᾽ΑΣΚΗΣΙΣ. Notes on Epictetus' educational system, Assen 1959; U. NEYMEYER, Die christlichen Lehrer im zweiten Jahrhundert, (VigChr Suppl. 4) Leiden/ New York 1989, S.220-224.

[27] Vgl. Lukian, Icar. 32, Bis Acc. 2,S.88.3f.

[28] Diss. 1,12,1-3: Περὶ θεῶν οἱ μέν τινές εἰσιν οἱ λέγοντες μηδ' εἶναι τὸ θεῖον, οἱ δ' εἶναι μέν, ἀργὸν δὲ καὶ ἀμελὲς καὶ μὴ προνοεῖν μηδενός· τρίτοι δ' οἱ καὶ εἶναι καὶ προνοεῖν, ἀλλὰ τῶν μεγάλων καὶ οὐρανίων, τῶν δὲ ἐπὶ γῆς μηδενός· τέταρτοι δ' οἱ καὶ τῶν ἐπὶ γῆς καὶ τῶν ἀνθρωπίνων, εἰς κοινὸν δὲ μόνον καὶ οὐχὶ δὲ καὶ κατ' ἰδίαν ἑκάστου· πέμπτοι δ', ὧν ἦν καὶ 'Οδυσσεὺς καὶ Σωκράτης, οἱ λέγοντες ὅτι οὐδέ σε λήθω κινύμενος.

[29] Cicero, nat.deor. 3,24.

Auf diese Alternative führt die Liste Epiktets hin, und hinter diese Alternative treten die ersten drei Positionen zurück. Die ersten drei Positionen, die entweder die Existenz Gottes leugnen oder die Pronoia Gottes oder aber Gottes Pronoia auf den Bereich des Himmlischen beschränken, finden sich in ähnlicher Weise zusammengestellt in philosophischen Kompendien der Zeit und werden dort Atheisten, Epikureern und Aristotelikern zugeordnet.[30] Während man aber diese ersten drei Positionen mit dem Hinweis auf eine der philosophischen Schulen erklären kann, ist genau dieses für das Ensemble der fünf Positionen, also für den Text Epiktets, nicht möglich. Sein Text zielt auf den Gegensatz von zwei Positionen, die beide ins 2. Jahrhundert gehören und wesentlich durch Abgrenzung von dem jeweils Bestrittenen bestimmt sind. Es stehen sich zwei Lager oder Parteien gegenüber, die nicht durch den Hinweis auf eine der antiken philosophischen Traditionen erklärt werden können. Nicht die jeweilige Schulidentität stabilisiert die Diskussion, sondern ein Gegensatz und im Zusammenhang damit eine bestimmte Argumentation.

Die eine Seite, zu der Epiktet selbst gehört, hat ein Interesse daran, daß Gottes Wirken den Menschen erreicht und sprechen von Beziehung zwischen Gott und „mir". Der Stoiker Epiktet hält seinem Gegner folgendes entgegen:

> „Aber wenn Götter sind und Fürsorge üben, es aber keine Vermittlung zu den Menschen gibt, von ihnen, ja und – beim Zeus – auch nicht zu mir, wie kann das richtig sein?"[31]

In ähnlicher Weise sucht ungefähr 50 Jahre später der Platoniker Attikos[32] nach

---

[30] Vgl. Theodoret, cur. 6,7f, und ohne die Benennung der Gruppen prov. 1,560B. Vgl. die Liste von materialisierten Gottesvorstellungen unter den Philosophen, Clemens von Alexandrien, prot. 6,55. Am Ende der Auflistung leitet Clemens über die Stoa über zu der aristotelischen Gottesvorstellung und zu Epikur; weiter die Zusammenstellung von Kepos und Stoa bei Theophilos 2,4,1f, von Stoa, Peripatos und Kepos bei Origenes, c.Cels. 1,21,S.72.11-18; auch 3,75,S.266.20-267.6. Ähnliche Zusammenstellung mit und ohne namentlicher Bezeichnung sind häufig, siehe auch Platon, leg. 885B. O. GIGON hat die Unterscheidung zwischen der dritten und vierten Fragestelung in Cicero, nat.deor. 2,3 (*Primum docent esse deos, deinde quales sint, tum mundus ab his administrari postremo consulere eos rebus humanis*) einen Nachklang von Epiktet, diss. wahrgenommen, allerdings mit der Einschränkung, daß von der Auseinandersetzung mit der aristotelischen Position („seine Pronoia erstreckt sich nur auf die himmlischen, nicht auf die irdischen Dinge") in Cicero, nat.deor. 2,154-167 keine „Spur mehr vorhanden ist". (Rezension: M. Tulli Cerceronis De natura deorum libri, ed. A.S. Pease, in: Gn. 34 [1962], S.673 [662-676]).

[31] Diss. 1,12,6: ἀλλὰ δὴ καὶ ὄντων καὶ ἐπιμελουμένων εἰ μηδεμία διάδοσις εἰς ἀνθρώπους ἐστὶν ἐξ αὐτῶν καὶ νὴ Δία γε καὶ εἰς ἐμέ, πῶς ἔτι καὶ οὕτως ὑγιές ἐστιν;

[32] Das Fragment ist ein Ausschnitt aus einer Schrift des Attikos, die Euseb von Caesarea in PE 15,5 überliefert und in der Attikos an einzelnen Lehrgegenständen die Differenz zwischen Platon und Aristoteles nachweist. Attikos ist einer der wenigen kaiserzeitlichen Platoniker, der in der Chronik von Euseb/Hieronymus erwähnt wird. Hieronymus datiert sein Wirken des Attikos auf das Jahr 176 (chron. S.207.11f). Es ist die Zeit, in der Marc Aurel in Athen vier Professuren für Philosophie einrichtete, nämlich für platonische, aristotelische, stoische und epikureische Philosophie (Philostrat, VS 566, Lukian, eun. 3,S.71.7-13). Es ist zu überlegen, ob Attikos eine dieser Professuren erhalten hat und die Schrift, von der Euseb Auszüge zitiert,

„der Pronoia, der an uns liegt"[33] und führt eine scharfe Kontroverse mit den Aristotelikern.[34] Diese sind nach Attikos solche, die den Begriff Pronoia nicht auf die Menschen beziehen und Gottes Wirken in eine Naturordnung auflösen. Nach Attikos handelt es sich hierin um nichts anderes als um Epikureismus, denn es bedeute keinen Unterschied, ob man mit Epikur das Göttliche aus der Welt vertreibe oder es mit Aristoteles in der Welt belasse, die Götter aber von den irdischen Dingen fernhalte.[35] Bei beiden seien die Götter gleichgültig gegenüber den Menschen und strafen nicht die Ungerechten,[36] entweder weil sie sich um ihr eigenes Wohlergehen kümmern,[37] oder aber weil nach Aristoteles zwar die himmlischen Dinge in einer Ordnung verwaltet und die menschlichen Belange auch unter das Auge der Götter gestellt werden, Aristoteles die letzteren aber vernachlässigt sein und durch

---

durch Schulstreitigkeiten zu erklären ist. Vgl. J. DILLON, The Middle Platonists. 80 B.C. to A.D. 220, a.a.O.S.249f; siehe weiter C. MORESCHINI, Attico. Una figura singolare del medioplatonismo, in: ANRW II 36,1 (1987), S.477-491.

[33] Fr. 3.71f. Vgl. die Darstellung der peripatetischen Position durch Origenes, c.Cels. 3,75, S.266.26-28: ... τῶν ἀπὸ τοῦ Περιπάτου, ἀναιρούντων τὴν πρὸς ἡμᾶς πρόνοιαν καὶ τὴν σχέσιν πρὸς ἀνθρώπους τοῦ θείου.

[34] Ähnlich Nemesios von Emesa, nat.hom. 43,S,127.12-16: ... τὴν Ἀριστοτέλους δόξαν καὶ τῶν ἄλλων τῶν ἀπρονόητα λεγόντων τὰ καθ' ἕκαστα. Καὶ γὰρ Ἀριστοτέλης ὑπὸ τῆς φύσεως μόνης διοικεῖσθαι βούλεται τὰ κατὰ μέρος ... Im folgenden beziehe ich mich auf die bei Euseb von Caesarea überlieferten Fragmente aus der Schrift des Attikos Πρὸς τοὺς διὰ τῶν Ἀριστοτέλους τὰ Πλάτωνος ὑπισχουμένους. Zur Schrift und zum Titel siehe K. MRAS, Zu Attikos, Porphyrios und Eusebios, in: Glotta 25 (1936), S.183-188. Attikos gehört zu den Platonikern, die sich einer Synthese von platonischer und aristotelischer Tradition strikt widersetzen und die Unvereinbarkeiten zwischen den Philosophen betonen. Ähnlich wie Attikos scheint Kalvisios Tauros vorgegangen zu sein, von dem Suda folgenden Titel seines Werkes mitteilt: Περὶ τῆς τῶν δογμάτων διαφορᾶς Πλάτωνος καὶ Ἀριστοτέλους. Ein weiterer Vertreter dieser Position ist Numenios. Hierzu M. BALTES, Die Weltentstehung des platonischen Timaios nach den antiken Interpreten, Teil 1, (PhAnt 30) Leiden 1976, S.50,Anm.120. Die Polemik des Attikos gegen Aristoteles belegt außerdem fr. 37.9. Das Fragment ist durch Aeneas von Gaza überliefert. Neben den umfangreicheren Auszügen bei Euseb (Fr. 1-9 bei des Places) sind eine Reihe von kürzeren Nachrichten über Attikos bei Jamblich (fr. 10,11), Proklos (fr. 12-36) und Philoponos (37-39), Syrian (fr. 40) und Simplicius (41) erhalten. Die Berichte bei Proklos lassen sich möglicherweise einem Timaioskommentar des Attikos zuordnen. Nach H. DÖRRIE (Die Schultradition im Mittelplatonismus und Porphyrios, in: Platonica Minora [STA 8], München 1976, S.410-414 [406-419]) gehen diese Nachrichten letztlich auf Porphyrios zurück. In ihnen fehlt die Aristoteles-Polemik völlig, nach Baltes aus dem Grund, daß „für Proklos und seine Gewährsleute ... des Attikos Auseinandersetzung mit Aristoteles kaum interessant" war (a.a.O. S.49). Wenn man Dörries Bestimmung der Herkunft dieser Nachrichten zustimmt, ist in jedem Fall bemerkenswert, daß Euseb und Porphyrios der Nachwelt ein sehr unterschiedliches Bild des Attikos überliefert haben. Zum Timaioskommentar des Attikos siehe: M. BALTES, Zur Philosophie des Platonikers Attikos, in: Platonismus und Christentum, FS H. Dörrie, hrsg.v. H.-D. Blume/ F. Mann, (JAC.E 10) Münster 1983, S.38-57.

[35] Fr. 3.54-57. Vgl. Alexander von Aphrodisias, fat. 31,S.203.10ff. Auf den Beleg macht K. MRAS, Zu Attikos, Porphyrios und Eusebios, a.a.O.S.188 aufmerksam.

[36] Fr. 3.57-59.

[37] Fr. 3.66-69.

die Natur[38] und nicht durch die vernünftige Überlegung Gottes gelenkt werden läßt.[39]

In diese Reihe gehört schließlich der Theologe Justin. Justin bezieht sich auf den gleichen Gegensatz wie Epiktet und Atticus, wendet ihn aber als Christ gegen die Philosophen. Er schreibt: Die Philosophen „versuchen vielmehr uns zu überzeugen, daß Gott für das All, seine Gattungen und Arten sorge, ach, aber keineswegs für mich und dich und die Einzeldinge".[40] Der Stoiker, der Platoniker und der Theologe plädieren für Gottes Fürsorge für den einzelnen. Sie formulieren ihr Anliegen, indem sie sich von der aristotelischen Gegenposition abgrenzen.

Die Aristoteliker standen im 2. Jahrhundert in dem Ruf zu behaupten, daß Gottes Pronoia nur bis zum Mond reiche.[41] Dies ist in der zitierten Liste von Epiktet belegt, der eine dritte Gruppe damit beschreibt, daß sie die Pronoia Gottes auf die himmlischen Dinge beschränken. Dies ist ebenso durch Attikos belegt, der schreibt, daß nach Aristoteles Gottes Wirken nicht die Erde erreiche.[42] Gegen diesen Ruf führt Alexander von Aphrodisias aus, daß man mit Aristoteles von einer Pronoia sprechen könne, welche die Erde erreiche,[43] aber er versteht unter Pronoia die göttliche Erhaltung der Art, das geordnete Entstehen und Vergehen des Vergänglichen, den Wechsel der Generationen,[44] nicht mehr. Dies entspricht

---

[38] So auch die Darstellung der aristotelischen Position bei Nemesios von Emesa, nat.hom. 43, S.127.15f.

[39] Fr. 3.69-71,81-85.

[40] Siehe den Zusammenhang Justin, dial. 1,3-5, hierzu unten S.230f und ausführlich unter §4.2,S.238ff. Vgl. außerdem Athenagoras, leg. 24f, hierzu §6.2,S.316ff.

[41] Belege finden sich bei Athenagoras, leg. 25,2, Tatian 2,3,S.9.14-17, Clemens von Alexandrien, prot. 5,66,4, strom. 5,14,90,3, Epiphanios, fid. 9,35 (= Kritolaos, fr.15 [F. Wehrli, Die Schule des Aristoteles. Texte und Kommentar, Basel/ Stuttgart 1969]), Nemesios von Emesa, nat.hom. 43,S.127.13f, Euseb von Caesarea, PE 15,5,1,S.355.15f. Nach P. MORAUX (La doctrine de la providence dans l'école d'Aristote, in: ders., D'Aristote à Besarion. Trois exposé sur l'histoire et la transmission de l' aristotelisme grec, Québec 1970, S.41 [41-65]) läßt sich diese Aussage bis in die erste Hälfte des 2.Jh.v.Chr zurückverfolgen (Kritolaos). Sie ist nach Moraux nicht als das Ergebnis eines Versuchs der Synthese aristotelischen und stoischen Denkens zu verstehen, sondern vielmehr aus dem Bemühen peripatetischer Orthodoxie hervorgegangen, ohne von Aristoteles abzuweichen, zur Frage göttlicher Pronoia Stellung zu nehmen. J. KRAYE, (Aristotle's God and the authenticity of De mundo. An early modern controversy, in: JHPh 27 [1990], S.339-358) hat gezeigt, daß die altkirchliche Beschreibung der aristotelischen Lehre von der Pronoia mehr noch als die Sicht des Alexander von Aphrodisias das Aristoteles-Bild bis ins 19.Jh. bestimmt hat.

[42] Der Hinweis, daß Gottes Pronoia nur bis zum Mond reiche, findet sich nicht im Fragment des Attikos, sondern in der Einleitung des Fragmentes bei Euseb von Caesarea, PE 15,5,1,S.355.15f.

[43] Prov. S.60.9-11 (Ruhland), quaest. 1,25,S.41.8-15. Zu quaest. 1,25 siehe I. BRUNS, Studien zu Alexander Aphrodisias, Teil 3, Lehre von der Vorsehung, in: RMP 45 (1890), S.223-235.

[44] Quaest. 2,19.S.63,15-28. So auch PsAristoteles, mund. 397b2-8. Damit wäre ein weiteres Indiz für den aristotelischen Grundzug der Schrift gegeben, den P. MORAUX (a.a.O.S.35f) aufzeigen will.

sehr genau der Aussage Justins, daß die Philosophen behaupten, Gott sorge für das All, die Gattungen und Arten. Dies entspricht zudem Epiktets vierter Gruppe, also der Gruppe, mit der sich Epiktet unmittelbar auseinandersetzt.

Strittig war die Frage, ob Gott für den einzelnen sorgt, und Epiktets Liste zielt auf diese Kontroverse hin. Um aber von der Fürsorge Gottes für den einzelnen zu sprechen, benötigt Epiktet den ganzen Weg bis hin zur fünften Gruppe. Er grenzt sich mit Justin gegen den bloßen Erhalt der Arten ab, und diese Konzeption hat mit den Aristotelikern zu tun. Epiktet grenzt sich mit Attikos von einer zweiten aristotelischen Position ab, die Gottes Pronoia nur bis zum Mond reichen läßt. Er identifiziert mit Attikos diese Aristoteliker mit Epikureern und diese unterscheiden sich von Atheisten nur graduell. Über Fürsorge Gottes für den einzelnen kann man nach Epiktet, Attikos und Justin nur so reden, daß man sich gegen jede Einschränkung der Pronoia Gottes wendet und in der Einschränkung die Leugnung eines göttlichen Wirkens und in der Leugnung des Wirkens die Leugnung der Existenz Gottes sieht. In dieser Darstellung der persönlichen Fürsorge Gottes haben anti-epikureische Aussagen einen festen Platz. Wie aber formuliert die Gegenseite ihre Position?

b) Alexander von Aphrodisias, De providentia

Eine Generation nach Attikos[45] äußert sich Alexander von Aphrodisias[46] in einer Weise zum Begriff Pronoia, die der von Attikos kritisierten Position des Aristotelikers entspricht und sich mit einer Kritik wie der des Attikos auseinandersetzt.[47] Attikos hat die aristotelische Position durch zwei Sätze gekennzeichnet: 1. Nur die himmlischen Dinge sind in einer gewissen Ordnung verwaltet. 2. Die menschlichen Dinge werden durch die Natur, nicht aber durch göttliche Überlegung ge-

---

[45] Anhaltspunkt für die Datierung der Schriften des Alexander von Aphrodisias ist die Widmung von De fato. Er widmet diese Schrift aus Anlaß seiner Berufung als Lehrer der Philosophie Severus und Antoninus, sie fällt daher in die Jahre zwischen Herbst 197, der Ernennung des Caracalla zum Imp. Caes. M. Aurelius Antoninus Aug. Procos., und dem 4.2.211, dem Todesdatum des Septimius Severus. Datierung nach D. KIENAST, Römische Kaisertabelle. Grundzüge einer römischen Chronologie, Darmstadt 1996².

[46] Zur Einordnung und zum Forschungsstand siehe: P. MORAUX, Der Aristotelismus bei den Griechen von Andronikos bis Alexander von Aphrodisias, a.a.O.; R.W. SHARPLES, Scholasticism and innovation, in: ANRW II 36,2 (1987), S.1176-1243.

[47] Vgl. quaest. 2,21,S.70.33-71.2. PH. MERLAN (Zwei Untersuchungen zu Alexander von Aphrodisias, in: Ph. 113 [1969], S.85-91) hat die Gründe dafür aufgezählt, daß Alexander sich mit Attikos auseinandersetzt. Auf Beziehungen zwischen Attikos und Alexander hat bereits K. MRAS (Zu Attikos, Porphyrios und Eusebeios, a.a.O.S.186f.) hingewiesen, aber umgekehrt geschlossen, daß Attikos sich mit Alexander auseinandersetzt. Dies würde die übliche Datierung infrage stellen.

lenkt.[48] In der arabisch überlieferten Schrift des Alexander von Aphrodisias, De providentia, heißt es:

> „Denn die göttliche Kraft, die wir auch Natur nennen, gestaltet und formt die Dinge ... allerdings ohne Nachdenken über diese (Dinge). Die Natur ist nämlich für jedes Geschöpf (besser: für jedes einzelne von den Dingen, welche sie macht) nicht insofern da, als sie darüber nachdenkt und es in Gedanken betrachtet, von daher daß die Natur eine nicht-vernünftige Kraft ist."[49]

Nach Alexander läßt sich mit Aristoteles – entgegen der anderslautenden zeitgenössischen Aussagen – belegen, daß Pronoia ein Wirken, bezogen auf den Bereich diesseits des Mondes und auf den irdischen Bereich ist,[50] da nur das Vergängliche der Hilfe und Pronoia bedürfe.[51] Pronoia steht hier für die Unvergänglichkeit des Vergänglichen durch den Erhalt der Art, durch das geordnete Entstehen und Vergehen und den Wechsel der Generationen.[52] Die Erhaltung der Art geht nach Alexander von den Himmelskörpern aus, von ihrer Bewegung und der Kraft, die in dieser Bewegung liegt. Alexander unterscheidet in De providentia nicht zwischen der Pronoia des Himmelskörpers, der Himmelskörper und der Pronoia Gottes. Die Himmelskörper üben Pronoia vermittels Kraft bzw. Natur für den Erhalt der Art.[53] Aber wie sagt Alexander das Wirken der Pronoia von Gott aus? Gott ist gut, und in seiner Güte nützt er, aber er ist nicht gut, in der Absicht zu nützen.[54] Der Nutzen fließt aus seiner Güte,[55] aber der Nutzen für die Erde und die Menschen ist nicht die primäre Bestimmung Gottes, wie auch die Sterne, die diesen Nutzen nach Alexander bewirken, sich in ihren Bahnen nicht um der Menschen willen bewegen.[56] Gottes Nutzen ist aber auf der anderen Seite auch nicht in der Weise sekundär, daß Gott sich nicht seiner Wirkung und seiner Hilfe bewußt wäre.[57]

---

[48] Fr. 3.70f; 3.85.

[49] Prov. S.78.13-80.3, Übersetzung nach Ruland, für Hinweise zum arabischen Text und für Übersetzungen danke ich Herrn Prof. Dr. G. Strohmaier.

[50] Ausdrücklich prov. S.60.9-11, aber auch quaest. 1,25,S.41.8-15. Die Formel von der Pronoia als einer Wirkung, die nur bis zum Mond reicht, läßt sich in den Schriften des Aristoteles nicht belegen, dennoch schreibt Alexander ihm diesen Satz in quaest. 1,25 namentlich zu.

[51] Vgl. oben S.39-42 zu Philon, ebr. 13; opif. 9f.

[52] Quaest. 2,19,S.63,15-28, quaest. 1,25,S.41.13,16f ebenso prov. S.34.1-6. Den Gedanken nimmt unter anderen Voraussetzungen Nemesios von Emesa auf, nat.hom. 42,S.123.13-16. Die Position referiert Nemesios in 43,S.128.13. Bereits R.W. SHARPLES, Nemesius of Emesa and some Theories of Divine Providence, a.a.O.S.150f hat den Vorschlag gemacht, daß Nemesios hier an Alexander von Aphrodisias denkt.

[53] Prov. S.96.18-21.

[54] Vgl. prov. S.54.11-16; 56.4-7.

[55] Prov. S.58.12-15.

[56] Prov. (unterer Text) S.54.1-3.

[57] Prov. S.66.9f.

Was aber ist die Pronoia Gottes, wenn sie Gott weder primär noch akzidentiell[58] zuzuschreiben ist? Alexander diskutiert diese Frage in Quaestio 2,21,[59] allerdings bricht der Text ab, bevor der Dialog zu einem Ergebnis führt. Neben einer zweiten Frage ist es diese, die der Interpretation der Texte des Alexander zum Begriff Pronoia gestellt ist. Attikos schreibt, daß der Aristoteliker die Pronoia auf den himmlischen Bereich beschränkt. Aber bezieht sich Pronoia nach Alexander überhaupt auf die Himmelskörper? Quaestio 2,19 und 1,25 scheinen dies zu bestreiten.[60]

Pronoia ist nach Alexander eine Wirkung der geregelten Bewegung der Sterne auf die Erde. Sie bewirkt das geordnete Nacheinander von Entstehen und Vergehen des Vergänglichen und sorgt so für den Erhalt der Art. Diese Sorge ist eine Sorge ohne Nachdenken, eine Wohltat, die sich im Nebenbei ergibt, ohne daß man Gott in der Absicht, einem bestimmten Individuum zu helfen, denken muß.[61] Gott ist nach Alexander ebenso wie der Mensch ein selbstbezogenes Subjekt.[62] Pronoia ist die Erhaltung bzw. Selbsterhaltung der Art Mensch, ist bezogen auf die überindividuelle Größe der Art[63] und nicht auf den einzelnen,[64] weil die Vorstellung einer göttlichen Fürsorge für den einzelnen nach Alexander unpassend[65] ist gegenüber einem Gott, der im höchsten Maße gut in der Selbstbezogenheit und im Selbstdenken ist.[66] Es stehen sich hier Alternativen gegenüber, die Attikos mit den Begriffen Natur und vernünftige Überlegung beschreibt, die Alexander als die unpassende oder aber angemessene und damit als unvereinbar voneinander abgrenzt.[67] Entweder bleibt Gott in seinem Wirken selbstbezogen, und eine göttliche

---

[58] Vgl. quaest. 2,21,S.66.17-28.
[59] Siehe auch prov. S.64.2-17.
[60] R.W. SHARPLES ist beiden Fragen nachgegangen: Alexander of Aphrodisias on divine providence: Two Problems, in: CQ 32 (1982), S.198-211. Siehe außerdem F.P. HAGER, Proklos und Alexander über ein Problem der Vorsehung, in: Kephalaion. Studies in Greek philosophy and its continuation presented to C.J. de Vogel, hrsg.v. J. Mansfeld u.a., Assen 1975, S.171-182.
[61] Prov. S.14.14-16.
[62] Prov. S.54.
[63] Damit scheint Alexander zugleich Gattung und Art einen Vorrang vor den Individuen zu geben. Zu der Frage, ob das Allgemeine bei Alexander dem Besonderen vorausgeht und inwieweit das Allgemeine unabhängig von seinen Individuierungen existiert, siehe: R.W. SHARPLES, The school of Alexander?, in: Aristotle transformes. The ancient commentators and their influence, hrsg.v. R. Sorabji, London 1990, S. 101-103 (83-111).
[64] Ein weiterer Beleg für die Ablehnung der individuellen Pronoia findet sich in einem bei Alexander Averroës überlieferten Fragment aus dem Metaphysikkommentar des Alexander (J. FREUDENTHAL, Die durch Averroës erhaltenen Fragmente Alexanders zur Metaphysik des Aristoteles untersucht und übersetzt, SPAW 1884, S.112f). Auf diesen Beleg hat in anderem Zusammenhang F.P. HAGER (Proklos und Alexander von Aphrodisias über ein Problem der Lehre von der Vorsehung, a.a.O.S.175) aufmerksam gemacht.
[65] Vgl. mixt. 11,S.226.24-30.
[66] Vgl. quaest. 1,25,S.39.14-24.
[67] Prov. S.54.

Wirkung auf die Menschen wird als in der Selbsterhaltung der Art bestehend gedacht, oder aber Gott sorgt für den einzelnen und die Sorge beruht auf Überlegung, macht Gott damit aber primär zum Fürsorgenden und damit abhängig von dem Objekt seiner Fürsorge.[68] Genau diese Vorstellung lehnt Alexander ab.

Alexander wendet sich gegen den stoisch-platonischen Konsens. Er nimmt stoische und platonische Äußerungen zur Pronoia Gottes zusammen, und zwar als solche, deren gemeinsamer Standpunkt die Fürsorge Gottes für die Individuen ist. Wie bei Epiktet und in anderer Weise auch bei Attikos stehen sich wieder in der Diskussion zwei Lager gegenüber, von denen die einen die Pronoia εἰς κοινὸν δὲ μόνον καὶ οὐχὶ δὲ καὶ κατ' ἰδίαν ἑκάστου beziehen, so die hier von Alexander vertretene Position, und die anderen den hier bestrittenen Bezug auf die Einzeldinge oder Individuen behaupten. Alexander beginnt die Schrift De providentia mit einer kurzen Skizze der Diskussion und der Positionen.

Das Ensemble der Positionen läßt auch Alexander mit den Epikureern und Naturphilosophen beginnen. Über sie schreibt Alexander: „Sie behaupten nämlich, das Wort ‚Vorsehung' sei leer, sinnlos; nichts entstehe aufgrund von Gottes Meinen und Nachdenken."[69] Alle anderen Philosophen, so Alexander, behaupten das Entgegengesetzte. Er nennt die zweite Gruppe, nach der nichts ohne Pronoia geschehe, nach der Gott alles durchdringe und alles von der „Wahl" Gottes abhängig sei. Sie nennen drei Gründe: die Ordnung der Naturvorgänge, die einem zufälligen Entstehen widerspricht, zweitens Vorahnung und Wahrsagung und drittens die Analogie zum menschlichen Haushalten. Aus diesen Gründen schließen sie nach Alexander, daß sich die Pronoia auf alles, auch auf das Geringfügige beziehe.[70] Alexander referiert die Behauptung, daß Platon diese Position vertreten habe, und ordnet sie daher Stoikern und Platonikern zu.[71] Er grenzt sich gemeinsam mit ihnen gegen die erste Gruppe der Epikureer ab, geht sofort über diesen Konsens hinaus und fährt mit den Einwänden einer dritten Gruppe fort.

Alexander nennt Leute, welche die Position vertreten, daß Pronoia die Einzeldinge nicht erreicht:

> „Auch die Meinung, daß die Pronoia nicht reicht, auch nicht zu einem von dem, was ist, ist eine Meinung, die manche Leute vertreten, deswegen weil vieles von dem, was in den partiellen Dingen und den Einzeldingen entsteht, nicht für die göttliche Lenkung geeignet ist und die göttliche Lenkung nicht verdient."[72]

---

[68] Prov. S.22.15ff. Zu einer ähnlichen Fragestellung siehe Clemens von Alexandrien, strom.7,7, 42,3-7. Vgl. I. BRUNS, a.a.O.S.229f.
[69] Prov. S.2.9-11.
[70] Prov. S.8.18-20.
[71] Prov. S.10.1-3.
[72] Prov. S.10.20-12.2 (Übersetzung G. Strohmaier).

Es bleibt offen, wen man sich unter dieser dritten Gruppe vorzustellen hat. Ihre Position wird vor allem in der Kritik deutlich, und diese entspricht in einem erheblichen Maß den Argumenten, die Celsus nach den Fragmenten aus Contra Celsum vorbringt. Alexander trägt die Kritik an der mit dem Begriff Pronoia verbundenen Vorstellung einer gerechten, nach Verdienst bestrafenden oder belohnenden Vergeltung vor,[73] die sich ebenso bei Celsus findet. Es folgen Argumente gegen den Einwand, daß bei Gott Unmögliches möglich sei. Wie Celsus[74] kritisiert auch Alexander diese Position, und zwar mit dem Gedanken, daß Gott nicht gleichzeitig mehrere Anliegen bedenken könne.[75] Die erneute Erwiderung, daß Pronoia von mehreren Subjekten geübt werde,[76] erscheint ganz unter dem Druck der Rechtfertigung, ebenso der Vergleich mit der Herrschaft des Königs über seine Untertanen,[77] den Alexander den Gegnern als Argument entziehen will. Es folgt eine weitere kritische Frage, die auch Celsus vorträgt, bevor er, folgt man der Reihenfolge der Fragmente in Contra Celsum, seine Konzeption, Pronoia ausschließlich auf den Gesamtzusammenhang zu beziehen, einführt. Es wird nachgefragt, ob Pronoia sich nur auf Menschen als Individuen beziehe und nicht auf Tiere und Pflanzen oder aber auf sämtliche Einzelwesen,[78] und der Anthropozentrismus in der Vorstellung der göttlichen Fürsorge für den einzelnen wird kritisiert.

Alexanders Schrift De providentia ist in mehrfacher Weise aufschlußreich. Hier sei folgendes hervorgehoben. In der Darstellung der epikureischen Position verwendet Alexander den Terminus Pronoia in der ersten Bedeutung, die beschrieben wurde als die „Absicht", in der man etwas tut, und als „überlegendes Initiieren".[79] Pronoia Gottes wird als wirksames Denken Gottes verstanden und gewinnt eine Bedeutung, die in der Tradition des Plotin und später bei Proklos[80] wichtig werden wird. In Contra Celsum findet sich ein Beleg, in dem Origenes den Terminus Pronoia mit dem Verb βούλεσθαι verbindet und auf die erste Bedeutung des Terminus Bezug nimmt,[81] diese Bedeutung hat sich aber in den Texten der Theologen kaum niedergeschlagen. Man bezog sich in der Alten Kirche auf die zweite Bedeutung

---

[73] Prov. S.12.12-16.
[74] C.Cels. 3,70,S.262.19f,26-28.
[75] Alexander von Aphrodosias, prov. S.16.6-18.14.
[76] Prov. S.20.3-5.
[77] Prov. S.22.22-24.6, vgl. S.28.16-27.
[78] Prov. S.24.6-10, vgl. c.Cels. 4,99.
[79] In diesen Zusammenhang gehört der Hinweis auf die „Wahl der Götter" (S.6.4, Ruland übersetzt „Entschluß"), im Griechischen hat wahrscheinlich προαίρεσις gestanden.
[80] Elem.theol. 120,S.106,6f (ἡ δὲ πρόνοια, ὡς τοὔνομα ἐμφαίνει, ἐνέργειά ἐστι πρὸ νοῦ), 134,S.118.26. Einen Überblick über Proklos' Ausführungen zur Pronoia gibt W. BEIERWALTES, Pronoia und Freiheit in der Philosophie des Proklos, in: FZPhTh 24 (1977), S.88-111.
[81] C.Cels. 3,41,S.237.17.

„Fürsorge". In die Auseinandersetzung Alexanders mit einer Position, wie sie bereits Attikos vertreten hat, fließen beide Bedeutungen ein. Gottes Pronoia für den einzelnen impliziert eine bestimmte Form des Denkens und Bedenkens, und es ist genau diese, die Alexander im ersten Teil der Schrift ablehnt.[82]

Bemerkenswert ist, wie Alexander die stoische und platonische Gruppe zusammenfaßt.[83] Einzelne Aussagen wie die Analogie zum Hauswesen und die Frage, ob der Hausherr eines geordneten Haushaltes nicht bestimmte Dinge vernachlässigen muß,[84] sowie die Frage des körperlichen Durchdringens von Körpern[85] sind aus der kritischen Auseinandersetzung mit der Stoa bekannt, andere wie die von einer Vielzahl von Subjekten, die Pronoia üben, lassen sich als platonisch identifizieren. Es treten also erstens die Epikureer und Naturphilosophen auf, deren Position aber nicht diskutiert wird, zweitens die stoisch-platonische Gruppe und drittens Kritiker, die ihr Anliegen mit Alexander teilen. Ruland hat die einzelnen Aussagen mit der Stoa bzw. die Kritiker mit der Akademie identifiziert. Für diese Zuschreibungen, die Ruland in Klammern setzt, gibt es keine Anhaltspunkte im arabischen Text. Die Interpretation Rulands aber, nach der sich in der zweiten und dritten Gruppe Stoa und Akademie gegenüberstehen, ist eine unzutreffende Vereinfachung, wie an den Argumenten zu sehen ist, denen die dritte Gruppe entgegentritt. Alexander schildert eine Diskussion, an der zwei Kontrahenten beteiligt sind und in der er selbst als dritter Partei nimmt. Er beschreibt den stoisch-platonischen Konsens, der aus seiner Sicht in die Defensive gerät und von einem Kritiker in Frage gestellt wird, dessen Argumenten sich Alexander anschließt. Der Kritiker gleicht in seiner Position in auffälliger Weise den Argumenten des Celsus, die Origenes in Contra Celsum überliefert hat.

Celsus kritisiert die Gerichtsvorstellung der Christen. „Jetzt also, nach so langer Zeit hat Gott sich erinnert, das Leben der Menschen zu richten, früher hat es ihn nicht interessiert?"[86] Er kritisiert die Rede der Christen, daß bei Gott alles möglich sei.[87] Und er führt den christlichen Anthropozentrismus ad absurdum und vergleicht Juden und Christen mit einem Schwarm von Fledermäusen, mit Ameisen

---

[82] Prov. S.16.15-18.14; 20.11f. In der arabischen Übersetzung werden in diesem Abschnitt „Denken" und „Sorgen" nebengeordnet.

[83] Vgl. prov. S.32.12ff.

[84] Prov. S.26.4-17; 6.16ff; vgl. Plutarch, stoic.repugn. 1051B-C.

[85] Prov. S.28.9-15. Diese Frage ist Ausgangspunkt der Schrift De mixtione von Alexander Aphrodisias.

[86] C.Cels. 4,7,S.279.11f: νῦν ἄρα μετὰ τοσοῦτον αἰῶνα ὁ θεὸς ἀνεμνήσθη δικαιῶσαι τὸν ἀνθρώπων βίον, πρότερον δὲ ἠμέλει;

[87] 3,70,S.262.19f,26-28, vgl. c.Cels. 5,14,S.15.12-14. Vgl. die an die Stoa gerichtete akademische Kritik in Cicero, nat. deor. 3,92: vos enim ipsi dicere soletis nihil esse quod deus efficere non possit.

und mit Fröschen, die behaupten, daß Gott die ganze Welt verläßt,[88] um allein für sie zu sorgen. Celsus will mit diesen Äußerungen wie auch Alexander von Aphrodisias nicht den Begriff Pronoia auf die Tiere ausdehnen und die Vorrangstellung des Menschen erschüttern, sondern umgekehrt vermitteln, daß Gott die Welt für Menschen ebensowenig[89] und ebensoviel wie für Fledermäuse, Ameisen und Fröschen gestaltet hat. Menschen, Ameisen, Gräser und Disteln ordnen sich alle dem Gesamtkunstwerk unter, und das Gesamtkunstwerk ist die Perspektive nach Alexander und Celsus, um von Gottes Pronoia zu sprechen.

Origenes schreibt über die Peripatetiker, daß sie die Beziehung des Göttlichen auf den Menschen, die Pronoia πρὸς ἡμᾶς, aufheben,[90] gemeint ist, liest man Alexander und Celsus, keine Wirkungslosigkeit, sondern die besondere Wirkung auf den Menschen, welche die Menschen von den anderen Lebewesen unterscheidet. Origenes ordnet die Position, die er in den Ausführungen des Celsus kritisiert, den Peripatetikern zu, er nennt Celsus einen Epikureer und spricht Celsus als Platoniker an.[91] Die Konzeption der allgemeinen Pronoia hatte Bezüge zur peripatetischen Philosophie, wurde aber nicht nur von Peripatetikern formuliert, wie sich an Celsus belegen läßt. Der Platonismus war vielfältig und bot ebenso Raum für eine solche Position.[92] Für die Interpretation von Alexander von Aphrodisias ergeben sich daher zwei Möglichkeiten: Es ist unstrittig, daß einige Platoniker die Position der zweiten Gruppe vertraten. Entweder kommen in der Kritik der dritten Gruppe nun die Peripatetiker zur Sprache oder aber die Kritik der dritten Gruppe war ebenso auch unter Platonikern anzutreffen. Dies würde bedeuten, daß die von Alexander geschilderte Diskussion die Situation unter Platonikern verschiedener Richtungen wiedergibt, auf die Alexander in seiner Schrift aus der peripatetischen Perspektive eingeht. Der Vergleich mit Attikos, Justin und Celsus spricht für die zweite Möglichkeit.

Schließlich wurden diese Kritiker als Epikureer bezeichnet.[93] Die Identifikation des Celsus mit einem Epikureer ist das deutlichste Beispiel. Epiktet, Attikos und Justin zeigen aber, daß Origenes diese Art der Identifikation nicht isoliert und

---

[88] Vgl. c.Cels. 4,23,S.292 .17-27.

[89] C.Cels. 4,99,S.372.15-18.

[90] C.Cels. 3,75,S.266.27f.

[91] C.Cels. 4,62,S.333.23-334.4, vgl. zu dieser Stelle J.M. RIST, Beyond Stoic and Platonist, a.a.O.; 6,10,S.80.9-19; 6,17,S.86.20-23; vgl. 6,26,S.96.24f.

[92] Vgl. Platon, leg. 900d-903d.

[93] Ein anderes Beispiel dafür, daß ein Peripatetiker (wahrscheinlich aus dem 2. Jh.n.Chr.) mit Epikur in Zusammenhang gebracht wurde, ist Diogenianos. In Euseb von Caesarea, PE 6,8, S.321.1 wird Diogenianos in der Überschrift zu den folgenden Auszügen als Peripatetiker bezeichnet, in PE 4,3,8 fällt im Zusammenhang mit der Bestreitung der stoischen Lehre von der Heimarmene der Hinweis auf Epikur.

ohne einen Diskussionszusammenhang vornahm. Bevor aber auf den Beitrag des Origenes zu dieser Diskussion einzugehen ist, soll die Äußerung Justins dial. 1,4, deren Interpretation umstritten ist, im Rahmen der Kontroverse des 2. Jahrhunderts um den Begriff der individuellen Pronoia gelesen werden.

2. Zur Interpretation von Justin, dial. 1,4

Der Text Justins fügt sich sachlich aber auch zeitlich – Justin widmet die größere der Apologien Antoninus Pius und Marc Aurel (138-161) – in die Reihe der Texte von Epiktet, Attikos und Alexander von Aphrodisias ein. Der Zusammenhang lautet:

> „ ‚Reden die Philosophen nicht immer über Gott', sagte jener, ‚und stellen sie nicht jederzeit Untersuchungen an über die Monarchia und die Pronoia? Oder ist es nicht Aufgabe der Philosophie über das Göttliche zu forschen?'
> ‚Ja', sagte ich, ‚das ist auch unsere Meinung. Die meisten aber kümmern sich nicht darum, ob es einen oder mehrere Götter gibt, ob sie für jeden von uns sorgen oder nicht, da dieses Wissen nichts zum Wohlergehen beitrage. Sie versuchen vielmehr uns zu überzeugen, daß Gott für das All und seine Gattungen und Arten sorge, ach, aber keineswegs für mich und dich und die Einzeldinge, da wir sonst ja auch nicht tag und nacht zu ihm beten würden. Es ist nicht schwer zu erkennen, wo dieses mit ihnen endet. Furchtlosigkeit und Freiheit folgt denen, die dieses meinen, zu tun und zu reden, was sie wollen, und sie fürchten weder Strafe noch erhoffen sie etwas Gutes von Gott.'"[94]

Es ist die einzige Äußerung Justins zur individuellen Pronoia Gottes. Justin sieht sich mit der Vorstellung konfrontiert, daß Gott ausschließlich für das All, die Gattungen und Arten sorgt, nicht aber für das Individuum.[95] Diese Beschränkung der Pronoia auf das All, die Gattungen und Arten wird zwei Generationen nach Justin von Alexander von Aphrodisias vertreten. Die Positionen, die sich in der Äußerung des Justin gegenüberstehen, gehören in eine Kontroverse, von der nur wenige Belege überliefert sind. Justin bietet einen weiteren Beleg, allerdings mit

---

[94] Justin, dial. 1,3-5.19-32: Οὐχ οἱ φιλόσοφοι περὶ θεοῦ τὸν ἅπαντα ποιοῦνται λόγον, ἐκεῖνος ἔλεγε, καὶ περὶ μοναρχίας <αὐτοῦ> αὐτοῖς καὶ προνοίας αἱ ζητήσεις γίνονται ἑκάστοτε; ῍Η οὐ τοῦτο ἔργον ἐστὶ φιλοσοφίας, ἐξετάζειν περὶ τοῦ θείου; Ναί, ἔφην, οὕτω καὶ ἡμεῖς δεδοξάκαμεν. Ἀλλ' οἱ πλεῖστοι οὐδὲ τούτου πεφροντίκασιν, εἴτε εἷς εἴτε καὶ πλείους εἰσὶ θεοί, καὶ εἴτε προνοοῦσιν ἡμῶν ἑκάστου εἴτε καὶ οὔ, ὡς μηδὲν πρὸς εὐδαιμονίαν τῆς γνώσεως ταύτης συντελούσης· ἀλλὰ καὶ ἡμᾶς ἐπιχειροῦσι πείθειν ὡς τοῦ μὲν σύμπαντος καὶ αὐτῶν τῶν γενῶν καὶ εἰδῶν ἐπιμελεῖται θεός, ἐμοῦ δὲ καὶ σοῦ οὐκ ἔτι καὶ τῶν καθ' ἕκαστα, ἐπεὶ οὐδ' ἂν ηὐχόμεθα αὐτῷ δι' ὅλης νυκτὸς καὶ ἡμέρας. τοῦτο δὲ ὅπῃ αὐτοῖς τελευτᾷ, οὐ χαλεπὸν συννοῆσαι· ἄδεια γὰρ καὶ ἐλευθερία [λέγειν καὶ] ἕπεται τοῖς δοξάζουσι ταῦτα, ποιεῖν τε ὅ τι βούλονται καὶ λέγειν, μήτε κόλασιν φοβουμένοις μήτε ἀγαθόν ἐλπίζουσί τι ἐκ θεοῦ.

[95] Vgl. die Darstellung der peripatetischen Position durch Origenes, c.Cels. 3,75,S.266.26-28.

dem Unterschied, daß Justin das „Wir" der Christen in die Kontroverse einbringt.[96]

Interessant ist die Wendung „Sie versuchen vielmehr uns zu überzeugen". Wer sind „sie" und und wer „wir"? „Sie" haben die Überzeugung, daß Gott nur für das All, die Gattungen und Arten sorgt, und zugleich sind „sie" die Philosophen und „wir" die Christen. Justin sieht sich von philosophischer Seite dem Druck ausgesetzt, daß man eigentlich doch Pronoia auf den Gesamtzusammenhang beziehen müsse. Er nimmt sich im Gegenüber zu ihnen, zu den Philosophen, wahr und gleichzeitig zu einer bestimmten Position in der Frage der Pronoia Gottes. Er bezieht das Gegenüber von Philosophen und Christen auf den Gegensatz zwischen Pronoia für das All und Pronoia für den einzelnen. Nach Justin unterscheiden sich Christen und Philosophen in der Frage der Pronoia. Philosophen erscheinen nicht als die, die sich in der Frage der Pronoia nicht einig sind,[97] sondern als solche, die eine andere Position als die Christen haben. Justin grenzt sich von den Philosophen ab, nimmt aber die Kategorien der Abgrenzung aus der zeitgenössischen philosophischen Diskussion.

Epiktet, Attikos und Alexander von Aphrodisias belegen, daß es eine Kontroverse um die Frage der Pronoia gab, und auch die Sätze Justins sind nicht ohne die Kontroverse zu verstehen. Wie kommt Justin dazu zu schreiben, die Philosophen kümmern sich nicht um die Frage? Liest man in der Äußerung die Meinung Justins, daß die Philosophen an der Frage nicht interessiert sind, sie womöglich gar nicht stellen oder aber verschiedene Haltungen in der Frage nach der Pronoia einnehmen, diese Entscheidung aber nicht für belangvoll halten, muß man selbst im Blick auf das spärlich überlieferte Material feststellen, daß Justin irrt, oder aber die genannte Äußerung anders lesen. Justin versteht sich in Abgrenzung zu den Philosophen, diese Philosophen aber sind bestimmte Philosophen, die er durch ihre Haltung in der Frage der Pronoia beschreibt. Und auf diese zielt bereits die erste Äußerung über die Philosophen und die Pronoia Gottes. Diejenigen, welche die Pronoia Gottes auf die Gattungen und Arten einschränken, sind für Justin solche, die sich nicht um die Frage kümmern, ob die Pronoia bis zum einzelnen

---

[96] PsAthenagoras, res. 18f ist zwar weniger explizit, aber dennoch in diesem Zusammenhang zu berücksichtigen. Die Sorge des Schöpfers erstreckt sich nach diesem Autor auf alles; alles Geschaffene brauche diese Fürsorge, jedes einzelne auf eigene Art entsprechend seiner Natur (18,3). PsAthenagoras zählt die Bedürfnisse des Menschen auf, er beschränkt sich auf die Belange der Natur, es folgt aber eine Abgrenzung, auf die hingewiesen sei. In 19,1 wendet sich der Autor an solche, die zwar die Pronoia bekennen und damit von demselben Begriff ausgehen wie „wir", dann aber ihre eigenen Voraussetzungen verlassen. Diese Bemerkung muß sich wiederum auf die Frage nach dem beziehen, wen oder was Gottes Pronoia erreicht. In den Antworten unterscheiden sich auch hier „wir", die Christen, von den anderen.

[97] So Josephos, c.Ap. 2,179f und Theophilos von Antiochien 2,8,3; 2,8,5f; 3,7,9f; 3,7,14.

reicht. Diese Philosophen interessieren sich nicht für die Frage. Das Desinteresse ist Ausdruck ihrer Position und heißt nicht, daß sie keine Position in dieser Frage beziehen.

Es bedeutet keinen Widerspruch, wenn diejenigen, von denen Justin schreibt, daß sie sich nicht um die Frage kümmern, ob Gott für den einzelnen sorge oder nicht, an der Vorstellung der Fürsorge Gottes für den einzelnen Anstoß nehmen und die Vorstellung mit dem Hinweis auf das Gebet kritisieren. Daß die Erfahrungen der Vorstellung von der göttlichen Fürsorge für jeden einzelnen widersprechen, war das gewichtigste Argument gegen die göttliche Pronoia. Die Kritiker, die Justin erwähnt, gehen auf den Beter ein und kritisieren ihn von seinen eigenen Voraussetzungen her. Er betet in der Gewißheit gehört zu werden. Das Gebet ist der verdichtete Ausdruck der göttlichen Fürsorge für den einzelnen,[98] und genau diese Vorstellung wird gegen den Beter gewendet. Der Beter wird an seinen Erwartungen gemessen. Das ständige und ständig unbeantwortete Gebet widerspricht den Voraussetzungen des Gebetes, die in der Fürsorge Gottes für den einzelnen liegen. Wenn Gott für den einzelnen sorgt, wie die Christen behaupten, dann müßte ihr Gebet irgendwann erfüllt werden. Christen aber, so die Kritik, beten ununterbrochen, weil sie ununterbrochen auf die Erfüllung ihrer Gebete warten, und widerlegen so ihre eigenen Voraussetzungen.[99]

---

[98] So Nemesios von Emesa, nat.hom. 43,S.132.13-17.

[99] Mit dieser Interpretation der Kritiker Justins folge ich R. JOLY, Christianisme et philosophie. Études sur Justin et les apologistes grecs du deuxième siècle (Université libre de Bruxelles, Fac. de Philosophie et Lettre 52), Brüssel 1973, S.19f. Joly hat diese Sicht mit guten Gründen gegen van Winden und Pépin verteidigt in: Notes pour le moyen platonisme, in: Kerygma und Logos, FS für C. Andresen, hrsg.v. A.M. Ritter, Göttingen 1979, S.316-318 (311-321). Nach J.C.M. VAN WINDEN (An early Christian philosopher, a.a.O.S.33,38) setzen die Kritiker eine individuelle Pronoia im Sinne der Heimarmene voraus. Ihr Argument lautet nach van Winden, daß das Gebet überflüssig sei, wenn alles im Detail von der Heimarmene festgelegt sei. Damit würden die Kritiker etwas widerlegen, was Justin nicht verteidigen will. Gegen van Winden ist in dem Satz Justins ein Argument gegen die individuelle Pronoia zu erwarten. Der Text aber bietet keinen Anhaltspunkt für eine Diskussion um die deterministische Position. Zudem entspricht van Windens Vorschlag nicht den Regeln antiker Rhetorik. Es werden hier diejenigen, die an der individuellen Pronoia festhalten, von ihren eigenen Voraussetzungen her kritisiert. Das Argument van Windens wäre nur dann richtig, wenn Justin unter individueller Pronoia eine Festlegung menschlicher Belange bis ins einzelne verstanden hätte.
J. PÉPIN hat die Argumentation van Windens in dem zweiten Teils seines Aufsatzes Prière et providence au 2ᵉ siècle ([dial.1,4], in: Images of man in ancient and medieval thought, FS G. Verbeke, hrsg.v. F. Bossier/ F.D. Wachter u.a., Löwen 1976, S.111-125) wiederaufgenomen. Er modifiziert sie, insofern er auf die Identifikation des Begriffs Pronoia mit dem der Heimarmene verzichtet, will aber zeigen, daß die Kritik darin besteht, daß das Gebet der Christen der individuellen Pronoia in der Weise widerspricht, als eine solche Pronoia, wenn es sie denn gibt, das Gebet überflüssig macht und auch, ohne und bevor der Beter seine Bitten formuliert, diese erfüllt (S.120). Pépin versucht an der Interpretation van Windens festzuhalten, ohne den Begriff der Heimarmene zu benutzen. Er belegt diese Fragestellung mit Maximus von Tyros (5,4,S.57.6-58.17). Maximus unterscheidet Pronoia in dem Bezug auf das Allgemeine und in dem Bezug auf

Justin zeichnet das Bild des Philosophen, aber er gibt dieser Gestalt genaue Züge. Er entspricht damit der zeitgenössischen Diskussion und bestimmt seine eigene Rolle in dieser Diskussion. Justin setzt sich mit Philosophen auseinander, die in der Pronoia die göttliche Erhaltung des Gesamtzusammenhanges sehen, und spricht von den „meisten", die diese Position vertreten. Hervorzuheben ist nicht, daß Justin einen Generalisten zeichnet, sondern daß er eine bestimmte Position als die Mehrheitsposition bezeichnet. Die überlieferten historischen Nachrichten bestätigen dieses Bild.

Der soweit unternommene Versuch, sich dem Text Justins auf dem Hintergrund der Äußerungen von Epiktet, Attikos und Alexander von Aphrodisias und vor allem von dem Begriff der Pronoia ausgehend zu nähern, macht vor allem eines deutlich, nämlich die Geschlossenheit des Gedankenganges. Die Frage bleibt, warum Justin schreibt, daß die meisten Philosophen sich nicht darum kümmern, ob einer oder mehrere Götter existieren. Die Aussage war in dieser allgemeinen Form erklärungsbedürftig und hätte kaum Tryphon überzeugt, der unmittelbar zuvor, und zwar in Form einer Frage, das Gegenteil in den Raum gestellt hatte. Die Erkärung folgt sogleich in dem Hinweis auf die Frage nach der Pronoia. Das von Justin behauptete Desinteresse der Philosophen an der Existenz Gottes wird erst zusammen mit der Frage nach der Pronoia Gottes nachvollziehbar. Eine falsche Lehre von der Pronoia wurde damals vom Atheismus nur graduell unterschieden,[100] aber diese Beurteilung ist Bestandteil zeitgenössischer Schulpolemik. Nach Epiktet (diss. 1,12,1-3) leugnen die einen die Existenz Gottes, andere räumen die Existenz Gottes zwar ein, aber leugnen die Pronoia, wieder andere leugnen die Pronoia nicht gänzlich, aber schränken sie ein. Justin verwendet diesen Zusammenhang aus der Schulpolemik, faßt in dial. 1,4 zusammen und richtet sich gegen die Gruppe, die auch bei Epiktet und Attikos[101] gemeint ist, nämlich gegen diejenigen, welche die Einschränkung der Pronoia Gottes vertreten.

---

das Einzelne und schreibt, daß das Gebet in jedem Fall sinnlos ist, in dem einen Fall, weil die Pronoia den einzelnen nicht erreicht, in dem anderen, weil Pronoia schon alles festgelegt hat. Diese Fragestellung nimmt Origenes in seiner Schrift De oratione auf. Die Frage ist in bezug auf Justin nicht, ob es diese Fragestellung in der Zeit der Alten Kirche gegeben hat, sondern ob sie etwas mit dem Text Justins zu tun. Nach Maximus ist das Gebet überhaupt sinnlos und zwar unabhängig davon, welchen Begriff von Pronoia man wählt. Nach Justin beziehen sich die Kritiker auf das ständige Gebet der Christen. Dieser Hinweis wird nur verständlich, wenn die Kritiker die Erfolglosigkeit, nicht aber die Überflüssigkeit des Gebetes meinen. Die Beobachtung, daß Origenes sich auf eine andere Kritik des Gebetes bezieht, spricht nicht notwendig gegen diese Interpretation. Zudem ist zu beachten, daß Origenes eine andere Position in der Diskussion um die individuelle Pronoia einnimmt als Justin in dial. 1,4 und sich in der Gebetsschrift entsprechend äußert.

[100]Vgl. Lukian, Alex. 46.
[101]Vgl. fr. 3.56f,69-71.

Lange Zeit konnte man dem hier paraphrasierten Text nur wenig Sinn abgewinnen und hielt ihn für schwierig. Hyldahl, mit dessen Untersuchung zu der Einleitung des Dialoges von 1966 eine Diskussion um diesen Text in den 70er Jahren beginnt, schreibt ganz in dieser Tradition:

> „In Dial.1,4-5 widerlegt Justin die Lehre der Philosophen seiner Zeit, darunter die Stoiker ... Das ist freilich beinahe auch das einzige, was mit Sicherheit gesagt werden kann, denn der Text ist in seiner vorliegenden Form schwer zu verstehen und es fehlt eine klare Disposition, die verhelfen könnte, die einzelnen Aussagen auf die richtigen Subjekte zu beziehen."[102]

Hyldahl gliedert seinen Kommentar zu dem hier zu besprechenden Text in Abschnitte. Zunächst wird die Aussage Justins ἀλλ' οἱ πλεῖστοι οὐδὲ τούτου πεφροντίκασιν, εἴτε εἷς εἴτε καὶ πλείονες εἰσὶ θεοί analysiert und auf Aussagen bezogen, welche die Gotteslehre der Stoa als ungenügend kennzeichnen.[103] Das Ergebnis bleibt unbefriedigend und so schließt Hyldahl, daß Justin an „die griechische Philosophie ganz allgemein" denkt. Hyldahl wiederholt diese Einordnung im Kommentar zu der Aussage καὶ εἴτε προνοοῦσιν ἡμῶν ἑκάστου εἴτε καὶ οὔ. Allgemein von der Philosophie spreche Justin nicht mehr in dem Moment, in dem er sich auf die Vorstellung bezieht, welche die Wirkung der Pronoia einschränkt. Hyldahl stellt wieder die Frage, von wem die Rede ist. „Es handelt sich wohl nicht um die Stoiker. Eher um die Epikuräer, die ja gerade die stoische Pronoia-Lehre bekämpften ... Und doch ist es nicht ganz sicher, dass die Epikuräer gemeint sind." Hyldahl wendet sich der Überlieferung zu, nach der Aristoteles den Wirkungsbereich göttlicher Pronoia auf den Bereich bis auf den Mond beschränkt.

Für die weitere Diskussion um das Bild des philosophischen Generalisten, das Justin in dial 1,4 gezeichnet haben soll, wurde ein Konjekturvorschlag Hyldahls wichtig. Sind οἱ πλεῖστοι, die sich indifferent in der Frage nach Gott und Pronoia verhalten, die gleichen, die im nächsten Satz Justins auf die Beschränkung der Pronoia auf den Gesamtzusammenhang und das Allgemeine drängen? Hyldahl sieht hier verschiedene Sprecher und ändert den Text von ἀλλὰ καὶ ἡμᾶς in ἄλλοι καὶ ...[104] Van Winden[105] spricht sich gegen diesen Konjekturvorschlag aus.[106] Van Winden löst zwar nicht die Diskrepanz in den Aussagen. Sie seien in ihrem Cha-

---

[102]N. HYLDAHL, Philosophie und Christentum. Eine Interpretation der Einleitung zum Dialog Justins, (AThD 9) Kopenhagen 1966, S.99.
[103]Justin dial.2,3; Theophilos 2,4. Ebenso van Winden, a.a.O.S.35f und Pépin, a.a.O.S.116f.
[104]R. JOLY schließt sich diesem Vorschlag an (Christianisme et philosophie, a.a.O.S.16 und Notes pour le Moyen Platonisme, a.a.O.S.318.
[105]A.a.O.S.35 und noch einmal in seiner Erwiderung auf Joly in: Le portrait de la philosophie greque dans Justin, dialogue I 14-5, in: VigChr 31 (1977), S.183-185 (181-190).
[106]Ihm folgt , a.a.O.S.112f.

rakter unterschiedlich,[107] fügen sich aber dennoch in das einheitliche Bild des Philosophen im allgemeinen. Die Unterschiede seien nicht überzubewerten, Justin störe sich nicht an ihrer Unterschiedlichkeit, er nehme keinen Widerspruch wahr und schreibe sie in dieser Form dem Philosophen im allgemeinen zu. Er sei, was die philosophischen Überlegungen angehe, eher wenig feinsinnig und schreibe aus der Sicht des Moralisten.[108] Der Text sei von den ethischen Konsequenzen her gedacht und erhalte von hier seine Einheitlichkeit.[109] Es ist van Winden darin zuzustimmen, daß der Text einheitlich ist und durchaus, ohne daß verschiedene Sprecher eingeführt werden, gelesen werden kann. Die Begründung aber ist zu überdenken.

Seit Hyldahl besteht die Interpretation von dial 1,4 vorrangig in der Identifikation von Versatzstücken und ihrer Zuweisung zu den philosophischen Schultraditionen. Das Bild des Generalisten hat nicht dazu geführt, über die Situation an den philosophischen Schulen im zweiten Jahrhundert oder die durchschnittliche Vorstellung der Zeit von einem Philosophen nachzudenken. Die Situation des zweiten Jahrhundert läßt sich nicht erfassen, indem man die tradierten Argumente der Schulpolemik zur Interpretation eines Textes aus dem zweiten Jahrhundert heranzieht. Ohne Zweifel hatten die Philosophen des zweiten Jahrhunderts eine Schulidentität und wuchsen die Schüler weiterhin in den tradierten Schulgegensätzen auf. Die Polemik aber ist in ein Verhältnis zu setzen zu der gleichzeitigen gegenseitigen Beeinflussung und dem Assimilationsprozeß,[110] der auf der einen Seite zu einer Angleichung der Schulpositionen führte, auf der anderen Seite zu einer Breite der Lehrmeinungen in den Schulen. Ähnliche Fragen werden im zweiten Jahrhundert in verschiedenen Schulen diskutiert, ähnliche Argumente können in verschiedenen Zusammenhängen begegnen. Und obwohl z.B. Alexander von Aphrodisias um die Differenzen unter den Stoikern weiß,[111] kann auch er die tra-

---

[107]Nur daher ist die Interpretation im Sinne einer stoischen Aussage möglich, a.a.O.S.116f.

[108]PÉPIN, a.a.O.S.112f. vgl. VAN WINDEN, Le portrait de la Philosophie greque dan Justin, dialogue I 4-5, a.a.O.S.183-185.

[109]Die moralische Haltlosigkeit derer, die nicht mit Gottes Pronoia in ihrem Leben rechnen, weil sie die Pronoia auf die Gattungen beschränken, kennzeichnet Justin als ἄδεια und nimmt damit den gleichen Begriff auf wie Attikos im anti-epikureischen Zusammenhang. Attikos vergleicht Aristoteles und Epikur in folgendem Satz: κατ᾿ ἴσον γὰρ παρ᾿ ἀμφοτέροις τὸ ἐκ θεῶν ἀμελὲς εἰς τοὺς ἀνθρώπους καὶ ἴση τοῖς ἀδικοῦσιν ἡ ἀπὸ τῶν θεῖον ἄδεια (fr. 3.57-59, vgl. 43-46). Ebensowenig wie das Fragment des Attikos von den anti-epikureischen Aussagen her zu lesen ist, stellt Justin die Kohärenz des Textes durch die ethischen Implikationen seiner Aussage her. Justin bezieht sich vielmehr in knapper Form auf einen Argumentationszusammenhang, in dem anti-epikureische Aussagen einen festen Ort hatten.

[110]Dies betont für die stoisch-platonische Assimilation G. Reydams-Shills, Demiurg and providence. Stoic and Platonist readings of Plato's Timaeus (Monothéismes et philosophie), Turnhout 1999.

[111]So H.B. GOTTSCHALK, Aristotelian philosophy in the Roman world from the time of Cicero to

dierten Reduktionen der Polemik, die sich nicht mit Namen seiner Zeitgenossen, sondern mit den Namen der Schulgründer verbinden, benutzen.[112] Die tradierten Argumente der Polemik sind ein Teil eines Bildes, aber nicht die Grundlage, um zu Diskussionen in den Schulen vorzudringen.[113] Die vier tradierten, den Epikureern, Aristotelikern, Stoikern und Platonikern zugeordneten Muster, über die Pronoia Gottes zu sprechen, mögen etwas Typisches erfassen, indem sie auf alte, seit langem bekannte Formen und Inhalte festlegen, können aber nichts wiedergeben von einer im zweiten Jahrhundert in Bewegung geratenen Diskussion. Ein Text wie Justin, dial. 1,4 zeigt, daß die an diesen Text herangetragenen Muster der Polemik für die Interpretation nur eine begrenzte Bedeutung haben können.

Van Winden listet in seinem Kommentar zu dial. 1,4 ἀλλὰ καὶ κτλ. die Schulpositionen zum Begriff Pronoia auf.[114] Er nennt die Stoiker, die Epikureer als deren Gegner, die Aristoteliker mit der Position, daß die Pronoia nur jenseits des Mondes wirke, und schließlich die Platoniker mit dem Modell der gestuften Pronoia.[115] Am Ende entsteht das Bild eines deutlichen Gegensatzes. Der persönliche Gott, der sorgt und hilft, ist nach van Winden eine christliche Vorstellung, die nichts mit den Schulpositionen zum Begriff Pronoia gemein hat. Dieses Ergebnis hängt zusammen mit van Windens Interpretation von Justins Hinweis auf das Gebet in dial 1,4. Nach van Winden ist das Gebet für solche Philosophen sinnlos, für die Pronoia nichts anderes als Heimarmene bedeute.[116] Van Winden hat die Identifikation von Pronoia mit Heimarmene in einem späteren Aufsatz, in dem er auf die Kritik Jolys reagiert, zurückgenommen, nicht aber seine Interpretation des Textes.[117] Die Identifikation von Pronoia mit Heimarmene ist Ausdruck dafür, daß nach van Winden Justin und die Philosophen völlig verschiedene Vorstellungen mit dem Begriff Pronoia verbinden.

Dieses Bild entsteht nur dadurch, wie Joly kritisch angemerkt hat,[118] daß in der schematischen Darstellung van Windens die Vorstellung einer individuellen Pro-

---

the end of the second century A.D., in: ANRW II 36,2, S.1143 (1079-1174). Ähnliches gilt auch insbesondere von den Platonikern, welche die Probleme kannten, die von Aristotelikern aufgeworfen wurden, Gottschalk weist auf Calvinus Taurus' Schrift über die Lehrunterschiede zwischen Platon und Aristoteles hin.

[112] H.B. GOTTSCHALK, Aristotelian philosophy in the Roman world, a.a.O. 1143.

[113] Siehe: R.W., Sharples, The school of Alexander?, a.a.O.S.87-110.

[114] An Early Christian Philosopher, a.a.O.S.36-38.

[115] Der Hinweis van Windens auf die gestufte Pronoia der Platoniker und ihre Interpretation bezieht sich auf Nemesios von Emesa, nat.hom. 43,S.125.19-23

[116] VAN WINDEN (An Early Christian Philosopher, a.a.O.S.38) verweist hier auf Nemesios, nat.hom. 35,S.104.17f.

[117] Le portrait de la philosophie greque dans Justin, dialogue I 4-5, a.a.O.S.186, siehe oben Anm.99.

[118] JOLY geht den zwar in der Diskussion bereits genannten, aber nicht eigentlich verarbeiteten Belegen bei Epiktet und Attikos nach. Weniger überzeugend sind seine Hinweise auf Plutarch (Christianisme et Philosophie, a.a.O.S.24).

noia nicht vorkommt.[119] Dies entspricht dem Bild, das Justin für seine Leser zeichnet. Nach Justin unterscheiden sich Philosophen und Christen in der Lehre von der Pronoia Gottes, und nur den Christen zufolge sorge Gott „für dich und mich und für die Einzeldinge". Genau hier stellt sich die Frage der Interpretation. Joly fragt nach der Position Justins und schließt, daß Justin in seinem Verständnis der Pronoia Gottes durchaus mit den Philosophen seiner Zeit vergleichbar ist.[120] Während Hyldahl und van Winden die christliche Identität Justins hervorheben, unterscheidet sich Justin in dial. 1,4 nach Joly nicht von den Philosophen. Joly, der wiederum von der gestuften Pronoia her argumentiert, kann nur eine Differenz benennen, nämlich daß im Platonismus den untergeordneten Mächten eine andere Rolle zukommt als in der Theologie.[121]

Pépins Interpretation des Textes entspricht weitgehend der van Windens, in der Einordnung Justins aber zwischen christlicher Identität und Philosophie sucht er einen Mittelweg. Pépin geht anders vor als van Winden und Joly. Er vergleicht das Anliegen Justins mit dem mittelplatonischen Modell der gestuften Pronoia und stellt eine gewisse Affinität Justins zum Platonismus fest, die es unwahrscheinlich mache, daß seine Gegner im Bereich des Platonismus anzusiedeln sind.[122] Wer aber sind die Gegner Justins? Sie sind nach Pépin auch nicht bei den Aristotelikern und Stoikern zu finden, wie Pépin an Epiktet, diss. 1,12,1-3 zeigen kann, da er davon ausgeht, daß die Liste im Sinne der antiken Schulpolemik die verschiedenen Schulen typisch erfaßt und jede Schule nur einer Position der Liste zuzuordnen ist. Bei Epiktet entspreche die dritte Gruppe, die Pronoia nur auf die großen und himmlischen Dinge bezieht, den Aristotelikern, während Justins Gegner der vierten Gruppe bei Epiktet und somit nicht den Aristotelikern angehören. Der letztlich verbleibenden Möglichkeit, daß Justin hier seine Gegner in den Stoikern sieht, widerspreche wiederum Epiktet selbst, der als Stoiker diesen Text geschrieben hat.[123] Gegen Joly, der in van Windens Äußerungen die Belege des Epiktet und Attikos als Belege zur individuellen Pronoia vermißt, zeigt Pépin, daß nicht nur der Begriff der individuellen Pronoia schwer zu belegen ist, sondern ebensoschwer die entgegengesetzte Position, welche die Pronoia auf das Allgemeine und den Gesamtzusammenhang bezieht. Aber welche Gegner hatte Justin im Auge, als er seinen Text schrieb, und wen hat man sich unter der vierten Gruppe Epiktets vorzustellen?

---

[119]VAN WINDEN (An Early Christian Philosopher, a.a.O.S.36) nennt zwar Epiktet (diss. 1,12,1-3), allerdings nur mit Verweis auf M. POHLENZ, Die Stoa, Bd.1, a.a.O. S.339.
[120]Christianisme et Philosophie, a.a.O.S.23.
[121]Christianisme et Philosophie, a.a.O.S.22.
[122]A.a.O.S.113-115.
[123]A.a.O.S.115-117.

Pépin zeigt ein weiteres Mal, daß mit zu engen Kriterien die Alternativen falsch gewählt werden. Pépin zieht das Modell der gestuften Pronoia und Attikos heran, um Justins Affinität zum Platonismus zu belegen. Ist aber das Modell der gestuften Pronoia hier überhaupt heranzuziehen? Kommt es tatsächlich der Pronoia für die Einzelwesen entgegen?[124] Man kann in dem Modell der gestuften Pronoia lesen, daß die Pronoia auf der letzten Stufe auch den einzelnen erreicht, man kann aber auch betonen, daß die erste Pronoia nichts mit dem einzelnen zu tun hat. Die gestufte Pronoia, die keineswegs alle Platoniker kennen, war eine wenig einheitliche, platonische Antwort auf ein Problem, das in verschiedenen Schulen diskutiert wurde. Pépins Schwierigkeit, Epiktets Liste und damit Justins Aussagen bestimmten Schulen und damit einem bestimmten Gegner zuzuschreiben, ist in der Diskussion des zweiten Jahrhunderts begründet.

Pépin stellt fest, daß oft derselbe Autor sowohl von der allgemeinen als auch von der individuellen Pronoia spreche. Dies gilt weniger von der expliziten Abgrenzung, der Bestreitung der individuellen Pronoia, und dem Festhalten an dem umstrittenen Begriff. Beides aber findet sich oft in derselben Schule, wie Pépin zu Recht anmerkt, aber dies führt nicht weg von der Frage nach Justins Verhältnis zur zeitgenössischen Philosophie, sondern kennzeichnet die zeitgenössische Philosophie mehr als ein Handbuchwissen über die vier antiken Schulen. Ausgangspunkt, um den Text Justins zu lesen, ist die Beobachtung, daß es eine zeitgenössische Auseinandersetzung um den Begriff der individuellen Pronoia gegeben hat und daß insbesondere innerhalb des zeitgenössischen Platonismus sowohl das Für als auch das Wider vertreten wurden.

Justins Text, dial. 1,4, bietet einen weiteren Anhaltspunkt für die zeitgenössische Diskussion um die göttliche Pronoia. Die Beobachtungen, daß Justins Text Anleihen an eine philosophische Diskussion enthält, und auf der anderen Seite, daß Justin christliche Identität in Abgrenzung zur Philosophie bestimmt, sind keine Alternativen, die sich gegenseitig ausschließen. Wenn Justin seine Position in

---

[124]So PÉPIN, a.a.O.S.114, Anders C.J. DE VOGEL, Problems concerning Justin Martyr. Did Justin find a certain continuity between Greek philosophy and Christian faith?, in: Mn. 31 (1978), S.377f (360-388). De Vogel macht den interessanten Vorschlag, Justins Bemerkung über das Desinteresse der Philosophen an der Frage, ob ein oder mehrere Götter existieren, mit dem platonischen Konzept einer gestuften Pronoia zu verbinden. Dies würde bedeuten, daß Justin sich von der gestuften Pronoia der Platoniker abwendet, was dem Text Justins eher entspricht als eine Nähe zu diesem Konzept. De Vogel schreibt: „According to that theory the care for individuals was left to secondary gods, – who in Justin's view were not ‚God' at all." Allerdings ist einzuwenden, daß aus der Zeit Justins kein Beleg existiert, der die gestufte Pronoia in dieser Form kritisiert und daß Justin selbst mit dem Wirken göttlicher Mächte durchaus rechnete (Apol.mai. 5,1f; 6; apol.min. 1,2; 5,2). Celsus (c.Cels. 7,68) kann in seiner Kritik an den Christen das Fehlen genau dieser Kritik als Argument verwenden. Hierzu siehe unten S.300f,318f.

Abgrenzung zur Philosophie bestimmt, steht er bereits mit dieser Abgrenzung innerhalb der Diskussion, welche die Möglichkeiten der Abgrenzungen vorgab. Dennoch kann man von einer christlichen Affinität zum Begriff der individuellen Pronoia Gottes sprechen.

Die genannten Autoren, Epiktet, Attikos und Alexander von Aphrodisias, belegen eine Auseinandersetzung um die individuelle Pronoia. Celsus grenzt sich von dem Begriff der individuellen Pronoia ab, und zwar als einer von Juden und Christen vertretenen Vorstellung.[125] Justin grenzt sich in dial. 1,4 wiederum mit dem Begriff der individuellen Pronoia gegen die Einschränkung des Begriffs bei den Philosophen ab. Clemens von Alexandrien nimmt auf derselben Linie die Abgrenzung zur Philosophie vor. Nach Clemens gibt es die Philosophie, vor der man mit Kol 2,8 warnen muß,[126] aber unter dieser – Clemens zieht eine Analogie zu den Christen – sind philosophische Häresien[127] zu verstehen, und er nennt ausdrücklich die Epikureer. Obwohl damit deutlich ist, daß die Philosophie, die entgegen Kol 2,8 sehr wohl nützt, die Pronoia Gottes nicht leugnet, grenzt sich Clemens wiederum von den Philosophen ab, indem er auf die individuelle Pronoia hinweist. Die genaue Betrachtung zeige, so Clemens, daß die Aussagen von Philosophen und Theologen in der Frage der Pronoia Gottes sich unterscheiden.[128] Die Differenz liegt nach Clemens im Detail und in der individuellen Pronoia. Clemens schreibt: „Die Christus entsprechende Lehre verehrt den Schöpfer als Gott und hält die Pronoia für eine solche, die bis zu den Einzeldingen reicht."[129] Die Menschwerdung des Sohnes Gottes fordert nach Clemens die Lehre von der individuellen Pronoia Gottes, weil andernfalls aus der Menschwerdung ein Mythos werde.[130] Auf der anderen Seite äußert sich Alexander von Aphrodisias vehement[131] und später ebenso Plotin[132] gegen die individuelle Pronoia.

---

[125]Siehe oben S.213-216.

[126]Strom. 1,11,50,5f; besonders 1,11,52,1.

[127]Vgl. Clemens, strom. 6,8,67,2 und Origenes, c.Cels. 5,61,S.64.26-65.4. Die Gnostiker werden bereits bei Irenaeus mit den Epikureern und deren Leugnung der Pronoia verglichen, adv.haer. 3,24,2,S.478.59-64. Siehe auch Origenes, c.Cels. 2,27,S.156.8-13. Zur Bezeichnung von Häretikern als Epikureern siehe: R.P. JUNGKUNTZ, Fathers, heretics and Epicureans, in: JEH 17 (1966), S.3-10, dort weitere Belege. Zur Übernahme und Bewertung der Philosophen siehe: A.V. HARNACK, Der kirchengeschichtliche Ertrag der exegetischen Arbeiten des Origenes, Teil 2, Die beiden Testamente mit Ausschluß des Hexateuch und des Richterbuches (TU 42,4), Leipzig 1919, S.89-105.

[128]Strom. 6,15,123,2.

[129]Strom. 1,11,52,3,S.34.9-11: Ἡ γὰρ ἀκόλουθος Χριστῷ διδασκαλία καὶ τὸν δημιουργὸν ἐκθειάζει καὶ τὴν πρόνοιαν μέχρι τῶν κατὰ μέρος ἄγει.

[130]Strom. 1,11,52,2.

[131]Vgl. z.B. prov. S.14.14-17 in der Übersetzung Rulands: „Denn auch die Aussage derer, die behaupten, daß Gott ununterbrochen und ohne Unterlaß alle Einzeldinge (besser: alle partikularen Dinge und Einzeldinge ansieht und sie erforscht) betrachte, beobachte und umsorge, ist absurd, da diese sich selbst und anerkannten Axiomen widersprechen."

Der Begriff der individuellen Pronoia ist keine Erfindung der Theologen der Alten Kirche. Die Diskussion um die individuelle Pronoia gab es zur Zeit Justins und ist in Texten belegt, die sich nicht ausdrücklich auf Christen beziehen. Während aber andere Schulstreitigkeiten mit dem Namen der Schulen verbunden und als solche erkennbar bleiben, verbindet sich der Streit um die individuelle Pronoia mit der Auseinandersetzung von Theologen und Philosophen. Justin vermittelt dieses Bild, indem er in dial. 1,4 das prononcierte christliche „Wir" einführt. Bei den späteren deutlichen Äußerungen der (neu-)platonischen Philosophen gegen die individuelle Pronoia fragt man sich, welches Gegenüber diese Äußerungen haben und ob möglicherweise Christen gemeint sind. Was aber ist aus der philosophischen Debatte um die individuelle Pronoia geworden? Wurde sie aufgesogen von der christlich-philosophischen Auseinandersetzung? Gab es nach Epiktet und Attikos andere Vertreter dieser Position? Hier ist Nemesios von Emesa zu nennen, der in den letzten Kapiteln seiner Schrift De natura hominis eine kompendienartige Zusammenfassung spätantiker Vorstellungen zum Begriff Pronoia gibt. Nemesios nennt biblische Beispiele, er entwickelt die philosophische Debatte unter der Frage, ob der Begriff Pronoia auf die Einzeldinge zu beziehen ist, und er ordnet sich mit dem Begriff der individuellen Pronoia in diese Debatte ein. Nemesios grenzt sich von Leuten ab, welche die individuelle Pronoia bestreiten und den Begriff auf den Bezug auf Gesamtzusammenhang und Gattungen beschränken,[133] aber grenzt er sich als Theologe von den Philosophen ab? Die Frage scheint wenig zu Nemesios zu passen, und die Antworten auf die Frage nach einer theologisch-philosophischen Debatte um den Begriff der individuellen Pronoia bleiben widersprüchlich, nicht zuletzt, weil man, wenn die individuelle Pronoia als unterscheidendes und die Christen kennzeichnendes Kriterium wahrgenommen wurde, deutlichere Äußerungen der Theologen zu dieser Frage erwarten würde.[134]

Nemesios von Emesa nimmt in dieser Abgrenzung, ebenso wie Attikos, Justin und Clemens von Alexandrien, die Bestimmung seiner Position vor.[135] Im 2. und 3. Jahrhundert fügen Theologen sich mit dieser Selbstbestimmung in eine aktuelle Diskussion ein. Sie benutzen Abgrenzungen, die in ihre Zeit gehören, um hiermit ihre eigene Position zu formulieren.

---

[132] 3,2,1.10-19.

[133] Nat.hom. 43,S.130.5-7: παραλιπόντες οὖν τὰ τοιαῦτα πλημμελήματα, μᾶλλον δὲ ἀσεβήματα, δείξωμεν ὡς οὐ καλῶς αὐτοῖς ἀπρονόητα λέγεται τὰ καθ᾽ ἕκαστα, τῶν καθ᾽ ὅλου καὶ γενικῶν προνοίας τυγχανόντων. Vgl. 42,S.10f.

[134] Theodoret von Kyrrhos beschäftigt sich mit dieser Frage weder in cur. 6 noch in den Reden über die Pronoia. Allerdings finden eine Reihe weiterer Aspekte hier keine Erwähnung, wie z.B. das platonische Modell der gestuften Pronoia.

[135] Vgl. J. DILLON, Self-definition in later Platonismus, in: Jewish and Christians self-definition, hrsg.v. B.F. Meyer/ E.P. Sanders, Bd.3, London 1982, S.60-75.

3. Celsus als Epikureer in der Darstellung des Origenes
und Origenes' Versuch einer Vermittlung zwischen individueller und universaler Pronoia

Origenes führt Celsus am Anfang des ersten Buches Contra Celsum als Epikureer ein, und zwar nicht mit einem Text, in dem das epikureische Vokabular und die epikureische Theorie dem Leser sofort in die Augen springen, sondern mit einem Text des Celsus über die Aufrichtigkeit des Philosophen.[136] Origenes fragt nach, wie es mit Celsus selbst steht. Die beanspruchte Aufrichtigkeit, so Origenes, löse Celsus selbst nicht ein, da er nicht dazu stehe, daß er ein Epikureer sei. In der vorliegenden Schrift halte Celsus seine Überzeugungen zurück und verhalte sich taktisch. Anderen Schriften[137] aber, wie Origenes in Erfahrung gebracht habe, könne man entnehmen, daß er ein Epikureer ist, und außerdem seien ja zwei Epikureer namens Celsus bekannt und der zweite habe zur Zeit des Hadrian gelebt.

Die patristische Forschung hat mit der Interpretation dieses Textes und der Identifikation von Celsus mit einem Epikureer in den ersten vier Büchern Contra Celsum erhebliche Schwierigkeiten. Man stellt übereinstimmend fest, daß Celsus kein Epikureer war. Warum dann aber die offensichtlich falsche Einordung durch Origenes? Origenes hat sich, so der breite Konsens, durch die historischen Nachrichten fehlleiten lassen.[138] Nach Frede wußte Origenes nicht, welcher Schule

---

[136]C.Cels. 1,8,S.60.17-20.

[137]C.Cels. 1,8,S.60.24-27.

[138]Diese Interpretation liegt auf der gleichen Ebene wie der Versuch nachzuweisen, daß Celsus mit dem bei Lukian erwähnten Epikureer identisch ist. So zuletzt R.J. HOFFMANN, Celsus, On the true doctrine. A discourse against the Christians, New York/ Oxford 1987, S.30-32. Hoffmann schreibt: „we must consider (a) that Origen provides only extracts from Celsus' work; (b) that Celsus' work may have been penned *after* the conversion from Epicureanism that Origen envisaged (4.54), thus explaining (c) that Celsus' Epicureanism is thought by Origen ‚to be proved [not from his work against the Christians] but from other books' (1.8) ... In any event, the undeniable fast that the Celsus of Origen's apology shows a preference for middle Platonism does not exclude the possibility that he is the Celsus of Lucian's satire." (S.32). Hoffmann bleibt ähnlich wie auch Frede auf der Ebene des Faktischen, die in den Äußerungen des Origenes nichts anderes als den zutreffenden oder unzutreffenden Versuch einer historischen Einordnung seines Gegners erkennen kann.
Auch CHR. REEMTS (Vernunftgemäßer Glaube. Die Begründung des Christentums in der Schrift des Origenes gegen Celsus [Hereditas 13], Bonn 1998) gelangt zu keiner grundlegend anderen Interpretation, obwohl sie die Argumentation des Origenes in Contra Celsum unter rhetorischen Gesichtspunkten untersucht und mit dieser Fragestellung in eine Forschungslücke stößt. Reemts verhandelt den Epikureismus-Vorwurf gegenüber Celsus unter „Zerstörung der Glaubwürdigkeit" des Celsus, stellt fest, daß „die Beschuldigungen des Origenes ... problematisch" sind, referiert die historischen Bedenken gegen die Identifikation des Celsus mit einem Epikureer und sieht in der Zurücknahme der Beschuldigung im 5. Buch die Rückkehr zur „Sachlichkeit". Dieser Aufrichtigkeit des Origenes, der kein Polemiker sei, entsprechen nach Reemts die Zweifel an der Identifikation, die Origenes in seinem Werk explizit erwähnt. Verlangt eine Diffamierung historische Anhaltspunkte? Auch bei Reemts wird der Epikureismusvorwurf an Celsus nicht mit der nötigen Konsequenz als Bestandteil der Argumentation

Celsus angehörte, da er aber einen Epikureer namens Celsus zur Zeit Hadrians kannte, versuchte er es mit der Beschreibung Celsus' als Epikureer. Zweifel an dieser Identifikation habe Origenes aber von Anfang an gehabt.[139] Den Fehler habe Origenes später eingesehen und deshalb in der zweiten Hälfte des Werkes auf die Identifikation des Celsus mit einem Epikureer verzichtet. Da Frede dieser Identifikation keinen Sinn abgewinnt, kann er die Frage, warum Origenes Celsus als einen Epikureer anspricht, nicht anders als durch einen Fehler beantworten.[140] Die Frage, ob Celsus ein Epikureer war, ist von der Frage zu unterscheiden, warum Origenes ihn als einen Epikureer bezeichnet. Von einem Fehler kann man nur dann sprechen, wenn die Identifikation des Celsus mit einem Epikureer im Text des Origenes keine Funktion hat, die diese Identifikation erklärt. Im folgenden soll eine Funktion dieser Identifikation vorgestellt und damit eine andere Interpretation aufgezeigt werden.

Für den modernen Interpreten[141] ist es möglich, nach den Fragmenten, die Origenes überliefert, Celsus als einen Platoniker zu bestimmen, und es ist nicht davon auszugehen, daß Celsus der Schule der Epikureer angehörte. Auch ein Theologe wie Origenes kann sich irren, aber bei der Schulzugehörigkeit eines Platonikers? Origenes, von dem berichtet wird, daß er seine Schüler ermahnte, sich umfassendes philosophisches Wissen zu erarbeiten, und der den vollständigen Text des Celsus lesen konnte, soll den Platoniker nicht erkannt haben[142] und in der

---

des Origenes gelesen. „Epikureer" wurde in der Tat als Schimpfwort verwendet (siehe Anm.140), die Frage ist, in welchem Zusammenhang, warum es zu Celsus paßt, wenn es bei Origenes noch nicht völlig abgeschliffen ist, und wie es zum Argument werden kann.

[139] Ebenso Th. Keim, a.a.O.277f.

[140] M. FREDE (Celsus philosophus Platonicus, a.a.O.S.5191) schreibt: „... at least from book V onwards Origen seems to find this assumption so dubious that his last reference to Celsus' supposed Epicureanism occurs in V,3. Already at IV,54 Origen had considered the possibility that Celsus may have been a convert from Epicureanism or perhaps even just a namesake of the Epicurean. Thus it is clear that Origen is not using the term ‚Epicurean' just as a way to discredit and to malign Celsus." Frede wendet sich damit gegen eine Interpretation wie die von R.P. JUNGKUNTZ (a.a.O.). Jungkuntz spricht von einem latenten Epikureismus, den Origenes in dem Werk des Celsus auftut. Er vergleicht diesen mit der innerchristlichen Polemik und kommt am Ende seines Aufsatzes auf Celsus zurück: „Dean Inge (Proceedings of the British Academy 32, 125) was surely not far from the truth when he observed, apropos of Origen's denigration of Celsus, ‚Epicurean' was then a term of abuse, like Fascist or Bolshevik now'. The evidence demonstrates clearly enough that in certain contexts at least 'Epicureanism' had acquired the force of a *Schimpfwort* and that in theological controversy especially it served as a convenient label of disparagement to pin on any sort of opponent whatsoever." (a.a.O.S.10). Das hebräische *apikoros*, das in der Mischna die Verbindung zur epikureischen Philosophie vollständig verliert, verdeutlicht sehr schön den Weg des Ausdrucks „Epikureer" zu einem bloßen Schimpfwort. Siehe EJ 3 (1971), Sp.177; 8, Sp.359; 13, Sp.423.

[141] Zur Geschichte der Celsusinterpretation siehe S.-P. BERGJAN, Celsus the Epicurean? The interpretation of an argument in Origen, Contra Celsum, in: HThR 94 (2001), S.179f (179-204).

[142] Vgl. C.Cels. 4,83,S.354.11, Origenes schreibt über Celsus: καὶ γὰρ ἐν πολλοῖς Πλατωνίζειν θέλει.

ersten Hälfte des Werkes beharrlich seinen Fehler wiederholen, um ihn dann still-schweigend zu begraben?

Gegen diese Interpretation spricht erstens, daß Origenes Celsus in den ersten vier Büchern mehrfach als Platoniker anspricht. In Contra Celsum 1,19 erwähnt Origenes, daß Celsus sich auf die platonischen Dialoge bezieht;[143] in 1,32 spricht Origenes ausdrücklich Griechen und insbesondere Celsus als solche an, die sich unabhängig davon, ob sie den Text verstehen, mit Platon-Zitaten umgeben;[144] und in 3,63 schreibt Origenes, daß Celsus an dieser Stelle Platon nicht kennt[145], wobei Origenes impliziert, daß Celsus Grund hätte, Platon zu kennen, oder dieses von sich beansprucht.

Zweitens spricht gegen die skizzierte Interpretation, daß der Epikureer-Hin-weis schon im ersten Buch im Zusammenhang mit dem Begriff Pronoia steht und daß auf dem Hintergrund der Diskussion um den Begriff Pronoia die Identifika-tion des Celsus mit einem Epikureer durchaus sinnvoll und verständlich war und gerade Origenes in seiner Argumentation – nicht Celsus, wie Frede schreibt[146] – mit Attikos verglichen werden kann. In Contra Celsum 1,8 schreibt Origenes, daß Celsus offen zum Epikureismus stehen sollte, daß es Celsus aber als Epikureer an Glaubwürdigkeit gegenüber denen fehle, die den Begriff „Pronoia vorbringen und Gott über das Seiende stellen".[147] Die gleiche Formulierung findet sich in 1,13. Dort heißt es, daß Epikureer es für Aberglauben halten, den Begriff „Pronoia vor-zubringen und Gott über das Seiende zu stellen".[148] Epikureer ist Celsus für Ori-genes, weil er epikureisiert (Ἐπικουρίζων),[149] weil er eine Lehre vertritt, die der epikureischen gleichkommt.[150] In Contra Celsum 6,26 schreibt Origenes, daß es denen, die die Lehren Platons studieren, nicht zukommt, Epikur und seine gottlo-sen Lehren zu verteidigen.[151] In die Nähe von Epikur rückt auch bei Origenes ein Platoniker durch die Vermittlung der Aristoteliker, und ein Leser von Contra Cel-

---

[143]Contra Celsum 1,19,S.70.30-71.1.
[144]Contra Celsum 1,32,S.84.13f, vgl. 4,62,S.333.26-29, außerdem 1,17,S.69.18-22; 1,40,S.91.16-20.
[145]Contra Celsum 3,63,S.257.4f.
[146]A.a.O.S.5192.
[147]C.Cels. 1,8,S.61.4-6.
[148]Contra Celsum 1,13,S.66.7f.
[149]C.Cels. 4,75,S.344.17.
[150]Vgl. princ.2,1,4,S.110.11-16. In diesem Text geht es um den Begriff der ungewordenen Materie. Origenes setzt den Begriff der ungewordenen Materie gleich mit der epikureischen Leugnung von Schöpfung und Pronoia. Origenes verzichtet auf den ausdrücklichen Hinweis auf Epikur, die Identifikation ist aber durch die Wortwahl hinreichend deutlich. Zur Frage der ungewor-denen Materie vgl. c.Cels. 6,52,S.123.3-6.
[151]C.Cels. 6,26,S.96.24-26: ... οὐ καθῆκει τοῖς τὰ Πλάτωνος φιλοσοφοῦσιν ἀπολογεῖσθαι περὶ Ἐπικούρου καὶ τῶν ἀσεβῶν αὐτοῦ δογμάτων ...

sum kann die Andeutungen von Origenes am Anfang des ersten Buches erst verstehen, wenn er die Details der Schulpolemik, die später folgen, mitliest.

Origenes berichtet, daß sowohl Epikur als auch Aristoteles die Pronoia verwerfen, und fügt hinzu, daß Aristoteles sich weniger gottlos gegen die Pronoia Gottes als Epikur verhalte. Origenes schreibt in Contra Celsum 3,75 wie in ähnlicher Weise Attikos[152] den Peripatetikern zu, daß sie „die Pronoia für uns leugnen und das Verhältnis des Göttlichen zu den Menschen".[153] Obwohl mit diesem Satz die Kritik an Celsus sehr genau bezeichnet ist, macht Origenes aus Celsus keinen Peripatetiker, sondern einen Epikureer, und dies ist, wie sich mit Epiktet, Attikos und Alexander von Aphrodisias belegen läßt, Bestandteil der Argumentation.[154] Es ist aber nur deshalb angemessen, in dieser Weise gegenüber Celsus zu argumentieren, weil Origenes zumindest in dieser Frage in Celsus einen zum Aristotelismus offenen Platoniker sieht.

Und drittens steht der Annahme, daß Origenes lediglich zu einer falschen Schulzuweisung kommt, die er dann mehr und mehr zurücknimmt und schließlich aufgibt, entgegen, daß Origenes' Bemerkungen zu Celsus als Epikureer auf der historisch-faktischen Ebene von Anfang an vage sind. Origenes stellt die Frage, ob es sich möglicherweise bei dem Autor des „wahren Wortes" um einen Epikureer handelt, er zeichnet einen Hintergrund und fordert den Leser auf, die Lehren in den Aussagen des Celsus wiederzuerkennen. Die Frage ist, welche Art von Argumentation Origenes hier entwickelt.

Geht man die Epikureer-Hinweise in Contra Celsum einzeln durch, ergibt sich folgendes Bild. Origenes spricht in 2,60 von Celsus als einem Epikureer,[155] um dieses sogleich zurückzunehmen, wenn es heißt, daß er sich zu seinen Ansichten bekennen solle (3,35),[156] oder Origenes sich von Celsus abgrenzt, insbesondere für den Fall, daß nachgewiesen werden sollte, daß Celsus ein Epikureer ist (3,49).[157] Die Hinweise wiederholen sich. Noch ist nicht nachgewiesen, daß Celsus ein Epikureer ist. Es bleibt bei den vagen Äußerungen, er möge einräumen, daß er ein Epikureer ist (3,80),[158] was er aber nicht tut; der Epikureer Celsus gebe nur vor, den Begriff Pronoia zu kennen (4,4),[159] er benutzt ihn aber; Origenes spricht von dem Epikureer Celsus mit der Einschränkung, wenn er mit dem, der zwei Bücher

---

[152]Fr. 3,71f.
[153]C.Cels. 3,75,S.266.26-28.
[154]Siehe oben S.236-238.
[155]C.Cels. 2,60,S.181.28f.
[156]C.Cels. 3,35.S.231.19.
[157]C.Cels. 3,49,S.246.5f.
[158]C.Cels. 3,80,S.271.2f.
[159]C.Cels. 4,4,S.277.3-5.

gegen die Christen verfaßt hat, identisch ist (4,36),[160] aber auch dies bleibt offen. Aber vielleicht war er auch nicht der Verfasser dieser Bücher, und warum sollte dieser Celsus ein Epikureer sein? Origenes drängt in Contra Celsum 4,54 diese Fragen dem Leser geradezu auf und spricht die Einwände aus, die in der Forschung bis heute wiederholt werden:

> „Auf ... laßt uns den widerlegen, der sich seine Ansichten als Epikureer nicht anmerken läßt oder, wie man sagen könnte, der sich später besseren Lehren zugewendet hat oder, wie man auch sagen könnte, der den gleichen Namen mit dem Epikureer hat."[161]

Es könnte sein, daß Celsus ein Epikureer ist, es könnte auch sein, daß er früher ein Epikureer war und später nicht mehr, und es könnte schließlich auch sein, daß er nie ein Epikureer war und nur ein Namensvetter dieses Epikureer ist, so lautet die Annahme, von der Origenes bis 4,54 ausgegangen ist, und zwei Einwände, die gegen diese Annahme sprechen.

Origenes führt Celsus in 1,8 mit einer historischen Notiz als Epikureer ein und nimmt diese historische Notiz in 4,54 zurück. Damit endet aber nicht das Epikureer-Argument, das erst in 5,3 zum Abschluß kommt. Die Argumentation, die in Contra Celsum 3,59 einsetzt, zielt am Ende des vierten Buches auf das Zitat von Celsus in 4,99, in dem dieser behauptet, daß Gottes Pronoia sich primär auf den Gesamtzusammenhang beziehe und die Individuen nur nebenbei betreffe. Am Ende des vierten Buches wird deutlich, daß die Identifikation des Celsus in einem sachlichen Zusammenhang steht, in dem Origenes versucht, Celsus zu erfassen und seiner Kritik entgegen zu halten, daß sie auf einem falschen Verständnis der Pronoia Gottes beruht. In diesem Zusammenhang kommt Origenes noch einmal auf das Thema zurück, bevor er bzw. Celsus das Thema wechseln. In 5,3 heißt es:

> „Sieh' nun, daß dem, der unsere Lehre beseitigen will und in der ganzen Schrift nicht zugibt, ein Epikureer zu sein, nachgewiesen wird, daß er zu Epikur überläuft. Es ist Zeit, wenn du die Bücher des Celsus liest und dem dort Vorliegenden zustimmst, entweder aufzugeben, daß der Gott im Lande wohnt, der für jeden einzelnen sorgt, oder aber, wenn du solchem zustimmst, festzuhalten, daß die Rede des Celsus täuscht."[162]

Überblickt man die Argumentation, ist auch die Bedeutung der historischen Notizen zu verstehen. Origenes leuchtet mit dem historischen Hinweis den Bereich des

---

[160]C.Cels. 4,36,S.307.16-18.
[161]C.Cels. 4,54,S.326.27-30: φέρε ... ἐλέγχοντες τὸν ἤτοι μὴ προσποιούμενον τὴν ἑαυτοῦ Ἐπικούρειον γνώμην ἤ, ὡς ἂν εἴποι ἄν τις, ὕστερον μεταθέμενον ἐπὶ τὰ βελτίω ἢ καί, ὡς ἂν <ἄλλος τις> λέγοι, τὸν ὁμώνυμον τῷ Ἐπικουρείῳ.
[162]C.Cels. 5,3,S.3.21-26: "Ὅρα δὴ ὅτι βουλόμενος τὰ ἡμέτερα ἀνελεῖν ὁ μὴ ὁμολογήσας δι' ὅλου τοῦ συγγράμματος Ἐπικούρειος εἶναι πρὸς τὸν Ἐπίκουρον αὐτομολῶν ἐλέγχεται. ὥρα δή σοι τῷ ἐντυγχάνοντι τοῖς Κέλσου λόγοις καὶ συγκατατιθεμένῳ τοῖς προκειμένοις ἤτοι ἀναιρεῖν τὸ θεὸν ἐπιδημεῖν, προνοούμενον ἀνθρώπων τῶν καθ' ἕνα, ἢ τιθέντι τὸ τοιοῦτον ψευδοποιεῖν τὸν Κέλσου λόγον.

Möglichen aus, er verwendet die historischen Anspielungen, solange er die Identi-fikation des Celsus mit einem Epikureer im Bereich des Möglichen und Wahr-scheinlichen beläßt. Origenes löst das Wahrscheinliche, das seiner Annahme bis dahin zugrunde lag, auf, indem er die Möglichkeit einer Verwechselung erwägt und bezieht sich im folgenden nicht mehr auf diese Wahrscheinlichkeit. Er kann aber das Wahrscheinliche unwahrscheinlich werden lassen, weil im vierten Buch ein Argumentationsgang beginnt, in dem Origenes jetzt nachweist, daß Celsus ein Epikureer ist. Es könnte nicht nur sein, sondern Celsus ist ein Epikureer. Origenes wechselt den Modus, er betont und zerdehnt die Möglichkeitsform und stellt in die Leere, die das nur noch Mögliche zurückläßt, seine Argumentation. Die histori-schen Anspielungen, die das Wahrscheinliche in dem Satz, daß es sein könnte, belegen, führen hin auf die Argumentation, die jetzt aber nicht das Faktische histo-rischer Anspielungen rekonstruiert.

Dies bedeutet, daß die genannten historischen Notizen keine Informationen über die Person des Celsus vermitteln, mit dem Origenes sich auseinandersetzt.[163] Sie sind vielmehr ein anschauliches Beispiel dafür, wie Origenes mit dem historisch Faktischen verfährt. Dies bedeutet zweitens, daß Origenes bereits, als er 1,8 schreibt, einen erheblichen Teil der Argumentation überblickt und einen Span-nungsbogen plante, der in der Durchführung von 1,8 bis 5,3 reicht.

Nicht das Wissen von einem Epikureer namens Celsus macht für Origenes Celsus zum Epikureer, sondern dessen Standpunkt in der Auseinandersetzung um die individuelle Pronoia Gottes. Die Identifikation des Celsus mit einem Epikureer ist nicht einfach ein Mißgeschick des Origenes, sondern Teil einer Argumentation. Origenes ist nicht Opfer von historischen Nachrichten, sondern benutzt sie. In der Auseinandersetzung um die Beziehung Gottes auf die Welt, die Menschen und die einzelnen war die Identifikation des Gegners mit einem Epikureer verständlich. Diese Identifikation nimmt eine Bewertung der aristotelischen Tendenzen in der Philosophie des Celsus vor.[164] Zugleich versucht Origenes, den Platoniker Celsus,

---

[163] Zu dem gleichen Ergebnis kommt FREDE, a.a.O.

[164] Gegen DÖRRIE läßt sich also Origenes' Argumentation C.Cels. als Zeugnis dafür lesen, daß Origenes und ein Platoniker wie Celsus sich nicht nur sehr wohl verstehen konnten, sondern Origenes eine der Diskussion angemessene Antwort konzipierte. Dies wird aber nur dann sichtbar, wenn man der Argumentation des Origenes nachgeht. Dörries nimmt z.B. folgende Bewertungen vor: „daß Origenes meist gar nicht zur Sache ... spricht, zeugt nicht eben von tiefem Verständnis des Kirchenlehrers" (Die platonische Theologie des Celsus, a.a.O.S.32) und „In der Schrift wider Celsus erscheint Origenes nicht als Platoniker, sondern als entschiedener Gegner eines Platonikers. Und die Ablehnung dieses Platonikers geschieht nicht von einer Diskussionsgrundlage aus, welche dem Platoniker gerecht würde." (a.a.O.S.49). Sie sind Resultat einer Untersuchung zu einigen Fragmenten des Celsus im siebten Buch Contra Celsum, in der man die Frage nach dem Argumentationsgang des Origenes völlig vermißt. Die Beobachtungen zu den ersten vier Büchern zeigen, daß man mit einem solchen Vorgehen die Kompetenz des Origenes nur unterschätzen kann.

der, wie Origenes in 1,8, formuliert, davon überzeugt ist, daß es etwas Höheres, auf Gott Bezogenes im Menschen gibt, von einem Selbstwiderspruch zu erfassen.

Folgt man der Argumentation des Celsus, so muß man auf den Begriff Pronoia in der Form, daß Gott für jeden einzelnen Menschen sorgt, verzichten. Geht man aber von diesem Begriff der Pronoia aus, stößt man, so Origenes, auf die Täuschung, die darin besteht, daß Celsus von Pronoia spricht (und nicht zugibt, ein Epikureer zu sein), aber diesen, von Origenes beschriebenen, Begriff Pronoia nicht meint. Leugnet man aber mit den Epikureern den Begriff Pronoia gänzlich, sind die Aussagen des Celsus über Götter und Pronoia wenig überzeugend. Diese Sätze enthalten eine Zusammenfassung und erklären die Identifikation des Celsus mit einem Epikureer, die Origenes bis 5,3 wiederholt vorgenommen hat. Die Ausführungen des Celsus führen nicht dahin, von Gott zu sprechen, der für die einzelnen Menschen sorgt, und weil Celsus die individuelle Pronoia nicht kennt, spricht er zwar von Pronoia, gleicht aber dennoch einem Epikureer. Epikureer leugnen nach Origenes den Begriff Pronoia gänzlich und erklären, daß die Welt ohne den Schöpfer und dessen Pronoia bestehen kann. Anders Celsus, er leugnet nicht die Pronoia, sondern die individuelle Pronoia, aber genau dieses macht ihn zum Epikureer und erlaubt dem Kritiker bei der Lektüre seiner Bücher den epikureischen Hintergrund mitzulesen.[165]

---

[165]Von einem Leser des vierten Buches wird erwartet, daß er die Einordnung des Celsus als Epikureer mit den historischen Anspielungen für wahrscheinlich hält, daß er den Gegensatz zwischen individueller und universaler Pronoia kennt, daß er der Charakterisierung der Peripatetiker durch Origenes zustimmt und daß er die Bezeichnung des Gegners als Epikureer in der philosophischen Debatte nachvollziehen kann. Es ist vorgeschlagen worden, daß Origenes sich in Contra Celsum an Christen wendet und ihnen eine Argumentationshilfe für die Auseinandersetzung mit einem Gegner wie Celsus gibt. Es müßte sich um eine Argumentationshilfe für diejenigen handeln, die sich auf eine Diskussion mit Philosophen oder philosophisch Gebildeten einlassen. Brauchen sie eine „Argumentationshilfe" und bietet sich Contra Celsum zur Nachahmung an? Der Vorschlag ist schwierig und bedeutet, daß die Argumentation ganz von dem nicht-christlichen Adressaten her konstruiert ist und von dessen Voraussetzungen her aufgebaut ist, in dem Text aber dennoch der christliche Leser sichtbar wird. Wen wollte Origenes überzeugen? Einen Philosophen wie Celsus oder einen Christen wie Ambrosius? Das vierte Buch Contra Celsum setzt bei seinen Lesern philosophische Bildung voraus. Mit der Bezeichnung des Platonikers Celsus als Epikureer und dem Verweis auf eine Diskussion, in der diese Bezeichnung ihren Ort hat, ordnet Origenes seinen Widerspruch in eine philosophische Debatte ein. Dies konnte Christen, aber auch Philosophen überzeugen. Anhaltspunkte für einen christlichen Leser sind in diesem Zusammenhang schwer zu benennen. Nach CHR. REEMTS (a.a.O.S.38-43) schreibt Origenes Contra Celsum für Christen. Sie wendet zwar die Argumentationsanalyse Kopperschmidts auf Contra Celsum an, entwickelt aber ihre Antwort nicht aus den Beobachtungen zur Argumentation des Origenes, sondern setzt sie zusammen mit den grundsätzlichen Beobachtungen zur Rhetorik des Origenes voraus. Gerade in der Adressatenfrage sind die Voraussetzungen der Argumentation zu beachten. Wahrscheinlichkeit und Plausibilität gibt es nicht an sich, sondern nur bezogen auf die Leser. Reemts schreibt: „Für eine genauere Untersuchung der Frage nach dem Adressaten muß unterschieden werden zwischen der Frage, worauf ein Argument antwortet und der Frage, an wen es sich

Es handelt sich um einen weiteren Beleg dafür, daß man in der Diskussion um die persönliche Fürsorge Gottes den Gegner mit einem Epikureer vergleicht. Soweit das Muster, das in 5,3 deutlich erkennbar ist und das Origenes benutzt. Die Frage stellt sich, inwieweit Origenes den Erwartungen der von ihm aufgestellten Alternative entspricht und nun in der Argumentation die Gegenseite einnimmt und sich folglich für die persönliche Fürsorge Gottes einsetzt. Entgegen den Erwartungen übernimmt Origenes, abgesehen dem oben zitierten Satz in 5,3, die Gegenposition zu Celsus nicht ein.

Der Leser des vierten Buches Contra Celsum gewinnt den Eindruck von einem klaren Gegensatz. Allerdings handelt es sich um einen bezeichnend anderen Gegensatz und nicht um die gegensätzlichen Stellungnahmen für und wider die Fürsorge Gottes für den einzelnen. Origenes verteidigt die Überzeugung, daß Gott die Welt um der Menschen willen geschaffen habe, und Celsus bestreitet dies. Origenes vergleicht Gottes Sorge für die Menschen mit der Aufgabe derer, die sich in den Städten um den Markt und die Waren kümmern und die selbstverständlich den Markt für die Menschen organisieren und nicht für die Hunde, für die dennoch etwas übrigbleibt.[166] Celsus will nicht die Gesetze dieses Marktes aufheben. Er führt den Anthropozentrismus seiner christlichen Gegner ad absurdum, sein Interesse aber besteht nicht darin, die Vorrangstellung des Menschen in der Schöpfung zu erschüttern und die übrige Kreatur in eine angemessenere Perspektive zu stellen. Seine Kritik zielt nicht darauf, daß die Menschen die göttliche Fürsorge mit den Tieren teilen müssen. Bei Celsus gibt es diesen Markt nicht. Wenn es ihn aber gäbe, dann dürften Menschen und Tiere mit gleichem Recht die Erwartung haben, daß jemand für sie einen Gemüsestand aufbaut.

Celsus kritisiert den Anthropozentrismus unter den Voraussetzungen seiner Gegner, die mit der Fraglichkeit menschlicher Vorrangstellung zugleich fraglich werden. Die Überzeugung von der Vorrangstellung des Menschen ist unlösbar verbunden mit der Vorstellung einer besonderen Pronoia Gottes für die Menschen. Celsus kritisiert nicht die Vorrangstellung des Menschen, um die Pronoia, die besonders den Menschen gilt,[167] auf die Tiere auszudehnen, – „nicht für den Menschen ist das All gemacht, wie es auch nicht für den Löwen, den Adler oder

---

richtet. Die Gruppe der Nichtchristen ist Adressat in dem Sinne, daß das Werk *Cels.* auf ihre Einwände gegen den christlichen Glauben antwortet ... Dennoch erscheint es mir fraglich, ob Origenes tatsächlich damit rechnete, daß Nichtchristen mit einer ähnlichen Weltanschauung, wie Celsus selbst sie hatte, seine Schrift in die Hände bekämen. Dazu ist die Schrift *Cels.* zu wenig werbend." (a.a.O.S.40). An dieser Stelle führt sie die Diskussion trotz ihrer auf die Rhetorik des Origenes bezogenen Fragestellung nicht weiter.
[166]C.Cels. 4,74,S.344.5-10.
[167]Vgl. Origenes in c.Cels. 4,79,S.349.21-25.

den Delphin gemacht ist."[168] – sondern zeigt, daß die Überzeugung von der Vorrangstellung des Menschen unbegründet ist und daß dieser Einsicht ein anderer Begriff von Pronoia entspricht.

Origenes setzt sich über weite Teile des vierten Buches mit Celsus' Angriff auf die Vorrangstellung des Menschen auseinander und widmet dem Begriff Pronoia lediglich das letzte Kapitel des Buches. Ist für Origenes die Differenz zu Celsus in dieser Frage so viel signifikanter als die Abgrenzung in der Frage des Begriffs Pronoia? Celsus greift den Anthropozentrismus der Christen an, weil sie Gott, der alles gemacht hat, und das All in der falschen Perspektive wahrnehmen. Nicht die Menschen und ebensowenig die Tiere seien die angemessene Perspektive der Betrachtung, sondern die Welt als ganze. Die Welt sei nicht wegen der Menschen und der Tiere da, sondern sie sei als ganze ein Werk und um dieses Werkes willen sind die Einzeldinge abgemessen. Gott sorge für das Ganze und seine Pronoia gebe dieses Werk nicht auf.[169] Es ist die Betrachtungsweise des Künstlers, der in seiner Arbeit das Gesamtkunstwerk im Blick hat, hier und da verbessert, bis er sein Bestes erreicht hat, und die Perspektive des Zuschauers auf dieses Werk, die Celsus empfiehlt. Die Metapher konnte auch anders verwendet werden, wie Nemesios von Emesa zeigt, der sich mit dieser Form der Argumentation auseinandersetzt. Es geht um die Frage nach dem Verhältnis des Ganzen zu seinen Teilen.

Nemesios weist darauf hin, daß ein Künstler und Meister, welcher Richtung auch immer, und insbesondere ein Arzt Sorgfalt üben in bezug auf die Dinge im allgemeinen und für das Ganze, aber kein Detail, auch nicht das kleinste, unbehandelt lassen, da sie wissen, daß der Teil zum Ganzen beiträgt.[170] Die Metapher vom Künstler enthält nach Nemesios gerade keine Perspektive, die im Gegensatz zu dem Blick auf die Einzeldinge steht, sondern macht deutlich, daß Teil und Ganzes sich gegenseitig bedingen.[171] Wichtig ist, daß Nemesios sich hierin von bestimmten Philosophen abgrenzt. Es handelt sich um Peripatetiker, wobei Nemesios zwei Positionen unterscheidet, nämlich die, welche der Natur[172] und dem Geist die Pronoia über die Einzeldinge zuschreiben, und andere, die behaupten, daß Gott für den Bestand des Seienden sorge,[173] die Einzeldinge aber zufällig exi-

---

[168]C.Cels. 4,99,S.372.10-12: οὔκουν ἀνθρώπῳ πεποίηται τὰ πάντα, ὥσπερ οὐδὲ λέοντι οὐδὲ ἀετῷ οὐδὲ δελφῖνι ...

[169]C.Cels. 4,99,S.372.10-16.

[170]Nat.hom. 43,S.131.19-23.

[171]Vgl. Platon, leg. 902d-903c und das Künstlerbild bei Philon, somn.2,16. Philon ordnet das Detail als Teil des Ganzen dem Ganzen unter und zeigt an dem Vergleich mit dem Künstler, der sich um das einzelne nur bemüht, um das Kunstwerk zu schaffen, daß das Verhältnis von Teil und Ganzen nicht umgekehrt werden darf.

[172]Vgl. Attikos, fr. 3.69-71, 81-85.

[173]Vgl. Alexander von Aphrodisias, quaest. 2,19,S.63.15-18; 1,25,S.41.13,16f; prov. S.34.1-6.

stierten.[174] Letzteres nimmt Nemesios wenig später wieder auf, wenn er sich gegen die richtet, nach denen die Einzeldinge ohne Pronoia existieren und nur das Allgemeine und die Gattungen Pronoia erfahren.[175] Nemesios ist genauer als Justin und Clemens von Alexandrien in der Beschreibung seines Gegenübers, in der man die von Alexander von Aphrodisias vertretene Position wiedererkennen kann, aber auch in der Darstellung seiner eigenen Argumentation. Er nennt nicht nur Gegensätze, sondern zeigt, daß eine auf das Allgemeine beschränkte Fürsorge nicht möglich ist. Einzeldinge und Allgemeines seien notwendig miteinander verbunden und aufeinander bezogen. Mit den Einzeldingen gehe auch das Allgemeine unter. Wenn nichts die Atome hindere unterzugehen, habe auch das Allgemeine keinen Bestand. Auch wenn man sagt, daß Gott nur dafür sorge, daß nicht alle Einzelwesen sterben, um die Art zu retten, impliziere diese Aussage eine Sorge für Einzelwesen.[176] In diesen Zusammenhang gehört der erwähnte Vergleich mit dem Künstler. Nemesios stellt denen entgegen, welche die individuelle Pronoia bestreiten, daß sie die Probleme, die sie mit der Einschränkung des Begriffs beanspruchen zu lösen, nicht lösen und dem Gedanken einer individuellen Pronoia nicht entgehen.

Der Vergleich mit Nemesios macht deutlich, daß die Aussage des Celsus eine Antwort auf das Verhältnis von Gesamtzusammenhang und Einzelexistenz forderte. Wie antwortet Origenes? Er kann Einzelexistenz und Gesamtzusammenhang nicht in einen Gegensatz stellen.[177] Der Gedanke der Kohärenz bestimmt Inhalt und Form seiner Theologie auf unterschiedlichen Ebenen. Die Gesamtperspektive des geordneten Ganzen, Kohärenz und Einheit der von Gott eingerichteten Welt sind für Origenes grundlegende Gesichtspunkte. Wenn Origenes von Einzelexistenz spricht, ist für ihn der Hinweis auf das Ineinandergreifen von Einzelexistenz und Gesamtperspektive unentbehrlich. Und nur dieses Ineinandergreifen ermöglicht Origenes die Antwort in der Frage nach dem Gebet.[178] Der Beter verhandelt nicht mit Gott um Wohltaten.[179] Stehen sich Celsus und Origenes also in der Bezogenheit theologischer Aussagen auf den Gesamtzusammenhang der

---

[174]Nat.hom. 43,S.128.12-15.

[175]Nat.hom. 43,S.130.6f.

[176]Nat.hom. 43,S.130.12-22.

[177]Origenes vermittelt hier zwischen zwei Positionen. Ein solches Beispiel ist möglicherweise nicht unwichtig zur Beschreibung von Origenes' philosophischer Haltung. Erinnert sei an Hierokles, der in dem bei Photios überlieferten Fragment Ammonios, den Lehrer von Origenes und Plotin, dafür lobt, daß er den Konsens zwischen Platon und Aristoteles herstellte (bibl.214,172a 4-9, vgl. 251,461a 24-39). Wie diese Vermittlung aussah, bleibt offen, aber auch Hierokles geht im Anschluß auf den Begriff Pronoia ein. Zur Diskussion siehe oben S.206-211.

[178]Vgl. or. 10,1.

[179]Or. 5,5.

Welt gar nicht so fern? Origenes stimmt der Aussage des Celsus ausdrücklich zu, daß die Welt mit all dem, aus dem sie besteht, ein vollkommenes ganzes Werk Gottes sei.[180] Worin besteht die Differenz zu Celsus?[181]

Auch für Origenes ist der Gesamtzusammenhang die entscheidende theologische Perspektive.[182] Die Frage aber ist, wie Origenes von diesem Gesamtzusammenhang spricht. Für Origenes – und hierin liegt die entscheidende Differenz zu Celsus – wird der Gesamtzusammenhang erst durch die der Ordnung inhärente Gerechtigkeit zu einem Sinnzusammenhang. Origenes betont den distributiven Charakter des Begriffs Pronoia. Die Verwaltung der Welt und die Gerechtigkeit Gottes gegenüber dem einzelnen greifen bei Origenes ineinander. Die Konzeption ist im vierten Buch Contra Celsum und in De principiis die gleiche.[183] Origenes zitiert in beiden Texten 2 Tim 2,20f.[184] In De principiis ist der richterliche Zusammenhang, in dem Origenes diese Verse zitiert, deutlich angezeigt. Der Platz in dem Haus als goldenes oder irdenes Geschirr ist Resultat einer von den Vernunftwesen zu verantwortenden Geschichte und setzt in De principiis den richterlichen Spruch Gottes bereits voraus.[185] Der Platz im Haus ist gleichzeitig die Einordnung in ein kohärentes Gefüge.[186] Den zweiten Teil der Aussage teilt Origenes mit Celsus. Nach Celsus verändert sich das Böse nicht und wird nicht mehr oder weniger, da die Natur des Alls ein und dieselbe bleibt.[187] Origenes referiert diese Position damit, daß die Pronoia für das Gleichgewicht der Elemente sorge und verhindere, daß eines von ihnen überhand nehme, und gleichsam über dem Bösen wache, damit es nicht mehr oder weniger werde.[188]

Auch nach Origenes fügt sich Unterschiedliches in ein Gesamtbild, aber die Harmonie des Ganzen erfordert nicht die stabile, immer gleiche Ausgewogenheit von Gut und Böse. Die Plätze in dem Haus gehorchen nach Origenes nicht dem

---

[180]C.Cels. 4,99,S.373.6-8.
[181]Seit der Arbeit von A. Miura-Stange (Celsus und Origenes. Das Gemeinsame ihrer Weltanschauung nach den acht Büchern des Origenes gegen Celsus. Eine Studie zur Religions- und Geistesgeschichte des 2. und 3.Jh. [BZNW 4], Gießen 1928) wird, wie sie im Titel zusammenfaßt, die Ähnlichkeit in den Äußerungen des Origenes und Celsus diskutiert. Miura-Stange schickt ihrer Arbeit die Interpretation voraus: „Die Elastizität des O., seine außerordentliche Anpassungsfähigkeit in den Vorstellungen und im Ausdruck ist bewundernswert ... Man hat also zu wählen unter den Widerlegungen des O. und darf sie nicht als für seine Anschauung einander gleichwertig behandeln" (S.25f).
[182]C.Cels. 4,69,S.339.13-16.
[183]Allerdings mit deutlichen Unterschieden im Detail, siehe die Verwendung der Metapher von Gott als Bauer in der Auslegung von Mt 13,5f in princ. 3,1,14 mit c.Cels. 4,69,S.399-10-16.
[184]Princ. 2,9,6; 2,9,8; 3,1,21; 3,1,23; c.Cels. 4,70,S.340.8-12.
[185]Siehe besonders princ. 2,9,8.
[186]Siehe princ. 2,9,6.
[187]C.Cels. 4,62,S.333.21-23.
[188]C.Cels. 4,63,S.334.9-14.

Gesetz der Stabilität, sondern sind verdient. Nach Celsus findet auch ein Verbrecher seinen Platz und kann an seinem Platz womöglich der Gemeinschaft nützlich sein. Origenes stimmt dieser Aussage zu, allerdings mit der Korrektur, daß diese Einbindung, in der ein Übel einen Nutzen haben kann, nicht das Verbrechen legitimiert und nicht verhindert, das Verbrechen als solches zu benennen. Origenes und Celsus sprechen über die Gestaltung der Welt. Origenes fragt nach einer bestimmten Qualität dieser Gestaltung. Pronoia bedeutet für Origenes nicht die Erhaltung eines bestimmten Status quo, sondern die Gestaltung des gerechten Richters. Die Schöpfung ist für Origenes daher offen für Veränderung und für einen Prozeß, der in der Absicht Gottes liegt. Gegen Alexander von Aphrodisias ist die Ordnung der Welt nach Origenes kein Nebenprodukt, keine unbeabsichtigte Wirkung Gottes. Gegen Celsus muß Origenes betonen, daß die Ordnung, die er meint, auf Gerechtigkeit hinzielt, und daher wiederum gegen Celsus nachdrücklich die Rolle der Vernunftwesen hervorheben.[189] Die Argumentation ist im vierten Buch Contra Celsum weniger klar als in De Principiis, weil Origenes sich in Contra Celsum nicht zu dem Rahmen äußert, in dem sich Ordnung seit ewigen Zeiten konstituiert. Im 4. Buch Contra Celsum verteidigt Origenes den Glauben an das kommende Gericht[190] und kann daher nicht erklären kann, warum die unterschiedlichen Plätze eingenommen werden. 2 Tim 2,20f soll Belohnung und Bestrafung illustrieren,[191] der Zusammenhang, in dem dieses steht, ist aber zurückgenommen.

Nach Origenes stiftet das Ganze nur deshalb Sinn für den Zusammenhang des individuellen Lebens, weil es durch Gerechtigkeit konstituiert ist. In der Verbindung der Begriffe Pronoia und Gerechtigkeit ist Pronoia immer spezifische Fürsorge Gottes. Origenes' Art vom Gesamtzusammenhang zu reden, ist grundsätzlich offen für die individuelle Perspektive. Origenes sieht nicht von dem Gesamtzusammenhang ab, aber Pronoia Gottes bedeutet für ihn nicht die Erhaltung der Art Mensch und der Arten überhaupt, sondern die Integration des einzelnen in den größeren Zusammenhang, ohne daß der einzelne damit in die Passivität versinkt.

Die Auseinandersetzung, die Origenes mit dem Text des Celsus führt, beschränkt sich nicht auf die gegensätzlichen Stellungnahmen zur persönlichen Fürsorge Gottes, aber Origenes gibt ihr diesen Rahmen. Origenes setzt sich nicht mit einem Epikureer auseinander, sondern setzt Celsus eine Maske auf und gibt dem Widerspruch gegen die individuelle Pronoia einen Namen.

---

[189] 4,74; 4,99,S.373.1f,8f.
[190] C.Cels. 4,9,S.280.18-21; 4,53,S.326.13-17.
[191] C.Cels. 4,70,S.340.4-12.

Zusammenfassung

Im zweiten Jahrhundert wurde nicht die Frage diskutiert, ob Gott Pronoia übt, sondern vielmehr die Frage, wie Gottes Pronoia zu verstehen ist. In der Frage göttlicher Pronoia war somit nicht die epikureische Ablehnung des Begriffs Pronoia strittig, sondern der mit Pronoia bezeichnete Bezugsrahmen, der entweder die Individuen einschloß oder aber auf einen allgemeinen Zusammenhang beschränkt wurde. In der Diskussion um die individuelle und universale Pronoia aber hatte der Hinweis auf die epikureische Position eine Funktion zur Bezeichnung des Gegners. Der Platoniker Attikos wendet sich scharf gegen Aristoteliker, die Gottes Pronoia nicht auf den Menschen beziehen, sondern als eine Art Naturordnung verstehen. Attikos bezeichnet die aristotelische Position als Epikureismus. Die Frage nach den anti-epikureischen Äußerungen eröffnet eine Perspektive auf die Gegensätze dieser Diskussion, sie macht zugleich deutlich, daß die Auflistung von fünf typischen Positionen in der Frage göttlicher Pronoia, wie sie bei Epiktet vorliegt, nicht die verschiedenen Beiträge in dieser Diskussion zusammenträgt und nicht die Struktur vorgibt, die antike Diskussion zu beschreiben.

Epiktet beginnt die Auflistung mit der Ablehnung der Existenz der Götter, es folgen diejenigen, die zwar die Existenz der Götter behaupten, sie aber für untätig und gleichgültig halten. Die dritte Gruppe geht zwar von der Existenz und Pronoia der Götter aus, beschränkt sie aber auf den Bereich des Himmlischen. Schließlich stellt eine vierte Gruppe fest, daß auch irdische und menschliche Belange von der Pronoia erreicht werden, bezieht diese Aussage aber nicht auf die Individuen, sondern nur auf den allgemeinen Zusammenhang. Mit der fünften Gruppe und dem Bezug der Pronoia auf die Individuen endet die Liste Epiktets.

Epiktet verzichtet auf eine Zuordnung der genannten Positionen zu den philosophischen Schulen, und es ist nicht möglich, die Positionen mit jeweils nur einer Schule zu identifizieren. Der Aristotelismus wird in der Schulpolemik mit der dritten Gruppe identifiziert, konnte aber auch, wie Alexander von Aphrodisias belegt, zur vierten Gruppe gehören. Der Platoniker Celsus beansprucht die vierte Position ebenso für sich, während der Platoniker Attikos die individuelle Pronoia vertritt wie auch der Stoiker Epiktet selbst. Die Liste Epiktets zielt auf eine Diskussion zwischen den beiden zuletzt genannten Gruppen, also auf eine Kontroverse um die individuelle Pronoia. In dieser Diskussion spielt der Hinweis auf typische Schulpositionen zur Kennzeichnung des jeweiligen Gegners, insbesondere der Vertreter der universalen Pronoia, eine Rolle. Die gegensätzlichen Positionen lassen sich aber nicht auf Schulgegensätze reduzieren und sind komplexer, als die Muster der Polemik es anzeigen.

Während Attikos und Epiktet als Befürworter der individuellen Pronoia zur Sprache kamen, stellt Alexander von Aphrodisias die aristotelische Konzeption der universalen Pronoia dar. Pronoia ist nach Alexander eine Wirkung der geregelten Bewegung der Sterne auf die Erde. Sie bewirkt das geordnete Nacheinander von Entstehen und Vergehen des Vergänglichen und sorgt so für den Erhalt der Art. Diese Sorge ist eine Sorge ohne Nachdenken, eine Wohltat, die sich im Nebenbei ergibt, ohne daß man Gott in der Absicht, einem bestimmten Individuum zu helfen, denken muß. Die Argumente, die Alexander gegen eine falsch verstandene Pronoia vorbringt, entsprechen zu einem erheblichen Teil den Ausführungen des Platonikers Celsus in den von Origenes überlieferten Fragmenten.

Im Zusammenhang mit Attikos, Epiktet und Celsus ist eine Äußerung von Justin (dial. 1,4) zur individuellen Pronoia zu lesen. Justin übernimmt die Abgrenzungen der zeitgenössischen Diskussion, um den Gegensatz zwischen Philosophen und Christen zu beschreiben. Philosophen sind nach Justin diejenigen, die andere zu der Einsicht nötigen, daß „Gott für das All und seine Gattungen und Arten sorge, aber keineswegs für mich und dich und die Einzeldinge", während die Christen im Gebet ihre Überzeugung zum Ausdruck bringen, daß Gott sich um jeden von ihnen kümmere. Justin benutzt nicht, wie zum Teil angenommen wird, verschiedene Versatzstücke, um einen philosophischen Generalisten zu zeichnen, und es ist nicht die Aufgabe, einzelne Elemente auf die verschiedenen Schulpositionen aufzuteilen. Justin schildert eine bestimmte Haltung in der Frage der göttlichen Pronoia als eine Mehrheitsposition und stellt ihr die christliche Affinität zur individuellen Pronoia gegenüber. Ähnlich äußert sich Clemens von Alexandrien, und entsprechend wendet sich auch Celsus in dieser Frage gegen die Christen. In der Debatte um die gegensätzlichen Positionen ist die Zustimmung zur Konzeption der individuellen Pronoia auf Seiten der Theologen erkennbar. Den Sätzen Justins ist aber auch zu entnehmen, daß die Konzeption eines allgemeinen Sinnzusammenhanges bereits um die Mitte des zweiten Jahrhunderts einflußreich war und sich durchzusetzen begann.

Origenes kann sich daher gegenüber Celsus nicht auf denselben Gegensatz zurückziehen wie Justin. Origenes entwickelt den Begriff Pronoia in der Perspektive der von Gott geordneten Welt als eines kohärenten Gefüges. Seine Auseinandersetzung mit Celsus konzentriert sich auf die Frage, wie das von Gott geordnete Gefüge eingerichtet ist. Origenes hebt den dem Begriff Pronoia inhärenten Aspekt der Gerechtigkeit hervor und betont die qualitative Bestimmung des mit Pronoia bezeichneten geordneten Ganzen. Die Kontroverse mit Celsus bezieht sich auf Gottes richterliches Handeln und den Anthropozentrismus der Schöpfungsvorstellung. Obwohl Origenes gegenüber Celsus nicht von der Konzeption der individuellen Pronoia Gottes her argumentiert, benutzt er die in dieser Diskussion entwickelten Gegensätze. Origenes unterscheidet zwischen der epikureischen Ablehnung der Pronoia und der aristotelischen Konzeption, wie sie von Alexander von Aphrodisias her bekannt ist. Daß Origenes dennoch aus Celsus keinen Aristoteliker macht, sondern ihn als einen Epikureer bezeichnet, entspricht dem Muster der Diskussion um die individuelle Pronoia.

§ 5. Die Allgemeinheit der göttlichen Pronoia und die Individualität der Geschichte. Euseb von Caesarea zum Begriff Pronoia in der Praeparatio Evangelica

Euseb von Caesarea kennt die Stromata des Clemens von Alexandrien,[1] er bezieht sich auf Contra Celsum,[2] und, wie seinen summarischen Bemerkungen in der Kirchengeschichte zu entnehmen ist, erfaßt er die apologetische Tradition als eine solche.[3] Euseb konnte verarbeiten und bereits Gedachtes und Gesagtes in seine, jetzt allerdings veränderte Gegenwart stellen. Dennoch hat der Begriff Pronoia in der Praeparatio Evangelica wieder ein anderes theologisches Profil,[4] das allerdings weniger in der Fortführung vorangegangener komplexer Erörterungen liegt, sondern eher in der Reduktion, in der Wiederholung des Unstrittigen und dann in einem kosmischen Staunen vor der Größe der Welt und dem historischen Augenblick.

Es ist oft geschrieben worden, daß Eusebs Geschichtsbewußtsein die theologische Tradition durchformt und die Suche nach den Begriffen, um von Gottes Wirken in der Geschichte zu sprechen, seine Theologie durchzieht.[5] Wenn dies so ist,

---

[1] Euseb zitiert aus den Stromata in PE 9,6,2-4,S.492.17-25 (strom. 1,70,2; 71f); 9,6,5,S.493.2-6 (strom. 1,72,5); 9,6,6,S.493.9-10 (strom. 1,150,1-4); 10,2,1-3,S.558.24-559.11 (strom. 6,4,3-5,2); 10,2,5,S.559.16-18 (strom. 6,16,1); 10,2,7,S.559.24-28 (strom. 6,25,1f); 10,2,9-15,S.560.3-561.5 (strom. 6,27,5-29,2); 10,4,19,S.571.3 (strom. 1,69,3); 10,4,23,S.572.3-7 (strom. 1,69,5f); 10,5,1-7,S.574.3-5 (strom. 1,75,1); 10,6,1,S.575.21-23 (strom. 1,75,2f); 10,6,3f,S.576.1-6 (strom. 1,74,3-6); 10,6,11,S.576.6-9 (strom. 1,74,2); 10,6,5-14,S.576.9-577.20 (strom. 1,75,4-77,2); 10,12,1-30,S.602.2-606.11 (strom. 1,101,2-107,6); 11,25,1-5,S.56.4-20 (strom. 5,93,4-94,5); 13,13,1-17,S.198.4-203.7 (strom. 5,89,1-96,1); 13,13,18-65,S.203.9-228.8 (strom. 5,98,1-134,1) 15,62,14f,S.425.1-3,7-10 (strom. 5,11,5f). Mit der Frage beschäftigt sich J. COMAN, Utilisation des Stromates de Clément d'Alexandrie par Eusèbe de Césarée dans la Préparation evangélique, in: Überlieferungsgeschichtliche Studien, hrsg.v. F. Paschke (TU 125), Berlin 1981, S.114-131.

[2] Vgl. c.Hier. 1,8-13. Den Text der Laus Const. hat C.T.H.R. EHRHARDT mit den Fragmenten des Celsus verglichen (Eusebius and Celsus, in: JAC 22 [1979], S.40-49). Zur Bedeutung und Wirkungsgeschichte des Celsus sieheJ.-M. VERMANDEREN, De quelques répliques à Celse dans le protreptique de Clément d' Alexandrie, in: REAug 23 (1977), S.3-17.

[3] HE 4,3,1; 4,3,3; 4,11,11; 4,26,1.

[4] H.-G. OPITZ (Euseb von Caesarea als Theologe, in: ZNW 34 [1935], S.1-19) charakterisiert die Praeparatio Evangelica folgendermaßen: „Daß dieses Werk im eigentlichen Sinne ein systematisch-theologisches ist, sollte man nicht übersehen. Es ist ein großes Unrecht Euseb damit angetan worden, daß man seine Präparatio im besten Fall nur nach Zitaten aus hellenistischen und griechischen Schriftstellern des zweiten und dritten christlichen Jahrhunderts ausgeplündert hat, es aber versäumte, dieses Werk im Hinblick auf seine theologische Absicht zu lesen." (S.4). Die Anregung von Opitz führte H. BERKHOF zu seiner Dissertation: Die Theologie des Eusebius von Caesarea, Amsterdam 1939.

[5] Euseb steht bereits in einer Tradition, aber „jetzt ist", wie G. RUHBACH formuliert, „die Stunde gekommen, in der ein christlicher Theologe die Überlegenheit des Christentums nicht nur behaupten, sondern aus der Geschichte der Kirche wie aus der Geschichte des Heidentums

muß es sich unmittelbar auf den Begriff der göttlichen Pronoia auswirken, aber auf welchen Begriff der Pronoia? Euseb denkt, wenn er von der Pronoia Gottes spricht, an die universale Pronoia. Dies ist der Ausgangspunkt, von dem her die Fragen in den sich anschließenden drei Abschnitten entwickelt werden, und er soll einführend verdeutlicht werden. Die universale Pronoia bei Euseb impliziert zwei Dinge. Erstens: Die Ausführungen Eusebs sind von einer Diskussion um die individuelle Pronoia Gottes unberührt, dies wird deutlich in dem Vergleich von Euseb, PE 7,13 und Epiktet, diss. 1,12,1-3. Zweitens: Mit der Beschreibung der universalen Pronoia tritt die anti-epikureische Argumentation in den Vordergrund, wie im Vergleich mit Philon und den durch Euseb überlieferten Fragmenten von Dionysios von Alexandrien zu zeigen ist. Im vorangegangenen Paragraphen 4 sind Texte zur Sprache gekommen, die zeigen, daß die anti-epikureische Argumentation in einer bestimmten Auseinandersetzung zur Bezeichnung des Gegners diente. Dennoch wurde die anti-epikureische Argumentation nicht nur in der Auseinandersetzung um die individuelle Pronoia benutzt. Das in Paragraph 4 gezeichnete Bild bedarf daher der Ergänzung, und Euseb soll eine Position illustrieren, die nicht mit einem aristotelischen Platoniker streitet. Die Frage allerdings wird zu stellen sein, ob es bei Euseb einen anderen Gegner oder eine andere Situation gab, in der wiederum der Vergleich mit den Epikureern sinnvoll wurde.

In der Praeparatio Evangelica ist die Auseinandersetzung um die individuelle Pronoia ausgeblendet. Euseb überliefert zwar das Fragment des Attikos und belegt hiermit sein fundamentales Unbehagen gegenüber der aristotelischen Konzeption, er nimmt aber die Frage, wie die göttliche Pronoia wirkt und auf wen dieses Wirken zielt, nicht auf. Die Einführung des Zitates bleibt allgemein. Nach Aristoteles mache die Wirkung des Göttlichen beim Mond halt, und die übrigen Teile der Welt seien von der göttlichen Lenkung unberührt, Mose aber und die hebräischen Propheten, so Euseb, verwenden den Begriff der universalen Pronoia richtig, und mit ihnen stimme Platon überein.[6] Diese Einführung des Fragmentes von Attikos enthält einige grundlegende Aspekte: Euseb spricht über den τῆς τῶν ὅλων προνοίας λόγον. Diesen Begriff teilen nach Euseb die Hebräer und folglich die Christen mit Platon. Wenn Euseb den Begriff aufnimmt, betont er die Übereinstimmung mit der platonischen Philosophie.

---

erweisen kann." (Apologetik und Geschichte. Untersuchungen zur Theologie Eusebs von Caesarea, Diss. Heidelberg 1962, S.36). Ähnlich E.V. GALLAGHER: „Eusebius' distinctive apologetic strategy is to embed all of his polemical arguments within an overarching historical framework." (Piety and polity. Eusebius defence of the gospel, in: Religious writings and religious systems, Bd.2, hrsg.v. J. Neusner/ E.S. Frerichs/ A.J. Levine [BrSR 2], Atlanta 1989, S.141 [139-155]).

[6]   PE 15,5,1.

Im Unterschied zu Justin und auch Clemens von Alexandrien finden sich bei Euseb keine Hinweise, die ausdrücklich über diese Übereinstimmung mit Platon hinausgehen und die individuelle Pronoia hervorheben. Dies wird im Gegenüber zu Epiktet, diss. 1,12,1-3[7] sehr schön deutlich. Euseb schreibt über die Theologie der Griechen:[8]

> „Die einen verkünden, daß Gott überhaupt nicht existiert;
>> andere sagen, daß es die Sterne sind, die als durchglühte Metallklumpen gleichsam wie Nägel und Platten am Himmel festgesteckt sind;
>> andere, daß es das schaffende Feuer ist, das seinen Weg geht;
> und die einen, daß die Welt nicht durch Gottes Pronoia verwaltet wird,
>> sondern durch eine Art unvernünftige Natur;
> die anderen aber, daß nur die himmlischen Dinge von Gott verwaltet werden,
>> nicht jedoch auch die Dinge auf der Erde;
> und wiederum, daß die Welt ungeworden ist und überhaupt nicht von Gott geschaffen ist, sondern von selbst und zufällig besteht, andere aber, daß der Aufbau des Alls aus gewissen unteilbaren, kleinen unbeseelten und unvernünftigen Körpern entstanden sei."

Diesem Text Eusebs liegt eine Aufzählung von drei Positionen zugrunde: es gibt Leute, welche die Existenz Gottes leugnen, andere, die zwar die Existenz Gottes behaupten, aber die Pronoia Gottes leugnen, und drittens solche, die von der Pronoia Gottes sprechen, aber sie auf die himmlischen Dinge beschränkt sehen. Diese Art der Auflistung ist häufiger belegt.[9] Euseb verzichtet wie auch Epiktet auf die namentliche Zuordnung der Positionen und erweitert wie auch Epiktet diese Liste, allerdings nicht, indem er wie Epiktet fortfährt und die Einschränkung göttlicher Pronoia zum Problem macht. Bei Euseb bricht die Liste mit den Peripatetikern, welche die Pronoia auf den Bereich des Himmlischen beschränken und also nicht die Erde erreichen lassen, ab. Es folgt keine Ausdifferenzierung der peripatetischen Position und keine weitere Alternative. Eusebs Begriff der Pronoia bleibt auf dieser Stufe stehen, er nimmt die Gegenposition ein und behauptet das Wirken göttlicher Pronoia auf die irdischen Dinge. Dies würde bedeuten, zieht man eine Analogie zu Epiktet, daß Eusebs Äußerungen dort einzuordnen sind, wo die Liste abbricht, nämlich in den Zusammenhang mit der peripatetisch-platonischen Iden-

---

[7] Siehe oben II.§ 4.1a),S.227-231.

[8] PE 7,11,13,S.385.21-386.3: ... τῶν μὲν μηδ' ὅλως εἶναι θεὸν ἀποφηναμένων, τῶν δὲ τοὺς ἀστέρας εἶναι φασκόντων, οὓς καὶ μύδρους τυγχάνειν διαπύρους ἥλων καὶ πετάλων δίκην ἐμπεπηγότας τῷ οὐρανῷ, τῶν δὲ πῦρ εἶναι τεχνικὸν ὁδῷ βαδίζον, καὶ τῶν μὲν μὴ προνοίᾳ θεοῦ διοικεῖσθαι τὸν κόσμον, φύσει δέ τινι ἀλόγῳ, τῶν δὲ τὰ μὲν οὐράνια μόνα ὑπὸ θεοῦ διοικεῖσθαι, οὐ μὴν καὶ τὰ ἐπὶ γῆς, καὶ πάλιν ἀγένητον εἶναι τὸν κόσμον καὶ μήθ' ὅλως ὑπὸ θεοῦ γενέσθαι, αὐτομάτως δὲ καὶ συντυχικῶς ὑφεστάναι, τῶν δὲ ἐξ ἀτόμων καὶ λεπτῶν σωμάτων ἀψύχων τινῶν καὶ ἀλόγων τὴν τοῦ παντὸς σύστασιν γεγονέναι

[9] Ähnlich Theodoret von Kyrrhos, prov. 1,560B. Weiter siehe oben S.228,Anm.30.

tifikation der Pronoia mit der göttlichen Erhaltung der Arten. Euseb stellt sich die weitergehende Frage nicht, ob Gottes Pronoia für den Erhalt der Gattungen und Arten steht oder vielmehr mit den menschlichen Individuen zu tun hat.

Stattdessen nennt Euseb die Gründe für den Widerspruch gegen die Pronoia, und wenn Euseb sein Anliegen auf Elementares reduziert und vom Unterricht der Menge spricht, erhalten seine Formulierungen eine anti-epikureische Zuspitzung.[10] Wesentlich ist nach Euseb das Wissen von Gott als dem Schöpfer und Lenker, und dies bedeutet, die Welt als Schöpfung und damit anti-epikureisch nicht als Ergebnis eines von selbst initiierten Prozesses zu verstehen. Epikur ist in der Praeparatio Evangelica zum Muster des heidnischen Menschen geworden.[11] Das heißt nicht, daß die Epikureer zum Adressaten werden oder man von einer Auseinandersetzung mit den Epikureern sprechen muß.[12] Nicht die Epikureer sind bedeutsam, sondern die anti-epikureische Argumentation. Die apologetische Aufgabe verbindet sich mit der didaktischen Einführung.

Die Hebräer erkannten, so schreibt Euseb, daß die Welt aus vier Elementen besteht, daß Sonne, Mond und Sterne Werke Gottes sind und daß die körperliche Natur vernunft- und wesenlos ist.[13] Sie wußten, daß die Ordnung der ganzen Welt mit den vernünftigen und beseelten Lebewesen nicht von selbst entstanden ist und daß die schöpferische Ursache nicht unvernünftig und unbeseelt sein kann.[14] Ein Haus baut sich nicht von selbst, das Kleid wird nicht von selbst gewebt, die Städte bestehen nicht ohne Gesetze und herrscherliche Ordnung, das Schiff erreicht den Hafen nicht ohne Steuermann, kein Werk entsteht ohne den Handwerker.[15]

Dionysios von Alexandrien, den Euseb später zitiert, führt in ähnlicher anti-epikureischer Weise aus, daß das Werk nicht ohne Arbeit und den entsprechenden

---

[10] PE 11,7,10.

[11] PE 7,2,1, vgl. 14,20,13 und 14,2,6; 14,18,31.

[12] Dies gilt m.E. auch von den Fragmenten der bei Euseb, PE 14,23-27 überlieferten Schrift des Dionysios von Alexandrien über die Natur. Gegen G. ROCH, Die Schrift des alexandrinischen Bischofs Dionysius des Großen ‚Über die Natur'. Eine altchristliche Widerlegung der Atomistik Demokrits und Epikurs, Diss. Leipzig 1882, der, unter der Voraussetzung, „nach einer besonderen Veranlassung" nicht suchen zu müssen (S.19), schreibt: „Endlich besteht der historische Wert der Schrift besonders darin, dass wir in ihr die älteste, zusammenhängende Widerlegung der Atomistik von der christlichen Weltanschauung aus vor uns haben" (S.58). Diese Charakterisierung der Schrift ist wiederholt aufgenommen worden, siehe z.B. W. BIENERT, Dionysios von Alexandrien. Zur Frage des Origenismus im dritten Jahrhundert (PTS 21), Berlin 1978, S.109. Roch geht von der aktuellen Bedeutung des Epikureismus aus, da jede Form von Materialismus dem Christentum widerspreche. Die Frage ist nach den Kriterien gestellt, die darüber entscheiden, ob es sich um eine aktuelle Auseinandersetzung handelt oder nicht. Der Zusammenhang, in dem die Fragmente des Dionysios stehen, ist von Euseb nicht überliefert.

[13] PE 7,3,2,S.366.2-5.

[14] PE 7,3,2,S.366.6-9.

[15] PE 7,3,3,S.366.10-17.

Handwerker entsteht. Er nennt ähnliche Beispiele wie Euseb, geht aber stärker dem Gedanken nach, was es bedeuten würde, wenn tatsächlich das Gewand, das Haus, die Stadt und ein Schiff oder Wagen von selbst entstehen.[16] Die Fäden aber verflechten sich nicht von selbst und auch die Hölzer tun sich nicht zusammen. Philon faßt den Gedankengang, den Dionysios breit ausführt, mit einem Satz zusammen: Wer denkt nicht, wenn er ein Kleid, ein Schiff oder ein Haus sieht, an den entsprechenden Handwerker?[17] Derselbe Gedanke erscheint bei Euseb in gedrängter Form, er nennt im gleichen Zusammenhang das Haus und das Kleid. Die Aussage οὐδὲν γὰρ τῶν τεχνικῶν ἔργων ἀπαυτοματίζεται[18] bezieht sich aber bei Euseb, und ebenso auch bei Philon, nicht nur auf Herstellungsprozesse. Das Kunstwerk zu bewundern und den Künstler zu vergessen,[19] wird dem Künstler nicht gerecht.[20] Die Existenz des Künstlers aber zu bestreiten, hat eine Dimension, die in politischen Kategorien wahrgenommen wird. Philon schreibt:

> „Nicht gefragt und ohne Nutzen ist die Lehre, die wie in einem Staat eine Anarchie in dieser Welt ersinnt, da sie keinen Aufseher, Lenker oder Richter hat, von dem, wie es sich gehört, alles verwaltet und geleitet wird.“[21]

Dionysios überlegt, was eine Ordnung ohne einen Herrscher bedeuten würde. Die Atome würden von sich aus, aus dem Getümmel heraus sich selbst lenken, eine bewundernswerte Demokratie.[22] Aber die seelenlose Materie erhält nach Dionysios Gestalt nur durch den Künstler, die vernunftlose Herde braucht den Hirten, und den Menschen wird ihre Arbeit durch einen Bauherrn oder einen Feldherrn zugeteilt.[23] Es stehen sich zwei unterschiedliche politische Optionen gegenüber, die aber keine gleichwertigen Alternativen darstellen. Nach Dionysios verlangt der Kosmos das eine konstituierende Subjekt, und kein anderes als das monarchische System ist für ihn denkbar. Nach Euseb kann die Welt nicht ohne das schöpferische göttliche Subjekt begriffen werden, dem er die Ordnung, Leitung und Herrschaft über die Welt wie einem Staatsgebilde zuschreibt. Euseb benutzt wie Philon[24] die Metapher einer Großstadt.[25] Er spricht von dem Herrn der Stadt, vom

---

[16] PE 14,24,3f. Vgl. syr.theoph. 1,1,S.29.11-14.

[17] Philon, spec. 1,32.

[18] Philon, spec. 1,35.

[19] Vgl. syr.theoph. 1,2,S.40.20-26, vgl. Laus Const. 11,S.225.26-226.9.

[20] Vgl. Laus Const. 11,S.225.26-226.24, vgl. Athenagoras, leg. 15f, besonders 16,1.

[21] Opif. 11: ἀπερίμαχητον δὲ δόγμα καὶ ἀνωφελὲς ἀναρχίαν ὡς ἐν πόλει κατασκευάζον τῷδε τῷ κόσμῳ τὸν ἔφορον ἢ βραβευτὴν ἢ δικαστὴν οὐκ ἔχοντι, ὑφ᾽ οὗ πάντ᾽ οἰκονομεῖσθαι καὶ πρυτανεύεσθαι θέμις.

[22] PE 14,25,9.

[23] PE 14,25,7.

[24] Opif. 19; vgl.143, Jos. 29, decal. 53 (siehe unten), spec. 1,34. Jos. 29 ist neben einem Text aus De deo von VON ARNIM als stoisches Fragment Chrysipp zugeschrieben worden. Der Ausdruck ist aber nur bei Philon belegt (SVF II 1010, III 323).

Hausherrn, König[26] und von Gott,[27] der die Gesetze für den Bestand und die Ordnung des Alls festlegt wie ein König für die Stadt.[28] Im vergleichbaren Zusammenhang heißt es bei Philon:

> „Die einen vergötterten die vier Elemente ..., andere die Sonne, den Mond und die anderen Planeten und Fixsterne, andere nur den Himmel, andere den ganzen Kosmos; den Obersten und Ehrwürdigsten, den Vater, den Herrscher der Großstadt, den Heerführer des unbesiegbaren Heeres, den Steuermann, der immer das All heilsam verwaltet, gegen diesen verschlossen sie die Augen ...".[29]

Die Welt gründet in dem vernünftigen göttlichen Subjekt. Die Natur des Alls, die Allmutter,[30] erscheint bei Euseb als ein Untertan Gottes, sie gehorcht dem Willen des Allherrschers, und wie ein König übt Gott Fürsorge für den Kosmos. Der Kosmos in seiner Gesamtheit ist nicht geschaffen und dann wie eine Waise verlassen,[31] Gott übt Pronoia, und Euseb beschreibt dies als die Fürsorge, die der kosmische Herrscher für die Welt wie für einen abhängigen Untertanen übt. Die Frage nach „mir und dir und allen Einzeldingen" wäre an dieser Stelle verfehlt. Der Allherrscher steht hier dem All gegenüber. Pronoia gehört zu den herrscherlichen Attributen Gottes. Der Großstadt-Fürst hat die Verantwortung für die Stadt, aber wenn Philon dann die wirkliche Großstadt betritt, den Kosmos, sieht er das Land voll mit Lebewesen, die Jahreszeiten und den Lauf der Sterne, also die kosmische Ordnung, die ihn nach dem Vater, Schöpfer und Lenker fragen läßt.[32]

Bei Euseb haftet dem Begriff göttlicher Pronoia dieses Staunen vor der kosmischen Größe an. Pronoia Gottes ist zuerst die universale Ordnung Gottes. Euseb spricht περὶ τῆς καθόλου προνοίας[33] und noch häufiger περὶ τῆς τῶν ὅλων προνοίας,[34] und bezeichnet die Sorge des erhabenen überkosmischen Gottes für den

---

[25] PE 7,8,3, vgl. 7,9,3.

[26] Vgl. Laus Const. 1,S.196.16; 3,S.201.27. Siehe weiter unten Anm.148.

[27] PE 7,8,3,S.370.24f.

[28] PE 7,9,3,S.379.4-6.

[29] Philon, decal. 53: ἐκτεθειώκασι γὰρ οἱ μὲν τὰς τέσσαρας ἀρχάς ... οἱ δ᾽ ἥλιον καὶ σελήνην καὶ τοὺς ἄλλους πλανήτας καὶ ἀπλανεῖς ἀστέρας, οἱ δὲ μόνον τὸν οὐρανόν, οἱ δὲ τὸν σύμπαντα κόσμον· τὸν δ᾽ ἀνωτάτω καὶ πρεσβύτατον, τὸν γεννητήν, τὸν ἄρχοντα τῆς μεγαλοπόλεως, τὸν στρατάρχην τῆς ἀηττήτου στρατιᾶς, τὸν κυβερνήτην, ὃς οἰκονομεῖ σωτηρίως ἀεὶ τὰ σύμπαντα, παρεκαλύψαντο ...

[30] PE 7,10,3,S.380.3f. Vgl. in Anlehnung an Tim. 51a Laus Const. 11,S.227.28-32; syr.theoph. 1,6. Zum Ausdruck παμμήτηρ siehe Philon, opif. 133, Clemens von Alexandrien, paed. 2,10,85,3, Origenes, c.Cels. 4,83,S.354.8

[31] PE 7,11,4,S.383.19-23.

[32] Philon, spec. 1,34.

[33] PE 7,10 (Titel), 6,6,53,S.309.2; 11,7,9,S.22.21, HE 7,10,6, com.in Jes. 2,28,S.291.12, Vita Const. 1,58,4; 4,29,3; Com.in Ps. PG23,356A; 1280C; 1368C, vgl. 1376D-1377A. Vgl. eccl.theol. 3,2,18,S.142.19f: τῆς καθόλου σοφίας τε καὶ προνοίας τοῦ υἱοῦ τοῦ θεοῦ τὰ σύμπαντα διοικεῖται.

[34] PE 6,6,22; 6,6,23; 15,5,1, HE 2,14,6, DE 4,6,S.159.23; 4,10,S.167.25; 5,1,S.211.7f, Laus Const. 18,S.259.9f. Vgl. PE 7,11,13,S.385.24: προνοίᾳ θεοῦ διοικεῖσθαι τὸν κόσμον, ähnlich DE 3,4,S.116.11f; c.Hier. 6.6: ... τῆς τὰ πάντα οἰκονομούσης προνοίας oder 411: τῆς τοῦ θεοῦ

kosmischen Untertan. Welchen Weg findet Euseb von der kosmischen Sprache[35] hin zur Beschreibung menschlicher und irdischer Belange? Wie kann Euseb die kosmische Pronoia in den Blick nehmen und zugleich das Wirken göttlicher Pronoia darin sehen, daß die Mutter des Origenes die Kleider ihres Sohnes versteckt und so ein Martyrium verhindert?[36] H. Berkhof spricht davon, daß Euseb „von der unpersönlichen auf die persönliche Redeweise übergeht" und sieht hierin die „Doppelheit des griechisch-philosophischen und des biblisch-theologischen Weltbildes".[37] Die Beobachtung trifft zu, geht man von der Praeparatio Evangelica aus, aber sie bedeutet, daß Euseb die Möglichkeiten, sich der persönlichen Betroffenheit zuzuwenden, wie sie in der zeitgenössischen Philosophie diskutiert wurden, ungenutzt läßt. Euseb wechselt die Perspektive, indem er im Buch Genesis von der Schöpfungsgeschichte zur Urgeschichte weiterblättert. Er schreibt:

> „Am Anfang (seiner geschichtlichen Anleitung) trägt er (Mose) die Lehre von den allgemeinen Dingen vor und stellt, da er Gott als die Ursache des Alls annimmt, die Entstehung von Kosmos und den Menschen voran. Dann, wie wenn er in seiner Schrift von den allgemeinen zu den besonderen Dingen übergeht und durch die Erinnerung an die alten Männer die Schüler zu deren Eifer an Tugend und Frömmigkeit antreibt, ... dürfte deutlich sein, daß er sich um die gottesfürchtige Lebensweise kümmert ..."[38]

Wenn man darauf achtet, welche Fragen Euseb nicht stellt, entsteht ein Bild reduzierter Perspektiven. Der Begriff Pronoia bei Euseb erscheint allzu selbst-verständlich und unstrittig, und die unterschiedlichen Aspekte werden mehr neben- als zugeordnet sichtbar. Von diesem Ausgangspunkt aber ist es möglich, Eusebs eigenes Anliegen zu erfassen.

Euseb äußert sich zur göttlichen Erhaltung der einmal gesetzten Ordnung, und sogleich stellt sich auf dem Hintergrund von Clemens und Origenes die Frage nach der Gerechtigkeit in einem naturgesetzlich bestimmten Zusammenhang. Die

---

προνοίας τὰ πάντα κρατούσης θείοις νόμοις διατέτακται τὸ πᾶν, Com.in Ps. PG23,225A-B Εἰσὶ δὲ ὁδοὶ τοῦ Κυρίου αἱ τῆς προνοίας αὐτοῦ διοικήσεις, καθ᾽ ἃς τὰ σύμπαντα διακυβερνᾷ. Auf beide Seiten weist Euseb in Vita Const. 4,29,3,S.131.13 hin: τὸν περὶ προνοίας τῶν τε καθόλου καὶ τῶν περὶ μέρους λόγον. Vgl. Com.in Ps. PG 23,457B; PG24,33C.

35

[35] H. BERKHOF schreibt zwar zu Recht: „Darum ist Gott an erster Stelle die Negation aller kosmischen Bestimmtheiten." (a.a.O.S.65). Um aber von diesem Gott zu sprechen, verläßt Euseb nicht die kosmische Sprache, auch in der Negation bleibt er an die kosmische Vorstellungswelt gebunden.

[36] HE 6,2,4.

[37] A.a.O.S.65.

[38] PE 11,4,4f,S.10.12-19: ἧς ἀρχόμενος ἀπὸ τῶν καθόλου τὴν διδασκαλίαν ἐποιήσατο, θεὸν τῶν ὅλων αἴτιον ὑποστησάμενος κοσμογονίαν τε καὶ ἀνθρωπογονίαν ὑπογράψας. εἶθ᾽ οὕτως ἀπὸ τῶν καθόλου ἐπὶ τὰ κατὰ μέρος προελθὼν τῷ λόγῳ καὶ διὰ τῆς τῶν παλαιῶν ἀνδρῶν μνήμης εἰς τὸν τῆς ἐκείνων ἀρετῆς τε καὶ θεοσεβείας ζῆλον τοὺς φοιτητὰς παρορμήσας, ... κατὰ πάντα δῆλος ἂν εἴη τοῦ φιλοθέου τρόπου ... Vgl. Philon, opif. 3.

Existenz des Gesetzes garantiert den Bürgern nicht, daß sie nicht mit Unrecht konfrontiert werden. Die Frage nach der Gerechtigkeit ist die Frage nach den individuellen Erfahrungen. Nach dieser Verbindung aber von dem allgemeinen Zusammenhang und der individuellen Erfahrung fragt Euseb nicht, er liest in den Kapiteln der Genesis weiter. Er bezieht sich nicht auf die individuelle Pronoia, aber auch das Konzept einer allgemeinen Pronoia Gottes, das Gottes Sorge für den einzelnen als eine falsche Erwartung entlarvt und so Gott nicht für Unrecht verantwortlich macht, stellt für Euseb keine Antwort dar, weil Euseb die entsprechende Frage nicht formuliert. Euseb sucht nicht nach Erklärungen für Unrecht, um an dem Begriff der Pronoia festzuhalten. Diese Erklärungen können den Begriff der Pronoia letztlich nicht restaurieren, und Euseb unternimmt keinen Versuch einer derartigen Verteidigung des Begriffs. Zeugnis für die Lehre von der göttlichen Pronoia sind vielmehr die Menschen, die in der Gewißheit göttlicher Pronoia leben und gelebt haben. Euseb führt einen historisch-empirischen Beweis der göttlichen Pronoia. Bedeutet es aber nicht einen Selbstwiderspruch, einen Begriff, dem die kosmische Allgemeinheit anhaftet, empirisch zu erweisen?

Die Frage nach der Kohärenz der Ausführungen Eusebs ist gestellt, und sie führt zu der Form, die Euseb den platonischen Grundgedanken gibt. Bei Euseb stehen wesentliche Aspekte göttlicher Pronoia unverbunden nebeneinander, dies bedeutet aber nicht, daß nicht auch bei Euseb der Punkt zu benennen ist, an dem Euseb den Gedanken neu durchgestaltet und so sein Anliegen vertritt. Auch Euseb rezipiert nicht nur platonisches Allgemeinwissen, sondern schreibt in einer eigenen Perspektive gegenüber der platonischen Tradition. Eusebs Identifikation des Logos mit der Pronoia Gottes war nur innerhalb der platonischen Diskussion möglich und ist als Alternative zu der hierarchischen Konzeption platonischer Mittelwesen zu verstehen. Euseb entzieht den platonischen Dämonen die göttliche Pronoia und sieht in der Pronoia das Werk des Logos, der als Schöpfungsmittler nicht zu einer Art Dämon oder Mittleres zwischen Gott und den Menschen werden konnte.[39]

Für die weitere Aufgabe bedeutet dies, daß ich an Euseb die Fragen richte, die sich aus den Texten von Clemens von Alexandrien und Origenes ergeben haben. Eusebs Konzeption der göttlichen Pronoia soll in drei Abschnitten beschrieben werden, die diese Fragen aufnehmen. Der erste Abschnitt beschäftigt sich mit PE 6,6, wo deutlich wird, daß der Begriff Pronoia die Individualität der Geschichte nicht einholt. Die naturgesetzliche Argumentation in PE 6,6 leitet über zu dem

---

[39] Zu der platonischen Vorstellung von den Dämonen als Mittelwesen siehe unten S.308-313, vgl. 318-321.

zweiten Abschnitt, der den Äußerungen Eusebs zum richterlich-distributiven Aspekt der Pronoia Gottes gewidmet ist. Der dritte Abschnitt ordnet Eusebs Ausführungen zur Pronoia in das Umfeld des zeitgenössischen Platonismus ein. Der erste Abschnitt geht den von Euseb nicht gestellten Fragen nach. Obwohl man bei Euseb keine expliziten Abgrenzungen findet, die in einer Debatte seinen Ort bestimmen, zeigen Fragestellungen, die Euseb unberührt läßt, daß sein eigentliches Anliegen an anderer Stelle liegt. Der zweite und dritte Abschnitt sollen von der Wiederholung des Unstrittigen zu dem spezifischen Interesse Eusebs an dem Begriff der Pronoia führen.

1. PE 6,6: Die universale Pronoia Gottes und die Natur des Menschen

In Buch 6 der Praeparatio Evangelica, in dem Euseb die Abgrenzung von der paganen Religion zum Abschluß bringt, also im polemischen Kontext, der vor allem gegen Porphyrios gerichtet ist, findet sich ein ausführliches Kapitel, in dessen Mittelteil[40] der Begriff göttlicher Pronoia begegnet. Aber auch in diesem Zusammenhang gerät Eusebs Begriff der Pronoia nicht in eine Auseinandersetzung. Es ist der gleiche Begriff der universalen Pronoia, den Euseb hier verwendet, und er ist hier ebenso unstrittig wie in den folgenden Büchern der Praeparatio Evangelica. Euseb grenzt sich von zwei gegensätzlichen Seiten ab. Auf der einen Seite verschwindet der Begriff der Pronoia Gottes in der Bedeutungslosigkeit und wird von den Epikureern gänzlich abgeschafft, auf der anderen Seite wird das göttliche Wirken in falscher Weise überbetont, als Schicksal mißverstanden und läßt keinen Raum für ein anderes, menschliches Subjekt.[41] In die Mitte, als Alternative gegen Epikureismus und Fatalismus, setzt Euseb den Begriff der Pronoia, der somit die Antwort bereithält, ohne selbst noch einmal in die Kontroverse gezogen zu werden.

Euseb beginnt das sechste Kapitel, indem er Argumente gegen die Heimarmene vorbringt. Amand hat die antike, antifatalistische Argumentation untersucht und sie auf die Tradition der akademischen Skepsis des Karneades zurückgeführt. Er nennt als einen Zeugen dieser Tradition den Text Eusebs, PE 6,6,1-20.[42] Zuvor

---

[40] Vgl. die Äußerung von J. SIRINELLI (Les vues historiques d'Eusèbe de Césarée durant la pèriode prénicéenne, Paris 1961, S.339) „Eusèbe n'aborde ce sujet que d'une manière indirecte ... Ainsi cet historien apologiste n'a pas cru devoir aborder pour lui-même ce problème qui nous paraît aujourd'hui au centre des méditations d'un historien chrétien."

[41] PE 6,6,53f.

[42] D. AMAND (E. Amand de Mendieta), Fatalisme et liberté dans l'antiquité greque. Recherches sur la survivance de l'argumentation morale antifataliste de Carnéade chez les philosophes grecs et les théologiens chrétiens des quatre premiers siècles, Louvain 1945, S.357-368.

hatte bereits Wendland[43] aus der nur armenisch überlieferten Schrift des Philon, De providentia, die Paragraphen 77-88 mit Karneades in Verbindung gebracht,[44] in denen Philon der stoischen Astrologie und Heimarmene entgegentritt. Euseb wendet sich in dieser Tradition gegen die Determination des Menschen, indem er auf die ethischen Folgen hinweist, die darin bestehen, daß niemand mehr Respekt für sein Bemühen verdient, daß jede Initiative, aber auch jedes Verbrechen in ihrem Charakter ausgehöhlt werden, wenn die Menschen in ihrem Tun durch das Schicksal oder die Sterne festgelegt sind und nicht anders handeln können, als sie es tun.[45] Die Argumentation in PE 6,6,1-20 im Detail kann hier unberücksichtigt bleiben. Euseb kommt im letzten Teil des Kapitels 6,53-72 auf das Thema der Heimarmene zurück und interessant ist, wie er es an dieser Stelle wieder aufnimmt.

Amand unterscheidet zwei Muster der „antifatalistischen" Polemik, nämlich die im engeren Sinne gegen die Astrologie gerichtete Argumentation und die ethische Argumentation. Eine ethische Argumentation liegt in PE 6,6,1-20 vor, und in diesem Zusammenhang weist auch Amand auf diesen Text hin. Im zweiten Teil (6,63-72) aber greift Euseb eine Argumentation auf, die gegen die Astrologie gewendet ist, und formt sie völlig um. Das Anliegen und das Argument bleiben das gleiche. Die kritische Frage war: Wenn das Leben der Menschen durch die Konstellation der Sterne festgelegt ist, unter der sie geboren sind, wie kann es sein, daß viele Menschen zugleich den Tod finden, die sicher nicht alle zur selben Zeit geboren sein können. Man verwies auf Pest und Krieg.[46] Die Beispiele finden sich bei Philon[47]. Philon zeigt außerdem in der Tradition der νόμιμα βαρβαρικά[48], daß die Weise, in der Juden untereinander gleich sind, nichts mit Sternenkonstellationen zu tun hat. Die Wirkung der Sterne reiche nicht bis hin zu der jüdischen Lebensweise und zur Beschneidung der Söhne, und dies spreche gegen eine Wirkkraft der Sterne.[49] Euseb argumentiert entgegengesetzt. Er sucht nicht nach Beispielen für gleiches Ergehen, die offensichtlich nicht mit gleichen Sternenkonstellationen erklärt werden können, sondern fragt nach der Erklärung von Un-

---

[43] P. WENDLAND, Die philosophischen Quellen des Philo von Alexandria in seiner Schrift über die Vorsehung, Berlin 1892, S.18 (= ders., Philos Schrift über die Vorsehung. Ein Beitrag zur aristotelischen Philosophie, Berlin 1892, S.24f).

[44] Mit Hinweis vor allem auf Cicero, fat.; div. 2,87-97 (Panaitios), auf Sextus Empeirikos, adv.astrol., Bardesanes (PE 6,10,), auf ein Fragment des Origenes zur Genesis (PE 6,11) und die Fragmente aus dem Genesiskommentar des Prokop von Gaza.

[45] Vgl. c.Hier. 45.

[46] AMAND (a.a.O.S.54) weist auf folgende Belege hin: Cicero, div. 2,47; Gellius, 14,1,27; Sextus Empeirikos, adv.math. 5,91-93, Gregor von Nyssa, fat. S.51.5-11.

[47] Prov. 1,87.

[48] AMAND, a.a.O.S.55-60.

[49] Prov. 1,84.

gleichheit, Veränderung und Neuerung. Euseb macht auf die Prämisse aufmerksam, daß jede astrologische Argumentation die Wiederholbarkeit der Geschichte voraussetzt entsprechend der Wiederkehr der Konstellationen im Lauf der Sterne.[50] Die Astrologie kann eines nicht erklären, nämlich alles Neue, alles, was keine Wiederholung darstellt. Und hierfür sind die Christen, die Märtyrer und die Veränderungen seiner eigenen Zeit Beispiel und Beleg.[51] Die Neuheit der Christen[52] ist der lebendige Widerspruch gegen die Astrologie. Die Märtyrer müssen aus freiem Willen heraus handeln, weil keine Sternenkonstellation bisher ein Martyrium erklärt hat.[53] Euseb sieht die einzigartige individuelle Bedeutung eines Martyriums. Die Individualität der Geschichte ist ein Argument gegen die Astrologie, gegen die Unentrinnbarkeit des Schicksals und damit ein Argument für den freien Willen. Verbindet aber Euseb die Individualität der Geschichte mit dem Begriff göttlicher Pronoia?

Nach Euseb wird die göttliche Pronoia sichtbar in den allgemeinen schöpferischen Werken Gottes und in dem freien Willen der vernünftigen Seele.[54] Eingerahmt von den Argumenten für den freien Willen der Menschen und gegen die Schicksalsgläubigkeit äußert sich Euseb zur göttlichen Pronoia. Der Gedankengang ist folgender: Vieles ereignet sich gegen unseren Willen, hat damit aber nach Euseb nicht in der Heimarmene die Ursache,[55] sondern geschehe ἐκ θεοῦ προνοίας, mit göttlicher Absicht und werde durch Pronoia verwaltet.[56] Dazu gehöre sowohl das, was sich auf primäre und natürliche Weise (κατὰ προηγούμενον λόγον) ereigne, aber auch das, was von außen hinzukomme und sich gegenüber dem Vorangegangenen akzidentell (κατὰ συμβεβηκός / κατ᾽ ἐπισυμβεβηκότα τοῖς προηγουμένως γεγονόσι) verhalte, beides sei in die Ordnung des Alls einbezogen. Jeder Gattung des Seienden weise Gott als die Ursache des Alls eine eigene und bestimmte Beschaffenheit der Natur zu.[57] Dem Menschen sind Körper und Seele gegeben, und auf Körper und Seele bezieht nun Euseb die bereits genannte Unterscheidung. Nach Euseb ist der Körper gegenüber der Seele sekundär, während die Seele vernünftig ist und das gegenüber dem Körper primäre, das vorangehende Wesen.

Die Frage aber war nach dem gestellt, was nicht in unserer Macht steht. Euseb nimmt jetzt eine Dreiteilung vor und spricht wieder von Natur und Akzidens: Er

---

[50] PE 6,6,67.
[51] PE 6,6,71f.
[52] Vgl. die Wendung διὰ τῆς τοῦ νέου θεοῦ διδασκαλίας in PE 6,6,68.
[53] PE 6,6,63f.
[54] PE 6,6,61.
[55] PE 6,6,22.
[56] PE 6,6,23.
[57] PE 6,6,24.

unterscheidet zwischen den Dingen, die an uns liegen, die auf den freien Willen zurückgehen und die der Natur der Seele entsprechen, und den körperlichen Erfahrungen, nennt jetzt aber drittens das, was sich gegenüber Körper und Seele akzidentell verhält und von außen kommt.[58] Diese drei Ebenen von Erfahrungen bindet Euseb in Gottes fürsorgende Ordnung ein.[59] Gottes Pronoia erstreckt sich nach Euseb auf die freien Entscheidungen der Vernunft und auf körperliche Wahrnehmung, und zwar in der Weise, daß Gott den Menschen die Natur, d.h. Seele und Körper, gegeben hat. Gottes Pronoia bezieht Euseb dann drittens auf alles, was uns von außen begegnet, was wir zu bewältigen haben, und auf alles, worauf wir mit der Seele, dem Willen und dem Verstand aber auch mit dem Körper zu reagieren haben.

Nach diesen Widerfahrnissen, denen der einzelne machtlos gegenübersteht und die er nicht verhindern kann, war gefragt. Euseb sagt, daß sie einen Sinn haben, daß sie der Pronoia Gottes und nicht der Irrationalität der Heimarmene unterstehen. Sie erhalten den Sinn aber durch einen Sinnzusammenhang, der die Pronoia nicht zur Ursache dieser Widerfahrnisse macht. Gott ist nach Euseb die Ursache des Alls und nicht der Akzidentien. Die Ereignisse haben einen Sinn, indem sie in dem größeren Zusammenhang stehen. Euseb bezeichnet die Pronoia in einer allgemeinen Weise als Wirkursache. Sie ordne alles, „Fruchtbarkeit und Unfruchtbarkeit", so, daß es dem Ganzen zuträglich ist. Gottes Pronoia hat nur so mit dem zu tun, was ungewollt, von außen auf uns zukommt, daß sie sich gleichzeitig und nicht anders auch auf das bezieht, was Euseb als Natur bezeichnet.[60]

Euseb will in diesem Text Raum für den freien Willen schaffen, und es ist daher nicht seine Absicht zu zeigen, daß Gottes Wirken jedes Detail und jeden einzelnen erreicht. Wie nicht anders zu erwarten ist, spricht Euseb von der universalen Pronoia, die sich auf alles bezieht, indem sie über allem steht. Euseb schafft den Raum für menschliche Verantwortung nicht durch Distinktionen im Ursachenbegriff. Zwar weisen beide Begriffe, sowohl der Heimarmene als auch der Pronoia, auf eine kausal handelnde Macht hin, im Unterschied zur Heimarmene zieht aber der Begriff Pronoia keine weiteren Erklärungen im Sinne einer kausalen Ursprungslogik nach sich. Es ist nicht Aufgabe der Argumentation, das Gesetz der Ursachenkette zu durchbrechen oder deren Glieder zu lockern. Gottes Fürsorge steht nicht am Anfang einer Ursachenkette, sondern hat am Anfang die Bestimmung der Naturen vorgenommen.

---

[58] PE 6,6,29, vgl. c.Hier. 47.7-17.
[59] PE 6,6,30; 6,6,46.
[60] PE 6,6,44f.

„Die Bestimmungen der Natur, die Anfang, Mitte und Ende des Wesens des Alls umfassen[61] sind allen Maß und Gesetz. Durch sie wird das ganze Bauwerk und Gebäude des Kosmos vollendet. Sie setzen mit unlösbaren Gesetzen und unzerreißbaren Fesseln den allweisen Willen der Pronoia, die alles verwaltet, durch und bewahren ihn. Keiner dürfte also die Ordnung des einmal Gesetzten bewegen und verändern."[62]

Es ist nicht die Unentrinnbarkeit des Schicksals, sondern die Unauflöslichkeit des Naturgesetzes, auf die Euseb hier verweist. Unter Pronoia versteht Euseb nichts anderes als Verwaltung und Ordnung, und diese Ordnung bedarf der Gesetze, gleichsam der Fesseln, die das Ganze der Welt von innen heraus zusammenhalten. Als Schöpfer ist Gott Gesetzgeber, und Euseb denkt dabei an die biblischen Gesetze für die Menschen. Aber diesen Gesetzen geht nach Euseb der Schöpfungsbericht und damit das Naturgesetz voran.[63] Diesem Gesetz folgen Tag und Nacht, die Jahreszeiten und der Lauf der Sterne. Die Regelmäßigkeit ist Gesetz. Die Allmutter Natur gehorcht dem göttlichen Gesetzgeber. Aber auch die Menschen unterstehen dem göttlichen Naturgesetz.

Die Natur legt die Menschen in ihren Handlungsmöglichkeiten fest, aber die Natur determiniert sie nicht. Natur heißt, daß Fische ihren Lebensraum nicht auf das Land verlegen können und Tiere sich vergeblich bemühen werden zu fliegen.[64] Heimarmene bedeutet nach Euseb etwas anderes, nämlich daß der Sportler, für den das Schicksal es bestimmt hat, den olympischen Sieg zu erringen, den Preis

---

61 Vgl. Platon, leg 715e.
62 C.Hier. 6.2-8: Ὅροι φύσεως, ἀρχὰς καὶ μέσα καὶ τέλη τῆς τῶν ὅλων οὐσίας περιειληφότες, μέτρα καὶ θεσμοὶ ἅπασι, δι᾽ ὧν τόδε τὸ πᾶν μηχάνημά τε καὶ ἀρχιτεκτόνημα τοῦ παντὸς κόσμου τελεσιουργεῖται, διατέθειντα νόμοις ἀλύτοις καὶ δεσμοῖς ἀρρήκτοις τῆς τὰ πάντα οἰκονομούσης προνοίας τὸ πάνσοφον βούλημα διαφυλάττοντες. Οὔκουν κινήσειέ τι καὶ μεταθείη <τις> τῆς τάξεως τῶν ἅπαξ διατεθειμένων.
   Zu c.Hier. 6 siehe: M. KERTSCH, Traditionelle Rhetorik und Philosophie in Eusebius' Antirhetorikos gegen Hierokles, in: VigChr 34 (1980), S.145-171. Kertsch bietet Übersetzung und Kommentar des Kapitels. Er will mit einer Fülle von Belegen aus Platon, den Platonikern, PsAristoteles, De mundo und vor allem aus Philon und Gregor von Nazianz die „Ringsumbildung" des Eusebius aufzeigen. Ὅθεν δὴ θείαν μὲν φύσιν εὐεργέτιν οὖσαν καὶ σώτειραν καὶ προνοητικὴν τῶν ὄντων übersetzt Kertsch zu Unrecht mit: „daß ein göttliches Wesen, das wohltätig und heilbringend ist und für die in der Zukunft heranstehenden Dinge Vorsorge trifft". Der Ausdruck προνοητικήν steht hier in engem Zusammenhang mit εὐεργέτιν und wird später durch ἐπιμελήσεται wiederaufgenommen. Zusammen mit Tim 29e ist der Text ein schöner Beleg für die in der Alten Kirche grundlegende Verwendung des Wortes Pronoia in der Bedeutung „Fürsorge", der immer auch die Qualität des ἀγαθὸς ἦν anhaftet. Die „in der Zukunft heranstehenden Dinge" sind durch eine falsche Übersetzung von Pronoia eingetragen. Ähnlich mißverständlich ist die Übersetzung des Wortes in 6.36.
63 PE 6,9,4-6,10,3.
64 C.Hier. 6.11-20; vgl. mund. 398b 4-35, hierzu P. MORAUX, Der Aristotelismus bei den Griechen von Andronikos bis Alexander von Aphrodisias, a.a.O.S.73-75. PsAristoteles nimmt hier wahrscheinlich auf Chrysipp zurückgehende Vergleiche auf, in denen dieser die Autonomie des Menschen unter den Bedingungen der Heimarmene versuchte zu erklären.

erhalten wird, selbst wenn er sich vorher die Beine bricht.[65] Die Beispiele stammen aus Contra Hieroclem, der Auseinandersetzung mit dem Zeitgenossen Hierokles, der an Christenverfolgungen beteiligt war[66] und seine christenfeindliche Haltung in der Schrift mit dem Titel φιλαλήθης oder φιλαληθεῖς λόγοι reflektierte. Euseb wendet sich in Contra Hieroclem wiederum gegen den Determinismus. Gegen das Bild des Hierokles von dem Wundertäter Apollonios gerichtet, betont Euseb die Grenzen der menschlichen Natur.[67] Pronoia schafft nach Euseb in den Grenzen, die mit der Natur gegeben sind, die Entfaltungs- und Handlungsmöglichkeiten. Die Menschen haben von Natur aus einen freien Willen. Sie sind aufgefordert, ihn zu gebrauchen. Natur bedeute die Eingrenzung der Möglichkeiten, die Natur sei den Menschen auf der anderen Seite aber auch Orientierung, die bessere Wahl zu treffen.[68] Euseb spricht in PE 6,6 von dem natürlichen Gesetz als Helfer und Verbündetem,[69] und gerade diese zweite Bedeutung erklärt die Verbindung von Natur und Pronoia. Nach Euseb sind die Menschen nicht einem erdrückenden Schicksal ausgeliefert, sondern der göttlichen Pronoia, und diese hat den Menschen ihre Natur, den freien Willen, die Verantwortung und mit der Natur auch einen Impuls zum Handeln gegeben.

Ganz ähnliche Aussagen schreibt Nemesios von Emesa Aristoteles zu. Nach Aristoteles werde alles einzelne durch die Natur verwaltet, und auf natürliche Weise werde jeder daran erinnert, das Nützliche zu wählen und das Schädliche zu meiden.[70] Nemesios kritisiert, daß die Natur nicht alles erkläre und daß insbesondere die Gerechtigkeit keine Frage der Natur sei.[71] Pronoia könne nur dann mit der Natur identifiziert werden, wenn man die Folgen der Natur, also die Resultate menschlichen Handelns, der Heimarmene zuschreibe. Euseb betritt eben den von

---

[65] C.Hier. 43.7-12.
[66] Vgl. Euseb, mart.Pal. 4f. Neben Euseb überliefert außerdem Lactanz Informationen über Hierokles und seine an und gegen die Christen gerichtete Schrift: mort.pers. 16,4; inst. 5,2,12-5,3,26. Siehe weiter W. SPEYER, Hierokles I (Sossianus Hierocles), in: RAC 15 (1991), Sp.103-109.
[67] Der Zusammenhang ist folgender: Hierokles hat in der gegen die Christen gerichteten Schrift Jesus mit Apollonios, einem Wundertäter nach pythagoreischer Lebensart (5.12ff) zur Zeit Neros, der von Jugend an Asklepiuspriester gewesen sei (2.12ff), verglichen. Hierokles, so Euseb, stellt zwei Wundertäter gegenüber, deren Anhänger ihre Wunder allerdings unterschiedlich interpretieren. Während nach Hierokles die wenigen Wunder Jesu die Christen veranlassen, Jesus als Gott zu verehren, sehen die anderen in Apollonios einen gottgefälligen Menschen.
[68] Vgl. G.F. CHESNUT, The first Christian histories. Eusebius, Socrates, Sozomen, Theodoret and Evagrius (ThH 46), Paris 1977, S.72-74. Das dritte Kapitel „Eusebius, fate, fortune, free will and nature" veröffentlichte Chesnut bereits zuvor in: ChH 42, 1973, 165-182.
[69] PE 6,6,49.
[70] Nat.hom. 43,S.127.15-21.
[71] Nat.hom. 43,S.128.4-11.

Nemesios bezeichneten Zirkel, und die Frage, die Euseb offen läßt, ist die Frage der Gerechtigkeit. Nemesios läßt sich nicht ein weiteres Mal auf die Heimarmene ein und lenkt den Gedankengang auf die Frage der individuellen Pronoia. Diejenigen, die sagen, daß Gott den Bestand der Gattung garantiere, und Gottes Pronoia auf die Natur beschränken, lassen die Einzeldinge im Wind der Tyche hin- und herflattern oder unter der Heimarmene erstarren. Nemesios zeigt an dem Vergleich mit der Bildhauerarbeit, daß es das Allgemeine nicht ohne die Details gibt.[72] Seine Kritik daran, daß in den aristotelischen Aussagen die Natur die Funktion der Pronoia übernommen hat, führt wieder zu der Frage, ob Gottes Pronoia das einzelne erreicht.

Eine andere Metapher, diesmal für den Begriff der Heimarmene, bietet PsPlutarch. Er verweist auf die Gesetze im Staat. Das Gesetz regelt das meiste ἐξ ὑποθέσεως, es legt keine Gesetze für diesen oder jenen fest, sondern ordnet allgemein das Verfahren für den Fall des Eintreffens. Es regelt den allgemeinen Fall, und der konkrete Fall ergibt sich aus der allgemeinen Regel.[73] Alle Bürger stehen unter dem Gesetz des Staates. Das Gesetz sollte alles den Staat Betreffende umfassen, ohne daß aber deswegen alles im Staat nach dem Gesetz geschieht. Nach PsPlutarch entspricht die Heimarmene dieser Form der Gesetzgebung. Die Bestimmungen der göttlichen Vernunft liegen im Allgemeinen und nicht im Besonderen. Nach Euseb stehen Entscheidungen, körperliche Befindlichkeiten und äußere Widerfahrnisse unter der göttlichen Pronoia. Aber in welcher Weise? Es spricht manches dafür, daß sie nach Euseb unter der Pronoia wie unter einem Gesetz stehen. Euseb erläutert die Pronoia Gottes mit Hinweis auf die Bestimmungen der Natur, die einmal gesetzte Ordnung und das Gesetz. Seine Ausführungen haben mehr mit PsPlutarchs Bild des Gesetzes gemein als mit dem göttlichen Bildhauer des Nemesios. Sobald Euseb sich der Frage nach den Einzelereignissen und ihrer Bedeutung zuwendet, entzieht sich der Text. Seine Aussagen bleiben vage, weil, wie Nemesios feststellt, diejenigen, welche die Pronoia in der Bestimmung der Natur am Wirken sehen, wenig zu den Einzeldingen zu sagen haben. Das würde bedeuten, daß Euseb in PE 6,6 das Wirken göttlicher Pronoia in den Einzelheiten der Geschichte gerade nicht erklärt.

Zu einem anderen Ergebnis kommt G.F. Chesnut. Er hat im Rahmen der Geschichtsschreibung Eusebs das Kapitel PE 6,6 untersucht. Nach Chesnut erhält bei Euseb der Begriff Pronoia die Funktion, die der Begriff Heimarmene in der antiken Geschichtsschreibung hatte. Euseb mußte nach Chesnut aber nicht nur den Begriff der Heimarmene ersetzen, sondern auch den der Tyche. Nach Ches-

---

[72] Siehe oben S.257f.
[73] Fat. 569D-E.

nut vermeidet Euseb den Ausdruck Tyche und spricht von all dem, was auf die Menschen von außen zukommt, neutraler als τὰ συμβεβήκοτα.[74] Wie versteht aber Euseb diese akzidentellen Widerfahrnisse, die er aus dem Rahmen von Heimarmene und Tyche herausgenommen hat? Chesnut nimmt zur Interpretation den Begriff Pronoia auf:

> „Eusebius' distinction between nature and accident meant that he made a corresponding distinction between two different kinds of divine providence, much like the distinction between ‚general' and ‚special' providence ... Since ... the course of natural events is prescribed by the laws of nature contained in the Logos, this means a sort of ‚general providence' specifies the *general* possibilities within which the events of history are allowed to unfold. But there is also a ‚special' providence, because at every historical conjuncture God also chooses exactly which *particular* set of concrete events is going to take place within the manifold set of ... possibilities ... That is, in every historical conjuncture we see God's providence arranging the *symbebêkota* into whatever order (*taxis*) He wishes."[75]

Der Text des Euseb PE 6,6 bewegt sich um die beiden Begriffe Natur und Akzidens. Euseb will eine Alternative zum Determinismus der Heimarmene aufzeigen und spricht von göttlicher Pronoia. Chesnut bringt die verschiedenen Ebenen, auf denen Euseb spricht, durch die Analogie zu der Unterscheidung zwischen universaler und individueller Pronoia zusammen. Die Frage ist deutlich die, wie vermittelt Euseb, als Historiker an die Arbeit am Detail gewöhnt, Natur und Akzidens, die große kosmische Ordnung und die einzelnen Widerfahrnisse? Bemerkenswert ist, daß Euseb sich zu der Unterscheidung zwischen universaler und individueller Pronoia gerade nicht äußert. Die Unterscheidung konnte nur derjenige heranziehen, der wie Justin oder Epiktet dafür stritt, daß Pronoia den einzelnen erreicht. Es gibt weder in der Praeparatio Evangelica noch in Contra Hieroclem ausdrückliche Hinweise auf die individuelle Pronoia, stattdessen verbindet sich mit dem Begriff die ferne kosmische Größe. Für die Interpretation Chesnuts bietet der Begriff Pronoia, wie Euseb ihn in PE 6,6 verwendet, nicht die geeignete Grundlage. Es ist unstrittig, daß die universale Pronoia ebenso verwurzelt war in der Frömmigkeit des einzelnen und man mit dem Hinweis auf die universale Pronoia Aussagen machte, die den einzelnen letztlich betreffen. Justins Einspruch gegen die Beschränkung göttlichen Wirkens auf den allgemeinen Zusammenhang meint aber etwas anderes als das Bewußtsein, in dem großen Zusammenhang seinen Ort zu finden.[76] Gerade der Hinweis auf die Natur und Ordnung, die den Sinnzusammenhang herstellt für geschichtliche Ereignisse oder individuelles Erleben, gehört

---

[74] Z.B. PE 6,6,39,S.306.4; 6,6,45,S.307.8.
[75] A.a.O.S.75.
[76] Vgl. Origenes und Celsus in c.Cels. 4,70.

nicht in das Konzept der individuellen Pronoia. Die Individualität der Geschichte findet gerade nicht in der Weise einen Niederschlag, daß Euseb dieses Konzept, obwohl es ihm bekannt gewesen sein dürfte, aufnimmt.

Euseb beschreibt die Verwaltung des ganzen, großen Kosmos, und diesen universalen Zusammenhang nimmt der Begriff Pronoia auf. Pronoia bezieht sich auf die „Ordnung des einmal Gesetzten", auf die Bestimmung der Naturen und ist die Summe göttlicher Weltverwaltung: πᾶσι δὲ καθόλου τοῖς οὖσι ... μία πανακλὴς καὶ παντοδύναμος ἐπιστατεῖ ἡ διὰ πάντων ἐπιπορευομένη τοῦ θεοῦ πρόνοια.[77] Mit seinen Ausführungen könnte Euseb Alexander von Aphrodisias und Celsus denkwürdig nahestehen, und dies insbesondere, betrachtet man zudem die Kritik Eusebs an der stoischen Konzeption göttlicher Pronoia im dritten Buch der Praeparatio Evangelica.[78] Alexander von Aphrodisias spricht von der göttlichen Pronoia für irdische und menschliche Belange und versteht hierunter den Erhalt der Art Mensch. Für Celsus ist der allgemeine Wirkungsbereich die einzig sinnvolle und mit dem Begriff Pronoia zu verbindende Aussage.[79] Eusebs Gedankengang wäre mit diesen Äußerungen durchaus vergleichbar, käme nicht eine grundlegende Differenz hinzu. Alexander von Aphrodisias und Celsus wenden sich beide vehement gegen die Vorstellung von Gott als Richter,[80] während nach Euseb die Pronoia, die über allem steht, die Pronoia des Ephoren ist, des kosmischen Aufsehers, der mit einem richterlichen Amt über dem Kosmos steht. Damit entsteht ein Bild, das eine Reihe von Merkmalen mit Philon und Josephos gemein hat.

In PE 6,6 äußert sich Euseb zur Individualität der Geschichte und zu den Naturgesetzen. Er spricht von einer kosmischen Symphonie, aber damit wird noch nicht das einzelne bedeutungsvoll. Für Euseb ist die von Gott hergestellte Ordnung derart umfassend, daß die Äußerungen des freien Willens nirgends anders als in dieser Ordnung ihren Platz haben können. Die Frage ist, wie Euseb sie in die kosmische Ordnung einbindet. Dies führt zu einem Vergleich mit Origenes und vor allem zu der Frage, wie Euseb den distributiven Aspekt der Pronoia aufnimmt.

---

[77] PE 6,6,45.S.307.7-10.
[78] PE 3,9,6; 3,9,9; besonders 3,10,4-11.
[79] Origenes, c.Cels. 4,99.
[80] Siehe oben S.235f.

2. Das große Auge der Pronoia, die Stärke der Märtyrer
und die Schwäche der Kirche

Euseb betont die Selbständigkeit und Verantwortung der Menschen im Rahmen ihrer Möglichkeiten. Er teilt mit Origenes aber nicht mehr als das gemeinsame Anliegen. Euseb schreibt:

> „Im allgemeinen steht über allen Dingen, sowohl über denen, die durch uns geschehen oder durch uns veranlaßt sind, als auch über denen, die es von außen im Sinne des Akzidens gibt und die natürlich entstehen, die eine allmächtige Pronoia Gottes, die durch alles hindurchdringt ... sie lenkt folgsam das All und vieles von den natürlichen Dingen richtet sie passend in Hinsicht auf die Zeitumstände ein, sie hilft und wirkt mit an dem, was an uns liegt, und weist dem, was sich wiederum von außen ereignet, die nötige Ordnung zu."[81]

Origenes spricht wie Euseb von συμπράττειν und συνεργεῖν, und diese Worte verbinden das freie selbstverantwortliche Tun mit dem Wirken Gottes. Der einzelne trägt zu seinem Vorhaben bei, was er kann, und seine Arbeit bleibt seine eigene Leistung. Wenn dann aber das Haus fertiggestellt oder das Schiff im Hafen angekommen ist, so die Beispiele von Origenes, treten der Bauherr und Steuermann zurück und danken Gott für das Gelingen. So sehr wir uns einsetzen, es bleibt Gottes Werk und Vollenden. Origenes beschreibt dieses Miteinander, das die Leistung des einzelnen nicht bestreitet, aber dennoch Gott immer den größeren Anteil zuschreibt. Origenes weist auf die Begleitumstände hin, die es ermöglicht haben, daß das Werk zum Ende kam, auf die Dinge, die der einzelne nicht in der Hand hat. Damit aber wird noch einmal deutlich, daß Origenes von „Zusammenwirken" in dem Bewußtsein spricht, in seinem Tun letztlich von Gott abhängig zu sein – θεοῦ γὰρ συμπαρισταμένου ταῦτα ἀνύεται[82].

Die Fragen ergeben sich, sobald Origenes die Perspektive ändert und sich zu der Form dieser Zusammenarbeit äußert. „Zusammenarbeit" bedeutet die Unterstützung und Hilfe, und nach Origenes sind mit dieser Aufgabe die Engel betraut.[83] Anders Euseb. Euseb sieht hier das Wirken des Logos, von dem er wiederholt als σύνεργος spricht.[84] Abschnitt 3 soll sich mit diesem Gesichtspunkt be-

---

[81] PE 6,6,45: πᾶσι δὲ καθόλου τοῖς οὖσι, τοῖς τε παρ' ἡμᾶς γινομένοις καὶ παρὰ τὴν ἡμετέραν αἰτίαν καὶ τοῖς ἔξωθεν κατὰ συμβεβηκὸς ἐπιοῦσι τοῖς τε φυσικῶς ἐνεργουμένοις, μία παναλκὴς καὶ παντοδύναμος ἐπιστατεῖ ἡ διὰ πάντων ἐπιπορευομένη τοῦ θεοῦ πρόνοια ... εὐηνίως τὸ πᾶν διακυβερνῶσα πολλά τε καὶ τῶν κατὰ φύσιν ἐπὶ τὸ προσῆκον καιροῖς μετασκευάζουσα συνεργοῦσά τε καὶ συμπράττουσα τοῖς ἐφ' ἡμῖν καὶ τοῖς ἐκτὸς πάλιν συμβαίνουσι τὴν δέουσαν τάξιν ἀπονέμουσα.

[82] Princ. 3,1,19,S.232.4, siehe den gesamten Paragraphen 3,1,19.

[83] C.Cels. 8,34; 8,35,S.252.4-11; 8,64, S.280.7-18.

[84] PE 7,15,1,S.391.9; DE 4,10,S.167.25-34; 5,1,S.212.32f, über die göttliche Dynamis DE 3,1, S.95.16f; 6,20,S.287.17-20. Vgl. quaest.Steph. PG 22,900A.

schäftigen. Wenn, ungeachtet der grundlegenden Angewiesenheit des Menschen auf Gott, das menschliche Tun eigenständig und frei ist, wenn Gott die Ergebnisse des Handelns gleichsam stehenläßt und sie in eine Ordnung integriert, stellt sich die Frage, auf welcher Grundlage diese Ordnung basiert.

Nach Origenes gibt es Selbständigkeit und Freiheit nur dann, wenn die Gerechtigkeit die Plätze verteilt, wenn Gott als Richter die Ordnung des Kosmos herstellt und jeder sich in Entsprechung zu seinem Verhalten in einem passenden Gefüge wiederfindet. Diese Gerechtigkeit ist nach Origenes nur dann gewährleistet, wenn menschliches Leben eine Vor- und Nachgeschichte hat. Die Entfaltungsmöglichkeiten sind auch bei Origenes begrenzt, aber weniger durch die natürlichen Gegebenheiten, als vielmehr durch die eigene Vergangenheit, welche die gegenwärtige, oft widrige Situation des einzelnen erklärt und gerecht erscheinen läßt. Diese Einfügung der jeweiligen Lebenssituation schließt das künftige Verhalten jedes einzelnen ein, und im Sinne einer Vorwegnahme erhalten diejenigen, die es verdienen, die Unterstützung ihres Engels.[85]

Bei Euseb fehlt der gesamte Rahmen, in dem Origenes' Argumentation steht. Die Frage, wo in der Unterschiedlichkeit der Lebensbedingungen die Gerechtigkeit liegt und warum Menschen unter so verschiedenen Bedingungen geboren werden, stellt sich Euseb nicht. Es findet sich keine Erwähnung, daß es sich um einen Prozeß des Ordnens seit ewigen Zeiten handelt. Die Ordnung hat keine Vorgeschichte.[86] Aber unter welchen Bedingungen ist die Weltordnung Gottes, von der Euseb spricht, gerecht? Euseb benutzt das platonische Lebenswahlmotiv und spricht von der Schuld des Wählenden und der Unschuld Gottes.[87] Euseb will mit der Wendung aus rep. 617E die Existenz des freien Willen evident machen. Kein Zwang von außen treibt den Menschen in die Schlechtigkeit, er selbst kümmert sich nicht um das natürliche Gesetz. Schuld ist der Wählende, er ist verantwortlich für die Folgen seines Tuns und darf Gott nicht zur Ursache des Bösen machen. Euseb verwendet das Lebenswahlmotiv ganz ähnlich wie Porphyrios. Dieser schreibt an seine Frau Marcella:

---

[85] Or. 6,3-5, besonders 6,4,S.314.15-18; 6,5,S.315.11-14, or. 31,6, Com. in Matth. 13,26,S.253.18-254.5. Diesen Gedanken hat J.W. TRIGG untersucht (The angel of great counsel. Christ and the angelic hierarchy in Origen's theology, in: JThS.NS 42 [1991], S.46-49 [35-51])

[86] Vgl. aber DE 4,1,4. Die Formulierungen erinnern hier an Origenes. Zur „Nachgeschichte", die nach Euseb jedes Lebens hat, siehe z.B. Laus Const. 7,S.215.2-10. Zur Diskussion um die Eschatologie und ihre Entwicklung bei Euseb siehe: F.S. THIELMANN, Another look at the eschatology of Eusebius of Caesarea, in: VigChr 41 (1987), S.226-237.

[87] PE 6,6,49,S.308.10, c.Hier. 47.23f.

„Möge Gott gegenwärtig sein als Beobachter und Aufseher jeder Tat, jedes Werkes und Wortes. Wir halten Gott für die Ursache aller guten Dinge, die wir tun. Ursache der schlechten Dinge aber sind wir als die Wählenden, Gott ist unschuldig."[88]

Auf der einen Seite weiß Porphyrios sich abhängig von Gott in seinem Tun, aber dies entläßt ihn, und das sagt er seiner Frau, nicht aus der Verantwortung. Das Lebenswahlmotiv steht für die individuelle Verantwortung und nicht für Bedingungen, die jenseits unseres Lebens gesetzt sind. Verantwortung impliziert weniger die Freiheit einer ungehinderten Wahl, als vielmehr die Verantwortung für Tatfolgen. Gerade diese Tatfolgen aber verbinden Nemesios, PsPlutarch und Calcidius,[89] die in ähnlicher Weise mit dem Lebenswahlmotiv nicht die präexistenten Bedingungen unseres Lebens ansprechen, mit dem Begriff Heimarmene. Indem Euseb im Unterschied zu Origenes auf die Präexistenzvorstellungen verzichtet, geraten seine Ausführungen in die Nähe des platonischen Heimarmenebegriffs. Mit der Heimarmene, die nicht die prädisponierenden Ursachen, sondern die Tatfolgen meint, setzt sich Euseb allerdings ebensowenig auseinander wie mit der platonischen Unterordnung der Heimarmene unter die Pronoia. Euseb ersetzt den deterministischen Begriff der Heimarmene durch den Begriff Pronoia. Er begründet mit der Verantwortung die Freiheit des Menschen. Aber warum sind die Menschen verantwortlich? Warum belohnt man die einen Handlungen und tadelt die anderen? Eine der für Euseb offensichtlichen Veränderungen, die mit dem Christentum eingetreten sind, besteht darin, daß die Menschen sich dieser Verantwortung bewußt geworden sind,[90] und zwar in der Überzeugung, wie auch Porphyrios es formuliert, daß Gott Beobachter und Aufseher, ἐπόπτης καὶ ἔφορος, des Tuns ist. Dieser Gedanke ist häufig belegt. Epiktet schreibt:

„In der Gegenwart eines Götterstandsbildes dürftest du wohl nicht wagen etwas von dem zu tun, was du tust. Gott selbst aber ist von innen in dir gegenwärtig und sieht und hört alles, und du schämst dich nicht, dieses zu denken und zu tun? Du, der du deine eigene Natur nicht kennst und Gott verhaßt bist."[91]

Gott sieht und hört und zwar nicht nur unser Tun, sondern ebenso die Gedanken.[92] Vor Gott ist nichts verborgen,[93] alles ist Gott offenbar. Gott ist gegen-

---

[88] Marc. 12,S.112.13-16: Πάσης πράξεως καὶ παντὸς ἔργου καὶ λόγου θεὸς ἐπόπτης παρέστω καὶ ἔφορος. Καὶ πάντων, ὧν πράττομεν ἀγαθῶν, τὸν θεὸν αἴτιον ἡγώμεθα· Τῶν δὲ κακῶν αἴτιοι ἡμεῖς ἐσμεν οἱ ἑλόμενοι, θεὸς δὲ ἀναίτιος.

[89] Siehe oben S.197-200.

[90] PE 1,4,9-15. Vgl. Philon, mut. 216f.

[91] diss. 2,8,14: Καὶ ἀγάλματος μὲν τοῦ θεοῦ παρόντος οὐκ ἂν τολμήσαις τι τούτων ποιεῖν ὧν ποιεῖς. Αὐτοῦ δὲ τοῦ θεοῦ παρόντος ἔσωθεν καὶ ἐφορῶντος πάντα καὶ ἐπακούοντος οὐκ αἰσχύνῃ ταῦτα ἐνθυμούμενος καὶ ποιῶν, ἀναίσθητε τῆς αὐτοῦ φύσεως καὶ θεοχόλωτε; Vgl. diss. 1,141; außerdem Theophrast, piet. fr.12.60-64.

[92] Vgl. Josephos, BJ 5,413, c.Apion. 2,181, Philon, virt. 57, Abr. 104, Jos. 265, Clemens von Alexandrien, strom. 6,17,156,5; Origenes, c.Cels. 7,51,S.202.11-15.

wärtig, aber diese Gegenwart gehört zu seinem Amt als Aufseher.[94] Justin hat diesen Gedanken ausgeführt.[95] Er findet sich im 1. Clemensbrief und bei Origenes, hier allerdings ohne die homerische Wendung vom Sehen und Hören Gottes.[96] Bei Euseb begegnet wiederum dieser Gedanke und geht eine enge Verbindung mit dem Begriff Pronoia ein. In PE 7,11,4 schreibt Euseb:

> „Eine solche ist die hebräische Theologie, sie lehrt, daß alles durch den schöpferischen Logos Gottes seinen Bestand hat. Sie lehrt dann, daß der ganze Kosmos nicht so von dem, der ihn eingerichtet hat, verlassen ist wie eine Waise von dem Vater zurückgelassen wird, sondern daß er auf immer von der Pronoia Gottes geleitet wird. Sie lehrt, daß Gott nicht nur der Schöpfer und Meister des Alls ist, sondern auch der Bewahrer, Verwalter, König und Herrscher ist und selbst der Sonne, dem Mond und den Sternen, dem ganzen Himmel und Kosmos ewig vorsteht und durch das große Auge und die göttliche Kraft alles sieht und allem Himmlischen und Irdischen gegenwärtig ist und alles im Kosmos ordnet und lenkt."[97]

Gott ist Schöpfer, Bewahrer, Verwalter, König und Herrscher. In einer ähnlichen Reihe von königlichen Titeln spricht Aelius Aristides von Gott als εὐεργρέτης καὶ προστάτης καὶ ἔφορος.[98] Euseb bricht die Reihe der Titel ab und geht zu einer Beschreibung über. Gott stehe über allem, er sehe alles, er sei gegenwärtig, und er verwalte und ordne alles. Es sei die Gegenwart des Richters, der als Richter genau hinschaut und den all die fürchten, über welchen die Drohung stehe, daß Gott im Unterschied zu den menschlichen Richtern nichts entgeht.[99] Theophilos zitiert die

---

[93] Vgl. auch Platon, rep. 365D-E.

[94] Vgl. den Zusammenhang bei Cornutus, nat.deor.9,S.9.18-21: ἐπειδὴ διατέτακεν εἰς πᾶσαν δύναμιν καὶ σχέσιν καὶ πάντων αἴτιος καὶ ἐπόπτης ἐστιν. οὕτω δ᾽ ἐρρήθη καὶ τῆς Δίκης πατὴρ εἶναι in 11,S.11.20 folgt: πάντ᾽ ἐφορᾷ Διὸς ὀφθαλμὸς καὶ πάντ᾽ ἐπακούει mit folgender Erklärung: πῶς γὰρ οἷόν τέ ἐστι τὴν διὰ πάντων διήκουσαν δύναμιν λανθάνειν τι τῶν ἐν τῷ κόσμῳ γινομένων;

[95] Justin, dial 127,2: Ὁ γὰρ ἄρρητος πατὴρ καὶ κύριος τῶν πάντων οὔτε ποι ἀφῖκται οὔτε περιπατεῖ οὔτε καθεύδει οὔτε ἀνίσταται, ἀλλ᾽ ἐν τῇ αὐτοῦ χώρᾳ, ὅπου πότ᾽ <ἐστι>, μένει, ὀξὺ ὁρῶν καὶ ὀξὺ ἀκούων (οὐκ ὀφθαλμοῖς οὐδὲ ὠσὶν, ἀλλὰ δυνάμει ἀλέκτῳ)· καὶ πάντα ἐφορᾷ καὶ πάντα γινώσκει, καὶ οὐδεὶς ἡμῶν λέληθεν αὐτόν· οὐδ᾽ <ἐστι> κινούμενος ὁ τόπῳ τε ἀχώρητος καὶ τῷ κόσμῳ ὅλῳ, ὅς γε ἦν καὶ πρὶν τὸν κόσμον γενέσθαι. Vgl. Justin, apol.mai. 12,3,S.48.11f; Ignatius, ep.ad Eph. 15,3, Athenagoras, leg. 31,2.21-24, Irenaeus 3,24,2-25,3, Clemens von Alexandrien, strom. 6,17,156,5-7, Origenes, c.Cels. 8,53, Aristeasbrief 132.

[96] 1 Clem 21,2; Origenes, or. 8,2.

[97] τοιαύτη μὲν ἡ καθ᾽ Ἑβραίους θεολογία, λόγῳ θεοῦ δημιουργικῷ τὰ πάντα συνεστάναι παιδεύουσα. ἔπειτα δὲ οὐχ ὧδε ἔρημον ὡς ὀρφανὸν ὑπὸ πατρὸς καταλειφθέντα τὸν σύμπαντα κόσμον ὑπὸ τοῦ συστησαμένου διδάσκει, ἀλλ᾽ εἰς τὸ ἀεὶ ὑπὸ τῆς τοῦ θεοῦ προνοίας αὐτὸν διοικεῖσθαι, ὡς μὴ μόνον δημιουργὸν εἶναι τῶν ὅλων καὶ ποιητὴν τὸν θεόν, ἀλλὰ καὶ σωτῆρα καὶ διοικητὴν καὶ βασιλέα καὶ ἡγεμόνα, ἡλίῳ αὐτῷ καὶ σελήνῃ καὶ ἄστροις καὶ τῷ σύμπαντι οὐρανῷ τε καὶ κόσμῳ δι᾽ αἰῶνος ἐπιστατοῦντα μεγάλῳ τε ὀφθαλμῷ καὶ ἐνθέῳ δυνάμει πάντ᾽ ἐφορῶντα καὶ τοῖς πᾶσιν οὐρανίοις τε καὶ ἐπιγείοις ἐπιπαρόντα καὶ τὰ πάντα ἐν κόσμῳ διατάττοντά τε καὶ διοικοῦντα.

[98] 43,29 (An Zeus, Keil): οὗτος ἁπάντων εὐεργέτης καὶ προστάτης καὶ ἔφορος, οὗτος πρύτανις καὶ ἡγεμὼν καὶ ταμίας ὄντων τε καὶ γιγνομένων ἁπάντων, οὗτος δοτὴρ ἁπάντων, οὗτος ποιητής.

[99] Vgl. Justin, apol.mai. 12, PsAthenagoras, res. 19,2f, Clemens von Alexandrien, strom. 7,2,12,5.

Sibylle mit der Furcht und dem Zittern vor diesem allwissenden Beobachter, der immer da ist und der alles erblickt.[100] Eusebs Formulierung, daß Gott mit dem großen Auge alles sieht,[101] weist im Vergleich mit Philon allerdings noch weitere Bezüge auf. Auch Philon bezeichnet den Richter als ἔφορος und ἐπίσκοπος,[102] aber es fällt auf, daß Philon das Verb ἐφορᾶν häufig mit dem Subjekt der Gerechtigkeit (δίκη) verbindet.[103] Die Dike ist die Aufseherin der menschlichen Handlungen. Die Metapher vom Auge der Dike wird im 2. und 3. Jahrhundert in Zitaten aus den Tragikern erwähnt.[104]

Insbesondere auf dem Hintergrund von Origenes stellte sich die Frage, wie Euseb sich auf den distributiven Aspekt von Pronoia bezieht. Euseb nimmt diese Bedeutung auf, wenn er von Gottes Pronoia wie von der Dike spricht. Die Figuren der Dike und der Pronoia werden gleichsam in dieselbe Form gegossen. In Contra Hieroclem wird Gottes Pronoia von der Dike begleitet. Euseb erklärt zunächst, daß Gottes Pronoia durch Gesetze über das All herrscht,[105] und auf dieses herrschende Prinzip bezieht Euseb das platonische Zitat aus leg. 716a von der Dike, die ihm rächend, die Gesetzesübertretungen ahndend nachfolge.[106] In PE 1,4 ordnet Euseb der Pronoia das Verb zu, das der Gerechtigkeit, der Dike, gehört. Er nennt Unsterblichkeit der Seele, Pronoia, Gericht Gottes und Lebensführung als die elementaren Themen christlicher Bildung,[107] und erläutert, daß die

---

[100]Theophilos 2,36.S.89.6f

[101]Vgl. auch Laus Const. 8,S.216.22-29. Euseb spricht hier allerdings vom eher platonischen ὄμμα und nicht vom ὀφθαλμός: ... ὄμματι βασιλικῷ περιεσκόπει.

[102]Mut. 39, opif. 11, virt. 200.

[103]Prob. 89, Flacc. 146, spec. 3,19; 3,129, vgl. Jos. 48, conf. 121.

[104]Theophilos 2,37.19 (Zitat aus dem Tragiker Dionysios), Clemens von Alexandrien, strom. 5,14,121,1f.

[105]C.Hier. 47.7f.

[106]C.Hier. 47.20-22. Leg. 715E-716A wird häufiger zitiert von Clemens von Alexandrien in prot. 6,69,4, strom. 2,132,2; von Celsus in c.Cels. 6,15,S.85.9-15, Plutarch, adv.Col. 1124F, PsAristoteles, mund. 7,401b 24-28, Euseb, PE 11,13,5, Theodoret von Kyrrhos, cur. 6,26. Die Frage ist, wem folgt die Dike? Nach Euseb folgt sie auf τὸ τῶν ὅλων δεσπόζον τε καὶ ἡγεμονοῦν. Die Einbindung, in der dann auch der Begriff der Pronoia erscheint, ist interessant und die Zusammenstellung von leg. 716a und Pronoia selten. Der Zusammenhang, in dem Plutarch das Zitat aufnimmt, kommt Euseb nahe, aber nicht unbedingt dem Text in c.Hier. Eine kurze Anspielung auf leg. 716a und ein Beleg, in dem die Dike auf die Pronoia folgt, findet sich bei Hierokles (Photios, bibl. 214,172b 1-4): Καὶ ταύτην τὴν πατρονομικὴν αὐτοῦ βασιλείαν πρόνοιαν καὶ νομίζεσθαι καὶ εἶναι, ἥτις ἑκάστῳ γένει τὰ προσήκοντα διανέμει. Τὴν μέντοι γε τῇ προνοίᾳ συνεπομένην δίκην εἱμαρμένη καλεῖσθαι. Vgl. Photios, bibl. 251,461b 20-23.

[107] PE 1,4,15: οἷον δὲ καὶ τὸ καθόλου πάντας ἀνθρώπους, τοὺς ἐν πᾶσιν τοῖς ἔθνεσιν, ἐκ τῶν τοῦ σωτῆρος ἡμῶν μαθημάτων περὶ θεοῦ προνοίας ὡς ἐφορώσης τὰ σύμπαντα ὑγιῶς καὶ ἐρρωμένως φρονεῖν παιδεύεσθαι, καὶ τὸ πᾶσαν ψυχὴν μανθάνειν τὸν περὶ δικαιωτηρίου καὶ κρίσεως θεοῦ λόγον, καὶ τὸ πεφροντισμένως ζῆν καὶ φυλακτικῶς ἔχειν τῶν τῆς κακίας ἐπιτηδευμάτων. Vgl. PE 1,5,3. Eine ähnliche Auflistung von Themen, unter denen ebensfalls die Pronoia Gottes genannt wird, findet sich bei Clemens von Alexandrien, strom. 1,11,52,3: Ἡ γὰρ ἀκόλουθος Χριστῷ διδασκαλία καὶ τὸν δημιουργὸν ἐκθειάζει καὶ τὴν πρόνοιαν μέχρι τῶν κατὰ μέρος ἄγει καὶ τρεπτὴν

Pronoia[108] alles überblicke und beaufsichtige (ἐφορᾶν).[109] Euseb hält daran fest, daß hierin die Grundlage christlicher Identität beschrieben ist. Ungefähr zwanzig Jahre später, am Ende seines Lebens, wiederholt Euseb diese Sätze aus dem ersten Buch der Praeparatio Evangelica. Euseb spricht wiederum von dem Auge der Dike, die alles sieht. Die Begriffe Pronoia und Dike scheinen für Euseb austauschbar zu sein.

> „Wer hat barbarische und bäurische Männer, Frauen und Kinder, den Stand des Hauspersonals und die unendliche Menge zahlloser Völker gelehrt, den Tod zu verachten und gewiß zu sein, daß ihre Seele unsterblich ist, daß das Auge der Dike die Aufseherin über die menschlichen Angelegenheiten, über fromme und gottlose ist, das Gericht Gottes zu erwarten, und daß es daher nötig ist, sich um ein gerechtes und anständiges Leben zu bemühen?"[110]

Diese Nähe zwischen Pronoia und Dike geht ebenso aus dem Bericht Eusebs über die Märtyrer Palästinas und aus seiner Kirchengeschichte hervor. Nach mart.Pal. 7,7 ist es die Dike, die das Unrecht ahndet, und die Rache, welche sie dereinst für sein brutales Vorgehen gegen die Christen an dem Verantwortlichen, Urbanos, nehmen wird, ist nach Euseb bereits an der Strafe deutlich geworden, die Urbanos zu Lebzeiten ereilte. Nach mart.Pal. 11,31 ist es die himmlische Pronoia, die gottlose Herrscher und Tyrannen verfolgt.[111] Nach Kirchengeschichte 6,9,7 ist es wiederum das große Auge der Dike, das bei den Machenschaften nicht ruhig bleibt, sondern die Gottlosen bemerkt. Diese wollten unentdeckt bleiben und forderten mit ihren Falschaussagen die göttliche Strafe heraus. Bei den Verleumdern handelt es sich hier um böse Christen-„Menschlein", die Böses gegen einen nach Euseb besonders ehrenwerten Bischof im Sinn hatten, und die Gerechtigkeit

---

καὶ γενητὴν οἶδεν τὴν τῶν στοιχείων φύσιν καὶ πολιτεύεσθαι εἰς δύναμιν ἐξομοιωτικὴν τῷ θεῷ διδάσκει καὶ τὴν οἰκονομίαν ὡς ἡγεμονικὸν τῆς ἁπάσης προσίεσθαι παιδείας.

[108] In dieser Verbindung περὶ θεοῦ προνοίας ὡς ἐφορώσης τὰ σύμπαντα zu sprechen, war selten, ist aber bei Philon (leg. 336: προνοίᾳ δέ τινι καὶ ἐπιμελείᾳ τοῦ πάντα ἐφορῶντος καὶ σὺν δίκῃ πρυτανεύοντος θεοῦ ...) und Clemens von Alexandrien, strom. 7,2,8,3 belegt.

[109] PE 1,4,15, vgl. zu Ps 93 com.in Ps, PG23,1196C-1197A, vgl. Basileios von Caesarea, hom.psalm., PG29,453D-455A.

[110] Laus Const. 17,6,S.255.23-28: τίς βαρβάρους καὶ ἀγροίκους ἄνδρας γύναιά τε καὶ παῖδας καὶ οἰκετῶν γένη πλήθη τε μυρία μυρίων ἐθνῶν θανάτου μὲν καταφρονεῖν ἐδίδαξεν ἀθάνατον δὲ πεπεῖσθαι εἶναι τὴν αὐτῶν ψυχήν, καὶ δίκης ὀφθαλμὸν ὑπάρχειν ἔφορον τῶν ἀνθρωπίνων πραγμάτων εὐσεβῶν τε καὶ ἀσεβῶν, δικαιωτήρια <τε> θεοῦ προσδοκᾶν, καὶ τούτων ἕνεκα δικαίου καὶ σώφρονος δεῖν ἐπιμελεῖσθαι βίου.

[111] Vgl. HE 8,13,9 und 9,10,13-15. Hierzu siehe G.W. TROMPF, The logic of retribution in Eusebius of Caesarea, in: History and historians in late antiquity, hrsg.v. B. Croke/ A.M. Emmett, Sydney/ Oxford/ New York 1983, S.132-146. Trompf schreibt (S.134): „One must concede, on the other hand, that retributive logic holds a central place in his historiographical hermeneutic because he felt so bound to explain why divine Providence was actually working in favour of Christianity rather than for its opponents."

richtet sich hier entsprechend gegen Christen. Nach Euseb ist dem Wirken der göttlichen Pronoia zuzuschreiben, daß Bischof Alexander die Verfolgungen überlebt.[112] Euseb war Augenzeuge, wie im Stadion die Bestien sich den Märtyrern nicht nähern, sie nicht anrühren und, nach Euseb von der Pronoia zurückgehalten, ihnen kein Leid antun.[113] Ist es hinreichend, in Einzelfällen das Wirken des gütigen Gottes zu erkennen? Muß man nicht angesichts der Martyrien der Vorstellung vom fürsorglichen Gott widersprechen? Euseb spricht von göttlicher Pronoia auch angesichts des unmittelbaren Endes der brutalen Verfolgungen. Folgendes ist dabei zu beachten.

Erstens: Euseb spricht mit größter Hochachtung von den Märtyrern. Diese Frauen und Männer haben die Kraft, das Martyrium zu ertragen,[114] in der Gewißheit von der göttlichen Wirklichkeit, die Euseb mit Pronoia beschreibt. Christentum hat für Euseb mit einer Lebensführung zu tun, die nur mit dieser Grundgewißheit möglich ist. Euseb spricht von den ländlichen Unterschichten, die durch ihr Leben eine Lehre vom Christentum sind, und kennzeichnet ihr Christentum durch die Furchtlosigkeit vor dem Tod, durch die Kenntnis von der Pronoia Gottes[115] und vom Gericht und durch das Bemühen um ein ordentliches Leben. Von diesen einfachen Christen, die sehr genau wissen, was das Christliche ist, führt der Weg zu den Märtyrern. Sie sind das authentischere Beispiel desselben Glaubens, ihnen gehört der Respekt in höchsten Maß, aber es ist die gleiche Grundgewißheit, die in dem Leben der vielen einfachen Christen und bei den Märtyrern zum Tragen kommt. Die Gewißheit von der Gegenwart Gottes macht sie furchtlos, gibt ihnen den Freimut zu sprechen[116] und läßt sie auf eine letzte Gerechtigkeit hoffen. Die Opfer ertragen das Unrecht in der Überzeugung, daß Gott dieses Unrecht sieht, und in dieser Überzeugung sind sie Opfer, aber überwinden ihre Ohnmacht. Euseb spricht vom Sieg der Märtyrer. In der Zeit der Verfolgung wußten die Christen mit Gewalt, Unrecht und Mord zu leben, und gerade in die Verfolgungszeit gehört der Glaube an die göttliche Pronoia. In dem Versprechen der Gerechtigkeit

---

[112]HE 6,8,7.

[113]HE 8,7,2-6, vgl. 8.16,1f.

[114]Vgl. mart.Pal. 2,3,S.909.20-24; 9,3.

[115]Bei Athenagoras, leg. 11,3-12,1 findet sich der gleiche Gedankengang wie bei Euseb, PE 1,4,9-15. Der Unterschied zu Euseb besteht darin, daß in dem Text Athenagoras' der Begriff Pronoia nicht vorkommt. Nach Athenagoras geben einfache Leute, Handwerker und alte Frauen (vgl. PE 1,1,6; 1,4,11,S.18.7-9; 1,4,14,S.19.5f) durch ihr Handeln Rechenschaft von der Bedeutung der christlichen Lehre (leg. 11,3,S.43.24-26, vgl. PE 1,4,14,S.19.6-8). In der Überzeugung, daß Gott über den Menschen stehe (ἐφεστηκέναι θεὸν τῷ τῶν ἀνθρώπων γένει, leg. 12,1,S.44.1), und in der Gewißheit, daß sie dem Schöpfer der Menschen und des Kosmos als Richter begegnen werden und von ihm als Richter den Lohn für dieses erhalten werden, wählen sie bewußt ihr Leben.

[116]Mart.Pal. 4,9.

liegt die Stärke der Pronoia. Es ist der gleiche Zusammenhang, in dem die verfolgten Juden in Alexandrien, als sie von der Verhaftung des Flaccus hören, die
Hände erheben und den Gott preisen, der der Aufseher (ἔφορος) über die menschlichen Dinge ist.[117] Philon interpretiert das Ende der Pogrome, Verbannung und
Tod des Flaccus ähnlich wie Euseb. Die Dike kämpft nach Philon für die Opfer[118]
und deren Befreiung ist Zeichen göttlicher Pronoia.[119]

Zweitens: Das Auge der Pronoia gibt den Opfern ihre Würde zurück, aber warum mußten sie zu Opfern werden? Nach Euseb sind die Christen keine unschul-
digen Opfer. Euseb erinnert an die kirchlichen Mißstände, und dann, so Euseb,
entfachte das göttliche Gericht wieder sein Aufsichtsamt, und die Verfolgung
begann. Statt daß „wir" aber guten Mutes waren, daß Gott sich freundlich zeigen
werde, dachten „wir" wie gewisse Gottlose, daß die menschlichen Dinge ohne
Aufsicht und Fürsorge seien. Die Pastoren häuften Schlechtigkeiten nur an, und
Streit und Zank wütete unter ihnen.[120] Euseb beschreibt einen Zirkel. Die Mißstände in den Kirchen haben Folgen. Die Christen verlieren die Zuversicht in die
Pronoia Gottes, können ihre Erfahrung nicht mehr mit der göttlichen Pronoia
zusammenbringen, und haben sie dann den Glauben an die Pronoia verloren, an
Gottes Güte, Gegenwart und Richter-Sein, verliert ihr Leben die Struktur, und
fehlt den Klerikern die moralische Aufrichtigkeit. Euseb deckt eine Entsprechung
zwischen den Zuständen in der Kirche und der Länge der Verfolgung auf. Im
Westen dauerte die Verfolgung nicht einmal ganze zwei Jahre, weil die himmlische
Pronoia, so Euseb, wegen der Einfachheit und des Glaubens die Menschen schon-
te.[121] Im Osten bestand dazu nach Euseb also noch lange kein Grund.

Der Gedankengang kreist geradezu um die Aussagen zur göttlichen Pronoia.
Das Ende der Verfolgung wird als fürsorgliche Zuwendung Gottes verstanden, die
Verfolgung als Gericht Gottes über die Christen, das nötig wurde, weil die Kirche
mit dem Glauben an die göttliche Pronoia ihr Rückgrat verlor. Die Sätze enthalten
eine Kritik am Klerus. Die innerkirchlichen Intriganten, so Euseb, schließen sich
der atheistischen Mißachtung der Pronoia an. Damit sind sie bereits in einer Situation, in der sie das Wirken Gottes nicht sehen können und fragen: Wie kann man
angesichts der Verfolgung von Gottes Fürsorge sprechen? Die Fragenden haben
sicher nicht das Strahlen der Märtyrer auf den Gesichtern,[122] sie „siegen" nicht, sie
sind kraftlos und machtlos den Dingen ausgeliefert. Ganz anders die Märtyrer. Sie

---

[117]Flacc. 121.
[118]Flacc. 104.
[119]Flacc. 126.
[120]HE 8,1,7f.
[121]Mart.Pal. 13,11f.
[122]Vgl. mart.Pal. 11,19,S.941.4-8.

gestalten nicht nur verantwortlich ihr Leben, sondern sie haben die Kraft, das Unrecht zu ertragen, und stehen in dem Bewußtsein, daß Gott es sieht, vor den brutalsten Richtern. Die Märtyrer waren die Stärke der Kirche, und sie zeigen nach Euseb, worin die Stärke der Christen liegt. Die Frage der Pronoia ist eine Frage des προυθυμούμεθα,[123] des fröhlichen Gewißseins und der Macht der Machtlosen.

Für Euseb läßt sich der Begriff Pronoia, ist er einmal in Zweifel gezogen, nicht durch ein Argument wiederherstellen. Anfragen daran, ob Gott überhaupt Pronoia übt und ob Gottes Pronoia den menschlichen Erfahrungsbereich berührt, lassen sich nur dadurch beantworten, daß Euseb auf einzelne Menschen und ihre Gewißheit von der göttlichen Pronoia hinweist, insbesondere auf die Beispiele der Märtyrer. Anders als Clemens von Alexandrien erklärt Euseb nicht den Sinn des Gerichts. Die Pädagogie Gottes fehlt im Gedankengang Eusebs. Etwas Spezifisches, das Euseb mit Origenes im Zusammenhang mit der Beschreibung göttlicher Pronoia teilt, ist kaum zu benennen.

Gegen Hierokles kritisiert Euseb das deterministische Konzept der Heimarmene. Aber war dieses Konzept überhaupt strittig?[124] Führt gerade Euseb, um die Thesen Dörries aufzunehmen,[125] Scheingefechte und wendet sich wie viele andere auch gegen die Heimarmene, ohne aber zu sagen, daß auch der Begriff der Pronoia umstritten war? Umgeht Euseb nicht im Sinne dieser apologetischen Unaufrichtigkeit sämtliche Fragen, ohne seine eigene Position zu bestimmen?

Mit dem Hinweis auf die Verantwortung des Menschen in dem Wissen, Gott gegenüber zur Rechenschaft verpflichtet zu sein, reagiert Euseb zugleich auf Fatalismus und Epikureismus. Von Gott als Aufseher und Richter sprachen Aelius Aristides, Epiktet und Porphyrios nicht anders als Euseb. Eusebs Äußerungen erhalten ihre Zuspitzung nicht im Vergleich und auch nicht in der Auseinandersetzung mit Epiktet oder Porphyrios, sondern im kirchlichen Raum. Euseb spricht die Sprache einer inzwischen jahrhundertealten Debatte, allerdings nicht, weil seine paganen Adressaten daran gewöhnt waren, eine bestimmte Form der Widerlegung Epikurs zu hören, sondern weil die Kritik an der epikureischen Betrachtungsweise in Eusebs Analyse kirchlicher Wirklichkeit paßt. In diesem Zusammenhang bezeugen für Euseb die Märtyrer, daß das Auge Gottes, das in das Innere des Menschen blickt, sich auf den einzelnen bezieht. Es bedarf keiner Reflexion, daß Gott auf die Einzelheiten der Geschichte einwirkt, wenn Euseb die Beispiele

---

[123]HE 8,1,8.
[124]PsPlutarch führt am Ende seiner Schrift De fato aus, daß es ein anderes Verständnis vom Begriff Heimarmene als sein eigenes gibt, das er aufrichtigerweise nennen will. Auch für PsPlutarch stellt das deterministische Konzept der Heimarmene also ein Gegenüber dar (574A).
[125]H. Dörrie, Die andere Theologie, a.a.O., vgl. oben S.84-86.

nennt. Die Gewißheit der Märtyrer und Gottes richterliches Handeln in der Geschichte aber haben wenig zu tun mit der kosmischen, universalen Pronoia. Euseb
nähert sich den verschiedenen Aspekten des Begriffs von verschiedenen Seiten,
ohne noch einmal wie Origenes ein kohärentes Ganzes zu schaffen.

3. „Er ist die universale Pronoia,
der eingeborene Gott, der aus Gott gezeugte Logos" (Laus Const. 12,7)

Die Äußerungen Eusebs zur göttlichen Pronoia gewinnen ihre Geschlossenheit
durch die Wiederholung. Euseb nimmt einmal Gedachtes wieder auf, er kommt
immer wieder auf den Gedanken einer universalen kosmischen Pronoia zurück,
führt ihn fort und verändert ihn, wie im folgenden gezeigt werden soll. Eine
deutliche Linie zieht sich durch die Texte, von der Praeparatio Evangelica und von
Contra Hieroclem zu den Schriften Theophanie und einem als zweiten Teil der
Laus Constantini überlieferten Text, der mit der Enkaenienfeier in Jerusalem 335
im Zusammenhang steht und den Schwartz zutreffend als eine „für heidnische
Leser bestimmte Einführung in das Christentum" bezeichnet hat.[126]

Im dritten Buch der Praeparatio Evangelica setzt Euseb sich mit Porphyrios'
Interpretation eines orphischen Zeus-Hymnus auseinander. Porphyrios geht in
seiner Interpretation eine Statue vom Kopf bis zu den Füßen durch und erkennt in
den einzelnen Teilen Metaphern für göttliche Eigenschaften. Euseb liest in dieser
Interpretation, daß Porphyrios Zeus nicht vom sichtbaren Kosmos unterscheide,[127] der in der stoischen Metapher des großen Lebewesens erscheine. Gott werde
irrtümlich mit einem Körper und die schöpferische Kraft, der Nus, mit dem feurigen Element identifiziert, das die Stoiker für das Hegemonikon der Welt halten.[128] Nach Euseb basieren die religiösen Äußerungen eines solchen Hymnus, wie
ihn Porphyrios zitiert, auf den stoischen Elementarlehren, und Euseb nimmt sich
diese zum Gegenüber seiner Kritik. Gegen die Stoa, insbesondere aber gegen Porphyrios, betont Euseb die Unterschiedenheit des Vaters und Schöpfers von seiner
Schöpfung.[129] Gott sei nicht wie die Seele eines Lebewesens in der Welt gegenwärtig, er sei nicht der Nus der Welt oder der Kopf eines großen Körpers.[130] Die
Metaphern von der Seele und vom Nus dürfen nach Euseb nicht im Sinne stoi-

---

[126]Eusebios von Caesarea, in: PRE 6 (1907), S.1429 (1370-1439).
[127]PE 3,9,6.
[128]PE 3,9,9f.
[129]PE 3,10,4.
[130]PE 3,9,6; 3,10,4f.

scher Immanenz mißverstanden werden.[131] Dennoch will auch Euseb die Welten
nicht trennen. Wie aber kann der transzendente Gott, jenseits der Welt, zugleich in
der Welt gegenwärtig sein? Euseb unterscheidet in PE 3,10 Gottes Wesen und
Gottes Wirken und schreibt, daß Gott durch seine Pronoia in der Welt gegenwärtig ist.[132] Gott, der Allkönig des Alls, so Euseb, trenne die Erde nicht von seiner Pronoia, vielmehr steigen die fürsorglichen Kräfte seiner Gottheit herab auf
die Erde.[133]

Indem Euseb an dieser Stelle von der Pronoia Gottes spricht, wird deutlich,
daß der Begriff Pronoia die Aufgabe hat, eine Vermittlung zwischen dem transzendenten Gott und der innerweltlichen Wirklichkeit zu beschreiben. Welche
Alternative stellt der Begriff Pronoia dar? Wenn Euseb wegen der stoischen Assoziationen die Identifikation Gottes mit der Weltseele meidet, was bedeutet dann
Pronoia? Mit der Transformation der kosmisch-universalen Pronoia hinein in das
Umfeld jedes einzelnen Menschen beschäftigte sich die Diskussion um die individuelle Pronoia. Die gleiche Frage der Vermittlung aber wurde aufgenommen in
dem unterschiedlich ausformulierten platonischen Gedanken der gestuften Pronoia. Euseb scheint von diesem Gedanken nicht unbeeinflußt zu sein, da er mit
diesen Platonikern zwei grundlegende Fragen teilt: Läßt sich mit der Vorstellung
von dem höchsten und ersten Gott Pronoia verbinden? Ist es angemessen, das
Wirken der Dämonen mit Pronoia zu bezeichnen? Euseb wird beide Fragen negativ beantworten. Aus den fürsorglichen Kräften in PE 3,10,7 werden keine Pronoia-übenden Dämonen, und in Laus Constantini wird Euseb nicht dem höchsten
Gott Pronoia zuschreiben, sondern den Logos mit der Pronoia identifizieren.

In Laus Constantini 12,7 heißt es: „Er ist die universale Pronoia, er ist es, der
für das All sorgt und es auf den richtigen Weg bringt, er ist die Kraft Gottes und
die Weisheit Gottes, er ist der eingeborene Gott, der aus Gott gezeugte Logos,"[134]
der johanneische Logos und Schöpfungsmittler.[135] Der Himmel mag den Thron

---

[131]Vgl. Origenes, c.Cels. 6,71.

[132]PE 3,10,5.

[133]PE 3,10,7.

[134]Laus Const. 12,S.231.17-22: ... οὗτος ἡ καθόλου πρόνοια, κηδεμὼν οὗτος καὶ διορθωτὴς τοῦ
παντός, οὗτος θεοῦ δύναμις καὶ θεοῦ σοφία, οὗτος μονογενὴς θεός, ἐκ θεοῦ γεγεννημένος λόγος· «
ἐν ἀρχῇ γὰρ ἦν ὁ λόγος, καὶ ὁ λόγος ἦν πρὸς τὸν θεόν, καὶ θεὸς ἦν ὁ λόγος· πάντα δι᾽ αὐτοῦ
ἐγένετο, καὶ χωρὶς αὐτοῦ ἐγένετο οὐδὲ ἓν ὃ γέγονε ...» Der Abschnitt findet sich in der syrischen
Theophanie. Gressmann übersetzt den syrischen Text folgendermaßen: „Er ist die über alles
(waltende) Vorsehung, er ist der Pfleger und Lenker des Alls, er ist die Kraft Gottes und die
Weisheit Gottes, er ist der Eingeborene, der Sohn Gottes, der Gott aus Gott Gezeugte, das
Wort. ‚Denn im Anfang war das Wort und das Wort war bei Gott und Gott war das Wort. Alles
ist durch dasselbe geworden und ohne dasselbe ist nichts'". (S.47.16-21). Siehe auch Laus
Const. 13,S.235.14-21. Vgl. PsPlaton, epin. 986C zitiert von Euseb PE 11,16,1.

[135]Vgl. Eusebs Interpretation der Sprachenverwirrung durch den Logos in Gen 11 in ecl.proph.
PG22,1028A: Λείπεται δὴ νοεῖν τὸν θεῖον Λόγον καὶ διὰ τῶν προκειμένων δηλοῦσθαι. Οὗτος δὴ

von Gottes Königreich darstellen und die Erde einen Fußschemel,[136] Gott selbst aber, den Vater,[137] nennt Euseb den transzendenten Gott (ὁ τῶν ὅλων ἐπέκεινα θεός),[138] den ersten Gott (ὁ πρῶτος θεός).[139] In Laus Constantini verwendet Euseb Jes 66,1 in gleicher Weise wie in der Kritik gegen Porphyrios in PE 3,10. Mit Jes 66,1 hält Euseb die Bereiche auseinander, die in Porphyrios' Interpretation des orphischen Hymnus ineinanderfließen. Gegen den gleichen Fehler richtet sich die Kritik Eusebs in Laus Constantini. „Die einen nennen", so Euseb, „den Logos die Natur des Alls, andere die Weltseele oder die Heimarmene, wenn sie aber von dem Gott, der das All transzendiert, sprechen, vermischen sie, ich weiß nicht wie, das, was strikt getrennt ist."[140]

Euseb vermischt nicht die Welt und den transzendenten Gott und überträgt deshalb auch nicht Gott selbst die Sorge für die Welt. Gott sitzt nach Euseb gleichsam wie ein König in den inneren, der Außenwelt unzugänglichen Gemächern des Palastes. Und wie bei einem König genügt der Wille des Königs (μόνῃ τῇ θελητικῇ δυνάμει).[141] Wenn Euseb hier von Pronoia spräche,[142] würde Pronoia die Absicht des höchsten Gottes bedeuten, während Pronoia im Sinne der Fürsorge dem Zweiten, dem Logos[143] vorbehalten bliebe. Nach Laus Constantini aber gibt es nur die Pronoia des Logos, und die Distanz zu Gott selbst und seiner

---

[136]τὴν τῶν ἁπάντων πρόνοιάν τε καὶ οἰκονομίαν πρὸς τοῦ Πατρὸς ἐπιτετραμμένος οὐ πώποτε διέλειπεν τοτὲ μὲν δι᾽ ἑαυτοῦ, τοτὲ δὲ δι᾽ ὑπηρετῶν ἀγγέλων τῷ πατρικῷ βουλήματι τὰ συντείνοντα ἐπὶ τῇ τῶν ὅλων ὠφελείᾳ τε καὶ σωτηρίᾳ διακονούμενος.
Laus Const. 1,S.196.16-20, PE 3,10,6f.

[137]Vgl. DE 4,5,S.158.8.

[138]Laus Const. 12,S.231.28. Vgl. 1,1,5; 1,6,7; 11,12,4; 11,12,13; 11,17,5; 12,4,4; 12,8,3; 12,11,4;12,16,8; 13,5,22; PE 3,6,5,4; 3,10,1,2; DE 1,5,19,1; 5,13,5,2; 5,20,7,2; ecl.proph. PG22,1204B; c.Marc. 1,1,11,S.3.21; eccl.theol. 1,7,3,S.65.34; 1,12,1,S.70.27; 1,12,8, S.72.12f; 1,20,8,S.81.34; 2,14,6,S.115.16; 2,17,6,S.121.15f; 3,6,2,S.164.8; Com.in Jes. 2,46,S.355.6; vgl. com.in Ps. PG23,893D; 985B. Gegenüber der verbreiteten Wendung ἐπέκεινα τῆς οὐσίας verhält Euseb sich zurückhaltend. Sie begegnet dreimal: in einem Zitat von Plotin (PE 11,17,10,S.40.4) und von Platon, rep. 509B (PE 11,21,5,S.48.3, wieder aufgenommen S.48.7,15f), sowie in Eusebs Text in Laus Const. 11,S.227.7.

[139]Ecl.proph. PG22,1121B-C: Τούτων δ᾽ ἀναλεξόμεθα δι᾽ ὧν μανθάνομεν ὅτι δὴ ζῶον θεῖον καὶ πάντη τὴν φύσιν ἐνάρετον ἡ Σοφία τυγχάνει, ἡ αὐτὴ οὖσα τῷ μετὰ τὸν πρῶτον Θεὸν δευτέρῳ τῶν ὅλων αἰτίῳ, τῷ τε <ἐν ἀρχῇ πρὸς τὸν Θεὸν Θεῷ Λόγῳ,> καὶ τῇ διοικούσῃ καὶ οἰκονομούσῃ τὰ σύμπαντα, καὶ μέχρι τῶν ἐπὶ γῆς πραγμάτων φθανούσῃ προνοίᾳ τοῦ θεοῦ, ἢ καὶ πρὸ πάσης οὐσίας τε καὶ ὑποστάσεως ἔκτισται, ἀρχὴ ὁδῶν οὖσα τῆς ὅλης δημιουργίας. Siehe auch DE 5,4,S.225.30f, vgl. HE 2,13,14, Numenios in PE 11,18,1;18,7f; 18,14. Vgl. auch den Plural in PE 5,3,2,S.225.3; 7,2,2,S.364.10 als Ausdruck der Unkenntnis über (ὁ πρῶτος θεός).

[140]Laus Const. 11,S.229.12-15, Euseb hat den Satz wieder wörtlich aus der syr.Theophanie übernommen (1,20).

[141]Laus Const. 12,S.229.28-32, vgl. syr.theoph. 1,22, hier in Auseinandersetzung mit dem Begriff λόγος προφορικός.

[142]Vgl. Nemesios von Emesa, nat.hom. 42,S.125.6f: πρόνοιά ἐστι βούλησις θεοῦ, δι᾽ ἣν πάντα τὰ ὄντα τὴν πρόσφορον διεξαγωγὴν λαμβάνει.

[143]Laus Const. 1,S.198.23-27.

Transzendenz kommt gerade dadurch zum Ausdruck, daß Euseb dem höchsten Gott nicht die Pronoia für das All zuordnet. Gott, so faßt Euseb Laus Constantini 12 zusammen, ist der Höchste, der Ursprung aller Dinge; jenseits aller Möglichkeit, ihn zu erkennen, entzieht er sich jeder Beschreibung, jeden Namens, er ist größer als jede Vorstellung, er läßt sich von keinem Ort umfassen, er ist getrennt von jeder Körperlichkeit, und jede dienende Verwaltung ist ihm fremd (πάσης ἀλλότριον ὑπηρετικῆς οἰκονομίας)[144]. Pronoia kann daher nur die Aufgabe des Mittlers sein. Gott im Inneren des Palastes oder außerhalb der Welt braucht den Mittler,[145] und ohne den Mittler ist Gott nicht als ὁ τῶν ὅλων ἐπέκεινα θεός zu denken.

Während Euseb im dritten Buch der Praeparatio Evangelica mißverständliche Äußerungen zu Gott als Nus und Seele kritisiert, finden sich die kritisierten Bezeichnungen in Laus Constantini wieder, beschreiben jetzt aber das Wesen des Mittlers.[146] Das aus der Stoa entlehnte „Durchdringen" des Alls kennzeichnet in Laus Constantini das Wirken Logos.[147] Nach syr.Theophanie 1,25 gab „der jenseits von allem (stehende) Gott ... (ihn) dieser Welt als das vorzüglichste Geschenk wie eine Seele für den seelenlosen Leib." Wenn vom Logos und nicht von Gott selbst in den inneren Gemächern die Rede ist, kann Euseb durchaus die Terminologie aufnehmen, die das In-der-Welt-Sein Gottes beschreibt. In der Praeparatio Evangelica wird dem Logos als Mittler noch nicht die Pronoia übertragen.[148] Euseb entwickelt die Fragestellung erst, die ihn zu der Identifikation des Logos

---

[144]Laus Const. 12,S.229.20-27. Vgl. syr.theoph. S.45.12-14 in der Übersetzung Gressmanns: „Diesen allein als wahren Gott zu wissen, lehren die göttlichen Worte, (ihn) der von jeder οὐσία gesondert ist und jedem Verwaltungsdienst fremd ist." Vgl. in ecl.proph. PG 22,1124B die Sophia, die Euseb aber zuvor mit Joh 1 mit dem Logos identifiziert hat (1124A), als ὑπηρέτης ... τοῦ Πατρὸς εἰς τὴν ὅλων πρόνοιάν τε καὶ οἰκονομίαν.

[145]Laus.Const. 11,S.227.11-20. Vgl. PE 7,12,S.386.11-14 über die Lehre der Hebräer: μετὰ τὴν ἄναρχον καὶ ἀγένητον τοῦ θεοῦ τῶν ὅλων οὐσίαν, ἄμικτον οὖσαν καὶ ἐπέκεινα πάσης καταλήψεως, δευτέραν οὐσίαν καὶ θείαν δύναμιν, ἀρχὴν τῶν γενητῶν ἁπάντων πρώτην τε ὑποστᾶσαν κἀκ τοῦ πρώτου αἰτίου γεγενημένην, εἰσάγουσι, λόγον καὶ σοφίαν καὶ θεοῦ δύναμιν αὐτὴν προσαγορεύοντες.

[146]Von einer Gleichsetzung des Logos mit der mittelplatonischen Weltseele spricht F. RICKEN, Die Logoslehre des Eusebios von Caesarea und der Mittelplatonismus, in: ThPh 42 (1967), S.341-358.

[147]Laus Const. 12,S.231.11f, S.234.14-16,25f.; vgl. 1,S.198.33f; 3,S.202.8-12; 4,S.202.31, ebenso DE 4,13,S.171.4f; vgl. eccl.theol. 2,17,S.121.23-25: καὶ ὁ μὲν ἐπέκεινα ἦν τῶν ὅλων καὶ ὑπὲρ πάντα "φῶς οἰκῶν ἀπρόσιτον", ὁ δὲ διὰ πάντων καὶ ἐν πᾶσιν κηδεμονικῇ διήκων προνοίᾳ, ὡς κατὰ τοῦτο μόνον αὐτῷ συμβάλλεσθαι τὴν τοῦ ἀνθρωπείου λόγου εἰκόνα.

[148]In PE 7 geht Euseb nacheinander die unterschiedlichen Themen durch. Auf PE 7,11, wo es heißt, daß das All immer von der Pronoia Gottes verwaltet werde und Gott nicht nur Schöpfer des Alls, sondern auch Bewahrer, Verwalter, König und Herrscher sei (PE 7,11,4,S.383.21-23), folgt ein Kapitel über den schöpferischen Logos Gottes als eine zweite vom ursprungslosen und unvermischten Sein Gottes unterschiedene Wesenheit, als göttliche Kraft und Anfang alles Werdens (PE 7,12,2-4, vgl. 11,7,9)

mit der göttlichen Pronoia führt. Aber die Entwicklung deutet sich bereits in der Praeparatio Evangelica an.

Durch eine Vielzahl von Belegen hat F. Ricken 1967 gezeigt, daß Euseb den Logos in der Sprache der Mittelplatoniker darstellt.[149] Seitdem ist die Aufgabe gestellt, Eusebs eigentümliche Stellung im (mittel-)platonischen Umfeld genauer in den Blick zu nehmen. Die Aussagen Eusebs führen nach Ricken in die Nähe von Numenios,[150] also zu einem der platonischen Autoren, die Euseb in PE 11 zitiert. Rickens Beobachtungen sind Ergebnis seiner Untersuchungen zum Arianischen Streit und beschränken sich auf die Verhältnisbestimmung von Vater und Sohn. Eusebs Ausführungen zum Begriff Pronoia geben eine weitere Perspektive auf die Frage nach Eusebs Verhältnis zum zeitgenössischen Platonismus, welche die Überlegungen Rickens ergänzt, aber auch modifiziert.[151]

Die Auswahl, die Euseb in den Zitaten der Praeparatio Evangelica unter den Platonikern trifft, bleibt für die späten Schriften wegweisend. Euseb unterscheidet zwischen dem ersten und dem zweiten Gott, zwischen dem transzendenten Gott und seinem Logos. Er nimmt aber nicht eine dieser Unterscheidung entsprechende Aufgliederung des Begriffs Pronoia vor[152] und zitiert keine Darlegung der gestuften Pronoia. Numenios und Attikos, von deren Schriften kaum andere Auszüge als die Fragmente in der Praeparatio Evangelica überliefert sind,[153] kennen die gestufte Pronoia nicht, soweit man dies nach den erhaltenen Texten sagen

---

[149]Die Logoslehre des Eusebios von Caesarea und der Mittelplatonismus, a.a.O. Weitergeführt in: ders., Zur Rezeption der platonischen Ontologie bei Eusebios von Kaisareia, Areios und Athanasios, in: ThPh 53 (1973), S.321-352.

[150]Die Logoslehre des Eusebios von Caesarea und der Mittelplatonismus, a.a.O.S.355-358.

[151]Mit der Arbeits Rickens hat sich R. LYMAN, Christology and cosmology. Models of divine activity in Origen, Eusebius, and Athanasius, Oxford 1993 auseinandergesetzt. Sie wählt einen anderen Ansatz der Kritik. Nach F.RICKEN mußte die vornizänische Theologie notwendig zu einer Krise führen, sobald das vom Mittelplatonismus übernommene „kosmologische Seinsverständnis" (Zur Rezeption der platonischen Ontologie bei Eusebios von Kaisareia, Areios und Athanasios, a.a.O.S.333) „nicht ständig von den soteriologischen Sohnesaussagen der Schrift her korrigiert wurde" (Nikaia als Krisis des altchristlichen Platonismus, in: ThPh 1969, S.328). In Nizäa also geriet nach Ricken die unter den Theologen verbreitete platonische Kosmologie in eine Krise und mit ihr Eusebios. Lyman beschäftigt sich daher mit den soteriologischen Aussagen der zum Platonismus neigenden Theologen und zeigt, daß das von Ricken bezeichnete Defizit nicht besteht. Der Platonismus in der Sprache Eusebs ist nach Lyman apologetischer Natur, und das heißt, er ist ein Zugeständnis an das Publikum der Laus Constantini (a.a.O.S.108). In der Christologie Eusebs sieht Lyman den Versuch einer Synthese zwischen biblischen und philosophischen Konzepten der Vermittlung von Transzendenz und Immanenz (a.a.O.S.109).

[152]Vgl.PsPlutarch, fat. 572F-573A. Siehe unten S.307f.

[153]Zu den Zitaten Eusebs in der Praeparatio Evangelica siehe: H.D. SAFFREY, Les extraits du Περὶ τἀγαθοῦ du Numénius dans le XI de la Préparation évangelique d' Eusèbe de Césarée, in: StPatr 13 (TU 116), Berlin 1975, S.46-51; É. DES PLACES, Eusèbe de Césarée commentateur. Platonisme et écriture sainte (ThH 63), Paris 1982, S.48-52.

kann.[154] Die Exzerpte Eusebs sind Indiz einer Tradition, die sich von dem Gedanken einer gestuften Pronoia absetzt.[155] Und eben gegen die gestufte Pronoia richtet sich die Identifikation des Logos mit der Pronoia in den Schriften Theophanie und Laus Constantini. Es führt eine Linie von den Exzerpten aus Numenios und Attikos in der Praeparatio Evangelica zu den späten Äußerungen Eusebs zur Pronoia als Aufgabe des Logos.

Euseb und Attikos. In PE 15,12 zitiert Euseb einen weiteren Ausschnitt aus der bereits erwähnten Schrift des Attikos[156], in dem dieser sich mit dem Aristoteliker diesmal über die platonische Seele auseinandersetzt. Der Auszug beginnt mit ganz stoischen Formulierungen, die Attikos mit der Lehre Platons verbindet. Platon sage, daß die Seele alles durchwalte und durchdringe. Natur sei nichts anderes als Seele. Mit Seele sei aber nicht etwas Vernunftloses gemeint, denn alles geschehe nach Pronoia.[157] Der Ausdruck Pronoia nimmt hier das Moment des Vernünftigen auf und bringt damit die in dem Wort enthaltende Andeutung des Nus zum Tragen, und zwar in dem Zusammenhang, in den der Begriff Pronoia gehört, den der göttlichen Verwaltung des Alls. Die wenigen Sätze genügen für Attikos, um zu zeigen, daß Aristoteles diesen Aussagen grundlegend widerspricht. In Fr.3 wirft Attikos Aristoteles vor, die menschlichen Belange einer vernunftlosen Natur zu unterwerfen.[158] In Fr.8 äußert sich Attikos ähnlich, setzt aber einen anderen Akzent. Er kritisiert die aristotelische Aufgliederung in unterschiedliche Ursachen. Die himmlischen Dinge unterstehen, so Attikos, nach Aristoteles der Heimarmene, der irdische Bereich der Natur und die menschlichen Belange unterschiedlichen Ursachen wie Einsicht, Pronoia und Seele.[159] Nach Attikos kann es aber nur eine beseelte Kraft geben, die alles durchdringt und zusammenhält,[160] weil nur so alles vernünftig und gut verwaltet werde. Attikos benutzt die Metapher von der Welt als einer Stadt und erklärt, daß die Welt wie eine Stadt zum Fortbestand die

---

[154]M. DRAGONA-MONACHOU (Divine providence in the philosophy of the empire, a.a.O.S.4455) belegt folgenden Satz mit Hinweis auf die Fragmente 11,12 und 16 von Numenios: „The highest god is said to be superior to his providence; there exist also a second god or demiurge, inferior gods, and three providences." Die Angabe ist irreführend, da die dreifache Pronoia in den von Numenios überlieferten Fragmenten nicht zu finden ist. Sie ist widersprüchlich, da die dreifache Pronoia gerade voraussetzt, daß der höchste oder erste Gott nicht jenseits von Pronoia ist, sondern Pronoia übt.
[155]Vgl. die Beobachtung BERKHOFS: „Bezeichnend ist es, daß eine Form der Kosmologie bei Eusebius fast keine Rolle spielt: die platonische, welche die Welt als eine abgestufte Reihe von Seinsformen betrachtet" (a.a.O.S.99).
[156]Siehe oben S.229-231.
[157]PE 15,12,1 (=fr.8).
[158]Fr. 3.70f; 3.85.
[159]PE 15,12,2.
[160]Ebenso mund. 396b 28f.

Einheit und das eine verbindende Gemeinsame brauche,[161] und dieses ist nach Attikos die Seele.

Ganz ähnlich spricht Euseb vom Logos Gottes. Auch wenn die Welt aus vielen und unterschiedlichen Teilen besteht, muß man, so Euseb, deshalb nicht von der Vielfalt der Geschöpfe auf eine Mehrzahl von Göttern schließen.[162] Zur Begründung verweist Euseb auf einige Metaphern. Er vergleicht die sichtbare Welt mit einer vielstimmigen Lyra,[163] mit einer Melodie und Harmonie, die – Euseb spielt auf die vier festen Saiten der Lyra an – aus den vier Grundelementen entsteht. Der ursprünglich pythagoreisch-heraklitische Gedanke der Harmonie des Gegensätzlichen dient hier weniger dazu, das Werk des Logos darzustellen, sondern vielmehr dazu, von der geeinten Vielfalt auf das einende und daher eine Subjekt, den Logos, zu schließen.[164]

Diesen Logos identifiziert Euseb mit der göttlichen Pronoia. Er verteilt die Pronoia Gottes nicht auf viele Subjekte. Der Gedanke einer gestuften Pronoia kommt bei Euseb nicht nur nicht vor, sondern er lehnt ihn und ebenso die aus ihm resultierende Verehrung der Götter ab. Dies wirkt sich auf die Verwendung der Königsmetapher aus. Als König hat Gott einen Hofstaat, und Euseb bestreitet dieses Heer der Engel nicht,[165] aber er entmachtet die Engel und Dämonen. Der Gott Logos stehe, so Euseb, über ihnen. Er ordne das Reich des Vaters, und die himmlischen Heere umschwärmen ihn, die Myriaden von dienenden Engeln und unsichtbaren Geistern. Diese dienen der Ordnung des Kosmos, aber der Logos führe sie wie ein Statthalter des großen Königs. Es sei nur ein König, und sein Logos sei einer.[166] Gott selbst wohne wie ein König in den unzugänglichen Kammern.[167] Aus Gott Vater gehe der Logos wie aus einem unzugänglichen Winkel aus einer nie versiegenden Quelle hervor.[168] An dieser Stelle wechselt Euseb das Feld der Metaphern. Er fährt nicht mit dem königlichen Personal fort, mit Läufern, Spähern und Beamten, sondern trägt weitere Metaphern ein. Der König in den inneren Gemächern erscheint jetzt als Vernunft, die im Verborgenen beschließt, was zu tun ist. Die Vernunft bringt das Wort hervor. Das Wort bringt die verborgenen Gedanken an die Öffentlichkeit und verkündet das im Verborgenen

---

[161]PE 15,12,3.
[162]Laus Const. 12,S.232.7-9, 12,S.234.12-17.
[163]Vgl. Laus Const. 11,S.228.17-24; 14,S.242.17-26.
[164] Laus Const. 12,S.233.9f,12f.
[165]Laus Const. 1,S.196.23-27; 3,S.201.31-202.8, vgl. ecl.proph PG22,1028A, DE 4,1,S.150.18-151.1; 5,19,S.242.1-3.
[166]Laus Const. 3,S.201.27f.
[167]Laus Const. 12,S.229.28-30. Vgl. syr.theoph. 21-23.
[168]Laus Const. 12,S.230.2-4,9f.

Gedachte.[169] Euseb verwendet die Unterscheidung zwischen dem λόγος ἐνδιάθετος und dem λόγος προφορικός,[170] er betont aber, daß es sich hier um eine übertragene Redeweise handelt.[171]

Die Vermutung, daß die Metapher von dem einsamen König im Innern des Palastes kaum überzeugt, wenn Euseb zeigen will, daß nur Gott durch seinen Logos, und nicht eine Menge von Göttern und Dämonen in der Welt wirksam sind, läßt sich zwar widerlegen, und die Argumentation des Euseb kann durchaus Plausibilität beanspruchen.[172] Die Metapher von dem König im Innern des Palastes aber taucht in unterschiedlichen Argumentationszusammenhängen auf. Da der König sein Land gerade nicht mit einem einzigen Statthalter regiert, sondern mit einem Apparat von Beamten, wurde sie zur Illustration der Dämonenlehre herangezogen. Eusebs Verwendung der Metapher vom König ist im Gegenüber zu anderen Interpretationen bezeichnend, wie im folgenden im Vergleich mit PsAristoteles und Maximus von Tyros gezeigt werden soll.[173]

---

[169] Laus Const.12,S.230.5-14, vgl. eccl.theol. 2,17,S.120.33-121.25.

[170] Vgl. zu dieser Unterscheidung Nemesios von Emesa, nat.hom. 14.

[171] Euseb grenzt sich hier von Markell von Ancyra ab und schränkt ein, daß das Wesen des Logos nicht der Natur der Worte und der Stimme entspreche und der Logos nicht προφορικῇ δυνάμει bestehe. Laus Const. 12,S.230.16-22 mit zum Teil wörtlichen Übereinstimmungen findet sich der gleiche Gedankengang in eccl.theol. 2,17,S.120.33-121.26. Zur Verwendung des Vergleichs äußert sich Euseb auch DE 5,5,S.228.15-18; eccl.theol. 2,9,S.108.17-19. Die Anwendung der Unterscheidung auf die Zeugung des Sohnes aus Gott dem Vater bzw. den Hervorgang des Geistes war im 4.Jh. heftig umstritten: [Basileios von Caesarea], c.Eun. PG29,713B, Gregor von Nyssa, adv.Ar. S.81.11-15; Athanasios, syn.Arm. 27,3,S.255.9 (VIII); PsAthanasios, disp. PG28,477B; Sokrates, HE 2,30,13.

[172] Die Nachvollziehbarkeit von Königs-Metaphern läßt sich im Vergleich mit offiziellen kaiserlichen Verlautbarungen beurteilen. In diesen Verlautbarungen erschien neben dem Kaiser der Statthalter der betroffenen Provinz, und W. SCHUBART (Das Gesetz und der Kaiser in griechischen Urkunden, a.a.O.) zeigt, daß vom Statthalter nicht anders als vom Kaiser gesprochen wurde. Da Pronoia zu den kaiserlichen Epitheta gehört, gibt es hier Beispiele für die Pronoia des Statthalters. Hingewiesen sei auf das Edikt des Tiberius Iulius Alexander (Orientis Graeci Inscriptiones selectae, hrsg.v. W. Dittenberger, Leipzig 1905, 669,S.390.1-3), sowie einen Papyrus, in dem der ägyptische Präfekt Iuvenis Genialis dem Rat von Hermiopolis in Abschrift einen Kaiserbrief mitteilt. Hier heißt es: Τῆς τοίνυν τύχης τοῦ μεγαλοδωροτά[του] κυρίου ἡμῶν ἀητ.τή[τ]ου Γαλλιηνοῦ Σεβαστοῦ συναιρο_μένης κα[ὶ τ]ῆς προνο[ία]ς [τ]οῦ κυρίου μου λαμπρ[οτά]του ἡγεμόνος Ἰουουενίου Γενιαλίου καὶ τῆς τύ[χ]ης [τῆς] πόλεως πάντα ἡμῖν κατ᾽ εὐχὴν ἤ νυσται (158.1-4, U. Wilcken, Chrestomathie [Grundzüge und Chrestomathie der Papyruskunde. Bd.1/2] Leipzig/Berlin 1912, S.188.) Schubart erklärt hierzu: „Da haben wir noch die alte hellenistische Folge: τύχη des Herrschers, πρόνοια des höchsten Beamten; und selbstbewußt stellt die hellenische Polis zwar ihre Tyche an letzte Stelle, aber an Göttlichkeit dicht über die menschliche *providentia.*" (S.65).

[173] Siehe außerdem Philon, spec. 1,13-31, decal. 61, Celsus, c.Cels. 8,35, Apollonios von Tyana nach Euseb, PE 4,13. Einen Zusammenhang der Texte hat E. PETERSON in der Frage der Monarchie Gottes aufgedeckt (a.a.O.S.24-56). Peterson geht auf den Begriff Pronoia nicht ein und bezieht an dieser Stelle auch Euseb nicht ein. Seine Interpretation, daß die Metapher von dem persischen König auf die Benutzung einer peripatetischen Quelle zurückgeht, fügt sich in das Bild von der Diskussion um den Begriff Pronoia sehr gut ein.

Euseb und PsAristoteles, De mundo. Der Gedankengang in De mundo ist folgender: Nach PsAristoteles ist Gott Urheber (γενέτωρ) und Erhalter (σωτήρ) aller Dinge,[174] aber er ist kein Arbeiter (αὐτουργός) und unterzieht sich ebensowenig wie ein König entsprechenden Mühen der Verwaltung. Stattdessen „gebraucht" Gott die unerschöpfliche Kraft,[175] welche die Erhaltung der Welt bewirkt. Es ist also nicht Gott selbst, sondern die „im Himmel gegründete" Kraft, der PsAristoteles dieses Wirken zuschreibt, und diese Unterscheidung kleidet er in das Bild eines Königs. PsAristoteles erzählt von dem Hof der Perserkönige, dem Palast, von Beamten, Wächtern und Türstehern, von der Organisation des Informationssystems[176] und dem König, der gleichsam unsichtbar vom Innern des Palastes aus ein großes Reich regiert.

Soweit ist Euseb mit PsAristoteles durchaus vergleichbar. PsAristoteles unterscheidet Gott und die himmlische Dynamis, Euseb Gott und seinen Logos. Beide weisen auf den im Inneren eines Palastes sitzenden König hin als Argument dafür, daß Gott nicht selbst der αὐτουργός ist, wie PsAristoteles formuliert. Nach PsAristoteles aber bleibt der göttliche König zwar im Innern seines Palastes, aber seine Herrschaft ist gerade nicht auf Mittlerinstanzen angewiesen. PsAristoteles zielt mit seinem Vergleich nicht auf eine Aussage, die von Gott nur in viel höherem Maße gilt, sondern auf die Differenz. Die Herrschaft des Perserkönigs ist mühelos und unsichtbar, aber nur deshalb, weil der König die Arbeit verteilt. Während der persische König von vielen Menschen abhängig ist und z.B. ohne die Läufer nichts wissen würde, benötigt Gott diese königlichen Hilfsdienste nicht. Nach PsAristoteles besteht hier gerade keine Analogie zwischen dem Herrschen eines Königs und dem Wirken Gottes. Die göttliche Dynamis ist nicht mit königlichen Beamten zu vergleichen. Dynamis bedeutet für PsAristoteles die leichte Bewegung, mit der Gott, selbst unbewegt, dem Prozeß des Werdens den entscheidenden Impuls gibt. Mit diesem Impuls wirkt Gott bereits alles,[177] ohne daß Vermittler hinzukommen müssen.[178]

---

[174]Mund. 397b 20-22.

[175]In der lateinischen Fassung De mundo von Apuleius findet sich an dieser Stelle für δύναμις der Ausdruck *prouidentia* (24,S.144.4).

[176]In der Darstellung folgt PsAristoteles wahrscheinlich Herodot, wie F. REGEN (Die Residenz des Persischen Großkönigs und der Palast des Menelaos, in: Hermes 100 [1972], S.206-214) gezeigt hat.

[177]Mund. 398b 19-22: Οὕτως οὖν καὶ ἡ θεία φύσις ἀπό τινος ἁπλῆς κινήσεως τοῦ πρώτου τὴν δύναμιν εἰς τὰ ξυνεχῆ δίδωσι καὶ ἀπ' ἐκείνων πάλιν εἰς τὰ πορρωτέρω, μέχρις ἂν διὰ τοῦ παντὸς διεξέλθῃ.

[178]P. MORAUX hat gezeigt, daß PsAristoteles hier bemüht ist, seine Aussagen im Rahmen der aristotelischen Gotteslehre zu belassen (Der Aristotelismus bei den Griechen von Andronikos bis Alexander von Aphrodisias, a.a.O.S.79f). Die Frage, die auch bei Moraux offenbleibt, ist, wie bei PsAristoteles die Unterscheidung zwischen Gott und seiner Dynamis zu interpretieren ist. E. PETERSON (a.a.O.), der den peripatetischen Charakter der Schrift sehr schön beschreibt, macht hier den Unterschied zu Aristoteles deutlich: „Der Autor will sagen: Gott ist die

Auch Euseb betont, daß Gott allein durch seinen Willen herrscht, und dies läßt
für Euseb den Vergleich mit dem König zu, den in der Metapher niemand mit
Mühen belasten wollte. Nach Euseb ist dieser Wille wirksam und mächtig, aber er
ist nicht ohne die Artikulation des Willens, den Logos, zu denken. Der Logos ist
πρῶτος τῶν πατρικῶν νοημάτων ἄγγελος.[179] Anders als PsAristoteles existiert bei
Euseb diese Mittlerinstanz, und entspechend interpretiert Euseb das Bild von dem
König und seiner Herrschaft.

Euseb und Maximus von Tyros. Maximus von Tyros ist ein Beispiel dafür, daß man
nicht nur den König als Metapher und Titel für Gott benutzte,[180] sondern die
Vermittlung der Welten, den Weg von unzugänglicher Transzendenz zur gegenwärtigen Erfahrung Gottes an dem hierarchischen Gebilde der Königsherrschaft
verdeutlichte.[181] Die Macht Gottes begegnet dem einzelnen wie einem Bürger, der
die kaiserliche Autorität letztlich durch den zuständigen Beamten erfährt, der auf
der betreffenden Ebene an der königlichen Macht Anteil hat. Entsprechend begegnen dem einzelnen zahllose göttliche Mächte. Maximus schreibt:

> „Wenn du aber zu schwach bist zur Schau des Vaters und Schöpfers, genügt es dir im
> gegenwärtigen Augenblick, die Werke zu sehen und vieles und mannigfaches Verwandtes

---

Voraussetzung dafür, daß die ‚Macht' [er sagt in stoischer Terminologie δύναμις, aber er meint
eigentlich die Aristotelische κίνησις] im Kosmos wirksam wird, aber gerade darum ist er keine
‚Macht' [δύναμις] ... Für Aristoteles ist der kosmische Monarch der im Konflikt der Gewalten
[ἀρχαί] als der Eine trotzig und plastisch Hervortretende, bei dem Autor der Schrift von der
Welt tritt der Monarch dagegen grade nicht hervor, sondern er bleibt verborgen in den Gemächern seines Palastes, er bleibt ungesehen und verhüllt, wie der Spieler des Marionettentheaters.
Sichtbar ist nur die Macht [δύναμις], die in der Welt wirksam ist." (S.18f).
[179] Laus Const. 12,S.230.11f.
[180] Eine der häufigen Gottesbezeichnungen bei Euseb ist παμβασιλεύς. Siehe z.B. PE 1,1,5;
1,4,9,S.17.17; 3,5,3,S.120.13; 3,10,7,S.131.20; 3,11,18,S.138.17; 4,21,3,S.209.9f; 6,3,5, S.298.1;
7,15,1,S.391.7; 7,15,11,S.393.4; 7,15,16,S.394.9; 7,16,1,S.395.11; 7,17,3,S.399.8; HE 9,9,1; 10,4,6;
DE 1,5,19,S.22.27; 3,3,18,S.113.13; 4,1,2,S.150.6f; 4,3,9,S.153.29; 4,6,9,S.160.15); eccl.theol.
2,17,S.121.9; über den Logos HE 10,4,16, 10,4,20, DE 4,15,15,S.175.23f, Laus Const. 11,10,7;
12,4,5; 12,16,1, 13,6,23.
[181] W.L.LORIMER (Some notes on the text of Pseudo Aristotle De Mundo, [St.Andrews University
Publications 21] Oxford 1925, S.141 hat im Anschluß an E. ZELLER, (Über den Ursprung der
Schrift von der Welt [SPAW 1885], S.400f) eine Abhängigkeit des Maximus von De mundo
angenommen. Vgl. aber auch Aussagen von Alexander von Aphrodisias, die sich kritisch auf
diese Verwendung der Königsmetapher beziehen. Alexander bestreitet, daß Gott Verschiedenes
zugleich denke und sagt gegen seine Kontrahenten: „Auch nicht die Aussage, daß mehrere die
Vorsehung üben, hebt diesen Einwand auf." (prov. S.20.3f) Wenig später geht er auf die
Königsherrschaft ein: „vielmehr ist die Fürsorge des Königs ganzheitlich und umfassend und
seine Beobachtung auf eine derartige Aufgabe beschränkt: seine Aufgabe ist zu groß und zu
bedeutend, als daß er sich in der eben geschilderten Art (um Kleinigkeiten) kümmern und
sorgen könnte!" (prov. S.24.3-7). Vgl. die von Alexander kritisierte Position bei Dion von Prusa,
or. 3.104-107, bes. 107: über den König ὅστις πολύφιλος, πολλὰ μὲν ἐν ταὐτῷ χρόνῳ πράττειν,
περὶ πολλῶν δὲ ἅμα βουλεύεσθαι, πολλὰ δὲ ὁρᾶν, πολλὰ δὲ ἀκούειν, ἐν πολλοῖς δὲ ἅμα εἶναι τόποις,
ὃ καὶ τοῖς θεοῖς χαλεπόν, ὡς μηδαμοῦ μηδὲν ἔρημον ἀπολείπεσθαι τῆς ἐκείνου προνοίας.

zu verehren, das viel zahlreicher ist, als der Dichter Böotios sagt. Nicht nur dreißigtausend Götter, Göttersöhne und Freunde gibt es, sondern sie sind an der Zahl unfaßbar. Einerseits sind es im Bereich des Himmels die Naturen der Sterne, andererseits im Bereich des Äthers wiederum die Wesen der Dämonen. Ich will dir das Gesagte an einem deutlicheren Bild zeigen: denke an ein großes Reich, an ein starkes Königreich, da alle freiwillig auf die eine Person des besten und ältesten Königs gerichtet sind; an die Grenze dieses Reiches, die nicht der Fluß Halys und auch nicht der Hellespont bilden ... sondern Himmel und Erde ...; an den großen König, der selbst unerschütterlich bleibt, wie das Gesetz, der den Folgsamen die Bewahrung bietet, die in ihm liegt; und an die vielen sichtbaren Götter, die an dieser Herrschaft teilhaben und an die unsichtbaren Götter, an die, welche sich in den Vorhallen anschließen, wie Kammerherrn und die Nächsten des Königs, seine Vertrauten und Tischgenossen, deren Diener und die wiederum diesen Nachgestellten. Du siehst die Abfolge und Ordnung der Herrschaft, die herabsteigt von Gott bis zur Erde."[182]

Die Königsmetapher legte es nahe, nicht nur über den König, sondern ebenso über die königliche Hierarchie zu sprechen. Maximus zeigt, auf welche Art dies geschehen konnte, und es wird deutlich, daß Euseb mit seinen Äußerungen eine andere Position bezieht als Maximus. Euseb nimmt anders als PsAristoteles eine Mittlerinstanz an, im Gegensatz zu Maximus aber nur eine einzige, und nicht eine Abfolge wirkender Mächte.

Euseb und Celsus. Euseb äußert sich in Laus Constantini zu dem Subjekt göttlicher Pronoia und kann damit eine Anfrage beantworten, wie Celsus sie formulierte.[183] Celsus fragte, warum verehren Christen nicht die Mächte, von deren Wirken

---

[182]Maximus von Tyros, 11,12.237-256: Εἰ δὲ ἐξασθενεῖς πρὸς τὴν τοῦ πατρὸς καὶ δημιουργοῦ θέαν, ἀρκεῖ σοι τὰ ἔργα ἐν τῷ παρόντι ὁρᾶν, καὶ προσκυνεῖν τὰ ἔγγονα πολλὰ καὶ παντοδαπὰ ὄντα, οὐχ ὅσα Βοιώτιος ποιητὴς λέγει· οὐ γὰρ τρισμύριοι μόνον θεοὶ θεοῦ παῖδες καὶ φίλοι, ἀλλ᾽ ἄληπτοι ἀριθμῷ· τοῦτο μὲν κατ᾽ οὐρανὸν αἱ ἀστέρων φύσεις, τοῦτο δ᾽ αὖ κατ᾽ αἰθέρα αἱ δαιμόνων οὐσίαι. βούλομαι δέ σοι δεῖξαι τὸ λεγόμενον σαφεστέρᾳ εἰκόνι. ἐννόει μεγάλην ἀρχήν, καὶ βασιλείαν ἐρρωμένην, πρὸς μίαν ψυχὴν βασιλέως τοῦ ἀρίστου καὶ πρεσβυτάτο συμπάντων νενευκότων ἑκόντων· ὅρον δὲ τῆς ἀρχῆς οὐχ "Αλυν ποταμόν, οὐδὲ Ἑλλήσποντον ... ἀλλὰ οὐρανόν, καὶ γῆν ... · Βασιλέα δὲ αὐτὸν δὴ τὸν μέγαν ἀτρεμοῦντα, ὥσπερ νόμον, παρέχοντα τοῖς πειθομένοις σωτηρίαν ὑπάρχουσαν ἐν αὐτῷ· καὶ κοινωνοὺς τῆς ἀρχῆς πολλοὺς μὲν ὁρατοὺς θεούς, πολλοὺς δὲ ἀφανεῖς, τοὺς μὲν περὶ τὰ πρόθυρα αὐτὰ εἰλουμένους, οἷον εἰσαγγελέας τινὰς καὶ βασιλεῖ συγγενεστάτους, ὁμοτραπέζους αὐτοῦ καὶ συνεστίους, τοὺς δὲ τούτων ὑπηρέτας, τοὺς δὲ ἔτι τούτων καταδεεστέρους. διαδοχὴν ὁρᾶς καὶ τάξιν ἀρχῆς καταβαίνουσαν ἐκ τοῦ θεοῦ μέχρι γῆς.

[183]Diese Anfrage des Celsus bringt EHRHARD (a.a.O.S.42) in Verbindung mit Euseb. Zu beachten ist aber, daß insbesondere Porphyrios den Hintergrund der Ausführungen Eusebs in PE bestimmt. Zu vergleichen ist der Text Porphyrios, De abstinentia 2,37f. Euseb stellt keine christliche Analogie zu den guten Dämonen des Pophyrios her. Euseb zitiert in PE 12,22 abst. 38,4-39,3; 40,2-41,2, die Ausführungen Porphyrios' über die bösen Dämonen, über das Unwesen, das sie treiben, und den Schaden, von dem auch Celsus spricht. Wo waren die guten Mächte, welche die Machenschaften der bösen Dämonen nicht verhinderten? (PE 4,16,23) Dreißigtausend Wächter für die schwachen Menschen, Hirten, Retter, Könige, Väter und Herren, die erbarmungslos das ihnen Anvertraute den Feinden und wilden Tieren übergeben, statt diese in die Flucht zu schlagen (PE 4,17,9). Euseb weist wie Maximus von Tyros auf die dreißigtausend Dämonen Hesiods (11,12,251f) hin. Mit Eusebs Kritik der Dämonenlehre im 4.

sie überzeugt sind? Zur Begründung heißt es bei Celsus: alles werde nach Gottes Willen (γνώμη) gelenkt, und jede Pronoia komme von Gott. Gleich, ob es sich um ein Werk Gottes, der Engel,[184] Dämonen oder Heroen handele, all dies entspreche göttlichem Gesetz.[185] Christen meiden die Opfer, da sie dabei die Dämonen am Werk vermuten.[186] Sie seien damit zwar schon auf dem richtigen Weg, verkennen aber, so Celsus, daß, an welchem Tisch auch immer sie sitzen, sie alles einzelne von den Dämonen erhalten. Die Sorge für jeden im einzelnen sei den Dämonen übertragen,[187] den Dämonen seien die irdischen Dinge zugefallen.[188] Es handelt sich um die platonischen Mittelwesen zwischen Gott und den Menschen,[189] denen eine gewisse Sympathie für die Menschen nachgesagt wurde.[190] Celsus sieht in den Dämonen göttliche Mittelwesen, die mit den Dingen der Menschen und mit der Pronoia für die Einzeldinge beauftragt sind. Es empfiehlt sich nach Celsus, ihnen die entsprechende Achtung entgegenzubringen, wie man es ja auch gegenüber den Beamten des Kaisers zu tun pflegt. Ein Satrap des persischen Königs, ein Statthalter des römischen Kaisers, ein Feldherr oder Verwalter und auch die, denen weniger Macht und eine geringere Verantwortung und Aufgabe übertragen wurde, können, so Celsus, sehr schaden, wenn man sie ignoriert. Und die luftigen und irdischen Satrapen und Diener sollen weniger schaden, wenn man sie mißachtet?[191] Der Argumentationsgang in der Schrift des Celsus entspricht den Ausführungen von Maximus von Tyros.[192] Die Frage der Mittelwesen zieht den Vergleich

---

Buch sind insbesondere die Ausführungen Porphyrios' über die guten Dämonen in den den Zitaten Eusebs vorangegangenen Kapitel abst. 2,37f zu vergleichen.

[184]Porphyrios, fr.76.1-4 (Harnack, Makarios, 4,21): εἰ γὰρ ἀγγέλους φατὲ τῷ θεῷ παρεστάναι ἀπαθεῖς καὶ ἀθανάτους καὶ τὴν φύσιν ἀφθάρτους, οὓς ἡμεῖς θεοὺς λέγομεν διὰ τὸ πλησίον αὐτοὺς εἶναι τῆς θεότητος, τί τὸ ἀμφισβητούμενον περὶ τοῦ ὀνόματος ἢ μόνον τὸ διαφορὰν ἡγεῖσθαι τῆς κλήσεως;

[185]C.Cels. 7,68,S.217.3-9.

[186]Vgl. Plutarch, def.orac. 417A, Apuleius, Socr. 24.

[187]C.Cels. 8,28,S.243.32-244.2.

[188]C.Cels. 8,33,S.248.17, vgl. Euseb über Dämonen PE 7,10,14, DE 2,3,116.

[189]Die Natur der Dämonen als Mittelwesen beschreibt Maximus von Tyros in zwei Reden (8-9) Τί τὸ δαιμόνιον Σωκράτους. Gott lenke den Himmel und die Ordnung im Himmel. Es gebe aber die Dämonen als unsterbliche, zweite Naturen auf der Grenze zwischen Himmel und Erde, schwächer als Gott und stärker als die Menschen, Gott am nächsten, in größter Sorge für die Menschen. Indem sie mit beiden, mit Gott und den Menschen, verwandt sind, verbinden sie das Getrennte, die menschliche Schwäche, mit der göttlichen Schönheit (8,8,156-165). Die Dämonen sind eine Mischung von Gott und Mensch, ein Mittleres, das an beiden Naturen teil hat, das unsterblich und leidensfähig ist (9,1-4). Die Aussagen gehen auf Platon, symp. 202D-E zurück.

[190]Diogenes Laertios 7,151,S.362.12.

[191]C.Cels. 8,35,S.250.16-21. Das gleiche Bild, aber eine gegenläufige Interpretation findet sich bei Philon, spec. 1,13-20,31 und decal. 61. In decal. 61 dient wieder der persische König als Metapher, aber Philon mahnt, den Satrapen nicht die Ehre zu erweisen, die dem Großkönig gehört.

[192]In anderem Zusammenhang hat A. WIFSTRAND, a.a.O.S.400 Celsus und Maximus in Verbindung gebracht.

mit den kaiserlichen Beamten nach sich. Die Erwähnung des persischen Königs bei Celsus weist auf einen geprägten Zusammenhang.[193] Celsus macht auf eine Inkonsequenz aufmerksam, die darin besteht, daß Christen Gottes Pronoia zwar diesen Mittelwesen zuschreiben, sie aber nicht entsprechend dem ihnen zukommenden Status achten. Celsus setzt die Zustimmung voraus, daß bestimmte Mächte Pronoia üben.[194] Gegenüber einer Position wie sie Maximus und Celsus zu entnehmen ist, war es nicht nötig die Dämonenlehre zu entfalten, den Abstand zwischen guten, schützenden Engeln[195] und bösen Dämonen darzulegen und möglicherweise die Existenz von Strafdämonen[196] einzuräumen, sondern die Pronoia Gottes, als Ausdruck der Vermittlung zwischen Gott und den Menschen, den Mittelwesen zu entziehen. Genau dies geschieht bei Euseb. Er weist geradezu apotropäisch auf den einen Gott und den einen Logos hin.[197] Der transzendente Gott ist nicht mit Maximus von Tyros durch mehr als dreißigtausend göttliche Beamte überall in diesem Kosmos gegenwärtig. Die Unterscheidung zwischen dem transzendenten Gott und der Welt und den Menschen wird nicht durch die Alltäglichkeit dieser Dämonen verwischt, sie wird vielmehr zu einer unüberbrückbaren Kluft, und die Welten fallen nach Euseb nur deshalb nicht auseinander, weil es den göttlichen Logos gibt.

Die Situation im späteren 4. Jahrhundert führte zu dem Gegensatz zwischen Theologen und Platonikern, den A.H. Amstrong folgendermaßen skizziert:

„And, after Nicea, there was the opposition between the Neoplatonic belief in a divine hierarchy, an ordered procession from the Principle of divine realities each inferior in unity and power to that above it, and the Nicene Christian conviction that there could be no degrees of divinity, that it was not possible to be more or less God."[198]

Euseb ist, wie der Vergleich mit PsAristoteles, Maximus und Celsus zeigt, an dieser Diskussion beteiligt, und zwar gerade in der Weise, wie er den Begriff des Logos einführt. Der Logos Eusebs absorbiert sämtliche weiteren Mächte. Eusebs

---

[193]Vordergründig geht es bei Celsus, Maximus und Euseb um die Götterverehrung, vgl. Euseb, DE 3,3,18.

[194]Daß die namenlose Menge der Dämonen deshalb zu verehren war (θεραπευτέον c.Cels. 7,68,S.217.4, πιστευτέον, καλλιερητέον, προσευκτέον c.Cels. 8,28,S.243.20f), wie Celsus schließt, war eher umstritten.

[195]Vgl. Origenes, c.Cels. 8,27,S.243.7-11; 8,34,S.249.19-28.

[196]Origenes, c.Cels. 8,33,S.248.28-249.4; 8,34,S.240.6-9. Vgl. Plutarch, quaest.Rom. 276F-277A. Zur Dämonenlehre siehe C. ZINTZEN, Geister, B III.c: Hellenistische und kaiserzeitliche Philosophie, in: RAC 9 (1976), Sp. 640-668.

[197]Vgl. Philon, conf.170: εἰς ἄρχων καὶ ἡγεμὼν καὶ βασιλεύς, ᾧ πρυτανεύειν καὶ διοικεῖν μόνῳ θέμις τὰ σύμπαντα, weiter Origenes, c.Cels. 8,27,S.243.7-11; 8,36,S.251.26-252.11.

[198]Man in the cosmos. A study of some differences between pagan Neo-Platonism and Christianity, a.a.O.S.5.

Argumentation ist mit der Betonung des einen Mittlers ebenso anti-hierarchisch gewendet wie die spätere neunizänische Konzeption, allerdings auf einer anderen Ebene.[199] Euseb erklärt, daß die gestufte Pronoia nicht in die christliche Theologie übernommen werden kann. Liest man die Ausführungen von Porphyrios über den ersten Gott, die Weltseele, die Göttersterne und Dämonen in De abstinentia[200] und berücksichtigt die Bedeutung, welche die Auseinandersetzung mit Porphyrios in der Praeparatio Evangelica hat, ist sofort deutlich, daß Euseb keine andere Antwort finden konnte.

Euseb und Numenios. Eusebs Antwort enthält eine deutliche Abgrenzung, die eine kirchliche Seite hat, dennoch trifft die Beschreibung Armstrongs auf Euseb nur zum Teil zu. Eusebs Vorbehalt gegen die gestufte Pronoia wird nur im Vergleich mit den Platonikern sichtbar, und er ist mit seiner Position nicht allein. An dieser Stelle ist noch einmal auf Numenios zurückzukommen. Numenios unterscheidet von dem ersten, in sich ruhenden Gott den zweiten Gott, auf den die Weltordnung zurückgeht und der dem Demiurgen im Timaios entspricht.[201] Was wird jetzt aus der Aufgabe der jungen Götter im Timaios? Der zweite Gott, der nicht wie der erste bei sich bleibt, wendet sich jedem der Menschen zu, zieht sich dann aber in die göttliche Selbstbetrachtung zurück und ist Nus.[202] Im Eingehen des zweiten Gottes auf die Hyle, und dieses ist nach den Nachrichten des Calcidius für Numenios mit *prouidentia* verbunden,[203] ist er περὶ τὰ νοητὰ καὶ αἰσθητά und spaltet sich im Bemühen um die Einheit der duadischen Hyle. Der dritte Gott, folgt man der Interpretation von M. Baltes,[204] ist der andere, der Hyle zugewandte Aspekt des zweiten Gottes.[205] Numenios ordnet die Aufgabe, die Platon den jüngeren Göttern überläßt, nicht untergeordneten Göttern zu. Die Tendenz, die bei Numenios zu bemerken ist, diese Art Götter, auch wenn man ihre Existenz nicht bestreitet, zurückzudrängen und Schöpfung und Pronoia in dem zweiten Gott zu vereinen, findet man in der Position des Euseb wieder.

---

[199]Zum Verhältnis Eusebs zur nizänischen Bestimmung des Verhältnisses von Vater und Sohn sei auf die unterschiedlichen Beurteilungen von Weber und Stead hingewiesen: A. WEBER, APXH. Ein Beitrag zur Christologie des Eusebius von Cäsarea, (ohne Ortsangabe) 1965; G.CHR. STEAD, Eusebius and the council of Nicaea, in: JThS.NS 24 (1973), S.85-100.

[200]Vor allem abst. 2,37f, z.B. 2,38,2, siehe oben Anm.184.

[201]Fr. 15f.

[202]Fr. 12.

[203]Tim. 298f.

[204]Numenios von Apamea und der platonische Timaios, in: VigChr 29 (1975), S.263-267 (241-270), gegen H.J. KRÄMER, Der Ursprung der Geistmetaphysik, Amsterdam 1964.

[205]In dieser Unterscheidung zwischen erstem und zweitem Gott wirken deutlich stoische Gedanken nach. Chrysipp spricht nach Plutarch, com.not. 1077Df (=SVF II 396, 1064) von dem Rückzug in die Pronoia und faßt beide Aspekte zusammen. Der göttliche Rückzug zu sich bedeutet den Beginn der Ekpyrosis, zugleich aber den Anfang der Diakosmesis. Pronoia ist Ausdruck der unlöslichen Verbindung von Ekpyrosis und Diakosmesis.

Die Bedeutung der Identifikation des Logos mit der Pronoia Gottes bei Euseb aber liegt weniger darin, daß noch einmal an einem Detail der Diskussionszusammenhang aufleuchtet, sondern daß mit dieser Identifikation die Diskussion zum Ende kommt. Eusebs Identifikation des Logos mit der Pronoia gehört in den apologetischen Zusammenhang, zugleich aber verweist Euseb mit dieser Identifikation alle weiteren Fragen, die der Begriff der Pronoia aufgeworfen hatte, in die innerchristliche Kontroverse um den Logos.

Was bleibt aber dann noch über die göttliche Pronoia zu sagen? In der Zeit nach Euseb wird der Begriff der Pronoia in den Kanon apologetischer Themen aufgenommen, wie Theodoret mit seiner Schrift Graecarum affectionum curatio belegt. Ein Autor wie Theodoret aber kennt die Alternative zwischen universaler und individueller Pronoia nur als Fragestellung aus den platonischen Gesetzen,[206] und das Konzept der gestuften Pronoia findet keine Erwähnung. Er wirft die Frage, wie man sich Gottes Wirken im Sinne der Pronoia vorzustellen hat, nicht mehr in der Weise auf, wie sie sich in der Zeit vor Euseb stellte, und konnte die Frage durch die Lektüre der Praeparatio Evangelica nicht kennenlernen. Eusebs im Ergebnis reduzierte Äußerungen über die Pronoia Gottes wirken sich hier aus, sie bilden gleichsam das Nadelöhr, durch das man in die spätere Zeit blickt. Der Bogen einer Diskussion, die hier nachgezeichnet wurde, schließt sich mit Eusebs Ablehnung der platonisch gestuften Pronoia, der Unterscheidung zwischen einer ersten, zweiten und dritten Pronoia. Dieses Konzept, das bisher eher vorausgesetzt denn entwickelt wurde, und seine Resonanz in den apologetischen Texten soll das Thema des letzten Paragraphen sein und noch einmal zu den früheren Texten zurückführen.

Zusammenfassung

Für Euseb von Caesarea gehört Gottes Pronoia zu den elementaren Gegenständen christlicher Lehre, und er weist auf den Glauben der Christen und die Kraft der Märtyrer, um diese Bedeutung zu erklären. In der Gewißheit von der Gegenwart Gottes und damit von einer letzten Gerechtigkeit liegt die Stärke der Märtyrer. Sie überwinden ihre Ohnmacht, überzeugt davon, daß das Unrecht, das sie erleiden, nicht ungesehen bleibt. Euseb spricht sowohl von der Dike als auch der Pronoia und verbindet die Pronoia des gerechten Richters mit der Dike des Ephoren, der nichts übersieht. Die enge Verbindung von Pronoia und Gerechtigkeit ist auch bei Euseb grundlegend. Im Unterschied zu Origenes fehlt bei Euseb in diesem Zu-

---

[206]Theodoret zitiert in cur. 6,43-47 Platon, leg. 899D-E, 900C-D, 902E-903A,C-D, 905B, die Abschnitte finden sich in Euseb, PE 12,52. Vgl. zur Fragestellung Theodoret, prov. 2,576C-D.

sammenhang jede Präexistenzvorstellung. Euseb fragt nicht nach einer Erklärung
für die unterschiedlichen Lebensbedingungen, die über die individuelle Verantwortung für die Tatfolgen des eigenen Tuns hinausgeht. Euseb gelangt damit in
die Nähe der zeitgenössischen Interpretation des platonischen Lebenswahlmotivs,
aber auch der platonischen Heimarmene, die für die Unentrinnbarkeit der Tatfolgen steht. Euseb nimmt den verbreiteten Gedanken von Gott als ἐπόπτης καὶ
ἔφορος auf, der sich bei Aelius Aristides, Epiktet und Porphyrios, aber auch bei
Philon findet. Euseb bezieht sich auf eine breite Tradition. Aktualität haben seine
Äußerungen an dieser Stelle nicht im allgemeinen Diskussionszusammenhang,
sondern in der innerkirchlichen Situation. Euseb stellt die Schwäche der kirchlichen Institution und die Stärke der Märtyrer gegenüber, die Gewißheit der Märtyrer und die Zweifel der kirchlichen Amtsträger an der Pronoia Gottes angesichts
einer Situation, die scheinbar jeden Sinn vermissen läßt. Eusebs Elementarisierung
der Lehre von der Pronoia und seine Betonung der Existenz der Pronoia hat anti-
epikureische Züge, die sich gegen die kirchlichen Zweifler richten.

Der Begriff Pronoia gehört bei Euseb zu den christlichen Elementarlehren,
weil er eine Grundgewißheit der Christen beschreibt, nicht aber weil Euseb an
dieser Stelle einen eigenständigen Beitrag zur zeitgenössischen Diskussion bietet.
Wenn er den Begriff Pronoia erläutert, beschreibt er Gottes Pronoia über den
Kosmos, nennt die Erhaltung der einmal gesetzten Ordnung und die dem Menschen mit seiner Natur gegebenen Entfaltungsmöglichkeiten. Die Diskussion um
die individuelle Pronoia findet in der Praeparatio Evangelica keinen Niederschlag,
und Euseb erwähnt die Unterscheidung zwischen individueller und universaler
Pronoia auch später nicht. Die Grundgewißheit der Märtyrer und das Staunen vor
der kosmischen Ordnung werden jeweils mit Pronoia bezeichnet, ohne ausdrücklich aufeinander bezogen zu werden.

Auch für Euseb geht es in dem Begriff Pronoia um die Vermittlung des Wirkens Gottes. Während aber die Unterscheidung zwischen universaler und individueller Pronoia unerwähnt bleibt, gewinnt für Euseb die Diskussion um die gestufte Pronoia der Platoniker zunehmend an Bedeutung. In PE 3,10 kritisiert er in
der Interpretation eines orphischen Hymnus durch Porphyrius falsche Vorstellungen von der Immanenz Gottes. Euseb betont die Differenz zwischen Schöpfung
und Schöpfer. Um aber sichtbare und transzendente Welt nicht voneinander zu
trennen, weist er hin auf die pronoia-übenden Kräfte Gottes, die auf die Erde
herabsteigen. Euseb wiederholt diese Formulierung nicht. Die Antwort, die Euseb
in Laus Constantini entwickelt, steht im Zusammenhang mit seinen Vorbehalten
gegenüber der gestuften Pronoia, die jedoch erst im Vergleich mit den Platonikern
sichtbar wird. Euseb identifiziert den Logos als den Mittler mit der Aufgabe der

Pronoia, er ordnet Pronoia nicht dem höchsten Gott zu, und aus den pronoia-übenden Kräften in PE 3 werden keine mit Pronoia beauftragten Dämonen. Euseb teilt mit den Platonikern zwei Fragen und beantwortet negativ: Läßt sich mit der Vorstellung von dem höchsten und ersten Gott Pronoia verbinden? Ist es angemessen, das Wirken der Dämonen als Pronoia zu beschreiben? Mit der Identifikation des Logos mit der Pronoia Gottes richtet sich Euseb gegen die platonische Dämonenlehre.

In dieser Auseinandersetzung verändert Euseb die Metapher vom persischen König, die auch PsAristoteles, Maximus von Tyros und Celsus verwenden. Anders als bei Maximus ist Gott nicht durch dreißigtausend göttliche Beamte in der Welt gegenwärtig. Der höchste Gott, der im Innern seines Palastes sitzt, hat nach Euseb nur einen Mittler, den Logos. Euseb setzt in dieser Auseinandersetzung eine Kritik wie die des Celsus voraus. Celsus hatte auf den Widerspruch hingewiesen, daß Christen zwar von dem Wirken der Mächte überzeugt sind, ihnen aber nicht eine entsprechende Verehrung zukommen lassen. Zur Begründung weist er darauf hin, daß jede Form von Pronoia, ob sie von den Engeln oder Dämonen geübt wird, auf Gott zurückgehe, und mahnt, daß es großen Schaden verursachen könne, wenn man die Satrapen eines Königs mißachte. Euseb entmachtet die Dämonen und spricht ihnen jede Pronoia ab. Die Frage, ob Dämonen Pronoia üben oder nicht, war umstritten. Euseb entwickelt die Fragestellung erst, sie liegt in der Praeparatio Evangelica noch nicht vor. Mit seiner Antwort stellt Euseb sich allerdings in eine Tradition, die bereits in der Praeparatio Evangelica sichtbar wird. Bereits in der Praeparatio Evangelica zitiert er Platoniker, von denen keine Aussagen zur gestuften Pronoia bekannt sind und von denen er keine Fragmente zur gestuften Pronoia überliefert. Die Identifikation des Logos mit der Pronoia Gottes in Laus Constantini weist zurück auf die Tradition des Attikos und Numenios und damit auf die in der Praeparatio Evangelica überlieferten Fragmente.

Die Identifikation des Logos mit der Pronoia Gottes setzt eine Kritik wie die des Celsus an den Christen voraus und war nur auf dem Hintergrund einer Kontroverse unter den Platonikern möglich. Die Bedeutung der Identifikation des Logos mit der Pronoia Gottes für die Diskussion um die Pronoia liegt aber nicht nur darin, daß sich genau bestimmen läßt, wie sich Euseb auf die Mittelplatoniker bezieht. Mit dieser Identifikation kommt die Diskussion um die Pronoia Gottes zu einem Ende: Sie ist verbunden mit der Ablehnung des Konzeptes einer gestuften Pronoia, und die Alternative zwischen universaler und individueller Pronoia, die bisher die Diskussion bestimmt hatte, stellt sich ausgehend vom Logos Gottes nicht mehr. Mit der Identifikation des Logos mit der Pronoia Gottes verweist Euseb alle weiteren Fragen, die der Begriff Pronoia aufgeworfen hatte, in die innerchristliche Kontroverse um den Logos.

§ 6. Die Hierarchie der Handelnden – Die Frage nach dem Subjekt der Pronoia

Das platonische Modell der gestuften Pronoia wurde bereits einige Male erwähnt, ohne eigentlich Thema zu sein. Es unterscheidet sich signifikant von anderen spätantiken Äußerungen zur Pronoia und hat daher das Interesse der Forschung auf sich gelenkt. Es ist weitgehend üblich geworden, bei platonischen Äußerungen des ersten und zweiten Jahrhunderts an eine der platonischen Hierarchie des Seienden entsprechende Untergliederung der Pronoia zu denken. Folgt man diesem Konsens, würde jetzt in einem letzten Kapitel noch den Einfluß des zeitgenössischen Platonismus nachgetragen. Von einer ersten, zweiten und dritten Pronoia sprechen allerdings nur wenige Texte und ihr Einfluß auf die altkirchliche Literatur ist äußerst begrenzt. Die gestufte Pronoia der Platoniker wurde in der Theologie der Alten Kirche nicht aufgenommen, sieht man von Ausnahmen ab. Es gibt einige wenige Belege, bei denen es aber eine Frage der Interpretation ist, ob man sie als Zeugnisse für die gestufte Pronoia werten kann. Die gestufte Pronoia der Platoniker spielt lediglich dort eine Rolle, wo man sich gegen diese Konzeption oder gegen die Überzeugung abgrenzt, daß gute Mächte, Dämonen oder Engel Pronoia üben.

1. Die gestufte Pronoia und ihre Verbreitung unter den Platonikern

Es gab nicht *die* Vorstellung von der gestuften Pronoia, sondern es gibt eine Reihe von Texten, die den Begriff der Pronoia an die platonische Hypostasenreihe angleichen. Die Abstufungen der Pronoia entsprechen den Hypostasen, und die Darstellungen einer gestuften Pronoia sind daher notwendig ebenso vielfältig wie die Formen der vorplotinischen Hypostasenreihen. Obwohl jedes einzelne Detail umstritten ist, setzt schon der Vergleich der Texte eine Idee oder ein Modell von der gestuften, genauer der dreifach gestuften Pronoia voraus, dem allerdings nur ein Text, nämlich PsPlutarch, De fato nahekommt. Im folgenden werden sechs Texte vorgestellt, auf denen die Überlieferung von der gestuften Pronoia im vorplotinischen Platonismus beruht. Zu beginnen ist mit PsPlutarch.

1) *PsPlutarch* faßt in wenigen Sätzen zusammen, was man sich unter der dreifachen Pronoia Gottes vorzustellen hat:[1]

---

[1] 572F–573A: ῎Εστιν οὖν πρόνοια ἡ μὲν ἀνωτάτω καὶ πρώτη τοῦ πρώτου θεοῦ νόησις εἴτε καὶ βούλησις οὖσα εὐεργέτις ἁπάντων, καθ᾽ ἣν πρώτως ἕκαστα τῶν θείων διὰ παντὸς ἄριστά τε καὶ

„Die erste und höchste Pronoia ist das Denken des ersten Gottes und seine Absicht, welche die Wohltäterin aller ist. Nach ihr ist zuerst jedes der göttlichen Wesen ganz und gar
aufs beste und schönste geordnet.
Die zweite ist die der zweiten Götter, die sich am Himmel bewegen. Nach ihr entstehen in
geordneter Weise die sterblichen Wesen und das, was auch immer zum Bestand und zur
Bewahrung der einzelnen Gattungen beiträgt.
Die dritte darf man wohl zu Recht Fürsorge und Achtsamkeit (πρόνοιά τε καὶ προμήθεια)[2]
all der Dämonen nennen, die über die Erde gesetzt sind als Wächter und Aufseher der
menschlichen Handlungen."

Die Bedeutung von Pronoia hängt in diesem Text davon ab, wer sie übt. Es ist jeweils etwas anderes gemeint, wenn PsPlutarch von der Pronoia des ersten Gottes,
der Pronoia der zweiten Götter oder der Pronoia der Dämonen spricht. Diese
dreifache Verwendung gibt der Antwort eine bestimmte Struktur vor, aber auf
welche Frage hin? Die dreifache Pronoia ist wiederum eine Antwort auf die
Diskussion um die universale und individuelle Pronoia. Sie integriert die unterschiedlichen Positionen und ist als ein Versuch der Vermittlung zu verstehen.
Dies wird bei PsPlutarch in der Beschreibung der zweiten Pronoia deutlich. Sie
wird den Gestirngöttern zugeschrieben, die für den Bestand der Gattungen Sorge
tragen. In diesem Satz ist die aristotelische Position erkennbar, die auch Epiktet
erwähnt.[3] Sie wird hier allerdings nicht als Position einer Gruppe gekennzeichnet
und einer anderen gegenübergestellt, sondern findet in den Wächtern über das
menschliche Tun ihre Ergänzung.

Ausdrücklich auf den Zusammenhang der dreifachen Pronoia mit der Diskussion um die universale und individuelle Pronoia macht nicht PsPlutarch, sondern Nemesios von Emesa aufmerksam.

2) *Nemesios von Emesa* führt die dreifache Pronoia damit ein, daß Platon beides,
das Allgemeine und das Besondere, von der Pronoia verwaltet sehen wolle und –
offensichtlich besteht für Nemesios hier ein Zusammenhang – eine dreifache
Untergliederung des Begriffs Pronoia vornehme,[4] die Nemesios im folgenden

---

κάλλιστα κεκόσμηται, ἡ δὲ δευτέρα δευτέρων θεῶν τῶν κατ᾽ οὐρανὸν ἰόντων, καθ᾽ ἣν τά τε θνητὰ
γίνεται τεταγμένως καὶ ὅσα πρὸς διαμονὴν καὶ σωτηρίαν ἑκάστων τῶν γενῶν, τρίτη δ᾽ ἂν εἰκότως
ῥηθείη πρόνοιά τε καὶ προμήθεια τῶν ὅσοι περὶ γῆν δαίμονες τεταγμένοι τῶν ἀνθρωπίνων πράξεων
φύλακές τε καὶ ἐπίσκοποί εἰσι.

[2] Die Nebenordnung von προμήθεια und πρόνοια bei Sophokles, El. 990 wurde bereits erwähnt
(siehe oben S.24), vgl. Cornutus, nat.deor. 18,S.32.1-3: ... Προμηθέα εἰρῆσθαι τὴν προμήθειαν
τῆς ἐν τοῖς ὅλοις ψυχῆς, ἣν ἐκάλεσεν οἱ νεώτεροι πρόνοιαν. In Verbindung mit πρόνοια begegnet
προμήθεια in Philon, imm. 29 und Nemesios, nat.hom. 42,S.122.3, in Verbindung mit ἐπιμέλεια
Clemens von Alexandrien, strom. 7,15,91,1, Dion von Prusa, or. 6,29, in Verbindung mit einer
vorsätzlichen Tat Philon, post. 11.

[3] Diss. 1,12,3.

[4] Nat.hom. 43,S.125.21-23.

paraphrasiert. Die erste Pronoia wird wie auch bei PsPlutarch dem ersten Gott zugeschrieben. Nach Nemesios bezieht sie sich auf die Ideen, den ganzen Kosmos und alles im allgemeinen, nämlich auf die Gattungen im Sinne des Wesens, der Quantität und der Qualität und auf die den Gattungen untergeordneten Arten.[5] Nemesios kann nun nicht fortfahren und wie PsPlutarch die Pronoia der zweiten Götter auf der Ebene der Gattungen ansiedeln. Bei Nemesios sorgen die zweiten Götter für die Geburt der Individuen (τῆς δὲ γενέσεως τῶν ἀτόμων ζῴων). Nemesios geht in der Beschreibung der ersten Pronoia auf Gattung, spezifische Differenz und Art ein und bleibt im gleichen Zusammenhang, wenn er von τῶν ἀτόμων ζῴων spricht.[6] Was bleibt für die dritte Pronoia zu tun, wenn Nemesios bereits hier von den Individuen spricht? Und was haben die Pflanzen mit den Individuen zu tun? Die zweiten Götter, es handelt sich wiederum um Gestirngötter, sorgen für die Geburt der Individuen, der Pflanzen und für alles, was Entstehen und Vergehen unterliegt. In seinem Referat über die platonische Konzeption leitet sich die zweite Pronoia nicht aus der ersten ab und die dritte füllt nicht das von der zweiten Pronoia hinterlassene Vakuum. Die drei verschiedenen Bedeutungen sind als erste, zweite und dritte Pronoia miteinander verbunden und sie erhalten in der Hierarchie vom ersten Gott, den zweiten Göttern und den Dämonen einen sachlich angemessenen Ort. Die Pronoia als Sorge für alles Vergängliche will Nemesios nicht dem ersten Gott zuordnen, und das Amt der Dämonen ist mit der Aufgabe der zweiten Götter nicht vergleichbar. Unter der dritten Pronoia finden die Lebensverhältnisse der Menschen Erwähnung und wie bei PsPlutarch erscheinen die Dämonen als Wächter über die Taten der Menschen. Einzelne Formulierungen erinnern an Alexander von Aphrodisias,[7] insbesondere aber die Darstellung der zweiten Pronoia.

In der Tradition des Alexander von Aphrodisias denkt man bei Pronoia an das Vergängliche und äußert sich auch in diesem Zusammenhang ähnlich plakativ, wie in dem eingangs von Alexander von Aphrodisias aufgenommenen Zitat: Es ist ebenso abwegig, darüber nachzudenken, ob der

---

[5] Nat.hom. 43,S.125.23-126.4.
[6] Vgl. Aristoteles, PA 643a. Nach der Bestimmung der Gattung und Art führt Aristoteles aus, daß die spezifische Differenz in gleicher Weise auf der Ebene der Individuen vorliegt. In top. 144b 1-3 heißt es: wenn es sich um Lebewesen handelt, meint die spezifische Differenz entweder Art oder Individuum. Jedes der Lebewesen ist entweder Art oder Individuum. Zu der Stelle siehe Alexander von Aphrodisias, top. S.452.20-26. Der Ausdruck τῶν ἀτόμων ζῴων ist wenig geläufig und zudem in der Auflistung: Individuen, Pflanzen und Vergängliches schwer zu erklären. Der Codex Patmiacus S. Iohannis 202 bietet eine andere Lesart und schreibt τῶν ἀτίμων ζῴων. Vgl. Aristoteles, MM 1205a 30, PA 645a 16, Theophrast, piet. fr.12.66, Porphyrios, abst. 2,25,2.
[7] Nemesios bezieht die Ordnung der natürlichen, materiellen und organischen Güter in die dritte Pronoia ein. Zu „organischen Gütern" siehe Alexander von Aphrodisias, top. S.231.5; 263.28f; 349.18f, an.mant. 113.1f, vgl. zu der Reihung Plutarch, quaest.conv. 720E, Plotin 6,3,9.5ff.

Logos pronoetikos sich auf das dem Werden und Vergehen Unterworfene[8] bezieht, wie zu zweifeln, ob die Wärme mit dem Feuer zu tun hat.[9] Nach Alexander von Aphrodisias benötigt gerade das Vergängliche die Pronoia. Pronoia bedeutet den geordneten Wechsel von Werden und Vergehen des Vergänglichen, und diese Ordnung schreibt er nicht dem unbewegten ersten Beweger, sondern der Bewegung der Sterne zu.[10] Diese Ausführungen entsprechen der zweiten Pronoia bei Nemesios. Die zweiten Götter sorgen für das Vergängliche, weil das Regelmäßige in dem Lauf der Sterne auf Entstehen und Vergehen einwirkt. Die Wirkung kann nur in dem Erhalt der Gattungen und Arten liegen.

Nemesios hat sein Referat über die dreifache Pronoia Platons damit eingeführt, daß hier sowohl das Allgemeine als auch das Einzelne Pronoia erfahre. Nemesios selbst hat, wie der Fortgang des Kapitels zeigt, ein Interesse an der individuellen Pronoia, und dieser Einführung ist zu entnehmen, wie Nemesios die dreifache platonische Pronoia verstand. War es aber die Intention dieses Konzeptes, den Weg von der universalen zur individuellen Pronoia Gottes zu beschreiten? Der Bezug auf die Einzeldinge und Individuen, an dem Nemesios interessiert ist, ist nicht mit der dritten Pronoia identisch. Welches Problem also löst die dreifach gestufte Pronoia nach dem Referat des Nemesios? Bei beiden, bei PsPlutarch und Nemesios, ist die aristotelische Position erkennbar. Wurde hier die aristotelische Lehre von der Pronoia in die von der Lektüre von Timaios 41e-42a beeinflußte dreifache Pronoia integriert? Dann wäre die dreifache Pronoia nicht als die platonische Version von der individuellen Pronoia zu lesen, wie Nemesios angibt, sondern stände dem zum Aristotelismus offenen Platonismus nahe.[11] Genau die Ausführungen zur zweiten Pronoia, in denen er nicht Pronoia, sondern die Heimarmene der Gestirne sieht, kritisiert Nemesios.[12]

Das Verhältnis von zweiter Pronoia und Heimarmene versucht PsPlutarch zu bestimmen. Dies veranlaßt ihn, sich zu der dreifachen Pronoia zu äußern.

---

[8] Die Wendung ἐν γενέσει καὶ φθορᾷ ist bei Alexander von Aphrodisias häufig belegt. Vgl. zu Aristoteles, GC den Kommentar: W.J. VERDENIUS/ J.H. WASZINK, Aristotle on Coming-to-be and passing-away, (PhAnt 1) Leiden 1946; außerdem Aristoteles, Physik 1,8 und die Aufnahme des Textes in Calcidius, Tim. 283-286. Zu Calcidius siehe den Kommentar von J.C.M. VAN WINDEN, Calcidius on matter. His doctrine and sources (PhA 9), Leiden 1965², S.75-88. Calcidius spricht in diesem Zusammenhang in folgender Weise von *prouidentia: Idem sine genitura et sine interitu dicit mundum esse diuina prouidentia perpetuitati propagatum* (283,S.286.5f) Vgl. Nemesios, nat.hom. 42,S.120.25f.

[9] [Alexander von Aphrodisias], Probl. proöm.S.4.2-7.

[10] Quaest. 1,25,S.40.23-41.15. Vgl. quaest. 2,21,70.12-17.

[11] Für diese Interpretation der dreifach gestuften Pronoia spricht, daß sie bei dem Aristoteles-Kritiker Attikos nicht zu finden ist und daß Justin, der ebenso deutlich wie Attikos der Konzeption einer individuellen Pronoia zustimmt, in der Apologie gegen die (dritte) Pronoia der Dämonen polemisiert (siehe unten S.318).

[12] Nat.hom. 43,S.126.15-18.

3) *PsPlutarch* führt die dreifache Pronoia mit dem bereits zitierten Text (572E-573A) ein, wenig später folgt eine Erklärung der dreifachen Pronoia, die mit diesem Text kaum noch etwas zu tun hat. PsPlutarch setzt voraus, daß der Leser die dreifache Pronoia bereits kennt. Er spricht von der höchsten Pronoia als βούλησις und νόησις dessen,[13] den er jetzt nicht den ersten Gott nennt, sondern den Vater und Schöpfer aller Dinge. Weitere Anklänge an den zitierten Text liegen nicht vor. Die dreifache Pronoia entspricht nach PsPlutarch Platons Ausführungen im Timaios und PsPlutarch belegt dies durch das Zitat von drei Textabschnitten: 29D-30A[14] soll die erste Pronoia erläutern, 41D-E[15] bestimmt den Ort der Heimarmene und 42D-E[16] die zweite Pronoia. Das Problem zeigt sich sehr bald, daß die dritte Pronoia nicht mit Timaios 41Dff zu belegen ist. Platon läßt Gott, den Schöpfer, zu den jungen Göttern sprechen; untergeordnete „Dämonen" werden nicht erwähnt.[17] PsPlutarch identifiziert zwar eine Andeutung, aber sie bleibt blaß.[18] Die zweite Pronoia läßt sich zwar auf Timaios 42D-E beziehen, aber unter zweiter Pronoia ist deshalb nicht notwendig dasselbe zu verstehen wie in der Definition am Anfang des Kapitels. Die jungen Götter schaffen in Nachahmung die sterblichen Wesen, aber PsPlutarch kommentiert dies weder mit einem Hinweis auf die Gattungen noch ist von Werden und Vergehen und dem Bestand des Vergänglichen die Rede.

PsPlutarch ist an dem Verhältnis von Pronoia und Heimarmene interessiert. Nach PsPlutarch ist die Heimarmene von der ersten Pronoia geschaffen, sie ist verwandt mit der zweiten Pronoia, aber er identifiziert Heimarmene und die zweite Pronoia nicht miteinander. Wo aber bleiben jetzt die jungen oder zweiten Götter? Stellt man, wie den Boeft es getan hat,[19] die Liste zusammen: Gott, erste Pronoia, Heimarmene, zweite Pronoia und dritte Pronoia, wird der Abstand zu dem Text, der sich ebenfalls bei PsPlutarch findet deutlich. Erste, zweite und dritte Pronoia beschreiben nicht in unterschiedlicher Weise den Wirkungsbereich von Gott, Göttern und Dämonen, sondern sind Teil dieser Hierarchie. Die erste Pronoia wird selbst Subjekt und bringt die Heimarmene hervor.

4) PsPlutarch bemüht sich um die dritte Pronoia, aber er kann sie nicht in die Hierarchie des Göttlichen einordnen. Das Problem stellt sich ähnlich für *Apuleius*.

---

[13] 573B. Vgl. ebenso Apuleius, Plat. 1,12,S.71.30-72.2, Calcidius, Tim. 144,S.183.9.

[14] 573C.

[15] 573E-F.

[16] 573D.

[17] Vgl. zu der Fürsorge der Dämonen bzw. Götter auch den Mythos des Politikos, besonders polit. 271D, 272E.

[18] 573F-574A.

[19] Calcidius on fate. His doctrine and sources (PhAnt 18), Leiden 1970, S.93.

Er kennt zwar drei Arten von Göttern, den einen und allein höchsten Gott, den Vater und Schöpfer, die im Himmel wohnenden Götter und als dritte diejenigen, die sich nach ihrem Ort und ihrer Macht in der Mitte zwischen den Göttern zweiter Art und den Menschen befinden.[20] Er unterscheidet aber dennoch nicht entsprechend drei Arten von Pronoia. Die erste Pronoia sei die Pronoia des Höchsten der Götter. Dieser habe die himmelbewohnenden Götter in ihr Amt eingesetzt und diejenigen sterblichen Wesen hervorgebracht, die den anderen Lebewesen an Weisheit überlegen sind. Alles übrige, die Einrichtung der übrigen Dinge und die täglich nötige Fürsorge habe er den anderen Göttern übertragen. Diese haben die zweite Pronoia übernommen und sorgen dafür, daß alles die unveränderliche Stellung in der väterlichen Einrichtung behält.[21] Die Dämonen seien lediglich Diener, Wächter und Dolmetscher,[22] und Apuleius spricht damit den Dämonen die dritte Pronoia ab.[23] Die Darstellung Apuleius' ist deutlich am Timaios orientiert. Es fehlt die dritte Pronoia und die zweite Pronoia sichert nicht im aristotelischen Sinne den Bestand der Art. Die Frage der universalen und individuellen Pronoia wird in diesen Ausführungen nicht angesprochen. Unausgeglichen nebeneinander stehen das Wirken der Weltseele[24] und das den Göttern übertragene Amt der zweiten Pronoia. Den Rahmen für die gestufte Pronoia bildet wiederum, wie bei Nemesios und PsPlutarch, die Frage nach dem Verhältnis von Heimarmene (*fatum*) und Pronoia (*providentia*).

5) Eine weitere Gestalt der zweifachen Pronoia, ohne allerdings von erster und zweiter Pronoia zu sprechen, findet sich sehr viel später bei *Hierokles*. Hierokles unterscheidet nicht zwischen dem höchsten und ersten Gott, den zweiten Göttern und den guten Dämonen, sondern zwischen Gott, dem Schöpfer und dem Kosmos, und in diesem befinden sich die drei Gattungen von Vernunftwesen, die ersten himmlischen Wesen, die Götter, zweitens die mittleren Vernunftwesen, die ätherischen Wesen oder Dämonen und drittens die irdischen Vernunftwesen, die menschlichen Seelen.[25] Pronoia entspricht nun der in den Regeln des Regierens enthaltenen Abwärtsbewegung. Der jeweils Übergeordnete herrscht über die ihm

---

[20] Plat. 1,11,S.71.17-25.

[21] Plat. 1,12,S.72.6-18.

[22] Nach Platon, symp. 202E, vgl. [Platon], epin. 985B, ähnlich Apuleius, Socr. 6,S.26.23-30.

[23] Plat. 1,12,S.72.19-22.

[24] Plat. 1,9,S.68.19f.

[25] Photios 251,461b 6-17. Zu den drei Genera siehe TH. KOBUSCH, Studien zur Philosophie des Hierokles von Alexandrien. Untersuchungen zum christlichen Neuplatonismus, (Epimeleia 27) München 1976, S.27-56. Die Beziehungen des Textes zu Proklos zeigt I. HADOT auf (Le problème du Néo-Platonisme alexandrin. Hiéroklès et Simplicius, Paris 1978, S.17-141. Zur umstrittenen Einordnung von Hierokles in den Neuplatonismus, siehe oben S.204f, S.208, Anm.156.

unmittelbar Untergeordneten, und er sorgt für die Untergebenen, die ihm aber zugleich in der Hierarchie am nächsten sind.[26] Die Gattungen der Vernunftwesen unterscheiden sich voneinander durch die Abstufungen, welche die göttliche Ordnung bei ihnen annimmt. Bei der zweiten Gruppe findet sich diese Ordnung bereits abgeschwächt. Die unveränderte Ähnlichkeit mit dem Schöpfer, welche die erste Gruppe auszeichnet, ist bei der zweiten Gruppe verändert und hat dann bei der dritten Gruppe Schaden genommen.[27] Gott sorgt naturgemäß unmittelbar für diejenigen Vernunftwesen, die ihm am nächsten sind und die von ihm selbst hervorgebracht sind,[28] während die Menschen an dritter Stelle folglich nur mittelbar durch die Dämonen Pronoia erfahren. Würde Hierokles fortfahren und die Stufen der Vermittlung abschreiten, käme er zu der dreifachen Pronoia. Er äußert sich aber, zumindest den bei Photios überlieferten Auszügen zufolge, nur zu der Pronoia des Schöpfers und der Pronoia der Wächter und Richter und unterscheidet zwischen reiner und gemischter[29] Pronoia. Sie entspricht dem zugeordneten Subjekt, aber auch dem jeweiligen Adressaten. Den vollkommenen und sündlosen Vernunftwesen kommt die reine Pronoia zu, während die gemischte Pronoia den Wesen entspricht, deren Ähnlichkeit mit ihrem Schöpfer nur noch in der Mischung erkennbar ist. Die Aufgabe der Wächter und Richter ist es, den Weg der Menschen durch Strafe und Vergeltung zu korrigieren. Dies kann nicht die reine Pronoia sein und sich nicht auf vollkommene Vernunftwesen beziehen. Das Werk der reinen und einfachen Pronoia ist die Erhaltung des natürlich Gegebenen und nicht die Wiederaufrichtung aus einem Zustand, der der Natur nicht entspricht.[30]

In der Beschreibung der gestuften Pronoia durch Hierokles kommt ein qualitatives Element hinzu, das den bisher genannten Texten fremd ist. Zwar erscheint die Pronoia der Dämonen und Wächter als dritte Pronoia bei Nemesios und PsPlutarch, aber sie nimmt nicht diese Gestalt an und wird vor allem nicht in dieser Weise der Erhaltung des Geschaffenen gegenübergestellt. Im Vergleich z.B. mit der Definition von Pronoia als Gottes Wille und Denken, mit der PsPlutarch einsetzt und die ähnlich auch in anderen Texten wiederbegegnet, fällt weiterhin auf, daß bei Hierokles jeder Hinweis auf das nushafte Element der Pronoia fehlt. Pronoia meint die Sorge des königlichen Vaters für seine Kinder, der sich auch als der strafende Pädagoge erweisen kann.

6) Die Übereinstimmungen zwischen PsPlutarch, Nemesios und *Calcidius* in der Darstellung der platonischen Lehre von der Heimarmene gehen so weit, daß

---

[26] Photios 251,461b 17ff.
[27] Photios 251,461b 32- 462a 10.
[28] Photios 251,461b 32-36. Vgl. Tim 41B-C.
[29] In Anlehnung an leg. 798b.
[30] Photios 251,463b 10-20.

man an einen literarischen Zusammenhang gedacht hat. Fragt man nach der dreifachen Pronoia, stößt man auf dieselbe Gruppe von Autoren, aber das Bild ist ein anderes. PsPlutarch und Nemesios berichten über die dreifache Pronoia, aber sie unterscheiden sich in ihrer Darstellung. PsPlutarch legt der dreifachen Pronoia die Texte Timaios 41D-E und 42D-E zugrunde. Calcidius' Kommentar zu Timaios 31C-53C ist erhalten, aber, obwohl er den gleichen Text wie PsPlutarch zugrundelegt, äußert er sich nicht zu einer dreifachen Pronoia. Calcidius listet zweimal die Stufen der göttlichen Hierarchie auf.[31] Providentia steht in beiden Texten an der zweiten Stelle nach dem höchsten Gott und wird mit dem Nus identifiziert. Waszink hat in seiner Edition des Textes sehr zu Recht auf die Nähe zu Numenios hingewiesen.[32]

Zwei Texte aus dem ausführlichen Exkurs über die Heimarmene (142-190), die hier von Bedeutung sind, sind von Waszink und den Boeft im Detail besprochen worden.[33] In K.176 beginnt Calcidius die Reihe mit dem höchsten Gott, dem höchsten Gut jenseits von Sein und Natur. Es folgt an zweiter Stelle die Providentia, von der Calcidius sagt, daß sie bei den Griechen Noῦς heißt, und an dritter Stelle das Fatum, dem wiederum der zweite Nus (mens secunda) gehorcht. Aus dem Vergleich mit PsPlutarch und Nemesios ergibt sich unwillkürlich die Frage, ob es sich um die Providentia des höchsten Gottes handelt. Die unterschiedlichen Ausführungen zur gestuften Pronoia haben gemeinsam, daß der erste oder höchste Gott Pronoia übt. K.176 ist diese Pronoia des ersten Gottes nicht zu entnehmen, aber dies ist umstritten, da Calcidius in der Zusammenfassung des Exkurses über das Fatum, K.188 von *providentiam eius* spricht, wobei *eius* nur auf den höchsten Gott bezogen werden kann. Nach Waszink ist „Calcidius bei der Behandlung der höchsten Hypostasen in seiner Terminologie nicht völlig genau."[34] Aufgelistet werden in K.188: 1. der höchste Gott, 2. seine Providentia, 3. der zweite Geist (mens secunda), 4. die Vernunftseelen, dienende Mächte und Dämonen.[35] Und sie unterscheiden sich voneinander als Gesetzgeber (Providentia) und Wächter über die Gesetze (mens secunda) oder wie Calcidius noch einmal zusammenfaßt: der höchste Gott befiehlt, der zweite ordnet, der dritte macht bekannt, die

---

[31] 176-177,S.204.3-206.4; 188,S.212.22-213.6.

[32] Nach M. BALTES (Numenios von Apamea und der platonische Timaios, in: VigChr 29 [1975], S.270) kennt Calcidius Numenios durch die Vermittlung durch Porphyrios. Vgl. die ausführlichen Anmerkungen in Calcidius, Timaeus. A Calcidio translatus commentarioque instructus, hrsg.v. J.H. Waszink, (Corpus Platonicum Medii Aevi, Plato Latinus Bd.4) London/ Leiden 1962, S.204. Mit der Abhängigkeit des Calcidius von Porphyrios, die J.H. WASZINK in dem Kommentar zum ersten Teil des Timaios-Kommentars nachzuweisen versucht (Studien zum Timaioskommentar des Calcidius, I., Die erste Hälfte des Kommentars, Leiden 1964), korrigiert er seine Beurteilung der Quellenfrage gegenüber der Textausgabe. Vgl. J. DEN BOEFT, Calcidius on fate, a.a.O.S.16.

[33] J.H. WASZINK, Calcidius' Erklärung von Tim 41e 2- 42a 4, in: MH 26 (1969), S.271-280. J. DEN BOEFT, Calcidius on fate, a.a.O.S.85-95.

[34] Calcidius' Erklärung von Tim 41e 2- 42a 4, a.a.O.S.276.

[35] Zu Calcidius' Lehre von den Dämonen siehe Tim. 129-135. Zu diesen Kapiteln ist der Kommentar von J. DEN BOEFT, Calcidius on Demons. Commentarius Ch.127-136, (PhAnt 33) Leiden 1977 erschienen.

Seelen schließlich leben nach dem Gesetz und die Dämonen erscheinen als Aufseher über deren Verdienste. Waszink versucht nun Spuren der dreifachen Pronoia bei Calcidius aufzuzeigen, indem er die Kapitel 176, 188 und 54 miteinander verbindet. Er kommt zu dem Ergebnis: „Auf jeden Fall zeigt sich hier eine Verbindung der verschiedenen Wesenheiten durch zwei Bewegungen: zunächst eine niederwärts gerichtete, die sich als ‚Fürsorge', *providentia*, für das jeweils unmittelbar folgende Element der Hierarchie bezeichnen läßt."[36] Das würde bedeuten, auch wenn Waszink sein Ergebnis auf „vestigia disiecta" beschränkt, daß Calcilius die gestufte Pronoia kennt und sich auf dieses Modell bezieht. Die Frage ist erstens, ob sich auf diese Weise Belege für die gestufte Pronoia konstruieren lassen. Zweitens ist zu fragen, ob man K.176 so lesen sollte, daß man weitere Belege zur Pronoia auf den hier nicht genannten Stufen ergänzt. Calcidius stellt nicht unterschiedliche Wirkungsbereiche von Providentia nebeneinander, sondern identifiziert den Nus mit Providentia. Die Nähe zu Numenios besteht darin, daß diese Identifikation eine Konzeption widerspiegelt, die der Unterscheidung des ersten und zweiten Gottes bei Numenios entspricht.[37] Das hieße, daß Providentia bei Calcidius in 176 und 188 mit dem höchsten Gott nicht anders zu tun hat als der Nus in seiner Bezogenheit auf den ersten Gott. Ist dies richtig, dann stellt die Identifikation der zweiten Stufe mit Pronoia oder Providentia eine Alternative zur gestuften Pronoia dar, und es ist für die Interpretation nicht hilfreich, nach ergänzenden Äußerungen zu suchen. Wenn sich die Hierarchie bei Calcidius auf PsPlutarch, De fato 9 beziehen läßt, wie den Boeft gezeigt hat,[38] ist es umso bezeichnender, daß Calcidius die gestufte Pronoia nicht aufnimmt.

Aus dem Überblick der Texte ergibt sich für die platonische Lehre von der gestuften Pronoia folgendes:

Zu dem wenigen, das die Texte gemeinsam haben, gehört die Aufgabe, das Verhältnis von Pronoia und Heimarmene zu bestimmen. Sie bildet häufig den Rahmen der Ausführungen. Die Erwähnung der Heimarmene scheint von dem Zusammenhang gefordert zu sein, allerdings ist die Identifikation der zweiten Pronoia mit der Heimarmene umstritten.

Die gestufte Pronoia ist verbunden mit der Auslegung von Tim.41E-42A, aber nicht aus der Interpretation von Tim.41E-42E hervorgegangen, sondern an den platonischen Text herangetragen worden. Die Timaios-Stelle kann daher auch ohne einen Hinweis auf die gestufte Pronoia kommentiert werden und die Darstellung der gestuften Pronoia auf einen Hinweis auf den Timaios verzichten.

Mit der strittigen Frage einer Fürsorge Gottes für den einzelnen kann nur die dreifach gestufte Pronoia in Verbindung gebracht werden. Es war allerdings umstritten, ob man von einer Pronoia der Dämonen an dritter Stelle sprechen kann. Eine Entwicklung ist schwer nachzuzeichnen, man gewinnt aber den Eindruck, daß nicht nebeneinander eine zwei- und eine dreifache Pronoia in den Texten auftauchen, sondern daß die Tendenz bestand, die zweite und dritte Pronoia zusam-

---

[36] Calcidius' Erklärung von Tim.41e 2- 42a 4, a.a.O.S.277.
[37] Numenios, fr.11.11ff, fr.12.10-14, fr.13.4-7, fr.16.8-17.
[38] Calcidius on fate, a.a.O.S.93f.

menzufassen und die Pronoia den höheren Hypostasen zuzuschreiben. Damit war der der gestuften Pronoia zugrundeliegende Gedanke bereits aufgelöst, zumal gleichzeitig kontroverse Standpunkte in der Frage vertreten wurden, ob man dem ersten Gott eine Wirksamkeit im Sinne der Pronoia zuordnen kann.

Mit der platonischen Lehre von der gestuften Pronoia sind drei Fragen verbunden: 1. Ist es zutreffend, dem ersten Gott Pronoia zuzuschreiben, oder ist der erste Gott jenseits von Pronoia zu denken? 2. Sind die zweite Pronoia und die Heimarmene identisch? 3. Kann man die Wirkung der Dämonen mit Pronoia bezeichnen? Eine einheitliche Vorstellung von der gestuften Pronoia würde voraussetzen, daß die Platoniker in allen drei Fragen zu gleichen Antworten kommen. Daß dies nicht der Fall ist, belegen die genannten Texte. Aus der Zusammenstellung von unterschiedlichen Antworten auf diese drei Fragen ergibt sich die Vielfalt in der platonischen Lehre von der göttlichen Pronoia.

2. Athenagoras, leg.24f. Ein Beispiel für die Aufnahme des platonischen Gedankens einer gestuften Pronoia in der altkirchlichen Theologie

Man wird in der Interpretation der philosophischen und der theologischen Texte des zweiten, dritten und beginnenden vierten Jahrhunderts nicht anders vorgehen können, als strukturierend auf typisch mittelplatonische Konzeptionen zurückzugreifen, die eine Abstraktion sind und von denen man nicht erwarten sollte, daß sie sich belegen lassen. Aber worin liegt das Typische der gestuften Pronoia, woran ist die platonische Konzeption der gestuften Pronoia wiederzuerkennen? Die Äußerungen der Platoniker zu der Differenzierung innerhalb des Begriffs Pronoia sind keineswegs einheitlich. Dies heißt, daß es wenig sinnvoll ist, die Texte der Theologen an PsPlutarch zu messen und einen Text, nämlich PsPlutarch, mit der typisch platonischen, gestuften Pronoia zu identifizieren, vor allem aber, daß das Modell „platonisch gestufte Pronoia" zu überdenken ist. Für die Interpretation von Athenagoras, leg. 24f, dem einzigen Text, in dem bereits Schwartz 1891[39] das Schema der gestuften Pronoia wiederzuerkennen glaubte, bedeutet dies die folgende Aufgabe: Es ist erstens zu zeigen, daß die gestufte Pronoia bei Athenagoras mit der dritten Frage der Platoniker zu tun hat, nämlich mit der Frage nach der

---

[39] Athenagorae Libellus pro Christianos, Oratio de resurrectione cadaverum, ed. E. SCHWARTZ, (TU 4,2) Leipzig 1891, S.127-129; ebenso A.J. MALHERBE, Athenagoras on the poets and philosophers, in: Kyriakon (FS J. Quasten), hrsg.v. P. Granfield/ J.A. Jungmann, Münster 1970, S. 220 (214-225). M. MARCOVICH, S.79, J. GEFFCKEN, (a.a.O.S.214-219) nimmt diesen Vorschlag nicht auf.

Bezeichnung des Wirkens der Dämonen als Pronoia. Es ist zweitens zu fragen, wie sich die gestufte Pronoia zu der Alternative zwischen individueller und universaler Pronoia verhält.

In den letzten Jahre wurde die πρεσβεία περὶ Χριστιανῶν des Athenagoras vor allem zur Bestimmung der Gattung Apologie herangezogen.[40] Lange Zeit aber war Athenagoras wegen seiner philosophischen Bildung ein interessanter Autor,[41] und ich möchte diese Linie wieder aufnehmen, wenn ich mich auf die Kapitel 24f. seiner Schrift beziehe. Der Gedankengang ist folgender:[42] Christen sprechen von Vater, Sohn und Geist, die in ihrer Wirkung geeint sind. Unter dem Sohn des Vaters habe man den Nus, den Logos und die Sophia zu verstehen, unter dem Geist den Ausfluß aus Gott, der dem Licht entspreche, welches das Feuer abstrahlt. Außerdem gebe es Kräfte, die von Gott geschaffen sind und sich im Bereich der Materie aufhalten und wegen der Materie existieren, da Gott ihnen die Verwaltung der Materie und ihrer Gestalten anvertraut habe. Diese Kräfte sind geschaffen wegen der Pronoia für das von Gott Geschaffene. Athenagoras erklärt, daß damit Gott die allgemeine universale Pronoia im Sinne der Gattungen zukomme,[43] den Engeln oder Kräften aber die individuelle, da sie über die Einzeldinge gestellt sind.

Athenagoras hatte bereits in Kapitel 10 die Lehre von Vater, Sohn und Geist vorgestellt und von der ökonomischen Einheit gesprochen,[44] bevor er die Menge

---

[40] Siehe oben S.93f.

[41] Am Ende der 60er und Anfang der 70er wurde Athenagoras vor allem im Zusammenhang mit der Frage nach dem Mittelplatonismus gelesen. Siehe L.W. BARNARD, Athenagoras. A study in second century Christian apologetic (ThH 18), Paris 1972 und die Aufsätze von A.J. MALHERBE, Athenagoras on the location of God, in: ThZ 26 (1970), S.46-52; Athenagoras on the poets and philosophers, a.a.O.; The Holy Spirit in Athenagoras, in: JThS.NS 20 (1969), S.538-542. Malherbe nimmt in dem Aufsatz: The structure of Athenagoras, Supplicatio pro christianis (a.a.O.) die These von der Verarbeitung eines Handbuches wieder auf und vergleicht die Texte leg. und Alkinoos, didasc. Vgl. die kritische Einschätzung von J. GEFFCKEN, a.a.O.S.163, nach Geffcken benutzte Athenagoras „wohl ein ziemlich klägliches Handbuch" (a.a.O.S.174, 195f und öfter).

[42] Leg. 24,1f.

[43] Der Satz (24,2.22-25) τοῦτο γὰρ ἡ τῶν ἀγγέλων σύστασις, τῷ θεῷ ἐπὶ προνοίᾳ γέγονε τοῖς ὑπ' αὐτοῦ διακεκοσμημένοις, ἵν' ᾗ τὴν μὲν παντελικὴν καὶ γενικὴν ὁ θεὸς <ἔχων> τῶν ὅλων πρόνοιαν, τὴν δὲ ἐπὶ μέρους οἱ ἐπ' αὐτοῖς ταχθέντες ἄγγελοι (Die weiteren Konjekturvorschläge von Marcovich übernehme ich nicht) wurde in folgender Form wörtlich von Methodios exzerpiert: Τοῦτο γὰρ ἡ τῶν Ἀγγέλων σύστασις τῷ Θεῷ ἐπὶ προνοίᾳ γεγονέναι τοῖς ὑπ' αὐτοῦ διακεκοσμημένοις, ἵνα τὴν μὲν παντελικὴν καὶ γενικὴν ὁ θεὸς ἔχων τῶν ὅλων πρόνοιαν. Von Methodios (res. 1,37,2,S.278.3-6) ist der Text zu Epiphanios, panar. 64,29.2,S.446.18-20 in seine Auseinandersetzung mit Origenes gelangt, vgl. den Zusammenhang 64,29,1-4. Der Hinweis auf Athenagoras findet sich auch bei Methodios (1,37,2,S.278.1 καθάπερ ἐλέχθη καὶ Ἀθηναγόρᾳ) und Epiphanios und geht also nicht auf Photios zurück, der die Apologie des Athenagoras sonst nicht kennt.

[44] Zur Trinitätslehre in leg. 10,4.25f: δεικνύντας αὐτῶν καὶ τὴν ἐν τῇ ἑνώσει δύναμιν καὶ τὴν ἐν τῇ τάξει διαίρεσιν ... siehe: M. GIUNCHI, Dunamis et taxis dans la conception trinitaire d' Athé-

der Engel und der dienenden Mächte einführt. Er nimmt diesen Gedanken in Kapitel 24 wieder auf, wo er das Wesen der Dämonen erklären will. Diese Mächte erscheinen grundlegend unterschieden von Vater, Sohn und Geist, da Vater, Sohn und Geist in Hinsicht auf ihre Wirkung geeint sind und die Dämonen oder Mächte nicht Teil dieser Einheit sind. Auf Grund der ökonomischen Einheit lassen sich nicht die Pronoia des Vaters, des Sohnes und des Geistes unterscheiden und der Gedanke einer Stufung des Begriffs nicht auf die innertrinitarischen Beziehungen anwenden. Unterschiedliche Wirkweisen von Pronoia beziehen sich bei Athenagoras auf Gott und die Mächte, die dem neutralen Begriff der Dämonen entsprechen. Der Begriff Dämonen ist vom Zusammenhang vorgegeben. Sobald Athenagoras die christliche Lehre referiert, spricht er von Mächten und Engeln. Diesen ist als Aufgabe die Verwaltung (διοίκησις) übergeben, nach 24,2.21 ἐπὶ τῇ ὕλῃ καὶ τοῖς τῆς ὕλης εἴδεσι,[45] nach 24,2.25 ἐπὶ μέρους. Athenagoras führt aber die Engel nur ein, um sofort wieder zu den Dämonen überzuleiten, die im Gegensatz zu den Engeln und Mächten als die schlechten Geister definiert sind, die ihre Macht und Aufgabe mißbraucht haben. Dies ist der Hintergrund, auf dem Athenagoras einige Dichterzitate liest.[46]

Wie auch Justin[47] will Athenagoras über die schlechten Dämonen sprechen und den Gegner mit diesen Dämonen in Verbindung bringen.[48] Daß Dämonen nicht nur gute Wirkungen hervorbringen,[49] war völlig unstrittig. Bei Athenagoras und Justin wird ihnen die Verkehrung der Pronoia zugeschrieben, und ein Problem mit der Einbindung des Begriffs Pronoia in diesen Zusammenhang wird bereits in diesen Texten sichtbar. Später wird Athanasios in der Vita Antonii einen Dämon auftreten lassen, der von sich behauptet: Ἐγώ εἰμι ἡ πρόνοια,[50] aber durch das Leben des Eremiten Antonios bereits widerlegt ist. Die Dämonen verfügen nicht über die Pronoia, sondern stehen außerhalb des Bereichs von Pronoia. Die

---

nagore (leg. 10,29; 12,21; 24,9), in: Les apologistes chrétiens et la culture grecque, hrsg.v. B. Pouderon/ J. Doré (ThH 105), Paris 1998, S.121-134. Giunchi nimmt die Überlegungen von W.R. SCHOEDEL (A neglected motive for second-century trinitarianism, in: JThS.NS 31 [1980], S.356-367) auf und sieht in der an dieser Stelle bereits formalisierten Sprache des Athenagoras einen Einfluß von Texten wie PsAristoteles, mund., Maximus von Tyros, Aristides, Dion von Prusa und Demosthenes (siehe oben II §5.3,S.290ff). Allerdings bleibt die Einordnung in diesen Zusammenhang allgemein.

[45] Vgl. den Ausdruck der materiellen Pronoia bei Hierokles, Photios 251,463b 7-15. Siehe oben S.203f.

[46] Siehe hierzu A.J. MALHERBE, Athenagoras on the poets and philosophers, a.a.O.

[47] Apol.mai. 5, apol.min. 1,2; 5,2f.

[48] E. PAGELS, Christian apologists and the fall of the angels. An attack on Roman imperial power?, in: HThR 78 (1985), S.301-325.

[49] Porphyrios, Marc. c.Cels.

[50] Vit.Ant. 40,1.3.

Dämonen schlagen zu, während Gottes Pronoia Antonios rettet.[51] In dem Kampf mit den Dämonen ist Gott gegenwärtig und sieht Antonios.[52] Wie in ähnlicher Weise die Märtyrer bei Euseb,[53] siegt Antonios in dem Kampf gegen die Dämonen mit der Stärke, die mit Gottes Pronoia zu tun hat. Gottes Pronoia macht furchtlos, während das Wirken der Dämonen die Leute in Angst und Schrecken versetzt. „Gott allein muß man also fürchten, sie (die Dämonen) aber verachten."[54] Johannes Chrysostomos schreibt eine Homilie *Daemones non gubernare mundum*,[55] und eine Aussage, wie sie bei Athenagoras zu finden ist, nimmt dann folgende Gestalt an: αὐτὸς (Paulus) διαλεγόμενος τῆς ἐν τῇ προνοίᾳ φαινομένης, οὐ τῆς καθόλου λέγω, καθ᾽ ἣν ἀγγέλων καὶ ἀρχαγγέλων καὶ τῶν ἄνω προνοεῖ δυνάμεων, ἀλλ᾽ ἐκεῖνο τῆς προνοίας τὸ μέρος ἐξετάζων, καθ᾽ ὃ προνοεῖ τῶν ἐν τῇ γῇ ἀνθρώπων.[56]

Diese Form der Zurückhaltung nicht nur gegenüber Dämonenverehrung, sondern einer Engelfrömmigkeit ist den Texten des zweiten Jahrhunderts noch fremd, und Celsus konnte damit rechnen, daß seine Ausführungen nachvollziehbar waren, wenn er fragt: Warum keine Ehre den Dämonen? Es wird alles durch Gottes Willen gelenkt und jede Pronoia kommt von Gott her. Nach Celsus ist alles durch das Gesetz Gottes, d.h. die Pronoia, geregelt, ungeachtet dessen, ob es sich um ein Werk Gottes, der Engel, Dämonen oder Heroen handelt.[57] Celsus empfiehlt daher den Christen, die Dämonen, gerade weil sie die Macht haben, den Menschen zu schaden, sie wie Mächtige zu behandeln, nämlich sie zu ehren.[58] Anders Athenagoras. Er bestreitet nicht das Wirken der Dämonen, aber den Sinn der Dämonenverehrung, indem er die Dämonen als solche entlarvt und den Weg aufzeigt, über diese Geister hinauszugehen. In dem Begriff der Pronoia aber stehen Celsus und Athenagoras mit ihren Ausführungen nicht weit auseinander. Celsus denkt die Pronoia Gottes als die universale Pronoia, wie die Fragmente des vierten Buches Contra Celsum zeigen, und später in den Fragmenten des siebten

---

[51] Vit.Ant. 8,2-3.8-16.
[52] Vit.Ant. 10,3, vgl. 8,3.13-15: Θεὸν δὲ προνοίᾳ (οὐ γὰρ παρορᾷ Κύριος τοὺς ἐλπίζοντας ἐπ᾽ αὐτόν).
[53] Vgl. Vit.Ant. 46.
[54] Vit.Ant. 30,1.1f: Τὸν θεὸν ἄρα μόνον δεῖ φοβεῖσθαι, τούτων δὲ καταφρονεῖν ... (καὶ μηδ᾽ ὅλως αὐτοὺς προσποιεῖσθαι).
[55] PG 49,241-258, vgl. Hom.16 in Eph. PG 62,131.15-20.
[56] Incompr. 1,245-249. Eine ebenso deutliche Alternative formuliert im Jesajakommentar Theodoret: προμηθούμενος διετέλεσε καὶ παντοδαπῆς αὐτοὺς προνοίας [ἠξί]ωσεν οὐκ ἀγγέλοις διακόνοις τῆς σωτηρίας χρησάμενος ἀλλ᾽ αὐτὸς τῆς ἐνανθρωπήσεως ἀναδεξάμενος τὸ μυσήριον. (20,31-33), vgl. aber haer.comp. 5,PG83,472C.
[57] C.Cels. 7,68,S.217.4-8.
[58] C.Cels. 8,33,S.248.15-18, bes. 8,35,S.16-24, außerdem 8,63,S.S.279.21-24.

und achten Buches spricht Celsus über die Pronoia der Engel und Dämonen[59] und über Dämonen οἷς κατὰ μέρη τὸ ἐπιμελὲς ἑκάστῳ προστέτακται[60]. Nach Athenagoras hat Gott die allgemeine und universale Pronoia inne, τὴν παντελικὴν καὶ γενητικὴν τῶν ὅλων πρόνοιαν, während er über die Engel schreibt: τὴν (πρόνοιαν) δὲ ἐπὶ μέρους οἱ ἐπ᾽ αὐτοῖς ταχθέντες ἄγγελοι.[61]

Diese Unterscheidung zwischen allgemeiner und individueller Pronoia bleibt grundlegend. Es folgen Ausführungen über den freien Willen der Engel, ihre willentliche Abwendung von den Anordnungen Gottes, die Verkehrung ihrer Aufgabe und ihre sorglose Verwaltung des Anvertrauten.[62] Mit dieser Geschichte von der Entstehung der Dämonen, die früher Engel waren, erklärt Athenagoras die Zweifel des Euripides an der Pronoia und die Überlegungen des Aristoteles und stellt ihnen ein vollständigeres Bild gegenüber. Die ewige Pronoia bezieht sich nach Athenagoras immer und in gleicher Weise auf uns alle, die individuelle Pronoia hingegen nur auf die Würdigen. Aber auch für die übrigen ist gesorgt, nämlich durch die dem allgemeinen Gesetz der Weltordnung und dem allgemeinen Zusammenhang inhärente Vernunft, die nichts anderes als die universale Pronoia Gottes ist. Athenagoras war dabei, über die individuelle Pronoia zu sprechen und kommt auf die Dämonen zurück und die zerstörerische Unordnung, die von ihnen in die Welt getragen wird. Das Wirken der Dämonen hat nach Athenagoras gewisse, nicht unbedeutende Leute veranlaßt zu bestreiten, daß der Welt ein rationaler Plan zugrundeliegt, und stattdessen den Zufall am Werk zu sehen. Es folgt wiederum die Korrektur, indem Athenagoras die beiden, bereits eingeführten Ebenen unterscheidet. Der Mensch, soweit es seine natürliche, vom Schöpfer festgelegte Disposition betrifft, fällt nicht aus dieser Ordnung und der ihr eigenen allgemeinen Rationalität heraus und überschreitet nicht das Gesetz, das er in sich hat. Das übrige Walten und Treiben, das zu der Individualität der Menschen gehört und das unter dem Einfluß der Dämonen stehen kann, nimmt unterschiedliche Formen an, aber durchbricht nicht den Boden der vernünftigen Ordnung, auf dem alle stehen.

Gottes Pronoia liegt für Athenagoras in der schöpfungmäßig und natürlich gegebenen Disposition, die der Mensch als solcher hat und die er nicht verlieren kann. Daneben gibt es nach Athenagoras die besondere Fürsorge der Engel, die nicht allen, sondern nur denen zukommt, die sie verdienen. Die Dämonen wirken der Pronoia entgegen, sie können aber das vom Schöpfer grundgelegte Sein nicht

---

[59] C.Cels. 7,68.S.217.4-7.
[60] C.Cels. 8,28,S.244.1f.
[61] Leg. 24,2.24f.
[62] Vgl. Justin, apol.min. 52f.

zerstören. Die Ausführungen von Athenagoras sind sehr viel geschlossener, als man weithin annimmt.[63] Methodios hat Auszüge aus K.24 mit Origenes in Verbindung gebracht, und die Aussagen des Athenagoras zur allgemeinen Pronoia, zur Freiheit und zum Fall der Engel und zur weiteren Engellehre[64] weisen auf diese Linie.

Athenagoras setzt seine Lehre von der Pronoia von Aristoteles und dem epikureischen Zufall ab und nimmt, was in diesem Zusammenhang nicht ungewöhnlich ist, die Dichter in seine Argumentation hinein. Athenagoras kennzeichnet Aristoteles als den, der die Pronoia eben für den Bereich unter dem Himmel leugnet. Es folgt ein Euripides-Zitat,[65] das das Gesagte weiterführt, das auf die Natur anspielt und damit Aristoteles die gleiche Kritik vorhält wie Attikos, der über Aristoteles schreibt, daß er die Dinge durch die Natur und nicht durch die Überlegung Gottes verwaltet sein läßt.[66] Ganz entsprechend heißt es bei Athenagoras τῶν λοιπῶν κατὰ τὸ<ν> κοινὸν <τῆς> συστάσεως νόμον λόγῳ προνοουμένων, und dieser Logos bzw. der κοινὸς λογισμός, den alle in sich haben,[67] ist die allgemeine Pronoia Gottes. Gegen Aristoteles geht die Ordnung der Welt auf ein rationales Prinzip zurück, und völlig unstoisch wird mit diesen Äußerungen der rationale Aspekt der Pronoia betont, der auch gegen die zweite, wohl epikureisch gedachte Kritik zur Geltung kommt. Athenagoras hat Kenntnisse über die Stoa, welche die doxographischen Nachrichten in einer sehr reflektierten Weise vertreten.[68] In K.24f integriert er die stoische Lehre auf einer begrifflichen Ebene und spricht von διοίκησις, διακόσμησις, τάξις, διάταξις, σύστασις und den entsprechen-den Verben, und in diese Reihe gehört auch der Ausdruck πρόνοια. Dies führt Athenagoras aber nicht zu einer Position, die Alexander von Aphrodisias Stoikern und Platonikern gemeinsam zuschreibt und die unter Pronoia die individuelle Lenkung des einzelnen versteht. Diese Wirkung ist nach Athenagoras eine abgeleitete, die den Engeln und Mächten übertragen worden ist.

Athenagoras bringt die damals möglichen Positionen zur Pronoia zusammen, und es ist die Frage, ob man in dieser Zusammenfassung die platonische Lehre

---

[63] Z.B. A.J. MALHERBE, Athanagoras on the pagan poets and philosophers, a.a.O.S.220.

[64] Siehe J.W. TRIGG, The angel of great counsel, a.a.O.

[65] Cycl. 332f. Es findet sich auch bei Plutarch, def.or. 435B, wie Marcovich in seiner Ausgabe vermerkt.

[66] Fr. 3.85.

[67] Leg. 25,3.40.

[68] Siehe besonders die Abschnitte leg. 6,5 und 19,2. Athenagoras beschreibt völlig unpolemisch den Übergang von der Ekpyrosis zur Diakosmesis, in dem der Begriff im stoischen System seinen Ort hat: ... θεὸς πῦρ τεχνικόν, ὁδῷ βαδίζον ἐπὶ γενέσει κόσμου. (6,5.33f.) ... οἱ ἀπὸ τῆς Στοᾶς ἐπυρωθήσεσθαι τὰ πάντα καὶ πάλιν ἔσεσθαί φασιν, ἑτέραν ἀρχὴν τοῦ κόσμου λαβόντες. Εἰ δέ, καίτοι δισσοῦ αἰτίου κατ' αὐτοὺς ὄντος, τοῦ μὲν δραστηρίου καὶ καταρχομένου, καθὸ ἡ πρόνοια, τοῦ δὲ πάσχοντος καὶ τρεπομένου, καθὸ ἡ ὕλη ... (19,2.10-14).

von der gestuften Pronoia wiedererkennen kann. E. Schwartz[69] hat dies behauptet und dazu den Text des Athenagoras in folgender Weise zusammengestellt:[70]

τῆς ἀιδίου ἐπ' ἴσης ἡμῖν μενούσης προνοίας τοῦ θεοῦ ... τῆς δ' ἐπὶ μέρους πρὸς ἀλήθειαν, οὐ πρὸς δόξαν, χωρούσης ἐπὶ τοὺς ἀξίους καὶ τῶν λοιπῶν κατὰ τὸ κοινὸν συστάσεως νόμου[71] λόγου προνοουμένων.

τούτων ἡ σύστασις τῷ θεῷ ἐπὶ προνοίᾳ γέγονε τοῖς ὑπ' αὐτοῦ διακεκοσμημένοις ἵν' ᾖ τὴν μὲν παντελικὴν καὶ γενικὴν ὁ θεὸς < ἔχων> τῶν ὅλων πρόνοιαν, τὴν δὲ ἐπὶ μέρους οἱ ἐπ' αὐτοῖς ταχθέντες ἄγγελοι.

Schwartz erkennt in diesen Sätzen die dreifache Differenzierung zwischen der höchsten Pronoia Gottes, dem Wirken des Naturgesetzes und der Lenkung der Individuen. Diese dreifache Unterscheidung entsteht allerdings nur dadurch, daß Schwartz die Sätze aus K.25 vorzieht. Athenagoras führt in K. 24 den trinitarischen Gott, den Gott-feindlichen Geist und die übrigen von Gott geschaffenen Engel ein, denen die Verwaltung (διοίκησις) über die Materie und ihre Arten übertragen ist. An dieser Stelle folgt (nach Marcovich) der Satz: <διὰ> τοῦτο γὰρ ἡ τῶν ἀγγέλων σύστασις, τῷ θεῷ ἐπὶ προνοίᾳ γεγονέ<ναι> τοῖς ὑπ' αὐτοῦ διακεκος-μημένοις ἵν' ᾖ τὴν μὲν παντελικὴν καὶ γενικὴν ὁ θεὸς <ἔχων> τῶν ὅλων πρόνοιαν, τὴν δὲ ἐπὶ μέρους οἱ ἐπ' αὐτοῖς ταχθέντες ἄγγελοι. Gegen Schwartz leitet sich von diesem Satz und damit von der Unterscheidung zwischen Gottes Pronoia und der abgeleiteten Pronoia der Engel die weitere Argumentation ab, und es besteht kein Grund τὴν παντελικὴν καὶ γενικὴν πρόνοιαν von der Wendung τῶν λοιπῶν κατὰ τὸ κοινὸν συστάσεως νόμου λόγου προνοουμένων dadurch abzusetzen, daß hier verschiedene Ebenen angesprochen sind. Eine dritte Ebene wird m.E. nicht eingeführt und ist im Argumentationsgang auch nicht gefordert.

Ein Vergleich zwischen Athenagoras und den einzelnen oben aufgelisteten Ausführungen der Platoniker würde die Differenz deutlich machen und beispielsweise aufzeigen, daß die Engel bei Athenagoras eine andere Funktion haben als die Dämonen bei PsPlutarch und Nemesios, der Ausdruck παντελικὴ καὶ γενικὴ πρόνοια in diesen Texten nicht belegt ist und bei Athenagoras weder von der höchsten Pronoia noch von dem ersten Gott die Rede ist. Allerdings differieren auch die Texte der Platoniker untereinander erheblich, und der Vergleich der Details führt nicht weiter, weil auch ein Ergebnis, das nur die Unterschiedlichkeit

---

[69] Athenagorae libellus pro Christianis, a.a.O.S.128 schreibt: *in his accurate sequitur Athenagoras Platonicorum saeculi alterius p.C. de triplici prouidentia doctrinam qua diuina prouidentia, Stoicorum fatum uel lex naturae, liberum arbitrium [τὸ ἐφ' ἡμῖν] daemonumque imperium miro quodam modo in unum componebantur.*

[70] A.a.O.S.127.

[71] Codex A nach Schwartz: νόμῳ. Marcovich und Schwartz bieten an dieser Stelle einen unterschiedlichen Text.

feststellt, nicht ausschließen kann, daß Athenagoras, als er diese Kapitel schrieb, von der gestuften Pronoia der Platoniker beeinflußt war. Hierfür lassen sich drei Gründe nennen: Erstens spricht der Zusammenhang dafür, daß es sich in K.24f um ein weiteres Beispiel für die gestuften Pronoia handelt. Athenagoras referiert in K.23 die platonische Dämonenlehre, er zitiert Tim. 40D-41A, ep. 2,312D-E, und es liegt nahe, daß die Verwendung von Pronoia in K.24 mit der Interpretation von Tim. 41Dff zu tun hat. Zweitens ist die Unterscheidung zwischen zwei Arten von Pronoia und den entsprechend zugeordneten Subjekten außerhalb des platonischen Zusammenhanges nicht belegt. Drittens ist zu überlegen, ob die Pronoia der Dämonen anders als eine abgeleitete Pronoia denkbar war und ob überhaupt außerhalb der gestuften Pronoia von einer Pronoia der Dämonen und Mächte die Rede war. Der Zusammenhang in leg. 24f schreibt dem Begriff das Moment des Rationalen zu. Sind die Dämonen also das rationale Subjekt, das Pronoia übt? Es war nicht verbreitet, von der Pronoia untergeordneter Mächte zu sprechen. S. Swain formuliert folgende Beobachtungen zu Plutarch: „Τύχη, along with δαίμων and even θεός, refers mostly to envents quite minor in themselves. It is only when we have more or less unequivocal statements on changes of truly great importance ... that we are entitled to say that Plutarch counted in the involvement of providence."[72]

Es hängt wieder an der Bedeutung von Pronoia, ob man sie diesen Mächten zuschreiben kann. Als Garanten der Sinnhaftigkeit einer göttlichen Weltordnung kommen sie nicht vor. Die reflektierte Absicht und Lenkung von langer Hand wird man ebensowenig mit ihnen verbinden. Für Gerechtigkeit in der Welt sorgt nicht die Unzahl von Mächten, sondern die Pronoia Gottes, aber als untergeordnete Mächte können sie hier einen Dienst als Wächter oder als eine Art Gerichtsdiener leisten. Schließlich ist es Pronoia als persönliche Fürsorge, die man den Mächten zuschreibt, allerdings wieder eingebunden in einen größeren und allgemeineren Zusammenhang, der ebenso mit Pronoia bezeichnet wird. Damit ist die Unterscheidung zwischen allgemein-universaler und individueller Pronoia auf die folgerichtig zweifache Pronoia angewendet. Die beiden Beispiele, die diese Verbindung belegen, nämlich Athenagoras und Nemesios, stammen aus dem christlichen Bereich, was noch einmal sehr schön deutlich macht, daß die Alte Kirche Pronoia von der Fürsorge Gottes her dachte. Die Differenz zu den anderen Beispielen der gestuften Pronoia liegt darin, daß die über- und untergeordnete Pronoia sich hier nicht durch die Bedeutung, sondern ausschließlich durch den Wirkungsbereich voneinander unterscheiden. Dies würde bedeuten, daß Athenagoras' Äußerungen lediglich den Spezialfall der gestuften Pronoia darstellt.

---

[72] Plutarch. Chance, providence, and history, a.a.O.S.275.

Wenn man davon ausgeht, daß Athenagoras, leg.24f – und man wird Celsus ebenso hinzunehmen können – ein weiteres Beispiel für die platonische Stufung des Begriffs Pronoia ist, läßt sich eine weitere Frage beantworten, nämlich die Frage, wie sich die gestufte Pronoia zu der Diskussion um die universale oder individuelle Pronoia verhält. Die Äußerungen des Athenagoras, und Celsus bestätigt dies, zeigen, daß die gestufte Pronoia eine Explikation der universalen Pronoia ist und von der universalen Pronoia her gelesen werden muß.

3. Clemens von Alexandrien. Die Pronoia des Logos und die Mitwirkung der Engel

In den Stromata bezieht Clemens Platon häufig in seinen Gedankengang ein, und es ist die Frage, inwieweit seine Interpretation durch die platonische Konzeption der gestuften Pronoia beeinflußt ist. Altkirchliche Belege zur gestuften Pronoia sind selten. Dennoch sind sowohl die enge Verbindung des Logos mit der göttlichen Pronoia, als auch die Zurückhaltung, das Subjekt der Pronoia zu benennen, und die Frage, ob Dämonen Pronoia üben, eine Folge der mit dem Stichwort „gestufte Pronoia" zusammengefaßten platonischen Überlegungen. Die Nachwirkungen verschwimmen zusehends. Sind sie bei Clemens noch explizit zu finden? Kann man bei Clemens von gestufter Pronoia sprechen?

Wahrscheinlich enthält strom. 1,25,165,3 eine Anspielung auf den Mythos in Platons Politicus.[73] Clemens beschreibt anschließend die Aufgabe des göttlichen Staatsmannes und Gesetzgebers als κοσμικὴ μεγαλόνοια[74] auf der einen Seite und als ἰδιωτικὴ σύνταξις auf der anderen Seite. Damit ist die Frage nach dem Universalen und Individuellen als Bezugsgröße göttlichen Wirkens angesprochen. Bezieht Clemens diese Unterscheidung auf den Gott des Mythos, der für den ganzen Zyklus sorgt, die Lebewesen nach Gattungen wie Herden den Hirtengöttern unterstellt?[75] Clemens wäre dann der dritte neben Nemesios und Athenagoras, der die gestufte Pronoia mit der Unterscheidung zwischen kosmisch-universaler und individueller Pronoia in einen Zusammenhang bringt und wie Nemesios den Akzent auf die individuelle Pronoia Gottes legt.[76] Gegen diese Annahme spricht folgendes:

---

[73] Vgl. D. WYRWA, a.a.O.S.135f.
[74] Strom. 1,25,165,4,S.103.21. Zu dem Ausdruck μεγαλόνοια vgl. strom. 2,18,84,5, Philon, mut. 141, virt. 84, cont. 16, Plutarch, Pyth.orac. 401D neben δικαιοσύνη und σωφροσύνη, Origenes, c.Cels. 1,11,S.64.4; 6,7,S.76.28.
[75] Polit. 271D-E.
[76] Z.B. strom. 1,11,52,3.

1. Clemens spricht in den Stromata an keiner Stelle von der Pronoia der Engel. Sie wirken mit beim Entstehen unserer Lebenswelt.[77] An anderer Stelle spricht Clemens von den Engeln der Kleinen und Geringsten und ihrem Amt als ἐπισκοπή.[78] Es folgt ein Zitat aus Platon, rep. 620 D-E, aber Clemens interpretiert es nicht, indem er das Wächteramt der Dämonen mit dem Begriff Pronoia beschreibt. Clemens erwähnt, daß Städte und Völker bestimmten Engeln zugeteilt sind, und spricht von der προστασία der Engel.[79] Bezeichnend ist, daß Clemens hier nicht ein passivum divinum stehen läßt,[80] sondern eine den Engeln zugewiesene Aufgabe beschreibt, und diese haben nach Clemens eine untergeordnete, dienende Funktion, sie werden als θεῖοι λειτουργοί verstanden, und auch ihr Amt über Völker und Städte fällt unter die Bezeichnung διακονία.[81] Ihre Aufgabe hat zwei Seiten, wie Clemens am Begriff θεραπεία zeigt, die Engel dienen Gott und bessern die Menschen, aber eben dies wird auch vom Gnostiker erwartet.[82] Clemens rückt die Engel in die Nähe des Gnostikers: ταύτας ἄμφω τὰς διακονίας ἄγγελοί τε ὑπηρετοῦνται τῷ θεῷ κατὰ τὴν τῶν περιγείων οἰκονομίαν καὶ αὐτὸς ὁ γνωστικός.[83] Die scharfe Kritik, die diese Sätze enthalten, wird deutlich, wenn man die Erwähnung der Planeten hinzunimmt. Die Engel, die selbst einen Dienst tun und die Menschen zwar überragen und ihnen übergeordnet, aber damit auch mit ihnen verwandt sind,[84] sind über die Planeten gestellt.[85] Clemens bestreitet nicht die Wirkung der Sterne – er nennt sie δυνάμεις διοικητικαί – sie führen lediglich das für die Ordnung der Welt Erforderliche und ihnen Aufgetragene aus. Pronoia aber üben weder die Sterne noch die ihnen übergeordneten Mächte.[86]

2. Der Begriff Pronoia ist Gott selbst vorbehalten. Dennoch bedeutet es keinen Widerspruch, wenn Clemens mit dem Begriff Pronoia einen Prozeß und eine Wirkung verbindet, die sich in Stufen vollzieht. Clemens denkt bei Pronoia an ein

---

[77] Strom. 5,6,37,2.

[78] Strom. 5,14,91,3.

[79] Strom. 6,17,157,5,S.513.5f, vgl. strom. 7,2,6,4,S.6.17f: εἰσὶ γὰρ συνδιανενεμημσμένοι προστάξει θείᾳ τε καὶ ἀρχαίᾳ ἄγγελοι κατὰ ἔθνη. Im Hintergrund steht sowohl Dtn. 32,8 (zitiert in diesem Zusammenhang von Origenes in c.Cels. 5,9,S.30.8-11) als auch Platon, polit. 271D-E, wie Celsus (c.Cels. 5,25,S.26.6-12) deutlicher zu entnehmen ist. Der Gedanke wird neben Celsus auch in der Schrift Julians Contra Galilaeos kritisch gegen Juden und Christen verwendet (c.Galil. 115D,S.344.14-18). Vgl. die Argumentation des Origenes, c.Cels. 5,25-32.

[80] In polit. 271D 5 heißt es: ὑπὸ θεῶν ἀρχόντων πάντ᾽ ἦν τὰ τοῦ κόσμου μέρη διειλημμένα, Celsus nimmt dies auf, wenn er schreibt: ... ὅτι ὡς εἰκὸς τὰ μέρη τῆς γῆς ἐξ ἀρχῆς ἄλλα ἄλλοις ἐπόπταις νενεμημένα καὶ κατά τινας ἐπικρατείας διειλημμένα ταύτῃ καὶ διοικεῖται (c.Cels. 5,25,S.26.8-11).

[81] Strom. 6,17,157,4.

[82] Vgl. strom. 7,2,5,2 den Vergleich zwischen dem besten Menschen und dem besten Engel.

[83] Strom. 7,2,3,4,S.4.20-22.

[84] Strom. 7,2,9,3.

[85] Strom. 5,6,37,2.

[86] Strom. 7,16,148,2.

Wirken, das er Gott selbst zuschreibt und nicht Engeln und Mächten, und er versteht hierunter, daß Pronoia auf Gott als Urheber zurückverweist und von Gott selbst und seinem Logos ausgeht. Sie gelangt nach Clemens aber nur vermittelt zu den Menschen, sie geht durch viele Hände und wird Stufe um Stufe weitergegeben, bis sie auch den letzten erreicht.[87] Clemens zieht zum Vergleich den Magnetstein heran, der auch entfernte kleine Eisenteilchen anziehen kann,[88] und macht klar, daß auch das Geringste nicht übersehen und der Schwächste in diesen Prozeß einbezogen wird.[89] An anderer Stelle zitiert er Ps 132,2[90] und vergleicht die Abwärtsbewegung der Pronoia mit der Salbe Aarons, die auf seinen Bart und dann auf den Saum des Gewandes tropft. Die Pronoia zieht immer weitere Kreise, ein Impuls setzt sich fort über das jeweils unmittelbar in Bewegung Gesetzte.[91] Clemens denkt aber weniger an eine sich abschwächende Bewegung denn an eine Abwärtsbewegung vom Kopf bis zu den Füßen, vom Gott Logos bis hin zu dem geringsten Menschen, die stufenweise eine Hierarchie durchdringt, in die jeder als Teil integriert ist.

Die göttliche Pronoia ist so eng mit dem Gedanken eines hierarchischen Gebildes verbunden, daß es durchaus zutreffend wäre, paraphrasierend von Äusserungen zur gestuften Pronoia zu reden, würde dieser Ausdruck nicht die Überlegungen der Mittelplatoniker benennen. Eine Erklärung für die Gedanken des Clemens ist nicht bei den Platonikern zu suchen, sondern in der kaiserzeitlichen Verwendung des Begriffs Pronoia.[92] Er ist Teil der Beschreibung eines Abhängigkeitsverhältnisses. Pronoia erfährt der Abhängige, der Untertan vom Herrscher, der Pächter vom Patron, der Sohn vom Vater. Die gleichen Männer aber werden nicht nur als Abhängige wahrgenommen, sie üben anderen gegenüber wiederum Macht aus und geben somit Pronoia weiter.[93] Der Vater sorgt für den Sohn, der Sohn aber bleibt kein Kind, sondern wird selbst Vater und sorgt wiederum für

---

[87] F. SOLMSEN, (Providence and the souls. A Platonic chapter in Clement of Alexandria, in: MH 26 [1969], S.245f [229-251] stellt eine Verbindung zwischen Clemens strom. 7,2,9,3 und Origenes, princ. 2,1,2 her. Ich folge dieser Interpretation nicht.

[88] Strom. 7,2,9,4, zum Magnetstein vgl. Tim. 80C zitiert in Plutarch, quaest.Plat. 1004E. Der Magnetstein wird häufiger von Galen, nat.fac. 2 (45-48.53,60,106,206) erwähnt. Ein weiterer Beleg für eine ähnliche Metapher, wie Clemens sie entwickelt, ist mir nicht bekannt.

[89] Strom. 7,2,9,1-2.

[90] Strom. 6,17,153,4, zitiert außerdem in paed. 3,11,60,4, vgl. c.Cels. 6,79, Hippolyt über Basilides, ref. 7,22.

[91] Vgl. strom. 6,16,148,6: ... οὕτως τῇ καθολικῇ τοῦ θεοῦ προνοίᾳ διὰ τῶν προσεχέστερον κινουμένων καθ᾽ ὑπόβασιν εἰς τὰ ἐπὶ μέρους διαδίδοται ἡ δραστικὴ ἐνέργεια.

[92] Vgl. strom. 7,1,3,2; 6,17,157,5-158,3.

[93] Die Parabel in Mt 18,23-35 illustriert sehr schön die doppelte Sicht, in der nicht nur von den Empfängern der Pronoia als Abhängige und Knechte die Rede ist, sondern das Bild sich wendet und die gleiche Person selbst Macht ausübt und von ihr wiederum Pronoia erwartet wird.

seinen Sohn. Pronoia meint die soziale Fürsorgepflicht für Abhängige, und die Kette von Verantwortung, die hier entsteht, erklärt hinreichend die hierarchische Struktur der Ausführungen des Clemens. In strom. 1,25,165,4 unterscheidet Clemens zwei Aufgaben des göttlichen Politikos, nämlich die kosmische Freigebigkeit und die individuellen Anordnungen und fährt fort, daß Platon letztere auch Harmonie und Ordnung nenne, die darin bestehe, daß die Herrschenden für die Beherrschten sorgen und die Untertanen ihren Herren gehorsam sind. Ähnlich heißt es in strom. 7,2,8,3, daß es keine bessere Lenkung (διοίκησις) gebe, als die von Gott angeordnete. Es sei doch angemessen, daß der Bessere für den Schwächeren sorge und daß derjenige die Verwaltung übernehme, der in der Lage sei, sie gut zu verrichten. Der wahre Herrscher aber sei der göttliche Logos und seine Pronoia, die alles beaufsichtige und die Sorge für die Angehörigen nicht vernachlässige. Die göttliche Pronoia findet ihre Fortsetzung in der Fürsorgepflicht des Herrschenden.[94]

Diese Ausführungen sind auch sozialgeschichtlich von Interesse. Wer identifizierte sich mit Äußerungen zur Pronoia Gottes, wie Clemens sie überliefert? Der Knecht in Mt 18,23ff, der das Erbarmen, das er von seinem Herrn empfängt, nicht weitergibt, entspricht nicht den Erwartungen. Wenn der Glaube an die göttliche Pronoia mit dem Anspruch verbunden war, sich gegenüber Abhängigen in Entsprechung zur göttlichen Pronoia zu verhalten, waren weniger die angesprochen, die abgesehen von der göttlichen Pronoia auch noch auf die Fürsorge ihres Herrn angewiesen waren, als vielmehr diejenigen, die sich mit der Aufgabe identifizierten, Pronoia zu üben. Damit wird deutlich, daß die unterschiedlich ausgeformten Überzeugungen, die sich an die göttliche Pronoia hefteten, Menschen in unterschiedlichen sozialen Situationen betrafen.[95]

3. Die Zurückhaltung, den untergeordneten Mächten Pronoia zuzuschreiben, spricht noch nicht gegen die Annahme, daß Clemens platonisches Material zur gestuften Pronoia aufnimmt. Ein mit den Platonikern gemeinsames Anliegen wäre hier durchaus denkbar, wie z.B. Apuleius zeigt. Bei Clemens holt die Pronoia stufenweise auch das letzte Glied einer Kette ein, aber es werden nicht wie bei den Platonikern einzelne Stufen herausgehoben und mit einer ersten, zweiten und möglicherweise dritten Pronoia identifiziert. Clemens spricht nicht von einer

---

[94] R.P. CASEY (Clement of Alexandria and the beginnings of Christian Platonism, in: HThR 18 [1925], S.1925, S.65 [39-101]) schreibt: „In Paed. i.6 Clement shows that all Christians are in reality equal and perfect in the sight of God.", und in der Auseinandersetzung mit Valentinian und Basilides kommt Clemens wiederholt auf diesen Gedanken zurück. Der Begriff göttlicher Pronoia nimmt den einzelnen eingebunden in eine hierarchische Struktur wahr und bringt keine Metaphern für die Gleichheit der Menschen vor Gott hervor.

[95] Vgl. oben S.286-290.

ersten und einer zweiten Pronoia, und hinzukommt, daß Clemens die Bereiche in einer Weise zusammennimmt, daß die Frage einer Unterscheidung zwischen erster und zweiter Pronoia gar nicht aufkommen kann. Wenn aber weder den Engeln die Pronoia zugeschrieben wird noch das Problem begegnet, ob man überhaupt von der Pronoia des ersten Gottes sprechen kann, muß man darauf verzichten, Clemens mit der gestuften Pronoia der Platoniker in Verbindung zu bringen. Das bedeutet auch, daß die Stufen der Pronoia nicht um eine Stufe für den Gnostiker erweitert werden, sondern beide, Engel und Gnostiker, mit ihrem Wirken in einen Bereich gehören, der von der Pronoia Gottes strikt unterschieden ist. Hieraus kann sich eine Problemstellung ergeben, die zu einer Antwort führt, wie sie bei Hierokles vorliegt, aber diese ist bei Clemens noch nicht im Blick.

Auf dem Hintergrund der platonischen Überlegungen fallen die Zitate aus Sapientia bei Clemens auf. Er schreibt, daß Gott die Menschen ermuntert, ihnen die Hand reicht und sie in die Höhe zieht, und zitiert Sap 6,7,[96] später folgt Sap 14,2f: τεχνῖτις δὲ σοφία κατεσκεύασεν· ἡ δὲ σή, πάτερ, διακυβερνᾷ πρόνοια.[97] Clemens zitiert damit zwei von drei Belegen in Sapientia zu πρόνοια/ προνοεῖν. Die Überzeugung, daß Gott für die Menschen sorgt,[98] ist unbeeinträchtigt von der Frage, ob es die individuelle Pronoia überhaupt gibt oder ob sie einem zweiten Gott zugeschrieben werden muß. Die Einrichtung der Welt geht nach Clemens im allgemeinen und besonderen auf den Gott und Herrn des Alls zurück,[99] und ebenso übt der Sohn Gottes[100] Pronoia auf beiden Ebenen, in dem universalen und indivi-

---

[96] Strom. 6,6,50,7.

[97] Strom. 6,11,93,4.

[98] Vgl. die Formulierung strom. 6,3,28,3,S.444.10: πάντων γὰρ ἀνθρώπων ὁ παντοκράτωρ κηδόμενος θεός.

[99] Strom. 7,2,12,2: πρὸς γὰρ τὴν τοῦ ὅλου σωτηρίαν τῷ τῶν ὅλων κυρίῳ πάντα ἐστὶ διατεταγμένα καὶ καθόλου καὶ ἐπὶ μέρους. F. SOLMSEN (Providence and the souls, a.a.O.S.234) sieht in diesem Satz die Aufnahme von Platon, leg. 903b4. Der Vergleich erscheint zwar sinnvoll, ein Satz wie strom. 7,2,12,2 legt die Vorlage aber nicht notwendig nahe.

[100] Das Verhältnis zwischen Gott und dem Logos als zweiter Hypostase bildet Clemens nicht auf den Begriff Pronoia ab, es ist daher nicht notwendig, auf die Bestimmung des Logos durch Clemens einzugehen. Da aber die Frage des göttlichen Logos untrennbar mit der philosophischen Einordnung des Clemens verbunden ist, sei dennoch auf S.R.C. LILLA hingewiesen (Clement of Alexandria. A study in Christian Platonism and Gnosticism, Oxford 1971, S.199-226). Lilla unterscheidet drei Weisen, in denen Clemens vom Logos spricht: 1. als die Denkkraft Gottes, die Gottes Ideen umfaßt und denkt (strom. 4,155,2; 5,73,3), 2. als Nus, der als zweite Hypostase aus Gott hervorgeht und die intelligible Welt und die Ideen in ihrer Einheit darstellt (5,16,5; 4,156,1-2) und 3. als weltimmanente Weisheit Gottes (strom. 7,7,4). Lilla weist auf Parallelen bei Philon hin, entwickelt vor allem eine Hypostasenlehre, die deutliche Bezüge zum zeitgenössischen Platonismus aufweist. Daß Clemens auf zwei Ebenen vom Logos spricht als göttlicher Intellekt und als zweite Hypostase, bezieht sich auf ein bei Photios überliefertes Fragment (cod. 109), auf das R.P. CASEY (Clement and the two divine logoi, in: JThS 25 [1924], S.43-56) aufmerksam gemacht hat. Die Deutlichkeit, mit der Lilla ein mittelplatonisches Schema bei Clemens identifiziert, ist bestritten worden. Scharfe Kritik an Lilla hat H.

duellen Bezug. Das Wirken Gottes wird nicht auf den allgemeinen Zusammenhang eingeschränkt und das Wirken des Sohnes nicht auf die Beziehung zum einzelnen. Die universale und individuelle Pronoia schreibt Clemens nicht verschiedenen Subjekten zu, und wenn es in betonter Weise heißt, daß die Pronoia von dem Sohn und Lehrer herkommt, und zwar ἰδίᾳ καὶ δημοσίᾳ καὶ πανταχοῦ,[101] liegt die Abgrenzung nicht darin, daß man sie fälschlicherweise auch dem Vater zuordnen könnte, sondern in einer Überschätzung der Engel. Vater und Sohn, Gott und Logos sind in der Frage der Pronoia bei Clemens kaum zu unterscheiden. Gott wisse alles, was ist und sein wird, er sehe und höre alles,[102] er blicke in die Seele und sehe jede Bewegung im Detail voraus. Wie im Theater erfasse er mit einem Blick alles vereint und jedes einzelne im Detail.[103] Clemens weist hier viermal auf die Sicht der Einzeldinge hin, und die Betonung liegt ganz auf dieser Perspektive.

ZIEBRITZKI (Heiliger Geist und Weltseele. Das Problem der dritten Hypostase bei Origenes, Plotin und ihren Vorläufern [BHTh 84], Tübingen 1994, S.100-119) geübt. Seine Kritik besteht in einem sachlichen Argument. Bei Clemens werde nicht deutlich, wie sich der göttliche, gottimmanente Nus zu Gott verhalte. Nach Ziebritzki ist es möglich, an eine Identität von Gott und göttlichem Nus zu denken, aber auch an eine Einheit, was zur Folge habe, „daß es sich um zwei intellekt-hafte ‚Instanzen' auf der Ebene des ersten göttlichen Intellektes handelte." (S.105) Warum sich dieses Problem erst dadurch ergibt, daß Clemens auf zwei Ebenen von Logos spricht, ist ebenso unklar wie die Vermehrung der intellekthaften Instanzen bei Ziebritzki. Die Argumentation von Ziebritzki bleibt an dieser Stelle verschwommen. Das Problem, daß Clemens das Verhältnis von Gott und gottimmanten Logos offenläßt, führt zu Ziebritzkis Alternative gegen Lilla und Wolfson, die darin besteht, daß Clemens eine zweistufige Logoslehre mit dem mittelplatonischen Gedanken zweier göttlicher „intellekthafter Instanzen" kompiliert habe, „ohne daß er sie tatsächlich sachlich kohärent verbunden hätte." (S.107).
Lilla und Ziebritzki illustrieren exemplarisch die Diskussion. Lilla liest Clemens auf dem mittelplatonischem Hintergrund und erkennt ein entsprechendes Schema bei Clemens wieder. In gleicher Weise geht Ziebritzski vor, sieht aber sachliche Widersprüche bei Clemens gegenüber kohärenten Entwürfen der Mittelplatoniker, kritisiert die mangelnde Stringenz bei Clemens und kommt daher zu dem Ergebnis: „Klemens rezipiert zu bestimmten Aspekten seiner Logoslehre Bruchstücke aus der zeitgenössischen Philosophie, ohne sie dann selbst wieder zu einem einheitlichen Gefüge neu zusammenzusetzen." Ziebritzki erneuert damit die oft wiederholte These vom Eklektizismus der Kirchenväter. Es wurde allerdings bereits in der älteren Forschung festgestellt, daß dieses Bild gerade auf Clemens nicht zutrifft. J. MUNCK (Untersuchungen über Klemens von Alexandrien [FKGG 2] Stuttgart 1933, S.210) schreibt: „Es muß als unwahrscheinlich angesehen werden, daß der Eklektizismus des Klemens selbst innerhalb des eklektizistischen mittleren Platonismus eingeordnet werden kann."

[101] Die Formulierung ist in diesem Zusammenhang ungewöhnlich, wahrscheinlich nimmt Clemens hier einen Sprachgebrauch Platons auf. Vgl. bes. leg. 899E, die Wendung ἰδίᾳ καὶ δημοσίᾳ ist bei Platon häufig, siehe z.B. apol. 30B, polit. 311B, Gorg. 484D, 527B, rep. 362B, 373E, 424E, 500D, 566E, Menex. 248E, Prot. 324B, 357E und öfter.
[102] Ähnlich über den Sohn strom. 7,2,5,5.
[103] Strom. 6,17,156,5-7. Der Vergleich mit dem Zuschauer im Theater wurde allerdings auch in ganz anderer Weise verwendet, vgl. Attikos über Epikur, Euseb von Caesarea, PE 15,5,12.

Diese Ausführungen von Clemens zur göttlichen Pronoia machen noch einmal den Abstand zu Origenes deutlich. Origenes nimmt den Gedanken einer erzieherischen Pronoia nicht eigentlich auf, und dieser Gedanke gewinnt auch weiterhin bis zu Euseb keine besondere Bedeutung. Die erzieherische Pronoia kann nur von der individuellen Pronoia her gedacht werden, und auch dieser Zug kommt Origenes nicht entgegen. Die unterschiedlichen Konzeptionen von Clemens und Origenes führen zu ebenso unterschiedlichen Äußerungen über das Beten. Wo steht Clemens? Justin, Athenagoras, PsAthenagoras, Origenes, Euseb und Nemesios bieten jeder ein anderes Bild von der göttlichen Pronoia, ihre Äußerungen sind nicht einheitlich, aber sie lassen sich als unterschiedliche Stellungnahmen einer Diskussion aufreihen, die gegensätzlicher und konfliktreicher war, als man gemeinhin annimmt. Die unterschiedlichen Antworten lassen sich auf Fragestellungen beziehen, die sie mit den zeitgenössischen Platonikern teilen.

Die Einordnung des Clemens in die hier nachgezeichnete Diskussion hängt von seinem Verhältnis zum Mittelplatonismus ab. In der Frage der gestuften Pronoia hängt Clemens nicht von den Mittelplatonikern ab. Beachtet man die Stellungnahmen des Clemens zur Philosophie, seine Detailkenntnisse z.B. über die Epikureer, muß der Gedanke abwegig erscheinen, daß Clemens die Äußerungen seiner Zeitgenossen zur Pronoia Gottes nicht kennt und an ihnen vorbeischreibt. Daß Clemens die zeitgenössische Bevorzugung der universalen Pronoia kennt, läßt sich zeigen,[104] aber er übernimmt die platonischen Einsichten seiner Zeitgenossen über die Pronoia nicht.[105] Er schreibt für Leser, bei denen er die Ableh-

---

[104]Dies wird sehr schön in strom. 6,17,156,3 deutlich. Clemens verteidigt das Gut der Philosophie und schreibt, daß diejenigen, die meinen, daß die Philosophie nicht von Gott gekommen sei, Gefahr laufen zu behaupten, daß es Gott nicht möglich sei, die Einzeldinge zu kennen. Es ist nicht anzunehmen, daß die angesprochenen Kritiker in der Philosophie deswegen kein göttliches Gut erkennen konnten, weil sie davon ausgingen, daß Gott die Einzeldinge und z.B. die Philosophie nicht kenne. Die Zusammenstellung der Aussagen ist vielmehr dem Geschick des Clemens zuzuschreiben. Er stellt die Kritiker in Verbindung mit einer philosophischen These, deren Ablehnung er voraussetzt. Mit der Frage der Möglichkeit der Erkenntnis der Einzeldinge durch Gott ist der gesamte Zusammenhang angeschnitten, in dem die Diskussion um die individuelle und universale Pronoia steht und den Clemens hier offensichtlich kennt.

[105]Die Bedeutung der zeitgenössischen Philosophie für das Werk des Clemens läßt sich nicht an der Menge des Materials messen, das aus der Schrift des Alkinoos und den Fragmenten des Numenios (erwähnt in strom. 1,22,150,4) und Attikos bei Clemens wiederbegegnet. Dennoch ist erstaunlich, wie wenig sich die Arbeit des Clemens im Vergleich mit den Mittelplatonikern erklären läßt. In der Frage nach der göttlichen Pronoia bestätigt sich das Bild, das D. Wyrwa in folgender Weise zusammenfaßt: „Zu einem letztlich negativen Resultat führt dagegen der Vergleich mit dem eng gefaßten Mittelplatonismus orthodoxer Prägung. Denn mag es hier zahlreiche und durchaus fundamentale Berührungen geben, so steht doch Clemens' Platonbild überwiegend im Gegensatz zum orthodoxen Schulplatonismus." (a.a.O.S.318.)

nung des Gedanken, daß Gott Einzeldinge nicht kenne und daher auch für sie
nicht sorgen könne, voraussetzen kann, deren Achtung für die Philosophie er
dennoch gewinnen möchte.

Zusammenfassung

In diesem letzten Paragraphen war die Frage nach der Bedeutung der gestuften
Pronoia der Mittelplatoniker gestellt, die häufig überschätzt wird. Der Beitrag der
Platoniker zu der Diskussion um die Pronoia im 2. und 3. Jahrhundert besteht
keineswegs in erster Linie in der Konzeption einer dreifachen Pronoia. Die Analyse von sechs Texten von PsPlutarch, Nemesios, Apuleius, der allerdings nur eine
zweifache Pronoia kennt wie auch Hierokles, und Calcidius, bei dem gegen Waszink keine „vestigia disiecta" dieser Konzeption zu finden sind, zeigt, daß kein
einheitliches Modell einer gestuften dreifachen Pronoia im Mittelplatonismus exi-
stierte, sondern lediglich eine begrenzte Anzahl von unterschiedlichen Äußerungen zu folgenden drei Fragen. 1. Ist es zutreffend, dem ersten Gott Pronoia
zuzuschreiben, oder ist der erste Gott jenseits von Pronoia zu denken? 2. Sind die
zweite Pronoia und die Heimarmene identisch? 3. Kann man die Wirkung der
Dämonen mit Pronoia bezeichnen? PsPlutarch z.B. definiert die erste Pronoia als
das Denken des höchsten Gottes, schreibt die zweite Pronoia den Gestirngöttern
zu, die für den Bestand des Vergänglichen und die Erhaltung der Gattungen sorgen, die dritte Pronoia wird den Dämonen als Wächtern über die Handlungen der
Menschen zugeordnet. Diese Form der Unterscheidung von zwei bzw. drei Formen von Pronoia und entsprechend zugeordneten Subjekten ist außerhalb des
Platonismus nicht belegt. Bei PsPlutarch und Nemesios ist unter der zweiten Pronoia die aristotelische Position erkennbar, die unter Pronoia den Erhalt der Gattungen und Arten und die Bewahrung des Vergänglichen versteht. Die dreifach
gestufte Pronoia ist als Versuch zu verstehen, die unterschiedlichen Konzeptionen
zum Begriff Pronoia zusammenzufassen. Anders als es z.B. bei Epiktet der Fall
ist, dessen Liste von fünf Positionen auf die individuelle Pronoia hinzielt, wurde
die gestufte Pronoia aus der Perspektive der universalen Pronoia entwickelt und
nimmt die Überlegungen auf, die zu dieser Konzeption geführt haben.

Für diese Interpretation sprechen die Einflüsse der gestuften Pronoia auf
christliche Texte. Spuren der gestuften Pronoia finden sich nicht bei Clemens von
Alexandrien, der für Leser schreibt, die von der Wirkung der Pronoia auf die Individuen überzeugt sind. Clemens benutzt den Begriff Pronoia nicht, wenn er von
dem Wirken der Engel schreibt. Er beschreibt eine Abwärtsbewegung der Pronoia, die von Gott und seinem Logos ausgeht und durch viele Hände und Stufen
weitergegeben wird und auch das letzte Glied einer langen Kette erreicht, aber er

hebt nicht bestimmte Stufen und Formen der Pronoia heraus. Er bezieht sich auf die mit dem Wort bezeichnete Kette von Verantwortung und Abhängigkeit, die mit der Fürsorgepflicht für den jeweils Schwächeren impliziert ist. Nach Clemens geht die Einrichtung der Welt im allgemeinen und besonderen auf Gott, den Herrn des Alls zurück, und ebenso übt der Sohn auf den verschiedenen Ebenen Pronoia.

Der einzige Text, sieht man von dem Referat bei Nemesios ab, der die gestufte Pronoia in Darstellung der christlichen Gotteslehre verwendet, ist Athenagoras. Die unterschiedlichen Wirkweisen von zwei Stufen von Pronoia beziehen sich bei Athenagoras auf Gott und die untergeordneten Mächte. Während Athenagoras den Engeln die individuelle Pronoia zuschreibt, bezieht sich Gottes allgemeine Pronoia auf alle Menschen immer in gleicher Weise und liegt in der schöpfungs-mäßigen und natürlichen Disposition des Menschen. Ähnlich wie Celsus, der den allgemeinen Sinnzusammenhang für die einzig mögliche Perspektive hält, um den Begriff der Pronoia Gottes zu konzipieren, später – die Fragmente werden im siebten und achten Buch Contra Celsum wiedergegeben – aber dennoch von der Pronoia der Dämonen und Mächte spricht, geht auch Athenagoras von der allge-meinen und universalen Pronoia aus. Die Hinweise auf die Pronoia der Dämonen ändern an diesem Ausgangspunkt nichts. Die platonische Konzeption wird nicht in der Weise auf die Trinitätslehre bezogen, daß den trinitarischen Personen unterschiedliche Formen von Pronoia zugeordnet werden. Die Zurückhaltung, das Subjekt der göttlichen Pronoia zu benennen, und vor allem die Identifikation des Logos mit der Pronoia bei Euseb erklären sich in der Auseinandersetzung mit der gestuften Pronoia. Ihr Einfluß ist vor allem in der Frage nach der Pronoia der Dämonen festzustellen. Die Rückweisung dieser Lehre und die Vorbehalte gegen eine Engelfrömmigkeit gehören aber insbesondere ins vierte Jahrhundert, wie z.B. an der Vita Antonii des Athanasius abzulesen ist.

Schluß

Am Ende sollen noch einmal einige Ergebnisse hervorgehoben werden. Ausgangspunkt bildete die Unterscheidung von drei Bedeutungen des Wortes πρόνοια: Die ältesten Belege des Wortes stammen aus der juristischen Terminologie. ἐκ προνοίας kennzeichnet das Verbrechen, insbesondere den Mord als vorsätzliche Tat. ἐκ προνοίας erscheint als Synonym zu ἑκών und als Antonym zu ἀκουσίως. In dieser Bedeutung bezieht sich das Wort Pronoia aber nicht nur auf das eigenhändige Verbrechen, sondern auch auf das planende Initiieren einer Tat. Diese Bedeutung läßt sich bis in die Kaiserzeit hin belegen, löst sich aber von der Bezeichnung von Verbrechen, steht für die schlechte Absicht überhaupt und wird schließlich auf die Beurteilung der guten Tat angewendet (I §1.1). In der ersten Bedeutung läßt sich ἐκ προνοίας übersetzen als „mit Absicht" und dann durch ἑκών ersetzen, kann aber auch die Bedeutung „mit Überlegung" annehmen. In dieser Bedeutung ist Pronoia in den Tragödien belegt und bezeichnet die einsichtige überlegte Haltung, die zu Vorsicht neigt (I §1.2). Das Wort Pronoia führt in den intellektuellen pragmatischen Bereich und bezeichnet die Verantwortung des Menschen für sein Tun.

In der zweiten Bedeutung läßt sich πρόνοια durch ἐπιμέλεια, κηδεμονία und φροντίς ersetzen. Pronoia wird verwendet, um die Fürsorge des Vaters für die Kinder und des Hirten für die Schafe zu bezeichnen, und meint die Sorge des Stärkeren für Abhängige und die natürliche Verpflichtung der Eltern, sich um ihre Kinder zu kümmern. In der Kaiserzeit stand diese Bedeutung im Vordergrund und ist vor allem in der Beschreibung des Kaisers belegt als demjenigen, der wie ein Vater für seine Untertanen sorgt (I §2.1). Das Wort begegnet aber auch in anderen politischen Konstellationen und beschreibt die Sorge der Bürger für das Allgemeinwohl oder die Verpflichtung des Amtsträgers (I §2.2).

In der dritten Bedeutung wird πρόνοια als göttlichem Subjekt eine ordnende Tätigkeit zugeschrieben. Seit dem 1.Jahrhundert v.Chr. begegnet das Wort im Zusammenhang mit διακόσμησις, διοίκησις und διάταξις und hat in dieser Bedeutung einen stoischen Hintergrund, in dem der Ort des Begriffs im stoischen System festgehalten ist. Zwar ist die Wendung belegt, daß die Pronoia das All durchdringt, der Begriff Pronoia aber verbindet sich nicht mit biologischen Metaphern und läßt sich nicht durch physikalische Metaphern darstellen (I §3.1). Der Begriff Pronoia hat einen festen Ort im Zusammenhang von Weltbrand, zu verstehen als die größtmögliche Einheit von Feuer und Materie, und der Neugestaltung der veränderlichen Welt in der Diakosmesis. Die Stoiker brauchten Begriffe, um den Zusammenhang zwischen ewigem Kosmos und gestalteter Welt und um den

Übergang vom Weltbrand zur Neugestaltung zu erklären. Wendungen wie προ-νοίᾳ διοικεῖσθαι πάντα (I §3.2) halten die Bedeutung des Begriffs Pronoia in diesem Kontext fest. Als δύναμις διοικητική wurde jedoch die Heimarmene be-zeichnet. Die Verflechtung der Ursachen, der sich nichts entziehen kann, wird zum Subjekt kosmischer Ordnung. Im Unterschied zum Begriff Heimarmene wurde der Begriff Pronoia nicht in Entsprechung zum Ursachenbegriff gebildet. Eingebunden in einen gemeinsamen Bedeutungszusammenhang, lassen sich die Begriffe Heimarmene und Pronoia unterscheiden. Mit dem Begriff Pronoia füh-ren die Autoren ein qualitatives Moment ein. Mit dem Terminus πρόνοια steht die Qualifikation καλῶς καὶ εὐτάκτως im Vordergrund. Pronoia hat in der Stoa mit der Gestaltung und Ordnung der Welt zu tun, aber der Begriff ist nicht das „mono-lithische Dogma der Stoiker" und fügt sich nicht ohne Spannungen in das Bild von der Stoa ein. Obwohl die Stoa viele Metaphern entwickelte, ist ihre Sprache in der Rede über Gottes Pronoia arm an Metaphern geblieben.

Mit den drei Bedeutungen sind die Beschreibungsmöglichkeiten des mit Pro-noia bezeichneten Verhältnisses Gottes zur Welt festgelegt. Pronoia wird in allen drei Bedeutungen Gott zugeschrieben. In der dritten Bedeutung ist ein göttliches Subjekt impliziert. In der Kaiserzeit wurde Pronoia in der zweiten Bedeutung mit der Schöpfungsvorstellung verbunden und zur Kennzeichnung des Verhältnisses zwischen Schöpfer und Schöpfung herangezogen. Pronoia beschreibt sowohl bei Philon, aber auch bei Alexander von Aphrodisias Gottes Sorge für den Bestand des Vergänglichen. Der ersten Bedeutung, die für ein absichtliches Tun steht und auf die Verantwortung der Menschen hinzielt, entspricht, auf Gott bezogen, die Verbindung der Begriffe Pronoia und Gerechtigkeit.

Die enge Verbindung des Begriffs Pronoia mit dem Tun-Ergehens-Zusam-menhang führt zu dem ersten Diskussionsfeld und zu einer Grundlinie, die sich in den altkirchlichen Texten bis zu Euseb von Caesarea durchzieht. Pronoia steht für die Erwartung, daß Gott im letzten Gericht den Sinn der Mühen der Gerechten erweisen wird. Der Begriff gewinnt deutlich die distributiven Züge des richterli-chen Handelns. Die eschatologische Perspektive, die vom Tun-Ergehens-Zusam-menhang auf den Begriff der Pronoia übergeht, war umstritten. Bei Ps Athena-goras ist sie im Begriff Pronoia verankert, den er in der Beschreibung des letzten Gerichts benutzt. Bei Clemens von Alexandrien entfällt diese Perspektive. Er löst den Begriff Pronoia aus dem Tun-Ergehens-Zusammenhang und erklärt die Erfahrung von Leiden nicht in dem Blick zurück auf zurückliegendes Fehl-verhaltens auf seiten des Betroffenen, sondern versucht einen Sinn aufzuzeigen und spricht von einer Erziehung, die er Gott wie einem fürsorgenden Vater zuschreibt. Die Verbindung der Begriffe Pronoia und Erziehung war neu. Clemens gelingt es die Spannung zu beseitigen, die zwischen dem richterlichen, mit Pronoia bezeichneten Wirken Gottes, das Lohn aber auch Strafe bedeuten konnte, und der Bedeutung von Pronoia als Fürsorge bestand.

Ein Begriff göttlicher Pronoia, der auf einen gegenwärtigen Zeitrahmen bezogen bleibt und auf die eschatologische Perspektive verzichtet, entspricht der zeitgenössischen Interpretation des platonischen Lebenswahlmotivs, welche die Schuld des Wählenden und die unentrinnbaren Tatfolgen auf die menschliche Lebenzeit beschränkte und in dem Lebenswahlmotiv nicht die Bedingungen angesprochen sah, die vor unserem Leben gesetzt sind. Die hier abgelehnte und korrigierte Position vertritt Origenes. Für ihn ist der Begriff Pronoia durch den distributiv richterlichen Aspekt zu interpretieren, eingebunden in einen ewigen und eschatologischen Rahmen. Euseb von Caesarea ist in seinen Äußerungen zu dieser Frage nicht einheitlich. Auf der einen Seite benutzt er das empirisch verstandene Lebenswahlmotiv der Platoniker und betont die Verantwortung des einzelnen, ohne die unterschiedlichen Bedingungen zu reflektieren, unter denen jeder einzelne seine Entscheidungen zu verantworten hat. Auf der anderen Seite liegt für Euseb die Stärke des Begriffs Pronoia in der Stärke der Märtyrer. Deren Gewißheit, daß Gott Unrecht sieht, Gerechtigkeit herstellen und Lohn und Strafe zuteilen wird, beschreibt Euseb mit dem Begriff Pronoia, der hier wiederum die eschatologischen Aspekte des Tun-Ergehens-Zusammenhangs deutlich hervortreten läßt.

Die Überzeugung der Märtyrer, die Euseb noch beobachten konnte und die er Zweiflern entgegenhielt, geriet aber gerade angesichts der Martyrien in die Kritik. Berücksichtigt man diese Kritik und die Bedeutung des richterlich-distributiven Aspekts der Pronoia in der gesamten Alten Kirche, läßt sich das Fragment des Gnostikers Basilides, das in diesen Zusammenhang gehört, sowie die Reaktion des Clemens von Alexandrien interpretieren. Basilides richtete sich gegen die Kritik an dem Begriff Pronoia, die darauf hinwies, daß das Leiden Gerechte und Ungerechte ohne Unterschied treffe. Basilides versuchte den Kritikern das Argument zu entziehen, indem er auf die allgemeine Sündhaftigkeit des Menschen hinwies und bestritt, daß es irgendeinen Menschen gebe, der zu Unrecht leide. Da es den Menschen ohne Verfehlung nicht gebe und selbst Märtyrer sich etwas haben zuschulden kommen lassen, kann er an der Aussage festhalten, daß man von Gottes Pronoia nur sprechen könne, wenn Leiden Folge von Vergehen ist. Gegen einen breiten Konsens der Forschung ist in dieser Interpretation des Fragments der Rückgriff auf die platonische Konzeption der Strafe nicht notwendig. Basilides wendet den Begriff Pronoia in der distributiv-richterlichen Bedeutung auf die Martyrien an. Clemens bestreitet, daß diese Anwendung möglich ist. Er entfernt sich von der richterlich-distributiv verstandenen Pronoia und erklärt, daß Gott das Leiden nicht hindere, sondern es in einen sinnvollen Zusammenhang einordne. Die Alternative des Clemens besteht darin, daß er das Wort Pronoia in der dritten Bedeutung aufnimmt und auf das mit Pronoia bezeichnete, geordnete Gefüge hinweist. Er individualisiert diesen Sinnzusammenhang, indem er ihn als Erziehung interpretiert.

Damit ist bereits bei Clemens von Alexandrien eine zweite Ebene deutlich geworden, auf der Pronoia als die Gestaltung eines geordneten Ganzen dargestellt wird. In der Struktur der Wortbedeutung ist die Aufgabe angelegt, Pronoia im Sinne der distributiven Gerechtigkeit zugleich als Fürsorge Gottes zu denken. Ebenso stellte sich die Aufgabe, den distributiv-richterlichen Aspekt des Begriffs in ein Verhältnis zu setzen zu der Konzeption einer mit Pronoia bezeichneten, göttlichen Einrichtung und Ordnung der Welt. Diese Aufgabe ist insofern von Bedeutung, als sie an die zeitgenössische Diskussion des 2. und 3. Jahrhunderts um die Frage anknüpft, ob es möglich ist, Gottes Wirken und Pronoia in dem Bezug auf die Individuen zu denken oder nicht. Die Diskussion war durch Fragen wie folgende gekennzeichnet: Sorgt Gott für mich und dich und für jeden einzelnen? Oder sorgt Gott für den Erhalt der Arten, für die Ordnung des Werdens und Vergehens, die Abfolge von Sterben und Geboren-werden? Ist Gott der König, der sich von den großen Problemen des Staates nicht ablenken läßt, die Karrikatur eines Königs, der emsig beschäftigt, den Kleinigkeiten nachjagt und sich um alles kümmern will, oder der König, der es nicht für unwürdig erachtet, Anwalt der Schwachen zu sein? Die Frage war nicht, ob Gott Pronoia übt, sondern wie Gott Pronoia übt. Die gegensätzlichen Positionen lassen sich anhand von Epiktet, Attikos und Alexander von Aphrodisias darstellen. Diese Diskussion spiegelt sich in den Texten der Alten Kirche wider. Es lassen sich drei Gruppen von Texten unterscheiden, welche die Chronologie der Diskussion in drei Stufen repräsentieren.

Erstens: Justin übernimmt die Abgrenzungen der zeitgenössischen Diskussion, um den Gegensatz zwischen Philosophen und Christen zu beschreiben. Philosophen sind nach Justin diejenigen, die andere zu der Einsicht nötigen, daß „Gott für das All und seine Gattungen und Arten sorge", während die Christen im Gebet ihre Überzeugung zum Ausdruck bringen, daß Gott sich um jeden von ihnen kümmere. Justin benutzt nicht verschiedene Versatzstücke, um einen philosophischen Generalisten zu zeichnen. Er schildert eine bestimmte Haltung in der Frage der göttlichen Pronoia als eine Mehrheitsposition und stellt ihr die christliche Affinität zur individuellen Pronoia gegenüber. Ähnlich äußert sich Clemens von Alexandrien. Er vergleicht die mit Pronoia beschriebene Wirkung Gottes mit einem Magnetstein, der auch das kleinste Eisenteilchen erreicht, und wenn er die Differenz zu den Philosophen in der Frage der göttlichen Pronoia hervorhebt, ist diese Differenz auch bei Clemens auf die individuelle Pronoia zu beziehen.

Zweitens: Diese Form der Abgrenzung ist für Origenes nicht mehr möglich. Das hat bei Origenes auf der einen Seite mit der Bedeutung zu tun, welche der kosmologische Gedanke einer sinnvollen Einrichtung der Welt gewinnt. Für Origenes ist es grundlegend, daß Gott der Richter ist, der das freie Tun der Vernunftwesen beurteilt und Lohn und Strafe festsetzt. Diese richterliche Handlung aber setzt er in Beziehung zu der göttlichen Gestaltung, Ordnung und Verwaltung des Alls. Das kohärente Ganze entsteht, indem die Vernunftwesen einen nützlichen, ihnen angemessenen Ort im Gesamtzusammenhang erhalten, wie Origenes in dem Vergleich ausführt, den er aus 2Tim 2,20 nimmt. Ebenso wie in einem Haus unterschiedliche Arten von Geschirr ihren Ort haben, finden die Vernunftwesen in ihrer Unterschiedlichkeit einen sinnvollen Platz in der Welt.

Auf der anderen Seite muß die kosmologische Vorstellung einer universalen Pronoia bei Origenes in der Auseinandersetzung mit Celsus in den Vordergrund treten. Für Celsus ist der kosmische Gesamtzusammenhang die einzig mögliche Perspektive, um von einer göttlichen Pronoia zu sprechen. In der Satire von den Fledermäusen, Ameisen, Fröschen und Regenwürmern, die eine Gemeindeversammlung abhalten, kritisiert er den Anthropozentrismus der christlichen Schöpfungsvorstellung und nimmt insbesondere Anstoß an der Identifikation Gottes mit einem Richter. Die Argumente des Celsus begegnen in ähnlicher Weise auch bei Alexander von Aphrodisias. Alexander richtet sich gegen den mit bestimmten Konzeptionen göttlicher Pronoia verbundenen Anthropozentrismus und fragt, ob Pronoia sich nur auf die Menschen und nicht auch auf Tiere und Pflanzen beziehe. Er lehnt die mit dem Begriff Pronoia verbundene Vorstellung einer göttlichen Vergeltung ab, die den Anthropozentrismus voraussetzt, und geht wie auch Celsus auf das Argument der Gegner ein, daß bei Gott Unmögliches möglich ist. Für Celsus wie für Alexander bewirkt Pronoia das geordnete Nacheinander von Entstehen und Vergehen des Vergänglichen und in dieser Weise die Erhaltung der Art. Eine auf das Individuum bezogene Absicht Gottes ist für Celsus ebensowenig denkbar wie für Alexander. Die Ordnung des einzelnen geschieht beiden zufolge ausschließlich mit Rücksicht auf die Kohärenz des Ganzen.

Diese Form der Kritik zeigt, daß in der philosophisch geprägten Diskussion die Argumente für die individuelle Pronoia nicht mehr ohne erhebliche Vorbehalte nachvollziehbar waren. Ebenso wie Celsus muß Origenes von den Voraussetzungen seiner Gegner her argumentieren, und dies bedeutet, daß er die Zustimmung zu der universalen Pronoia voraussetzt. Bei Origenes ist dies allerdings

nicht nur ein Zugeständnis an die Auseinandersetzung, sondern entspricht seiner
eigenen theologischen Überzeugung. Origenes muß nun von diesem Ausgangspunkt her die Kritik gegenüber Celsus erarbeiten. Origenes stimmt zwar mit
Celsus darin überein, daß der Sinnzusammenhang des geordneten Ganzen die
Grundlage seiner Konzeption von göttlicher Pronoia darstellt. Nach Origenes
aber ist dieser Sinnzusammenhang qualifiziert zu denken, er setzt die Gerechtigkeit des Richters voraus und läßt sich für Origenes sowohl mit der christlichen
Gerichtsvorstellung als auch mit dem in der Schöpfungslehre implizierten Anthropozentrismus verbinden. Die Korrektur des Origenes besteht darin, daß er den
anderen in der Wortbedeutung von Pronoia angelegten Aspekt betont und feststellt, daß Gottes Pronoia sich nicht nur auf die Einrichtung und Ordnung der
Welt bezieht, sondern zugleich auch Gerechtigkeit bedeutet. Die Beurteilung des
Origenes hängt an der Bewertung dieser Verbindung von zwei im Wort Pronoia
angelegten Aspekten des Begriffs. Ich habe die Nähe zwischen Celsus und Origenes betont und gehe davon aus, daß Origenes und Celsus nicht nur dasselbe Wort
benutzten, sondern die Auseinandersetzung um den Begriff Pronoia auf derselben
Grundlage führten.[1] Eine Abwendung von kosmologischen Beschreibungs-
mustern in der Verwendung des Begriffs Pronoia ist bei Origenes nicht
erkennbar.

Drittens: Euseb von Caesarea stellt eine weitere Stufe der Diskussion dar. Die
Alternative, ob Gottes Pronoia jeden einzelnen betrifft oder für einen allgemeinen
Sinnzusammenhang steht, spielt in den Äußerungen des Euseb keine Rolle mehr
und wird nicht explizit erwähnt. Er entwickelt seine Vorstellungen von dem Begriff der universalen Pronoia her, ohne die Individualität der Geschichte in ein
Konzept von Pronoia einzubinden. Die Alternative zwischen universaler und individueller Pronoia hat ihre Relevanz verloren. Die Diskussion verschiebt sich noch
einmal. Auch die Frage, auf wen oder auf welche Ebene von Sinnstiftung sich
Gottes Pronoia beziehen kann, war Ausdruck einer Diskussion um den Gottesbegriff, die jetzt in der Frage nach dem Subjekt der Pronoia weitergeführt wird.
Euseb identifiziert den Logos als den Mittler mit der Pronoia, die er nicht dem
höchsten Gott zuschreibt. Die Identifikation der Pronoia mit dem Logos richtet
sich gegen die Aufteilung der mit Pronoia bezeichneten Wirkungsbereiche auf den
höchsten Gott und untergeordnete Mächte. Die Aussage des Euseb ist an dieser
Stelle nur auf dem Hintergrund des platonischen Modells der gestuften Pronoia
zu verstehen, gegen die sich Euseb abgrenzt. Euseb teilt mit den Platonikern zwei

---

[1] Ich komme hiermit zu einem anderen Ergebnis als E. SCHOCKENHOFF, Zum Fest der Freiheit.
Theologie des christlichen Handelns bei Origenes, a.a.O. und H.S. BENJAMINS, Eingeordnete
Freiheit. Freiheit und Vorsehung bei Origenes, a.a.O., bes. S.166.

Fragen und beantwortet sie negativ: Läßt sich mit der Vorstellung von dem höchsten Gott Pronoia verbinden? Ist es angemessen, das Wirken der Dämonen als Pronoia zu beschreiben? Es ist die Frage nach dem Wirken der Dämonen, in der Euseb die Kritik des Celsus voraussetzt und die Argumentation des Origenes weiterführt. Die Bedeutung von Eusebs Identifikation des Logos mit der Pronoia Gottes liegt nicht nur darin, daß sich genau bestimmen läßt, wie Euseb sich zu den Mittelplatonikern verhält. Mit dieser Identifikation kommt die Diskussion in der Alten Kirche zu ihrem Ende, die unter den veränderten Bedingungen des 4. Jahrhunderts nicht wieder in ähnlicher Weise aufgenommen wurde.

Es trifft weder zu, daß die Theologen einen geprägten Begriff mitsamt seiner Darstellungsmittel übernahmen und wenig Eigenes zur Pronoia Gottes zu sagen hatten, noch ist es richtig, daß die Pronoia, von der die Theologen sprachen, etwas ganz anderes bedeutete als der Begriff, den die Philosophen diskutierten. H. Dörrie schreibt: „Nur das Christentum konnte die Tatsache, daß Gott seinen Sohn in die Welt entsandt hat, um die Menschen zu erlösen, göttlicher πρόνοια zuschreiben. Das war eine ebenso notwendige wie radikale Umdeutung des bisherigen πρόνοια-Begriffes."[2] Diese „radikale Umdeutung" fand nicht statt. Seit dem 4. Jahrhundert wurden die Fragen, welche die Diskussion um die Pronoia Gottes aufgeworfen hatte, von der trinitarischen und später christologischen Auseinandersetzung aufgenommen und so in die innerchristliche Debatte übertragen. Euseb von Caesarea konzentriert in den späten Schriften die Pronoia Gottes mit all ihren Aspekten auf das Subjekt des Logos, dies hat nicht mit soteriologischen Überlegungen zu tun, sondern mit der Gotteslehre. Es kommt hier eine Diskussion zum Abschluß, in der Euseb noch steht, wie insbesondere seine Identifikation von Logos und Pronoia zeigt.

Hinweise auf die Christologie sind im Rahmen der altkirchlichen Überlegungen zur Pronoia Gottes selten. Nemesios von Emesa spricht von der Menschwerdung Gottes als dem Werk der Pronoia.[3] Clemens von Alexandrien weist darauf hin, daß die Christologie die Lehre von der Pronoia, genauer von der individuellen Pronoia, voraussetzt, nämlich in der Weise, daß die Menschwerdung zu einem Mythos wird, wenn man die Lehre von der Pronoia aufhebt.[4] Justin, Clemens von Alexandrien und Nemesios leiten ihre Überlegungen von der individuellen Pronoia Gottes ab. Von dieser Position aus fällt es leicht, sich von den philosophischen Lehren zur Pronoia abzugrenzen. Dies bedeutet aber nicht, daß nicht auch Theologen die entgegengesetzte Position einnehmen.

---

[2] Der Begriff „Pronoia" in Stoa und Platonismus (1977), a.a.O.S.63.
[3] Hom.nat. 24,S.120.20f.
[4] Strom. 1,11,52,2, vgl. 6,15,123,2.

Der Gegensatz von individueller und allgemeiner Pronoia ist nicht in der Abgrenzung von Theologie und Philosophie entstanden, sondern wurde auf sie angewendet. Auch in den Gegensätzen und in der Weise, wie die theologische Identität hier bestimmt wird, verlassen Justin, Clemens und Nemesios nicht die zeitgenössische Diskussion, und dies ist auch nicht zu erwarten. Sie reflektieren die Frage, wie Gott Pronoia übt. Bei Euseb wird an einem Detail die Einbindung in die zeitgenössische platonische Diskussion sichtbar, und gleichzeitig ist er davon überzeugt, daß mit dem Glauben an die göttliche Pronoia die Kirche steht und fällt. Origenes kommt immer wieder auf Mt 10,29 und auf die Sperlinge zurück, von denen keiner ohne den Willen Gottes vom Himmel fällt, und dennoch werden seine Überlegungen von der Bedeutung der universalen Pronoia getragen. Man neigt dazu, den Begriff Pronoia auf Gegensätze zu reduzieren, denen weder die dem Begriff anhaftende Grundgewißheit noch die Freude an der Reflexion zu entnehmen ist. Beides aber macht den Begriff Pronoia und die ihm eigene Dialektik aus: die Gewißheit von dem Wirken der göttlichen Pronoia läßt sich nicht durch Argumente herstellen, und doch ist der Begriff nur in der Diskussion lebendig.

Anhang: Überlegungen zur begriffsgeschichtlichen Fragestellung

Von einem begriffsgeschichtlichen Wörterbuch[1] werden Angaben zur Bedeutung und Verwendung des Begriffs, zur Geschichte seiner Verwendung und zum Bedeutungswandel erwartet.[2] Als Definition der Aufgabe einer Begriffsgeschichte genügen diese Angaben nicht. Die Bedeutungen der griechischen Worte erweisen sich als sehr stabil. Justin und Euseb von Caesarea, Porphyrios und Basilides sprechen von göttlicher πρόνοια. Ihre Äußerungen gehören in einen Zeitraum von 150 Jahren, in verschiedene Provinzen des Römischen Reiches, in unterschiedliche Situationen und sprechen jeweils andere Adressaten an, aber hat deshalb das Wort Pronoia eine andere Bedeutung? Wandelt sich die Bezeichnungsfunktion des Wortes, der Begriff oder die je individuelle Vorstellung der Autoren? Und ist die Frage nach dem Begriffswandel überhaupt hilfreich? Man kann darauf hinweisen, daß ἐκ προνοίας zunächst den vorsätzlichen Charakter einer Straftat bezeichnete, sich aber bereits im 4.Jahrhundert v.Chr. von der Bezeichnung von Vergehen löste und allgemein die Absicht und das reflektierte Tun beschrieb. Unter den Neuplatonikern wird das Wort Pronoia auf neue Art wörtlich genommen, das rationale Element des Wortes wird hervorgehoben und führt zu einer weiteren, bis dahin nicht gekannten Bedeutung. Diese Beobachtungen sind Teil der Arbeit, die aber dennoch keine Wort-Bedeutungsgeschichte, sondern eine Begriffsgeschichte sein soll. Pronoia ist ein Wort mit drei Bedeutungen, Pronoia gehört in die Alltagssprache, aber auch in die philosophische Terminologie, Pronoia erscheint in Buchtiteln, aber auch in der Liste christlicher Elementarlehren. In Texten erscheint nicht mehr als das Wort Pronoia. Es ist eine Art „Denkmal für ein Problem"[3] und die Rekonstruktion des Zusammenhangs, für den dieses Denkmal gesetzt wurde, ist Aufgabe der Begriffsgeschichte. Drei Anliegen möchte ich mit der Begriffsgeschichte verbinden.

---

[1] Hingewiesen sei in der Chronologie ihres Erscheinens auf: Theologisches Wörterbuch zum NT, hrsg.v. G. Kittel, Bd. 1-10, Stuttgart 1933ff; Archiv für Begriffsgeschichte. Bausteine zu einem historischen Wörterbuch der Philosophie, hrsg.v. E. Rothacker, Bd.1, Bonn 1955; Historisches Wörterbuch zur Philosophie, hrsg.v. J. Ritter, Bd.1, Darmstadt 1971; Geschichtliche Grundbegriffe. Historisches Lexikon zur politisch-sozialen Sprache in Deutschland, hrsg.v. O. Brunner, W. Conze, R. Koselleck, Bd.1 Stuttgart 1972; Handbuch politisch-sozialer Grundbegriffe in Frankreich 1680-1820, hrsg.v. R. Reichardt, E. Schmitt, Heft 1/2 München 1985.

[2] Zur Kritik an dieser Konzeption siehe C. KNOBLOCH, Überlegungen zur Theorie der Begriffsgeschichte aus sprach- und kommunikationswissenschaftlicher Sicht, in: ABG 35 (1993), S.8f (7-24).

[3] Nach K. BARCK/ M. FONTIUS/ W. THIERSE, Historisches Wörterbuch ästhetischer Grundbegriffe, in: Weimarer Beiträge 36 (1990), S.191-202, Hinweis bei Knobloch, a.a.O.S.21.

Die Begriffsgeschichte steht erstens für den Zusammenhang von Sprache und Denken, von Sprache und Konzeptualisierungen. Begriffe rufen komplexe Zusammenhänge ins Bewußtsein, sie geben eine Struktur vor, gestalten die Gedanken, ordnen Gedachtes und geben ihm einen Namen. Zweitens kommt die Begriffsgeschichte der Diskussion um die konstitutive Rolle sprachlicher Strukturen für die Geschichte entgegen. Wenn die Sprache nicht auf ihre Bezeichnungsfunktion eingeschränkt wird, ist die sprachliche Gestalt der Geschichte nicht nur ihre Darstellungsform, sondern der Rahmen, in dem das historische Material Bedeutung gewinnt. Drittens ist auf die Geschichte der Begriffsgeschichte hinzuweisen. Begriffsgeschichte als spezifische Vorgehensweise entstand und wurde reflektiert, als Begriffe zum Gegenstand historischer Forschung gemacht wurden.

Im folgenden sollen ausgewählte Ansätze und Fragestellungen aufgenommen werden, welche die vorliegende Arbeit beeinflußt haben und welche m.E. den Ort und die Bedeutung einer begriffsgeschichtlichen Argumentation anzeigen.

1. Begriffsgeschichte – Philosophiegeschichte – Ideengeschichte.
Der Beitrag des Empirismus und die Anfänge der Begriffsgeschichte

Im Historischen Wörterbuch zur Philosophie definiert H.G. Meier Begriffsgeschichte „als historisch-kritische(r) Behandlungsweise der begrifflich gefaßten philosophischen Gegenstände"[4] und verweist auf die Anfänge der philosophischen Lexikographie im deutschsprachigen Raum, die er mit J.G. Walch 1726 beginnen läßt.[5] Begriffsgeschichtliche Überlegungen werden damit in eine Zeit ein-

---

[4] H.G. MEIER, Art.: Begriffsgeschichte, in: Historisches Wörterbuch zur Philosophie, Bd.1 (1971), Sp.788 (788-808).

[5] J.G. WALCH, Philosophisches Lexicon, Leipzig 1726. Walch nennt folgende ihm vorausgegangenen philosophischen Wörterbücher und Lexika: JOH. BAPTISTA BERNADUS, Seminarium, sive lexicon triplex atque indices in philosophiam platonicam, peripateticam, stoicam, Venedig 1682; JOH. MICHAELIUS, Lexicon philosophicum, Leipzig 1633; JOH. HENR. ALSTED, Compendium lexici philosophici, Herborn 1626; NICOL. BURCHARD, Repertorium philosophicum, Leipzig 1610; PETRUS GODARTIUS, Lexicon & summam philosophiae, Paris 1666; HENR. VOLCKMARUS, Dictionarium, Gießen 1676; vor allem STEPHANUS CHAUVIN, Lexicon philosophicum, 1672, 2. Aufl. 1713 Loewarden, aus dem, so Walch, das allgemeine Lexicon der Künste und Wissenschaften, hrsg. v. JOH. THEOD. JABLONSKI von 1721 hervorgegangen ist. Walch grenzt sich von diesen Lexika ab. Die Frage aber, ob sich in seiner Arbeit tatsächlich ein methodischer Neuansatz feststellen läßt, stellte sich bereits Die Neue Leipziger Literaturzeitung (22. Stück, den 17. Februar 1806, S.557). Hier heißt es zunächst über Chauvin: „Dieser legte nicht mehr allein die philosophischen Kunstwörter aus, sondern trug auch die *Sachen*, die Vorstellungen selbst vor ... Diesen Plan erweiterte blos der Theolog J. G. Walch in s. Philosophischen Lexicon, 1726, nur dass er noch mehrere *Streitigkeiten* der Philosophen und die Geschichte der Philosophie in dem Sinne einer *Literaturgeschichte* und ungesicherte Materialien, mit hinein zog, an welchem Plane sein neuer Herausgeber, HENNINGS, (1775) nichts Wesentliches ändern konnte."

gebunden, in der die Wörterbücher zu den verbreitetsten Publikationen wurden,[6] das Interesse an sprachlicher Genauigkeit von verschiedenen Seiten artikuliert wurde und die Debatte in der Rede vom Mißbrauch der Wörter, *abus des mots*, ihr Schlagwort fand. Der Hinweis auf den *abus des mots* trug seit der zweiten Hälfte des 18. Jahrhunderts besonders in Frankreich sozial- und gesellschaftskritische Züge,[7] bezeichnete zunächst aber die problematische Vieldeutigkeit bzw. Unklarheit der philosophischen Terminologie. John Locke faßt in seinem Kapitel über den „Abuse of Words" (Essay concerning Human Understanding, Widmung 1689) zusammen:

„To conclude this consideration of the imperfection and abuse of language: The ends of language, in our discourse with others, being chiefly these three: First, To make known one man's thoughts or ideas to another: Secondly, To do it with as much ease and quickness as is possible: and, Thirdly, Thereby to convey the knowledge of things. Language is either abused or defient when it fails of any of these three."[8]

Der umstrittene Vorschlag von Sprachverbesserung im Rahmen philosophischer Debatten ist nur auf dem Hintergrund verständlich, daß Sprache als Bedingung

---

[6] Neben den bekannten französischen Lexika bzw. Encyklopädien sei als Beispiel eines deutschen Lexikons erwähnt: Großes vollständiges Universal-Lexikon aller Wissenschaften und Künste, Leipzig/ Halle 1732-154, benannt nach dem Verleger Johann Heinrich Zedler. Siehe weiter: Allgemeines Wörterbuch der Philosophie. Zum Gebrauch für Gebildete Leser, welche sich über einzelne Gegenstände der Philosophie unterrichten wollen, hrsg. v. G.S.A. Mellin, Magdeburg 1805, im Vorwort heißt es: „In allen Ständen gibt es Wissbegierige, welche Bildung genug haben, sich aus Schriften unterrichten zu können, und denen es doch an Musse oder Lust fehlt, die ganze Philosophie, oder auch nur einzelne Theile derselben, im wissenschaftlichen Zusammenhange zu durchdenken. Sie wünschen, besonders bey vorkommenden Veranlassungen, über diesen oder jenen Gegenstand eine kurze fassliche und richtige Belehrung. Dieser Forderung zu genügen, soll durch gegenwärtiges Wörterbuch versucht werden."

[7] In diesem Zusammenhang wird üblicherweise der folgende anonym herausgegebene Traktat genannt: [C.-A. HELVETIUS], De l'Esprit, Paris 1758, Disc.I, chap.4: „De l'abus des mots". Für die Diskussion in Frankreich siehe: R. REICHARDT, Einleitung, I. Die Debatte über den „Mißbrauch der Wörter" als Anzeiger einer historischen Problematik, in: Handbuch politisch-sozialer Grundbegriffe in Frankreich 1680-1820, Heft 1/2, München 1985, S.40-50; U. RICKEN, Sprache, Anthropologie, Philosophie in der Französischen Aufklärung. Ein Beitrag zur Geschichte des Verhältnisses von Sprachtheorie und Weltanschauung, Berlin 1984; ders., Sprache Philosophie, Gesellschaftstheorie in Frankreich, in: ders. in Zusammenarbeit mit P. Bergheaud, L. Formigari, G. Haßler u.a., Sprachtheorie und Weltanschauung in der europäischen Aufklärung. Zur Geschichte der Sprachtheorien des 18. Jh. und ihrer europäischen Rezeption nach der Französischen Revolution (Sprache und Gesellschaft Bd.21), Berlin 1990, S.66-108. Für die Diskussion in Deutschland ist auf die für 1759 ausgeschriebene Preisfrage der Königlich-Preußischen Akademie der Wissenschaften über den Zusammenhang der Sprache mit den „Meinungen" des Volkes hinzuweisen. Hierzu siehe: G. HAßLER, Sprachphilosophie in der Aufklärung, in: Sprachphilosophie, hrsg.v. M. Dascal (Handbücher zur Sprach- und Kommunikationswissenschaft 7,1), Berlin 1992, S.139f (116-144).

[8] JOHN LOCKE, An essay concerning human understanding, 3,23, London 1894, S.408, vgl. Epistle to the Reader, S.XVI: „The greatest part of the questions and controversies that perplex mankind depending on the doubtful and uncertain use of the words, or (which is the same)

der Möglichkeit des Erkennens wahrgenommen wurde und damit die Zuordnung von Sprache und Denken als das entscheidende Thema seit dem ausgehenden 17. Jahrhunderts in den Blick kommt. Auf den Empirismus, der sich mit den Namen von John Locke (1632-1704), George Berkeley (1685-1753) und Etienne Bonnot de Condillac (1714-1780) verbindet, geht grundlegend zurück, daß Sprache nicht mehr als Übersetzung universaler Begriffe bzw. Ideen begriffen wurde, d.h. daß Sprache nicht mehr als Instrument einem allgemeinen sprachunabhängigen Denken untergeordnet, sondern auf die individuelle innere Anschauung oder Vorstellung des Sprechers bezogen wurde.[9] Worte in ihrer arbiträren Lautgestalt geben daher nicht mehr unmittelbar den bezeichneten Gegenstand wieder, sondern die sich verändernden Vorstellungen der Menschen von diesem Gegenstand.[10] In Abgrenzung zunächst gegen den Rationalismus, später gegen die Kantische Theorie und den Idealismus wurde mit diesen Aussagen der historische und sprachliche Relativismus der Begriffe bzw. Ideen formuliert. Sprache wird „als Widerspiegelung des unter den speziellen historischen und sozialen Bedingungen einer Sprachgemeinschaft organisierten Denkens verstanden,"[11] allerdings wirken nach Locke die einmal sprachlich fixierten Ideenkomplexe auf das Denken zurück.[12] Der „formende Einfluß" der Sprache auf das Denken wird jetzt zum neuen Paradigma. In diesem Gedanken gründet der Aufruf zu Sorgfalt und verantwortungsbewußtem Umgang mit Sprache – die Debatte über den *abus des mots*.

Damit ist der Zusammenhang skizziert, in den die grundlegenden im Empirismus entwickelten Aussagen zur Sprachtheorie eingeordnet sind. Drei Aspekte sollen am Beispiel von John Locke hervorgehoben werden.

Erstens: Wörter und Ideen. Wörter werden gesprochen, um verstanden zu werden. Sie gehören also in die Situation der Kommunikation und verweisen auf Vorstellungen, Locke spricht von Ideen.

> „*To make them signs of ideas.*– Besides articulate sounds, therefore, it was farther necessary that he should be able to use these sounds as signs of internal conceptions, and to make

---

[9] indetermined ideas, which they are made to stand for".
So bereits die Logik von Port-Royal: A. ARNAULD/ P. NICOLE, La logique ou l'art de penser (1662), hrsg.v. P. Clair et F. Girbal, Paris 1965.
[10] G. HAßLER, a.a.O.S.118f.
[11] G. HAßLER, a.a.O.S.119 mit Hinweis auf John Locke.
[12] Dies war das Thema der bereits erwähnten Preisfrage der Berliner Akademie der Wissenschaften von 1759, wobei allerdings von „Meinungen" die Rede war. Vgl. den Beitrag des Preisträgers Joh. David Michaelis „Beantwortung der Frage von dem Einfluß der Meinungen in die Sprache und der Sprache in die Meinungen". Wichtig wird in dieser Zeit die Auseinandersetzung mit der Position Lockes in England und der Einfluß dieser differenzierten Gegen-Ansätze auf Herder und W.v. Humboldt. Vgl. J. HARRIS, Hermes or a philosophical inquiry concerning universal grammar, London 1751.

them stand as marks for the ideas within his own mind; whereby they might be known to others, and the thoughts of men's minds be conveyed from one to another."[13]

Wörter, willkürlich festgelegte Lautfolgen, vermitteln als Zeichen die inneren Vorstellungen bzw. die Ideen. Daß Wörter Ideen darstellen, war die weithin übliche Aussage.[14] In Buch III des Essay wendet sich Locke den Wörtern zu, nachdem er zuvor die These von den angeborenen Ideen bestritten (Buch I) und seine eigene Theorie von der Entstehung der Ideen entfaltet hat (Buch II). Mit „Idee" beschreibt Locke einen mentalen, auf Erfahrung bezogenen Prozeß. Damit wird die „Idee" zur Vorstellung, und sie verliert ihre platonisch-kosmologische Bedeutung.[15] Die Frage stellt sich, ob und wie Sprache in diesen Prozeß einbezogen ist.

Die Bedeutung der Unterscheidung nicht-empirischer, d.h. angeborener Ideen und empirischer Ideen für das Verhältnis von Wort und Idee bei Locke wird unterschiedlich interpretiert. U. Ricken[16] führt aus, daß sich bei Locke alle Ideen aus Erfahrungen ableiten, also aus unmittelbaren Sinneseindrücken bzw. deren Reflexion (sensation/reflection), und geht gleichzeitig vom sprachunabhängigen Charakter der Ideen aus. Sprache hat danach die Aufgabe, die bereits vorhandenen, unsichtbaren Ideen wahrnehmbar zu machen, d.h. eine reproduzierende darstellende Funktion. Diese Interpretation von Lockes Äußerungen zur Funktion der Sprache kritisiert Formigari, sie beschreibt stattdessen die konstitutive Rolle der Sprache für den Denkakt bei Locke.[17] Folgt man dieser Interpretation, dann erarbeitet Locke eine wesentliche Voraussetzung der Begriffsgeschichte. Begriffsgeschichte basiert nicht auf dem Konzept einer Entsprechung zwischen Wort und Idee, sondern auf der Frage nach der wechselseitigen Entwicklung von Sprache und Denken.

---

[13] 3,1,2,S.321.

[14] Vgl. den vielzitierten Satz aus dem Anfang von Aristoteles, int.: Ἔστι μὲν οὖν τὰ ἐν τῇ φωνῇ τῶν ἐν τῇ ψυχῇ παθημάτων σύμβολα, καὶ τὰ γραφόμενα τῶν ἐν τῇ φωνῇ. Siehe aber auch die Fortführung des Satzes: ὧν μέντοι ταῦτα σημεῖα πρώτων, ταὐτὰ πᾶσι παθήματα τῆς ψυχῆς, καὶ ὧν ταῦτα ὁμοιώματα πράγματα ἤδη ταὐτά. (1,16a 3-8)

[15] So MITTELSTRASS in dem Artikel: Idee (historisch), in: Enzyklopädie Philosophie und Wissenschaftstheorie, Bd.2, Mannheim/ Wien/ Zürich 1984, S.179. Diese Veränderung führt zu der neuzeitlichen Identifikation von Begriff und Idee, so Mittelstrass mit Hinweis auf L. KRÜGER, Der Begriff des Empirismus. Erkenntnistheoretische Studien am Beispiel John Lockes, Berlin/ New York 1973.

[16] U. RICKEN, Sprache, Anthropologie, Philosophie in der Französischen Aufklärung, a.a.O. S.85-94.

[17] L. FORMIGARI, The empiricist tradition in the philosophy of language, in: Sprachphilosophie, hrsg.v. M. Dascal (Handbücher zur Sprach- und Kommunikationswissenschaft 7,1), Berlin 1992, S.177 (175-184); siehe weiter: dies., Language and Experience in 17th-Century Philosophy (Amsterdam studies in theory and history of linguistic science 48), Amsterdam 1988.

Zweitens: Bedeutung und Klassifikation. Die Theorie, wie sie Locke entwickelt, stellt in Frage, daß zwischen Namen und Gegenständen Begriffe von Gattung und Art vermitteln, die unmittelbar in der Natur zu finden seien. Sie richtet sich gegen die Vorstellung sprachunabhängiger Klassifikationsmuster und modifiziert, da diese die Bedeutung eines Namens bestimmen, notwendig die Bedeutungsfrage.

Sprache ebenso wie Denkprozesse basieren auf Klassifikationen und Abstraktionen. Es ist eine Beobachtung Lockes, daß sprachliche Ausdrücke, abgesehen von Eigennamen, überwiegend auf eine Mehrzahl von Einzeldingen anwendbar und also allgemein sind, während die Wirklichkeit immer nur partikular ist.[18] Aber wie können allgemeine Zeichen Einzeldinge benennen? Sprachliche Zeichen sind allgemein, so Locke, als Zeichen abstrakter bzw. komplexer Ideen zu verstehen. Diese seien eine Sammlung einfacher Ideen, d.h. eine Auswahl bestimmter Merkmale, die durch ein sprachliches Zeichen als Abstraktum benannt und zusammengefaßt werden.[19] In diesem Zusammenhang führt Locke den Ausdruck „nominal essence" ein.

> „The measure and boundry of each sort or species whereby it is constituted that particular sort and distinguished from others, is that we call its ‚essence', which is nothing but that abstract idea to which the name is annexed: so that every thing contained in that idea is essential to that sort. This, though it be all the essence of natural substances that we know, or by which we distinguish them into sorts; yet I call it by a peculiar name, the 'nominal essence' ..."[20]

Allgemeinbegriffe sind nach Locke nichts anderes als komplexe Ideen „in uns", die er als „nominal essence" begreift und damit als die komplexe Auswahl der Merkmale bestimmt, die durch einen Ausdruck sprachlich erfaßt werden.

> „That therefore, and that alone, is considered as essential which makes a part of the complex idea the name of a sort stands for, without which no particular thing can be reckoned of that sort, nor be entitled to that name ..."[21] And that the species of things to us are nothing but the ranking them under distinct names, according to the complex ideas in us, and not according to precise, distinct, real essences in them, is plain ..."[22]

Locke führt „nominal essence" als sprachabhängiges Klassifikationsmuster ein, stellt die Beziehung zwischen sprachlichem Ausdruck und Einzeldingen durch die „nominal essence" her und erklärt Bedeutung als kognitive Auswahl der Merkmale, die von einem Namen aufgenommen werden.

---

[18] 3,3,1-6.11.
[19] 3,3,14-16.
[20] 3,6,2, vgl. 3,3,15.
[21] 3,6,5.
[22] 3,6,8, vgl. 3,6,20.35.

Damit zeigt Locke, wie Sprache in den mentalen, auf Erfahrung bezogenen Prozeß integriert ist. Sprachliche Ausdrücke übersetzen nicht die vorfindlichen Begriffe von Gattung und Art, sondern die „Art", in anderen Worten, eine komplexe, durch einen sprachlichen Ausdruck benannte Idee, wird umgekehrt gebildet, um die Einzeldinge zu benennen. Locke geht noch einen Schritt weiter und sagt, daß man von „Art" nur sprechen könne, wenn der Begriff, die sprachlich bezeichnete komplexe Idee vorliege, d.h. wenn ein Klassifikationsmuster begrifflich gefaßt ist. Locke illustriert dies an einem Beispiel[23]: für den, der zwischen „clock" und „watch" unterscheiden kann, sind zwei Arten von Uhren bezeichnet. Wenn aber die Begriffe nicht vorliegen und man, wie beispielsweise in der deutschen Sprache, nicht begrifflich zwischen schlagenden und nicht-schlagenden Uhren unterscheiden kann, liegt auch die Art „clock" oder „watch" nicht vor. Die „nominal essence" strukturiert also als Klassifikationsmuster, das notwendig sprachlich ist, die Wirklichkeit. Das Merkmal „schlagende Uhr" wird als Einteilungskriterium begrifflich gefaßt und dient zur Bezeichnung der unter diesem Merkmal subsumierten Uhren. D.h. die Bedeutung von „clock" besteht nicht in dem Hinweis auf den Referenten, auf eine bestimmte Uhr, sondern in der „nominal essence", dem begrifflich gefaßten Merkmal „schlagende Uhr". Bei Locke liegt damit in differenzierter Weise die für die Linguistik im Zusammenhang der Linguistik als „semiotisches Dreieck" bezeichnete Unterscheidung zwischen Wort, Bedeutung und Referenz vor.

Drittens: „Wörter sind die sinnlichen Zeichen der Ideen dessen, der sie gebraucht."[24] Warum ist „schlagend" ein Einteilungskriterium für Uhren? Die Auswahl der begrifflichen Merkmale, die „nominal essence", ist nach Locke abhängig von einer Reihe pragmatischer Faktoren und vor allem von den Bedürfnissen der Kommunikation. Die Unterscheidung beispielsweise zwischen „ice" und „water", so erläutert Locke, ist in England sinnvoll, d.h. von bestimmten äußeren Faktoren, in anderen Worten, von Erfahrung abhängig. Die Auswahl auf Grund von Erfahrung treffe aber der Sprecher. Begriffe haben also mit der Reflexion der Erfahrung durch den Sprecher zu tun.[25] Begriffe verbalisieren die komplexen Ideen der Sprecher. Welche Elemente einer komplexen Idee durch einen sprachlichen Ausdruck vertreten werden, setzt der Sprecher fest. Dies heißt auch, daß nach Locke kein sprachlicher Ausdruck sämtliche Merkmale des Referenten darstellt. Locke bewegt sich hier zwischen zwei Abgrenzungen: Bestimmte Lautfolgen seien einerseits nicht so mit

---

[23] 3,6,39.

[24] „Words are the sensible signs of his ideas who uses them", 3,2,2.

[25] Locke spricht häufig von „idea in us", siehe hierzu: L. KRÜGER, Der Begriff des Empirismus, a.a.O. S.40ff.

bestimmten Ideen verbunden, daß dies notwendig nur eine einzige Sprache ergä-
be.[26] Die Auswahl bedeutungsrelevanter Merkmale ist auf der anderen Seite nicht
so willkürlich, daß, wenn zwei Sprecher den Ausdruck „clock" verwenden, sie
zwei Sprachen sprechen. Aber in dem Rahmen, der mit der Funktion der Sprache
in der Kommunikation vorgegeben ist, werden Begriffe individuell gebildet und
die Ausdrücke mit unterschiedlicher Bedeutung gebraucht.

> „That, then, which words are the marks of are the ideas of the speaker: nor can any one
> apply them, as marks, immediately to any thing else but the ideas that he himself hath. For,
> this would be to make them signs of his own conceptions, and yet apply them to other
> ideas; which would be to make them signs and not signs of his ideas at the same time; and
> so, in effect to have no signification at all ... But when he represents to himself other men's
> ideas by some of his own, if he consents to give them the same names that other men do,
> it is still to his own ideas; to ideas that he has, and not to ideas that he has not."[27]

Die Ausführungen zu Locke sollen hier nicht der Einstieg in die sprachwissen-
schaftliche und sprachtheoretische Arbeit des 18. und 19. Jahrhunderts sein, in die
deutsche Romantik und die Historische Schule, sondern einen Ausgangspunkt
und exemplarisch den Gegenstand der begriffsgeschichtlichen Fragestellung benennen. Gegenstand der Begriffsgeschichte, wendet man die Aussagen von Locke
an, ist der sprachlich repräsentierte Bereich der Denkinhalte, in der Terminologie
Lockes die „nominal essence" im Unterschied zur „real essence". Da Worte nach
Locke immer nur die komplexen Ideen der Sprecher bzw. Sprecherinnen bezeichnen, ihre Bedeutung in der kognitiven, immer nur individuellen Auswahl
bedeutungsrelevanter Merkmale besteht und damit mit den Worten die je individuelle Aussageabsicht Thema wird, ist es legitim, nach der Geschichte der Wörter
und ihrer Bedeutungen zu fragen. Zu berücksichtigen ist hierbei der für Locke
konstitutive Zusammenhang von innerer Vorstellung, Reflexion und Erfahrung.

2. Aspekte der strukturalistischen Beschreibung von Bedeutung

John Locke ist ein Beispiel für die Theorien, die in der strukturalistischen Linguistik unter „traditionell konzeptualistische Semantik" zusammengefaßt werden.
Eine „konzeptualistische" Semantik setzt in ihrer Theorie die Existenz der Begriffe, englisch „concepts", voraus. „Konzeptualismus" wird in der kritischen Beschreibung „traditioneller" Semantik verstanden als eine Theorie, nach der erstens
Begriffe zwischen Wort und Referent vermitteln und damit zweitens Bedeutung

---

[26] 3,2,1.
[27] 3,2,2.

und Begriff identifiziert werden können.[28] Die Bedeutung eines Wortes besteht hier in dem Begriff oder in der Vorstellung, die der Sprecher bzw. der Hörer mit dem Wort verbindet.[29] Dieser konzeptualistische Zugang zur Semantik wird in der strukturalistischen Linguistik abgelehnt. Dies führte dazu, auf den Terminus „Begriff" im Rahmen der Semantik zu verzichten. J. Lyons schreibt 1981: „Tatsächlich gibt es keinen Beweis, der darauf schließen ließe, daß Begriffe, in irgendeinem klar definierten Sinne des Terminus ‚Begriff', für die Konstruktion einer empirisch begründbaren Theorie der linguistischen Semantik wesentlich wären."[30] Die semantische Fragestellung verschob sich damit von der Frage nach den Begriffen zu der Frage nach den Bedeutungen, die jetzt nicht mehr durch den Hinweis auf die Funktion der Sprache, mentale Gegenstände – bzw. in den Worten Lockes „Ideen" – zu repräsentieren, beantwortet wurde. Die Frage nach der Bedeutung stellte sich damit neu. Zwei einflußreiche Vorschläge aus der strukturalistischen Semantik, Bedeutung zu beschreiben, seien genannt: 1. die Merkmal- oder Komponentenanalyse und 2. die Aufschlüsselung der Bedeutung in Sinnrelationen.

Von Merkmalen bzw. Komponenten der Bedeutung kann man nur sprechen, wenn man davon ausgeht, daß die Bedeutung eines Wortes in sich selbst strukturiert ist und sich vollständig in kleinere Einheiten, semantische Merkmale, zerlegen läßt (Dekomposition).[31] Obwohl die strukturalistische Merkmalsemantik weitgehend als überholt betrachtet wird,[32] wird dennoch weiterhin mit der Konzep-

---

[28] J. LYONS formuliert folgende Definition: „We will now introduce the term conceptualism to refer to any theory of semantics which defines the meaning of a word or other expression to be the concept associated with it in the mind of the speaker and hearer." Semantics, Bd.1, Cambridge 1977, S.112.

[29] Vgl. die Kritik von J. LYONS. Er bezeichnet in diesem Zusammenhang drei Defizite: 1. „Bedeutung" und „Begriff" werden nicht unabhängig voneinander definiert, es könne daher nicht zur Klärung beitragen, von „Begriff" statt „Bedeutung" zu sprechen. 2. Auf einen Begriff, eine Vorstellung oder eine Idee im Bewußtsein der Sprecher bzw. Hörer könne nicht aus der richtigen Verwendung eines Wortes und dem Wissen um seine Bedeutung geschlossen werden. Lyons macht hier auf einen Zirkelschluß aufmerksam. 3. Es müsse gezeigt werden, daß es für die Kenntnis der Bedeutung eines Wortes unabdingbar sei, die entsprechende Idee bzw. den Begriff zu haben. Lyons macht damit 1991 noch einmal deutlich, daß die Identifikation der Bedeutungen der Wörter mit mentalen Entitäten „zur Frage steht" und fordert, ihre Rolle in der Explikation von Referenz (Äußerungsebene), Denotation (Satzebene) und den sprachinternen Sinnbeziehungen zu bestimmen. (Bedeutungstheorien, in: Semantik, hrsg.v. A.v. Stechow/ D. Wunderlich [Handbücher zur Sprach- und Kommunikationswissenschaft 6], Berlin 1991, S.13f [1-24]. Vgl. Lyons, Semantics, Bd.1, a.a.O.S.113f.

[30] Die Sprache, München 1983, S.129 (Language and Linguistics, Cambridge 1981).

[31] J. LYONS, Semantics, Bd.1, a.a.O.S.317-335; G. LÜDE, Zur Zerlegbarkeit von Wortbedeutungen, in: Handbuch der Lexikologie, hrsg.v. Ch. Schwarze/ D. Wunderlich, Königstein 1985, S.64-102.

[32] Siehe z.B. D. WUNDERLICH, Bedeutung und Gebrauch, in: Semantik (Handbücher zur Sprach- und Kommunikationswissenschaft 6), Berlin 1991, S.48 (32-52); D. BUSSE, Textinterpretation. Sprachtheoretische Grundlagen einer explikativen Semantik, Opladen 1992, S.29-37.

tion semantischer Merkmale gearbeitet, wobei aber den semantischen Merkmalen eine deskriptive Funktion zugeschrieben wird. Sie erhalten einen metasprachlichen Status bzw. werden verstanden als „metasprachliche Konstrukte".[33] D. Busse schreibt hierzu kritisch: „,Merkmalsemantik' reduziert sich damit auf das Verfahren, Bedeutungen natürlich-sprachlicher Ausdrücke zu *paraphrasieren* durch andere Ausdrücke derselben natürlichen Sprache, die als 'Bedeutungsmerkmale' (-komponenten) behauptet werden."[34] Hinzu kommt das Problem, daß eine bloße Auflistung semantischer Merkmale nicht hinreichend sein kann.[35] Die Frage ist, wie semantische Merkmale zu deuten sind. Wenn mit der Einführung semantischer Merkmale die Bedeutungsfrage nicht nur auf eine andere Ebene verschoben werden soll, muß geklärt werden, wie sich semantische Merkmale zu dem Ganzen der Wortbedeutung verhalten.

Auch wenn Lyons zwischen Merkmalsemantik und einem konzeptualistischen Zugang zur Semantik unterscheidet,[36] fällt auf, daß eine Reihe von Vertretern der Merkmalsemantik, wie beispielsweise Katz, einen konzeptualistischen Standpunkt vertreten. Nach Katz „muß man sich (semantische Mermale) als theoretische Konstrukte vorstellen, die in die Theorie der Semantik eingeführt wurden, um sprachinvariante, aber doch sprachgebundene Komponenten eines Begriffssystems zu bezeichnen, welches zur kognitiven Struktur des menschlichen Geistes gehört."[37] Daran knüpft die poststrukturalistische Semantik an. Wiederum ist von den semantischen Merkmalen die Rede, die jetzt als „Grundkategorien unserer Perzeption und Kognition" eingeführt werden und „Grundpositionen der Denk- und Wahrnehmungsstruktur des menschlichen Organismus" repräsentieren.[38] Den semantischen Merkmalen wird hier ein psychologisch-neurophysiologischer Status zugeschrieben.

J. Lyons verbindet die Merkmalanalyse, die Feldtheorie[39] und die Darstellung der Sinnrelationen. Die Merkmalanalyse erscheint hier als „eine Technik, bestimmte semantische Relationen zwischen lexikalischen Einheiten und den aus ihnen gebildeten Sätzen ohne großen Aufwand darzustellen."[40] Lyons stellt damit einen

---

[33] G. LÜDE, a.a.O.S.84.

[34] Textinterpretationen, a.a.O.S.35.

[35] So z.B. J. LYONS, Semantics, Bd.1, a.a.O.S.321f.

[36] J. LYONS, Einführung in die moderne Linguistik, München 1971 (engl. 1968), S.484f; ders., Semantics, Bd.1, a.a.O.S.328f.

[37] Zitat aus J.J. KATZ, Recent issues in semantic theory, in: FL 3 (1967), S.129 (124-194), zitiert nach J. Lyons, Einführung in die moderne Linguistik, a.a.O.S.487.

[38] M. SCHWARZ, in: dies., Jeanette Chur, Semantik. Ein Arbeitsbuch, Tübingen 1993, S.41f.

[39] „Die Verbindung der Wortfeldmethode mit der Erforschung der Inhaltsrelationen im Sinne von J. Lyons, insbesondere mit der Synonymie- und Antonymieforschung", bezeichnet GECKELER als Aufgabe der Forschung: Strukturelle Wortfeldforschung heute, in: Studien zur Wortfeldtheorie, hrsg.v. P.R. Lutzeier (Linguistische Arbeiten 288), Tübingen 1993, S.18.

[40] Einführung in die moderne Linguistik, a.a.O.S.486, vgl. ders., Semantics, Bd.1, a.a.O.S.326ff. GEERAERTZ spricht in diesem Zusammenhang von einem Einfluß von Lyons auf Katz, D. Geeraertz, Katz revisited. Aspects of the history of lexical semantics, in: Understanding the lexicon. Meaning, sense and world knowledge in lexical semantics, hrsg.v. W. Hüllen/ R.

Zusammenhang zwischen der Struktur des Wortschatzes und der inneren Struktur der lexikalischen Einheiten bzw. der Kombination ihrer distinktiven Merkmale her. Grundlegend sind für Lyons vier Unterscheidungen, die auf de Saussure zurückgehen.[41] De Saussure unterscheidet zwischen *„langue" und „parole"*[42] und beschreibt damit die Differenz, die zwischen Sprachsystem und aktuellem Sprachverhalten (Rede) besteht. Häufig spricht man in der Terminologie von Chomsky von der Unterscheidung zwischen „Kompetenz"[43] und „Performanz". Während das Sprachsystem nach de Saussure ein soziales Faktum ist,[44] ein Code, der den Mitgliedern einer Sprachgemeinschaft vorgegeben ist, liegt das Sprachverhalten immer nur individuell, kontext- und situationsabhängig vor. Diese Unterscheidung läßt sich nach Lyons nicht auf die Unterscheidung zwischen *Bedeutung und Referenz* übertragen. Zwar sind auch nach Lyons in den Bezügen auf die außersprachliche Wirklichkeit wieder die beiden Ebenen von Sprachverhalten und Sprachsystem zu unterscheiden. Lyons führt aber einen weiteren Terminus ein, nämlich „Sinn". Im Unterschied zu Referenz und Denotation[45] meint „Sinn"[46] sprachinterne Bezüge. Nach Lyons ist „der Sinn einer lexikalischen Einheit identisch mit der Menge von Relationen, die zwischen der betreffenden Einheit und Einheiten in demselben lexikalischen System bestehen."[47]

Der Sinn eines Wortes läßt sich nach Lyons durch seine Sinnbeziehungen aufschlüsseln.[48] Für die Darstellung der Sinnbeziehungen ist eine dritte Unterscheidung wichtig: *„syntagmatisch" und „paradigmatisch"* kennzeichnen zwei verschiedene Arten von Sinnbeziehungen.[49] Syntagmatisch werden Beziehungen zu anderen lexikalischen Einheiten genannt, die im selben Kontext vorkommen und einen

---

Schulze (Linguistische Arbeiten 210), Tübingen 1988, S.26 (23-35).

[41] J. LYONS, Semantics, Bd.1, a.a.O.S.230ff.

[42] Cours de linguistique générale, Lausanne, Paris 1916.

[43] Hingewiesen sei auf den Gegensatz zur Sprachtheorie der Empiristen. Im Sinne der von den Empiristen abgelehnten „angeborenen Ideen" bedeutet Kompetenz die angeborene strukturierende Sprachfähigkeit der Menschen.

[44] In dem Konzept des „fait social" ist de Saussure von Durkheim abhängig. Siehe hierzu: E. COSERIU, Synchronie, Diachronie und Geschichte. Das Problem des Sprachwandels (Internationale Bibliothek für allgemeine Linguistik 3), München 1974 (Montevideo 1958), S.26ff.

[45] Lyons spricht von „Referenz" (Semantics, Bd.1, a.a.O.S.177ff.) auf der Ebene der Performanz, d.h. „Referenz" ist abhängig von der Äußerungssituation und meint den Vorgang einer unendlichen Zahl von konkreten Bezeichnungen. Von „Denotation" (ebd. S.206ff.) spricht Lyons auf der Ebene der Kompetenz. Denotation ist damit Teil dessen, was üblicherweise unter Bedeutung gefaßt wird.

[46] Ebd. S.197ff.

[47] J. LYONS, Einführung in die moderne Linguistik, a.a.O.S.453.

[48] Vgl. die präzise Darstellung der Sinnrelationen von P.R. LUTZEIER, Die semantische Struktur des Lexikon, in: Handbuch der Lexikologie, a.a.O.S.106-111.

[49] J. LYONS, Semantics, Bd.1, a.a.O.S.240f.

gemeinsamen Kontext oder ein Syntagma bilden. Syntagmatische Beziehungen beschreiben Kombinationen und Verknüpfungen, die im Sprachsystem festgelegt sind. Häufige Kombinationen sind nach Lyons in ihrem Kontext vorhersagbar. Je höher die Wahrscheinlichkeit ist, daß ein bestimmtes Wort in einem Kontext fällt, d.h. je festgelegter die Wortwahl durch ihren Kontext ist, um so weniger Bedeutung komme diesem Wort zu. Nach Lyons läßt sich Bedeutung quantifizieren.[50] „Bedeutung haben" setze Alternativen voraus, d.h. die paradigmatischen Beziehungen. Paradigmatische Beziehungen bestehen zwischen einem Wort in einem bestimmten Kontext (Syntagma) mit anderen Wörtern, die dieses Wort in seinem Kontext ersetzen können.[51] Zu den paradigmatischen Be-ziehungen, man spricht auch von Substitutionsbeziehungen, zählen Antonymie (Oppositionsbeziehung), Hyponomie (Inklusion eines spezifischen Ausdrucks durch einen allgemeinen) und Synonymie. Synonymie besteht nicht mehr darin, festzustellen, daß zwei Wörter eine bestimmte und zwar identische Bedeutung haben, sondern Synonymie wird nach Lyons als Teil ihres Sinnes verstanden.[52]

Die unterschiedlichen syntagmatischen und paradigmatischen Beziehungen knüpfen ein Netz zwischen Wörtern. Daß die Bedeutung eines Wortes Produkt der Beziehungen zu den Nachbarwörtern desselben Feldes ist, wurde bereits im Rahmen der Wortfeldtheorie formuliert.[53] Felder sind Untergliederungen der Sprache.[54] Allerdings unterscheidet sich Lyons von den Vertretern der Merkmal- sowie der Feldtheorie, wenn er schreibt, daß Bedeutungsbeziehungen nur graduell beschreibbar seien, d.h. daß es „abgrenzbare Einzelemente" in der Sprache auf der Ebene der Form, nicht aber auf der Ebene der Bedeutung gebe.[55]

---

[50] J. LYONS, Einführung in die moderne Linguistik, a.a.O.S.424f.

[51] Vgl. H. GECKELER, der „paradigmatisch" folgendermaßen definiert: „Paradigmatisch bedeutet, daß die Lexeme, die an einer bestimmten Stelle der ‚chaîne parlée' zur Wahl stehen, ein lexikalisches Paradigma, d.h. ein System von lexikalischen Oppositionen, bilden" (Strukturelle Wortfeldforschung heute, a.a.O.S.14).

[52] Allerdings ist das Verhältnis zwischen paradigmatischen und syntagmatischen Beziehungen unklar. Hierauf bezieht sich auch die Kritik der Frame Theorie an der Wortfeldtheorie. CH. FILLMORE, Frames and the semantics of understanding, in: Quaderni di Semantica 6,2 (1985), S.222-255. Zum Verhältnis von Wortfeldtheorie und Frame Theorie siehe: A. LEHRER, Semantic fields and frames. Are they alternatives?, in: Studien zur Wortfeldtheorie, hrsg.v. P.R. Lutzeier (Linguistische Arbeiten 288), Tübingen 1993, S.149-161.

[53] Wortfeldtheorie wurde eingeführt von G. Ipsen (1924), Jolles (1934), W. Prozig (1934), J. Trier (1934), vgl. Lyons, Semantics, Bd.1, a.a.O.S.250ff. Zur gegenwärtigen Diskussion um die Wortfeldtheorie siehe die Aufsätze in: Studien zur Wortfeldtheorie, a.a.O.

[54] Nach J. TRIER, Das sprachliche Feld, in: Neue Jahrbücher 1934, S.430: „Felder sind die zwischen den Einzelworten und dem Wortschatzganzen lebendigen sprachlichen Wirklichkeiten, die als Teilganze mit dem Wort das Merkmal gemeinsam haben, daß sie sich ergliedern, mit dem Wortschatz hingegen, daß sie sich ausgliedern." Vgl. die Definition von J. LYONS, Semantics, Bd.1, a.a.O.S.268.

[55] J. LYONS, Die Sprache, a.a.O.S.139, vgl. ders., Semantics, Bd.1, a.a.O.S.266ff. Lyons kritisiert folgende Grundannahmen, die er aber nicht für Bedingungen der Feldtheorie hält: Jedes

Die Frage nach der Bedeutung des Wortes wird durch Lyons auf die Ebene des Sinnes verwiesen, der der sprachinternen Beziehung zu entnehmen ist. Lyons entwickelt die Sinnrelationen auf der Ebene der Kompetenz, d.h. des Sprachsystems und nicht auf der Ebene der Äußerungen oder des konkreten Sprachverhaltens. Hieran schließt sich unmittelbar die vierte Unterscheidung zwischen *Synchronie und Diachronie* an, die wiederum auf de Saussure zurückgeht. Während Äußerungen als Gegenstand diachroner Untersuchungen erfaßt werden, ist das Sprachsystem auf der Ebene der Synchronie definiert. Veränderungen betreffen in diesem Zusammenhang nicht das Sprachsystem, sondern die individuellen Äußerungen. Äußerungen bleiben nach de Saussure Einzelerscheinungen, sind zufällig, isoliert und heterogen und bilden kein System. Das Sprachsystem, der invariante Kern, sei stabil und ist Gegenstand der strukturalistischen Untersuchung, die von den Variationen der vielfältigen Äußerungen absehen kann und damit die Sprache (das Sprachsystem) auf einen Sprachzustand reduziert.

Die Antinomie von Synchronie und Diachronie wurde bereits von Vertretern der strukturalistischen Semantik diskutiert.[56] Hinzuweisen ist besonders auf die Auseinandersetzung Coserius mit de Saussure und mit dem sogenannten diachronischen Strukturalismus.[57] Den Gegensatz von Diachronie und Synchronie nimmt Coseriu in dem Gegensatz von Wandel und System auf und bestreitet ihn,[58] indem er zeigt, daß die historische und systematische Erklärung von Sprache einander nicht ausschließen,[59] sondern daß vielmehr der Sprachwandel in dem „ständigen *Systematisieren*" der Sprache, d.h. der ständigen Bildung des Systems bestehe.[60] Mit dem Terminus „Systematisieren" wird eine grundlegende Funktion der Sprache, nämlich die Anpassungsfähigkeit der Sprache an die jeweils neuen Ausdrucksanforderungen der Sprecher angesprochen.[61] Anpassung besteht nach Coseriu nicht in dem isolierten Austauschen einzelner sprachlicher Einheiten, sondern bedeutet die Veränderung des Beziehungsgefüges der Sprache und betrifft daher das Sprachsystem. Sprachwandel sei daher „systematisch begründet", insofern er „durch das funktionelle System der Sprache bedingt" sei.[62] Mit seinem „dynamischen" Verständnis der Sprache kritisiert Coseriu de Saussures statische Auffassung der Sprache und stellt mit Humboldt der Sprache als ἔργον, als „fertiges" Werk bzw. „fertigen" Zustand, die Sprache als ἐνέργεια, als „freie und

---

Lexem könne einem Feld zugeordnet werden. Jedes Feld sei ein geschlossenes Subsystem der Sprache. Die Addition der Felder ergebe den Wortschatz der Sprache. Das Problem der Abgrenzung der Wortfelder wurde vielfach angesprochen. Fillmore beispielsweise spricht im Rahmen der Frame Theorie von „gaps" und „overlaps".

[56] Die häufig zu lesende Äußerung, daß der Strukturalismus den Zusammenhang von Synchronie und Diachronie zerrissen habe, ist daher zu präzisieren. Diese Aussage findet sich z.B. bei D. BUSSE, Historische Semantik. Analyse eines Programms (Sprache und Geschichte 13), Stuttgart 1987, S.17f.

[57] Siehe besonders: Synchronie, Diachronie und Geschichte, a.a.O.S.191f.

[58] A.a.O.S.184.

[59] A.a.O.S.186.

[60] A.a.O.S.236ff.

[61] A.a.O.S.210.

[62] A.a.O.S.181.

zweckgerichtete Tätigkeit" entgegen.[63] Aus der Perspektive der Sprechtätigkeit kann Coseriu de Saussures Systembegriff wieder aufnehmen und modifizieren.[64] Nach Coseriu ist Sprache als System beschreibbar, allerdings als „offenes" System, als „System von Gestaltungsmustern".[65] Das „System" ist allerdings nur eine von verschiedenen Ebenen, die Coseriu unterscheidet.[66] Das „System", die „Ebene der funktionellen Oppositionen der Sprache",[67] stellt Coseriu der „Norm" gegenüber. Die „Norm" identifiziert Coseriu mit der bereits realisierten Sprache. Er versteht unter Norm „die Regeln historisch bereits realisierter Muster" und infolgedessen auch die „Fixierungen der Sprache in traditionelle Muster".[68] Sprache stellt sich daher als „System und Norm" dar, d.h. als „System von funktionellen Oppositionen und normalen Realisierungen".[69] Sprachwandel erklärt Coseriu als „Verschiebung der Norm zu anderen vom System zugelassenen Realisierungen".[70] Insofern Sprache funktionieren muß, setzt das System die Grenze der Wandlungs- und Anpassungsfähigkeit der Sprache, es stellt aber auch dem Sprecher die Technik zur Verfügung, um über die normalen Sprachmuster hinauszugehen. System und Norm bezeichnen daher die Bedingungen des beständigen „Werdens" der Sprache. System und Norm entsprechen zusammengenommen bei Coseriu der Größe „langue" bei Saussure. Der Unterschied besteht darin, daß Coseriu die synchrone und die diachrone Perspektive in sein Konzept integrieren kann.

Obwohl die Sinnrelationen nach Lyons sprachinterne Beziehungen aufschlüsseln, wurde das durch Lyons beschriebene Vorgehen vielfach in begriffsgeschichtliche Untersuchungen übernommen. Die Verlagerung des linguistischen Forschungsinteresses vom Sprachverhalten zum Sprachsystem ist für die Geschichte der Spätantike nicht hilfreich, da das antike Sprachsystem nur in der Vielzahl individueller Äußerungen vorliegt und die „Kompetenz" sich nur durch Abstraktion aus den verfügbaren „Performanz" gewinnen läßt.[71] Coseriu hat dem Gegensatz

---

[63] A.a.O.S.37ff, 56, 216, 235ff.

[64] Vgl. a.a.O.S.209.

[65] A.a.O.S.221.

[66] COSERIU unterscheidet zwischen Norm, System und Rede, später kommt noch die Ebene des Typus hinzu. Die Unterscheidung faßt er folgendermaßen zusammen: „... insgesamt müssen in der Technik der Rede vier verschiedene Ebenen unterschieden werden: Die *parole (Rede)* als konkrete Schicht der Texte, der Realisierung der Sprachtechnik, die *Norm*, die das enthält, was unabhängig vom funktionalen Bereich traditionell fixiert ist, das *System*, die Ebene der funktionalen Oppositionen einer Sprache, und der *Sprachtypus* als Einheit der Verfahren verschiedener Sprachsysteme." (Strukturelle Linguistik, Tübingen 1973, S.41 [Hervorhebungen vom Autor]). Vgl. ders., System, Norm und Rede, in: ders., Sprachtheorie und allgemeine Sprachwissenschaft (Internationale Bibiothek für allgemeine Linguistik 2) München 1975, S.11-101; weiter: ders., System, Norm und Typus, in: ders., Einführung in die Allgemeine Sprachwissenschaft, Tübingen 1988, S.293-302.

[67] Strukturelle Linguistik, a.a.O.S.41.

[68] Synchronie, Diachronie und Geschichte, a.a.O.S.48.

[69] Ebd.S.47.

[70] Ebd.S.210, vgl.119.

[71] Auch im Strukturalismus wird das Sprachsystem aus dem Sprachverhalten deduziert, es funktioniert aber als autonomes immanentes Zeichensystem, das „unter Ausblendung der Thematisierung des sprachbenutzenden Subjekts und seiner Bedingungen des Sprachgebrauchs" in den Blick genommen wird. So E. BRAUN, Der Paradigmenwechsel in der Sprachphilosophie. Studien und Texte, Darmstadt 1996, S.45.

zwischen einer systematischen und einer historischen Fragestellung widersprochen und mit seiner Arbeit zum Übergang von der Linguistik zur historischen Semantik beigetragen. Dennoch besteht das Problem der Linguistik von Lyons nicht allein in der Ausgrenzung der diachronen Arbeitsweise. Man kann gegen die Intention von Lyons die Unterscheidung der Sinnrelationen auf die Ebene des Sprachverhaltens und auf die vielfältigen, überlieferten Texte der Antike beziehen und die Belege zu einem Wort systematisieren. Das Ergebnis besteht in einer klaren Unterscheidung der Bedeutungen eines Wortes, wie sie in den Lexika weitgehend nicht geleistet wird. Dieses Ergebnis ist für den unbefriedigend, der anderes als eine Auflistung von Wortbedeutungen erarbeiten will.

Der linguistische Ansatz von Lyons ist durch die von Lyons selbst gesetzten Grenzen nur begrenzt anwendbar. Der erste Teil der vorliegenden Arbeit ist der Sprachverwendung und damit den drei Bedeutungen des Wortes πρόνοια gewidmet. In diesen ersten Teil sind Anregungen von Lyons eingegangen. Er bietet ein Instrumentarium, um Sprache zu beschreiben und individuelle Äußerungen als solche zu erkennen. Er bietet kein Instrumentarium, um die mit Pronoia bezeichnete Struktur der Denkinhalte zu erfassen, um die durch das Wort Pronoia repräsentierten individuellen Konzeptionen der Autoren zu verstehen und in eine Diskussion einzuzeichnen. Der zweite Teil der Arbeit beschäftigt sich mit diesen, deutlicher begriffsgeschichtlichen Aufgaben. Die beiden Teile sind durch ihren Gegenstand, Wort und Begriff Pronoia, verbunden. Ein methodischer Zusammenhang der beiden Teile würde eine theoretische Grundlegung voraussetzen, die Sprache, Konzeptionalisierung und Geschichte gleichermaßen umfaßt. Genau hier liegen die offenen Fragen der Begriffsgeschichte.

Für die Begriffsgeschichte entstand folgende Situation: Auf der einen Seite stellte sich, ausgehend von der strukturalistischen Linguistik, die Aufgabe über sie hinauszugehen, die nur unzureichend, meist pragmatisch gelöst wurde. Auf der anderen Seite empfand man nicht die Notwendigkeit, in der Begriffsgeschichte überhaupt linguistische Ansätze zu berücksichtigen. Die Begriffsgeschichte wurde getrennt von der linguistischen Diskussion entwickelt,[72] und deren Beitrag könnte unerwähnt bleiben, wäre der Gegensatz zwischen Linguistik und Begriffsgeschichte nicht in Bewegung geraten. In der Linguistik ist ein Zweig entstanden,

---

[72] Vgl. C. KNOBLOCH, a.a.O.S.15: „Unbrauchbar für die Zwecke einer sozial- und mentalitätsgeschichtlich erweiterten Begriffsgeschichte sind die Theorien der linguistischen Pragmatik – obwohl gerade sie auf das sprachliche Handeln abheben. Sie verstehen zwar das Äußern eines Satzes als Handlung, bewahren aber ganz und gar den sprachsystematischen Fluchtpunkt der Untersuchung, d.h. sie untersuchen das Sprachsystem unter dem Gesichtspunkt, welche Mittel es für die Handlungen der Sprachteilnehmer bereitstellt. In einer solchen Optik ist kein Platz für Macht, Hierarchie und gesellschaftliche Verhältnisse."

der sich mit dem Phänomen der Konzeptualisierung beschäftigt und zum Teil auf die vorstrukturalistische Semantik zurückgreift. Auf der anderen Seite möchte ich die sprachtheoretische Grundlegung der Geschichte nennen und als eine Brücke von der anderen Seite verstehen. Beide Ansätze sind aufzunehmen, will man gegenwärtig den Ort der Begriffsgeschichte beschreiben.

3. Die gegenwärtige Diskussion um eine Kognitive Semantik

Die „Kognitive Semantik" ist einzuordnen in das in den letzten Jahren einflußreiche interdisziplinäre Forschungsgebiet der Kognitionswissenschaft, das unter anderen von der Linguistik, der Psycholinguistik und der Neurophysiologie getragen wird. M. Schwarz definiert die Kognitive Semantik als „eine linguistische Forschungsrichtung, die den mentalen Charakter semantischer Phänomene in den Vordergrund ihrer Untersuchung rückt."[73] Die kognitive Semantik untersucht die Sprache als Subsystem der Kognition.[74] Kognition wird in diesem Zusammenhang verstanden als „die Menge aller geistigen Strukturen und Prozesse" bzw. „die Gesamtheit menschlicher Wissensaktivität".[75] Die kognitive Semantik erklärt das Phänomen der Bedeutung auf der mentalen bzw. konzeptuellen Ebene.

> „Kognitivistische Ansätze interessieren sich nicht so sehr für konkrete sprachliche Äußerungen, sondern vielmehr für die mentalen Dispositionen, die es dem Menschen ermöglichen, sprachliche Äußerungen zu produzieren und zu rezipieren."[76]

Das unterschiedliche Forschungsinteresse von kognitiver Semantik und Begriffsgeschichte ist hier deutlich ausgesprochen. Das Zitat steht für den Vorbehalt, daß

---

[73] M. SCHWARZ, Kognitive Semantik - State of Art und Quo vadis?, in: Kognitive Semantik: Ergebnisse, Probleme, Perspektiven, hrsg.v. ders. (Tübinger Beiträge zur Linguistik 365), Tübingen 1994, S.10.

[74] Innerhalb der Kognitiven Linguistik werden eine modularistische und eine holistische Richtung unterschieden. Nach dem modularistischen Modell erscheint Sprache als ein autonomes Subsystem (Modul), das von anderen kognitiven Subsystemen abgegrenzt wird. Die Subsysteme weisen eine jeweils eigene Struktur auf, werden unterschiedlichen kognitiven Funktionen zugeordnet und unterschiedlich im Gehirn lokalisiert. Der holistische Ansatz geht umgekehrt davon aus, daß das semantische System nur im Rahmen des mentalen Gesamtsystems erklärbar ist und daß sprachliche und allgemein kognitive Fähigkeiten verbunden sind. In diesem Zusammenhang werden häufig Wortbedeutungen und konzeptuelle Einheiten gleichgesetzt.
Die im folgenden genannten Vertreter der kognitiven Semantik rechnen sich der holistischen Richtung zu (G. Lakoff, R. Langacker). Siehe: M. SCHWARZ, Kognitive Semantiktheorie und neuropsychologische Realität (Linguistische Arbeiten 273), Tübingen 1992, S.13ff.; dies. Einführung in die Kognitive Lingustik, Tübingen 1992, S.44ff.; dies. Kognitive Semantik - State of Art und Quo vadis?, a.a.O.S.11; außerdem S. KELTER, Kognitive Semantik und Aphasieforschung, in: Kognitive Semantik: Ergebnisse, Probleme, Perspektiven, a.a.O.S.81-95.

[75] M. SCHWARZ, Einführung in die Kognitive Linguistik, a.a.O.S.36.

[76] M. SCHWARZ, Kognitive Semantik - State of Art und Quo vadis?, a.a.O.S.10.

die Kognitive Semantik mit der Begriffsgeschichte ebensowenig gemeinsam hat wie die angeborene Disposition zum Spracherwerb mit Beispielen historischer Begriffsbildung. Die Frage nach Konzeptionalisierung führt in so unterschiedliche Bereiche, daß es nur für einen Ausschnitt der kognitiven Ansätze zutrifft, daß sie implizite Annahmen der Begriffsgeschichte reflektieren. Ausgangspunkt eines Vergleiches sind Entwürfe, die der konzeptuellen Ebene eine Rolle in der semantischen Strukturbildung zuschreiben[77]. Bei Jackendoff z.B. ist zu lesen:

> „Conceptual Semantics takes as basic that the information language conveys, the sense of linguistic expressions, consists of expressions mentally instantiated at the level of conceptual structure. What the information is *about* – the *reference* of linguistic expressions – is not the real world, as in most semantic theories, but the world as construed by the speaker."[78]

Aus dem konzeptuellen Ansatz ergeben sich Beziehungen zwischen Begriffsgeschichte und kognitiver Semantik in folgender Weise:

-Ein Terminus läßt sich nach dem kognitiven Ansatz nicht als Behälter bestimmter semantischer Eigenschaften darstellen. Kommunikation besteht nicht in dem Austausch von begrenzbaren Bedeutungen.[79] Worte bedeuten vielmehr den Zugang zu einem Kenntnissystem.[80]

-Die Begriffsgeschichte trennt nicht zwischen sprachlichem und nicht-sprachlichem Wissen. Sprachliches Verstehen läßt sich nach dem kognitiven Ansatz nicht nachzeichnen, ohne das beim Sprecher vorhandene Wissen über Sachverhalte (Weltwissen/enzyklopädisches Wissen) zu berücksichtigen.[81] „Kognitive Modelle" bzw. „mentale Repräsentationen" organisieren dieses Wissen und haben eine wichtige Funktion in der Bildung komplexer Strukturen.[82] Der kognitive Ansatz

---

[77] Vgl. z.B. die einleitende Aussage R. LANGACKERS: „Meaning is equated with conceptualization. Linguistic semantics must therefore attempt the structural analysis and explicit decription of abstract entities like thought and concepts.", Concept, image, and symbol. The cognitive basis of grammar (Cognitive Linguistic Research 1), Berlin/ New York 1990, S.2.

[78] R. JACKENDOFF, Conceptual Semantics, in: Meaning and mental representations, hrsg.v. U. Eco, M. Santambrogio, P. Violi, Bloomington/Indianapolis 1988, S.84 (81-95); siehe außerdem: ders., What is a concept, that a person may grasp it?, in: ders., Languages of the mind. Essays on mental representation, Cambridge Mass./London 1992, S.21-52; ders., Semantic structures, Cambridge Mass. 1990.

[79] Vgl. in Gulliver's Travel (1726) die Satire über die Fakultät der Sprachen auf der Insel Laputa (J. Swift, Gullivers Reisen, übers. u. hrsg.v. F. Kottenkamp, Berlin/ Weimar 1974, S.262-263).

[80] So R. LANGACKER: „As an alternative to the container metaphor, we can profitably regard a lexical item as providing ‚access' to knowledge systems of open-ended, encyclopedic proportions.", in: A view of linguistic semantics, in: Topics in cognitive linguistics, hrsg. v. B. Rudzka-Ostyn (Amsterdam Studies in the Theory and History of Linguistic Science 50), Amsterdam 1988, S.58 (49-90).

[81] G. RICKHEIT/ H. STROHNER, Grundlagen der kognitiven Sprachverarbeitung. Modelle, Methoden, Ergebnisse, Tübingen/ Basel 1993, S.9.

[82] G. RICKHEIT/ H. STROHNER, a.a.O.S.15, vgl. S.83f.

wie ebenso die Begriffsgeschichte interessieren sich für die Entstehung komplexer Strukturen bzw. Begriffe.

-Den semantischen Bereich kennzeichnen die Ebenen „Konzeptverstehen", „Referenzverstehen" und „Sinnverstehen".[83] „Konzeptverstehen" heißt, daß das mit einem Wort verbundene Konzept aktiviert wird. Dieses „Wortkonzept" wird der referentiellen Beziehung zur Textwelt zugeordnet (Referenzverstehen). Die „Referenzkonzepte" werden in eine kohärente Struktur zusammengefügt und mit dem Weltwissen in Beziehung gesetzt (Sinnverstehen).

-Konzepte sind in diesem Zusammenhang nicht als interne Repräsentationen einer externen Realität zu verstehen. Bedeutung wird nicht dadurch konstituiert, daß eine bedeutungslose Lautfolge via Konvention zu bestimmten Gegenständen in Beziehung gebracht wird. G. Lakoff z.B. kritisiert in Hinblick auf den grundlegend erfahrungsgebundenen Charakter von Konzeptualisierungen die Bedeutungstheorie, die er „objectivist paradigma" nennt.[84]

-Innerhalb des kognitiven Ansatzes wurde die These aufgestellt, daß es eine Verbindung zwischen der kognitiven Semantik und der vorstrukturalistischen Position der historischen Philologie gebe. Diese Verbindung besteht nach Geeraerts in dem psychologisch orientierten Begriff der Bedeutung[85] und der Wahrnehmung des empirischen Hintergrundes semantischer Phänomene.[86] Auch wenn die kognitive Semantik die Sprache weniger als Ausdruck subjektiver Erfahrung verstehe, sondern eher als „interpretative Schemata", welche die Erfahrung formen, bestehe ein gemeinsames Grundinteresse. Auf diesem Hintergrund kann Geeraerts die Arbeit der historischen Philologie folgendermaßen aufnehmen:

> „the historical-philological tradition contains a huge amount of empirical observations, classificatory mechanisms, and explanatory hypotheses that may be extremely valuable for the further development of cognitive semantics."[87]

Die kognitive Semantik geht davon aus, daß sprachliche und konzeptuelle Strukturen in einem engen Zusammenhang stehen. Ihr Anliegen geht aber nicht darin auf, die konzeptuelle Ebene wieder in die Semantik eingeführt zu haben, sondern

---

[83] Nach G. RICKHEIT/ H. STROHNER, a.a.O.S.36, 70.

[84] G. LAKOFF, Women, fire, and dangerous things. What categories reveal about the mind, Chicago 1987, S.157ff. Zur philosophiegeschichtlichen Einordnung siehe den Beitrag von D. GEERAERTS, Cognitive semantics and the history of philosophical epistemology, in: Conceptualization and mental processing in language. A selection of papers from the First International Cognitive Linguistic Conference, Duisburg, March/April 1989, hrsg.v. R.A. Geiger, B. Rudzka-Ostyn (Cognitive linguistic research 3), Berlin 1993, S.53-79.

[85] Vgl. R. JACKENDOFF, Conceptual Semantics, a.a.O.

[86] D. GEERAERTS, Cognitive grammar and the history of lexical semantics, in: Topics in cognitiv linguistics (1988), a.a.O.S.647-677.

[87] Cognitive grammar and the history of lexical semantics, a.a.O.S.674.

erschließt sich erst durch die Frage, wie die Konzeptualisierung funktioniert. Die Antworten auf diese Frage sind sehr unterschiedlich. Beachtenswert scheinen mir die Arbeiten von Ch. Fillmore zu sein.

Ch. Fillmore führte die Terminologie „cognitive scene" und „linguistic frame" ein.[88] Eine Szene baut sich aus verschiedenen Figuren auf, einige Figuren stehen im Vordergrund, einige im Hintergrund. Einige Details sind wichtig, andere treten zurück. Das Bild vermittelt eine bestimmte Situation, in der die Figuren in einer bestimmten Perspektive zueinander stehen. „Szene", „Vordergrund", „Hintergrund" und „Perspektive"[89] verwendet Fillmore als technische Ausdrücke, die er am Beispiel einer kommerziellen Handlung erläutert. Zur „prototypischen" kommerziellen Handlung – Fillmore spricht von „prototypischer Szene" bzw. „kognitiver Domäne" – gehören vier Elemente: Käufer, Verkäufer, Ware und Geld. Sobald über eine Verkaufshandlung gesprochen wird, wählt der Sprecher aus diesen Elementen aus und spricht z.B. von der Ware. In einer Szene finden sich also nicht alle Elemente, die zu einer prototypischen Szene gehören, sondern nur ein bestimmter Ausschnitt. Mit der Auswahl der Worte bestimmt der Sprecher die Perspektive, in der diese Szene erscheint, und stellt einen bestimmten Aspekt der Szene in der Vordergrund. Zugleich aber bildet die ganze Szene den Hintergrund. Mit der Wahl eines Wortes aus einer bestimmten „kognitiven Domäne" aktiviert er die ganze Szene und bestimmt zugleich die Perspektive.[90] Um ein Wort zu verstehen, müssen also Hörer bzw. Leser die Hintergrundszene kennen und die perspektivische Ausrichtung des Wortes einordnen können. Den Wörtern haftet eine Perspektive an, diese perspektivische Bedeutung aber können sie nur auf dem Hintergrund einer (kognitiven) Szene haben.

In den Beobachtungen Fillmores von 1977 liegen bereits die Grundaussagen der kognitiven Semantik vor, die aufgenommen und in unterschiedliche termino-

---

[88] The case for case reopened (1977); Scenes-and-Frames Semantics (1977), in: Fillmore's case grammar. A reader, hrsg.v. R. Dirven, G. Radden (Studies in Descriptive Linguistics 16), Heidelberg 1987; außerdem neuerdings: ders., Frames and the semantics of understanding, in: Quaderni di Demantica 6 (1985), S.222-255.

[89] Im Vergleich mit dem älteren Entwurf von Fillmore sei auf R. LANGACKER hingewiesen. Langacker entwirft eine hierarchische Struktur der Konzeptualisierung (conceptual hierarchies) und versteht hierunter, daß Konzepte auf unterschiedlich komplexen Ebenen als kognitiver Hintergrund (cognitive domain) für Konzepte auf der jeweils übergeordneten Ebene dienen können (A view of linguistic semantics, a.a.O.S.53f, ebenso: ders., Concept, Image and Symbol, a.a.O.S.2). Diese Struktur ist Ergebnis einer bestimmten kognitiven Tätigkeit, die Langacker als „Profil entwickeln" (profiling) bezeichnet (A view of Linguistic semantics, a.a.O.S.58ff). Während Fillmore von Vordergrund bzw. Perspektive spricht, benutzt Langacker die Termini Profil und Basis. Sinnoppositionen entstehen hier dadurch, daß auf dieselbe Basis unterschiedliche Profile gestellt werden.

[90] Fillmore's Case Grammar, a.a.O.S.76ff.

logische Zusammenhänge integriert wurden. Ausgangspunkt für die Analyse eines Wortes ist nach Fillmore dessen kognitive Domäne (cognitive domain), ein bestimmter Wissenshintergrund. R. Langacker spricht von „integrated conceptualization".[91] Die kognitive Domäne erschließt sich nach Langacker über ihren Ort in der konzeptuellen Hierarchie und im Wissenssystem (knowledge system). Nach Fillmore ist Kommunikation nur dann möglich, wenn die Wissenssysteme der verschiedenen Sprecher austauschbar sind.[92]

Worte vermitteln den Zugang zu einer kognitiven Domäne bzw. „aktivieren" einen bestimmten Ausschnitt des Wissens. In der Umkehrung dieser Aussage führt Fillmore eine dritte Größe neben kognitiver Szene und Perspektive ein, den „linguistic frame". Wörter aktivieren nicht nur kognitive Szenen, sondern kognitive Szenen aktivieren ein linguistisches Gefüge. „Cognitive scenes" und „linguistic frames", so die These Fillmores, aktivieren sich gegenseitig. Sprache wird nach Fillmore gelernt, indem bestimmte Szenen mit „linguistic frames" assoziiert werden. „Linguistic frames" definiert Fillmore folgendermaßen:

> „I intend to use the word *frame* for referring to any system of linguistic choices – the easiest cases being collections of words, but also including choices of grammatical rules or grammatical categories – that can get associated with prototypical instances of scenes."[93]

Fillmore geht es darum, die gegenseitige Bedingtheit der Größen „cognitive scene" und „linguistic frame" darzulegen. Das Beschreibungsinventar, das beispielsweise Lyons mit seiner Aufschlüsselung der Sinnrelationen erarbeitet hat, kann möglicherweise auf das „system of linguistic choices" angewendet werden, gibt aber keine Anhaltspunkte für eine Verbindung mit den „prototypical instances of scenes". Lyons macht es sich nicht zur Aufgabe, Sprache in ihrer sozialen, kommunikativen und konzeptuellen Funktion wahrzunehmen. Eine Analyse von Texten nach ihren paradigmatischen und syntagmatischen Beziehungen erreicht daher nicht die Ebene, die Fillmore unter dem Begriff Szene zusammenfaßt.[94] An genau dieser Ebene und ihrer Bezogenheit auf sprachliche Strukturen ist aber die Begriffsgeschichte interessiert.

---

[91] A view of linguistic semantics, a.a.O.S.54.
[92] A view of linguistic semantics, a.a.O.S.56ff.
[93] Fillmore's case grammar, a.a.O.S.82.
[94] CH. FILLMORE führt den Begriff folgendermaßen ein: „I intend to use the word *scene* ... in a maximally general sense, to include not only visual scenes but familiar kinds of interpersonal transactions, standard scenarios, familar layouts, institutional structures, enactive experiences, body image; and in general any kind of coherent segment, large or small, of human beliefs, actions, experiences, or imagining." Fillmore's case grammar, a.a.O.S.82.

4. Begriffsgeschichte und Historische Semantik

Die begriffsgeschichtliche Methode ist wesentlich beeinflußt durch die Untersuchung des Begriffswandels, der sich in Deutschland nach 1750 und in Frankreich seit dem Ende des 17. Jahrhundert vollzog. R. Koselleck[95] spricht von einer „Sattel-Zeit"[96], einer Epochenschwelle hin zu der politisch-sozialen Begrifflichkeit der Neuzeit, und einem „Janusgesicht", das die Begriffe dieser Zeit tragen: „rückwärtsgewandt meinen sie soziale und politische Sachverhalte, die uns ohne kritischen Kommentar nicht mehr verständlich sind, vorwärts und uns zugewandt haben sie Bedeutungen gewonnen, die zwar erläutert werden können, die aber auch unmittelbar verständlich zu sein scheinen."[97] Koselleck untersucht die politisch-sozialen Begriffe als „Indikatoren"[98] des Umbruchs, der von der Auflösung der ständischen Gesellschaft zu den veränderten Bedingungen der Moderne führte. Er bringt also mit dem Begriffswandel den politisch-sozialen Umwandlungsprozeß zur Sprache und interpretiert die Begriffe auf ihrem historischen Hintergrund.

In diesem Zusammenhang entwickelt Koselleck eine These, die sowohl den Gegenstand der gesellschaftlichen Veränderung als auch die Form des Begriffswandels betrifft. Begriffe „bündeln" nicht nur „die Vielfalt" der jeweils unterschiedlichen „geschichtlichen Erfahrungen",[99] sondern sie erhalten eine neue Funktion. Begriffe werden auf die Zukunft ausgerichtet und mit dem Anspruch auf Verwirklichung verknüpft. Begriffe fassen nach Koselleck „Erfahrungsgehalte" und „Erwartungsräume" zusammen. Der Begriffswandel bestehe darin, daß die Begriffe den Erwartungsgehalten zunehmend größeres Gewicht einräumen und damit nicht nur „Indikatoren" sind, sondern zu „Faktoren" des politisch-sozialen Wandels werden.[100] Begriffsgeschichte wird erst dadurch zu einem „integralen Teil der Sozialgeschichte"[101], daß Begriffe, und hierin liegt das Ergebnis des Begriffswandels, Erfahrungs- und Handlungsräume eröffnen,[102] indem sie die

[95] R. Koselleck, Richtlinien für das Lexikon politisch-sozialer Begriffe der Neuzeit, in: Archiv für Begriffsgeschichte 11 (1967), S.81-99; ders. Einleitung, in: Geschichtliche Grundbegriffe. Historisches Lexikon zur politisch-sozialen Sprache in Deutschland, Bd.1, Stuttgart 1972, S.XIII-XXVII; ders., Begriffsgeschichte und Sozialgeschichte, in: Kölner Zeitschrift für Soziologie und Sozialpsychologie, Sonderheft 16 (1972), S.116-131, ND in: Historische Semantik und Begriffsgeschichte (Sprache und Geschichte 1), Stuttgart 1979, S.19-36.
[96] Richtlinien, a.a.O.S.82; Einleitung, a.a.O.S.XV.
[97] Einleitung, a.a.O.S.XV.
[98] Begriffsgeschichte und Sozialgeschichte, a.a.O.S.23.
[99] Begriffsgeschichte und Sozialgeschichte, a.a.O.S.29.
[100] Begriffsgeschichte und Sozialgeschichte, a.a.O.S.24.
[101] Begriffsgeschichte und Sozialgeschichte, a.a.O.S.24.
[102] Zu den für Koselleck grundlegenden Beschreibungkategorien Erfahrung und Erwartung schreibt er in: ‚Erfahrungsraum' und ‚Erwartungshorizont' – zwei historische Kategorien, in: ders. Vergangene Zukunft. Zur Semantik geschichtlicher Zeiten, Frankfurt 1995³ (1979), S.358f

Differenz zwischen vorausliegender Erfahrung und uneingelöster Erwartung artikulieren. Begriffe gehen nicht mehr darin auf, kollektive Erfahrungen zu sammeln, sondern implizieren die kritische Funktion, begriffliche Konzeptionen an der Wirklichkeit zu messen. Die Verbindung von Begriffsgeschichte und Sozialgeschichte hängt also an dem skizzierten Verständnis des Begriffswandels in der Mitte des 18. Jahrhunderts.

Koselleck beschreibt den Begriffswandel in der Mitte des 18. Jahrhunderts und benennt ein charakteristisches Element, dessen Bedeutung sich für viele Begriffe bestätigt. Aus diesem Ergebnis resultiert der methodische Zugang zur Begriffsgeschichte. Die begriffsgeschichtliche Methode besteht darin, nach einer bestimmten Form von Begriffswandel zu fragen. Der Gegenstand und die Methode seiner Untersuchung werden hier ausgesprochen eng verknüpft.[103]

Die Terminologie *Vorsicht* oder *Vorsehung* bzw. französisch *providence* und ihre Verwendung im 18. Jahrhundert ist ein Beispiel dafür, daß Kosellecks Beobachtungen zum Funktionswandel der politisch-sozialen Grundbegriffe auch theologische Begriffe betreffen können. In der Mitte des 18. Jahrhunderts wurde der Leibnizsche Optimismus und seine Zuversicht auf eine Welt, die die beste aller möglichen Welten sei, erschüttert. Voltaire schreibt nach dem Erdbeben, das 1755 Lissabon zerstörte, den Roman *Candide* (1759), in dem er Candide mit der These seines Lehrers Pangloß, daß „alles in der Welt zum besten bestellt sei", auf einen Weg schickt, der diese These nur in aller Schärfe widerlegen kann. In *Jaques le Fataliste et son Maître*[104] nimmt D. Diderot (1713-1784), der Herausgeber der Encyclopédie, mit Jaques' Leitmotiv „alles stehe droben geschrieben" etwas später das gleiche Thema auf. Die Wirkung dieser Schriften beruht nach E. Hirsch darauf, daß sie „das verbreitetste und volkstümlichste Dogma der ganzen Aufklärungsreligion, die Weisheit und Güte Gottes, die sich im Weltlauf offenbart, aufs Korn (nehmen)."[105] Der Glaube an eine vernünftige Vorsehung Gottes, an Gottes gute Absicht mit der Welt und an die Welt als Werk eines zweckbestimmten vernünftigen Willens hält der Gegenüberstellung mit der Lebenswirklichkeit nicht stand. Die Begriffe einer göttlichen Vernunft, die im Weltgeschehen waltet, und einer göttlichen Vorsehung, die sich in der gesetzmäßigen Ordnung der Welt erschließt, werden konfrontiert mit ihrem Anspruch auf Realität. Der Begriff Vorsehung ist nicht mehr Ausdruck

---

(349-375): „Es ist die Spannung zwischen Erfahrung und Erwartung, die in jeweils verschiedener Weise neue Lösungen provoziert und insoweit geschichtliche Zeit aus sich heraustreibt ... Meine These lautet, daß sich in der Neuzeit die Differenz zwischen Erfahrung und Erwartung zunehmend vergrößert, genauer, daß sich die Neuzeit erst als eine neue Zeit begreifen läßt, seitdem sich die Erwartungen immer mehr von allen bis dahin gemachten Erfahrungen entfernt haben." Mit dieser These hat sich kritisch N. LUHMANN auseinandergesetzt (Das Moderne der modernen Gesellschaft, in: ders., Beobachtungen der Moderne, Opladen 1992, S.13 [11-49]).

[103] Dies zeigt sich ebenso in der Diskussion dieses Ansatzes. Siehe z.B. H. GÜNTHER, Auf der Suche nach der Theorie der Begriffsgeschichte, in: Historische Semantik und Begriffsgeschichte, hrsg.v. R. Koselleck (Sprache und Geschichte 1), Stuttgart 1979, S.112 (102-120).

[104] Posthum veröffentlicht 1796.

[105] E. HIRSCH bezieht sich auf Voltaires Candide. Geschichte der Neuern Evangelischen Theologie, Bd.3, Gütersloh 1964, S.67f.

von Frömmigkeit und bündelt nicht mehr Erfahrungen, die dem Trostbedürftigen mit diesem Begriff zugesprochen werden können, sondern wird Ausdruck der Anfrage an die Existenz der Vorsehung Gottes, die den Begriff der Vorsehung auflöst und die zweifelnden Akteure in Voltaires epikureischen Gemüsegarten schickt.

Grundlegend für die begriffsgeschichtliche Arbeit ist die Unterscheidung zwischen Wörtern und Begriffen. Nach Koselleck lassen sich zunächst „eine Reihe von Ausdrücken ... auf Grund quellenkritischer Exegese definitorisch als Begriffe herausheben."[106] Was aber hebt die Begriffe aus der Menge der Wörter heraus? Koselleck kennzeichnet Begriffe durch ihre „Bedeutungsfülle". Begriffe unterscheiden sich durch ein „Mehr" von den Wörtern, das er durch die grundlegende „Mehrdeutigkeit" der Begriffe interpretiert. Begriffe seien „Konzentrate vieler Bedeutungsgehalte".[107]

> „Wortbedeutungen können durch Definitionen exakt bestimmt werden, Begriffe können nur interpretiert werden. Wortbedeutungen und das Bedeutete sind logisch trennbar: im Begriff fallen Bedeutung und Bedeutetes insofern zusammen, als die Vieldeutigkeit geschichtlicher Wirklichkeit in die Mehrdeutigkeit eines Wortes so eingeht, daß sie nur in dem einen Wort ihren Sinn erhält, begriffen wird. Ein Begriff kann also klar, muß aber mehrdeutig sein. Er bündelt die Vielfalt geschichtlicher Erfahrung und eine Fülle von Sachbezügen in einen Zusammenhang, der als solcher nur durch den Begriff gegeben ist und wirklich erfahren wird."[108]

Der Grund dafür, daß Begriffe mehrdeutig sind, also mehr bedeuten, liegt nach Koselleck nicht in einer Mehrzahl von Bedeutungen, sondern in der Konvergenz von Geschichte und Begriff. Geschichte ist nach Koselleck erst Geschichte, wenn sie „begriffen" wird. Begriffe bedeuten mehr, weil sich Geschichte in Begriffen „niederschlägt".[109]

Kosellecks Begriff der Mehrdeutigkeit wurde durch weiterführende Arbeiten präzisiert, die zugleich aber seine Unterscheidung zwischen Wort und Begriff ersetzten durch die sprachliche Konstitution des Diskurses. Drei Beispiele seien genannt. K. Stierle spricht vom „semantischen Kontinuum" bzw. „dynamischen Bedeutungskontinuum".[110] Die Mehrdeutigkeit der Worte gründe in der „Gegen-

---

[106]Begriffsgeschichte und Sozialgeschichte, a.a.O.S.28.
[107]Einleitung, a.a.O.S.XXIIf.; Begriffsgeschichte und Sozialgeschichte, a.a.O.S.28f; Richtlinien, a.a.O.85f.
[108]Richtlinien, a.a.O.S.86f.
[109]Richtlinien, a.a.O.S.85. Koselleck führt in diesem Zusammenhang ein Zitat von Nietzsche ein: „Alle Begriffe, in denen sich ein ganzer Prozeß semiotisch zusammenfaßt, entziehn sich der Definition; definierbar ist nur das, was keine Geschichte hat." Einleitung, a.a.O.S.XXIII, ebenso Begriffsgeschichte und Sozialgeschichte, a.a.O.S.29. So auch K. STIERLE, Historische Semantik und die Geschichtlichkeit der Bedeutung, in: Historische Semantik und Begriffsgeschichte, hrsg.v. R. Koselleck (Sprache und Geschichte 1), Stuttgart 1979, S.165 (154-189).
[110]Der Begriff des Bedeutungskontinuum steht Coserius Begriff der Norm nahe. „Norm" steht

wärtigkeit des Vergangenen in der Wortbedeutung selbst".[111] Stierle beschreibt den „historischen Raum" des Wortes, der die Vielfalt vergangener Bedeutungen umfaßt, diese aber auch als potentiell gegenwärtige Bedeutungen bereithält. Die Aufgabe besteht nach Stierle nicht in der chronologischen Auflistung von einander ablösenden Einzelbedeutungen, sondern darin, die in das Wort eingegangene geschichtliche Erfahrung zu erfassen.

Es liegt nun aber nach R. Reichardt[112] nicht an der sprachlichen Begabung von Autoren, aus der Vielfalt des in die Worte eingegrabenen Sinns verlorene Aspekte wieder ans Licht zu bringen. Reichardt wendet sich der „Ebene des Kollektiven" zu und verankert die Begriffsgeschichte in „einem breiten Übergangsbereich unterhalb des abstrakten Sprachsystems". Begriffe stellen nach Reichardt kollektives Wissen[113] dar, das nach den Mustern vorgängiger Erfahrung strukturiert ist. Reichardt fragt nach „epochen- und gesellschaftsspezifischen Schemata" bzw. „Typen", deren Bildung und Anpassung er als sprachlichen Prozeß versteht. Sie „differenzieren ... bisher in ihnen nur angelegte Elemente aus" und „stoßen überaltete, bzw. irrelevant gewordene Elemente ab".

D. Busse definiert die Aufgabe der Historischen Semantik als „Erforschung der sprachlichen Konstitutionsprozesse gesellschaftlichen Bewußtseins über soziale, politische und historische Sachbereiche"[114] auf der einen Seite und auf der anderen Seite als „semantische(n) Analyse derjenigen Faktoren, welche das Zustandekommen kommunikativer Verständigung ... ermöglichen"[115]. Mit Hinweis auf den sozialen und kommunikativen Charakter der Sprache versteht Busse diesen bewußtseinsbildenden Prozeß als intersubjektiv.[116] Daß Sprache eine Funktion in der Konstitution von Wirklichkeit hat,[117] heißt nach Busse, daß Sprache eine „bewußtseinskonstituierende" Funktion habe.[118]

Die Begriffsgeschichte hat sich also die Ziele der Mentalitätengeschichte und

---

bei Coseriu für die vielfältigen, in der Sprache bereits verwirklichten Muster, aber auch für die noch nicht realisierten Möglichkeiten der Sprache. Vgl.S.21f.

[111] Stierle, a.a.O.S.165,168.

[112] Einleitung, a.a.O.S.64-68.

[113] Vgl. die Aufgabe der Diskurssemantik, wie Busse sie 1987 formuliert: „Historische Diskurssemantik ... entwirft das Szenario des kollektiven Wissens einer gegebenen Diskursgemeinschaft in einer gegebenen Epoche hinsichtlich des zum Untersuchungsgegenstand erwählten thematischen Bereiches bzw. Bedeutungsfeldes bzw. der Diskursformation.", Historische Semantik, a.a.O.S.267.

[114] Historische Semantik, a.a.O.S.71.

[115] Historische Semantik, a.a.O.S.73, ebenso S.297.

[116] Historische Semantik, a.a.O.S.270f.

[117] Busse bezieht sich hier auf die grundlegenden Äußerungen von W.V. HUMBOLDT, Historische Semantik, a.a.O.S.23f.

[118] Historische Semantik, a.a.O.S.79.

der Diskursanalyse zu eigen gemacht.[119] Nach Reichardt liegt in dieser Neuorientierung ein Perspektivenwechsel. Dieser war bei Busse zunächst mit einer scharfen Abgrenzung von der Begriffsgeschichte verbunden.[120] Nach Busse überschätzt der begriffsgeschichtliche Zugang die Freiheit des einzelnen in der Gestaltung seiner Sprache und Gedanken und könne nicht vordringen zu einer Darstellung überindividueller sprachlicher Mechanismen und Regeln. Diese überindividuellen Mechanismen und Regeln aber konstituieren nach Busse Bedeutung. Eine Begriffsgeschichte, die sich als Interpretation individueller Wortverwendungen verstehe, verfehle daher das Phänomen Bedeutung auf verschiedenen Ebenen.

„Die historische Semantik darf also, will sie die Bedingungen der Sinnkonstitution und -veränderung erforschen, nicht aus den vielfältigen Verwendungen eines Wortzeichens eine ‚Bedeutung' hypostasieren, die sie den Individuen in dieser Weise als Wissen zuschreibt, sondern muß die konstitutiven Voraussetzungen jeder einzelnen kommunikativen Interaktion untersuchen ... Abbildtheoretische, widerspiegelungstheoretische, nominalistische und essentialistische Bedeutungskonzepte können diese Erklärung nicht leisten."[121]

Die Kritik, die Busse hier vorbringt, besteht darin, daß die Begriffsgeschichte erstens „aus den vielfältigen Verwendungen eines Wortzeichens eine ‚Bedeutung' hypostasiert", zweitens die von jeder Zeichentheorie wiederholte Einsicht in die überindividuelle Konstitution der Bedeutung eines sprachlichen Zeichens nicht berücksichtige und drittens Sprache auf die Bezeichnungsfunktion reduziere und von dem Paradigmenwechsel in der Sprachphilosophie ebenso keine Kenntnis genommen habe. Gegen Busse möchte ich festhalten, daß die überindividuelle Bedeutung des Zeichens nicht notwendig zur Historischen Semantik als „Erforschung der sprachlichen Konstitutionsprozesse gesellschaftlichen Bewußtseins über soziale, politische und historische Sachbereiche" führt. Es sind durchaus Alternativen denkbar. Busse entwickelt falsche Gegensätze in der Annahme, daß die sprachtheoretische Reflexion nur auf Seiten jener Historiker zu finden ist, die sich zugleich auch dem sozialgeschichtlichen Paradigma anschließen. Diese Annahme aber hat nicht mit der Frage der Bedeutungstheorien zu tun, sondern mit

---

[119]Die Ausführungen von K. STIERLE (a.a.O.S.170ff) sind weitgehend von der Diskursterminologie getragen. Er bezeichnet den „Diskurs" als den „Ort der Ausdifferenzierung der Worte". Die Worte erhalten erst im Diskurs ihre aktuelle Bedeutung.

[120] „... andere Diskussionsbeiträge haben (wie wir) die Begriffsgeschichte schon verlassen, um zu einer übergreifenden, diskursorientierten Semantik zu kommen." Historische Semantik, a.a.O.S.309, vgl. S.71f. Im Unterschied zu diesen Äußerungen räumt Busse der Begriffsgeschichte in dem 1994 erschienen Aufsatz (D. BUSSE, W. TEUBERT, Ist Diskurs ein sprachwissenschaftliches Objekt?, in: Begriffsgeschichte und Diskursgeschichte. Methodenfragen und Forschungsergebnisse der historischen Semantik, Opladen 1994, S.10-28) wieder eine Aufgabe ein.

[121]Historische Semantik, a.a.O.S.304.

der Abgrenzung gegen die Ideengeschichte,[122] die eine Abgrenzung gegen die Geschichtsphilosophie Hegels ist.[123]

Busse wirft der Begriffsgeschichte nicht vor, aus der Verwendung der Worte ihre Bedeutung abzuleiten, sondern „Bedeutung zu hypostasieren", also Ideen zu untersuchen „ohne Bezug auf ihre sprachliche Realisierung".[124] Ideengeschichte trägt nach Busse mit den Ideen ihr Vorverständnis an die Geschichte heran, und die Begriffsgeschichte beschränkt sich in der Suche nach „passenden Wortverwendungskontexten" auf die ohnehin bekannten und vorausgesetzten Ideen.[125] Die Ideengeschichte wirft ohne Frage Probleme auf. Sie ging davon aus, daß die Ideen die treibende Kraft der Geschichte darstellen und in ihnen die Geschichte manifest werde. Ein Zitat von Hegel soll dies verdeutlichen:

> „Wenn nun die reflektierende Geschichte dazu gekommen ist, allgemeine Gesichtspunkte zu verfolgen, so ist zu bemerken, daß, wenn solche Gesichtspunkte wahrhafter Natur sind, sie nicht bloß der äußere Faden, eine äußere Ordnung, sondern die innere leitende Seele der Begebenheiten und Taten selbst sind."[126]

Ohne den Gedanken einer Realisierung der Idee des Geistes in der Geschichte sind die Ideen zu unwirksamen und unwirklichen Vorstellungen erstarrt, deren individuelle Gestalt man indivuellen Autoren entnehmen kann, die aber auch hier ein geistiges Konstrukt fern der Wirklichkeit darstellen. In Abgrenzung gegen die Abwege der Ideengeschichte mußte die Begriffsgeschichte den Begriffen wieder Realitätssinn geben, und dies geschah in der Konzeption einer sozialhistorischen Semantik. Ist damit der Rückweg in das Faktische beschrieben, der die Wortverwendungen scheinbar weniger mit Vorverständnissen konfrontiert? Die Hinwendung zur Sozialgeschichte löst m.E. die Anfragen an die Begriffsgeschichte nicht. Gesellschaftsspezifische Schemata stehen nicht weniger in der Gefahr zu konventionalisierten Begriffen zu erstarren als andere Grundbegriffe, und es gilt nicht nur von der Sozialgeschichte, daß ihre Begriffe den Bereich der Erfahrung ordnen.

Geschichte bildet nicht nur Fakten ab und Begriffsgeschichte besteht nicht in einer Auflistung der Belege und Bemerkungen zu Häufigkeit und Verwendung. Geschichte hat die Aufgabe, zu erklären und Unbekanntes vertraut zu machen, und bezieht daher strukturierte Erfahrungsbereiche und die sie organisierende Struktur auf frühere und andersartige Erfahrungen.[127] Hayden White hat diesen

---

[122]Historische Semantik, a.a.O.S.54,58,63,74,94 und öfter.
[123]Historische Semantik, a.a.O.S.74.
[124]Historische Semantik, a.a.O.S.39.
[125]Historische Semantik, a.a.O.S.84.
[126]G.W.F. HEGEL, Vorlesungen über die Philosophie der Geschichte, Frankfurt 1995⁴, S.19.
[127]H. WHITE, Auch Klio dichtet oder Die Fiktion des Faktischen. Studien zur Tropologie des historischen Diskurses, Stuttgart 1991, S.12.

Vorgang mit der Wirkung einer Metapher verglichen. Die historische Erzählung „bildet nicht die Dinge ab, auf die sie verweist; sie *ruft* die Bilder von Dingen, auf die sie verweist, *ins Bewußtsein*, in derselben Weise, wie es eine Metapher tut."[128] Die Masse des historischen Materials enthält die Elemente der historischen Erzählung, aber bringt noch keine Geschichte aus sich heraus. Der Historiker wählt aus der Fülle der Belege aus, aber auch das Prozedere des Auswählens erklärt noch nicht die Entstehung der Erzählung. Er entwirft ein Bild und versucht zu zeigen, daß dieses Bild den Sachverhalten ähnlich ist. Er bildet also weniger das historische Material nach, sondern bildet vielmehr eine begriffliche Struktur auf sein Material ab. White identifiziert nun aber nicht die Konzeptionalisierung der Erfahrungsbereiche mit der Aufgabe des historischen Erzählens, sondern die Verknüpfung zwischen Material und begrifflicher Struktur. Der Historiker beschreibt nach White sein Material so, daß der Leser die begriffliche Struktur der Geschichte erkennt. Diese Aufgabe vergleicht White mit der Wirkung einer Metapher, wobei er unter Metapher folgendes versteht: „Die Metapher *bildet* nicht die Sache, die sie beschreiben will, *ab*, sie gibt *Anweisungen* dafür, diejenige Folge von Bildern zu finden, die mit jener Sache assoziiert werden soll."[129]

Werden auf diese Weise die Ideen wieder in die Geschichte eingeführt? Wieder ist von begrifflichen Strukturen, von Konzeptionalisierung und Bewußtsein die Rede, ohne daß sofort hinzugefügt wird, daß es sich um politisch soziale Begriffe und um das gesellschaftliche Bewußtsein handelt. Der Unterschied zu dem Geschichtsbild, das die Ideengeschichte hervorbrachte, liegt in dem Status der begrifflichen Strukturen. Der Historiker hat die Aufgabe, historische Phänomene in den Erfahrungshorizont der Leser zu ziehen[130] und hat somit eine rhetorische Aufgabe im Sinne der antiken Rhetorik. Hayden Whites rhetorische Konstruktion der Geschichte weist auf die konstitutive Rolle der Begriffe in der Geschichte. Die Erklärungswirkung der Geschichte hat mit ihren Begriffen zu tun.

Mit diesen Gedanken möchte ich auf die berechtigte Kritik an der Kritik gegenüber der Ideengeschichte hinweisen. Der Hinweis auf das unangemessene „Vorverständnis" ist m.E. weniger als Anfrage an die zugrundeliegende geschichtstheoretischen Prämissen zu verstehen denn als Ausdruck für die anstehende Revision der begriffsgeschichtlichen Arbeit. Die Arbeit an den Begriffen rückt aber nur dann in den Mittelpunkt des Interesses, wenn man der Sprache,

---

[128]H. WHITE, a.a.O.S.112.
[129]H. WHITE, a.a.O.S.113.
[130]Vgl. H. WHITE, a.a.O.S. 15: „Man kann von Historikern genauso wie von Dichtern sagen, daß sie einen ‚Erklärungseffekt' (explanatory effect) ... dadurch erreichen, daß sie in ihre Erzählungen Bedeutungsschemata (pattern of meaning) einbauen, die jenen expliziter formulierten Bedeutungsschemata in der Literatur der jeweiligen Kultur, der sie angehören, ähnlich sind."

den rhetorischen Figuren und den Begriffen eine konstitutive Rolle in der historischen Arbeit einräumt. Zwei unterschiedliche Konzeptionen historischer Grundbegriffe stehen sich gegenüber, wie an den Arbeiten von Koselleck und White deutlich wird. Ein Grundbegriff aus der Spätantike ist Gegenstand dieser Arbeit. In der vorliegenden Arbeit frage ich nicht nach dem Begriff Pronoia als einem politisch-sozialen Begriff, um an diesem Begriff soziale Erfahrungs- und Erwartungsgehalte der Alten Kirche darzustellen. Auch wenn der Begriff sozialgeschichtliche Implikationen hat, ist dies nicht die Zielvorstellung. Als Ausgangspunkt erwies sich der Gedanke als hilfreicher, daß die Autoren der Alten Kirche Grundbegriffe verwendeten, ihren theologischen Reflexionen eine begriffliche Struktur gaben und damit – wie insbesondere an der Diskussion um Gottes Pronoia in den Stellungnahme zu den Martyrien deutlich ist – begriffliche Erklärungsmuster auf neue Erfahrungen anwendeten. Mit dem Wort Pronoia sprachen die Autoren der Alten Kirche ein Erklärungsmuster an, das zwar konventionell festgelegt war, aber dem Diskussionzusammenhang angepaßt wurde.

Quellenverzeichnis[1]

Achilles Tatius, Leucippe et Clitophon: Achille Tatius d'Alexandrie. Le roman de Leucippé et Clitophon, ed. Ph. Garnaud, Paris 1991.

Acta Pauli et Theclae, in: Acta Apostolorum Apocrypha, ed. R.A. Lipsius/ M. Bonnet, Bd.1, Leipzig 1891, S.235-283 (ND hrsg.v. H. Kraft, Darmstadt 1959).

Aelius Aristides, or.1-16: P. Aelii Aristidis opera quae exstant omnia, Bd.1, Orationes 1-16, ed. F.W. Lenz/ C.A. Behr, Leiden 1980.

-or. 17-53: Aelii Aristidis Smyrnaei quae supersunt omnia, Bd.2, ed. B. Keil, Berlin 1958.

Aelius Theon, Progymnasmata, ed. M. Patillon, Paris 1997.

Aesop: Corpus Fabularum Aesopicarum, Bd. 1,2, ed. A. Hausrath (BiTeu), Leipzig 1956.

Aischines, In Ctesiphontem, in: Orationes, ed. E. Dilts (BiTeu), Stuttgart 1997.

Aischylos: Agamemnon (Ag.), in: Aeschyli tragoediae, ed. D. Page (SCBO), Oxford 1972.

-Choephoroe (Ch.), in: Aeschyli tragoediae, a.a.O.

Alexander von Aphrodisias, De anima (an.), in: Alexandri Aphrodisiensis praeter commentaria scripta minora, ed. I. Bruns (Supplementum Aristotelicum 2,1), Berlin 1887, S.1-100.

-De anima libri mantissa (an.mant.), in: Alexandri Aphrodisiensis praeter commentaria scripta minora, ed. I. Bruns (Supplementum Aristotelicum 2,1), Berlin 1887 S.101-186.

-Quaestiones (quaest.), in: Alexandri Aphrodisiensis praeter commentaria scripta minora, ed. I. Bruns (Supplementum Aristotelicum 2,2), Berlin 1892, S.1-116.

-De fato (fat.), Alexandri Aphrodisiensis praeter commentaria scripta minora, ed. I. Bruns (Supplementum Aristotelicum 2,2), Berlin 1892, S.164-212.

-De mixtione (mixt.), in: Alexandri Aphrodisiensis praeter commentaria scripta minora, ed. I. Bruns (Supplementum Aristotelicum 2,2), Berlin 1892, S.213-238.

-In Aristotelis topicorum (top.): Alexandri Aphrodisiensis in Aristotelis topicorum libros octo commentaria, ed. M. Wallies (CAG 2,2), Berlin 1891.

-In librum de sensu commentarium (sens.), in: Alexandri in librum de sensu commentarium, ed. P. Wendland (CAG 3,1), Berlin 1901, S.1-173.

-De providentia (prov.): *H.J. Ruland*, Die arabischen Fassungen von zwei Schriften des Alexander von Aphrodisias, Über die Vorsehung und Über das liberum arbitrium, diss. Saarbrücken 1976.

PsAlexander von Aphrodisias, Problemata, lib. I-II, in: Physici et medici Graeci minores, ed. J.L. Ideler, Berlin 1841, S.3-80 (ND Amsterdam 1963).

Alexander (Rhetor), Περὶ ῥητορικῶν ἀφορμῶν in: Rhetores Graeci, Bd.3, ed. L. Spengel, Leipzig 1856, S. 1-6.

Alkinoos: Alcinoos. Enseignement des doctrines de Platon. Introduction, Texte établi et commenté, ed. J. Whittaker, P. Louis, Paris 1990.

Alkiphron, Epistulae, ed. M.E. Schepers (BiTeu), Leipzig 1905.

PsAndronikos, De passionibus: A. Glibert-Thirry, Pseudo-Andronicus De Rhodes „ΠΕΡΙ ΠΑΘΩΝ". Édition critique du Texte Grec et de la Traduction Latine Médiévale (Corpus Latinum commentariorum in Aristotelem Graecorum Supp.2), Leiden 1977.

Antiphon, Oratio 1 (or.): Antifonte, Prima orazione, ed. A. Barigazzi, Florenz 1955.

---

[1] Es wurde verwendet: *S.M. Schwertner,* Internationales Abkürzungsverzeichnis für Theologie und Grenzgebiete, Berlin 1992².

Apocalypsis Baruchi Graeca, in: Pseudepigrapha Veteris Testamenti graece, ed. J.-Cl. Picard, Bd.2, Leiden 1967, S.81-96 (Zitiert nach: A.-M. Denis, Concordance grecque des pseudépigraphes d'Ancien Testament, Löwen 1987).

Apokalypsis Petri, NHC VII,3 (Apc.Petr.), in: Nag Hammadi Codex VII, ed. B.A. Pearson (Nag Hammadi and Manichaean Studies 30), Leiden/ New York/ Köln 1996, S.218-247.

Apokalypsis Jacobi (Apc.Jac.), NHC V,3/ V,4, in: Nag Hammadi Codices V,2-5 and VI with Papyrus Berolinensis 8502,1 and 4, ed. D.M. Parrot, (V,3) W.R. Schoedel, (V,4) Ch.W. Hedrick (NHS 11), Leiden 1979, S.68-103,110-149.

Constitutiones Apostolorum (ap.const.): Les constitutions apostoliques, ed. M. Metzger, Bd.1 (SC 320), Paris 1985; Bd.2 (SC 329), Paris 1986; Bd.3 (SC 336), Paris 1987.

Apuleius, De deo Socratis (Socr.), in: Apulée. Opuscules philosophiques et fragments, ed. J. Beaujeu, Paris 1973, S.20-45.

-De Platone et eius dogmate (Plat.), in: Apulée. Opuscules philosophiques et fragments, a.a.O. S.60-107.

-De mundo (mund.), in: Apulée. Opuscules philosophiques et fragments, a.a.O.S.120-157.

Aristeas: Lettre d' Aristée à Philocrate, ed. A. Pelletier (SC 89), Paris 1962.

Aristophanes, Plutus (Pl.), in: Aristophane, Bd.5, ed. V. Coulon/ H. van Daele, Paris 1954, S.85-147.

Aristoteles, Problemata (probl.), in: Problèmes, ed. P.Louis, Tome I. Sections I-X, Paris 1991; Tome II. Sections XI-XXVII, Paris 1993; Tome III. Sections XXVIII-XXXVIII, Paris 1994.

-Magna moralia (MM), in: Aristotelis Opera ex recensione I. Bekker, ed. O. Gigon, Bd.2, Berlin 1960, S.1181-1213.

-Metaphysica (MP): Aristotelis Metaphysica, ed. W. Jaeger (SCBO), Oxford 1957

-Politica (pol.): Aristotelis Politica, ed. W.D. Ross (SCBO), Oxford 1957.

-De re publica Atheniensium (Ath.): Aristoteles, Ἀθηναίων πολιτεία, ed. M.H. Chambers (BiTeu), Leipzig 1986.

-Ethica Eudemia (EE): Aristotelis Ethica Eudemia, ed. R.R. Walzer, J.M. Mingay (SCBO), Oxford 1991.

-Ethica Nicomachea (EN): Aristotelis Ethica Nicomachea, ed. I. Bywater (SCBO), Oxford 1894.

-De anima (an.): Aristotelis De anima, ed. W.D. Ross (SCBO), Oxford 1956.

-Topica (top.), in: Aristotelis Topica et sophistici elenchi, ed. W.D. Ross (SCBO), Oxford 1958.

-De interpretatione (int.), in: Aristotelis Categoriae et Liber De interpretatione, ed. L. Minio-Paluello (SCBO), Oxford 1949, S.47-72.

-De generatione et corruptione (GC): Aristote. De la génération et la corruption, ed. C. Mugler, Paris 1966.

-De partibus animalium (PA), in: Aristotelis Opera ex recensione I. Bekker, ed. O. Gigon, Bd.1, Berlin 1960, S.639-697.

-Metereologica (meteor.), in: Aristotelis Opera ex recensione I. Bekker, ed. O. Gigon, Bd.1, Berlin 1960, S.338-390.

PsAristoteles, De mundo (mund.): Aristotelis qui fertus libellus De mundo, ed. W.L. Lorimer, Paris 1933.

PsAristoteles, Rhetorica ad Alexandrum (rhet.Alex.), in: Aristotelis Opera ex recensione I. Bekker, ed. O. Gigon, Bd.2, Berlin 1960, S.1420-1447.

Arnobius, Adversus nationes, Libri VII, ed. A. Reifferscheid (CSEL 4), Wien 1875.

-Arnobe, Contre les gentils, Livre I, ed. H. Le Bonniec, Paris 1982.

Athanasios von Alexandrien, Oratio contra gentes (c.gent.): Athanase d' Alexandrie, Contre les païens, ed. P.Th. Camelot (SC 18bis), Paris 1977[2].

-De incarnatione Verbi (inc.): Athanase d' Alexandrie, Sur l'incarnation du Verbe, ed. Ch. Kannengiesser (SC 199), Paris 1973.

-Contra Arianos (c.Arian.): Orationes contra Arianos I-III, PG 26,12-468.

-Epistula ad Marcellum (ep.Marc.), PG 27,12-45.

-Vita Antonii (vit.Ant.): Athanase d' Alexandrie. Vie d' Antione, ed. G.J.M. Bartelink (SC 400), Paris 1994.

-De synodis Armini in Italia et Seleucia in Isauria (syn.Arm.), in: Athanasius Werke, Bd. 2,1, ed. H.G. Opitz, Berlin 1935-41, S.231-278.

PsAthanasios, Disputatio contra Arium (disp.), PG 28,440-501.

PsAthanasios, Liber de definitionibus (def.), PG 28,533-553.

Athenagoras, Legatio (leg.): Athenagoras, Legatio pro Christianis, ed. M. Marcovich (PTS 31), Berlin 1990.

Athenagorae Libellus pro Christianos, Oratio de resurrectione cadaverum, ed. E. Schwartz (TU 4,2), Leipzig 1891.

PsAthenagoras, De resurrectione, in: Athénagore, Supplique au sujet des chrétiens et sur la résurrection des mort, ed. B. Pouderon (SC 379), Paris 1992, S.214-317.

Attikos: Atticus. Fragments, ed. É. des Places, Paris 1977.

Basileios von Caesarea, Homiliae super psalmos (hom.psalm.), PG 29,209-494.

-Homiliae in hexaemeron (hexam.): Basilius von Caesarea, Homilien zum Hexameron, ed. E. Amand de Mendietaǂ/ St.Y. Rudberg (GCS NF. 2), Berlin 1997.

[Basileios von Caesarea], Contra Eunomium (c.Eun.), lib.5: PG28,709-774.

Calcidius: Timaeus a Calcidio translatus commentarique instructus,, ed. J.H. Waszink (Corpus Platonicum Medii Aevi, Plato Latinus Bd.4), London/ Leiden 1962.

Cassius Dio, Historia Romana: Cassii Dionis Cocceiani Historiarum romanarum quae supersunt, ed. U.P. Boissevain, 4 Bde., Berlin 1955.

Cicero, De natura deorum (nat.deor.): M. Tulli Ciceronis De natura deorum, ed. A.S. Pease, Bd.1, Liber primus, Cambridge/ MA 1955; Bd.2, Liber secundus et tertius, Cambridge/ MA 1958.

-De divinatione (div.), in: M. Tuli Ciceronis scripta quae manserunt omnia, Fasc. 46, De divinatione, De fato, Timaius, ed. R. Giomini (BiTeu), Leipzig 1975, S.1-148.

-De fato (fat.), in: M. Tuli Ciceronis scripta quae manserunt omnia, Fasc. 46, De divinatione, De fato, Timaius, a.a.O.S.149-176.

-Paradoxa stoicorum (parad.): Cicéron. Les paradoxes des stoïciens, ed. J. Molager, Paris 1971.

Claudius Aelianus, Varia historia, ed. M.R. Dilts (BiTeu), Leipzig 1974.

1 Clemensbrief (1 Clem), in: Die Apostolischen Väter, Neubearbeitung der Funkschen Ausgabe, ed. Bihlmeyer/ W. Schneemelcher, Bd.1, Tübingen 1956[2], S.35-70.

Clemens von Alexandrien:

-Protrepticus (prot.): Clementis Alexandrini Protrepticus, ed. M. Marcovich (VigChr Suppl. 34), Leiden/ New York/ Köln 1995.

Clemens Alexandrinus, Bd.1, Protrepticus und Paedagogus, ed. O. Stählin/ U. Treu (GCS 12), Berlin 1972[2], S.3-86.

-Paedagogus (paed.), in: Clemens Alexandrinus, Bd.1, S.90-292.

-Stromata (strom.): Clemens Alexandrinus, Bd.2, Stromata Buch 1-6, ed. O. Stählin/ L. Früchtel (GCS 15), Berlin 1960²; Clemens Alexandrinus, Bd.3, Stromata Buch VII und VIII, Excerpta ex Theodoto, Eclogae propheticae, Quis dives salvetur, Fragmente, ed. O. Stählin, L. Früchtel, U. Treu (GCS 17), Berlin 1970², S.3-102.

Clément d' Alexandrie, Stromate 5, 2 Bde., ed. A. Le Boulluec/ P. Voulet† (SC 278, 279), Paris 1981; Clément d' Alexandrie, Les Stromates VII, ed. A. Le Boulluec (SC 428), Paris 1997.

-Excerpta ex Theodoto (Theod.), in: Clemens Alexandrinus, Bd.3, a.a.O.S.105-133.

-Eclogae propheticae (ecl.), in: Clemens Alexandrinus, Bd.3, a.a.O.S.137-155.

-Quis dives salvetur (div.), in: Clemens Alexandrinus, Bd.3, a.a.O.S.159-191.

PsClemens, Fragmente: De providentia, in: Clemens Alexandrinus, Bd.3, a.a.O.S.219-221.

Cornutus, De natura deorum (nat.deor.), in: Cornuti theologiae Graecae compendium, ed. C. Lang (BiTeu), Leizig 1881, S.1-76.

Damaskios, In Phaedonem (Phaed.): The Greek commentaries on Plato's Phaedo, ed. L.G. Westerink, Bd.2, Amsterdam 1977.

Demosthenes, Orationes (or.): Demosthenis Orationes, Bd.1,1, Orationes I-III, ed. W. Dindorf/ F. Blass (BiTeu), Leipzig 1904.

Demosthenis Orationes, Bd.2,1, Orationes XX - XXIII, ed. W. Dindorf/ F. Blass (BiTeu), Leipzig 1900.

Diodor von Sizilien: Diodori Bibliotheca historica, Bd.1-3, ed. I. Bekker/ L. Dindorf/ Fr. Vogel (BiTeu), Leipzig 1888³,1890³,1893³, Bd.4-6, ed. I. Bekker/ L. Dindorf/ C.Th. Fischer (BiTeu), Leipzig 1906³, 1865² (ND Stuttgart 1964-1985).

Diogenes Laertios: Diogenis Laertii Vitae philosophorum, ed. H.S. Long (SCBO), (2 Bde.) Oxford 1964.

Diognetbrief, in: Die Apostolischen Väter, Neubearbeitung der Funkschen Ausgabe, ed. Bihlmeyer/ W. Schneemelcher, Bd.1, Tübingen 1956², S.141-149.

Dion von Prusa: Dionis Prusaensis quem vocant Chrysostomum quae exstant omnia, ed. J. von Arnim, 2 Bde., Berlin 1893-1896 (ND 1962).

Dionysios von Halikarnassos, Antiquitates Romanae (AR): Dionysius Halicarnaseus, Antiquitates Romanae, ed. C. Jacoby, 4 Bde. (BiTeu), Leipzig 1885, 1888, 1891, 1905, (ND Stuttgart 1967).

-Demosthenes (Dem.), in: Dionysii Halicarnasei quae exstant, Bd.5, ed. H. Usener/ L. Radermacher (BiTeu), Leipzig 1899 (ND Stuttgart 1965), S.125-252.

-De Thucydide (Thuc.), in:: Dionysii Halicarnasei quae exstant, Bd.5, a.a.O.S.325-418.

-ars rhetorica (rhet.), in: Dionysii Halicarnasei quae extant, Bd.6, ed. H. Usener/ L. Radermacher (BiTeu), Leipzig 1929² (ND Stuttgart 1965), S.253-387.

Doxographi graeci (DDG), ed. H. Diels, Berlin 1879³.

Epiktet: Épictète. Entretiens, Bd.1, hrsg.v. J. Souilhé, Paris 1948; Bd.2, 1949; Bd.3, 1963, Bd.4, 1965.

Epikur: Epicurea, ed. H. Usener, Leipzig 1887.

Epiphanios, Panarion (haer.), in: Epiphanius I. Ancoratus und Panarion (haer. 1-33), hrsg.v. K. Holl, (GCS 25) Leipzig 1925, S.153-464; II Panarion (haer.34-64), (GCS 31) Leipzig 1922; III Panarion (65-68), (GCS 37) Leipzig 1933.

-De fide (fid.), in: Epiphanius III (GCS 37), a.a.O.S.496-526.

Euripides, Cyclops (Cyc.): Euripidis Fabulae, ed. J. Diggle, Bd.1 (SCBO), Oxford 1984, S.1-29.

-Hecuba (Hec.): Euripidis Fabulae, Bd.1, a.a.O.S.331-398.

-Phoenissae (Ph.): Euripidis Fabulae, ed. J. Diggle, Bd.3 (SCBO), Oxford 1994.

Euseb von Caesarea: Praeparatio Evangelica (PE): Eusebius Werke, Bd.8, Die Praeparatio Evangelica, 1. Teil, Einleitung, die Bücher I-X, ed. K. Mras/ É. des Places (GCS 43,1), Berlin 1982; 2. Teil, Die Bücher XI-XV, ed. K. Mras/ É. des Places (GCS 43,2), Berlin 1983.

-Demonstratio Evangelica (DE), hrsg.v. I. Heikel (GCS Euseb 6), Leipzig 1913.

-Contra Hieroclem (c.Hier.): Eusèbe de Césarée, Contre Hiéroclès, ed. É des Places/ M. Forrat (SC 333), Paris 1986.

-Contra Marcellum (c.Marc.), in: Eusebius Werke, Bd.4, Gegen Marcell, Über die Kirchliche Theologie, Die Fragmente Marcells, ed. E. Klostermann/ G.Chr. Hansen (GCS), Berlin 1991[3], S.1-58.

-De ecclesiastica theologia (eccl.theol.), in: Eusebius Werke, Bd.4, a.a.O.S.59-182.

-Laus Constantini (Laus Const.), in: Eusebius Werke, Bd.1, Über das Leben Constantins, Constantins Rede an die Heilige Versammlung, Tricennatsrede an Constantin, ed. I. Heikel (GCS 7), Berlin 1902, S.193-269.

-Vita Constantini (vita Const.), in: Eusebius Werke, Bd.1 (GCS), S.3-148.

-Historia ecclesiastica (KG): Eusebius Werke, Bd.2, Die Kirchengeschichte, ed. E. Schwartz/ Die lateinische Übersetzung des Rufin, ed. Th. Mommsen, 1. Teil, Die Bücher I-V (GCS 9,1), Leipzig 1903; 2. Teil, Die Bücher VI-X (GCS 9,2), Berlin 1908.

-De martyribus Palaestinae (mart.Pal.), in: Eusebius Werke, Bd.2,2 a.a.O., S.908-950.

-De theophania (theoph.): Eusebius Werke, Bd.3,2, Die Theophanie. Die griechischen Bruchstücke und übersetzung der syrischen Überlieferung, ed. H. Gressmann/ A. Laminski (GCS 11,2), Berlin 1992[2].

-Commentarius in Isaiam (com.in Jes.), hrsg.v. J. Ziegler, (GCS Eusebius 9) Berlin 1975.

-Commentaria in Psalmos (com.in Ps.), PG23.

-Quaestiones evangelicae ad Stephanum (quaest.Steph.), PG22,880-936.

-Eclogae phropheticae (ecl.proph.), PG22,1021-1262.

-Chronicon (chron.): Die Chronik des Hieronymus, Eusebius Werke Bd.7 (GCS), Berlin 1965.

Filostrius: Sancti Filastrii episcopi Brixiensis, Diversarum Hereseon Liber, ed. R. Marx (CSEL 38), Wien 1898.

Galen, In Hippocratis prognosticum commentaria tria (Hipp.com.), in: Galeni in Hippocratis prognosticum commentaria III, ed. J. Heeg (Corpus medicorum Graecorum Bd. 5/9,2), Leipzig 1915, S.197-378.

-De naturalibus facultatibus (nat.fac.): Galen, On the natural faculties, ed. A.J. Brock (LCL), Cambridge/ MA 1952.

Gellius: A. Gellii Noctium atticarum Libri XX, ed. P.K. Marshall, 2 Bde. (SCBO), Oxford 1990.

Gregor Thaumaturgos, In Origenem oratio panegyrica (or.pan.): Grégoire le Thaumaturge. Remerciement à Origène suivi de la lettre d' Origène à Grégoire, ed. H. Crouzel (SC 148), Paris 1969.

Gregor von Nyssa: Contra fatum (fat.), in: Gregorii Nysseni opera (dogmatica minora) III/II, hrsg.v. J.A. McDonough, Leiden u.a. 1987, S.29-63.

-Adversus Arium et Sabellium de patre et filio (adv.Ar.), in: Gregorii Nysseni opera III/I, Opera dogmatica minora, ed. F. Müller, Leiden 1958, S.71-85.

Hermas: Die Apostolischen Väter I. Der Hirte des Hermas, ed. M. Whittaker (GCS 48), Berlin 1970[2].

Hermas, le pasteur (SC 53bis), Paris 1968[2].

Herodot, Historiae: Herodoti Historiae, ed. C. Hude, Bd.1 (SCBO), Oxford 1926.

Hesiod, Opera et dies, in: Hesiodi Theogonia, Opera et dies, Scutum, Fragmenta selecta, ed. F. Solmsen/ R. Merkelbach/ M.L. West (SCBO), Oxford 1970, S.49-85.

Hieronymus, De viris illustribus (vir.ill.), PL 23,631-769.

-Epistulae (ep.): Epistularum Pars III, Epistulae 121-154, ed. I. Hilberg (CSEL 56/1), Wien 1996².

Hippolyt (ref.): Hippolytus, Refutatio omnium haeresium, ed. M. Marcovich (PTS 25), Berlin 1986.

Hypereides: Hyperidis orationes sex, hrsg.v. C. Jensen (BiTeu), Leipzig 1963².

Ignatius von Antiochien, An die Epheser (Eph.), Magnesier (Magn.), Trallianer (Tr.), Römer (Röm.), Smyrnäer (Sm.), An Polykarp (Polyc.), in: Die Apostolischen Väter, Neubearbeitung der Funkschen Ausgabe, ed. Bihlmeyer/ W. Schneemelcher, Bd.1, Tübingen 1956², S.82-110.

Irenaeus, Adversus haereses (adv.haer.): Irénée de Lyon, Contre les hérésies, ed. A. Rousseau/ L. Doutreleau, Livre I (SC 263), Paris 1979; Livre II (SC 293), Paris 1982; Livre III (SC 210), Paris 1974; Livre IV, ed. A. Rousseau (SC 100), Paris 1965; Livre V, ed. A. Rousseau/ L. Doutreleau/ Ch. Mercier (SC 152), Paris 1969.

Isaios, Oratio II, in: Isée. Discours, ed. P. Roussel, Paris 1960².

Isokrates, Ad Nicoclem (Nic.), in: Isocratis Orationes, Bd.1, ed. G.E. Benseler/ F. Blass (BiTeu), Leipzig 1912², S.13-41.

-Panegyricus (paneg.), in: Isocratis Orationes, Bd.1, a.a.S.41-87.

-Aeropagiticus (arepag.), in: Isocratis Orationes, Bd.1, a.a.S.152-171.

-Epistulae (ep.), in: Isocratis Orationes, Bd.2, ed. G.E. Benseler/ F. Blass (BiTEu), Leipzig 1904², S.243ff.

Johannes Chrysostomos, De incomprehensibili dei natura (incompr.): Sur l' incompréhensibilité de Dieu, Bd.1 (Homélie 1-5), ed.v. A.M. Malingrey/ R. Flacelière (SC 28bis), Paris 1970.

-In epistulam ad Ephesios argumentum et homiliae 16 (hom.16 in Eph), PG62,111-116.

-De providentia (prov.): Jean Chrysostome, Sur la providence de Dieu, ed. A.-M. Malingrey (SC 79), Paris 1961.

Josephos, Antiquitates judaicae (AJ): Josephus, Bd.4, Jewish Antiquities, Books 1-4, ed. H.St. Thackeray (LCL), Cambridge/ MA 1939; Bd.5, Jewish Antiquities, Books 5-8, ed. R Marcus (LCL), Cambridge/ MA 1934; Bd.6, Jewish Antiquities, Books 9-11, ed. R. Marcus (LCL), Cambridge/ MA 1937; Josephus, Bd.7, Jewish Antiquities, Books 12-14, ed. R. Marcus (LCL), Cambridge/ MA 1943; Josephus, Bd.8, Jewish Antiquities, Books 15-17, ed. R. Marcus/ A. Wikgren (LCL), Cambridge/ MA 1963; Josephus, Bd.9, Jewish Antiquities, Books 18-20, ed. L.H. Feldman (LCL), Cambridge/ MA 1965.

-De bello Judaico (BJ), Griechisch und Deutsch, ed. O. Michel/ O. Bauernfeind, Bd.1 (Buch 1-3) , 2,1 (Buch 4-5), Bd.2/2 (Buch 6-8), Darmstadt 1982³, 1963, 1969.

-Contra Apionem: in: Josephus, Bd.1, The Life, Against Apionem, ed. H.St.J. Thackery (LCL 186), Cambridge/ MA 1926, S.162-411.

Julian, Contra Galilaeos (c.Galil.): The works of the Emperor Julian, Bd.3, ed. W.C. Wright (LCL 157), Cambridge/ MA 1953 (1923), S.318-427.

Justin: Iustini Martyris dialogus cum Tryphone (dial.), ed. M. Marcovich (PTS 47), Berlin 1997.

E.J. Goodspeed, Die ältesten Apologien, Göttingen 1915, S.90-265.

-Apologia maior (apol.mai.) / Apologia minor (apol.min.): Iustini Martyris apologiae pro Christianis, ed. M. Marcovich (PTS 38), Berlin 1994.

E.J. Goodspeed, a.a.O.S.26-89.

PsJustin, Ad Graecos de vera religione (Cohortatio ad Graecos), in: Pseudo-Iustinus, Cohortatio ad Graecos, De monarchia, Oratio ad Graecos, ed. M. Marcovich (PTS 32), Berlin 1990, S.23-78.

Lactantius, Divinae institutiones (div.inst.): Lactance. Institutions divines, livre V, hrsg.v. P. Monat, (SC 204-205) Paris 1973.

-De mortibus persecutorum (mort.pers.): Lactance. De la mort des persécuteurs, hrsg.v. J.Moreau, (SC 39, 2Bde.) Paris 1954.

-De ira dei: Lactance, La colère de Dieu, ed. Chr. Ingremeau (SC 289), Paris 1982.

Libanios, Oratio XV: Libanii Opera, Bd. 2, Orationes XII-XXV, ed. R. Foerster (BiTeu), Leipzig 1904 (ND Stuttgart 1963), S.114-154.

Lucrez, De rerum natura (nat.): T. Lucretius Carus, De rerum natura, Libri VI, ed. J. Martin (BiTeu), Leipzig 1959.

Lukian: Iuppiter Tragoedus (Iup.tr.), in: Luciani Opera, Bd.1, ed. M.D. Macleod (SCBO), Oxford 1971, S.214-248.

Icaromenippus (Icar.), in: Luciani Opera, Bd.1, a.a.O.S.289-309.

Bis accusatus (bis acc.), in: Luciani Opera, ed. M.D. Macleod, Bd.2 (SCBO), Oxford 1974, S.86-113.

De parasito (paras.), in: Luciani Opera, Bd.2, a.a.O.S.142-174.

De mercede conductis potentium familiaribus (merc.), in: Luciani Opera, Bd.2, a.a.O.S.212-236.

Alexander (Alex.), in: Luciani Opera, Bd.2, a.a.O.S.331-359.

Eunuchus (eun.), in: Luciani Opera, ed. M.D. Macleod, Bd.3 (SCBO), Oxford 1980, S.70-75.

Pro imaginibus (imag.), in: Luciani Opera, Bd.3, a.a.O.S.119-132.

Pro lapsu inter salutandum (laps.), in: Luciani Opera, Bd.3, a.a.O.S.358-365.

Dialogi meretricii (dial.meret.), in: Luciani Opera, ed. M.D. Macleod, Bd.4 (SCBO), Oxford 1987, S.315-366.

Makarios/ Symeon, Reden und Briefe. Die Sammlung I des Vaticanus Graecus 694 (B), Teil 1, ed. H. Berthold (GCS), Berlin 1973.

Marc Aurel, Ad se ipsum: Marci Aurelii Antonii Ad se ipsum libri XII, ed. J. Dalfen (BiTeu), Leipzig 1979.

Maximus von Tyros, Philosophumena: Maximus Tyrius, Philosophumena - ΔΙΑΛΕΧΕΙΣ, hrsg.v. G.L. Koniaris, (Texte und Kommentare 17) Berlin 1995.

Martyrium Carpi, Papyli et Agathonicae, in: The acts of Christian martyrs, ed. H. Musurillo, Oxford 1972, S.22-37.

Menander: F.H. Sandbach, Menandri Reliquiae Selectae (SCBO), Oxford 1972.

Menander Rhetor, ed. D.A. Russell/ N.G. Wilson, Oxford 1981.

Methodios, De resurrectione (res.), in: G.N. Bonwetsch, Methodius (GCS 27), Leipzig 1917, S.219-424.

Minucius Felix, Octavius, ed. B. Kytzler (BiTeu), Leipzig 1982.

Nemesios von Emesa: Nemesii Emeseni De natura hominis, hrsg.v. M. Morani (BiTeu), Leipzig 1987.

Numenios: Numénius, Fragments, ed. É. des Places, Paris 1973.

Okellos, De universi natura (univ.nat.): Ocellus Lucanus. Text und Kommentar, ed. R. Harder, Dublin/ Zürich 1966².

Olympiodor: Olympiodori in Platonis Gorgiam commentaria (Gorg.), hrsg.v. L.G. Westerink, Leipzig 1970 .

Oracula Sibyllina, ed. J. Geffcken (GCS), Leipzig 1902.

Origenes: Exhortatio ad martyrium (exh.mart.), in: Origenes Werke, Bd.1, Die Schrift vom Martyrium, Buch I-IV Gegen Celsus, ed. P. Koetschau (GCS 2), Leipzig 1899, S.1-47.

-Contra Celsum, in: Origenes Werke, Bd.1, a.a.O.S.49-374; Origenes Werke, Bd.2, Buch V-VII Gegen Celsus, Die Schrift vom Gebet, ed. P. Koetschau (GCS 3), Leipzig 1899, S.1-293.

-De oratione: in: Origenes Werke, Bd.2, a.a.O.S.295-403.

-De principiis (princ.): Origenes Werke, Bd.5, De principiis, ed. P. Koetschau (GCS), Leipzig 1913.

-Commentarium in evangelium Matthaei (Matth.): Origenes Werke, Bd.10,1-2, Origenes Matthäuserklärung I. Die griechisch erhaltenen Tomoi, ed. E. Klostermann (GCS 40), Leipzig 1935-1937.

-Homiliae in Jeremiam (hom.in Jerem.): Origène. Homélies sur Jérémie, ed. P. Nautin, Bd.1, hom.1-11 (SC 232), Paris 1976; Bd.2, hom.12-20, ed. P. Husson/ P. Nautin (SC 238), Paris 1977.

-Homiliae in Ezechielem (hom.in Ez.): Origène. Homélies sur Ézéchiel, ed. M. Borret (SC 352), Paris 1989.

-Philocalia: Origène. Philocalie, 1-20 sur les Écritures et la lettre à Africanus sur l'histoire de Suzanna, ed. M. Harl/ N. de Lange (SC 302), Paris 1983; Philocalie 21-27 sur le libre arbitre, ed. É. Junos (SC 226), Paris 1976.

Pausanias: Pausanae Graeciae descriptio, hrsg.v. F. Spiro, 3 Bde. (BiTeu), Leipzig 1967[2].

Philon: -De opificio mundi (opif.): ed. R. Arnaldez (Les Oeuvres de Philon d' Alexandrie 1), Paris 1961.

-Legum allegoriae I-III (leg.): ed. C. Mondséret (Les Oeuvres de Philon d' Alexandrie 2), Paris 1962.

-De sacrificiis Abelis et Caini (sacr.): ed: A. Méasson (Les Oeuvres de Philon d' Alexandrie 4), Paris 1966.

-Quod deterius potiori insidiari soleat (det.): ed. I. Feuer (Les Oeuvres de Philon d' Alexandrie 5), Paris 1965.

-De posteritate Caini (post.): ed. R. Arnaldez (Les Oeuvres de Philon d' Alexandrie 6), Paris 1972.

-Quod deus sit immutabilis (imm.): ed. A. Mosès (Les Oeuvres de Philon d' Alexandrie 8), Paris 1963.

-De agricultura (agr.): ed. J. Pouilloux (Les Oeuvres de Philon d' Alexandrie 9), Paris 1961.

-De ebrietate (ebr.), De sobrietate (sobr.): ed. J. Gorez (Les Oeuvres de Philon d' Alexandrie 11-12), Paris 1962.

-De confusione linguarum (conf.): ed. J.G. Kahn (Les Oeuvres de Philon d' Alexandrie 13), Paris 1963.

-De migratione Abrahami (migr.): ed. J. Cazeaux (Les Oeuvres de Philon d' Alexandrie 14), Paris 1965.

-Quis reum divinarum heres sit (her.): ed. M. Harl (Les Oeuvres de Philon d' Alexandrie 15), Paris 1966.

-De congressu eruditionis gratia (congr.): ed. M. Alexandre (Les Oeuvres de Philon d' Alexandrie 16), Paris 1967.

-De fuga et inventione (fug.): ed. E. Starobinski-Safran (Les Oeuvres de Philon d' Alexandrie 17), Paris 1970.

-De mutatione nominum (mut.): ed. R. Arnaldez (Les Oeuvres de Philon d' Alexandrie 18), Paris 1964.

-De somniis lib.I-II (somn.): ed. P. Savinel (Les Oeuvres de Philon d' Alexandrie 19), Paris 1962.

-De Abrahamo (Abr.): ed. J. Gorez (Les Oeuvres de Philon d' Alexandrie 19), Paris 1966.

-De Iosepho (Jos.): ed. J. Laporte (Les Oeuvres de Philon d' Alexandrie 21), Paris 1964.

-De vita Mosis I-II (Mos.): ed. R. Arnaldez/ C. Mondésert/ J. Pouilloux/ P. Savinel (Les Oeuvres de Philon d' Alexandrie 22), Paris 1967.

-De decalogo (decal.): ed. V. Nikiprowetzky (Les Oeuvres de Philon d' Alexandrie 23), Paris 1965.

-De specialibus legibus lib.I-II (spec.): ed. S. Daniel (Les Oeuvres de Philon d' Alexandrie 24), Paris 1975.

De specialibus legibus lib.I-IV, in: Philonis Alexandrini opera quae supersunt, Bd.5, hrsg.v. L. Cohn, Berlin 1906, 1-222.

-De virtutibus (virt.), in: Philonis Alexandrini opera, Bd.5, a.a.O.S.223-270.

-De praemiis et poenis (praem.), in: Philonis Alexandrini opera, Bd.5, a.a.O.S.271-306.

-Quod omnis probus liber sit (prob.), in: Philonis Alexandrini opera quae supersunt, Bd.6, hrsg.v. L. Cohn, S. Reiter, Berlin 1915, S.1-31.

-De aeternitate mundi (aet.): R. Arnaldez (Les Oeuvres de Philon d' Alexandrie 30), Paris 1969.

-In Flaccum (Flacc.): A. Pelletier (Les Oeuvres de Philon d' Alexandrie 31), Paris 1967.

-De vita contemplativa (cont.): ed. P. Miquel (Les Oeuvres de Philon d' Alexandrie 29), Paris 1963.

-Legatio ad Gaium (Gai.): ed. A. Pelletier (Les Oeuvres de Philon d' Alexandrie 32), Paris 1972.

-De providentia I-II (prov., armenische Überlieferung): ed. M. Hadas-Lebel (Les Oeuvres de Philon d' Alexandrie 35), Paris 1973.

-Alexander vel De ratione quam habere etiam bruta animalia (De animalibus) e versione armeniaca (Alex.): ed. A. Terian (Les Oeuvres de Philon d' Alexandrie 36), Paris 1988.

-Quaestiones in Genesim et in Exodum. Fragmenta graeca (quaest.): F. Petit (Les Oeuvres de Philon d' Alexandrie 33), Paris 1978.

-Quaestiones et solutiones in Genesim I-II e versione armeniaca, ed. Ch. Mercier (Les Oeuvres de Philon d' Alexandrie 34A), Paris 1979.

-Quaestiones et solutiones in Genesim III-IV e versione armeniaca, ed. Ch. Mercier (Les Oeuvres de Philon d' Alexandrie 34B), Paris 1984.

-Quaestiones et solutiones in Exodum I-II e versione armeniaca et fragmenta graeca, ed. Ch. Mercier (Les Oeuvres de Philon d' Alexandrie 34C), Paris 1992.

Philostrat, Vita Apollonii (VA): Philostratus. The Life of Apollonius of Tyana, 2 Bde., ed. F.C. Conybeare (LCL), Cambridge/ MA 1948, 1950 (1912).

-Vita sophistarum (VS): in: Philostratus and Eunapius. The lives of the sophists, ed. W.C. Wright (LCL), Cambridge/ MA 1952 (1921), S.2-315.

Photios, Bibliotheca (bibl.): Photius, Bibliothèque, ed. R. Henry, 8 Bde. Paris 1959-1977.

Platon,-Sophistes (soph), in: Platonis opera, ed. E.A. Duke, W.F. Hicken. W.S.M. Nicoll, D.B. Robinson, J.C.G. Strachan, Bd.1 (SCBO), Oxford 1995, S.383-471.

-Politikos (polit.), in: Platonis opera, ed. J. Burnet, Bd.1, a.a.O.S. 473-559.

-Phaidros (Phaidr.), in: Platonis opera, ed. J. Burnet, Bd.2 (SCBO), Oxford 1953 (1901), S.227-279.

-Menexenos (men.), in: Platonis opera, ed. J. Burnet, Bd.3 (SCBO), Oxford 1903, S.234-249.

-Protagoras (Prot.), in: Platonis opera, ed. J. Burnet, Bd.3, a.a.O.S.309-362.

-Gorgias (Gorg.), in: Platonis opera, ed. J. Burnet, Bd.3, a.a.O.S.447-527.

-Timaios (Tim.), in: Platonis opera, ed. J. Burnet, Bd.4 (SCBO), Oxford 1902, S.17-105.

-De re publica (rep.), in: Platonis opera, ed. J. Burnet, Bd.4, a.a.O.S.327-621.

-Critias (Crit.), in: Platonis opera, ed. J. Burnet, Bd.4, a.a.O.S.106-121.

-Leges (leg.), in: Platonis opera, ed. J. Burnet, Bd.5 (SCBO), Oxford 1907, S.624-969.

PsPlaton, Definitiones, in: Platonis opera, ed. J. Burnet, Bd.3, a.a.O.S.411-416.

-Epinomis (epin.), in: Platonis opera, ed. J. Burnet, Bd.3, a.a.O. S.973-992.

Plotin, Enneades: Plotini Opera, hrsg.v. P. Henry, H.-R. Schwyzer, 3 Bde. (SCBO), Oxford 1964-1982.

Plotins Schriften, übersetzt von R. Harder, Bd.1., Hamburg 1956; Bd.2-5, neubearbeitet von R. Beutler und W. Theiler, Hamburg 1962, 1964, 1967, 1960.

Plutarch, Alcibiades (Alc.), in: Plutarque Vies, Bd.3, ed. R. Flacelière/ É. Chambry, Paris 1969, S.118-164.

-Antonius (Ant.), in: Plutarque Vies, Bd.13, ed. R. Flacelière/ É. Chambry, Paris 1977, S.98-190.

-Caesar (Caes.), in: Plutarque Vies, Bd.9, ed. R. Flacelière/ É. Chambry, Paris 1975, S.146-222.

-Demetrius (Dem.), in: Plutarque Vies, Bd.13, a.a.O.S.20-79.

-Eumenes (Eum.), in: Plutarque Vies, Bd.8, ed. R. Flacelière/ É. Chambry, Paris 1973, S.52-79.

-Lycurgus (Lyc.), in: Plutarque Vies, Bd.1, ed. R. Flacelière/ É. Chambry/ M. Juneaux, Paris 1964, S.120-166.

-Marcius Coriolanus (Marc.), in: Plutarque Vies, Bd.3, a.a.O.S.176-222.

-Sertorius (Sert.), in: Plutarque Vies, Bd.8, a.a.O.S.12-43.

-Solon (Sol.), in: Plutarque Vies, Bd.3, ed. R. Flacelière/ É. Chambry/ M. Juneaux, Paris 1969, S.10-50.

-Quomodo adolescens poetas audire debeat (adol.poet.), in: Plutarch's Moralia, Bd.1, ed. F.C. Babbitt (LCL), Cambridge/ MA 1927 (1949), S.74-197.

-De fortuna (fort.), in: Plutarch's Moralia, Bd.2. ed. F.C. Babbitt (LCL), Cambridge/ MA 1928 (1956), S.74-89.

-Septem sapientium convivium (sept.sap.), in: Plutarch's Moralia, Bd.2, a.a.O.S.348-449.

-De superstitione (sup.), in: Plutarch's Moralia, Bd.2, a.a.O.S.454-495.

-Apophthegmata Laconica (apophth.Lac.), in: Plutarch's Moralia, Bd.3, ed. F.C. Babbitt (LCL), Cambridge/ MA 1949 (1931), S.242-421.

-Mulierum virtutes (mul.virt.), in: Plutarch's Moralia, Bd.3, a.a.O.S.474-581.

-De fortuna Romana (fort.Rom.), in: Plutarch's Moralia, Bd.4. ed. F.C. Babbitt (LCL), Cambridge/ MA 1957 (1936), S.323-377.

-De Iside et Osiride (Is.Os.), in: Plutarch's Moralia, Bd.5, ed. F.C. Babbitt, (LCL) Cambridge/ MA 1936 (1957), S.6-191.

-De Pythicae oraculis (Pyth.orac.), in: Plutarch's Moralia, Bd.5, a.a.O.S.298-345.

-De defectu Oraculorum (def.or.), in: Plutarch's Moralia, Bd.5, a.a.O.S.350-501.

-De virtute morali (virt.mor.), in: Plutarch's Moralia, ed. W.C. Helmbold (LCL), Cambridge/ MA 1961 (1939), S.18-87.

-De sera numinis vindicta (ser.vind.), in: Plutarch's Moralia, Bd.7, ed. B. Einarson/ Ph.H. de Lacy (LCL 405), Cambridge/ MA 1959, S.180-299.

-De genio Socratis (gen.Socr.), in: Plutarch's Moralia, Bd.7, ed. B. Einarson/ Ph.H. de Lacy (LCL 405), Cambridge/ MA 1959, S.372-509.

-Praecepta gerendae rei publica (praec.), in: Plutarch's Moralia, Bd.10, ed. H.N. Fowler (LCL), Cambridge/ MA, S.158-299.

-Vitae decem oratorum (dec.orat.), in: Plutarch's Moralia, Bd.10, a.a.O.S.345-457.

-De sollertia animalium (soll.), in: Plutarch's Moralia, Bd.12, ed. H. Cherniss, Cambridge/ MA 1957 (1968), S.318-479.

-Platonicae quaestiones (quaest.Plat.), in: Plutarch's Moralia, Bd.13,1, ed. H. Cherniss (LCL 427), Cambridge/ MA 1976, S.18-129.

-De stoicorum repugnantiis (stoic.repugn.), in: Plutarch's Moralia, Bd.13,2, ed. H. Cherniss (LCL 470), Cambridge/ MA 1976, S.412-603.

-De communibus notitiis adversus stoicos (com.not.), in: Plutarch's Moralia, Bd.13,2, ed. H. Cherniss (LCL 470), Cambridge/ MA 1976, S.660-873.

-Non posse suaviter vivi secundum Epicurum (Epic.), in: Plutarch's Moralia, Bd.14, ed. B. Einarson/ Ph.H. de Lacy (LCL 428), Cambridge/ MA 1967, S.14-149.

-Adversus Colotem (adv.Col.), in: Plutarch's Moralia, Bd.14, ed. B. Einarson/ Ph.H. de Lacy (LCL 428), Cambridge/ MA 1967, S.190-315.

-De latenter vivendo (lat.viv.), in: Plutarch's Moralia, Bd.14, a.a.O.S.323-341.

PsPlutarch, De fato (fat.): [Plutarco], Il fato, ed. E. Valgiglio (Corpus Plutarchi Moralium 16), Neapel 1993.

Poetae Comici Graeci (PCG), Bd.7. Menecrates - Xenophon, ed. R. Kassel, C. Austin, Berlin 1989.

Polybios: Polybe. Histoire, Bd.1, ed. P. Pédech, Paris 1969; Bd.3, Bd.4, ed. J. de Foucault, Paris 1971, 1972, Bd.6. ed. R. Weil/ C. Nicolet, Paris 1977; Bd.7 (Livres 7-8,9), Paris 1982; Bd.8 (Livres 10,11), ed. E. Foulon/ R. Weil, Paris 1990; Bd. 10 (Livres 13-16), ed. E. Foulon, R. Weil, P. Cauderlier, Paris 1995.

Polybii Historiae, ed. Th. Buettner-Worst, Bd.3 (Libri 9-19), Bd.4 (Libri 20-39), Leipzig 1893, 1904 (ND Stuttgart 1962, 1967).

Polykarpmartyrium (mart.Polyc.), in: Die Apostolischen Väter, Neubearbeitung der Funkschen Ausgabe, ed. Bihlmeyer/ W. Schneemelcher, Bd.1, Tübingen 1956², S.120-132.

Porphyrios: Ad Marcellam (Marc.), in: Porphyre. Vie de Pythagore, Lettre à Marcella, hrsg.v. É. des Places, Paris 1982, S.104-127.

-De abstinentia (abst.), in: Porphyre. De l'Abstinence, hrsg.v. J. Bouffartigue, Bd.1, Paris 1977; Bd.2, Paris 1979.

-„Gegen die Christen", 15 Bücher. Zeugnisse, Fragmente und Referate, hrsg.v. A.v. Harnack (AAWB.PH 1916,1), Berlin 1916 (A.v. Harnack, Kleine Schriften zur Alten Kirche, Bd. 2, Leipzig 1980, S.362-474.

-Porphyrius Fragmenta, ed. A. Smith (BiTeu), Stuttgart 1992.

Poseidonios: Posidonius, Volume 1. The fragments, ed. L. Edelstein/ I.G. Kidd (Cambridge Classical Texts and Commentaries 13), Cambridge 1972.

Poseidonios. Die Fragmente, ed. W. Theiler (TK 10), Berlin 1982.

Proklos, (elem.theol.): Proclus. The Elements of Theology. A revised Text, ed.v. E.R.Dodds (SCBO), Oxford 1964².

-In Platonis rem publicam commentarii (rep.): Procli Diadochi in Platonis rem publicam commentarii, ed. W. Kroll, 2 Bde. (BiTeu), Leipzig 1899-1901.

Rufus, Τέχνη Ῥητορική: Rhetores Graeci, Bd.9, ed. Chr. Walz, Stuttgart/ Tübingen/ London 1834, S.446-460.

Seneca, De providentia (prov.), in: L. Annaei Senecae dialogorum libri duodecim, ed. L.D. Reynolds (SCBO), Oxford 1977, S.1-17.

-Epistulae (ep.): Sénèque, Lettre à Luculius, Bd.2, ed. F. Préchac/ H. Noblot, Paris 1958².

Sextos Empeirikos: Adversus mathematicos (adv.math.): Sexti Empirici opera, Bd.2, Adversus dogmaticos libros quinque (Adv. Mathem. 7-11), ed. H. Mutschmann (BiTeu), Leipzig 1914.

-Pyrrhoniae hypotyposes (pyrrh.): Sexti Empirici opera, Bd.1., ΠΥΡΡΘΝΕΙΩΝ ΥΠΟΤΥΠΩ-ΣΕΩΝ libros tres, ed. H. Mutschmann/ I. Mau (BiTeu), Leipzig 1958.

Sokrates, Historia ecclesiastica (HE), Sokrates, Kirchengeschichte, ed. G. Hansen (GCS NF. 1), Berlin 1995.

Sophokles, Electra (El.): in: Sophoclis fabulae, ed. H. Lloyd-Jones/ N.G. Wilson (SCBO), Oxford 1990, S.61-118.

-Oedipus tyrannus (OT), a.a.O.S.121-180.

-Trachiniae (Tr.), a.a.O.S.241-292.

Stobaios: Ioannis Stobaei anthologium, ed. C. Wachsmuth/ O. Hense, 5 Bde., Berlin 1884, 1894, 1909, 1912.

Stoische Fragmente: Stoicorum veterum fragmenta (SVF), hrsg.v. J. v.Arnim, 4 Bde., Leipzig 190

Strabon, Geographica: Strabon, Geographie, Bd.1,1/2 (Livres 1-2), ed. G. Aujac, Paris 1969; Bd.3 (Livres 5-6), ed. F. Lasserre, Paris 1967.

-The Geography of Strabo, Bd.8 (Buch 17), ed. H.L. Jones (LCL), Cambridge/ MA 1932.

Strabonis Geographica, ed. F. Sbordone, 2 Bde. (Scriptores Graeci et Latini concilio Academia Lynceorum edidit), Rom 1963, 1970.

Suda: Suidae lexicon, ed. A. Adler, 4 Bde. (Lexicographi Graeci 1,1-4/ BiTeu), Leipzig 1928, 1931,1933,1935 (Stuttgart 1971, 1967, 1967, 1971).

Tacitus, Annales (ann.):P. Cornelii Taciti libri qui supersunt, Bd.1, ed. H. Heubner (BiTeu), Stuttgart 1983.

Tatian: Tatiani Oratio ad Graecos, ed. M. Marcovich (PTS 43), Berlin 1993.

Tertullian, Apologeticum (apol.): Quinti Septimi Florentis Tertulliani opera, Pars I, Opera Catholica, Adversus Marcionem (CChr 1), Turnholt 1954, 3. Q.S.Fl. Tertulliani Apologeticum, ed. E. Dekkers, S.77-171.

-Ad scapula (scap.): Quinti Septimi Florentis Tertulliani opera, Pars II, Opera Montanistica (CChr 2) Turnholt 1954, 24. Q-S.Fl. Tertulliani ad scapulam, S.1127-1132.

-Ad martyros (mart.): Quinti Septimi Florentis Tertulliani opera, Pars I, a.a.O., 1. Q.S.Fl. Tertulliani ad martyros, ed. E. Dekkers, S.1-8.

-Ad nationes (nat.): Quinti Septimi Florentis Tertulliani opera, Pars I, a.a.O., 2. Q.S.Fl. Tertulliani ad nationes, S.9-75.

PsTertullian, Adv.omnes haereses, in: Quinti Septimi Florentis Tertulliani opera, Bd.3, ed. A. Kroymann (CSEL 47), Wien 1906, S.213-226.

Testamentum Abrahae (test.Abr.): Le testament grec d' Abraham, ed. F. Schmidt (TSAJ 11), Tübingen 1986.

Testamentum Veritatis (test.ver.) NHC IX,3, in: Nag Hammadi Codices IX and X, ed. B.A. Pearson (NHS 15), Leiden 1981, S.122-203.

Tragicorum Graecorum fragmenta (TrGF), Bd.1, ed. B. Snell, Göttingen 1986.

Theodoret von Kyrrhos: Graecarum affectionum curatio (cur.): Théodoret de Cyr, Thérapeutique des maladies helléniques, hrsg.v. P. Canivet, (SC 57, 2 Bde.) Paris 1958.

-Haereticarum fabularum compendium (haer.comp.), PG83,336-556.

-De providentia orationes X (prov.), PG83,555-774.

Theophilos: Theophili Antiocheni ad Autolycum, ed. M. Marcovich (PTS 44), Berlin 1995.

Theophrast, De pietate (piet.): Theophrastos, Περὶ εὐσεβείας, ed. W. Pötscher (PhAnt 11), Leiden 1964.

Thukydides, Historiae, ed. J. Classen/ J. Steup, Bd.2, Berlin 1963 (1914^5).

Thucydidis Historiae, Bd.1 (Libri 1-2), ed. O. Luschnat (BiTeu), Leizig 1960.

Xenophon, Memorabilia, ed. C. Hude (BiTeu), Stuttgart 1969.

Literaturverzeichnis

Adam, R., Über eine unter Platons Namen überlieferte Sammlung von Definitionen, in: Ph. 80 (1925), S.366-376.

Adrador, F.R., Les collections de fable à l'époque hellénistique et romaine, in: La fable. Huit exposés suivis de discussions, hrsg.v. dems./ O. Reverdin (EnAC 30), Genf 1984, S.137-186.

Aland, B., Christentum, Bildung und römische Oberschicht. Zum „Octavius" des Minucius Felix, in: Platonismus und Christentum, FS für H. Dörrie, hrsg.v. H-D. Blume/ F. Mann (JAC.E 10), Münster 1983, S.11-30.

Aland, K., Das Verhältnis von Kirche und Staat in der Frühzeit, in: ANRW II 23,1 (1980), S.60-246.

Alexandre, M., Apologétique judéo-hellénistique et premières apologies chrétiennes, in: Les apologistes chrétiens et la culture grecque, hrsg.v. B. Pouderon/ J. Doré (ThH 105), Paris 1998, S.1-40.

Amand, D. (später unter dem Namen: Amand de Mendieta, E.), Fatalisme et liberté dans l'antiquité greque. Recherches sur la survivance de l'argumentation morale antifataliste de Carnéade chez les philosophes grecs et les théologiens chrétiens des quatre premiers siècles, Löwen 1945.

Andresen, C., Logos und Nomos. Die Polemik des Kelsos wider das Christentum (AKG 30), Berlin 1955.

Apologetics in the Roman Empire. Pagans, Jews, and Christians, hrsg.v. M. Edwards/ M. Goodman/ S. Price, Oxford 1999.

Armstrong, A.H., Man in the cosmos. A study of some differences between pagan Neo-Platonism and Christianity, in: Romanitas et Christianitas, FS für H. Waszink, hrsg.v. W. den Broer, Amsterdam/ London 1973, S.5-14.

Armstrong, A.H., The self-definition of Christianity in relation to later Platonism, in: Jewish and Christian self-definition, Bd. 1, The shaping of Christianity in the second and third century, hrsg.v. E.P. Sanders, London 1980, S.74-99.

Arnim, J. v., Leben und Werk des Dio von Prusa, Berlin 1898.

Attridge, H.W., The interpretation of biblical history in the Antiquitates Judaicae of Flavius Josephus (HDR 7), Missoula, Montana 1976.

Attridge, H.W., 2 Maccabees, in: Jewish writings in the Second Temple period, hrsg.v. M. Stone (CRI Sect. 2), Assen 1984, S.176-183.

Aujoulat, N., Le De providentia d'Hiéroclès d'Alexandrie et le Théophraste d'Énée de Gaza, in: VigChr 41 (1987), S.55-85.

Babut, D., Plutarque et le Stoïcisme (Publications de l'Université de Lyon), Paris 1969, S.181-270.

Balch, D.L., Two apologetic encomia. Dionysius on Rome and Josephus on the Jews, in: JSJ 13 (1982), S.102-122.

Baltes, M., Numenios von Apamea und der platonische Timaios, in: VigChr 29 (1975), S.241-270.

Baltes, M., Die Weltentstehung des platonischen Timaios nach den antiken Interpreten, Teil 1 (PhAnt 30), Leiden 1976.

Baltes, M., Zur Philosophie des Platonikers Attikos, in: Platonismus und Christentum, FS für H. Dörrie, hrsg.v. H.-D. Blume/ F. Mann (JAC.E 10), Münster 1983, S.38-57.

Baltes, M., Rezension von H.-R. Schwyzer, Ammonios Sakkas, der Lehrer Plotins, in: Gn. 65 (1984), S.204-207.

Baltes, M., Ammonios Sakkas, in: RAC Suppl. 1 (1985), Sp.323-332.

Bammel, E., Die Zitate in Origenes' Schrift wider Celsus, in: Origeniana Quarta. Die Referate des 4. Internationalen Origeneskongresses (Innsbruck, 2.-6.9.1995), hrsg.v. L.Lies (IThS 19), Innsbruck 1987, S.2-6.

Bardy, G., Apologetik, in: RAC 1 (1950), Sp.533-545.

Barnard, L.W., In defence of Pseudo-Pionius' account of Saint Polykarp's martyrdom, in: Kyriakon, FS für J. Quasten, hrsg.v. P. Granfield/ J.A. Jungmann, Münster 1970, S.192-204.

Barnard, L.W., Athenagoras. A study in second century Christian apologetic (ThH 18), Paris 1972 (K.4 = ders., Athenagoras, Galen, Marcus Aurelius and Celsus, in: ChQ 168 [1967], S.168-181).

Barnard, L.W., The philosophical and biblical background of Athenagoras, in: Epektasis. Mélanges patristiques offert au Cardinal J. Daniélou, hrsg.v. J. Fontaine/ Ch. Kannengiesser, Beauchesne 1972, S.3-16.

Barnard, L.W., The authenticity of Athenagoras' De resurrectione, in: StPatr 15 (TU 128), Berlin 1984, S.39-49.

Barnes, T.D., Porphyry, Against the Christians, in: JThS.NS 24 (1973), S.424-442.

Barnes, T.D., The embassy of Athenagoras, in: JThS.NS 26 (1975), S.111-114.

Baumeister, Th., Die Anfänge der Theologie des Martyriums (MBTh 45), Münster 1980.

Baumeister, Th., Das Martyrium aus der Sicht Justins des Märtyrers, in: StPatr 17/2, Oxford/ New York/ Toronto 1982, S.631-642.

Beierwaltes, W., Pronoia und Freiheit in der Philosophie des Proklos, in: FZPhTh 24 (1977), S.88-111.

Benjamins, H.S., Eingeordnete Freiheit. Freiheit und Vorsehung bei Origenes (VigChr Suppl. 28), Leiden/ New York/ Köln 1994.

Benko, S., Pagan criticism of Christianity during the first two centuries, in: ANRW II,23,1 (1980), S.1055-1118.

Berchman, R.M., From Philo to Origen. Middle Platonism in transition (BJS 69), Chico/ California 1984.

Bergjan, S.-P., Celsus the Epicurean? The interpretation of an argument in Origen, Contra Celsum, in: HThR 94 (2001), S.179-204.

Bergjan, S.-P., How to speak about early Christian apologetic literature? Comments on the recent debate, in: StPatr 36, Löwen 2001, S.177-183.

Berkhof, H., Die Theologie des Eusebius von Caesarea, Amsterdam 1939.

Beyschlag, K., Kallist und Hippolyt, in: ThZ 20 (1964), S.103-124.

Bienert, W., Dionysios von Alexandrien. Zur Frage des Origenismus im dritten Jahrhundert (PTS 21), Berlin 1978.

Bienert, W., Zum Logosbegriff des Origenes, in: Origeniana Quinta. Papers of the 5th International Origen Congress 1989, hrsg.v. R.J. Daly (BEThL 105), Löwen 1992, S.418-423.

Bigg, C., The Christian Platonists of Alexandria, Oxford 1886.

Bloos, F., Probleme der stoischen Physik (Hamburger Studien zur Philosophie 4), Hamburg 1973.

Boeft, J. den, Calcidius on fate. His doctrine and sources (PhAnt 18), Leiden 1970.

Boeft, J. den, Calcidius on demons. Commentarius Ch.127-136 (PhAnt 33), Leiden 1977.

Borgen, P., Philo of Alexandria. A critical and synthetical survey of research since World War II, in: ANRW II 21,1 (1984), S.98-154.

Bornscheuer, L., Topik, in: RDL 4 (1984), S.454-475.

Bos, A.P., Providentia divina. The theme of Divine PRONOIA in Plato and Aristotle. Assen 1976 (36S.).

Bos, A.P., Supplementary notes on the De mundo, in: Hermes 119 (1991), S.313-332.

Bostock, G., The sources of Origen's doctrine of pre-existence, in: Origeniana Quinta. Papers of the 5th International Origen Congress 1989, hrsg.v. R.J. Daly (BEThL 105), Löwen 1992, S.259-264.

Bousset, W., Jüdisch-christlicher Schulbetrieb in Alexandria und Rom (FRLANT NF 6), Göttingen 1915.

Bowersock, G.W., Greek intellectuals and the imperial cult, in: Le culte des souverains dans l' empire romain, hrsg.v. W. den Broer (EnAC 19), Genf 1973, S.177-212.

Bowra, C.M., Sophoclean tragedy, Oxford 1944.

Brent, A., Hippolytus and the Roman church in the third century. Communities in tension before the emergence of a monarch-bishop (VigChr Suppl. 31), Leiden/ New York/ Köln, 1995.

Bringmann, K., Studien zu den politischen Ideen des Isokrates (Hyp. 14), Göttingen 1965.

Broek, R. van den, The Christian 'school' of Alexandria in the second and third centuries, in: Centres of learning. Learning and location in pre-modern Europe and the Near East, hrsg.v. J.W. Drijvers/ A.A. MacDonald (Brill's Studies in Intellectual History 61), Leiden/ New York/ Köln 1995, S.39-48.

Brox, N., Zeuge und Märtyrer. Untersuchungen zur frühchristlichen Zeugnisterminologie (StANT 5), München 1961.

Brox, N., Mehr als Gerechtigkeit. Die außenseiterischen Eschatologien des Markion und Origenes, in: Kairos 24 (1982), S.1-16.

Bruns, I., Studien zu Alexander Aphrodisias, Teil 3, Lehre von der Vorsehung, in: RMP 45 (1890), S.223-235.

Buck, P.L., Athenagoras's *embassy*. A literary fiction, in: HThR 89 (1996), S.209-226.

Burke, G.T., Celsus and Justin: Carl Andresen revisited, in: ZNW 76 (1985), S.107-116.

Burton, A., Diodorus Siculus, Book 1. A commentary (EPRO 29), Leiden 1972.

Burton, R.W., The chorus in Sophocles' tragedies, Oxford 1980.

Butterweck, Chr., „Martyriumssucht" in der Alten Kirche? Studien zur Darstellung und Deutung frühchristlicher Martyrien (BHTh 87), Tübingen 1995.

Buxton, R., Sophocles, Oxford 1984.

Campenhausen, H.v., Bearbeitungen und Interpolationen des Polykarpmartyriums (SHAW.PH 1957/3), Heidelberg 1957.

Campenhausen, H.v., Die Idee des Martyriums in der alten Kirche, Göttingen 1964².

Capelle, W., Die Schrift von der Welt. Ein Beitrag zur Geschichte der griechischen Popularphilosophie, in: NJKA 15 (1905), S.529-568.

Casey, R.P., Clement and the two divine logoi, in: JThS 25 (1924), S.43-56.

Casey, R.P., Clement of Alexandria and the beginnings of Christian Platonism, in: HThR 18 (1925), S.39-101.

Chadwick, H., Origen, Celsus, and the Stoa, in: JThS 48 (1947), S.34-49.

Chadwick, H., Origen. Contra Celsum, Cambridge 1953.

Chadwick, H., The evidences of Christianity in the apologetic of Origen, in: StPatr 2 (TU 64), Berlin 1957, S.331-339.

Chadwick, H., Early Christian thought and the classical tradition, Oxford 1966.

Charlesworth, M.P., Providentia and Aeternitas, in: HThR 29 (1936), S.107-132.

Chesnut, G.F., The first Christian histories. Eusebius, Socrates, Sozomen, Theodoret and Evagrius (ThH 46), Paris 1977.

Clay, D., A lost Epicurean community, in: GRBS 30 (1989), S.313-335.

Collins, J.J., Cosmos and salvation. Jewish wisdom and apocalyptic in the hellenistic age, in: HR 17 (1977), S.121-142.

Coman, J., Utilisation des Stromates de Clément d'Alexandrie par Eusèbe de Césarée dans la Préparation evangélique, in: Überlieferungsgeschichtliche Studien, hrsg.v. F. Paschke (TU 125), Berlin 1981, S.114-131.

Cornford, F.M., Thucydides Mythistoricus, London 1965² (1907).

Crouzel, H., Faut-il voir trois personnages en Grégoire le Thaumaturge?, in: Gr. 60 (1979), S.287-319.

Crouzel, H., Gregor I (Gregor der Wundertäter), in: RAC 12 (1983), Sp.779-793.

Crüsemann, F., Jahwes Gerechtigkeit (ṣᵉdāqā/ṣädäq) im Alten Testament, in: EvTh 36 (1976), S.427-450.

Dammen, D. van, Gott und die Märtyrer. Überlegungen zu Tertullians Scorpiace, in: FZPhTh 27 (1980), S.107-119.

Daniélou, J., Gospel message and Hellenistic culture, A history of early Christian doctrine before the council of Nicaea, Bd.2, London 1973.

Davison, J.E., Structural similarities and dissimilarities in the thought of Clement of Alexandria and the Valentinians, in: SecCen 3 (1983), S.201-217.

Dehandschutter, B., Martyrium Polycarpi. Een literair-kritische studie, Löwen 1979.

Delling, G., Perspektiven in der Erforschung des hellenistischen Judentums, in: HUCA 45 (1974), S.133-176.

Demandt, A., Metaphern für Geschichte. Sprachbilder und Gleichnisse im historisch-politischen Denken, München 1978.

Demandt, A., Politik in den Fabeln Aesops, in: Gym. 98 (1991), S.397-418.

Denning-Bolle, S., Christian dialogue as apologetic. The case of Justin martyr seen in historical context, in: BJRL 69 (1987), S.492-510.

Desideri, P., Dione di Prusa. Un intellettuale Greco nell'Impero Romano, Florenz 1978.

Dexinger, F, Ein „messianisches Scenarium" als Gemeingut des Judentums in nach-herodianischer Zeit?, in: Kairos 17 (1975), S.249-275.

Diels, H., Ein epikureisches Fragment über Götterverehrung, in: SPAW.Ph 1916, S.886-909 (= Kleine Schriften zur Geschichte der antiken Philosophie, Darmstadt 1969, S.288-311).

Dihle, A., Gerechtigkeit, in: RAC 10 (1978), Sp.233-360.

Dihle, A., Das Problem der Entscheidungsfreiheit in frühchristlicher Zeit. Die Überwindung des gnostischen Heilsdeterminismus mit den Mitteln der griechischen Philosophie, in: Gnadenwahl und Entscheidungsfreiheit, hrsg.v. F. von Lilienfeld, Erlangen 1980, S.9-31.

Dillon, J., The Middle Platonists. 80 B.C. to A.D. 220, Ithaka 1977.

Dillon, J., Origen's doctrine of the trinity and some later Neoplatonic theories, in: Neoplatonism and Christian thought, hrsg.v. D.J. O'Meara (Studies in Neoplatonism. Ancient and mo-dern 3), Albany N.Y. 1982, S.19-23.

Dillon, J., Self-definition in later Platonism, in: Jewish and Christian self-definition, hrsg.v. B.F. Meyer/ E.P. Sanders, Bd.3, London 1982, S.60-75.

Dillon, J., Plutarch and second century Platonism, in: Classical mediterranean spirituality. Egyptian, Greek, Roman, hrsg.v. A.H. Armstrong (WoSp 15), London 1986, S.214-229.

Dillon, J., Looking on the light. Some remarks on the imagery of light in the first chapter of the Peri archon, in: Origen of Alexandria. His world and his legacy, hrsg.v. Ch. Kannengies-ser/ W. Petersen, Notre Dame, Indiana 1988, S.215-230.

Dionigi, I., Il ‚De Providentia' di Seneca fra lingua e filosofia, in: ANRW II 36,7 (1994), S.5399-5414.

Dobson, J.F., The Poseidonios myth, in: CQ 12 (1918), S.179-195.

Dodds, E.R., Numenius and Ammonius, in: Les source de Plotin (EnAC 5), Genf 1960, S.4-32, übers. in: Der Mittelplatonismus, hrsg.v. C. Zintzen (WdF 70), Darmstadt 1981, S.488-517.

Donini P., Il De fato di Alessandro. Questioni di coerenza: in: ANRW II, 36,2 (1987), S.1244-1259.

Dorival, G., Origène a-t-il enseigné la transmigration des âmes dans les corps d'animaux? (A propos de P Arch 1,8,4), in: Origeniana Secunda. Second colloque international des études origéniennes (Bari, 20-23.9.1977), hrsg.v. H. Crouzel/ A. Quacquarelli (QVetChr 15), Bari 1980, S.11-32.

Dörrie, H., Ammonios, der Lehrer Plotins, in: Hermes 83 (1955), S.439-477, (= ders.: Platonica Minora, [STA 8] München 1976, S. 324-360.)

Dörrie, H., Pythagoreismus, in: PRE 47 (1963), Sp.268-277.

Dörrie, H., Die Schultradition im Mittelplatonismus und Porphyrios, in: Porphyre (EnAC 12), Genf 1965, S. 1-25 (= ders., Platonica Minora [STA 8], München 1976, S.406-419).

Dörrie, H. Die platonische Theologie des Kelsos in ihrer Auseinandersetzung mit der christlichen Theologie auf Grund von Origenes c. Celsum 7,42ff (NAWG.PH 1967/2), Göttingen 1967 (= ders.: Platonica Minora [STA 8], München 1976, S.229-262).

Dörrie, H., Der Begriff „Pronoia" in Stoa und Platonismus, in: FZPhTh 24 (1977), S.60-87.

Dörrie, H., Ammonios Sakkas, in: TRE 2 (1978), S.463-471.

Dörrie, H., Die Andere Theologie. Wie stellten die frühchristlichen Theologen des 2.-4. Jahrhundert ihren Lesern die „griechische Weisheit" (=den Platonismus) dar?, in: ThPh 56 (1981), S.1-46.

Dragona-Monachou, M., Divine providence in the philosophy of the empire, in: ANRW II 36,7 (1994), S.4417-4490.

Dragona-Monachou, M., The Stoic arguments for the existence and the providence of the gods (S.Saripolos' Library 32) Athen 1976.

Drews, R., Diodorus and his sources, in: AJP 83 (1962), S.383-392.

Dreyer, O., Untersuchungen zum Begriff des Gottgeziemenden in der Antike (Spudasmata 24), Hildesheim 1970.

Droge, A.J., Homer or Moses? Early Christian interpretations of the history of culture (HUTh 26), Tübingen 1989.

Droge, A.J., The apologetic dimensions of the ecclesiastical history, in: Eusebius, Christianity, and Judaism, hrsg.v. H. Attridge/ G. Hata (StPB 42), Leiden/ New York/ Köln 1992, S.492-509.

Ebert, Th., Dialektiker und frühe Stoiker bei Sextus Empiricus. Untersuchungen zur Aussagenlogik (Hyp. 95), Göttingen 1991.

Edelstein, L., The philosophical system of Poseidonius, in: AJP 57 (1936), S.286-325.

Edwards, M.J., On the Platonic schooling of Justin Martyr, in: JThS.NS 42 (1991), S.17-34.

Edwards, M., Ammonios, teacher of Origen, in: JEH 44 (1993), S.169-181.

Ehrhardt, A., Justin Martyr's Two Apologies, in: JEH 4 (1953), S.1-12.

Ehrhardt, C.T.H.R., Eusebius and Celsus, in: JAC 22 (1979), S.40-49.

Eijk, Ph.J. van der, Origenes' Verteidigung des freien Willens in De oratione 6,1-2, in: VigChr 42 (1988), S.339-351.

Elter, W., Zu Hierokles dem Neuplatoniker, in: RMP 65 (1910), S.175-199.

Eltester, W., Schöpfungsoffenbarung und natürliche Theologie im frühen Christentum, in: NTS 3 (1957), S.93-114.

Erler, M., Epikur, Die Schule Epikurs, Lukrez, in: Die Geschichte der Philosophie der Antike 4, Die hellenistische Philosophie Bd.1, hrsg.v. H. Flashar, Basel 1994, S.203-490.

Essig, K.-G., Erwägungen zum geschichtlichen Ort der Apologie des Aristides, in: ZKG 97 (1986), S.163-188.

Eucken, C., Isokrates. Seine Positionen in der Auseinandersetzung mit den zeitgenössischen Philosophen (UaLG 19), Berlin 1983.

Fabricius, Cajus, Die Aussagen der griechischen Kirchenväter über Platon, in: VigChr 42 (1988), S.179-187.

Fascher, E., Der Logos-Christus als göttlicher Lehrer bei Clemens von Alexandrien, in: Studien zum Neuen Testament und zur Patristik, FS für E. Klostermann, hrsg.v. der Kommission für spätantike Religionsgeschichte (TU 77), Berlin 1961, S.193-207.

Fascher, E., Jerusalems Untergang in der urchristlichen und altkirchlichen Überlieferung, in: ThLZ 89 (1964), S.81-98.

Fédou, M., Christianisme et religions paiennes dans le Contra Celse d' Origène (ThH 81), Paris 1988.

Fédou, M., La figure de Socrate selon Justin, in: Les apologistes chrétiens et la culture grecque, hrsg.v. B. Pouderon/ J. Doré (ThH 105), Paris 1998, S.51-66.

Feldman, L.H., Josephus as an apologist to the Greco-Roman World. His portrait of Solomon, in: Aspects of religious propaganda in Judaism and early Christianity, hrsg.v. E. Schüssler-Fiorenza (University of Notre Dame Center for the Study of Judaism and Christianity in Antiquity Bd.2), London 1976, S.69-98.

Ferguson, J., Epicuranism under the Roman Empire, in: ANRW II 36,4 (1990), S.2257-2327.

Festugière, R.P., La révélation d'Hermes Trimégiste, Bd II., Le dieu cosmique, Paris 1949.

Fischer, U., Eschatologie und Jenseitserwartung im Hellenistischen Judentum (BZNW 44), Berlin 1978.

Förster, W., Das System des Basilides, in: NTS 9 (1962), S.233-255.

Fossum, J.E., The Name of God and the angel of the Lord. Samaritan and Jewish concepts of intermediation and the origin of gnosticism (WUNT 36), Tübingen 1985.

François, L., Essai sur Dion Chrysostome, Paris 1921.

Frede, D., Aristoteles und die Seeschlacht, Göttingen 1970.

Frede, D., The dramatization of determinism: Alexander of Aphrodisias' De fato, in: Phron. 27 (1982), S.276-298.

Frede, M., The original notion of cause, in: Doubt and dogmatism. Studies in Hellenistic epistemology, hrsg.v. M. Schofield/ M. Burnyeat/ J. Barnes, Oxford 1980, S.217-249.

Frede, M., Celsus philosophus Platonicus, in: ANRW II 36,7 (1994), S.5183-5213.

Frede, M., Eusebius' apologetic writings, in: Apologetics in the Roman Empire, a.a.O.S.223-250.

Fredouille, J.-C., Heiden, in: RAC 13 (1986), Sp.1113-1149.

Fredouille, J.C., L'apologétique chrétienne antique. Naissance d'un genre littéraire, in: REAug 38 (1992), S.219-234.

Frend, W.H.C., Martyrdom and persecution in the Early Church, Oxford 1961.

Frend, W.H.C., The rise of Christianity, London 1984.

Frick, P., Divine Providence in Philo of Alexandria (Texts and Studies in Ancient Judaism 77), Tübingen 1999.

Friedländer, M., Geschichte der jüdischen Apologetik als Vorgeschichte des Christentums. Eine historisch-kritische Darstellung der Propaganda und Apologie im Alten Testament und in der hellenistischen Diaspora, Zürich 1903.

Fritz, K. v., Poseidonius als Historiker, in: Historiographia Antiqua. Commentationes Louvanienses in honorem W. Peremans septuagenarii editae (Symbolae 6), Löwen 1977, S.163-193.

Früchtel, U., Die kosmologischen Vorstellungen bei Philon von Alexandrien (ALGHL 2), Leiden 1968.

Fuchs, H., Augustin und der antike Friedensgedanke. Untersuchungen zum neunzehnten Buch der Civitas Dei, Berlin/ Zürich 1965[2].

Gagarin, M., Drakon and early Athenian homicide law, New Haven/ London 1981.

Gahbauer, F.R., Die Erzieherrolle des Logos Christus in der Ethik des Klemens von Alexandrien auf dem Hintergrund des (mittel-) Platonismus und der stoischen Anthropologie, in: MThZ 31 (1986), S.296-305.

Gallagher, E.V., Piety and polity. Eusebius defence of the gospel, in: Religious writings and religious systems, Bd.2, hrsg.v. J. Neusner/ E.S. Frerichs/ A.J. Levine (BrSR 2), Atlanta 1989, S.139-155.

Geffcken, J., Zwei griechische Apologeten, Leipzig 1907.

Geisau, v., Pronoia, in: PRE, 45 (1957), Sp. 746f.

Gercke, A., Eine platonische Quelle des Neuplatonismus, in: RMP 41 (1886), S.266-291

Gercke, A., Andronikos von Rhodos, in: PRE I (1894), Sp.2164-2167.

Gese, H., Lehre und Wirklichkeit in der alten Weisheit. Studien zu den Sprüchen Salomos und zu dem Buche Hiob, Tübingen 1958.

Gigon, O., Rezension: M. Tulli Cerceronis De natura deorum libri, ed. A.S. Pease, in: Gnomon 34 (1962), S.662-676.

Gill, M.L., Individuals and individuation in Aristotle, in: Unity, identity, and explanation in Aristotle's Metaphysics, hrsg.v. ders./ T. Scaltsas/ D. Charles, Oxford 1994, S.55-71.

Gigon, O., Poseidonios und die Geschichte der stoischen Philosophie, in: Archaiognosia 1 (1980), S.261-299.

Giradet, K., Die Ordnung der Welt. Ein Beitrag zur philosophischen und politischen Interpretation von Ciceros De legibus, Wiesbaden 1983.

Giunchi, M., *Dunamis* et *taxis* dans la conception trinitaire d' Athénagore (leg. 10,29; 12,21; 24,9), in: Les apologistes chrétiens et la culture grecque, hrsg.v. B. Pouderon/ J. Doré (ThH 105), Paris 1998, S.121-134.

Glibert-Thirry, A., Pseudo-Andronicus De Rhodes „ΠΕΡΙ ΠΑΘΩΝ". Édition critique du texte grec et de la traduction latine médiévale (CLCAG.S 2), Leiden 1977.

Gnilka, Chr., χρῆσις. Die Methode der Kirchenväter im Umgang mit der alten Kultur, Basel/ Stuttgart 1984; Bd.2, χρῆσις, Kultur und Convention, Basel/ Stuttgart 1993.

Goerler, W., „Hauptursachen" bei Chrysipp und Cicero? Philologische Marginalien zu einem vieldiskutierten Gleichnis (De fato 41-44), in: RMP 130 (1987), S.254-274.

Gomme, A.W., A historical commentary on Thucydides, The ten years' war, Bd.2, Oxford 1956,

Gomme, A.W./ Sandbach, F.H., Menander. A commentary, Oxford 1973.

Goodenough, R.R., The theology of Justin Martyr. An investigation into the concepts of early Christian literature and its Hellenistic and Judaistic influences, Amsterdam 1968 (Jena 1923).

Goodman, M., Josephus' treatise *Against Apion*, in: Apologetics in the Roman Empire, a.a.O.S.45-58.

Gottschalk, H.B., Aristotelian philosophy in the Roman world from the time of Cicero to the end of the second century A.D., in: ANRW II 36,2, S.1079-1174.

Gould, J.B., The Stoic conception of fate, in: JHI 35 (1973), S.17-32.

Grant, R.M., Athenagoras or pseudo-Athenagoras, in: HThR 47 (1954), S.121-129.

Grant, R.M., The book of Wisdom at Alexandria, in: StPatr 7 (TU 92), Berlin 1966, S.462-472.

Grant, R.M., Forms and occasions of the Greek apologists, in: SMSR 52 (1986), S.213-226.

Grant, R.M., Five apologists and Marcus Aurelius, in: VigChr42 (1988), S.1-17.

Greek and Latin authors on Jews and Judaism, hrsg.v. M. Stern, Bd 2. Jerusalem 1980.

Grubmüller, K., Meister Esopus. Untersuchungen zu Geschichte und Funktion der Fabel im Mittelalter (Münchner Texte und Untersuchungen zur Deutschen Literatur des Mittelalters Bd.56), München 1977.

Guerra, A.J., The conversion of Marcus Aurelius and Justin Martyr. The purpose, genre, and content of the first apology, in: SecCen 9 (1992), S.171-196.

Hadot, I., Le problème du Néo-Platonisme Alexandrin, Hiérocles et Simplicius, Paris 1978.

Hager, F.P., Proklos und Alexander über ein Problem der Vorsehung, in: Kephalaion. Studies in Greek philosophy and its continuation presented to C.J. de Vogel, hrsg.v. J. Mansfeld u.a., Assen 1975, S.171-182.

Hager, F.P., Gott und das Böse im antiken Platonismus (Elementa 43), Würzburg/ Amsterdam 1987.

Hahm, D.E., The origins of Stoic cosmology, Ohio 1977.

Hahm, D.E., The Stoic theory of change, in: The Southern Journal of Philosophy Suppl. 23 (1983), S.39-55.

Hahm, D.E., Diogenes Laertius VII: On the Stoics, in: ANRW II 36,6 (1992), S.4079-4182.

Halfmann, H., Itinera principum. Geschichte und Typologie der Kaiserreisen im Römischen Reich (Heidelberger Althistorische Beiträge und Epigraphische Studien 2), Stuttgart 1986.

Hällström, G., Fides Simpliciorum according to Origen of Alexandria (Commentationes Humanorum Litterarum 76), Helsinki 1984.

Hammond, C.P., The last ten years of Rufinus' life and the date of his move south from Aquileia, in: JThS.NS 28 (1977), S.372-429.

Harl, M., Cosmologie greque et représentations juives dans l' oeuvre de Philon d'Alexandrie, in: Philon d'Alexandrie, Lyon 11-15 Septembre 1966, Colloque Nationaux du Centre National de la recherches scientifique, Paris 1967, S.189-203.

Harnack, A., Die Überlieferung der Griechischen Apologeten des zweiten Jahrhunderts in der Alten Kirche und im Mittelalter (TU 1,1/2), Leipzig 1882.

Harnack, A., Der Vorwurf des Atheismus in den drei ersten Jahrhunderten (TU NF 13,4), Leipzig 1905.

Harnack, A. v., Lehrbuch der Dogmengeschichte, Bd.1, Tübingen 1909[4].

Harnack, A.v., Porphyrius „Gegen die Christen", 15 Bücher. Zeugnisse, Fragmente und Referate (AAWB.PH 1916,1), Berlin 1916.

Harnack, A.v., Der kirchengeschichtliche Ertrag der exegetischen Arbeiten des Origenes, Teil 1 (Hexateuch und Richterbuch), Die Terminologie der Wiedergeburt und verwandter Erlebnisse in der ältesten Kirche (TU 42/3), Leizig 1918; Teil 2, Die beiden Testamente mit Ausschluß des Hexateuchs und des Richterbuchs (TU 42,4), Leipzig 1919.

Harnack, A.v., Die Mission und Ausbreitung des Christentums in den ersten drei Jahrhunderten, Leipzig 1924[4].

Harnack, A.v., Geschichte der altchristlichen Literatur bis Eusebius, Teil I, Die Überlieferung und der Bestand, Leipzig 1958[2].

Harris, B.F., The defence of Christianity in Athenagoras' embassy, in: JRH 15 (1989), S.413-424.

Harris, B.F., Dio of Prusa. A survey of recent work, in: ANRW II 33,5 (1991), S.3854-3881.

Hegel, G.W.F., Vorlesungen über die Philosophie der Geschichte, Frankfurt 1995[4].

Heitsch, E., Antiphon aus Rhamnus (AAWLM.G 1984,3), Mainz 1984.

Henten, J.W. van, Das jüdische Selbstverständnis in den ältesten Martyrien, in: ders. (Hg.), Die Entstehung der jüdischen Martyrologie (StPB 38), Leiden/ New York/ Kopenhagen/ Köln 1989, S.127-161.

Hershbell, J.P. Plutarch and Stoicism, in: ANRW II 36,5 (1992), S.3339-42 (3336-3352).

Hijmans, B.C., ἈΣΚΗΣΙΣ. Notes on Epictetus' educational system, Assen 1959.

Hirsch, E., Geschichte der Neuern Evangelischen Theologie, Bd.3, Gütersloh 1964.

Hoek, A. van den, Clement of Alexandria and his use of Philo in the Stromateis. An early Christian reshaping of Jewish model (VigChr Suppl.3), Leiden/ New York/ Köln 1988.

Hoek, A. van den, How Alexandrian was Clement of Alexandria? Reflections on Clement and his Alexandrian background, in: HeyJ 31 (1990), S.179-194.

Hoffmann, R.J., Celsus, On the true doctrine. A discourse against the Christians, New York/ Oxford 1987.

Hoheisel, K., Das frühe Christentum und die Seelenwanderung, in: JAC 27/28 (1984/85), S.24-46.

Holte, R., Logos spermatikos. Christianity and ancient philosophy according to St. Justin's apologies, in: StTh 12 (1958), S.109-168.

Holzberg, N., Die antike Fabel. Ein Einführung, Darmstadt 1993.

Hubik, K., Die Apologien des hl. Justinus, des Philosophen und Märtyrers. Literarhistorische Untersuchungen, Wien 1912.

Hyldahl, N., Philosophie und Christentum. Eine Interpretation der Einleitung zum Dialog Justins (AThD 9), Kopenhagen 1966.

Ingenkamp, H.G., Untersuchungen zu den pseudoplatonischen Definitionen (KPS 35), Wiesbaden 1967.

Jaeger, W., Nemesios von Emesa, Berlin 1914.

Jaeger, W., Paideia, 3 Bde. Berlin 1935², 1944, 1945.

Jaeger, W., Das frühe Christentum und die griechischen Bildung, Berlin 1963.

Jaeger, W., The date of Isocrates' Areopagiticus and the Athenian opposition, deutsch in: Isokrates, hrsg.v. F. Seck (WdF 351), Darmstadt 1976, S.139-188.

Joly, R., Christianisme et philosophie. Études sur Justin et les apologistes grecs du deuxième siècle (Université libre de Bruxelles, Fac. de Philosophie et Lettre 52), Brüssel 1973.

Joly, R., Notes pour le Moyen Platonisme, in: Kerygma und Logos, FS für C. Andresen, hrsg.v. A.M. Ritter, Göttingen 1979, S.311-321.

Jones R.M., Posidonius and the flight of mind through the universe, in: CP 21 (1926), S.97-113.

Jordan, M.D., Ancient philosophic protreptic, in: Rhetorica 4 (1986), S.309-333.

Jufresa, M. Basilides. A path to Plotinus, in: VigChr 35 (1981), S.1-15.

Jülicher, A., Apologeten, in: PRE 2 (1898), S.166f.

Jülicher, A., Gleichnisreden Jesu, Tübingen 1910².

Jungkuntz, R.P., Fathers, heretics and Epicureans, in: JEH 17 (1966), S.3-10.

Kannengießer, Ch., Eusebius of Caesarea, Origenist, in: Eusebius, Christianity and Judaism, hrsg.v. H.W. Attridge/ G. Hata (StPB 42), Leiden/ New York/ Köln 1992, S.435-466.

Kannengiesser, Ch., Origen. Systematician in De principiis, in: Origeniana Quinta. Papers of the 5th International Origen Congress 1989, hrsg.v. R.J. Daly (BEThL 105), Löwen 1992, S.395-405.

Kearns, E., Between god and man. Status and function of heroes and their sanctuaries, in: Le sanctuaire grec (EnAC 37), Genf 1990, S.65-99.

Kehl, H., Die Monarchie im politischen Denken des Isokrates, Diss. Bonn 1962.

Keim, Th., Kelsos Wahres Wort. Älteste Streitschrift antiker Weltanschauung gegen das Christentum vom Jahr 178, Zürich 1873.

Keresztes, P., The literary genre of Justin's first apology, in: VigChr 19 (1965), S.99-110.

Kereztes, P., The „so-called" second apology of Justin, in: Latomus 24 (1965), S.858-869.

Kerferd, G.B., The origin of evil in Stoic thought, in: BJRL 60 (1978), S.482-494.

Kertsch, M., Traditionelle Rhetorik und Philosophie in Eusebius' Antirhetorikos gegen Hierokles, in: VigChr 34 (1980), S.145-171.

Kettler, F.H., War Origenes Schüler des Ammonios Sakkas?, in: Epektasis, Mélanges patristiques offert au Cardinal J. Daniélou, hrsg.v. J. Fontaine/ Ch. Kannengiesser, Beauchesne 1972, S.329-334.

Kettler, F.H., Origenes, Ammonius Sakkas und Porphyrius, in: Kerygma und Logos, FS für C. Andresen, hrsg.v. A.M. Ritter, Göttingen 1979, S.322-328.

Kienast, D., Presbeia, in: PRE Suppl. 13 (1973), Sp.499-628.

Kienast, D., Römische Kaisertabelle. Grundzüge einer römischen Chronologie, Darmstadt 1996².

Kinzig, W., Der „Sitz im Leben" der Apologie der Alten Kirche, in: ZKG 100 (1989), S.291-317.

Kinzig, W., Novitas Christiana. Die Idee des Fortschritts in der Alten Kirche bis Eusebius (FKDG 58), Göttingen 1994.

Kleinow, H.G., Die Überwindung der Polis im frühen 4.Jh.v.Chr., Diss. Erlangen 1981.

Kleve K., On the beauty of God. A discussion between Epicureans, Stoics and Sceptics, in: SO 53 (1978), S.69-83.

Klostermann, E., Überkommene Definitionen im Werk des Origenes, in: ZNW 37 (1938), S.54-61.

Knoch, W., Die Strafbestimmungen in Platons Nomoi (KPS 23), Wiesbaden 1960.

Kobusch, Th., Studien zur Philosophie des Hierokles von Alexandrien. Untersuchungen zum christlichen Neuplatonimus (Epimeleia 27), München 1976.

Koch, H., Pronoia und Paideusis (AKG 22), Berlin 1932.

Koschorke, K., Die Polemik der Gnostiker gegen das kirchliche Christentum (NHS 12), Leiden 1978.

Kötting, B., Martyrium und Provokation, in: Kerygma und Logos. Beiträge zu den geistesgeschichtlichen Beziehungen zwischen Antike und Christentum, FS für C. Andresen, hrsg.v. A.M. Ritter, Göttingen 1979, S.329-336.

Kraft, H., Die Lyoner Märtyrer und der Montanismus, in: Pietas, FS für B. Kötting, hrsg.v. E. Dassmann/ K.S. Frank (JAC.E 8), Münster 1980, S.250-266.

Krauss, S., Griechische und lateinische Lehnwörter in Talmud, Midrasch und Targum, Berlin 1898.

Kraye, J., Aristotle's God and the authenticity of De mundo. An early modern controversy, in: JHPh 27 (1990), S.339-358.

Krämer, H.J., Der Ursprung der Geistmetaphysik, Amsterdam 1964.

Kremer, K., Alexandrien – Wiege der neuplatonischen Philosophie, in: Alexandrien. Kulturbegegnungen dreier Jahrtausende im Schmelztiegel einer mediterranen Großstadt, hrsg.v. N. Hinske (Aegyptiaca Treverensia 1), Mainz 1981, S.37-50.

Kretschmar, G., Basilides, in: RGG 1³ (1957), Sp.909f.

Krieger, K.-S., Geschichtsschreibung als Apologetik (TANZ 9), Tübingen/ Basel 1994.

Krüger, L., Der Begriff des Empirismus. Erkenntnistheoretische Studien am Beispiel John Lockes, Berlin/ New York 1973.

Krüger, P., Philo und Josephus als Apologeten des Judentums, Leipzig 1906.

Kübel, P., Schuld und Schicksal bei Origenes, Gnostikern und Platonikern (CThM 1), Stuttgart 1973.

Kunz, M., Zur Beurteilung der Prooemien in Diodors historischer Bibliothek, Diss. Zürich 1935.

Langerbeck, The philosophy of Ammomius Sakkas and the connection of Aristotelian and Christian elements therein, in: JHS 57 (1957), S.67-74.

Lapidge, M., Ἀρχαί and στοιχεῖα. A problem in Stoic cosmology, in: Phron. 18 (1973), S.240-278.

Lapidge, M., Stoic cosmology, in: The Stoics, hrsg.v. J.M. Rist, Berkeley/ Los Angeles/ London 1978, S.161-185.

Laqueur, R., Diodorea, in: Hermes 86 (1958), S.256-290.

Larcher, C., Le livre de la Sagesse de Salomon, 3 Bde., Paris 1983-85.

Larson, J., Greek heroine cults, London 1995.

Latte, D., Beiträge zum griechischen Strafrecht, Hermes 66 (1931), S.30-48, 129-158), ND, in: Zur griechischen Rechtsgeschichte, hrsg.v. E. Berneker (WdF 45), Darmstadt 1968, S.263-314.

Layton, B., The significance of Basilides in ancient thought, in: Representations 28 (1989), S.135-151.

Le Boulluec, A., La notion d' hérésie dans la littérature greque I^e-IIIe siècles, Bd.2, Clément d'Alexandrie et Origine, Paris 1985.

Lehmann, G.A., Polybios und die ältere und zeitgenössische griechische Geschichtsschreibung. Einige Bemerkungen, in: Polybe, hrsg.v. E. Gabba (EnAC 20), Genf 1974, S.145-200.

Lehrer, A., Semantic fields and frames. Are they alternatives?, in: Studien zur Wortfeldtheorie, hrsg.v. P.R. Lutzeier (Linguistische Arbeiten 288), Tübingen 1993, S.149-161.

Lehrerin der Gerechtigkeit, hrsg.v. G. Hentschel/ E. Zenger (EThS 19), Leipzig 1991.

Lepsius, J.H., Das Attische Recht und Rechtsverfahren, Leipzig 1905.

Levy, J., Wörterbuch über die Talmudim und Midraschim, Berlin/ Wien 1924^2 (ND Darmstadt 1963).

Lies, L., Origenes – auf dem Weg nach Chalcedon. Plausibilität des Christentums in Origenes' Contra Celsum, in: Sinngestalten, FS für E. Coreth, hrsg.v. O. Muck, Innsbruck 1989, S.91-103.

Lies, L., Philosophische und theologische Begründung des Christentums in Contra Celsum des Origenes, in: Origeniana Quinta. Papers of the 5th International Origen Congress 1989, hrsg.v. R. Daly (BEThL 105), Löwen Löwen 1992, S.454-459.

Lies, L., Vom Christentum zu Christus nach Origenes' Contra Celsum, in: ZThK 112 (1990), S.150-177.

Lilla, S.R.C., Clement of Alexandria. A study in Christian Platonism and Gnosticism, Oxford 1971.

Lloyd, A.C., The principle that the cause is greater than its effect, in: Phron. 21 (1976), S.146-156.

Löhr, W.A., Basilides und seine Schule. Eine Studie zur Theologie- und Kirchengeschichte des zweiten Jahrhunderts (WUNT 83), Tübingen 1996.

Lona, H.E., Die dem Apologeten Athenagoras zugeschriebene Schrift „De resurrectione mortuorum" und die altchristliche Auferstehungsapologetik, in: Sal. 52 (1990), S.525-578.

Long, A.A., Soul and body in Stoicism, in: Phron. 27 (1982), S.34-57.

Long, A.A., The Stoics on world-conflagration and everlasting recurrence, in: The Southern Journal of Philosophy Suppl. 23 (1983), S.13-37.

Longrigg, J., Elementary physics in the Lyceum and Stoa, in: Isis 66 (1975), S.211-229.

Lorimer, W.L., Some notes on the text of Pseudo-Aristotle "De Mundo" (St. Andrews University Publications 21), Oxford 1925.

Ludwig, W., Die Plautinische *Cistellaria* und das Verhältnis von Gott und Handlung bei Menander, in: Menandre, hrsg.v. E.W. Handley u.a. (EnAC 16), Genf 1970, S.45-96.

Lyman, R., Christology and cosmology. Models of divine activity in Origen, Eusebius, and Athanasius, Oxford 1993.

Mack, B.L., Logos und Sophia. Untersuchungen zur Weisheitstheologie im hellenistischen Judentum, Göttingen 1973.

MacMullen, R., Changes in the Roman empire, Princeton 1990.

Maguire, J., The sources of Ps.-Aristoteles, De Mundo, in: YCS 6 (1939), S.109-167.

Malherbe, A.J., The Holy Spirit in Athenagoras, in: JThS.NS 20 (1969), S.538-542.

Malherbe, A.J., Athenagoras on the location of God, in: ThZ 26 (1970), S.46-52.

Malherbe, A.J., Athenagoras on the poets and philosophers, in: Kyriakon, FS für J. Quasten, hrsg.v. P. Granfield/ J.A. Jungmann, Münster 1970, S. 214-225.

Malherbe, A.J., Self-definition among Epicureans and Cynics, in: Jewish and Christians self-definition, hrsg.v. B.F. Meyer/ E.P. Sanders, Bd.3, London 1982, S.46-59.

Malherbe, A.J., The structure of Athenagoras, Supplicatio pro christianis, in: VigChr 23 (1969), S.1-20.

Malitz, J., Die Historien des Poseidonios (Zet. 79), München 1983.

Mansfeld, J., Providence and the destruction of the universe in early Stoic thought. With some remarks on the "mysteries of philosophy", in: Studies in Hellenistic religion, hrsg.v. M.J. Vermaseren (EPRO 78), Leiden 1979, S.129-188.

Mansfeld, J., Resurrection added. The interpretatio christiana of a Stoic Doctrine, in: VigChr 37 (1983), S.218-233.

Mansfeld, J., An echo of Middle Platonist theology in Alexander De fato ch. XXXIV, in: VigChr 43 (1989), S. 86-91.

Mansfeld, J., Heresiography in context. Hippolyt's Elenchos as a source for Greek philosophy (PhAnt 56), Leiden/ New York/ Köln 1992.

Mansfeld, J., ΠΕΡΙ ΚΟΣΜΟΥ, A note on the history of a title, in: VigChr 46 (1992), S.391-411.

Marcovich, M., On the text of Athenagoras, De resurrectione, in: VigChr 33 (1979), S.375-382.

Mason, St., The Contra Apionem in social ad literary context. An invitation to Judean philosophy, in: Josephus' Contra Apionem. Studies in its character and context with a Latin concor-dance to the portion missing in Greek, hrsg.v. L.H. Feldman/ J.R. Levison [AGJU 34], Leiden/ New York/ Köln 1996, S.187-228.

May, G., Schöpfung aus dem Nichts. Die Entstehung der Lehre von der Creatio ex nihilo (AKG 48), Berlin/ New York 1978.

McVey, K.E., The use of Stoic cosmology in Theophilos of Antioch's Hexameron, in: Biblical hermeneutics in historical perspective, FS für K. Fröhlich, hrsg.v. M.S. Burrows/ P.Rorem, Grand Rapids/ Mich. 1991, 196-214.

Méhat, A., Étude sur le ‚Stromates' de Clément d'Alexandrie (PatSorb 7), Paris 1966.

Meijering, E.P. God, cosmos, history. Christian and Neo-Platonic views on divine revelation, in: VigChr 28 (1974), S.15-28.

Meister, K., Historische Kritik bei Polybios (Palingenesia 9), Wiesbaden 1975.

Mejer, J., Diogenes Laertius and his Hellenistic background (Hermes E. 40), Wiesbaden 1978.

Menn, St.., The Stoic theory of categories, in: OSAP 17 (1999), S.215-247.

Merlan, Ph., Zwei Untersuchungen zu Alexander von Aphrodisias, in: Ph. 113 (1969), S.85-91.

Meyer, A., Vorsehungsglaube und Schicksalsidee in ihrem Verhältnis bei Philo von Alexandrien, 1939.

Millar, F., The emperor in the Roman world (31 BC - AD 337), London 1977.

Millar, F., The Roman Near East 31 BC – AD 337, Cambridge MA 1993.

Miura-Stange, A., Celsus und Origenes. Das Gemeinsame ihrer Weltanschauung nach den acht Büchern des Origenes gegen Celsus. Eine Studie zur Religions- und Geistesgeschichte des 2. und 3.Jh. (BZNW 4), Gießen 1928.

Modemann, G., Quos auctores Dio Chrysostomus secutus sit in oratione tricesima sexta, Diss. Bonn 1957.

Monachino, V., Intento pratico e propagandistico nell' apologetica greca del II seculo, in: Gr. 32 (1951), S.5-49.

Moraux, P., La doctrine de la providence dans l' école d' Aristote, in: ders., D' Aristote à Besarion. Trois exposé sur l'histoire et la transmission de l' aristotelisme grec, Québec 1970, S.41-65.

Moraux, P., Der Aristotelismus bei den Griechen von Andronikos bis Alexander von Aphrodisias, Bd.2, Der Aristotelismus im 1. und 2. Jh.n.Chr. (Peripatoi 6), Berlin 1984.

Moreschini, C., Attico. Una figura singolare del medioplatonismo, in: ANRW II 36,1 (1987), S.477-491.

Morris, J., The Jewish philosopher Philo, in: E. Schürer, The history of Jewish people in the age of Jesus Christ, überarbeitet von G. Vermes/ F. Millar/ M. Goodman, Bd.3,2, Edinburgh 1987, S.808-889.

Mosheim, J.M., Die acht Bücher des Origenes wider den Weltweisen Celsus, Hamburg 1745.

Mras, K., Zu Attikos, Porphyrios und Eusebios, in: Glotta 25 (1936), S.183-188.

Mühlenberg, E., Das Verständnis des Bösen in neuplatonischen und frühchristlicher Sicht, in: KuD 15 (1969), S.226-238.

Mühlenberg, E., Wirklichkeitserfahrung und Theologie bei dem Gnostiker Basilides, in: KuD 18 (1972), S.161-175.

Mühlenberg, E., Das Vermächtnis der Kirchenväter an den modernen Protestantismus, in: Kerygma und Logos, FS für C. Andresen, hrsg.v. A.M. Ritter, Göttingen 1979, S.380-394.

Munck, J., Untersuchungen über Klemens von Alexandrien (FKGG 2), Stuttgart 1933.

Munier, Ch., La méthode apologétique de Justin le Martyr, in: RevSR 62 (1988), S.90-100, 227-239.

Munier, Ch., L' apologie de Saint Justin philosophe et martyr (Paradosis 38), Fribourg 1994.

Munier, Ch., À propos d'une édition récente des apologies de Justin, in: RevSR 71 (1997), S.299-309.

Nautin, P., Trois autres fragments du livre de Porphyre contre les chretiens, in: RB 57 (1950), S.409-416.

Nautin, P., Les fragments de Basilide sur la souffrance et leur interprétation par Clément d'Alexandrie et Origène, in: Mélange d'histoire des religions offerts à H.-Ch. Puech, Paris 1974, S.393-404

Nautin, P., Origène. Sa vie et son œuvre (CAnt 1), Paris 1977.

Neymeyer, U., Die christlichen Lehrer im zweiten Jahrhundert (VigChr Suppl. 4), Leiden/ New York/ Köln 1989.

Nickelsburg, G.W.E., Resurrection, immortality, and eternal life in intertestamental Judaism, Cambridge/ Oxford 1972.

Nilsson, M.P., Geschichte der griechischen Religion, Bd.2, Die hellenistische und römische Zeit (Handbuch der Altertumswissenschaften 5,2/2), München 1988⁴.

Nock, A.D., Posidonius, in: Journal of Roman Studies 49 (1959), S.1-15.

Nøjgaard, M., La moralisation de la fable. D'Ésope à Romulus, in: La fable. Huit exposés suivis de discussions, hrsg.v. F.R. Adrador/ O. Reverdin (EnAC 30), Genf 1984, S.225-242.

Norden, E., Agnostos Theos. Untersuchungen zur Formengeschichte religiöser Rede, Leipzig/ Berlin 1913.

Obbink, D., POxy. 215 and Epicurean religious θεωρία, in: Atti del XVII Congresso Internazionale di Papirologia II, Naples 1984, S.607-619.

Oliver, J.H., Greek constitutions of early Roman emperors from inscriptions and papyri (American Philosophical Society 178), Philadelphia 1989.

Opitz, H.-G., Euseb von Caesarea als Theologe, in: ZNW 34 (1935), S.1-19.

Osborn, E., Clement of Alexandria. A review of research, 1958-1982, in: SecCen 3 (1983), S.219-244.

Overbeck, F., Über die Anfänge der patristischen Literatur, in: HZ 48 (1882), S.417-472.

Pagels, E., Christian apologists and the fall of the angels. An attack on Roman imperial power?, in: HThR 78 (1985), S.301-325.

Palm, J., Über Sprache und Stil des Diodoros von Sizilien, Lund 1955.

Patterson, L.G., God and history in early Christian thought. A study of themes from Justin Martyr to Gregory the Great, London 1967.

Paulsen, H., Das Kerygma Petri und die urchristliche Apologetik, in: ZKG 88 (1977), S.1-37.

Paulsen, H., Studien zur Theologie des Ignatius von Antiochien, Göttingen 1978.

Paulsen, H., Die Briefe des Ignatius von Antiochien und der Brief des Polykarp von Smyrna (HNT NA, Die Apostolischen Väter 2), Tübingen 1985.

Pavan, M., La teoresi storica di Diodoro Siculo, in: RAL 16 (1961), S.19-52, 117-151.

Pépin. J., Prière et providence au 2e siècle (dial.1,4), in: Images of man in ancient and medieval thought, FS für G. Verbeke, hrsg.v. F. Bossier/ F.D. Wachter u.a., Löwen 1976, S.111-125.

Perler, O., Das vierte Makkabaeerbuch, Ignatius von Antiochien und die aeltesten Martyrerberichte, in: RivAC 25 (1949), S.47-72.

Perry, B.E., Fable, in: Studium Universale 12 (1959), S.17-37.

Peterson, E., Der Monotheismus als politisches Problem. Ein Beitrag zur Geschichte der politischen Theologie im Imperium Romanum, Leipzig 1935.

Petzl, G., Die Beichtinschriften Westkleinasiens (Epigraphica Anatolica 22), Bonn 1994.

Pichler, K., Der Streit um das Christentum. Der Angriff des Kelsos und die Antwort des Origenes, Frankfurt/ Bern 1980.

Pilhofer, P., Presbyteron kreitton. Der Altersbeweis der jüdischen und christlichen Apologeten (WUNT 2,39), Tübingen 1990.

Places, É. des., Eusèbe de Césarée Commentateur. Platonisme et écriture sainte (ThH 63), Paris 1982.

Places, É. des, Les citations profanes du IVe Stromate de Clément d'Alexandrie, in: REA 40 (1988), S.389-397.

Pohlenz, M. Plutarchs Schriften gegen die Stoiker, in: Hermes 74 (1939), S.1-33 (= Kleine Schriften 1, hrsg.v. H. Dörrie, Hildesheim 1965, S.448-480).

Pohlenz, M., Philon von Alexandreia (NAWG 1942/1), Göttingen 1942, S.409-487.

Pohlenz, M., Klemens von Alexandreia und sein hellenisches Christentum (NAWG 1943/3), Göttingen 1943, S.103-180.

Pohlenz, M., Die Stoa. Geschichte einer geistigen Bewegung, 2 Bde., Göttingen 1984[6] 1980[5].

Pouderon, B., L'authenticité du traité sur la résurrection attribué à l'apologiste Athénagore, in: VigChr 40 (1986), S.226-244.

Pouderon, B., Athénagore d'Athènes (ThH 82), Paris 1989.

Pouderon, B., La chair et le sang. Encore sur l'authenticité du traité d'Athénagore d'Athènes, in: VigChr 44 (1990), S.1-5.

Pouderon, B., Apologetica. Encore sur l'authenticité du „De Resurrectione", in: RevSR 67 (1993), S.23-40; RevSR 68 (1994), S.19-30; RevSR 69 (1995), S.194-201; RevSR 70 (1996), S.224-239.

Praechter, K., Hierokles, Neuplatoniker, in: PRE 8 (1913), Sp.1479-1487.

Procter, E., Christian controversy in Alexandrien. Clement's polemic against the Basilideans and Valentinian (American University Studies VII,172), New York/ Bern/ Frankfurt a.M. 1995.

Quaß, F., Die Honorationenschicht in den Städten des griechischen Ostens. Untersuchungen zur politischen und sozialen Entwicklung in hellenistischer und römischer Zeit, Stuttgart 1993.

The Question of eclecticism. Studies in later Greek philosophy, hrsg.v. J.M. Dillon/ A.A. Long, Berkeley/ Los Angeles/ London 1988.

Quispel, G., L'homme gnostique, in: ErJb 16 (1948), S.89-139.

Radice, R., La filosofia di Aristobulo e i suoi nessi con il De Mundo attributo ad Aristotele, Milan 1994.

Raible, W., Was sind Gattungen? Eine Antwort aus semiotischer und textlinguistischer Sicht, in: Poetica 12 (1980), S.320-349.

Reale, G./ Bos., A.P., Il trattato Sul cosmo per Alessandro attribuito ad Aristotele. Monografia introduttiva, testo greco con traduzione a fronte commentario, bibliografia ragionata e indici (Collana Temi metafisici et problemi del pensiero antico. Studi e testi 42), Mailand 1996².

Reardon, P.H., Providence in Origen's Contra Celsum, in: Ekkl.Ph. 55 (1973), S.501-516.

Reemts, Chr. Vernunftgemäßer Glaube. Die Begründung des Christentums in der Schrift des Origenes gegen Celsus (Hereditas 13), Bonn 1998.

Reese, J.M., Hellenistic influence on the book of Wisdom and its consequences (AnBibl 41), Rom 1970.

Reesor, M.E., Fate and possibility in early Stoic philosophy, in: Phoenix 19 (1965), S.285-297.

Reesor, M.E., Necessity and fate in Stoic philosophy, in: The Stoics, hrsg.v. J.M. Rist, Berkeley/ Los Angeles/ London 1978, S.187-202.

Reesor, M.E., The cosmos and the individual, in: The nature of man in early stoic philosophy, London 1989, S.1-21.

Regen, F., Apuleius Philosophus Platonicus (UaLG 10), Berlin 1971.

Regen, F., Die Residenz des Persischen Großkönigs und der Palast des Menelaos, in: Hermes 100 (1972), S.206-214.

Reichardt, R., Einleitung, I. Die Debatte über den „Mißbrauch der Wörter" als Anzeiger einer historischen Problematik, in: Handbuch politisch-sozialer Grundbegriffe in Frankreich 1680-1820, Heft 1/2, München 1985, S.40-50.

Reinhardt, K., Kosmos und Sympathie. Neue Untersuchungen über Poseidonius, München 1926.

Reinhardt, K., Poseidonius, München 1921.

Reinhardt, K., Sophokles, Frankfurt 1976.

Reydams-Shills, G., Demiurg and providence. Stoic and Platonist readings of Plato's Timaeus (Monothéismes et philosophie), Turnhout 1999.

Ricken, F., Die Logoslehre des Eusebios von Caesarea und der Mittelplatonismus, in: ThPh 42 (1967), S.341-358.

Ricken, F., Nikaia als Krisis des altchristlichen Platonismus, in: ThPh 1969, S.321-341.

Ricken, F., Zur Rezeption der platonischen Ontologie bei Eusebios von Kaisareia, Areios und Athanasios, in: ThPh 53 (1973), S.321-352.

Riedweg, Chr., Ps.-Justin, Ad Graecos de vera religione (bisher „Cohortatio ad Graecos"). Einleitung und Kommentar (SBA 25,1), Basel 1994.

Rist, J.M., Stoic philosophy, Cambridge 1969.

Rist, J.M., The Greek and Latin texts of the discussion on free will in De principiis, book III, in: Origeniana. Premier colloque international des études origéniennes (Montserrat, 18-21.9.1973), hrsg.v. H. Crouzel/ G. Lomiento/ J. Rius-Camps (QVetChr 12), Bari 1975, S.97-111, (= ders., Platonism and its Christian heritage, London 1985).

Rist, J.M., Fate and necessity, in: ders., Stoic philosophy, Cambridge 1980, S.112-132.

Rist, J.M., Beyond Stoic and Platonist. A sample of Origen's treatment of philosophy (Contra Celsum: 4.62-70), in: Platonismus und Christentum, FS für H. Dörrie, hrsg.v. H-D. Blume/ F. Mann (JAC.E 10), Münster 1983, S.228-238.

Roberts, L., The literary form of the Stromateis, in: SecCen 1 (1981), S.211-222.

Roch, G., Die Schrift des alexandrinischen Bischofs Dionysius des Großen ,Über die Natur'. Eine altchristliche Widerlegung der Atomistik Demokrits und Epikurs, Diss. Leipzig 1882.

Rondeau, M.-J., L'Épître à Marcellinus sur les psaumes, in: VigChr 22 (1968), S.176-197.

Rougier, L., Celse contre les Chrétiens. La réaction paienne sous l'empire romain, Paris 1977.

Roveri, A., Tyche bei Polybios, in: Polybios, hrsg.v. K. Stiewe/ N. Holzberg (WdF 347), Darmstadt 1982, S.297-326 (Übersetzung von: Tyche in Polibio, in: Convivium 24 (1956), S.275-293).

Ruhbach, G., Apologetik und Geschichte. Untersuchungen zur Theologie Eusebs von Caesarea, Diss. Heidelberg 1962.

Ruland, H.J., Die arabischen Fassugen von zwei Schriften des Alexander von Aphrodisias, Über die Vorsehung und Über das liberum arbitrium, Diss. Saarbrücken 1976.

Runia, D.T., Philo of Alexandria and the Timaeus of Plato (PhAnt 44), Leiden 1986.

Runia, D.T., Verba Philonica, ἀγαλματοφορεῖν, and the authenticity of the De resurrectione attributed to Athenagoras, in: VigChr 46 (1992), S.313-327.

Runia, D.T., Philo in early Christian literature. A survey (CRI III 3), Assen/ Mineapolis 1993.

Runia, D.T., Why does Clement of Alexandria call Philo "The Pythagorean"?, in: VigChr 49 (1995), S.1-22.

Ruprecht, L.A., Athenagoras the Christian, Pausanias the travel guide, and a mysterious Corinthian girl, in: HThR 85 (1992), S.35-49.

Sacks, K.S., The lesser prooemia of Diodorus Siculus, in: Hermes 110 (1982), S.434-443.

Sacks, K.S., Diodorus Siculus and the first century, Princeton 1990.

Saffrey, H.D., Les extraits du Περὶ τἀγαθοῦ du Numénius dans le XI de la Préparation évangelique d' Eusèbe de Césaree, in: StPatr 13 (TU 116), Berlin 1975, S.46-51.

Sambursky, S., Das physikalische Weltbild der Antike, Zürich/ Stuttgart 1965.

Schäublin, Chr., Philosophie und Rhetorik in der Auseinandersetzung um die Religion. Zu Cicero, De natura deorum I, in: MH 47 (1990), S.87-101.

Scheffczyk, L., Schöpfung und Vorsehung (HDG 2/2a), Freiburg/ Basel/ Wien 1963.

Schenkeveld, D.M., Language and Style of the Aristotelian De mundo in Relation to the question of its inauthenticity, in: Elenchos 12 (1991), S.221-255.

Schockenhoff, E., Zum Fest der Freiheit. Theologie des christlichen Handelns bei Origenes (TTS 33), Mainz 1990.

Schockenhoff, E., Origenes und Plotin. Zwei unterschiedliche Denkwege am Ausgang der Antike, in: Origeniana Quinta. Papers of the 5th International Origen Congress 1989, hrsg.v. R.J. Daly (BEThL 105), Löwen 1992, S.284-295.

Schoedel, W.R., Christian „atheism" and the peace of the Roman Empire, in: ChH 42 (1973), S.309-319.

Schoedel, W.R., In praise of the king. A rhetorical pattern in Athenagoras, in: Disciplina nostra. Essays in memory of R.F. Evans, hrsg.v. D.F. Winslow (PatMS 6), Cambridge 1979, S.69-90.

Schoedel, W.R., A neglected motive for second-century trinitarianism, in: JThS.NS 31 (1980), S.356-367.

Schoedel, W.R., Apologetic literature and ambassadorial activities, in: HThR 82 (1989), S.55-78.

Schoedel, W.R., Die Briefe des Ignatius von Antiochien. Ein Kommentar, München 1990.

Schofield, M., The Stoic idea of the city, Cambridge 1991.

Scholten, C., Die Alexandrinische Katechetenschule, in: JAC 38 (1995), S.17-37.

Scholten, C., Martyrium und Sophiamythos im Gnostizismus nach den Texten von Nag Hammadi (JAC.E 14), Münster 1987.

Schreiner, J., Das 4. Buch Esra, Jüdische Schriften aus hellenistisch-römischer Zeit V/4, Gütersloh 1981.

Schröder, F.M., Ammonius Saccas, in: ANRW II 36,1 (1987), S.494-526.

Schubart, W., Das Gesetz und der Kaiser in griechischen Urkunden, in: Klio 30 NF 12 (1937), S.54-69.

Schüssler-Fiorenza, E., Miracles, mission, and apologetics: An introduction, in: Aspects of religious propaganda in Judaism and early Christianity, hrsg.v. ders. (University of Notre Dame Center for the Study of Judaism and Christianity in Antiquity Bd.2), London 1976, S.1-27.

Schwartz, E., Diodorus 38, in: PRE 5 (1905), Sp.663-704.

Schwartz, E., Eusebios von Caesarea, in: PRE 6 (1907), Sp.1370-1439.

Schwartz, J., L'Épitre a Diognète, in: RHPhR 48 (1968), S.46-53.

Schwyzer, H.-R., Plotinos, in: RE 41 (1951), Sp.471-592.

Schwyzer, H.-R., Plotinos, in: PRE Suppl. 15, Stuttgart 1978, Sp.310-328.

Schwyzer, H.-R., Ammonios Sakkas, der Lehrer Plotins (RhWAW.G 260), Düsseldorf 1983.

Seck, F., Untersuchungen zum Isokrates-Text, Diss. Heidelberg 1965.

Sedley, D., Lucretius and the transformation of Greek wisdom, Cambridge 1998.

Seeck G.A., Über die Elemente in der Kosmologie des Aristoteles (Zet. 34), München 1964.

Sharples, R.W., Aristotelian and Stoic conceptions of necessity in De fato of Alexander Aphrodisias, in: Phron. 20 (1975), S.247-274.

Sharples, R.W., Alexander Aphrodisias, De fato. Some parallels, in: CQ 28 (1978), S.243-266.

Sharples, R.W., Necessity in the Stoic doctrine of fate, in: SO 56 (1981), S.81-97.

Sharples, R.W., Alexander of Aphrodisias on divine providence. Two problems, in: CQ 32 (1982), S.198-211.

Sharples, R.W., An ancient dialogue on possibility. Alexander of Aphrodisias, Quaestio I.4., in: AGPh 64 (1982), S.23-38.

Sharples, R.W., Nemesius of Emesa and some theories of divine providence, in: VigChr 37 (1983), S.141-156.

Sharples, R.W., Soft determinism and freedom in early stoicism, in: Phron. 31 (1986), S.266-279.

Sharples, R.W., Scholasticism and innovation, in: ANRW II 36,2 (1987), S.1176-1243.

Sharples, R.W., The school of Alexander?, in: Aristotle transformes. The ancient commentators and their influence, hrsg.v. R. Sorabji, London 1990, S. 101-103 (83-111).

Sharples, R.W., Platon, Plotinus, and Evil, in: Bulletin of the Institute of Classical Studies 39 (1994), S.171-181.

Sheppard, A.R.R., Homonoia in the Greek cities of the Roman empire, in: AncSoc 15-17 (1984-86), S.229-252.

Sieben, H.J., Athanasius über den Psalter. Analyse seines Briefes an Marcellus. Zum 1600. Todestag des Bischofs von Alexandrien, in: ThPh 48 (1973), S.157-173.

Simpson, A.D., Epicureans, Christians, atheists in the second century, in: TAPA 72 (1941), S.372-381.

Sirinelli, J., Les vues Historiques d'Eusèbe de Césarée durant la période prénicéenne, Paris 1961.

Sirinelli, J./ Places, É. des, Eusèbe de Césarée – La Préparation Evangélique. Introduction générale, livre I (SC206), Paris 1974, S.36-38.

Snell, B., Heraklits Fragment 10, in: Hermes 76 (1941), S.84-87.

Solmsen, F., Nature as craftsman in Greek thought, in: Journal of the History of Ideas 24 (1963), S.473-496 (= ders. Kleine Schriften, Bd.1 [Collectanea IV/1], Hildesheim 1968, S.332-355).

Solmsen, F., Providence and the souls. A Platonic chapter in Clement of Alexandria, in: MH 26 (1969), S.229-251.

Sorabji, R., Necessity, cause and blame. Perspectives on Aristotle's theory, London 1980.

Sorabji, R., Causation, laws, and necessity, in: Doubt and dogmatism. Studies in Hellenistic epistemology, hrsg.v. M. Schofield/ M. Burnyeat/ J. Barnes, Oxford 1980, S.250-282.

Spanneut, M., Le stoïcisme des pères de l'église de Clément de Rome à Clément de Alexandrie (PatSor 1), Paris 1957.

Spanneut, M., Epiktet, in: RAC 5 (1962), Sp.599-681.

Speyer, W., Hierokles I (Sossianus Hierocles), in: RAC 15 (1991), Sp.103-109.

Sprute, J., Rechts- und Statasphilosophie bei Cicero, in: Phron. 28 (1983), S.150-176.

Stanton, G.R., Sophists and philosophers. Some problems of identification, AJPh 94 (1973), S.350-364.

Stead, G.Chr., Eusebius and the council of Nicaea, in: JThS.NS 24 (1973), S.85-100.

Stead, G. Chr., St.Athanasius on the Psalms, in: VigChr 39 (1985), S.65-78.

Steinmetz, P., Die Stoa bis zum Beginn der römischen Kaiserzeit im allgemeinen, in: Ueberweg. Grundriß der Geschichte der Philosophie, Die Geschichte der Philosophie der Antike 4, Die hellenistische Philosophie Bd.2, hrsg.v. H. Flashar, Basel 1994, S.495-716.

Stenzel, J., Rhetorischer Manichäismus. Vorschläge zu einer Theorie der Polemik, in: Kontroversen, alte und neue. Akten des VII. Internationalen Germanisten-Kongresses (Göttingen 1985), hrsg.v. A. Schöne, Bd.2: Formen und Formgeschichte des Streitens – Der Literaturstreit, hg.v. F.J. Worstbrock - H. Koopmann, Tübingen 1986, S.3-11.

Sterling, G.E., Luke-acts and apologetic historiography, in: SBL.SP 28 (1989), S.326-342.

Sterling, G.E., Historiography and self-definition. Josephos, Luke-acts and apologetic historiography (NT.S 64), Leiden/ New York/ Köln 1992

Stone, M.E., Features of the eschatology of IV Ezra (HSS 35), Atlanta 1989 (Diss. 1965).

Stötzel, A., Warum Christus so spät erschien – die apologetische Argumentation im Christentum, in: ZKG 92 (1981), S.147-159.

Stough, Ch., Stoic determinism and moral responsibility, in: The Stoics, hrsg.v. J.M. Rist, Berkeley/ Los Angeles/ London 1978, S.204-231.

Straaten, M. van, Menschliche Freiheit in der stoischen Philosophie, in: Gymn. 84 (1977), S.501-518.

Strohm, H., Studien zur Schrift von der Welt, in: MH 9 (1952), S.137-174.

Stroud, R.S., Drakon's law on homicide, Berkeley/ Los Angeles 1968.

Stroud, R.S., The Axones and Kyrbeis of Drakon and Solon (University of California Publications. Classical Studies 19), Berkeley 1979.

Studer, B., Zur frühchristlichen Lehre über die Vorsehung und das Wirken Gottes in der Welt. Ein Diskussionsbeitrag, in: Vorsehung und Handeln Gottes, hrsg.v. Th. Schneider/ L.Ullrich (QD 115), Freiburg/ Basel/ Wien 1988, S.109-115.

Studies on the testament of Abraham, hrsg.v. G.W.E. Nickelsburg, Missoula 1976.

400 Literaturverzeichnis

Swain, S.C.R., Plutarch. Chance, providence and history, in: AJPh 110 (1989), S.272-302.

Talanga, J., Zukunftsurteile und Fatum. Eine Untersuchung über Aristoteles' De interpretatione 9 und Ciceros De fato mit einem Überblick über die spätantike Heimarmenelehre (Habelts Dissertationsdrucke, Reihe Klassische Philologie 36), Bonn 1986.

Tcherikover, V., Jewish apologetic literature reconsidered, in: Symbolae R. Taubenschlag dedictae, hrsg.v. G. Krókowski, V. Seffen, L. Strezelecki, Bd.3 (Eos 48/3 1956), Warschau 1957, S.169-193.

Theiler, W., Rezension zu Harder, Ocellus Lucanus, in: Gn. 2 (1926), S.585-597.

Theiler, W., Tacitus und die antike Schicksalslehre, in: Phyllobolia, FS für P. von der Mühll, Basel 1954 (= ders.: Forschungen zum Neuplatonismus (QSGP 10), Berlin 1966, S.46-103.

Theiler, W., Gott und die Seele im kaiserzeitlichen Denken, in: Recherches sur la tradition platonicienne (EnAC 3), Genf 1955, S.66-90 (= ders., Forschungen zum Neuplatonismus [QSGP 10], Berlin 1966, S.104-123).

Theiler, W., Demiurgos, in: RAC 3 (1957), S.604-711.

Theiler, W., Plotin zwischen Plato und Stoa, in: Les sources de Plotin (EnAC 5), Genf 1960, S.63-85 (= ders., Forschungen zum Neuplatonismus [QSGP 10], Berlin 1966, S.124-139).

Theiler, W., Philo von Alexandria und der Beginn des kaiserzeitlichen Platonismus, in: Parusia, FS für J. Hirschberger, Frankfurt/M. 1965, S.199-218.

Theiler, W., Ammonios, der Lehrer des Origenes, in: ders., Forschungen zum Neuplatonismus (QSGP 10), Berlin 1966, S.1-45.

Theiler, W., Philo von Alexandria und der hellenisierte Timaeus, in: Philomathes. Studies and essays in the humanities in memory of Ph. Merlan, hrsg.v. R.P. Palmer/ R. Hammerton-Kelly, The Hague 1971, S.25-35.

Thielmann, F.S., Another look at the eschatology of Eusebius of Caesarea, in: VigChr 41 (1987), S.226-237.

Thraede, K., Art. Homonoia (Eintracht), in: RAC 16 (1994), Sp.176-289.

Tissot, Y., À propos des fragments de Basilide sur le martyre, in: RHPhR 76 (1996), S.35-50.

Todd, R.B., Alexander of Aphrodisias and the Alexandrian *Quaestiones* 2.12, in: Ph. 116 (1972), S.293-305.

Todd, R.B., Alexander of Aphrodisias on Stoic physics (PhAnt 28), Leiden 1978.

Todd, R.B., Monism and immanence. The foundations of stoic physics, in: The Stoics, hrsg.v. J. Rist, Berkeley 1978, S.137-160.

Todd, R.B., The Stoics and their cosmology in the first and second centuries A.D., in: ANRW II 36,3 (1989), S.1365-1378.

Torjesen, K.J., Pedagogical soteriology from Clement to Origen, in: Origeniana Quarta. Die Referate des 4. Internationalen Origeneskongresses (Innsbruck, 2.-6.9.1995), hrsg.v. L.Lies (IThS 19), Innsbruck 1987, S.370-378.

Trigg, J.W., The angel of great counsel. Christ and the angelic hierarchy in Origen's theology, in: JThS.NS 42 (1991), S.35-51.

Tröger, K.W., Doketische Christologie in Nag-Hammadi-Texten, in: Kairos 19 (1977), S.45-52.

Trompf, G.W., The logic of retribution in Eusebius of Caesarea, in: History and historians in late antiquity, hrsg.v. B. Croke/ A.M. Emmett, Sydney/ Oxford/ New York 1983, S.132-146.

Unnik, W.C., van, „Tiefer Friede" (1.Klemens 2,2), in: VigChr 24 (1970), S.261-279.

Unnik, W.C. van, An attack on the Epicureans by Flavius Josephus, in: Romanitas et Christianitas, FS für H. Waszink, hrsg.v. W. den Broer, Amsterdam 1973, S.341-355.

Usener, H., Epicurea, Leipzig 1887.

Usher, S., Greek Orators III. Isokrates Panegyricus and To Nicoles, Warminster 1990

Uthemann, K.-H., Die „Philosophischen Kapitel" des Anastasius I. von Antiochien, in: OCP 46 (1980), S.306-366.

Verbeke, G., L'évolution de la doctrine du pneuma du Stoïcisme à Saint Augustin, étude philosophique (Bibliothèque de l'Institut Supérieur de Philosophie, Université d'Louvain), Paris/ Louvain 1945.

Verdenius, W.J./ Waszink, J.H., Aristotle on coming-to-be and passing-away (PhAnt 1), Leiden 1946.

Vermanderen, J.-M., De quelques répliques à Celse dans le protreptique de Clément d' Alexandrie, in: REAug 23 (1977), S.3-17.

Versnel, H.S., Religious mentality in ancient prayer, in: Faith, hope and worship, hrsg.v. dems. (SGRR 2), Leiden 1981, S.1-64.

Versnel, H.S., What did ancient man see when he saw a god? Some reflections on Greco-Roman antiquity, in: Effigies Dei. Essay on the history of religion, hsrg.v. D. van der Plas (SHR 51), Leiden 1987, S.42-55.

Veyne, P., Ein Inventar der Differenzen. Antrittsvorlesung am Collège de France, in: Die Originalität des Unbekannten. Für eine andere Geschichtsschreibung, Frankfurt 1988, S.7-42.

Visser, M., Worship your enemies. Aspects of the cults of heroes in ancient Greece, in: HThR 75 (1982), S.403-428.

Vogel, C.J. de, Greek philosophy, Bd.3, Hellenistic-Roman period, Leiden 1964.

Vogel, C.J. de, Problems concerning Justin Martyr. Did Justin find a certain continuity between Greek philosophy and Christian faith?, in: Mn. 31 (1978), S.360-388.

Vogel, C.J. de, Der sogenannte Mittelplatonismus, eine Philosophie der Diesseitigkeit, in: Platonimus und Christentum, FS für H. Dörrie, hrsg.v. H.D. Blume/ F. Mann (JAC.E 10), Münster 1983, S.277-302.

Völker, W., Fortschritt und Vollendung bei Philon von Alexandrien, Leipzig 1938.

Völker, W., Der wahre Gnostiker nach Clemens von Alexandrien (TU 57), Berlin 1952.

Völker, W., Die Verwertung der Weisheits-Literatur bei den christlichen Alexandrinern, in: ZKG 64 (1952/53), S.1-33.

Walbank, F.W., Polemic in Polybius, in: JRS 52 (1962), S.1-12.

Waszink, J.H., Der Platonismus und die Altkirchliche Gedankenwelt, in: Recherches sur la tradition platonienne (EnAC 3), Genf 1955, S.139-179.

Waszink, J.H., Basilides, in: RAC 1 (1957), Sp.1217-1225.

Waszink, J.H., Studien zum Timaioskommentar des Calcidius, I., Die erste Hälfte des Kommentars, Leiden 1964.

Watson, G., The natural law and Stoicism, in: Problems in Stoicism, hrsg.v. A.A. Long, London 1971, S.216-238.

Weber, A., APXH. Ein Beitrag zur Christologie des Eusebius von Cäsarea, [ohne Ortsangabe] 1965.

Weber, K.-O., Origenes der Neuplatoniker. Versuch einer Interpretation (Zet. 27), München 1962.

Weber, M., Die „Objektivität" sozialwissenschaftlicher und sozialpolitischer Erkenntnis, 1904, in: Gesammelte Aufsätze zur Wissenschaftslehre, Tübingen 1988[7], S.146-214.

Webster, T.B.C., Studies in Menander, Manchester 1960[2].

Die Weisheit Salomos im Horizont biblischer Theologie, hrsg.v. H. Hübner (BThSt 22), Neukirchen-Vluyn 1993.

Weiss, H.-F., Untersuchungen zur Kosmologie des hellenistischen und palästinischen Judentums (TU 97), 1966.

Wendebourg, D., Das Martyrium in der Alten Kirche als ethisches Problem, in: ZKG 1987, S.295-320.

Wendland, P., Die philosophischen Quellen des Philo von Alexandria in seiner Schrift über die Vorsehung, Berlin 1892.

Wendland, P., Philos Schrift über die Vorsehung. Ein Beitrag zur aristotelischen Philosophie, Berlin 1892.

Wendland, P., Philo und Clemens Alexandrinus, in: Hermes 31 (1896), S.435-456.

Wendland, P., Die Hellenistisch-römische Kultur in ihren Beziehungen zu Judentum und Christentum (Handbuch zum Neuen Testament 1,3), Tübingen[3] 1912.

West, M.L., The ascription of fables to Aesop in archaic and classical Greece, in: La fable. Huit exposés suivis de discussions, hrsg.v. F.R. Adrador/ O. Reverdin (EnAC 30), Genf 1984, S.105-128.

Whittaker, J., Basilides on the ineffability of God, in: HThR 62 (1969), S.367-371.

Wicke-Reuter, U., Göttliche Providenz und menschliche Verantwortung bei Ben Sira und in der Frühen Stoa (BZAW 298), Berlin/ New York 2000.

Wickert, U., Glauben und Denken bei Tertullian und Origenes, in: ZThK 62 (1965), S.153-177.

Wifstrand, A., Die wahre Lehre des Kelsos, in: Bulletin de la Société Royale des Lettres de Lund 1941/42, S.391-431.

Wilamowitz-Moellendorf, U.v., Ein Bruchstück aus der Schrift des Porphyrius gegen die Christen, in: ZNW 1 (1900), S.101-105.

Wilamowitz-Möllendorff, U.v., Der Glaube der Hellenen II, Berlin 1932.

Williams, W., Antoninus Pius and the control of provincial embassies, in: Hist. 16 (1967), S.470-483.

Winden, J.C.M., Calcidius on matter. His doctrine and sources (PhAnt 9), Leiden 1965[2].

Winden, J.C.M. van, Le Christianisme et la philosophie. Le commencement du dialogue entre la foi et la raison, in: Kyriakon, FS für J. Quasten, hrsg.v. P. Granfield/ J.A. Jungmann, Münster 1970, S.205-213.

Winden, J.C.M. van, An early Christian philosopher. Justin Martyr's dialogue with Tryphon, chapters 1-9. Introduction, text and commentary (PhP 1), Leiden 1971.

Winden, J.C.M. van, The origin of falsehood. Some comments on the introductury passage of the treatise On the Resurrection of the Dead attributed to Athenagoras, in: VigChr 30 (1976), S.303-306.

Winden, J.C.M. van, Le portrait de la philosophie greque dans Justin, dialogue I 14-5, in: VigChr 31 (1977), S.181-190.

Winden, J.M.C. van, Quotations from Philo in Clement of Alexandria's Protrepticus, in: VigChr 32 (1978), S.208-213.

Windisch, H., Das Evangelium des Basilides, in: ZNW 7 (1906), S.236-246.

Winston, D., Philo's theory of eternal creation: De Prov.1.6-9, in: PAAJR 46-47 (1980), S.593-606.

Wlosok, A., Römischer Religions- und Gottesbegriff in heidnischer und christlicher Zeit, in: AuA 16 (1970), S.39-53 (= dies., Res humanae – res divinae. Kleine Schriften, hrsg.v. E. Heck/ E.A. Schmidt [BKAW 2/84], Heidelberg 1990, S.116-136).

Wlosok, A., Christliche Apologetik gegenüber kaiserlicher Politik bis zu Konstantin, in: Kirchengeschichte als Missionsgeschichte, Bd.1, Die Alte Kirche, hrsg.v. H. Frohnes/ U.W. Knorr, München 1974, S.147-165 (= dies., Res humanae – res divinae. Kleine Schriften, hrsg.v. E. Heck/ E.A. Schmidt [BKAW 2/84], Heidelberg 1990, S.217-232).

Wolfson, H.A., Negative attributes in the church fathers and the Gnostic Basilides, in: HThR 50 (1957), S.145-156.

Wolfson, H.A., Philo, Bd.1, Cambridge Mass. 1968⁴ (1947).

Wunderlich, D., Bedeutung und Gebrauch, in: Semantik, hrsg.v. dems./ A.v. Stechow (Handbücher zur Sprach- und Kommunikationswissenschaft 6), Berlin 1991, S.32-52.

Wyrwa, D., Die christliche Platonaneignung in den Stromata des Clemens von Alexandrien (AKG 53), Berlin 1983.

Wytzes, J., Paideia and Pronoia in the works of Clemens Alexandrinus in: VigChr 9 (1945), S.148-158.

Yamauchi, E., The crucifixion and docetic christology, in: CTQ 46 (1982), S.1-20.

Young, F., Greek apologists of the second century, in: Apologetics in the Roman Empire, a.a.O.S.81-104.

Zagagi, N., Divine interventions and human agents in Menander, in: Relire Ménandre, hrsg.v. E.Handley/ A.Hurst (Recherches et Rencontres 2), Genf 1990, S.63-91.

Zahn, Th., Geschichte des neutestamentlichen Kanons, Bd.I/2, Erlangen/ Leipzig 1889.

Zeegers, N., La paternité athénagorienne du „De Resurrectione", in: RHE 87 (1992), S.333-374.

Zeegers-vander Vorst, N., Adversaires et destinataires du De Resurrectione attribué à Athénagore d'Athènes, in: Sal. 57 (1995),S.75-122, 199-250, 415-42, 611-56.

Zeller, E., Über den Ursprung der Schrift von der Welt (SPAW 1885), Berlin 1885, S.399-415, (= ders., Kleine Schriften, hrsg.v. O. Leuze, Berlin 1910, S.328-347).

Zeller, E., Die Philosophie der Griechen in ihrer geschichtlichen Entwicklung, Bd. 3.1, Leipzig 1923⁵.

Ziebritzki, H., Heiliger Geist und Weltseele. Das Problem der dritten Hypostase bei Origenes, Plotin und ihren Vorläufern (BHTh 84), Tübingen 1994.

Ziethen, G., Gesandte vor Kaiser und Senat. Studien zum römischen Gesandtschaftswesen zwischen 30 v.Chr. und 117n.Chr. (Pharos. Studien zur griechisch-römischen Antike 2), St. Katharinen 1994.

Zintzen, C., Geister, B III.c: Hellenistische und kaiserzeitliche Philosophie, in: RAC 9 (1976), Sp. 640-668.

Register

Stellenregister

a) antike Quellen

b) biblische und apokryphe Schriften

Personen- und Sachregister